《纵观上海》丛书

上海与改革开放研究

中国社会科学院当代中国研究所
上海社会科学院历史研究所 ◎主编

沈开艳等◎著

当代中国出版社
Contemporary China Publishing House

2020年·北京

图书在版编目(CIP)数据

上海与改革开放研究 / 中国社会科学院当代中国研究所，上海社会科学院历史研究所主编；沈开艳等著. -- 北京：当代中国出版社，2020.1
（《纵观上海》丛书）
ISBN 978-7-5154-0909-2

Ⅰ. ①上… Ⅱ. ①中… ②上… ③沈… Ⅲ. ①改革开放—研究—上海 Ⅳ. ① D619.51

中国版本图书馆 CIP 数据核字（2019）第 003861 号

出 版 人	曹宏举
责任编辑	隋 丹
责任校对	康 莹
封面设计	胡椒设计
出版发行	当代中国出版社
地 址	北京市地安门西大街旌勇里 8 号
网 址	http: //www. ddzg. net 邮箱：ddzgcbs@sina. com
邮政编码	100009
编 辑 部	（010）66572264 66572154 66572132 66572180
市 场 部	（010）66572281 66572161 66572157 83221785
印 刷	北京润田金辉印刷有限公司
开 本	720 毫米 × 1020 毫米 1/16
印 张	35.75 印张 1 插页 526 千字
版 次	2020 年 1 月第 1 版
印 次	2020 年 1 月第 1 次印刷
定 价	128.00 元

总 序

2012年5月6至9日，根据时任全国政协副主席，中国社会科学院党组书记、院长陈奎元的要求，时任中国社会科学院党组副书记、常务副院长王伟光组织学部委员赴上海考察。其间，学部委员们围绕贯彻落实科学发展观、转变经济发展方式、推动文化创意产业发展、提高自主创新能力等重大理论和现实问题，对上海的航运、金融、制造业和文化产业等进行了深入调研，深深感受到上海历史文化的深厚积淀和改革开放率先发展的巨大活力。

正是在这次考察期间，为了进一步加强中国社会科学院与上海市人民政府的战略合作，致力于改进和创新哲学社会科学研究方法、研究手段，充分发挥当代史研究以史为鉴、资政育人的作用，努力为上海创新驱动、转型发展提供有益借鉴，双方达成了共同开展当代上海研究的意向。在中国社会科学院和上海市领导的关心、支持下，在时任当代中国研究所党组书记、所长李捷和时任上海市委宣传部副部长李琪、上海社科院党委书记潘世伟等的具体推动下，2012年10月20日，中国社会科学院当代中国研究所与上海社会科学院历史研究所合作建立的当代中国研究所国情调研（上海）基地正式挂牌成立。当代中国研究所国情调研（上海）基地成立后，双方本着优势互补的原则，通过凝聚京沪两地高端研究人才，积极开展国情调研、对策研究和经验总结，用理论与实际、历史与现实有机结合的科研成果，为党和国家的工作大局服务，为上海的创新驱动、转型发展贡献力量，并推动双方的研究体制机制创新。

当代中国正在经历着快速而深刻的变革，需要我们对中国独特的发展道路及时加以分析和总结。上海在中国的特殊地位使其在中国当代史的研究中有着非常重要而独特的意义。因此，研究当代中国历史不能不研究上海历史和当代上海。为此，基地成立后不久，即提出合作开展“纵观上海”和“当代上海”两大系列课题研究，并得到了上海市委宣传部理论处和上海市哲学社会科学规划办公室的大力支持，列入了规划办的特别委托项目。此后，项目又继续得到了上海市委宣传部副部长燕爽和上海社科院领导的关心与指导。两大系列共计 16 个课题，全方位展示上海的历史和现当代上海在政治、经济、社会、文化、生态、都会、社区、民生、党建等方面的发展演进。

2018 年是改革开放 40 周年。论及开放的历史，很少有其他国内城市能与上海相提并论。自 1843 年开埠以来，随着外来人口的不断涌入，上海逐渐从一个小渔村发展成为一个独特的国际化大都会，在经济、金融等方面独领风骚，也吸引了各派政治力量的竞相角逐。在晚清以来的各种政治思潮和政治活动中，上海都扮演过重要的角色。南京国民政府建立之后，上海更成为另一个政治中心。

上海还是中国共产党的诞生地、早期中共中央的所在地。大量的人口、产业、资金、技术、信息和文化的集聚，在推动上海快速发展的同时，也把中国带进了世界现代化的舞台。可以说，没有一个城市像上海这样在一个国家的现代化进程中扮演过如此重要的角色，也没有一个城市像上海这样在中西文明的交汇融合过程中发挥过如此关键的作用。

改革开放以来，上海的开放传统又一次重焕生机。经济、贸易、航运、金融全面发展，城市的面貌日新月异，人们的精神状态也有了巨大的变化。特别是上世纪 90 年代以后，上海抓住了浦东开发开放这一历史机遇，以更加积极的姿态走向世界，大胆突破各种束缚，在现代工业、城市建设、高新科技等领域取得突飞猛进的发展，开放促进改革和发展的理念深入人心。2018 年 11 月 5 日，习近平在首届中国国际进口博览会开幕式上的主旨演讲中指出：“上海背靠长江水，面向太平洋，长期领中国开放风气之先。上海之所以发展得这么好，同其开放品格、开放优势、开放作为紧密相连。

我曾经在上海工作过，切身感受到开放之于上海、上海开放之于中国的重要性。开放、创新、包容已成为上海最鲜明的品格。这种品格是新时代中国发展进步的生动写照。”这是对上海的高度评价，也是对上海的殷切期望，更突显了总结上海发展历史和发展经验的重要时代意义。

跨区域、跨行业、跨专业的协同创新，是实施哲学社会科学创新工程、全面推进哲学社会科学各领域创新的重要组织形式。中国社会科学院当代中国研究所与上海社会科学院历史研究所合作建立的当代中国研究所国情调研（上海）基地，在发挥各自优势、推动协同创新方面作出了积极尝试。衷心希望当代中国研究所国情调研（上海）基地“纵观上海”和“当代上海”两大系列课题的成果，能进一步深化对中华人民共和国史的研究，特别是深化对上海革命、建设和改革历史的研究，从而总结和提炼出上海城市发展的一些规律性问题，在新的起点上充分展示作为排头兵、先行者的创造性，全面增强城市核心功能，加快建设国际经济、金融、贸易、航运和科技创新中心，为努力建设卓越的全球城市和具有世界影响力的社会主义现代化国际大都市提供有益的历史借鉴，向庆祝改革开放 40 周年、中华人民共和国成立 70 周年、中国共产党建党 100 周年献礼！

中国社会科学院当代中国研究所

上海社会科学院历史研究所

目 录

导　论

一、问题的提出

本书拟通过对中国改革开放进程中所形成的“上海经验”的研究，总结40年来上海的改革开放历程，明晰上海对全国改革开放的示范意义，揭示中国改革开放中的“上海因素”，为进一步深化改革开放提供经验事实与理论指引。本书以上海改革开放的历史演进为脉络，从问题导向出发，回答以下关键问题：1. 如何综合评价上海40年来改革开放所取得的成就及存在的问题？改革是否到位？如果不到位，原因何在？2. 上海改革开放的成绩主要体现在哪些领域，其对上海经济社会发展的推进作用何在？3. 上海改革开放中的国家战略有哪些？如浦东开发开放、“营改增”税制改革、上海自贸区的设立等，上海经济改革开放是否具有示范意义？是否可复制、可推广？4. 上海改革开放的最终目的是什么？最后如何落脚在上海城市功能的转型与升级上？等等。

二、研究对象与研究方法

本书采用历史归纳法、案例分析法和比较研究法，通过对改革开放进程中上海所出现的超越地方意义的故事与经验的分析，研究：上海改革开放本身；改革开放对上海经济、社会、文化与政治等发展的影响；上海改革开放在全国的作用和地位，指出上海是如何在实践中一步步地深化改革开放的，充分认识上海改革开放的意义、地位和作用，并寻找在中国改革开放进程中上海与其他城市的异同点。

三、研究思路和路径

（一）总体思路。

本书将上海发展置于中国改革开放的大背景中进行分析，在全球视野下，重新解读40年来发生在上海的改革开放事实，分析研究与评价蓄势待发的12年（1978—1989年）、收获成就的13年（1990—2002年）、先行先试的12年（2003—2014年）、追求卓越的新时代（2015年至今），以及对未来上海改革开放的展望。

（二）研究视角。

上海的改革开放不仅具有区域性，更具有国家全局性。对上海改革开放的研究，需要超越上海，在全国乃至全球的视角下，回顾其历史经验教训，正视当前改革开放的实际问题，解读上海经验的中国意义，并寻找未来前行的方向。

（三）研究路径。

本书的研究路径有纵横两条：

第一，以时间为顺序，寻找中国改革开放潮流与实践中的上海经验、成绩与启示。

通过条状梳理，进一步发掘40年来中国改革开放历程中“上海因素”的全国意义，总结目前仍然方兴未艾的浦东开发开放的成绩与要求，探索正在进行的创新驱动、转型发展的方向，并在与深圳、天津、重庆等地的比较中度量评价上海的绩效，以及对未来上海改革开放向纵深发展作出前瞻性的展望。这是本书的纵向的逻辑思路。

第二，以部门为支撑，对上海改革开放作块状梳理，涉及上海在关键领域和关键环节的改革开放，包括国资与国企改革、要素市场改革开放、财税体制改革、农村改革、政府职能转变、社会事业改革、浦东开发开放、自贸试验区改革等内容。

通过部门维度的研究，本书希望以上海经验为中心，发掘中国改革开放的内在演进道路与模式。以上海的实证研究为基础，并与全国其他区域进行比较，探索在中国改革开放的三个阶段（南方局部改革开放、上海重点开发开放、全面深化改革开放）中，所形成的中国改革开放的道路选择。

四、主要内容与核心观点

（一）上海改革开放的总体回顾、总结与评价。

包括：概括、梳理和评价上海改革开放40年来所取得的重大成就及基本经验；理顺上海1990年以来改革开放的基本进程和阶段性特征；科学分析上海改革开放模式的形成过程并描述其特点；分析、判断和预测上海在“创新驱动、转型发展”新一轮改革开放中的战略目标及总体思路。

（二）上海国有资产与国有企业的改革开放。

该部分内容阐述了上海国资国企改革开放的时代背景、所取得的成就和作用，说明40年来国资国企的改革开放何以成为上海经济增长和发展的最主要贡献力量，同时分析上海国资国企改革开放的起点与定位、进程与特点、经验与问题；进一步分析和研究推动上海国资国企深化改革开放的基本思路和阶段性目标，以及深化上海国资国企改革开放的举措。

（三）上海要素市场的改革开放。

要素市场的发展是上海改革开放进程中最具特色、最鲜活的实例，也是促成上海经济快速发展的重要拉动力量。本部分内容结合上海要素市场体系建设进程中所取得的成就和经验，对上海最具特色的要素市场，如资本市场（包括现代金融市场）、劳动力市场（包括人才市场）、房地产市场、技术市场、产权市场等的改革开放进程逐一分析，梳理不同市场对上海经济发展产生重大影响的事件和数据，揭示其各自的阶段性特征和特色，分析上海要素市场体系建设的发展方向及其对上海“四个中心”建设的推进作用。

（四）上海财税体制的改革开放。

上海财税体制的改革开放包括财政体制改革和税收体制改革两个方面。该部分内容首先从国家层面对财政体制改革的历史背景进行解读，梳理和绘制出1978年以来我国财税体制变革的路线图；其次从上海市层面对上海城市发展的重要体制基础——财政体制改革的基本进程、主要经验、核心内容、存在问题等作深入分析，包括对“统收统支”财政包干时期上海经济社会发展的分析，对“分灶吃饭”财政包干时期上海经济社会发展的分析，对分税制财政体制之于上海经济社会发展影响的分析，以及财税体制的新一轮变革，特别是“营改增”税制改革试点的分析，清晰地勾勒出上海财税体制改革开放的总体演进路径和成效。

（五）上海农村经济体制改革与农村开发开放。

中国的改革开放始于农村。40年来，上海农村的开发开放以及农村经济体制改革率先解放了大量劳动力和生产力，为城市改革奠定了坚实的基础，颇具特色。本部分内容将在回顾上海农村改革40年历程的基础上，总结农村体制改革和农村开发开放所取得的重大成就、基本经验、主要特色，同时指出上海农村改革存在的问题，特别是多年来上海破解“三农”问题所面临的主要困难和障碍，并对上海继续深化农村改革，率先基本实现农业现代化作出战略思考。

（六）上海的行政体制改革与政府职能转变。

行政管理体制改革的核心问题是政府职能转变，政府职能转变的关键是处理好政府与市场的关系。在承认改革开放以来上海经济发展的主要推动力来自政府主导的前提下，本部分内容将首先回顾以政府职能转变为核心的上海行政体制改革的历史演进进程、主要成就与经验、阶段性特征与内涵，分析各个历史阶段尤其是当前上海以政府职能转变为核心的行政体制改革所面临的困境和阻力，并提出深化上海行政管理体制改革、加快政府职能转变的总体思路和主要任务目标。

（七）上海的对外开放。

对外开放是上海改革开放的重头戏，包括对外贸易、引进外资、对外投资等方面。本部分内容将在总体回顾上海对外开放的历程、经验、问题的基础上，首先分析上海的贸易和流通体制改革，包括上海商贸改革的历程与发展走势、上海物流业的发展历程与特点等；其次分析上海外资外贸的基本情况，并在整理大量数据和史料的基础上对上海外资外贸作出实证分析，对上海实施“走出去”战略的历史演变进程作深入分析；最后结合当前上海对外开放面临的新形势，提出新时期上海进一步对外开放的目标、思路及主要任务和举措。

（八）上海社会事业的改革开放。

上海改革开放主要体现在经济领域，但在社会、文化等领域也颇具成就和特色。本部分将关注上海40年来在社会保障体制领域改革所取得的成就，提炼社会保障体系改革的成功经验，梳理出上海社会保障体系改革的总体路径和演进历程，同时指出多年来上海社会保障体系改革所面临的问题，并对未来上海社会保障体系改革提出建设性对策建议。

（九）上海浦东的开发开放。

浦东开发开放是上海改革开放中浓彩重抹、光彩夺目的一笔。内容丰富、史料充实，尤其是创新性的经验和改革开放的理念特别值得肯定。主要内容包括浦东开发开放取得的重大成就、基本历程和重要经验，浦东开发开放的政策分析，新形势下浦东开发开放肩负的重要使命和面临的主要挑战，以及推进新一轮浦东开发开放的总体思路和若干建议等。

（十）上海与长三角及中西部地区的联动发展。

上海的开放不仅指对外开放，也包括对内开放，即对长三角地区、长江经济带和对广大中西部地区的开放。中央赋予上海的历史使命就是成为改革开放的先行者和科学发展的排头兵。本部分内容将首先分析上海与长三角地区的经济社会关系演变进程，上海与中西部地区的经济关系演变进程，以及区域经济发展中上海的战略选择与角色变迁，上海同长三角及中西部地区关系的再认识等。其次分析外来人口与上海经济发展的关系，包括改革开放以来上海的人口迁移规模增长趋势，上海外来人口属性及分布变动特征，外来人口对上海城市发展的作用，以及人口迁移与上海国际大都市建设的关系。再次分析上海城市功能的繁衍、蜕化和转换，以及对上海城市发展作重新定位。

（十一）中国（上海）自由贸易试验区的改革开放。

上海自贸区设立后，上海改革开放进入了一个全新领域和更深层次。从时间节点看，党的十七大报告首先提出要“实施自由贸易区战略”，十八大报告进一步提出要“加快实施自由贸易区战略”，2013年上海市政府工作报告提出，2013年，浦东将“试点建设自由贸易园区”，此后《上海市推进国际贸易中心建设条例》明确提出：“上海将探索建立符合国际惯例的自由贸易园区”。2013 年 8 月 17 日，国务院正式批准设立中国（上海）自由贸易试验区，2013 年 9 月 29 日，中国（上海）自由贸易试验区正式挂牌开张。从定位看，上海自贸区是国家战略。试验区肩负着我国在新时期加快政府职能转变、积极探索管理模式创新、促进贸易和投资便利化，为全面深化改革和扩大开放探索新途径、积累新经验的重要使命，是国家战略需要。具体而言，自贸区应是投资不是贸易，是服务不是制造，是试验区不是经济特区，是提升贸易功能不是降低关税，是“负面清单”+“正面清单”，是制度创新不是优惠政策，是政府改革不是管理弱化，是开放倒逼改革不是单纯对外开放，是国际交换不是单方面开放，是国家战略不是地方战略。从总体目标看，自贸区经过两至三年的改革试验，要加快转变政府职能，积极推进服务业扩大开放和外商投资管理体制改革，大力发展总部经济和新型贸易业态，加快探索资本项目可兑换和金融服务业全面开放，探索建立货物状态分类监管模式，努力形成促进投资和创新的政策支持体系，着力培育国际化和法治化的营商环境，力争建设成为具有国际水准的投资贸易便利、货币兑换自由、监管高效便捷、法制环境规范的自由贸易试验区，为我国扩大开放和深化改革探索新思路和新途径，更好地为全国服务。从主要改革领域看，包括：1. 政府职能转化：加快政府职能转变；2. 投资自由化：扩大投资领域开放；3. 贸易便利化：推进贸易方式转变；4. 金融国际化：深化金融领域开放创新等。

（十二）全国或全球视野下的上海改革开放，即对“上海与改革开放”作深层思考。

这里要回答：上海的改革开放与全国的改革开放之间是什么关系？上海改革开放的成绩、经验及不足对全国的改革开放有什么启示？未来上海的改革开放如何继续做好引领作用？

五、本书需进一步探讨、发展或突破的空间

（一）本书拟解决的关键性问题。

第一，从历史过程看，总结上海在改革开放历程中的经验与教训，以及上海经验对全国其他地区或全国层面改革开放的意义。

目前，上海或其他地区与全国层面开展的改革开放研究存在差异，或者局限于一隅，或者笼统地冠以中国，前者无疑坐井观天，后者难免笼统不实，既不利于了解改革开放进程中更多、更准确、更精彩的地方性知识，也不利于深化对全国改革开放的整体认识。

第二，从未来预期看，探索上海如何获得并一直保持改革开放的示范效应？进一步推进中国的改革开放进程。

关注上海的改革开放，焦点无疑是关注上海经济发展活力的源泉，开放，抑或改革？改革与开放的关系如何？从这个角度，可以寻找到更多有趣的知识与见解。

第三，从研究角度看，把上海40年来的改革开放置于全国的改革开放潮流中，给予恰当、准确的度量与评价，这是现有研究的不足之处。

当改革开放进行到第三个阶段之后，预示着阶段性总结的时候到了，希望本书的研究能弥补这一不足。

（二）本书拟研究的重点问题

本书研究的重点是纾解改革开放对上海经济发展的关键性影响，重点明晰以下六大核心观点：

第一，上海改革开放模式的内涵是什么？

自浦东开发开放以来，上海逐步走到了全国改革开放的前列，形成了以开放促改革、促发展的上海改革开放模式，其许多特点构成了中国改革开放模式的主要内容。从客观上讲，上海模式的形成是从实际出发，探索多种所有制共同发展，社会主义与市场经济接轨的过程。从主观上讲，上海模式的形成是在中央的直接关心、指导和决策下形成的。上海改革开放的模式能否总结提炼为“以开放促改革、促发展”？

第二，上海国资国企改革中“新国资”的出现是否值得肯定？

上海国有资产规模比较大，而且退出的不多，至今还保持着很大的规模。因此，有些人认为上海国资国企改革滞后，还有些人据此批评上海的国资国企改革。“新国资”（一种转换了功能的新型国有资产）的出现，使国有资产找到了其在市场经济条件下的作用领域，还原了国有资产的本质属性。国有经济战略性调整的职责由超越国有资产管理职能的部门来承担，而不是完全依赖国有资产管理部门。这一国资国企改革的效应需要进一步作出分析。

第三，综合配套改革所体现的本质特征是什么？

1990年4月，中共中央、国务院作出开发开放上海浦东的决定。浦东由此成为20世纪90年代中国改革开放的重要标志。[①] 中央给予浦东一系列的优惠政策，主要关注点是吸引外资。2005年，浦东被批准成为全国第一家综合配套改革实验区。综合配套改革不是一个为改革而改革的试验，而是围绕发展和开放这两个重要环节，引入开放和发展的元素，打破原有的平衡，通过改革达到新的平衡。综合配套改革本质上是发展和开放，通过发展和开放来倒逼改革，让改革的需求在发展、开放的过程中逐步明确，在操作阶段不断深化。

第四，如何评价上海现有改革中政府职能转变绩效？

行政体制改革的核心是政府职能转变，政府职能转变的关键是理顺政府与市场的关系。在上海以经济体制改革为核心的前期改革中，政府部门自身的改革有些滞后。从实践看，政府管理体制改革的核心是转变政府职能，即从管制型政府转向服务型政府，最终构建公共服务型政府。如何达到这一步？从现有的改革情况看，路径还没有完全找到。政府职能转变需要政府从结构上作出调整变化，通过结构的变化改变政府组成人员的行为方式，从而达到政府职能转变的要求。总结国外成功的经验，我们找到这样一条路径：通过发展政府的代理机构，逐步缩小审批部门规模，减少政府内部自我循环部分，把主要的力量增加到直接服务民众的部门。

第五，上海要素市场改革的重要方面在于创造"中国式市场"的新优势。

对于要素市场，一般认为凡是存在大批买者和卖者的交易，都可设立市场。所以，改革开放以来上海各类要素市场层出不穷，尤其是浦东集聚了众多的要素市场，使上海成为全球要素市场最集聚的城市，不经意间也

---

① 中共中央文献研究室、中央重庆市委、中共浙江省委、中共云南省委、中共南京市委（联合摄制）：《中国 1978—2008》（电视文献片），2008年12月25日，见 http://cpc.people.com.cn/GB/64162/82819/141881/8630725.html。

形成了上海建设国际中心城市的竞争优势。随着各类要素市场的建设，集中交易带来的低运行成本、大交易信息和高成功率，反过来又促进了市场的进一步扩张和升级，促进了本地市场向区域市场、国际市场转化，实体市场向网络市场延伸，单项突进网络市场等。以建成全球性城市为目标的上海，大力发展“中国式市场”，是否是创造新优势的一个重要方面呢？

第六，改革开放是手段，科学发展是目标。

从上海来看，核心是进一步提高全球化水平。上海作为一个城市要“走出去”，就需要使自己成为全球性的城市，使自己的城市功能具有全球辐射能力。通过发展自身的要素市场、资源市场、商品市场、信息市场等，能够控制、支配全球的资源，然后实现上海带动全国的科学合理的可持续发展。

（三）本书拟研究的难点问题。

一是在改革开放的经济与社会关系问题上，改革开放对上海经济与社会发展的影响，既要有理性的解释，也要有问题导向意识的重点分析。

其中，包括如何破解上海的城乡二元结构问题？如何以改革开放的利剑重铸上海文化中心的辉煌？

二是在改革开放的质与量关系问题上，如何纾解上海改革开放中经济发展的速度与质量的矛盾问题？如何解决当前上海创新乏力的问题？

三是在改革开放的区域空间问题上，如何解释上海“四个中心”的目标在国际上的推进相对有效，但国内区域中心的进展却相对缓慢的情况？为什么浦东开发在前几年曾一度出现进展迟缓，综合配套改革试点成效不大？在上海城市建设中，如何进一步协调市与区的关系？

（四）本书需进一步探讨与突破的空间。

通过以上对全国与上海改革开放进程中的学术研究类型的梳理以及代表性作品的简评，我们发现，现有的对改革开放历程的研究都隐含一个问题，即将全国和上海割裂成两个不同的研究对象，没有充分考虑上海在全国改革开放中的特殊地位和作用。鉴于此，本书仍有进一步探讨、发展或突破的空间。

第一，对全国层面的改革开放研究，总是将全国视为一个整体来进行研究，一个差异显著，甚至显著到超过国家与国家之间的中国，大多被理解为均质空间，虽然部分的研究已经注意到这个问题，但还未能很好地解释大国经济的多样性。

第二，对个别省市或局部区域改革开放的研究，容易忽略地方经验的国家特色。

例如，对上海改革开放的研究，却忽视了上海经验的国家特色，也就是说，对于上海改革开放的经验总结、分析展望，没有能够展现其在国家一盘大棋中所具有的特色与意义，极少给出必要的解读。

第三，上海在未来的改革开放中如何定位？

众所周知，上海改革开放的重要意义超越上海本土之外，具有国家战略意义。40年来，上海经济发展的高低起伏与改革开放的进程息息相关、同声相应、同气相求。20世纪80年代，上海经济发展滞后，这源于上海成为我国南方沿海改革开放的后卫、压阵“大哥”，用以维护统收统支的财政体制。20世纪90年代，浦东开发开放，迅速形成了一个“新”上海，“80年代看深圳，90年代看上海”。上海以浦东开发开放为契机，逐渐从全国改革开放的后卫走到了全国的最前列，取得了重大成就，成为全国改革开放的先行者、领头羊。这是一个市场经济体制不断完善的过程，也是城市功能加快转型的过程，更是国际化程度日益提高和长三角城市群加速成型的过程。随着上海经验在天津、重庆、浙江、广东、东北等地的传递，随着我国经济的持续发展与结构调整，随着全球经济的深度位移，改革开放中的上海需要改变，需要率先转型突破，占据世界经济中心的高度，配置全国乃至全球资源，推动全国的改革开放。这里涉及一个新问题：在未来的改革开放中上海必须扮演的新角色是什么？

六、国内外学术文献综述

2008年我国改革开放30周年之际，国内外有关“中国改革开放”和“上海改革开放”的研究成果颇多，大体可以分为三类：一是对我国或上海改革开放的过程与重大事件的记录与整理；二是对我国或上海所进行的改革开放的总结、分析与评价；三是对我国或上海改革开放中的道路选择、经验启示、现实意义等的深入挖掘和研究。

（一）对上海改革开放过程与重大事件的记录与整理。

关于第一类文献，首先是一些名家，如：蒂莫西·奇克（Timothy Cheek，2006）、曹景行（2008）、胡平（2010）、徐涛（2016）、袁志平（2017）、王国平（2018）、张国宝（2018）、上海市人民政府发展研究中心（2018）等通过对我国或上海改革开放的亲历或采访，以回忆录、实录等形式作了原汁原味、客观纪实的描述和整理；其次是国内一些权威研究机构和重要媒体，如：中共中央文献研究室（2008）、新京报社（2008）、上海市地方志办公室、当代上海研究所（2008）、蒋媛媛（2017）、葛明明（2017）、上海党史与党建（2018）组织力量对全国和上海改革开放40年来的重要文献资料作了选编，通过日志、图志等形式回顾和梳理了全国以及上海改革开放40年来的历史进程；再次是国内部分学者，如：郑彭年（2005）、柳建辉、曹普（2008）、左学金（2013）、李男男（2016）、孙敏（2016）、郑杨（2017）、沈桂龙（2017）、邓杰（2017）、黄琳琳（2018）等通过理论与实践两个层面的梳理对全国改革开放的历史从经济史和经济思想史的不同视角作了深入分析和研究。第一类文献的发表与出版，表明了与全国和上海改革开放相关的文献积累和文献梳理工作已经比较完善，为进行下一步的深入研究提供了必需的资料准备。

（二）对全国与上海改革开放的总结、分析与评价。

关于第二类文献，可以分别从全国层面和上海层面作梳理。从全国层面看，诸如国家发展和改革委员会经济体制与管理研究所（2008）等权威机构及林岗（2008）、胡星斗（2008）、杨晓东（2008）、李晓西（2010）、阴晴、李建平（2011）、姚佳（2011）、刘琦岩（2017）、方上浦（2017）等著名学者在对我国改革开放40年的历史脉络作实证梳理的基础上，还对改革开放的阶段性特征、经验与成就、不足，以及未来发展的展望等作了全面的思考和分析，比如对我国经济体制改革历史经验的研究、对改革开放的不同时期经济发展背景的思考等都颇有见地。从上海层面看，上海市邓小平理论和"三个代表"重要思想研究中心（2008）、上海市商务委员会（2008）等主要研究机构和政府部门，以及黄金平（2008）、付磊（2012）、荣荣（2014）、丛菲菲（2016）、魏加宁（2016）及上海市人民政府发展研究中心改革形势分析课题组（2018）等学者对上海的改革开放从经济发展的角度、从对外经济贸易关系的角度、从改革背景下的政策选择角度等不同视角，分别作了详细的论述。第二类文献研究的特点是对中国与上海的改革开放历程或相关领域的具体问题进行梳理、总结、分析，阐发并再现了这一历史进程的诸多侧面和特征。

（三）对上海改革开放道路选择的深化研究。

关于第三类文献，也可以从全国和上海两个层面作梳理。从全国层面看，美国的劳伦·勃兰特（Loren Brandt）、托马斯·罗斯基（Thomas G. Rawski）编的China's Great Economic Transformation（2008）[①]、蔡昉主编的《中国经济转型30年：（1978—2008）》（2009）、史正富主编的《30年与60年：中国的改革与发展》（2009）不仅有对中国改革开放的历史梳理，更有从宏观和战略高度对改革开放理论、经验、意义的提炼和深化。从上海层面看，沪上许多知名学者如袁恩桢、孙海鸣（2008），左学金（2008），汪胜洋（2008），欧定国（2013），杨梅（2015），邵丹（2017），张晨（2017）等更是对上海40年来改革开放的实践与经验分别从经济发展的角度、城市发展的角度、上海作为国际大都市在新世纪崛起的角度等全方位地作了总结、展望、思考和提炼。第二、第三类文献研究的界限有时是模糊的，差别在于第三类文献更多地、有意识地总结改革开放时代，中国与上海的道路、经验、意义。

（四）对全国与上海改革开放已有成果的评价。

这里本书将就以上综述中第二、第三类文献所提及的代表性著作，本着突出重点、指向问题的原则加以分析评价。

第一，从国家层面对40年来改革开放的研究。

（1）历史视角：《改革开放三十年：从历史走向未来》是国家发展改革委经济体制综合改革司、国家发展改革委经济体制与管理研究所

---

① 该书英文版由剑桥大学出版社2008年6月出版，中文版参考如下：[美]劳伦·勃兰特、[美]托马斯·罗基斯编：《伟大的中国经济转型》，方颖、赵扬等译，格致出版社2016年版。

（2008）编写的有分量的著作，从经济体制入手，将改革开放置于共和国的历史中，解读30年来中国诸多领域的改革开放经验与成效，梳理总结了经济体制改革的历程、经验以及未来的方向。而Loren Brandt、Thomas G. Rawski编的China's Great Economic Transformation（2008），则汇集了数十位国际国内的中国经济问题专家，从政治制度、产业发展、全球化、区域资源配置和局部改革等方面，通过全面而深入的综合分析，为中国过去30年改革开放以来所取得的举世瞩目的高速经济增长作了合理的诠释和中肯的评价。郭建宁主编的《改革开放与中国特色社会主义》（2010）比较完整地总结了中国改革开放的历史与意义，改革开放与市场经济，以及社会、政治、文化的关系，从较高层面解释了在中国改革开放历程中所形成的“中国模式”，以及在现有的理论总结下如何进一步推动改革开放。王伟光主编的《改革开放与中国特色社会主义》（2009）也集中展示了2008年度中国社会科学院学者对与“中国特色社会主义”相关的重大理论和现实问题的研究与思考成果，共辑录论文、理论文章、调研报告86篇。

（2）理论视角：刘国光主编的《中国经济体制改革的模式研究》（2009）则全面探讨了我国经济体制改革目标模式的选择、转换的理论依据及其现实道路。基于“有限买方市场”的理论假设，该书认为我国社会主义经济体制改革的总目标模式为“在计划指导下有宏观控制的市场协调模式”。在此认识基础上，该书又深入剖析了所有制结构、决策体系、利益体系、调节体系、组织体系等具体构成要素的基本内涵；重点分析了改革初期双重体制的成因、表现、积极作用及摩擦力量，综合探讨了经济改革与经济环境、结构调整、对外开放、政治体制改革等之间的辩证关系。这是一部对我国经济改革产生重要影响的有深厚理论性、前瞻性和创造性的著作。王在亮著的《改革开放以来中国区域合作理论研究》（2016）在对区域合作一般理论进行抽象总结的基础上，对改革开放以来中国区域合作的理论渊源、西方理论借鉴以及理论演进过程进行了深入分析和论证，在坚持马克思主义基本立场的基础上，充分运用历史分析法、比较分析法以及案例分析法等多种研究方法，对面向未来的中国区域合作理论进行了富有前瞻性的思考，主要是对中国区域合作的指导思想、基本原则、目标体系设定以及手段选择四个方面进行了全面、深刻剖析。

第二，从上海层面对40年来改革开放的研究。

（1）在国家战略高度：黄金平等著的《上海经济发展三十年》（2008），结合十六大以来党中央和国家对上海发展的新定位、新要求，从经济发展方面入手，总结了改革开放以来，上海国民经济恢复、重新走上新的轨道，以及推进产业结构调整，全面开展城市建设，促进经济发展方式转变的实践历程与历史经验。从经济发展层面阐释了30年来上海在改革开放中的变化，是为上海改革开放时期的经济发展史，既体现上海经济史研究的延续性，又体现研究的创新性。袁恩桢、孙海鸣主编的《上海30年：改革开放与经济发展》（2008）是关于研究上海市30年改革开放与经济发展的专著，从上海的基本经济制度与所有制结构变革、产业结构与财税体制变革、上海现代金融市场体系的建设、收入分配体制改革、上海贸易改革与物流业发展，以及上海的房地产市场变革、国有企业改革、区域经济关系和城市功能等多方面，回顾总结了上海的经验。同样是一部颇具学术价值的专著。陆丽萍撰写的《TPP协定与上海自贸试验区先行先试改革开放建议》（2016）根据TPP[①]等国际贸易投资规则的新特点，上海自贸试验区在开放政策选择、监管制度选择、综合性评估和反馈机制方面，建议考虑：对金融服务行业的监管；对接TPP知识产权保护相关规则，建立生物医药的数据排他权与专利连接制度；提高对信息数据跨境传输的知识产权保护和便利化；全面清理有据可查的国有企业特殊待遇与政策优惠；从贸易便利化到营商环境的全面提升，加强事后评估。

（2）在关键领域和环节，左学金等著的《上海经济改革与城市发展：实践与经验》（2008）以上海经济体制改革与发展为背景，从产业、国企改革、所有制、自主创新、对外开放、城市建设、区域经济等方面总结了上海的发展经验，本书还概括了上海经济发展道路的突出特点，探寻了符合上海发展特点的发展道路。黄仁伟等著的《上海对外开放与发展：实践与经验》（2009）从上海的对外贸易、外资、浦东开发开放等重点领域及具体

① TPP：《跨太平洋伙伴关系协定》（Trans-Pacific Partnership Agreement，简称TPP）。

环节进行梳理总结，并从浦东与长三角、全国的关系以及全球化的角度分析了上海开放经济的国内外影响力。汪胜洋等著的《跨世纪崛起：上海改革开放 30 年回顾、总结和展望》（2008）则从改革入手，对上海的国资国企、要素市场、社会保障、财政体制、管理体制、农村体制、对外开放、浦东开放等方面作了深入展开。此外，李正图著的《浦东开发公司模式研究》（2010）、钱运春与郭琳琳合著的《浦东之路：创新发展二十年回顾与展望》（2010）等，作为上海纪念浦东改革开放 20 周年的献礼之作，分别通过开发公司模式入手，解释了改革开放进程中上海浦东新区的形成与发展；通过描绘与总结上海浦东新区的发展历程，解释了浦东的发展道路、特点、示范意义。陆晓文发表的《改革开放后上海社会变动发展的特点与影响》（2016）阐述了 30 多年前的改革开放，"导致了中国和上海社会的巨大变化"。距今 28 年前，"上海迎来了浦东开放"；距今 18 年前，"上海在产业结构重大压力下走出了发展高潮"。文中指出："今天，上海又面临一次重大调整，这个调整将决定上海的未来。鉴于上海在中国的地位与作用，上海在社会发展的过程和内容上应该与其他城市有不同的特点。上海应该全国率先实现民生优先、安居乐业、公正公平、社会风尚良好、地方社会保障与国家保障制度衔接统一的全球城市。"

（五）本书研究的学术价值、应用价值和社会意义。

2012 年 12 月 7 日至 11 日，中共中央总书记、中共中央军委主席习近平在广东考察工作时强调："党的十八大向全党全国发出了深化改革开放新的宣言书、新的动员令，全党全国各族人民要坚定不移走改革开放的强国之路，更加注重改革的系统性、整体性、协同性，做到改革不停顿、开放不止步，为全面建成小康社会、加快推进社会主义现代化而团结奋斗"。习近平表示，"这次调研之所以到广东来，就是要到在我国改革开放中得风气之先的地方，现场回顾我国改革开放的历史进程，将改革开放继续推向前进"。[①] 同时，党的十八大报告也指出："改革开放是坚持和发展中国特色

① 人民网：《习近平在广东考察时强调增强改革的系统性整体性协同性做到改革不停顿开放不止步》，见 http://politics.people.com.cn/n/2012/1212/c1024-19866310.html。

社会主义的必由之路”，阐明了改革开放的国策性意义。40 年来，中国的“改革开放”一直是上至国家领导、下至黎民百姓，内及广大民众、外至国际友人所共同关心的话题，相关的言论、评说、研究浩如烟海。学术研究随时代而迁移、推陈出新。当我国改革开放的国策被实践 40 年后，进入全新调整期之际，如何深化改革开放，需要再一次整装出发。在践行国家领导人决策之际，需要适时地推出新课题——“上海与改革开放研究”。因此，本书研究具有如下社会意义：

第一，从上海经济发展的高低起伏中，能充分显示改革开放的重要性。

20 世纪 80 年代，上海在改革开放方面的成绩并不突出，虽然原因有中央要上海成为全国改革的后卫和支撑之意，但这一时期也是上海孕育改革动力、蓄势待发的时期。作为计划经济“示范区”的上海，正在为即将到来的改革开放高潮积蓄能量。1985 年 2 月 8 日，国务院批转《〈关于上海经济发展战略的汇报提纲〉的通知》(国发〔1985〕17 号)，为 20 世纪 90 年代上海的经济腾飞奠定了基础。20 世纪 90 年代，浦东的开发开放，使上海的改革开放势头蓬勃兴起。

第二，上海未来改革开放的关键在于释放制度红利。

20 多年前的浦东开发开放激活了上海的发展，激荡了中国的改革。数年前上海启动的“创新驱动、转型发展、率先突破”，以及近年来正在推进的“建设全球科创中心”“迈向卓越的全球城市”，都在引领着全国的改革开放。未来的上海发展还需依靠进一步深化改革开放，释放制度红利、创新驱动、结构变革，重新占据世界经济的高度。

第三，本书的研究能够也必须得出一个应有的结论，即上海在全国改革开放中的作用和地位到底是什么？在此基础上进一步说明未来上海的纵深改革将如何取舍。

基于以上社会意义，本书的研究价值主要有以下四方面：

第一，论证改革与开放的辩证关系。

上海的振兴证明了改革与开放之间的相辅相成的辩证关系，即开放推动改革，改革促进开放。正如邓小平所说，“我们的经济改革，概括一点说，就是对内搞活，对外开放。对内搞活，也是对内开放，通过开放调动全国人民的积极性。”[①] 在未来的发展中，我们还需要牢牢把握以开放促改革这一要义。

第二，阐明改革开放与体制完善的关系。

上海的发展意味着改革开放与社会主义市场经济体制的不断完善紧密联系在一起，即改革开放不仅以社会主义市场经济体制为基础，也促进了社会主义市场经济体制的不断完善。正是大幅度的改革开放，促成了上海现代金融市场体系的形成与完善。

第三，“上海经验”可以折射“中国模式”。

从本地、全国、全球的多视角，从历史与未来的双维，解读全国改革开放进程中的上海经验与教训，“上海经验”在中国大国发展道路中、在“中国模式”中的位置。另一方面，理清上海、全国经济增长的活水源头——改革开放，坚定不移地完善改革开放的微观基础，不仅上海需要，全国各地都需要。

第四，上海改革开放需要顶层设计。

首先，21 世纪初中国加入 WTO，标志着中国开始与发达经济体合作与竞争时代的到来。不仅要“引进来”，还要“走出去”；不仅要遵循国际惯例，还要影响国际规则；不仅要增加中国元素，为世界多极化作贡献，还要贡献中国智慧，构建更加完善的国际经济秩序。在这个背景下，中国的改革开放思路面临重大调整，上海的创新驱动、转型发展上升到国家战略的高度，需要作顶层设计。其次，作为中国最大的经济城市，要建设国际金融、贸易、航运与经济中心，要建设具有全球影响力的科技创新中心，要迈向卓越的全球城市，途径还是加大改革开放的力度。

---

① 《邓小平文选》第三卷，北京，人民出版社 1993 年版，第 135 页。

第一章

上海改革开放的总体回顾、总结与评价

习近平总书记强调："改革开放是决定当代中国命运的关键一招，也是决定实现'两个一百年'奋斗目标、实现中华民族伟大复兴的关键一招"[①]。在上海40年的改革开放历程中，上海始终把自身的改革开放放在全国改革开放的大格局中来思考和谋划，勇当改革开放排头兵、创新发展先行者，以开放促改革、以改革促发展，勇于探索、先行先试，在国资国企改革、营改增、自贸区建设等领域形成了一批可复制可推广的制度创新成果，注重改革开放的整体性，协调推进了政府、市场、社会、国企的系统性改革，以创新驱动发展，开创了经济社会发展的新局面。进入新时代，上海要以习近平新时代中国特色社会主义思想为指导，就如习近平总书记强调的"改革开放只有进行时，没有完成时"[②]，在新的起点上实现上海改革开放再出发，在建设卓越全球城市、全球有影响力的科创中心、自由贸易港、具有国际竞争力的一流营商环境等方面取得新突破，更好的服务长三角、服务全国。

第一节　上海改革开放的基本进程

一、1978—1989年：改革开放起步阶段

这一时期，上海作为计划经济较为典型的城市，受到财政统收统支和原材料不足等因素影响，经济增速低于全国平均水平，更远低于发展外向型经济的广东和发展乡镇企业的江苏、浙江，上海的发展总体落后于全国。

1979年，上海在国有企业中试行利润留成制度，并于1983年和1984年进行了两步"利改税"，以增强企业活力。1983年4月，上海市第八届人大一次会议审议通过《上海市国民经济和社会发展第六个五年计划（草

---

① 《习近平总书记系列重要讲话读本（2016年版）》，北京，学习出版社、人民出版社2016年版，第67—68页。

② 《习近平总书记系列重要讲话读本（2016年版）》，北京，学习出版社、人民出版社2016年版，第68页。

案)》，提出“把全部经济工作转到以提高经济效益为中心的轨道上来”。国资国企改革方面，1983年以后，上海开始实行以“政企分离”为特征的扩大企业自主经营权改革，不断增强国有大中型企业活力；农村经营体制改革方面，20世纪80年代中期，在农村全面推广实行家庭联产承包责任制，1985年，对农副产品购销制度进行改革，放开农产品价格，调整农村产业结构；工业方面，加强机械、电子、钢铁、石化和建材五大基础工业建设，同时推进了邮电大楼、越江隧道等重点项目建设。1986年4月，上海市第八届人大五次会议审议通过《上海市国民经济和社会发展第七个五年计划》，提出了改造振兴的发展主线。国资国企改革方面，1986年以后，以“深化国企所有权层面改革”为特点的试点股份制改革，在大中型国企实行承包经营责任制；工业方面，相继建成了金山石化二期、桑塔纳轿车等一批骨干工程，同时新建了铁路新客站、扩建改造虹桥机场国际候机楼等。

这一阶段，上海在涉外体制方面取得了较大进展：1979年12月28日，上海率先成立了上海市对外贸易总公司；1984年4月28日，上海市进出口公司办公室正式改名为上海市对外经济贸易委员会，统一管理全市外经贸工作；1984年4月，国务院批准上海、天津、广州等14个城市为沿海开放城市，享受相关优惠政策，为引进外资和先进技术提供了政策上支持；“1986年8月，国务院原则上批准上海可以采取计划单列、自借自还的方式直接向国外集资，允许在15年内把创汇和不创汇的、盈利和不盈利的、长期见效和短期见效的项目捆在一起，综合开发、经营和还款，简称‘94专项’。”[①]1986年，国务院批准闵行经济技术开发区、虹桥经济技术开发区为第一批国家级经济技术开发区，1988年国务院批准漕河泾新兴技术开发区为国家级经济技术开发区；到1987年底，上海批准建立了139家外商投资企业，吸收外商投资10.6亿美元；1989年底，已有33家国外银行在上海设立办事处。

这一阶段，上海通过向国家上缴大部分财政收入为全国的改革开放提

---

① 上海市发展计划委员会《上海计划志》编纂委员会编:《上海计划志》，上海，上海社会科学院出版社2001年版，见 http://www.shtong.gov.cn/node2/node2245/node73963/node73968/node73987/node74013/userobject1ai88826.html。

供财力支持，把生产出的大量产品源源不断的输送到全国，支持改革开放的进行，充当了改革开放的“后卫”角色。1988 年，中央同意上海实行财政包干政策，提高了上海的财政自主权，同时上海调整了城市功能布局，为上海如何重振雄风进行了战略思考和前瞻性谋划，为上海的进一步改革开放奠定了坚实基础。

二、1990—2000 年：改革开放突破阶段

这一时期，上海以浦东开发开放为契机，实行“东西一体，联动发展”，以浦东的开发开放带动浦西以及整个上海的发展，实现了“一年一个样，三年大变样”的转变，取得了改革开放的重大突破。

1990 年 2 月，上海向中央递交《关于开发浦东的请示》报告，同年 4 月，中央宣布开发开放浦东。1991 年 4 月，上海市九届人大四次会议审议通过《上海市国民经济和社会发展十年规划和第八个五年计划纲要》，提出了发展主线是产业结构合理化。1992 年 4 月，中共十四大报告提出“以上海浦东开发开放为龙头，进一步开放长江沿岸城市，尽快把上海建成国际经济、金融、贸易中心之一，带动长江三角洲和整个长江流域地区经济的新飞跃”，即“一个龙头，三个中心”。上海按照中央要求，采取了一系列改革措施。在产业结构方面，开始全面实施“三、二、一”的发展方针，产业的发展从过去以传统工业为支撑转向以高新技术产业为支撑；在外资外贸方面，“1995 年上海外贸创历史最高水平，进出口额达 190.25 亿美元”，“直接利用外资 1995 年项目数 2845 个，协议外资金额约达 105.4 亿美元”[①]。1996 年 2 月，上海市十届人大四次会议审议通过《上海市国民经济和社会发展“九五”计划与 2010 年远景目标纲要（草案）》，提出了经济体制和经济增长方式的两个根本性转变。围绕这一要求，上海继续加大产业结构战略性调整的力度，第三产业持续加快发展，积极实施国有经济

① 《上海年鉴》编纂委员会编：《上海年鉴（1996）》，上海，上海人民出版社 1996 年版，见 http://www.shtong.gov.cn/Newsite/node2/node19828/node19829/node19857/node64436/userobject1ai68806.html。

布局战略性调整，深入推进以现代企业制度为重点的国有企业改革。2000年，上海“全市进出口总额达到了547.1亿美元”，“批准外商投资项目1814个”，“吸收合同外资63.9亿美元”。①

这一阶段，上海的改革开放从“后卫”走到了“前沿”。在政府管理体制方面，形成了市区“两级政府、两级管理”，郊区“三级政府、三级管理”的城市分级管理体制；在国资国企改革方面，实行了以“政资分离”为特征的现代企业制度的改革，在全国率先形成了现代企业制度的基本框架；在城市建设方面，用TOT②方式转让南浦大桥和杨浦大桥49%的专营权，筹资25亿元建设徐浦大桥；在开发区管理方面，先后成立了金桥、陆家嘴、外高桥、张江四个园区开发公司，创新了以公司为核心的开发区管理模式。这一阶段上海以浦东开发开放为先导，综合运用了土地批租、资本市场、BOT③、吸引内外资等方式，筹集了建设资金，扩大了对内对外开放，促进了外向型经济发展，加大了基础设施投入，增强了发展后劲，在经济社会的持续健康发展中实现了一系列零的突破，赢得了改革发展的领先优势。

三、2001—2012年：改革开放扩大阶段

2001年2月，上海市十一届人大四次会议审议通过《上海市国民经济和社会发展第十个五年计划纲要》，提出要确立社会主义现代化国际大都市地位、全面提高城市综合竞争力。5月，国务院原则上同意《上海城市总体规划（1999—2020）》，并在批复中指出：“要把上海建成经济繁荣、社会文明、环境优美的国际大都市，国际经济、金融、贸易、航运中心之一。”同年12月，我国正式加入世界贸易组织（WTO）。2002年12月3日，国际展览局第132次大会的投票结果揭晓：中国上海获得了2010年世界博览会的主办权。2005年6月，国务院常务会议批准浦东在全国进行综

① 《上海年鉴（2001）》，上海，上海年鉴社2001年版，见http://www.shtong.gov.cn/node2/node19828/node20119/node20147/node64293/userobject1ai59877.html。

② Transfer-Operate-Transfer的缩写，TOT是BOT融资方式的新发展。

③ Build-Operate-Transfer的缩写。

合配套改革试点。2006 年 1 月，上海市十二届人大四次会议审议通过《上海市国民经济和社会发展第十一个五年规划纲要》，提出增强城市国际竞争力。2006 年 3 月，时任国家主席胡锦涛针对上海的具体情况提出“四个率先”，要求上海率先转变经济增长方式、率先提高自主创新能力、率先推进改革开放、率先构建社会主义和谐社会。

在“四个中心建设”方面，上海不断健全和发展要素市场，加强证券、期货等要素市场建设，金融机构集聚效应凸显。2005 年 8 月，中国银行上海总部在浦东成立，上海的国际金融中心地位得到加强，以经济为核心的城市功能和竞争力也得到加强。继洋山深水港一期、二期建成使用后，三期工程也于 2008 年底建成启用。2005 年 8 月，上海成立我国第一家保税港区——上海洋山保税港区，承担起我国建设国际航运发展综合试验区的重要使命，成为国际航运中心建设的核心载体。同时上海港的货物、集装箱吞吐量均居世界第一，成为世界著名港口。

在对外经贸体制方面，推进了外贸主体多元化，把利用外资同国内经济结构调整和国有企业改革结合起来。2010 年上海举办了一届成功、精彩、难忘的世博会，带动了城市重大基础设施建设、市容市貌的改善。

在国资国企改革方面，2003 年，上海根据本市国资调整的总体规划，制定了有关国企“强强”联合重组、产权多元化改制和上市做大做强的思路和方案。2005 年 5 月 30 日，证监会和国务院国资委联合发文《关于做好股权分置改革试点工作的意见》，对股权分置改革工作提出了明确要求，至 2006 年底，上海全市股权分置改革工作完成，国有上市公司进入全流通时代。

在综合配套改革方面，2005 年 6 月 21 日，国务院常务会议批准浦东新区在全国率先进行综合配套改革试点，要求率先建立起完善的社会主义市场经济体制，为推动全国改革起到示范作用。综合配套改革试点方面最大的特点就是进行制度创新，在推动政府转型、发展要素市场、社会领域改革、推进城乡一体化、加强和培育中介组织等方面进行了改革。

这一阶段，上海以加入世界贸易组织为契机，紧紧围绕“四个率先”“四个中心”，率先研究应对 WTO 的有关政策，加快建立与国际通行规则相一致的运行规则，推动了服务贸易的发展。2011 年 1 月 12 日，国务院批准张江高新区建设为国家自主创新示范区，以建设国际一流的创新科技园区为愿景。同时坚持“引进来”和“走出去”相结合的对内对外开放，以制度建设构建改革开放的新优势，推动了上海向国际化大都市转型的步伐。

四、2013 年至今：改革开放深化阶段

2013 年 9 月 29 日，承载着改革开放再出发重任的上海自贸区挂牌成立。上海自贸区的成立是以开放促改革，是主动对接世界经贸新规则所采取的一项国家战略，力在寻找中国经济新的增长点和形成一种可复制、可推广的经济发展新模式，是制度创新，不是政策洼地。《国务院关于印发中国（上海）自由贸易试验区总体方案的通知》中明确指出：“上海自贸区要经过两至三年的改革试验，力争建设成为具有国际水准的投资贸易便利化、货币兑换自由、监管高效便捷、法制环境规范的自由贸易试验区，为我国扩大开放和深化改革探索新思路和新途径，更好地为全国服务”。

自贸区成立四年多来，在投资管理体制、贸易监管制度、金融创新、事中事后监管方面取得了较大成果。以负面清单管理为核心的投资管理制度基本建立，修订出台了 2014 版《负面清单》，将外商投资准入特别管理措施缩减至 139 条，比 2013 版减少了 51 条；深化商事登记制度改革，实施了“先照后证”和“一口受理”，提高了办事效率，2014 年全年区内新增注册企业 11440 户，其中，内资企业 9383 户，注册资本 3329 亿元；外商投资企业 2057 户，合同外资 118 亿美元；集聚总部经济企业 258 家，其中亚太营运商 22 家；年内全面实施第一批服务业六大领域 23 项开放措施，由上海均瑶集团发起成立的民营银行——华瑞银行已获批在自贸区开业。以贸易便利化为重点的贸易监管制度已经形成，创新推出“一线放开、二线安全、高效管住”的监管制度，海关、海事等部门推出 60 多项创新举措，进出口平均通关时间比区外减少近 40%，启动实施了国际贸易“单一窗口”管理制度。以资本项目可兑换和金融服务业开放为目标的金融创新制度有序推进，自由贸易账户、扩大人民币跨境使用和深化外汇管理改革

等试点稳步实施，已通过分账核算系统验收的 10 家银行共开立了 9741 个自由贸易账户，自贸试验区跨境人民币结算总额 3226 亿元，其中，跨境人民币境外借款业务累计金额 197.28 亿元，跨境双向人民币资金池业务收支总额 783 亿元。以政府职能转变为核心的事中事后监管制度初步形成，区内 27 项制度创新成果已先后在全国或部分地区复制推广。为推广上海自贸区的成功经验，2014 年 12 月，国务院决定将上海自贸区扩容，加入陆家嘴金融片区、金桥开发区片区、张江高科技片区，面积也由原来的 28.78 平方公里扩大至 120.72 平方公里。

上海自贸试验区自 2013 年挂牌以来到 2017 年 9 月的四年里，针对外资已经形成了 110 多项开放领域，这些领域吸引了外资新设企业超过 4900 家，占整个自贸区新设外资企业的 56%。过去五年上海累计实到外资 889 亿美元，是上一个五年的 1.5 倍。数据显示，2017 年上海自贸试验区全年实到外资 60 亿美元，占上海全市实到外资的比重升至 35.3%。新增服务业扩大项目 412 个，累计达到 2404 个，金融、航运、文化、专业服务等扩大开放领域外资项目不断落地，新兴金融机构数量达到 4630 个，FT 账户达到 7.02 万个，跨境双向人民币资金池累计 769 家。2017 版外商投资“负面清单”减少到 95 条，国际贸易“单一窗口”3.0 版上线运行；服务业扩大开放已经有累计 2404 个项目落地；“证照分离”改革试点深化，第一批 116 项改革事项复制推广到其他自贸试验区。未来上海自贸区要继续扩大对外开放，进一步提高开放度、透明度，在外商投资更加关注的金融、电信、文化和先进制造等领域对外开放有新突破，探索建设自由贸易港。

第二节　上海改革开放40年的经验、特色与成绩

一、把上海改革开放放在全国改革开放的大环境中来思考和谋划

对上海而言，改革开放从来不是一己之事。改革开放 40 年来，上海始

终坚持服从国家战略，服从中央对上海的要求，把上海的发展放在全国改革开放的大局中、放在中央对上海的发展战略定位上来思考和谋划，获得了源源不断的发展动力。

20 世纪 80 年代，国家优先在深圳、珠海、汕头、厦门四个地方建立经济特区，进行改革开放试点。为确保经济特区的试验成功，作为整个 80 年代全国财政收入最高的地方，上海自觉承担起了改革开放的“后卫”角色，不仅是中央财政收入的主要来源，还为全国各地提供大量的工业产品，保证了改革开放的顺利进行。20 世纪 90 年代，中央作出了开发开放浦东的重大战略决策，上海发挥“敢为天下先”的精神，在全国率先开始国有资产管理体制改革，率先建立一批国家级要素市场，率先进行企业和基础设施建设投融资体制改革，实现了一系列“零的突破”，让上海赢得了改革发展的领先优势，推动了上海的全面改革和全方位开放。浦东的开发开放，是上海向世界昭示中国改革开放的决心与信心。进入 21 世纪，中央对上海提出了“四个中心”和“四个率先”的要求。国际金融中心建设方面，2012 年，上海试点了人民币资金池境外放款业务，成为全国唯一有该项试点业务的城市，全年跨境人民币结算总量近 5000 亿元；2013 年，上海金融市场交易额突破了 600 万亿元。国际航运中心建设方面，世界最大、运力为 1.8 标箱的集装箱轮靠泊洋山港，上海港预计全年完成货物吞吐量 7.68 亿吨，集装箱吞吐量完成 3360 万标准箱，分别同比增长 4.3% 和 3.3%，居世界第一。波罗的海国际航运公会上海中心、波罗的海航交所上海办事处分别于 2013 年 2 月和 10 月相继落户浦东，航运服务体系逐渐完善。国际贸易中心建设方面，虹桥综合交通枢纽，可谓目前世界上规模最大、功能最全的大型综合交通枢纽，成为国际贸易中心的新平台，国家会展中心也已经落户区内；2014 年，《上海国际贸易中心建设 2014—2015 年重点工作安排》发布，平台经济将迎来大发展。2013 年，中央提出了在上海建立自由贸易试验园区的决定，旨在通过试验寻找可复制的成功经验，为新一轮改革开放领航。经过四年多的试验，上海自贸区已经取得阶段性成果，部分成功经验已经向浦东新区和全国推广。2017 年，辽宁、浙江、河南、湖北、重庆、四川和陕西 7 个新设自贸区挂牌运行，加上此前成立的上海、广东、天津、福建4个自贸区，我国自贸区总数已达11个。数据显示，2017年1月至11月，我国自贸区新设外商投资企业6366家，占全国的20.7%，实际使用外资915.1亿元，占全国的11.4%。

可以说，在改革开放的一个个关键时刻，上海总是挺身而出，自觉承担起改革开放的“排头兵”“先行者”的重任，新时代上海正在按照习近平总书记的要求，向建设具有全球影响力的科技创新中心进军。

二、抓住浦东开发开放的关键历史机遇全面推动改革开放

20世纪90年代，中央决定对浦东实施开发开放，并将浦东开发开放上升为国家发展战略，推动改革开放继续向纵深方向发展。上海以浦东开发开放为契机，按照中央“一个龙头，三个中心”的要求，实行“东西一体，联动发展”，依托浦东开发开放带动浦西的发展，推动城市空间布局和产业结构调整，推动上海的全面改革和全方位开放。

20世纪80年代，上海处于改革开放的“后卫”，经济发展落后于全国，面临住房、交通、环境等多方面的压力。1986年7月，上海向中央上报《上海市城市总体规划方案》，提出了有计划建设和改造浦东地区的设想。同年10月，国务院在批复中指出“当前特别要注意有计划地建设和改造浦东新区，……建设新居住区，使浦东新区成为现代化新区”。为落实国务院批示，1987年7月，上海市政府成立开发浦东联合咨询小组，构想通过浦东开发建设，把上海从单一的工业生产基地转变为一个国际性的多功能中心，优化整体经济结构，进而全面提升整个城市的运作效率和经济效益，疏解浦西的人口压力，腾出空间改造浦西。1990年6月，国务院正式批复上海关于开发开放浦东的请示，指出“开发和开放浦东是深化改革，进一步实行对外开放的重大部署，……有计划、有步骤、积极稳妥的开发和开放浦东，必将对上海和全国的政治稳定与经济发展产生极其重要的影响”。由此，浦东的开发开放上升为国家战略。

浦东开发开放之初，上海的产业结构不尽合理，第三产业比重较低，第二产业中重化工业比重较高。一方面，上海在“依托浦西、以东带西、

东西联动”方针的指导下，在浦东相继建成了陆家嘴金融贸易区、张江高科技园区、金桥出口加工区等功能各异的国家级开发区，后又成立了外高桥保税区，使浦东崛起了精细化工、生物医药、电子通讯及设备、加工贸易等产业，促进上海工业布局趋向合理。另一方面，浦东新区在对外开放过程中不断吸纳外商投资，世界 500 强企业已有 308 家落户浦东，浦东已成为名副其实的中国对外开放的窗口。而且在吸引外资的过程中注重引进先进的科学技术，消化吸收国际先进技术水平，推动上海传统产业升级。同时，随着各大银行、保险等金融机构在陆家嘴金融贸易区集聚，以及上海钻石交易所、中国金融期货交易所等在浦东成立，上海第三产业在 GDP 中的比重也得到逐年提升，随着浦东新区国际国内金融机构的集聚效应增强，上海建设国际金融中心的地位也进一步得到提升。以港口为依托的大物流发展也带动了港口经济的大发展，发挥了浦东的区域辐射带动作用。

实践证明，浦东高起点、全方位的开发开放，成为上海重整雄风、再造辉煌的强大动力，推动了上海全面改革开放的发展。

三、发挥先行先试重要作用深化综合配套改革

2005 年 6 月，国务院批准浦东新区进行综合配套改革试点，赋予浦东为全国深化改革攻坚探路的新使命，把改革从经济领域拓展到社会领域。因此，浦东新区在国家战略的伟大旗帜下，在着力转变政府职能、着力转变经济运行方式、着力改变城乡经济社会二元结构等方面发挥先行先试的重要作用，在综合配套改革方面取得了许多可复制可推广的宝贵经验。

自浦东开发开放以来，前后在金融、航运、贸易、行政管理体制、城乡二元结构等领域推出了 200 多项改革任务，其中 70 多项部市合作项目做到了可在全国复制推广。如今，综合配套改革已经有十个年头，浦东新区先后进行了 2005—2007、2008—2010、2011—2013 三轮综合配套改革试点“三年行动计划”。在综合配套改革中，浦东新区率先向自己“动刀”，探索“大部门”“大管委会”“大镇”制，政府实现了“瘦身”，确立了“小政府、大社会”的机构设置理念和编制管理约束机制。实行了浦东的行政审

批事项从最初的 724 项减少到 242 项，降幅达到 72%；平均审批时限从法定 22 个工作日压缩到 8.4 个工作日，减少了 60%；平均审批环节从 3.4 个精简到 2.8 个，压缩了 18%；平均审批时限从法定 22 个工作日压缩到承诺 8.4 个工作日，成为全市乃至全国行政效率最高、行政透明度最高、行政收费最少的地区。

在转变政府职能方面，浦东新区按照“强化、转化、弱化”的要求，突出强化政府公共服务和管理的职能，弱化政府经济管理职能，转化部分可由政府支持、社会承担公共服务的职能。2007 年，浦东新区取消街道招商引资任务，剥离街道经济管理职能；2009 年，浦东南汇两区合并后，推进“大部制”区级机构改革，优化大区域管理体制，建立了“7+1”的开发区管理格局；2015 年，又推出了“区级机关内设机构精简 15%，区级机关行政编制精简 15%”的改革计划，将 100 多名机关干部“下沉”到基层。在转变经济运行方式方面，浦东新区以陆家嘴金融贸易区为载体推进金融改革创新、以张江高科技园区为载体推进科技体制创新，并努力深化涉外经济体制改革，积极争取国家外汇管理局等部门的支持，率先开展跨国公司地区总部外汇资金管理方式试点，突破了制约总部经济发展的瓶颈。陆家嘴金融贸易区有持牌类金融机构 728 家，国家级和市级要素市场 11 家，金融业增加值约 1000 亿元。截至 2014 年底，浦东已汇聚 229 家跨国公司地区总部，具备全球事业部或亚太区总部功能的达 80 家，同时浦东也是跨国公司在华设立全球性研发公司最集中的区域。在改变城乡经济社会二元结构方面，以紧紧抓住消除城乡二元结构深层次的体制机制障碍为关键，打破原来按照城区、开发区、郊区分别设置的管理机构，以政府管理“城郊合一”促进经济发展“城郊协同”、社会事业“城郊并轨”，推进城乡一体化发展。

2015 年是浦东综合新区配套改革 10 周年，浦东的先行先试取得了举世瞩目的成就，成为“中国改革开放的象征”和“上海现代化建设的缩影”。

四、以开放促改革、以改革促发展，为可复制、可推广探路引航

2013 年 9 月 29 日，中国（上海）自由贸易试验区在上海成立，成为

我国第一家自由贸易试验园区。2014 年底，国家批准上海自贸区扩区，将浦东陆家嘴、金桥、张江纳入其中，并将自贸区的各项制度创新向浦东新区覆盖。上海自贸区的成立是以开放促改革，以改革促发展，主动对接国际投资贸易新规则，转变政府职能，发挥市场在资源配置方面的决定性作用的重大举措，为可复制、可推广探路引航，旨在为全面深化改革和扩大开放探索新途径、积累新经验。

上海自贸区成立以来，在投资管理、贸易监管、金融创新、政府职能转变四个方面均取得了重大突破。在投资管理制度方面，实施了负面清单为核心的投资管理模式，实施“法无禁止皆可为”，出台了 2013 版、2014 版负面清单，2014 版《负面清单》将对外商投资特殊管理措施由 190 项降低为 139 项，减少比例为 26.8%，提升了自贸区的开放度和自由度。2015 年，国务院公布了适用于上海、广东、天津、福建四个自贸区的统一《负面清单》，将特殊管理措施由 139 项降低为 122 项，减少比例为 12.2%；将外商投资的项目核准和外商投资企业的合同、章程审批改为备案制；将自贸区内企业境外投资由审批制改为备案制；实施商事登记制度改革，将注册资本由实缴变为认缴，取消前置审批实行“先照后证”，取消注册资本最低限额，实行企业准入的“单一窗口”制度。在贸易监管制度方面，实行了国际贸易“单一窗口”制度，货物状态分类监管制度，海关、检验检疫联动实施“一次申报、一次查验、一次放行”监管试点。在金融创新制度方面，开立了自由贸易账户，实行了跨境人民币双向资金池试点，建立了“反洗钱、反恐融资、反逃税”监管机制和跨境资金监测机制。在政府职能转变方面，创新事中事后监管，建立外资安全审查制度，形成反垄断审查联席会议制度，建立企业年报公示和经营异常名录制度。2015 年 1 月 29 日，《国务院关于推广中国（上海）自由贸易试验区可复制改革试点经验的通知》发布，包括在全国范围内复制推广的改革事项和在全国其他海关特殊监管区域复制推广的改革事项两个大的方面，其中 28 项要求在 2015 年 6 月 30 日前落实。

目前，国务院印发《关于在自由贸易试验区暂时调整有关行政法规、国务院文件和经国务院批准的部门规章规定的决定》，旨在进一步完善自由贸易试验区“负面清单”工作，为自贸区相关改革开放措施依法顺利实施提供强有力的法治保障。根据《决定》，在自贸区暂时调整《中华人民共和国船舶登记条例》等 11 部行政法规，《国务院办公厅转发国家计委关于城市轨道交通设备国产化实施意见的通知》等 2 件国务院文件以及《外商投资产业指导目录（2017 年修订）》等 2 件经国务院批准的部门规章的有关规定。有学者认为，自贸区如今已是全国对外开放的“新高地”。此次国务院调整相关规定，是我国加快自贸区建设进程、推动形成全面开放新格局的必然结果。2017 年版自贸区《负面清单》实现了大幅“瘦身”。与 2015 年版相比，2017 年版减少了 10 个条目和 27 项措施，在采矿业、制造业、交通运输业、信息和商务服务业、金融业、科学研究和文化等领域进一步扩大开放，特别管理措施减少至 95 项，开放度、透明度大大提升，并将覆盖现有的 11 个自贸试验区。此外，2017 年版《负面清单》在进一步对标国际规则的同时，按照现行国民经济行业分类的标准表述对 27 个领域的具体条目加以规范，对具体限制性要求的描述更详细，使清单更具可操作性。

国务院新公布的《进一步深化中国（上海）自由贸易试验区改革开放方案》提出了要形成以资本项目可兑换和金融服务业开放为目标的金融创新制度，形成与国际投资贸易通行规则相衔接的制度创新体系，研究完善适用于境外股权投资和离岸业务的税收制度。因此，上海自贸区的下一步的探索重点将是发展离岸业务和实施资本项目可兑换。当前上海已完成了资本项目可兑换的基础设施建设，具体的资本项目可兑换实施方案正在报批过程中。而且要将上海自贸区建设和上海的“四个中心”建设对接起来，和国家的“一带一路”和长江经济带建设对接起来，发挥更广的辐射和带动作用。

五、以产业结构调整为主线推动城市功能转型

改革开放 40 年来，上海依靠产业结构调整，建立外向型经济体系，推动了城市功能转型。随着改革开放的不断深入，上海的产业结构也由当初的单一生产型向综合服务型不断转变，经济增长经过了单纯依靠第二产业向第二、三产业共同拉动转变，城市功能也由原来的工业城市向国际经济、

金融、贸易、航运、科技创新中心和卓越的全球城市及社会主义现代化国际大都市迈进。

改革开放以前，上海作为计划经济比较典型的地区，国有经济在当时地区生产总值中的比重较高，1978 年为 86.2%，1984 年为 81.7%，直到 1990 年时仍高达 71.9%，是国内消费品和工业品的重要生产基地。20 世纪 80 年代，上海主要依靠仪电、轻工、纺织三大支柱产业，形成“二、三、一”的产业结构。进入 20 世纪 90 年代，上海进行国有经济战略布局调整，实行“抓大放小”和资产重组，使国有资本逐渐向大企业集团集中，逐步退出一般竞争性领域和非支柱的第二产业，向信息产业、汽车与成套设备制造业、房地产业等支柱产业和第三产业集中，形成了“二、三产业联动”的产业结构。同时，浦东的开发开放带动了上海城市功能的全面转型和城市空间的重构，越江隧道、越江大桥、浦东机场、轨道交通等大型基础设施的建设，极大地改善了城市交通状况，带动了整个上海城市建设和基础设施的全面更新，外滩万国博览会的历史建筑和陆家嘴大量超高层现代建筑，已经成为上海城市标志性的景观。同时随着改革开放的不断推进，吸引了大量外资进驻上海，提升了上海对外贸易的结构和层次，对上海产业结构的优化升级发挥了举足轻重的作用。随着大量跨国公司的地区总部和研发中心在上海成立，促使上海利用外资的水平不断提升，2005 年第三产业吸引合同外资的金额首次超过第二产业，逐步形成了“三、二、一”的利用外资格局。2010 年世博会的召开，带动了上海新一轮的产业结构调整和城市规划，洋山深水港、虹桥交通枢纽等大型基础设施相继落成，枢纽型和功能型设施建设步伐加快，嘉定、南桥、青浦等 9 个新城的建设，推动城市的进一步扩张，承接城区人口疏散和功能转移，同时也促进了会展业、文化创意产业、城市设计业等第三产业的发展。“十二五”时期上海提出了“创新驱动、转型发展”，加快发展新能源、新材料、先进重大装备等战略性新兴产业，产业结构调整升级加快，服务业引领发展态势明显，第三产业比重持续提高。数据显示，上海 2014 年第三产业实现增加值 15271.89 亿元人民币，比上年增长 8.8%，占全市生产总值比重的 64.8%，对全市经济增长的贡献率达 76.3%。

近年来，上海又提出建设新产业、新业态、新技术和新模式的“四新经济”，以及建设为全球有影响力的科技创新中心，来推动上海的创新驱动发展、经济转型升级。同时，在上海新一轮城市总体规划中，上海的城市定位已经发生变化：在2020年基本建成“四个中心”和社会主义现代化国际大都市的基础上，力争2040年建设成为具有全球资源配置能力、较强国际竞争力和影响力的全球城市。

六、以行政审批制度改革为突破推进政府职能转变

上海的政府职能转变过程中，大体经历了三个阶段：从改革开放初期到20世纪80年代末是政府职能转变的摸索阶段，主要表现为改革计划经济体制下“全能型”政府职能管理模式，缩小指令性计划，扩大指导性计划，引入市场调节机制；从20世纪90年代初到20世纪末是政府职能转变的突破阶段，主要表现为转变单纯的经济建设型政府职能，加强经济宏观调控和社会管理，实行市、区（县）“两级政府、两级管理”体制，浦东建立“小政府、大社会”的行政管理模式；从21世纪初开始是政府职能转变的深化阶段，主要表现为建立公共服务型政府职能，以行政审批制度改革为突破口，按照“强化、弱化、转化”的要求，将政府职能转变到“经济调节、市场监管、社会管理、公共服务”方面来。

上海以行政审批制度改革、简政放权为重要抓手和突破口，促进政府职能转变。自2000年上海市行政审批制度改革领导小组成立以来，先后出台了《上海市行政审批目录管理办法》《上海市行政审批批后监督检查管理办法》等相关文件，深化行政审批标准化管理，并先后编制三版行政审批权力清单。在全国率先对区（县）、乡镇街道行政审批进行清理；率先引进第三方机构开展行政审批评估评审改革；率先探索行政审批标准化管理，制定发布了《行政审批业务手册编制指引》和《行政审批办事指南编制指引》两个地方标准。并根据“少收费、不收费”的目标，减少了行政收费项目。仅2008年至2013年7月，就取消和停止征收368项行政事业性收费，为企业减负近60亿元。行政审批手段上，从过去各部门分别受理改为

设立行政服务中心集中办理，并开通网上平台，实行并联审批和“一门式”受理；在事项受理之后，实行告知承诺；企业可以在网上对审批流程实时跟踪。自 2001 年 10 月，市政府进行第一轮行政审批事项清理，截至 2017 年底，共进行了十余轮，在过程中严控新增审批，严禁变相审批，累计取消调整行政审批事项 3800 多项，其中取消 1600 多项，调整近 2200 项。2018 年新年伊始，上海又发布取消调整行政审批事项 87 项，其中取消 55 项，调整 32 项。

上海通过简政放权，解决行政审批过程中审批项目过多、环节过繁、时间太慢等问题，通过大幅度减少审批事项、简化审批流程、规范审批行为，实行告知承诺、并联审批和“一门式”服务，提高了审批效率，向着“全国行政效率最高、行政透明度最高、行政收费最少的行政区之一”的目标坚实迈进。通过行政审批制度改革，加强事中、事后监管，减少政府对微观事务的干预，向市场、向社会充分放权，成功实现了政府“瘦身”和“塑形”，理顺了政府、市场、社会之间的关系，创新了政府管理，转变了政府职能。

七、“大联勤”“大联动”对社会管理模式作出创新

随着我国城市化进程的不断推进，大量外来人口向一些特大城市集中，尤其在城乡接合部等地方，出现了非法办学、非法行医、乱设摊等违法现象，并由此带来了一系列社会问题和社会矛盾，给城市的社会管理带来了巨大挑战。上海按照中央要求，从特大型城市的特点出发，不断加强社会建设和创新社会管理，在区县层面探索建立了“大联动”机制，在街镇层面探索建立了“大联勤”机制，进行了社会管理模式的创新，以克服当前社会管理中条线分割、缺乏联动的弊端。

“大联动”机制，就是按照“条块结合，以块为主，统一协调，分级包块，责任明晰”的原则，加强条块的协调与联动，建立起城市综合管理的“大联动”数字化管理平台，将区县（各委办局）、街镇、村居委构成的三级资源整合为统一的大联动信息化管理平台，在区县层面设立综合管理和

应急联动中心、在街镇层面设立大联动分中心、在村居委设立工作站，发挥区县层面“大联动”中心指挥、协调、监督的功能，利用信息化管理平台对社会管理事件及时采集、共享、处置、反馈，并把“大联动”事件的办结率和处置速度纳入对干部的政绩考核。将管理重心下移，将服务管理前移。上海市闵行区于 2010 年 4 月成立了城市综合管理和应急联动中心，建立了区级联动中心、街镇层面 13 个联动分中心、村居委层面 522 个工作站，同时开通了 962000 民生热线，24 小时一门式受理群众对城市管理方面问题的投诉建议，统一协调相关职能部门在规定时间内处置完成，实现社会服务、管理、执法为一体的综合管理。

“大联勤”机制，就是在街镇层面成立城市综合管理委员会，由街镇主要领导牵头负责，区县相关条线领导作为机构成员，牵头整合城管、交警、公安、工商、食药监等城市管理执法力量，使其服从街镇调配，接受街镇考核，通过各方力量协同作战、互相补位，实现全天候、全方位、全覆盖的城市综合管理。嘉定区真新街道于 2010 年初成立了城市综合管理委员会（简称“综管委”），综管委由街道党工委书记、办事处主任领衔负责，综管委下设办公室、联勤指挥中心和督察考核队、联勤执法管理大队等，就地混编了 160 人的执法力量，成立真新地区联勤执法管理大队，组建 4 支联勤分队，下设 16 个执勤班组，以“四班三运转”模式来保证 24 小时都能有执法力量上街流动巡查，以解决以往执勤管理力量分散、多头管理、效率低下等问题。

“大联动”“大联勤”在不改变现有行政管理体制、不增加人员编制的前提下，实现条块结合、以块为主，协调各方力量，形成合力，并借助信息化管理平台，变被动管理为主动发现，使服务管理前移，及时发现、排查和解决城市管理中出现的问题，创新了城市管理模式，提高了公共服务和管理水平。

八、“创新驱动、转型发展”突破制约科学发展的瓶颈与约束

2008 年的金融危机给世界经济发展带来了重创，也正是在这一年，上

海实现生产总值13698.15亿元，按可比价格计算，比上年增长9.7%，结束了自1992年以来连续16年的两位数高速增长。除了受金融危机对实体经济的影响外，上海还面临资源环境约束、劳动力成本上升、地价房价高起和节能减排压力的增大，而且国家相继批复了天津滨海新区、深圳市、厦门市、重庆市、成都市、山西省等国家级综合配套改革试验区，上海原有的独特优势正逐渐消失，面临"不进则退"的严峻局面。经济增速放缓背后体现的更多的是上海经济增长结构和质量效益的改善，蕴含的更多的是上海对经济发展方式转变的率先尝试。

在深入分析了上海发展的阶段性特征后，上海市政府提出了"创新驱动、转型发展"的发展战略，指出"创新驱动、转型发展"是在更高起点上推动科学发展的必由之路，经济增长要由要素驱动、投资驱动向创新驱动转变。2010年11月8日至9日召开的上海市九届市委十三次会议审议通过了《中共上海市委关于制定上海市国民经济和社会发展第十二个五年规划的建议》，提出"十二五"期间是上海创新驱动、转型发展的关键时期，在规划中调低了经济增长的预期目标，明确了年均8%的经济增速。2012年6月7日，《上海市人民代表大会常务委员会关于促进创新驱动、转型发展的决定》发布，提出了以培养、集聚和用好人才为关键，以制度创新为保障，推动观念创新、科技创新和文化创新。以创新驱动发展，在发展中加快转型，在转型中提升发展的质量和效益。"创新驱动、转型发展"，创新不仅包括科技创新、管理创新，还包括理论创新、观念创新、制度创新。转型也不仅仅局限于产业结构、需求结构、投入结构，还包括城市功能的转型，不局限于经济领域，还包括社会领域。

上海在贯彻"创新驱动、转型发展"战略中，采取了一系列切实有效的举措。"创新驱动"方面，开展创新理论研究，为科学决策提供依据；推进科技自主创新，制定了智能电网、物联网等高新技术产业发展方案，建成了张江国家创新示范区、杨浦国家创新型试点城区、紫竹国家级高新技术产业开发区。"转型发展"方面，调整产业结构中摆脱对传统粗放发展路径的依赖，为新技术、新产业、新模式、新业态发展腾出空间，减少对重化工业的依赖，建立了全国首个工业能效监控平台，开展节能监察和能源审计；贯彻国家对房地产市场的各项调控措施使经济增长减少对房地产业的依赖；通过政策引导和提高能效、环保标准等，促进劳动密集型企业向外转移；在保持一定投资规模的同时，突出投资结构和投资重点，降低重化工业的投资比重，提高战略性新兴产业的比重。在政绩考核中，取消了对区县的 GDP 考核，增加了公共服务和社会管理方面的考核比重，并根据区县功能定位的不同，绩效考核办法各有侧重。

"创新驱动、转型发展"突破了制约科学发展的瓶颈与约束，使上海综合实力和经济质量同步提升，节能减排取得良好成效，产业结构调整优化升级，科技创新不断加快，居民收入不断提高，经济社会发展取得显著成效。

九、注重改革开放的整体性，协调推进系统性改革

改革开放是一项系统工程，具有系统性、整体性、协调性、联动性。上海 40 年的改革开放以构建社会主义市场经济体制为目标，以国资国企改革为核心，全面推进了要素市场建设、政府职能转变、社会保障体系等各项配套制度的改革。在具体措施上统筹协调，分阶段、有重点地逐步推进，保证了改革开放的顺利进行。

在要素市场建设方面，1979 年，上海物资部门率先在全国建立了综合性的生产资料交易市场，第一次出现了生产资料的市场价格。1987 年，上海钢材市场正式成立。1988 年，上海物资拍卖行创办，后经改制为上海国际拍卖有限公司。1990 年底，上海证券交易所正式开业。1992 年，上海金属交易所，作为我国第一个国家级期货市场开业。自 1992 年底至 1993 年底，先后又建立了煤炭交易所、农资交易所、化工交易所、石油交易所、粮油交易所、汽车交易所及建材交易所 7 家国家级大型商品交易市场。1995 年初，将原上海石油交易所、上海建材交易所、上海农资交易所和上海化工交易所 4 家合并，联合组建为综合性的上海商品交易所。1994 年，上海市组建了上海城乡产权交易所，两年后又进一步组建为上海产权交易所。2002 年 10 月底，上海黄金交易所对外营业。2003 年底，上海产权交

易所与上海技术产权交易所合并成立上海联合产权交易所，这是促进上海产权市场快速发展的重要里程碑。2017 年底，上海联合产权交易所又实施了“事转企”，整体转制为国有独资公司，将会更好地服务于上海的国资国企改革。

在政府职能转变方面，20 世纪 80 年代撤销行政性公司，90 年代将行业主管局转变为企业集团。2003 年，上海根据中央要求再一次进行了政府机构改革，将上海市发展计划委员会改组为市发展和改革委员会，组建新的市经济委员会、食品药品监督管理局、安全生产监督管理局、市信息化委员会；2008 年由市经济委员会和信息化委员会重新组建为市经济和信息化委员会。经过改革，上海的政府职能转变为：出大思路、拟大政策、抓大项目、搞大平衡、建大市场、加强宏观调控、加强协调服务。在政府政务公开方面，1996 年开始全面部署动员推行政务公开，2004 年正式颁布《上海市政府信息公开规定》，成为全国省级政府中第一个制定政府信息公开规章的地方政府，促进了政务公开。在改革行政审批制度方面，2000 年开始，上海市就组建了行政审批制度改革领导小组，集中对行政审批事项进行清理，并相继出台了相关制度和管理办法。截至 2017 年底，共进行了十余轮行政审批制度改革，许多事项实行了网上审批，并进行了“放管服”“证照分离”等改革。2017 年，在“三个一批”行政审批改革中，当场办结 2000 余万件，提前服务 9 万余件，1725 个项目当年落地，205 个事项实施网上预审当场受理或当场发证，通过网上预审当场受理 60 余万件、当场发证 20 余万件，并复制推广实施 75 项“证照分离”改革试点。

在社会保障体系建设方面，改革养老保险制度，基本形成了覆盖全社会的基本养老保险体系，为国有企业的改革奠定了良好基础；改革医疗保险制度，将机关事业单位公费医疗职工纳入了基本医疗保险制度，完成了医保卡、社保卡的并轨，基本实现了上海城镇职工医疗保险的社会化工作，为改革稳定作出了贡献；改革住房制度，实施房改措施，并于 1999 年停止了实行近 50 年的住房实物分配制度；建立了社会救助体系，形成了以养老、医疗、失业、生育、和工伤保险制度为基本标志的社会化程度较高的社会保障和救助体系。“十二五”期间，上海贯彻实施《社会保险法》，将外来从业人员、郊区用人单位及其从业人员纳入“职保”，建立城乡居民养老保险制度，试点高龄老人医疗护理计划，稳妥提高社会保障待遇标准，城乡统筹的社会保障体系进一步完善。“十二五”期间，上海每年提供城镇新增就业岗位 60 万个左右，城镇登记失业率维持在 4.3% 以内，城镇平均职工养老金较“十一五”末增加 80%，政策范围内的住院医保基金平均支付水平达到 76%，最低工资标准年均增长 12.52%。

经过政府、市场、社会、国企“四位一体”的改革，上海基本实现了从计划经济向社会主义市场经济体制的转变，初步形成了社会主义市场经济体制的框架。

第三节　上海改革开放对全国的作用

一、为全国改革开放提供支撑和保障

20 世纪 80 年代，当时全国改革开放的重心不在上海。1980 年 8 月 26 日，全国人大常委会批准建立深圳、珠海、汕头、厦门四个经济特区，对特区内的企业实行特殊的关税优惠、降低企业所得税率等一系列政策。此外，中央政府在财政上也对广东、福建给予了极大支持，包括财政留成、税收返还、允许使用一大部分的外汇额度等政策，使广东一些城市开始大力发展外向型经济，外资企业得到突飞猛进的发展。同时，苏南地区的苏、锡、常和浙江省的乡镇企业也得到空前的迅猛发展。这一时期，上海经济发展遇到了资金不足、资源短缺、交通和住房紧张、环境污染等一系列问题。1980—1989 年，上海的年均经济增幅为 7.90%，落后于全国的年均增幅 9.79%。1989 年，上海市区的年人均可支配收入为 1860.7 元，而同年进行改革试点的江苏省常熟市已达到 2057 元，广东省的广州市、珠海市和深圳市则分别高达 2351 元、2820 元和 3434 元，住房紧张和收入的下降导致了上海一大批人才的流失，上海在全国的经济地位明显下降，改革和发展

相对滞后。

这一时期，上海作为全国改革开放的“后卫”，没有像广东、福建等省那样享受国家的税收优惠。在整个20世纪80年代，上海全市的财政收入位于全国第一，但大部分都上交中央财政，留下的钱很少。1980年全市财政收入占全国总收入的1/6，上缴国家税利占中央财政支出1/3，上缴之多居全国第一位。1980年起，国务院开始实行“划分收支、分级包干”的财政管理体制，即通常所说的“分灶吃饭”。全国其他省市的财政收支开始摆脱统收统支的高度集中模式，使一些原本欠发达地区的面貌发生了很大改变。上海不仅分灶时间较晚，起步落后，而且由于原先上缴税收的基数较高，又没有享受到像广东、福建一样的政策优惠，负担依然较重，因而在区域型竞争中明显处于不利的地位，承担了改革开放“成本”的重任。上海的财政总收入在全国财政总收入中占有较大比重，又是全国工业消费品的重要供应基地，起到了为广东等地的经济特区的先行先试提供后方支撑和风险保障作用。

这样，上海在改革开放初期，从大局出发，负重前行，承担了改革开放的“成本”，充当了支援改革开放的“后卫”，为全国的改革开放提供了支撑与保障作用，有力保障了我国改革开放的顺利进行。

二、为全国改革开放提供示范和借鉴

改革开放以来，不论是浦东开发开放、国资国企改革、还是上海自贸区建设，上海始终立足国家战略，大胆探索、先行先试，担当起了改革开放的排头兵，对全国的改革开放发挥了示范带动作用。

浦东开发开放——先行先试。1990年4月18日，时任国务院总理李鹏在上海宣布浦东开发开放，2005年6月21日，国务院批准浦东新区成为全国第一个综合配套改革试点。20多年来，浦东的建设围绕市委、市政府“先行一步”的要求，力求“浦东能突破、上海能推广、全国能借鉴”，在转变政府职能、转变经济运行方式、改变城乡经济和社会二元结构方面先行先试，取得了一系列进展和突破，浦东的开发开放成了中国改革开放的象征。在这个过程中，浦东率先对招商引资工作实行“一门受理、并联审批、两审终结”，率先在全国试行“小政府、大社会、大服务”的管理模式，张江高科技园区成为全国第一个实行政府服务项目“零收费”的地区。此外，在浦东开发开放过程中探索尝试的保税区模式、出口加工区模式和高科技园区模式都已被全国各地所借鉴，尤其是浦东的开发开放没有留下巨额债务，实现了收支平衡，这一成功的投融资模式成为各地学习的榜样。

国资国企改革——“第一枪”的示范效应。作为全国地方国资体量最大的上海，在 2013 年 12 月 17 日出台的《关于进一步深化上海国资改革促进企业发展的意见》，成为十八届三中全会后地方上第一个出台的国资国企改革方案。方案中提出要以国资改革带动国企改革，从过去的管国企转变为管国资，包括对国有企业实施分类监管、打造国资流动平台、积极发展混合所有制、对领导人员实行任期制契约化管理等内容。四年过去了，上海的国资国企改革取得了丰硕的成果，包括绿地控股集团（以下简称“绿地集团”）在内的一批企业正在筹划实施整体上市、包括锦江股份在内的一批企业引进了战略投资者、包括现代设计集团在内的一批企业实施了借壳上市、包括上海国际港务集团（以下简称“上港集团”）在内的一批企业实施了股权激励和员工持股，国盛集团和上海国际集团两个国资流动平台已进入实质性运作。这一系列的改革已经形成了国企改革的“上海样本”，对其余地方的国资国企改革形成了示范效应。

“营改增”——上海经验，全国推广。财政部和国家税务总局于 2011 年 11 月 16 日共同颁布《关于印发〈营业税改征增值税试点方案〉的通知》和《关于在上海市开展交通运输业和部分现代服务业营业税改征增值税试点的通知》。自 2012 年 1 月 1 日起，营业税改征增值税试点在上海市交通运输业和部分现代服务业正式展开。在试点过程中，根据发现的问题，上海市又陆续出台了如《关于本市营业税改征增值税试点有关差额征税会计处理的通知（试行）》等相关指导性文件。实践证明，试点行业税负下降，部分因转制导致实际税负上升的企业和行业也通过过渡性退税办法得到了较好的处理，同时形成了生产性服务业和制造业之间的良性互动，促进了产业结构优化升级。因此，仅 7 个月的试点后，国务院决定自 2012 年 8 月

1日起将试点范围扩大至北京等十个省市。2013年8月1日，又将试点范围向全国余下省市全面推开，同时也扩大了试点领域。上海在“营改增”方面的试点经验在全国得到了推广。

上海自贸区建设——力求可复制、可推广。上海自贸区立足于国家战略，是以开放促改革，力在打造中国经济的升级版，形成可复制可推广的经验。当前，经过四年多的实践，上海自贸区在投资管理体制、贸易监管制度、金融创新、事中事后监管四个方面取得了阶段性突破，已经独立发布了《负面清单》的2013版、2014版，促进了贸易和投资便利化，实现了金融服务开放和海关监管制度创新。2014年10月27日上午，中央全面深化改革领导小组第六次会议审议了《关于中国（上海）自由贸易试验区工作进展和可复制改革试点经验的推广意见》，截至2014年12月10日，上海自贸区已有27项制度创新成果在全国或部分地区推广，20多项比较成熟的经验正被加速复制。而且，通过四年多上海自贸区的试验探路和积累经验，当前全国已经分三批建立了11个自贸区，上海自贸区也顺利实施了扩区，丰富了试验功能。

三、为全国改革开放提供服务和影响力

不论是浦东的开发开放还是上海自贸区的建立，上海作为我国改革开放的先行区和试验田，一直立足于服务长三角、长江流域乃至全国。在实现自身经济发展的同时，还对口支援云南、贵州、新疆、西藏等地。上海改革开放中的一系列探索与实践，服务和辐射了长三角和全国的经济发展。

20世纪80年代，上海国有企业中的“星期天工程师”为苏南和浙江的乡镇企业和民营企业提供技术指导；此外，上海还建立一批联营厂，比如浙江绍兴的自行车联营厂、温州的华生电风扇联营厂、江苏常熟的大白兔奶糖联营厂、黑龙江的光明牌奶粉联营厂等，上海派出技术人员和老工人为这些企业提供指导，帮助他们发展起来；“十一五”期间上海进行的产业转移，在别的地方投资建厂，带动当地经济发展。继浦东开发开放后，1992年6月，国家决定开放芜湖、武汉、重庆、九江、岳阳五个长江沿岸

的城市，享受沿海开放城市的优惠政策，借以强化浦东为龙头的巨大辐射带动作用，加速长江流域地区的产业迅速发展。此外，浦东的开发开放引领了长三角地区经济腾飞。浦东新区地处我国海岸线的中点与长江入海口的交汇处，特殊的地理位置决定了浦东腹地广阔，它的发展为长三角形成具有国际竞争力的产业体系提供了一个广阔的平台，大量跨国公司总部集聚上海，其产业链遍布长三角，大量的国际资本、技术、管理、信息通过这一平台由上海向长三角地区辐射和扩散，带动了整个区域经济的发展，长三角作为浦东开发开放辐射效应最大的地区，已经崛起成为世界第六大城市带。

2015 年 3 月 5 日，习近平总书记参加全国“两会”上海代表团审议时，提出希望上海继续做好改革开放排头兵和创新发展先行者，希望上海能在“以开放促改革、创新驱动发展、创新社会治理、从严管党治党”方面继续走在全国前列。上海将会继续服从国家战略，积极对接国家提出的“丝绸之路”经济带和 21 世纪“海上丝绸之路”建设，担负起在长江经济带建设中的“龙头”带动效应，充分发挥特大型经济中心城市对周边省市和国家发展影响力、带动力、贡献力和服务、辐射作用，推动长三角地区和长江流域率先发展、一体化发展，

四、加快对全国改革开放的思想解放和认识

1991 年，改革开放的总设计师邓小平同志视察上海时提出，“不要以为，一说计划经济就是社会主义，一说市场经济就是资本主义，不是那么回事，两者都是手段，市场也可以为社会主义服务……希望上海人民思想更解放一点，胆子更大一点，步子更快一点。”[①] 针对当时姓“资”姓“社”问题的争论，1991 年《解放日报》接连四篇发表署名“皇甫平”的评论文章，分别是 2 月 15 日《做改革开放的带头羊》，提出“1991 年对上海来说是一个‘改革年’，突破任何一种僵滞的思维方式的束缚，敢冒风险，敢

① 《邓小平文选》第三卷，北京，人民出版社 1993 年版，第 367 页。

为天下先，走前人没有走过的路，做改革开放的‘带头羊’”，以极大的激情去歌唱改革、鼓动改革；3月2日《改革开放要有新思路》，提出“计划和市场只是资源配置的两种手段和形式，而不是划分社会主义和资本主义的标志，资本主义有计划，社会主义有市场”；3月22日《扩大开放的意识要更强些》，提出“封闭陷于落后，开放导致兴旺；任何改革都不能不是一个开放的系统，而任何开放都不可能不引起内部体制的改革和思想的解放”；4月12日《改革开放需要大批德才兼备的干部》，强调改革开放需要大批勇于思考、勇于探索、勇于创新的闯将，要破格提拔对经济体制改革有进取精神的干部。皇甫平的系列评论文章，提出要打破僵滞和封闭观念，抛弃“姓社还是姓资”的束缚，进一步解放思想，扩大开放。

1992年初，邓小平同志到武昌、深圳、珠海和上海视察，发表重要的“南方谈话”，为改革开放指明了方向。从4月份开始，解放日报发表署名为“吉方文”的系列评论文章，4月15日《论走向市场》，阐述了“社会主义市场经济”的新概念；6月6日《论加速发展》，阐述了邓小平同志关于“发展是硬道理”的思想；6月22日《改革开放姓“社”不姓“资”》，阐述了邓小平同志对“姓社姓资”提出的根本标准；7月6日《论“换脑筋”》，阐述了要按照市场经济的要求，转换计划经济习惯思维。

“皇甫平”“吉方文”的系列评论文章，广泛宣传改革开放，解决了人们认识上的困惑，加深了人们对改革开放的理解，为全国的改革开放起到了思想解放的作用。

第四节　上海新一轮改革开放的战略目标和动力支撑

一、新一轮改革开放的战略目标：崛起中的全球城市

上海继2020年基本建成“四个中心”和现代化国际大都市之后，城市

功能的战略目标再次发生升级。一方面，基本建成“四个中心”为新一轮改革开放奠定了物质基础，使上海具备了发展成为与纽约、伦敦、东京并驾齐驱的全球城市的可能性；另一方面，通过全面深化改革，一些与国际通行惯例格格不入的、同服务经济发展背道而驰的体制机制被打破，上海将成为全球城市网络体系中的重要节点，具有对全球经济、科技、信息、文化等资源优化配置的能力，拥有完善的全球综合服务功能和引领世界发展潮流带动力。为此，新一轮改革开放本身就为上海在迈向全球城市的过程中提供了源源不断的动力支撑。

一是全球城市网络的节点功能进一步显现。

上海将代表中国站在国际高度参与全球资源争夺与配置，在全球范围内调节与行使空间权力，协调与组织国际事务。

二是流量经济规模进一步扩大。

随着信息技术和互联网的普及，大数据、云计算、物联网等与现代制造业结合，上海将促进电子商务、工业互联网和互联网金融蓬勃发展，引导互联网企业拓展国际市场。

三是科教文卫事业进一步发展。

将来上海的义务教育、社区医院、社区文化中心、保障性住房等公共服务都会得到长足发展，并均等化地覆盖到常住人口。城市垂直绿化显著改善居住环境。

四是开创“大众创业、万众创新”的新局面。

上海将拥有充满活力且与国际接轨的市场规则，以及一个机会均等、公平竞争的市场环境。

五是成为中国工业 4.0 时代的代表性城市，呈现分布式和个性化生产特点。

技术密集型、知识密集型高新技术产业和跨国研发基地集聚上海。随着 3D 打印技术普及，将引发新科技革命与上海乃至中国消费市场的碰撞与结合，分布式生产方式为海量市场提供个性化产品，将上海打造成具有全球影响力的科技创新中心。

六是利用市场民主权利驾驭价值链的创新方向。

用新兴产业、新兴业态替代一些环境污染比较严重的、能耗比较高的产业，发展高端、高效、高附加价值的节能环保的技术装备和产品，构建新型智能制造体系和智慧城市。

七是形成服务业主导的产业体系。

以金融、咨询、物流等生产性服务业为主，商业形态进一步人性化、集约化。服务业占比将从2013年的60%提升到80%以上，生产性服务业占比将从2013年的不足10%提升到30%以上。

八是合理的城市土地与空间资源优化利用。

主要是提高土地使用的容积率和土地利用效率；合理规划公共交通与城市空间布局（如道路、水路等），满足更多人的通勤需要；最大限度地发挥已有公共资源效能，如延长磁悬浮列车的行车路程等。

二、新一轮改革开放的动力支撑：创新“软动力”

展望未来，新一轮改革开放必将成为上海迈向卓越全球城市的战略选择，需要与之相匹配的发展动力再造与支撑，从长期看，主要聚焦三个支撑点：一是在既有动力的基础上，进一步提升内源型动力的效能和要素供给质量，发展自主创新技术，形成技术集约型、资源与环境友好型的发展道路；二是充分利用全国改革开放“桥头堡”的有利优势，实现国际前沿技术与国内消费市场的有效对接，通过贸易自由化和投资便利化，进一步加大开放力度，增强外源型驱动动力，以开放和与国际接轨，推动市场创新；三是加大简政放权力度，充分发挥价格机制对要素配置的引导作用，减少政府对经济运行过度干预而引发的效率损失。具体而言，上海应当围绕效率提升，遵循以下八条动力再造机制，擅于驾驭开放、科技、互联网和政策创新，推动城市转型和发展模式转换。

动力支撑之一是提升资本配置效率，克服资本要素边际报酬的下降趋势。

引导各类资源在不同所有制企业之间合理流动，进一步发挥市场机制与价格调节在资源配置中的基础性作用，优化民营企业与小微企业的外部融资环境，促使不同所有制资本能够平等地享有公平竞争的市场权利。

动力支撑之二是提高劳动生产效率，促进劳动力的自由流动与城市化水平。

加大创新型人才引进力度，倡导“书香社会”风尚和终身学习理念，提高劳动者素质。同时以深化社保、医疗、养老和教育等公共服务的均等化改革为抓手，衔接、协调与扩大现有政策的执行力和受益面，使发展成果更加广泛、更加均衡地惠及普通劳动者，促进社会公平正义和人的全面发展。

动力支撑之三是挖掘土地利用效率，进一步提高单位土地产出率。

加快推进城市空间地理信息系统建设，运用大数据分析指导城市空间布局。适度提高产业园区的开发强度，积极探索土地出让弹性年期制度；通过促进低效土地二次开发，形成对土地资源的合理规划、综合开发、集约化利用和整体性保护。

动力支撑之四是发挥科技活动效率，营造鼓励创新的氛围与体制机制。

围绕加快以企业为主体的科技创新体系建设，形成政府与市场在创新活动领域的合理分工，大力培育发展战略性新兴产业和自主创新能力；培育企业家精神，形成“大众创业、万众创新”新局面，构建有助于科技创新活动的政策体系，为推动经济长期增长提供智力支撑与制度保障。

动力支撑之五是利用信息化效率，实现从传统生产模式向个性化生产模式的转化。

加快信息产业尤其是信息服务业自身的发展，协同智慧城市建设提高城市创新服务体系与信息化应用水平；借助互联网对传统产业进行升级与改造，如互联网金融、互联网交通、互联网设计等，形成对先进制造业和现代服务业等一批新型业态、商业模式的技术与效率支撑。

动力支撑之六是发挥产业转型效率，通过消费结构升级促进产业结构向服务业变迁。

既要突出金融、物流、设计等生产性服务业的主导地位，也要重视生活性服务业的发展；紧密依托国际金融、贸易、航运中心建设，加快“四个中心”联动发展，实现上海对周边乃至全球的辐射、引领和带动功能。

动力支撑之七是提高行政运行效率，简政放权实现向服务型政府的转型。

深化行政体制改革，明确政府与市场的边界，通过行政审批制度和管理制度改革等，降低政府对经济运行过度干预而引发的效率损失；在扶持政策设计时，强调合理运用财税手段，发挥平台作用，进一步培育和激发企业家精神，为经济运行谋求富有创新意愿与冲动的微观主体。

动力支撑之八是坚持开放倒逼改革，实现市场运行规则的国际接轨。

在全球经济新常态和中国经济新常态中，加快对外开放深度，放大自贸区效应，引入国际治理机构，参与国际治理活动，谋求国际竞争力和话语权。

以上八条动力支撑相辅相成，共同指向以提升城市运行效率为核心，坚持城市综合功能拓展的演进方向，实现发展动力从依靠要素数量投入的“硬动力”向要素质量提升的“软动力”转变，即以知识创新、技术创新、业态创新、市场创新、体制创新等代表的“软动力”将成为上海迈向全球城市的主要驱动力量。

三、新一轮改革开放的发展模式转换

发展模式转换是动力切换的必然结果，上海发展模式转换不是微调，也不是照抄照搬西方国家城市转型的路径和经验，而是对传统发展模式进行全面转换，开创具有中国特色社会主义的城市转型道路。

一是实现从要素驱动转向创新驱动的发展模式转换。

创新应贯穿上海新一轮改革开放的各个环节和全过程，把上海城市发展动力再造和模式转换放在更大的时空背景中来加以规划，不仅是知识创新和技术创新，还包括着力推进制度创新、科技创新、组织创新、管理创新和文化创新，实现发展理念、体制机制、领导方式和工作方法重大转变，着力激发创新活力，营造创新环境，在创新中推动转型发展，使创新成为经济社会发展的主要驱动力。

二是实现从封闭创新向开放创新的发展模式转换。

这意味着上海的创新驱动应主动融入国家创新战略和全球创新网络，符合国家战略导向的资源、生态、环境和人口的可持续发展目标，扬弃传统的由行政体制分割下的封闭式创新体系，超越行政区划合理配置创新资源。在创新驱动过程中，积极吸纳外部创新因素，消除市场进入退出壁垒，充分运用信息流、资金流、物流、人才流等市场要素的“自由集聚”，借助全球创新网络中的市场渠道，推进开放式的区域创新，形成可复制可推广的改革经验，辐射、带动、引领与服务中国经济发展模式转型。

三是实现从制造创新向服务创新的发展模式转换。

上海位于全球最大消费市场与世界生产技术前沿的交叉点上，这是上海新一轮改革开放的逻辑起点，同时也是难以替代的天然禀赋。用好这一优势，关键在于推进市场创新，尤其是服务创新与制造创新相结合。“四新经济”的崛起、“互联网 +”的普及，使得越来越多的制造企业开始意识到，未来价值链的重心在于为客户“提供解决方案”，从海量信息中获取决策依据。许多新型业态开始运用数据挖掘等手段，致力于将产业链与价值链匹配起来，为不同内容产业（教育、科研、制造、物流等）的客户提供更加人性化的问题解决方案，建构智慧城市。

四是实现从单一方向上的经济创新向多维度的经济、社会、文化协同创新发展模式转换。

经济体制改革是上海新一轮改革开放的重点内容，但不是全部内容，新的发展模式有赖于经济、社会、文化等多个维度的协同推进，借助人民币国际化、“一带一路”战略、书香社会、核心价值观等，凝聚改革共识，形成发展合力。应当看到，上海新一轮改革开放的力度越大，城市发展的空间就越大，就越有可能实现经济发展方式调整，释放“改革红利”与市场活力。

第二章

上海国资国企改革的回顾、评价与展望

上海国企改革走过了40年的历程，作为国资重镇，上海的国企改革不仅促进了企业发展，使得市国资委系统企业资产总额、营业收入、利润总额等经济指标持续保持全国地方省市国资委系统企业的第一位，成了全国地方国企中的领头羊与佼佼者。还通过国企改革推进了政资分开、政企分开，首创投融资平台来支撑城市高速发展，并在国资管理体制方面进行了大胆探索，充分利用多层次资本市场来推动国企改革的实施与深化。上海的国企改革在推动自身发展的同时，带动了“长三角地区”的区域发展，并为全国的国企改革提供了示范与借鉴，形成了“上海经验”“上海样本”。

第一节　上海改革开放以来国资国企改革的基本历程

一、政企分离：扩大企业自主经营权的改革阶段

传统国有企业的经营权和收益支配权都全部被政府掌握，国有企业没有自主权，导致国有企业的经营缺乏活力和长期的低效率。党的十一届三中全会以后，国家层面陆续出台了一系列扩大国有企业自主权的文件。1979年7月13日，国务院下达了《关于扩大国营企业经营管理自主权的若干规定》等五个文件，并选择在部分工业企业试点。1980年8月9日，国务院批准国家经济委员会《关于扩大企业自主权试点工作情况和今后意见的报告》，将扩大企业自主权的工作在国营工业企业中全面推开，使企业在人、财、物、产、供、销等方面，拥有更大的自主权。1984年5月10日，国务院又出台了《关于进一步扩大国营工业企业自主权的暂行规定》，进一步下放了生产经营计划、产品销售、产品价格、物资设置、人事劳动管理、工资奖金、联合经营等十个方面的权力（简称“扩权十条”）。

从1979年开始，上海按照国务院要求试点国有企业利润留成，到

1982 年，上海市经济委员会和建设委员会系统的 11 个局所属的 1839 家工业企业都实行了利润留成制度[①]。为落实国家的“利改税”政策，上海分别于 1980 年和 1984 年在国有企业中实行了“两步利改税”，进一步规范政府与国企之间的责权利关系。为落实“扩权十条”，上海市又选择了部分国企试点厂长负责制，到 1988 年，这一数量达到了 1811 家，占地方独立核算工业企业的 96.7%。同时对企业的劳动人事制度进行改革，改革以往的统包统配制，实行合同制。

这一阶段的改革，把经营权部分让渡给企业，从某种程度上提高了企业和员工的积极性，但这一阶段的改革是浅层次的，还不能实现国有企业的自负盈亏、自主经营，“利改税”的进行在保证国家财政收入的同时却加重了企业负担，不利于国有企业的自我积累和长期发展。

二、深化国企所有权：试点股份制改革阶段

1984 年 10 月 20 日，中共十二届三中全会通过的《中共中央关于经济体制改革的决定》指出过去国家对企业管得太多太死的一个重要原因，就是把全民所有同国家机构直接经营企业混为一谈，根据马克思主义的理论和社会主义的实践，所有权同经营权是可以适当分开的。而且随着国有企业改革的推进，不可避免地会触及企业的产权问题，因此国有企业的改革进入到由经营权向所有权改革的阶段，各类企业按照两权分离的原则，开始实行承包制、租赁制等各种形式的经营责任制，同时于 1986 年，国有企业又开始试点股份制改革。

1986 年 12 月，上海第一家试点股份制的“真空电子”股份有限公司成立，其中国有股占 50%，试点过程中保持股份制企业的公有制性质，避免把产权量化到个人，接下来又有“上海交通银行”“万国证券”“兴业房产”“新世界”等几家股份制国有企业成立，1987 年，上海开始在全市大部分全民工商企业和集体商业企业全面推行企业承包经营责任制，同时以

---

① 蒋铁柱：《上海国企改革二十年》，《学术月刊》1998 年第 12 期。

外贸承包为主要内容的外贸体制改革也同时进行。

这一阶段的改革，承包制和租赁制对国有企业增加盈利和增加税收有积极作用，但企业只负盈不负亏，不仅使国家财政收入下降，而且还造成了承包、租赁者的行为短期化；对股份制理论的认识不一致，缺乏相应的配套法规，企业内部职工筹资能力的局限，股份制改革达不到预期的目标，无法进行下去。

三、政资分离：建立现代企业制度的阶段

1993 年 11 月 14 日，中共十四届三中全会通过的《中共中央关于建立社会主义市场经济若干问题的决定》提出要建立“产权清晰、权责明确、政企分开、管理科学”的现代企业制度。1994 年，国务院在全国选择了 100 家国有企业开始试点建立现代企业制度。

1994 年 5 月，时任国家主席的江泽民要求上海在全国率先建立现代企业制度[①]，国务院确定的试点企业中上海有 6 家。同年 11 月，上海召开试点现代企业制度工作会议，在全市确定 140 家企业进行建立现代企业制度试点，并明确用三年时间在上海形成现代企业制度的基本框架，试点企业按照《公司法》的要求进行改制，建立企业的法人财产制度，各项决策要经过董事会表决后决定。1996 年，上海市试点现代企业制度的单位由 140 家扩展到 250 家。[②] 现代企业制度要求，政府不可直接控制和经营国有企业，要通过国有资产经营公司或者控股公司参与国有企业决策，上海的大部分企业主管局也相应改制成国有资产控股公司或者企业集团，简称“局改制”[③]。至 1997 年底，上海已经基本建立起“五个机制”和“五个加强”的现代企业制度的基本框架[④]，“五个机制”为企业优胜劣汰机制、国有资产保

① 参考《江泽民文选》第一卷，人民出版社 2006 年版，第 365—368 页。（江泽民同志在上海考察工作时的讲话《全面分析和正确估量当前形势，把握好改革、发展和稳定的关系》）

② 周晓庄：《上海国资国企 30 年改革成就、经验与前瞻》，《上海经济研究》2008 年第 11 期。

③ 张晖明：《理顺关系，迎接挑战 实现整体功能创新——对撤局建制改革的思考》，《上海经济》，1996 年第 1 期。

④ 黄金平：《20 世纪 90 年代上海国有企业改革的历史回顾》，《上海党史与党建》2009 年第 7 期。

值增值机制、职工能进能出的就业机制、经营者择优录用的竞争上岗机制、覆盖全社会的保障机制；“五个加强”为企业要加强产品开发、加强技术改造、加强市场开拓、加强内部管理、加强队伍建设。

这一阶段的改革，上海通过三年的探索和实践，在全国率先建立起现代企业制度的基本框架，实现了预定的阶段性目标。250 家试点企业的现代企业制度建设取得了显著成效[①]，为全国的国资国企改革提供了经验。

四、以产权多元化为特征的控股公司改革阶段

“局改制”形成的国有控股公司或企业集团，虽然表面上建立起了现代企业制度，但实际上仍承担着制定行业发展规划等行政职能和处理职工养老、再就业等社会职能，保留着行政性和行业性的痕迹，严重束缚了企业集团的发展。2003 年 10 月 14 日，中共十六届三中全会通过的《中共中央关于完善社会主义市场经济体制若干问题的决定》第一次提出要大力发展混合所有制经济，实现投资主体多元化，使股份制成为公有制的主要实现形式。上海根据本市国资调整的总体规划，制定了有关国企“强强”联合重组、产权多元化改制和上市做大做强的思路和方案。2004 年，百联集团有限公司收购第一百货、华联商厦、华联超市、友谊股份、物贸中心五家上市公司相关股权，形成了一艘中国零售业的“国字号”巨舰；上海电气的产权多元化首次破天荒引入民资“广东珠江投资公司、福禧投资控股公司、汕头明光投资公司”，又于 2005 年在香港成功上市，募集资金近 90 亿元。2007 年，上海汽车集团和南京汽车集团合并，成为中国汽车现代史上影响深远的联合重组事件。2005 年，上海按照国务院和证监会要求，推行“股权分置”改革，2006 年底，全市国有控股上市公司全部完成股改，进入全流通时代。[②]

这一时期，上海国有控股公司和大企业集团优化了资本结构，提高了

---

① 蒋铁柱：《上海国企改革二十年》，《学术月刊》1998 年第 12 期。

② 汪胜洋等：《跨世纪崛起：上海改革开放三十年回顾、总结和展望》，上海，上海财经大学出版社 2008 年版。

资产质量，扩大了经营规模，增强了竞争能力，提高了证券市场化程度。

五、以资产证券化为特征的市场化重组改革阶段

自 2008 年开始，资产证券化已经被列为上海国资改革的重要方向，2009—2010 年，上海市经营性国资证券化比率已经从 18% 提高到 30.5%，上海市国有资产监督管理委员会（下称“上海市国资委”）要求，“十二五”期间这一比率要达到 40% 以上，2011 年底必须达到 35% 左右。

上海国资提高资产证券化比率的方法主要有资产注入、资产置换、购买资产以及吸收合并，具体操作中可以采取一种或多种同时使用。比如，老凤祥和强生控股分别于 2009 年和 2010 年通过注入资产提高资产证券化比率；上海梅林和交运股份分别于 2010 年和 2011 年通过注入资产和购买资产提高资产证券化比率；最为复杂的是上海医药于 2009 年通过“注入资产 + 购买资产 + 吸收合并”的方式实现资产重组，改变了医药产业多头管理、股权体制复杂的现状，提高了资产证券化比率。整体上市是提高资产证券化比率的最有力措施，到目前为止，上海市属国资整体上市的有七家，分别是上港集团、上海建工集团（下称“上海建工”）、上海汽车集团（下称“上汽集团”）、上海交运集团、绿地集团、上海城建集团、上海现代建筑设计集团①。2006 年，上港集团通过换股吸收合并其旗下上市公司上港集箱实现整体上市，而且上港集团由此成为全国第一个由国资委直接持股并在工商局正式注册的上市公司，2014 年上港集团三季报显示，上海市国资委直接持股比例为 40.8%。2011 年，上海建工通过向上海建工（集团）总公司发行股份购买资产的方式实现建工集团整体上市。上汽集团自 2011 年开始筹划整体上市并于 2012 年初完成。通过整体上市，上汽集团成为国内第一家拥有汽车行业全产业链的上市公司，资产证券化率达到 99% 以上，也是财富 500 强中国内上市公司中资产证券化水平最高的。

这一阶段上海的国资国企改革，虽然通过并购重组实现了核心业务资产上市或者整体上市，提高了资产证券化比率，但是上海国资企业中国有

① 参见上海市国资委副主任林益彬在 2015 年上海国资高峰论坛上的演讲。

资产的流动性仍然不高，整体资产证券化水平还有很大的提升空间。

第二节　上海改革开放以来国资国企改革的经验探索

一、撤局改制，推进政企分开和政资分开的有效变革

“政企分开”和“政资分开”一直是国有企业改革所围绕的核心问题。所谓“政企分开”是指理清纵向关系中政府和企业之间的产权关系，做到产权清晰；“政资分开”则是指政府的社会经济管理职能与国有资本所有者的职能要分开、国有资本监督管理职能和国有资本经营职能要分开[①]。1993年，上海在推进撤局改制工作上开全国先河，撤销计划经济体制下的行业主管局，将其改制为国有控股公司或者企业集团。其中，最先将纺织工业局改制为纺织国有资产经营管理公司、将仪电电讯工业局改制为仪电国有资产经营管理公司，到1996年，上海基本撤销了所有的行业主管局。

上海在“撤局改制”过程中，将原来的行业主管局所承担的各项职能进行了相应的分割和转移，即将行政管理职能转移给了政府职能部门，将行业管理职能转移给了行业协会或其他中介组织，将资产管理职能转移给了新组建的国有控股公司。同时由上海市国有资产管理委员会对新成立的控股公司或企业集团进行授权经营，由其履行对国有企业的资本经营、投资决策、资产处置等职能。撤局改制形成国有控股公司是上海初步建立现代企业制度框架的重大举措之一，明确了国有资产的运行主体，国有资产保值增值的责任体系也得到了落实。撤局改制和授权经营，是上海对国资国企改革进行的有力探索，推进了政府职能转变，割断了政府与企业之间的直接联系，促进了政企分开、政资分开。

---

① 郭元晞:《论政企分开与政资分开》,《经济研究》1997年第2期。

二、成立投融资平台公司，开创政府投融资平台公司先河

1987 年，上海久事公司成立，尝试用经济手段、用市场化运作的方法开展政府投融资，是上海市政府投融资体制改革和创新的产物，是上海乃至全国最早的综合性政府投融资平台公司。久事公司成立后，第一批融资 32 亿美元外债，其中 14 亿美元用于城市基础设施建设，先后建设了南浦大桥、地铁一号线、虹桥机场等五个项目，其余 13 亿美元用于工业项目、5 亿美元用于贸易项目。这 32 亿美元使上海产生了翻天覆地的变化，为经济腾飞奠定了基础。1992 年，上海城市建设投资开发总公司成立，创造性地将土地批租收入用于城市建设。到 2000 年底，上海通过土地批租筹措资金 1000 多亿元，大大加快了上海的旧区改造和城市建设步伐。为加速轨道交通建设，上海市于 2000 年成立申通地铁公司并于 2001 年成功上市，成为中国第一家从事轨道交通投资经营的上市公司；为推动浦东开发，自 20 世纪 90 年代开始，上海市政府相继成立了陆家嘴集团、金桥集团、外高桥集团、张江集团等四大开发公司[①]；为推动虹桥商务区建设，2006 年成立了上海申虹投资发展有限公司；2007 年成立的上海国盛（集团）有限公司（下称“国盛集团”），被定位为重大产业项目的投融资平台。上海的投融资平台公司建设，开创了政府投融资平台公司先河，为上海城市建设的高速发展提供了有力支撑。

三、“三个层次、两级管理”体制，实现对国资管理体制的有益探索

1993 年 7 月 16 日，上海市国有资产管理委员会成立，同时下设上海市国有资产管理办公室作为其常设机构。从 1993 年开始，上海市对企业主管局进行撤局改制并形成了授权经营公司，由授权经营公司对国有企业进行管理。截至 2001 年底，上海市国资委和国资办授权经营的 37 家市级国有资产经营公司拥有全市经营性国有资产的 90% 以上。至此，上海市形成

---

① 傅尔基：《角色重塑：公有制与市场经济相结合及其主导作用——上海国资国企改革开放 30 年的回顾和前瞻》，《毛泽东邓小平理论研究》2012 年第 7 期。

了“市国资委—授权经营公司—国有企业”三个层次的管理架构，并由市国资委划转部分国企至区县国资委管理，由市国资委向各区县综合授权形成“两级政府、两级管理”的新国有资产管理框架。

市国资委作为全市国有资产所有者的总代表，对全市的国有资产进行管理和监督，国资经营公司负责国有资产的保值增值，将自己经营的国有资产投入到各种类型的企业后形成国有独资、国有控股和国有参股公司，并以产权为纽带行使出资者权利，拥有出资企业的法人财产权。上海市“三个层次、两级管理”的体制是对国资管理体制进行的有益探索，形成了国有资产管理体制的新框架。

四、出售上海家化，首次尝试优质国资退出一般竞争性领域

上海家化联合股份有限公司（下称“上海家化”）于2011年9月7日在上海联合产权交易所进行整体挂牌出售，挂牌价格为51.09亿元，相比较当年经审计的净资产，升值了20倍左右。同时上海市国资委对上海家化的受让方提出了相关要求：不接受联合受让，受让方或其控股母公司的总资产规模不低于500亿元人民币，与家化的主营业务不存在同业竞争，受让方须接受上海家化的整体改制职工安置方案，五年内不得转让对上海家化的实际控制权等。从家化集团旗下的上市公司家化股份当年的财务报表来看，公司的现金流有8亿元，近几年的营业收入以20%的速度增长，成为优质国资公司。最后由平安信托旗下平安创新资本的全资子公司上海平浦投资有限公司击败海航集团旗下的海航商业控股有限公司，赢得竞标。

上海家化是上海的老牌日用化妆品开发和生产企业，旗下拥有六神、美加净、佰草集等知名品牌。2008年，上海市出台《关于进一步推进上海国资国企改革发展的若干意见》（下称“《若干意见》”），提出要“推动一般竞争性领域国资的调整退出”。上海市决策层认为，日化行业属于一般竞争性领域，属于完全市场化的行业，当前的国资管理体制和国有资本布局要求不适合国资在日化行业深度拓展，而且家化集团的管理层也多次对外界公开表态有强烈的改制意愿，希望国资退出。

上海家化的改制方案由其大股东国资运营平台公司——国盛集团负责制定、上报和实施，上海家化的出售是上海市国资委成立以来首次直接操刀进行的国企改制，是采取市场化方式整体出售优质资产，使国有资本退出竞争性行业的首次尝试，开全国之先河，同时，家化的改制也是国盛集团进行国有资本运作的一次成功实践。

五、建立多层次资本市场和产权市场，顺利推进国资国企改革

国资国企改革中，国有企业的并购重组和上市融资离不开完善的资本市场和产权市场。由股票市场、债券市场、投资基金市场、信托市场、期货期权市场等组成的多层次资本市场，是国企改革顺利推进的有力保障。

1990 年 12 月 19 日，上海证券交易所正式开业，成为上市国企产权流通转让、融资置换的平台，国有企业通过证券市场发行股票，进行直接融资，可以增强发展的长远后劲，同时也为上海国企的股份制改革从试点走向全面发展创造了条件。上海证券交易所不仅发行 A 股，而且还创造性地发行 B 股，由境外投资者以等值于标明人民币面值的外币进行股票认购，在上海证券交易所进行交易，开辟了在当时外汇管制条件下利用外资改造国有独资企业为中外合资企业的创新途径。产权交易市场具有集聚信息、发现价格、配置资源的基础性作用，是拓宽国资退出和引入社会资本的重要渠道，是国有产权转让交易获得公允价格的实现场所。2003 年 12 月 18 日，上海联合产权交易所成立，由原来的上海产权交易所和上海技术产权交易所整合而成，是集物权、债权、股权、知识产权等交易服务为一体的专业化市场平台，开展各类所有制中非上市企业产权、股权交易，国有资产进退交易，企业改制、上市配套服务等各类业务①。2005 年，上海联交所完成各类企业产权交易 3395 项，成交金额 825.2 亿元，其中，涉及本市国有产权交易 2446 项，成交金额 562.3 亿元，挂牌率 98.1%。上海黄金交易所于 2002 年 10 月 30 日对外营业，进行黄金、白银、铂等贵金属交易。上海期货交易于 1999

① 周晓庄：《上海国资国企 30 年改革成就、经验与前瞻》，《上海经济研究》2008 年第 11 期。

年 12 月成立，由原上海金属交易所、上海粮油商品交易所、上海商品交易所合并而成，进行黄金、白银、铜、铝、锌、铅等 12 种期货合约的上市交易，并推出了黄金、白银和有色金属的连续交易。

多层次资本市场和产权市场的建立，是上海建设国际金融中心的有力支撑，也为上海国资国企改革的顺利推进提供了完善的要素市场条件。

六、市场化改革和开放性重组相结合，大幅提升国有企业竞争力

上海自 1993 年开始就以上市公司和国有资产授权经营公司为平台，通过股权转让、无偿划转、资产置换、吸收合并、并壳让壳、股份回购等方式，推进国有企业跨行业、跨地区、跨所有制重组试点。1999 年，上海广电（集团）有限公司进行跨行业投资主体多元化重组，由原来的上海仪电控股（集团）公司一家控股变更为上汽集团总公司、上海广播电影电视发展总公司、上实集团公司和仪电控股集团共同持股。通过重组，上海广电（集团）竞争力明显增强——2001 年实现工业增加值 110 亿元，利润 20 亿元，名列全国电子信息百强企业前列。农工商集团因资不抵债、长期亏损，于 2001 年进行整体债务重组，由集团和金融机构等债权人签订债务重组协议，以上市公司为重组平台，债务重组获得成功，清除 PT 农商社的全部债务，扭亏为盈。

2008 年出台的《若干意见》，提出要吸引中央企业、全国地方企业及外资企业、民营企业参与上海国资调整和国有企业重组。2009 年 6 月 29 日，西安陕鼓动力股份有限公司和上海电气集团旗下全资子公司上海鼓风机厂签订战略重组协议。陕鼓动力通过增资、受让方式获得上海鼓风机厂 60% 股权，通过强强联合，双方形成了技术、人才、市场等方面的优势整合，旨在有效应对国际竞争，寻求产业发展及国企机制改革、体制创新的新途径；7 月 12 日，上海市地方性国企上海航空和中央企业东方航空开放性重组，由东方航空向上海航空的股东发行新股，东方航空吸收合并上海航空，上海航空从 A 股退市，通过合并形成资源互补，整体实力得到增强。“十二五”期间，上海又完成了上海建工、东浩兰生集团、光明食品集团、地产集团、上海仪电、上港集团与相关企业的联合重组，市国资委系

统企业从 56 家调整为 43 家。[①]

第三节 对上海改革开放40年国资国企改革的评价

一、上海国资国企改革取得的成绩

（一）解决了国有企业的历史遗留问题。

上海国企遇到的历史遗留问题主要有：存在大量无资产、无人员、无经营活动的“壳体”企业和一些资不抵债、等待关停的并转类企业，并且在解决如人、税、债、费、企业更名、土地产权过户等问题时存在政策障碍。

针对这些问题，上海市国资委积极推进中小企业改制重组，着力打破部门之间、行业之间、地域之间的各种限制，通过收购、兼并、拍卖等方式加快国有资本从中小企业退出，对产品、技术落后，市场竞争力弱、长期资不抵债的企业坚决实施破产。2009 年，上海市国资委共调整清理非主业企业（含壳体企业）590 户，注销破产 470 户，通过建立和完善岗位统筹调剂机制，有效解决 19 家企业集团共 178 户企业因受金融危机影响处于停工半停工等问题。划拨土地变更 112 幅，申报破产企业 82 家。2010 年，全年清理退出非主业企业（含壳体企业）725 户；2011 年，全年调整清理 400 余家非主业企业（含壳体企业）；2012 年，调整退出非主业企业 364 户，注销和破产近 65%；2013 年，118 家企业退出股权，占计划清退总数的 1/7。此外，市国资委还出台指导意见，把处理历史遗留问题视同实现利润进行考核，并会同其余委办形成了《关于推进上海国有企业主辅分离、辅业资产调整和中小企业改制重组中划拨土地使用权处置意见》，便于土地在重组过程中的流转。通过解决历史遗留问题，增强了国企发展后劲和竞争

---

① 上海市国有资产监督管理委员会：《上海国资国企改革发展“十三五”规划》，2017 年 11 月 09 日，见 https://www.shgzw.gov.cn/website/html/shgzw/shgzw_xxgk_ghjh/2017-11-09/Detail_85016.htm。

能力。

（二）增强了国有企业的经济实力。

至“十二五”末，上海地方国有及国有控股企业资产总额超过 15.9 万亿元，国有权益 2.2 万亿元，累计实现营业收入 12.7 万亿元、利润总额 1.17 万亿元，分别比“十一五”增长 99%、91%、111%、115%。2016 年，上海地方国有企业实现营业收入 3.1 万亿元、利润总额 3058 亿元、资产总额 16.8 万亿元，分别约占全部地方监管企业总量的 1/6、1/4、1/5，各项指标均排名全国省市和计划单列市之首。其中，实体经济企业营业收入同比增长 8.7%、利润总额同比增长 12.2%。地方国有企业上缴税金近 3000 亿元，同比增长 15%。截至 2016 年底，上海国资国企系统 71 家境内、9 家境外上市公司总市值约 2.9 万亿元，国有股市值近 1.2 万亿元。①

2017 年，上海市属国企进入“财富 500 强”的有 4 家，分别为上汽集团、浦发银行、中国太保、绿地集团，分列 500 强的 41、245、252、277 位（见表 2–1）。其中上汽集团 2016 年实现营业收入 113.86 亿美元，位列上榜的地方国企之首。上海国企中，百联集团也曾于 2013 年入围 500 强，位列当年入围名单的 466 位。上港集团、申通集团、绿地集团、机场集团排名全球行业前三。上海电气、光明食品集团等 15 家企业进入中国企业 500 强。

表 2–1 入围 2017 年“财富 500 强”上海市属国企名单

当年排名	上年排名	公司名称	营业收入（百万美元）	利润（百万美元）
41	46	上海汽车集团股份有限公司	113860.8	4818.2
245	227	上海浦东发展银行股份有限公司	40688.7	7992.8
252	251	中国太平洋保险（集团）股份有限公司	40192.7	1814.9
277	311	绿地控股集团有限公司	37240.3	1085.2

资料来源：财富中文网。

① 徐蒙、张煜：《上海完成市管企业公司制全覆盖》，《解放日报》2017 年 2 月 17 日。

（三）实现了国有资产的监管全覆盖。

2008 年出台的《若干意见》，提出要完善各类国资监管体制，对市属经营性国资统一纳入国资监管范围，逐步形成全面覆盖的国资监督、管理和运营体系。2009 年 4 月，上海市国资国企改革会议召开，提出要按照“统一授权、统一规则、分类监管”的原则，稳妥推进国资监管全覆盖，市政府授权市国资委作为市属经营性国资的唯一出资人，履行出资人职责；9 月，国务院国有资产监督管理委员会印发《关于进一步加强地方国有资产监管工作的若干意见》，提出要合理界定企业国有资产监管范围，积极探索经营性国有资产统一监管的方式和途径；10 月，上海市政府办公厅转发市国资委《关于对部分市属经营性国资实施委托监管的意见》，经市政府批准，由市国资委作为委托方，委托市有关部门对部分市属经营性国有资产进行监督管理。

2009 年 9 月 29 日，上海市国资委收编原属于上海市 16 家委办局和市外办的 8 家企业，涉及国有权益约 104 亿元。2010 年 1 月 7 日，上海市国资委与市委宣传部、市金融办签署了《委托监管书》，将宣传部、金融办旗下的 64 家企业纳入国资委统一监管范畴，涉及的国资权益数总计 646.29 亿元。10 月 15 日，上海市国资委和上海市农委联合召开了市农委所属部分企业清理及资产监管关系调整的工作会议，原属市农委的上海市农业投资总公司和上海种业（集团）有限公司被划转，另有三家公司被要求限期清理。上海市国资委采取先划转再整合的方式，对划转之后的企业一部分由国资委直接管理，一部分由国资委下属企业管理。至 2010 年底，上海基本形成了对市属经营性国资以“出资监管为主、委托监管为辅”的国资监管全覆盖体制。2016 年 6 月 2 日，上海市属金融企业统一监管工作会议召开，对上海市属金融企业终止委托监管，党组织关系、领导班子管理方式相应划转或调整，将原来委托上海市金融办监管的上海国际集团及相应金融类国企统一划转至上海市国资委监管。至此，上海市金融国资实现了统一监管，将推中产业资本与金融资本的融合发展。

（四）优化了国有资产的布局结构。

2007 年底，上海市国资委出资监管的 48 家企业集团涉及 79 个行业，

有近11%的资产散布在建筑装饰、塑料制品、纺织服装鞋帽等59个一般竞争性行业，

有的集团经营业务涉及二三十个行业，这种布局使部分大型集团核心业务不够突出。上海国资委按照“三个集中、三个收缩”的要求，逐步向第三产业倾斜，向基础产业倾斜，向支柱工业和高新技术产业倾斜，不断优化国有资产布局结构。按照要求，2010年底，国有资产涉及的行业从79个收缩到72个，纵向压缩管理层级，企业集团管理层级原则上控制在三级以内，三级以内的企业集团由4个增加到10个。

上海国资行业布局不断优化，2010年，行业跨度从79个收缩到70个，有效管理层级压缩在三级以内的企业从4家上升到11家；2011年，行业跨度从年初的70个收缩到64个，有效管理层级控制在三级以内的企业集团从年初的11家增加到15家；2012年，92.4%的国资集中在汽车制造、现代装备、商贸服务等前20个行业，比2011年提高2个百分点，行业分布从64个收缩到59个；2013年，全系统行业跨度从59个收缩到55个，市国资委系统93%的国有资产已集中在前20个行业，61%以上集中在战略性新兴产业、先进制造业与现代服务业、功能性保障性领域。至“十二五”末，上海市国资委系统企业累计投资1.1万亿元，72%投向战略性新兴产业、先进制造业、现代服务业、基础设施与民生保障等4大领域，整体集中度达到70%。第一、二、三产业经营性国资布局1∶22∶77，第三产业成为国有经济发展重点。①

二、上海现有国资国企改革需要进一步深化的领域

（一）需要改革国企现有的行政人事制度。

从当前形势看，上海市对国企领导人的管理仍然和党政机关对干部的管理办法相同，国企集团的领导人仍然具有行政级别，如：上海市国资委

① 上海市国有资产监督管理委员会：《上海国资国企改革发展“十三五”规划》，2017年11月9日，见https://www.shgzw.gov.cn/website/html/shgzw/shgzw_xxgk_ghjh/2017-11-09/Detail_85016.htm。

监管的国有企业如上海电气、光明集团、华谊集团等的董事、党委书记、总裁都是正厅（局）级，属上海市委组织部管理。具有行政级别使国有企业领导人可以在党政机关和企业之间互相调任。国有企业领导人一方面可以享有同级别党政机关公务员的政治待遇、社会声誉，一方面又拿着国有企业相对市场化的丰厚年薪，双重身份使他们既“当官”又“挣钱”，既是“行政官员”又是“企业家”。而且，即使企业经营绩效不良这些领导人还可以重新通过调任进入公务员队伍。取消国企的行政级别，消除国有企业领导人到公务员队伍中交流的“退路”，可以使其安下心来一心一意搞企业，不急功近利，有利于其将精力放在企业的长期经营管理和长远的发展壮大上，与企业共进退，将企业家精神发挥到极致。十八届三中全会已经提出了推动公办事业单位去行政化，逐步取消学校、科研院所、医院等单位的行政级别。希望国有企业去行政化也能早日提上日程。

（二）需要建立实质性的国资流动平台。

为促进国有资本的合理流动，上海市先后成立了相关国有资产经营管理平台公司，但最后这些公司都没有真正成为实质性的国资流动平台。1999 年 10 月，上海市成立国有独资的上海国有资产经营有限公司。作为国内成立的第一家地方性国有资产经营公司，公司的功能为“三个平台一个通道”，即政府投融资平台、国有企业改制改组平台、资金资产管理平台和盘活国有资产的通道，创新国有资产保值增值的新思路。2000 年 4 月，上海国际集团成立，经市政府授权，开展以金融为主、非金融为辅的投资、资本运作与资产管理业务。2007 年 9 月，上海国盛集团成立，立足上海国资国企改革发展调整和产业结构优化升级，积极发挥国资重大产业投资平台、国有资产运营平台和国资市场化融资平台的功能和作用。2010 年，上海成立了上海国有资本管理公司。这家公司当时就被外界认为是“上海版淡马锡”，目标为促进国资合理布局和结构优化，满足重大产业项目建设需求，确保国有资产在流动中保值增值，发挥国资集中力量办大事的优势。但由于种种原因，这家公司最后也没有真正运作起来。

当前，上海市国资国企改革中将国盛集团和上海国际集团选定为两家国有独资的国资流动平台。截至 2013 年底，国盛集团仍然具有建材集团、长江计算机集团等全资企业，国际集团也有上海华东实业有限公司等为其全资子公司，要建立实质性的国资运营平台，就需要将这些产业项目从两家公司中全部剥离。

（三）需要打造更多具有创新能力和国际影响力的国有企业集团。

当前，尽管上海市属国企中已有上汽集团等进入世界500强公司行列，其他一些大集团公司也已迈出国门，在世界各地投资设厂、从事跨国公司业务。但同时也应当看到，上海国有企业仍然存在活力不够足、贡献不够大、能级不够高等一系列需要继续改进的地方。虽然这些问题和国有企业领导人员的“双重身份”、市场化选聘力度不足，没有让具有创新能力和企业家精神的领导人员进入国有企业队伍有相关之处，但同时应看到目前在对国有企业的考核中仍然存在着制约国有企业创新的体制障碍，过于注重国资的保值增值，缺少鼓励创新和加大研发投入的措施，使国有企业只注重眼前的效益和产出，而忽略对技术创新的投入，导致上海缺少了像阿里巴巴、腾讯、华为等具有代表性的一流著名企业。作为国资重镇的上海，在建设具有全球影响力的科技创新中心的过程中，上海的国有企业理应有所作为，因此，上海必须出台一系列相关鼓励创新和跨国发展的措施，才能在未来出现具有国际创新能力和国际影响力的世界一流企业集团。

第四节　上海国资国企改革对全国的作用

一、带动与辐射长三角地区的区域发展

从“星期六工程师”的人才支持，到以制造业为核心的产业转移，上海国企在对接长三角、服务长三角的过程中发挥了重要作用，上海的国企集团利用自身的综合优势，积极参与了长三角地区联动发展，对长三角地区的区域经济发展起到了带动与辐射作用。

20世纪80年代，随着非国有经济的兴起，许多民营企业对科技人才

有了很多需求，供职于上海大型国有企业或研究院所的工程师们利用周末时间前往苏南和浙北的一些乡镇企业担任“顾问”，为这些民营企业在提升产品质量和技术开发上提供指导，被喻为“星期六工程师”[①]。现在有名的江苏阳光集团、雅戈尔集团创始之初都得到过上海工程师的亲手点拨，宁波慈兴集团因为上海工程师的帮助才创造出第一批轴承，上海人民电机厂的工程师前后花了三年时间为无锡惠山区汽车油泵厂开发了机械密封。“星期六工程师”的人才支持促进了“苏南模式”的兴起和江浙乡镇企业的产业快速升级。随着上海“优先发展先进制造业、优先发展现代服务业”这一产业政策的确定，上海的很多工业园区开始“腾笼换鸟”。“十一五”期间，上海引导很多传统制造企业向外转移，很多都是国有企业。2005 年 11 月 9 日，总投资约 4.8 亿的上海轮胎橡胶如皋有限公司年产 50 万条全钢载重子午胎一期项目建成投产；12 月 27 日，上海华谊集团投资 44 亿元在安徽芜湖市无为二坝开发区兴建化工项目；为促成产业转移，上海纺织产业整体外迁，上海纺织控股集团搬迁到了江苏大丰市经济开发区。上海的产业转移带动了当地就业，促进了当地经济发展。

二、为全国国资国企改革提供示范与借鉴

党的十九大报告提出“推动国有资本做强做优做大，有效防止国有资产流失。深化国有企业改革，发展混合所有制经济，培育具有全球竞争力的世界一流企业”。“推动国有资本做强做优做大”是十九大报告的新提法，是国有企业做强做优做大的“升级版”，符合新一轮国企改革中由“管企业”为主向“管资本”为主的监管思路的转变。十八届三中全会后，上海在深化国资国企改革方面进行了大胆的探索与实践，引起了全国媒体的关注以及兄弟省市的学习，《天津经济》和《河北日报》分别以《上海国企改革先行一步的亮点与启示》《国资国企改革，向上海学什么》进行了宣传报道；《中国经济周刊》以《国企改革上海样本》报道了上海国际集团和国盛

① 沈晗耀：《“星期六工程师”的启示》，《董事会》2008 年第 6 期。

集团作为国资流动平台的建设以及运作情况；《21 世纪经济报道》以《国企改革上海样本：国资流动平台新使命》报道了上海的国资流动平台建设以及上海把整体上市作为发展混合所有制的一个探索方向；新华社也于 2016 年 8 月 2 日以《上海国资国企："管""放"之间促改革深化》对上海从管企业转向管资本、上海国企创新转型带动供给侧改革等方面进行了专题报道。

2013 年 11 月 12 日，党的十八届三中全会通过了《中共中央关于全面深化改革若干重大问题的决定》(下称"《决定》")，提出了要积极发展混合所有制经济和推动国有企业完善现代企业制度。为深入落实党的十八届三中全会精神、继续当好改革开放排头兵，在全会结束一个月后的 12 月 17 日，作为国资重镇的上海发布了《关于进一步深化上海国资改革促进企业发展的意见》(下称"《国资国企改革 20 条》")，这是十八届三中全会后地方层面第一个出台的国资国企改革实施方案，并提出要发展混合所有制、实施分类监管、建立国资运营平台、对国企领导人实施任期制契约化管理以及对上海国企实施国际化战略等一系列措施，为地方国企探索新一轮的改革发展起到了极大的示范效应。

2015 年 8 月，国企改革的顶层设计文件《中共中央、国务院关于深化国有企业改革的指导意见》出台，把国有企业分为公益类和商业类，并提出了"谁出资谁分类"的原则。上海的《国资国企改革 20 条》中把国有企业分成了功能类、公共服务类、竞争类三类，这种最先提出的创新性的分类方式，对全国其余地方省市的国企功能分类起到了借鉴与参照作用。2014 年 3 月，天津市出台《进一步深化国资国企改革的实施意见》，也把国有企业分成了功能类、公共服务类、竞争类；4 月，重庆市出台《关于进一步深化国资国企改革的意见》，将国有企业按照公共服务类、功能要素类、竞争类划分；5 月，江苏省出台《关于全面深化国有企业和国有资产管理体制改革的意见》，将国有企业分为公共服务类、特定功能类、一般竞争类三种类型；8 月，北京市出台《关于全面深化市属国资国企改革的意见》，将市属国有企业分为城市公共服务类、特殊功能类、竞争类三类。

2015 年 9 月，《国务院关于国有企业发展混合所有制经济的意见》出台，提出了分类分层推进国有企业混合所有制改革。其实，上海市早在 2014 年

7月就出台了《关于推进本市国有企业积极发展混合所有制经济的若干意见（试行）》，这也是地方层面出台的第一个专门针对混合所有制改革的指导意见，提出了发展混合所有制经济的九条具体措施，尤其是提出了合理设定国有企业的股权比例结构，回答了在竞争性的国企实施混合所有制过程中，国资要不要控股这个问题。

此外，上海市还选定了国盛集团和国际集团这两家国资流动平台。截至2014年底，国资平台已经完成前期清理工作并组建完成，当前，上汽集团已将部分股权划转至上海国际集团，光明集团和上海建工的部分股权也已经划转至国盛集团。2015年，上海的国资流动平台将进入实质化运作阶段，上海的国资流动平台建设在全国的地方国企改革中也是最先进行的，必将起到示范和借鉴作用。

三、“走出去”参与国际竞争，体现国企形象

近些年，上海市为鼓励国有企业“走出去”，出台了一系列支持政策。《国资国企改革20条》提出要支持有条件的企业开展境外投资和跨国经营，提升国际化经营水平，随后又出台了“三个视同于”和“一个单列”的配套政策，为国企“走出去”扫除了后顾之忧。

当前正值国家对“丝绸之路经济带”和“21世纪海上丝绸之路”建设的重要战略期，蕴藏着巨大的市场潜能。上海国企的“走出去”，利用国内国际两个市场、在全球范围内配置资源、参与国际竞争，旨在造福“一带一路”沿线的国家和人民，谋求共同发展，体现国企形象，促进中国和沿线国家共同发展。目前，上海国资国企已投资设立了149户境外企业，分布于五大洲的29个国家及地区。早在20世纪90年代，上海国企已经试水“走出去”，但由于当时面临资金不足、经验不足、人才储备不足等困难，为此付出了惨重代价。为助力上海国企“走出去”，上海国资委特意开展了境外融资平台、海外企业会计核算标准等多项课题研究。当前的上海国企“走出去”，也取得了一系列成绩：光明食品收购新西兰新莱特公司在当地建立工厂，并在2013年7月23日在新西兰证券交易所挂牌上市，上

市价超过收购价近 100%，当日浮利超过 4 亿元，不仅财务投资取得成功，而且获得了与同类国际品牌乳企竞争的机会，为我国乳业赢回了声誉；上海建工承担了包括加纳共和国体育场、越南 APEC 国际会议中心等在内的大量对外援建项目；上港集团在由标普、穆迪等国际评级机构的评级中分别获得了“A+”和“A1”的信用评价，并全部给出了“稳定”的前景展望，目前为全国地方国资企业中信用评级最高的企业，也是唯一获得该等级评级的国内港口企业。上海国企“走出去”的一系列成功实践，无不体现我国的国企乃至国家形象。

第五节　上海新一轮国资国企改革的总体思路和战略举措

一、上海新一轮国资国企改革的总体思路[①]

（一）核心是以国资改革带动国企改革。

当前，上海市国资委对国有企业的管理仍然存在着政企不分、政资不分的问题。为更好地履行国有资本出资人角色，让国有企业真正成为参与市场竞争的经济主体，就要完善企业的法人治理结构，转变过去管人、管事、管企业相结合的做法，用关注国有资本代替关注国有企业，做到“多管国资、放活国企、不管经营”，国资委只负责监管资本的经营、流动、收益分配，不管企业的具体运营。通过政府的“管少、管精、管资本”的退位，提升国企“做强、做优、做专业”的进位。要把“以管资本为主”作为国资改革的重要突破口，坚持以国资管理创新带动国企改革发展，深化国有资本投资运营公司实质化运作，促进国有资产保值增值，放大国有资本功能，推动国有资本做强、做优、做大。

① 韩正：《国企改革不可错失机遇》，《上海企业》2014 年第 1 期。

（二）目标是提高国有企业的活力和国有经济的整体实力。

本轮国企改革以市场化、专业化、国际化为导向，目标就是通过改革当前国有企业的绩效考核体系、加大企业领导人的市场化选聘力度、提高对企业领导人员和员工的激励程度，来提高国有企业的活力和竞争力；通过优化国资布局结构，加大国资在战略性新兴产业等领域的比重，提高国有经济的整体实力、影响力和带动力，为上海的经济结构转型和城市建设作出贡献。坚持市场导向，着眼增强国有经济整体功能和效率，建立国有资本布局重点目录，提高在战略性新兴产业、先进制造业、现代服务业、基础设施与民生保障等领域的国资集中度。

（三）实现形式是发展混合所有制经济。

上海本轮国资国企改革以发展混合所有制为主要实现形式，就是要通过国有企业集团的整体上市或其核心资产、核心业务上市，使上市公司成为国有企业的重要组织形态、向公众公司迈进；以竞争类国企的主营业务、功能类和公共服务类国企的竞争性业务为载体，通过开放性、市场化重组，引进战略投资者、非公有制资本入股，实现投资主体多元化，做大、做强国有企业；充分利用国内外多层次资本市场，推动竞争类产业集团实现整体上市，推动功能类和公共服务类企业符合条件的竞争性业务上市发展。此外，鼓励符合条件的企业实施股权激励和员工持股。尤其是鼓励高新技术企业技术团队实施股权激励，在条件成熟的混合所有制企业试点员工持股。

（四）关键环节是国有资本的统一管理和国有企业的分类监管。

国有资本的统一管理就是打造国资运营平台，使其成为国有股权的持股主体、国资运营的执行主体，承担起盘活国有存量、促进国有股权流动和确保国资保值增值的使命，逐步形成“国资委负责资本监管、平台公司负责资本运作、企业集团负责日常经营”的国资监管体系。国有企业的分类监管就是对国有企业进行功能分类，实施分类考核、分类完善法人治理结构、分类建立企业领导人员的薪酬体系。准确把握依法履行出资人职责的定位，实现以管企业为主向管资本为主转变，科学界定国有资产出资人监管的边界，进一步落实管好资本服务企业的履职清单、事中事后监管清单和市国资委权力责任清单。

（五）根本是要有利于企业家成长集聚的制度环境。

上海的国资国企改革能不能成功，从根本上看是能否形成有利于企业家成长集聚的制度环境，要实施促进人才集聚的激励机制，形成有利于企业家成长的任职机制和鼓励改革创新、包容失败的容错机制。同时，将改革创新工作纳入部门绩效考核，作为个人职务晋升和奖励的依据之一，在全市范围内形成大众创新、万众创业的良好局面。落实鼓励和支持国有企业科技创新的措施，健全以创新为导向的考核评价体系，竞争类企业实施以创新体系建设和重点项目为主的创新转型专项评价，与领导人员综合考核和任期激励挂钩；完善鼓励创新的容错机制，对符合容错条件的重大创新工程和项目不作负面评价。

（六）加强党对国有企业的领导，完善现代企业制度。

习近平总书记 2016 年出席全国国有企业党的建设座谈会时，强调“坚持党对国有企业的领导是重大政治原则，必须一以贯之；建立现代企业制度是国有企业改革的方向，也必须一以贯之”，并提出要把企业党组织内嵌到公司治理结构中。2017 年，上海完成了市管企业“公司制全覆盖”，并完成了市管企业的“公司党建进章程”。接下来，上海国企要继续完善“双向进入、交叉任职”的国企领导体制，坚持加强党的领导和完善公司治理相统一，明确国有企业党组织在公司法人治理结构中的法定地位，切实发挥好董事会的决策作用、监事会的监督作用、经理层的经营管理作用和党组织的政治核心作用。

二、上海新一轮国资国企改革的战略举措

（一）积极发展混合所有制经济。

1. 实施开放性市场化重组。

上海发展混合所有制的基本方式就是通过兼并重组，引进民资、外资等非公经济成分，实现整体上市或核心业务资产上市，提高资产证券化水平。2013 年 12 月 18 日，经上海市政府同意，上海东浩国际服务贸易（集

团）有限公司和上海兰生（集团）有限公司联合重组，上海市国资委将其持有的兰生集团权益划转至东浩集团，其后东浩集团更名为上海东浩兰生国际服务贸易（集团）有限公司，拉开了上海国资新一轮整合大幕。通过合并，该集团实现了优势互补，将更加集中资源发展现代服务业。2013年底，绿地集团增资扩股21亿股，引进平安创新、鼎晖嘉熙、汇盛聚智、普罗股权、国投协力五家战略投资者，引入增量资本118.02亿元，并借壳金丰投资实现整体上市。整体上市后的绿地集团，上海市国资委通过其全资子公司持有绿地集团的股权不足50%，对上市公司不形成控制权，使绿地集团成为真正的混合所有制企业。12月25日，上海市人民政府与中国长江三峡集团公司签署了《中国长江三峡集团公司和上海勘测设计研究院联合重组框架协议》，三峡集团将重组上海勘测设计研究院，重组后，三峡集团将持有上海勘测设计研究院有限公司70%股权，勘测院也将成为三峡集团的控股子公司，不再是上海市国资委管理企业。2014年6月，锦江国家集团下属上市公司锦江股份发布公告，通过定向增发引入战略投资者弘毅资本，向弘毅资本发行股票1亿股，引入增量资本15.08亿元，这是弘毅资本在2013年投资城投控股后，又一次投资上海国企。2014年上市公司三季报显示，弘毅资本持有城投控股10%股份，持有锦江股份12.43%股份，分列两家上市公司的第二大流通股股东。

除了产业领域外，文化领域在2013年实现了解放报业集团和文汇新民联合报业集团重组成立上海报业集团。2014年，上海文化广播影视集团撤销事业单位建制，成立国有独资的上海文化广播影视集团有限公司，上海东方传媒集团有限公司建制划入上海文化广播影视集团有限公司，新的文广集团于3月31日挂牌成立。至此，上海文化传媒领域的“大小文广”合并落地。在金融领域，2014年2月，上海国际集团及其资产公司、上海城投总公司等国有企业转让持有的大众保险公司39.19%的股权给史带集团，实现上海国资在大众保险的退出，大众保险更名为史带财险；6月，国泰君安证券收购上海证券51%股权，拟在A股进行IPO；7月，中国太保收购安信农保成为其第一大股东，同时，中国太保还为长江养老保险的控股股东。

2. 实施员工持股。

《决定》中提出允许混合所有制经济实行企业员工持股，形成资本所有者和劳动者利益共同体。早在 1997 年，绿地集团就成立了职工持股会，当时向职工集资人民币 3020.43 万元，职工持股会的持股比例为 18.88%，后经过 20 多次增资扩股。2003 年，这一比例达到峰值 58.77%，成为绿地集团的绝对控股股东。2013 年 12 月，在引进 5 家战略投资者后，职工持股会的持股比例下降为 29.09%，持股会成员为 982 名。后来，绿地集团为实现整体上市，对职工持股会的持股形式作出了调整，由绿地集团管理层 43 名成员出资 10 万元组建“格林兰投资”和职工持股会形成的 32 家有限合伙企业再经有限合伙形成“上海格林兰”，持有整体上市后绿地集团的 28.83% 股权[①]。绿地集团上市中所采用的“有限合伙”形式具有高度可复制性，这一做法可为以后具有员工持股企业的上市提供有益借鉴。上海格林兰投资企业的股权结构如图 2–1 所示，绿地集团重组后的股权结构如图 2–2 所示。

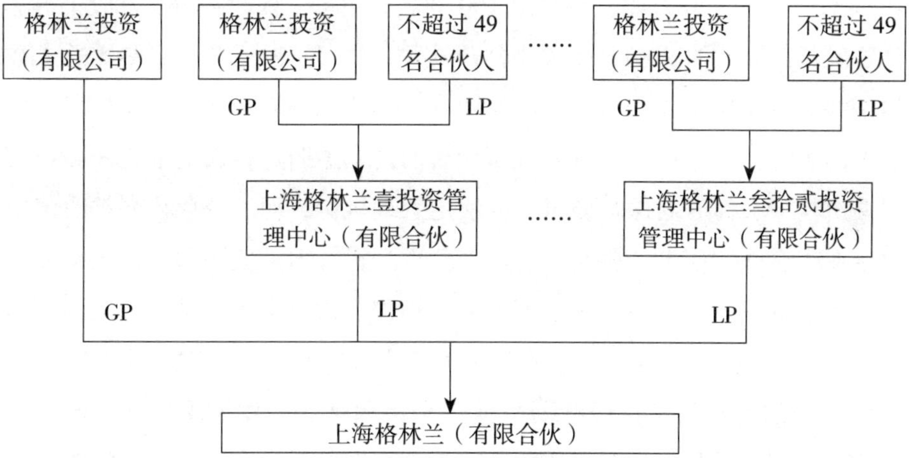

图 2–1　上海格林兰股权结构图

① 刘芳：《国有企业混合所有制改革借鉴——以绿地借壳金丰投资重组为例》，《财务与会计·理财版》2014 年第 7 期。

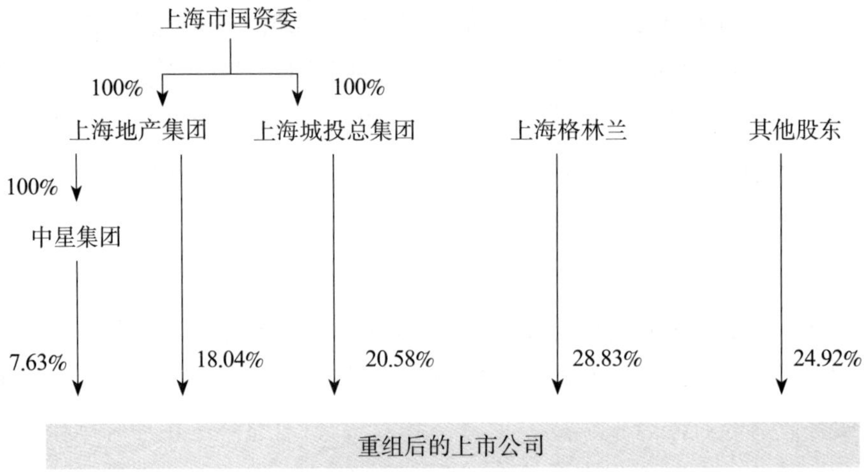

图 2-2　绿地集团重组后的股权结构图

上港集团于 2014 年 11 月 18 日发布公告，公司向全体员工非公开发行 4.2 亿股股票，发行价格为每股 4.33 元，募集资金总额不超过 18.19 亿元。由上港集团公司董事、监事和其他高级管理人员共 12 位管理层人员持股 1%，合计认购 420 万股，其余由 16070 名其他员工认购 41580 万股，占非公开发行总股数的 99%。此次非公开发行，员工持股人数占到集团总人数的 72%，从员工覆盖面讲，上港集团是当前全国国有企业中员工持股比例最多的企业。为保证此次员工持股计划的公开透明进行，上港集团委托第三方机构“长江养老保险公司”为法定管理机构，而不是以往同类改革中由企业工会或“职工持股委员会”来负责进行。上港集团此次员工持股方案，为十八届三中全会后全国范围内国资国企改革中涉及员工持股的“第一单”，又堪称历次国企改革涉及员工持股金额最大的一次“混改实验”。上港集团的此次员工持股计划将员工利益和企业的发展凝聚到一起，有利于提高员工的积极性和工作动力，提高企业的活力和效率。上港集团董事长陈戌源在接受媒体采访时也曾公开表示，上港集团目前的国资比例为 90%，拟通过实施混合所有制改革，引进战略投资者，将国资比例下降到 50%。对战略投资者的要求，陈戌源表示最关键的是找到战略上的同盟者，比如和国际码头的经营者交叉持股，以提高上港集团的国际竞争力。

2015 年 1 月 12 日，国务院国资委全面深化改革领导小组召开第十八次全体会议，审议通过了《关于混合所有制企业实行员工持股试点的指导意见》，这一指导意见的出台，会带动更多的央企和地方国企去试点员工持股。

3. 探索特殊管理股制度。

《决定》中提出“对按规定转制的重要国有传媒企业探索实行特殊管理股制度”。所谓特殊管理股，即是一种特殊的股权结构设计，将公司的股份分为 A 类股和 B 类股，二者都具有相同的经营收益权，但是 B 类股具有特殊的投票表决权，包括公司的董事选举及重大公司交易的表决权，B 类股的设计更多的是为了保护创始股东对公司的最大决策权和控制权[①]。我国证券市场采用的是“一股一票”，但特殊管理股确实一股多票，相当于一般股票的 5 票甚至更多。2014 年 4 月 16 日，由国务院办公厅对外发布的《文化体制改革中经营性文化事业单位转制为企业的规定》，提出“对按规定转制的重要国有传媒企业探索实行特殊管理股制度，经批准可开展试点”，此举也被媒体解读为为保证国有股东对传媒企业重要决策的控制力。

上海出台的《若干意见》中也提出要探索建立特殊管理股制度，试点设立优先股。中国证监会宣布自 2014 年 3 月 21 日开始实施《优先股试点管理办法》，办法中对优先股的定义给出了解释，即：优先股为一般规定的普通种类股份之外，另行规定的其他种类股份，其股份持有人优先于普通股股东分配公司利润和剩余财产，但参与公司决策管理等权利受到限制，并规定上市公司可以公开发行优先股。广汇能源于 4 月底抢到了优先股的“第一单”，拟向不超过 200 名合格投资者发行不超过 5000 万股优先股，募集资金总额不超过 50 亿元。11 月 3 日，证监会核准上海浦东发展银行发行优先股的申请，总数不超过 3 亿股，其中 2014 年发行数量不超过 1.5 亿股；募集资金总额不超过人民币 300 亿元，其中 2014 年募集资金不超过人民币 150 亿元。

特殊管理股是为了保证公司创始股东对公司的控制权，优先股是为了

---

① 李朱：《什么是特殊管理股制度》，《学习时报》2014 年 7 月 14 日。

保证公司优先股东对公司利润分配的优先权，二者都是本轮国资国企改革中为实施混合所有制，吸引非公有制资本参与国有企业改革所采取的创新举措。

（二）实施分类监管。

1. 区分不同类型的国有企业。

上海的本轮国资国企改革，分类监管被认为是一大亮点。《决定》中指出，要准确界定不同类型国有企业的功能，并指出公益性企业在提供公共服务方面作出更大贡献，自然垄断行业要进行政企分开等内容的改革，说明《决定》已经明确具有公益性行业和自然垄断行业两种不同类型的国有企业。上海的《国资国企改革 20 条》中提出，明确国有企业功能定位并实施分类管理。当前，上海的国企改革将国有企业分为功能类、公共服务类、竞争类。功能类要以完成重大战略或专项任务为目标，兼顾经济效益，多涉及特定区域的开发和建设；公共服务类要以实现社会效益为目标，并对其提供的服务质量引入社会评价，多涉及水、电、燃气、公共交通、基础设施等领域；竞争类要以经济效益为目标，兼顾社会效益，多涉及市场化、商业化较充分的行业。上海市国资委提出对国有企业分类监管，要“一企一策”，不搞“一刀切”，实行“进大院、开小门”，而且各企业的分类标准会根据业务发展进行动态调整，并于 7 月 15 日下发《关于委管企业分类监管中跨类业务认定的操作指引（试行）》，提出在突出主业的前提下，明确了各企业跨类业务的认定标准，并指出竞争类企业承担政府交办任务的业务根据实际情况归入功能类或公共服务类；功能类或公共服务类企业自主决策、以市场化方式运营的业务归入竞争类；上市公司所属业务均归于竞争类业务。2016 年 6 月，上海对金融类国资实现了统一监管。截至 2017 年 7 月，上海市国资委监管市管企业 43 家，分别为功能类 9 家，公共服务类 3 家，竞争类 31 家；委管企业 2 家，分别为绿地控股集团、上海科技创业投资集团。市国资委监管的市管企业分类名单见表 2–2。

2. 优化不同类型国有企业的股权比例。

国有企业实施分类监管后，对不同类型的国有企业在发展混合所有制的过程中引进非公资本的比例是多少，国资要不要控股，都仍在探索中。

上海发布的关于混合所有制实施的《若干意见》提出，要根据不同企业的功能定位，合理设定国有股权比例。对负责国有资本运营的国有企业要保持国有独资，不进行混合所有制改革；对功能类和公共服务类的国有企业可保持国有独资或国有控股；对战略性新兴产业、国有重点大型骨干企业要保持国有绝对控股或相对控股；对竞争类行业的国有企业，根据市场原则进行国有资本的合理流动，国资可以不控股。这就是说，规定了实施混合所有制的范围为功能类、公共服务类国企的竞争性业务和全部竞争类国企，功能类和公共服务类的混合所有制企业中，国资要绝对控股或相对控股，对竞争类国企中国资控不控股不作规定，由市场决定。

表 2-2　上海市国资委直接监管企业分类名单

功能类（9家）		上海国际集团有限公司、上海国盛（集团）有限公司、上海机场（集团）有限公司、上海临港经济发展（集团）有限公司、上海申迪（集团）有限公司、上海地产（集团）有限公司、上海联和投资有限公司、上海市信息投资股份有限公司、上海联合产权交易所
公共服务类（3家）		上海城投（集团）有限公司、上海中通地铁集团有限公司、上海久事（集团）有限公司
竞争类（31家）	金融类（6家）	上海浦东发展银行股份有限公司、上海银行股份有限公司、上海农村商业银行股份有限公司、国泰君安证券股份有限公司、海通证券股份有限公司、中国太平洋保险（集团）股份有限公司
	产业类（25家）	上海汽车集团股份有限公司、上海电气（集团）总公司、上海华谊集团股份有限公司、上海实业（集团）有限公司、上海国际港务（集团）股份有限公司、申能（集团）有限公司、上海建工集团有限公司、上海仪电（集团）有限公司、光明食品（集团）有限公司、上海隧道工程股份有限公司、华东建筑集团股份有限公司、百联集团有限公司、锦江国际（集团）有限公司、东浩兰（集团）有限公司、上海华虹（集团）有限公司、东方国际（集团）有限公司、上海交运集团股份有限公司、长江经济联合发展（集团）股份有限公司、上海市建筑科学研究院（集团）有限公司、上海市衡山（集团）公司、上海化工研究院有限公司、上海电缆研究所有限公司、上海工业自动化仪表研究院有限公司、上海市供销合作总社、上海市生产服务合作联社

资料来源：上海市国资委网站。

3. 规范设置不同类型国有企业的法人治理结构。

《决定》中提出要健全协调运转、有效制衡的公司法人治理结构。《国资国企改革 20 条》中也提出要规范设置法人治理结构、确立法定代表人在公司治理中的中心地位。在竞争类企业中，董事长任法定代表人，与总经理分设；国有多元投资的功能类和公共服务类企业董事长原则上为法定代表人，经法定程序，兼任总经理；国有非多元的功能类和公共服务类企业，可以不设董事会，设一名执行董事任法定代表人兼总经理；在党委书记任职方面，竞争类企业董事长原则上兼任党委书记，功能类和公共服务类企业，董事长要与党委书记分设。

在国企干部管理方面，竞争类国企的董事长、党委书记、总经理、监事会主席为市委管理干部，党委副书记、纪委书记不再纳入市管干部序列，由国资委党委管理，经理层副职由董事会负责聘任和解聘。重要骨干企业的副职领导人员任免前报市委备案。董事长、总经理每届任期不超过三年，任期考核合格后可以连任，但同一岗位连任不超过三届，退休年龄不超过 63 周岁。在董事、监事方面，竞争类企业要积极推进外部董事占多数的董事会建设，市国资委要委派或推荐监事会主席和外派监事；功能类和公共服务类企业，要外派财务总监。在上海市 2015 年国资国企改革会议上还提出要拓展外部董事、外派监事的来源渠道，探索实施专职外部董事制度。

（三）实施国资与产业联动发展。

1. 打造国资运营平台。

《决定》中提到，要改革国有资本授权经营体制，组建若干国有资本运营公司，支持有条件的国有企业改组为国有资本投资公司。上海的《国资国企改革 20 条》提出，要建立公开透明规范的国资流动平台，优化完善国资流动平台运营机制，使国有控股的上市公司、非上市公司能通过平台进行开放性、市场化重组。

目前，上海市已建立两家国资运营公司——国盛集团和国际集团，国盛集团为上海市国资委监管，国际集团为上海市金融办监管，两者均为国有独资。上海本轮国企改革中探索建立专业化的国资流动平台，作为推动国资改革、促进国企发展的关键一招，是具有战略意义和长远作用的一项基础性改革。

为实现国资运营平台只管资本、不管企业，2014 年，两大集团将其旗下绝对控股的经营性资产进行了梳理，剥离产业项目，充分发挥运营资本的功能。6 月，国际集团将其旗下的金融服务公司、再担保公司、创业投资公司、华东实业公司、投资发展公司及国际集团（香港）公司进行转让，上实集团斥资 61 亿元人民币将其收入麾下，国际集团的此次“清壳改革、割舍转让”为其流动平台建设创造了条件。另外，国际集团将旗下上海信托的 66.33% 的股权转让给浦发银行，由浦发银行控股上海信托；将其持有的上海证券 51% 股权以 35.71 亿元人民币转让给国泰君安，而国泰君安也将在境内 A 股市场进行 IPO。至此，上海市以浦发银行、国泰君安、中国太保为龙头，形成以银行、证券、保险为核心的三大金融控股平台已现雏形。国盛集团的产业剥离也有一系列动作，分别于 1 月将其旗下独资的蔬菜集团整建制划入光明食品集团，于 7 月将其旗下的长江计算机有限公司以 3.38 亿元价格转让给央企——中电科软件信息服务有限公司，于 9 月将其拥有的建材集团 100% 股权置出给上海地产集团。至此，国盛集团打造专业的国有资本运营公司的前期清理工作已基本完成。

2014 年，两家国资流动平台盘活存量资产 388 亿元。2015 年，上海市完善国资流动平台运作机制，分步骤地将国有股权注入两大平台，推动国资流动平台进入实质性运作。今后，国际集团既有金融类股权，也会有产业类股权，国盛集团则以产业类股权为主。

2. 优化国资布局结构。

《决定》提出，国有资本投资运营要服务于国家战略目标，投向更多关系国家安全、国民经济命脉的重要行业和关键领域；上海的《国资国企改革 20 条》也提出要调整优化国资布局结构，形成适应现代城市发展要求的国资布局结构，将国资委系统 80% 以上的国资集中在战略性新兴产业、先进制造业与现代服务业、基础设施与民生保障等关键领域和优势产业。

上海市本轮国企改革，要求国资布局更加有利于发挥国资的战略引领和基础支撑作用，加快调整不符合上海城市功能定位和发展要求的产业和行业，通过资源集聚、政策倾斜，使战略性新兴产业、先进制造业与现代服务业的增长快于总体增长，占比由目前的21.3%提高到40%以上，基础设施与民生保障领域保持稳定，最终实现80%以上的目标。对于战略性新兴产业，重点是发展新能源汽车、高端装备、新一代信息技术、新能源等产业；对于制造业企业，关键是创新发展和转型升级；对于服务业企业，关键是模式创新和业态转型；对于基础设施和民生保障领域企业，关键是完善持续发展的经营模式。

为落实《国资国企改革20条》精神，市国资委根据《关于进一步推动本市国资布局结构优化调整的实施意见》，在2014年8月11日制定了企业布局结构优化调整行动方案，要求各委管企业在10月底前上报布局结构优化调整行动方案初稿。2014年，国资在战略性新兴产业等四大领域的比例为67%，2015年，市国资国企改革会议要求这一比例在年底达到70%。

（四）建立市场化的激励与约束机制。

1. 推行职业经理人制度。

《决定》提出，要建立职业经理人制度，更好发挥企业家作用。上海《国资国企改革20条》也提出在市场化程度较高的企业，积极推行职业经理人制度，在竞争类企业，按有关规定落实董事会选人用人、考核奖惩、薪酬分配权。

当前上海国企的分类监管中，将上市公司的业务都纳入竞争类业务，竞争类企业以市场化为导向，以经济效益最大化为目标，此外，上海的国企改革还要求在市场化程度较高的企业推行职业经理人制度。综合上述条件可知，上海国企职业经理人制度的选择范围可在竞争类企业的上市公司中进行。由2015年的上海国资国有企业改革会议得知，将支持市场化程度较高、董事会运作规范的企业探索职业经理人制度，集团下属上市公司可率先试行，研究董事会选聘职业经理人的实施制度。国有企业推行职业经理人制度，必须改革当前国有企业的人事管理制度，国有企业的董事长和党委书记由市委委派，保持其国资部门代理人的身份，薪酬不能完全市场化；完善董事会对职业经理人选聘、赋权、考核的相关机制，既要防止“外来的和尚难念经”，又要防止类似国美事件中职业经理人的“倒戈”事件在国有企业中发生，由董事会赋予职业经理人相应的人事任免权、重大事件的决策权、激励性薪酬和一定的考核目标，对于完不成考核目标的经理人员予以解聘；同时应建立完备的职业经理人市场，加强经理人员的流动性。

2. 实施股权激励。

上海的《国资国企改革20条》提出符合法定条件、发展目标明确、具备再融资能力的国有控股上市公司，可实施股权激励或激励基金计划；推进混合所有制发展的《若干意见》提出鼓励整体上市企业集团的经营者、技术管理骨干实施股权激励；符合条件的竞争类企业集团及下属企业完成公司制股份制改革后，可实施股权激励。

上海国企的股权激励最早始于2008年的上海家化，家化集团当时尚未改制，股权激励的最主要动因是留住人才，挽救人才流失的局面，激励对象为公司的董事长、副董事长、总经理等高级管理人员，及中层管理人员、相关营销骨干、技术骨干和管理骨干，拟授予股票数量不超过560万股，并规定了相对苛刻的解锁条件，增设了激励对象的激励股权不超过其薪酬总水平的30%的限制。光明乳业于2010年对公司104名中高层管理人员及骨干实施股权激励，定向授予不超过869.53万股限制性股票，购买价格为4.7元，有效期5年。此后，2010年至2012年，光明乳业经营良好，净利润分别为2.3亿元、2.7亿元、3.3亿元，均超过股权激励设定的业绩考核目标。为防止人才流失，加强人才归属感，实现企业的可持续发展，光明乳业于2014年再推股权激励，拟以每股10.50元的价格向激励对象授予不超过628.904万股限制性股票，激励对象共210人，占现有在册员工总数的2.5%。除光明乳业外，光明集团旗下的另一家上市公司上海梅林也于2013年12月15日推出股权激励计划，以每股5.46元的价格向激励对象授予725.4万股限制性股票，激励对象为114人，占上海梅林在册员工总数的1.39%。与光明乳业和上海梅林相比，上港集团的员工持股比例最高，达到了72%。

3. 实行任期制契约化管理。

为建立长效激励约束机制，强化国有企业经营投资责任追究，上海市国资国企改革的顶层设计提出要完善注重长效的激励约束分配机制，对国有企业领导人实行任期制契约化管理，形成“有职务任命就有明确任期、有职务就落实考核、有业绩就兑现奖励工作”的全覆盖工作体系，并按照分类监管、分类考核的原则，对不同功能的国有企业领导人建立不同的任期目标，实施差异化考核。在方式上，将原来的年度考核改为年度实施动态跟踪、任期结束全面考核，并把考核结果作为是否续任的重要依据。同时，健全与长效激励相配套的业绩挂钩，实行延期支付和追索扣回等约束机制。

上海市国资委在2015年上半年，以《任期目标责任书》为载体，分三批完成对委管企业的任期签约，实现任期契约管理全覆盖，并加大产业集团任期考核中创新指标权重，科研院所中的创新权重提高到50%。实行任期制契约化管理后，竞争类企业中的领导人员薪酬将由“基薪+绩效薪+中长期激励”构成，中长期激励包括股权激励、激励基金计划、增量业绩奖励、项目收益提成等；功能类和公共服务类的企业领导人薪酬将由“基薪+绩效薪”构成，完成重大任务后，经考核配套实施专项奖励。对竞争类国企的领导人将其现金激励的10%~20%先扣下来作为“抵押金”，等到正常离职或退休后再进行兑现，如果其有违规、渎职等行为，这笔钱将被追索扣回，形成约束领导人的“金手铐”。这一任期制契约化的管理方式先在市国资委系统管理企业中试点实施后，再逐步推向对市金融办和市委宣传部等委托监管的企业以及各区县国企。

（五）提升国际竞争力。

1. 营造改革创新的制度环境。

为继续当好改革开放的排头兵和科学发展的先行者，营造改革创新的制度环境，上海市人民代表大会常务委员会第四次会议于2013年6月19日审议通过了《关于促进改革创新的决定》，提出改革创新未能实现预期目标，但有关单位和个人依照国家和本市有关规定决策、实施，且勤勉尽责、未牟取私利的，不作负面评价，依法免除相关责任，从而为改革创新提供了必要的法制保障。

习近平总书记于2014年5月在上海考察时，提出希望上海加快向具有全球影响力的科技创新中心进军。2015年，上海将“大力实施创新驱动发展战略，加快建设具有全球影响力的科技创新中心”作为市委一号调研课题，并由时任市委书记韩正担任课题组组长。在上海市“创新驱动发展、经济转型升级”的今天，企业理应作为技术创新的主体。上海的《国资国企改革20条》中也提出要建立鼓励创新的容错机制，对法律、法规、规章和国家政策未规定事项，鼓励开展改革创新，并将改革创新工作纳入部门绩效考核，作为个人职务晋升和奖励的依据之一。

2. 创新业绩考核方式。

上海的国有企业实施分类监管以后，业绩考核方式同时也发生了改变，在经营业绩考核中，对承担功能或公共服务业务的竞争类企业，考核时剔除非竞争性业务对财务性考核指标的影响；对从事竞争性业务的功能类、公共服务类企业，参照竞争类企业，将竞争性业务的效益增长情况作为增加一定比例绩效薪酬的依据，并视情况纳入考核。同时，为鼓励上海国企提升创新能力和国际竞争力，上海市国资委出台了《关于在经营业绩考核中视同于利润和单列政策的操作指引（试行）》，提出了“三个视同于”和“一个单列”的考核激励政策，即在对国企经营者业绩考核时，对企业符合条件的研发投入、创新转型费用、境外投资项目费用，均视同于利润；对企业的境外投资项目发生的费用和一定比例的融资成本均视为利润，在投资的初期阶段，可实施单列考核，对符合条件的项目亏损，不计入母公司的财务报表。

上海对国企经营者的考核在过去有“两个视同于”的提法，即研发投入和解决历史遗留问题可以视同于利润，覆盖面较小。此次实施的考核操作指引，包含了创新转型中需要高成本投入的主要环节，此举有利于像电商这样的需要前期大量“烧钱”的行业的发展，在政策上为企业提供了支持，使企业不再为创新转型的高额投入而顾虑重重。

3. 推行国际化战略。

上海本轮国资国企改革力在打造本土的著名跨国企业，鼓励上海国企走出去参与国际竞争。《国资国企改革20条》中提出，要培育具有国际竞争力和影响力的企业集团，形成5~8家全球布局、跨国经营，具有国际竞争力和品牌影响力的跨国集团。

上海国企“走出去”已经取得了一定成绩，截至2014年11月，上海国资委旗下的13家集团公司，已在境外实施58项投资项目，投资总额约1586亿元人民币。2014年2月，现代设计集团斥资近6000万美元全资收购排名全球前三的酒店设计巨头威尔逊公司；5月，城建集团中标新加坡18亿地铁大单，电气集团出资4亿欧元向意大利战略基金公司收购全球五大重型燃机供应商之一的安萨尔多能源公司40%股权；6月，上海水产集团投资2200万美元收购阿根廷阿特玛渔业公司100%股权；7月，光明集团斥资10亿美元收购以色列最大食品企业特鲁瓦（Tnuva）公司，获得了欧洲市场份额；8月，上汽集团在美国硅谷设立上汽加州技术产业风投基金；9月，上港集团通过上海自贸区获得第四笔境外融资25.5亿元人民币，全年上港集团通过上海自贸区获得了四笔共179.6亿元人民币境外融资；10月，光明食品集团利用自贸区平台完成收购意大利萨洛夫（Salov）集团多数股权；2015年1月，锦江股份发布公告，拟现金收购喜达屋资本拥有的法国卢浮酒店集团100%股权，预计交易金额12.5亿~15亿欧元。上海国企“走出去”，在全球范围内配置资源和参与全球竞争，可有效平衡单一市场的波动风险，为国企未来发展打开了新空间。

第三章

上海多层次商品市场体系的构建与改革开放

商品市场是上海各类市场中最早启动改革和实施对外开放的领域之一。经过 40 年的发展，上海基本形成了批发市场与零售市场、现货市场与期货市场共同发展的现代化、国际化商品市场体系。在商品流通规模、流通服务方式、商业业态创新、现代化科技水平、对外开放程度、行业管理与法制建设等方面都取得了显著成就，上升到了新的水平，不仅为上海经济社会发展，而且为全国市场经济的全面建设和改革开放的总体推进作出了积极贡献。由于我国市场经济长期存在着突出的地方保护与市场分割现象，上海商品市场依托品牌化的优势在全国发挥着重要的引领作用。21 世纪以来，上海多层次的商品市场体系继续在改革开放中开拓前行。

第一节 改革开放以来上海构建多层次商品市场体系的探索

改革开放后的很长一段时期内，上海商品市场体系的发展都走在全国前列，其有关经验对全国各地市场体系的建设有着重要的导向作用。根据商品市场的不同特征，可以将上海商品市场体系的建设过程划分为以下三个阶段：

一、1978—1990 年：上海率先探索组建生产资料市场

20 世纪 80 年代是我国从社会主义计划经济向社会主义市场经济过渡的重要阶段，国家对农副产品、生产资料的供应价格逐步放开，但由于价格关系和市场关系没有理顺，全国一度出现了物资紧缺、价格波动的局面。同时，上海在国家工业化战略布局中地位的弱化使上海在与其他省市竞争中逐渐显露出劣势，即面临着能源、原材料短缺和成本上涨等制约上海向工业城市发展的问题。在当时的经济环境下，上海以搞活物资流通、突破工业发展困局等为目的，拉开了我国商品市场建设的序幕，率先进行生产

资料市场的建设，同时着手消费品市场的建设，改变了当时供产脱销的状况。

（一）革新企业所有制结构，形成新的市场体系。

改革开放以来，政府对市场的认识是一个逐渐转变的过程。从长期认同的计划经济体制理念到充分认识到完全用计划经济手段配置资源已经无法满足各类经济主体的需要，计划经济体制已导致全国经济缺乏生机、丧失活力，因此市场经济的作用逐渐被国家所重视。在改革开放初期，计划经济体制仍然是当时的主要经济体制，上海的商品市场即开始探索能使国有经济、集体经济以及个体经济共同发展的所有制结构。1981 年，上海专门成立了上海市发展集体、个体商业服务业调协小组，扶持发展集体、个体经济的商业服务业。①

党的十二届三中全会提出我国的经济应该是以公有制为基础的有计划的商品经济，十三大报告进一步提出了应该建设计划与市场内在统一的经济体制，对市场的资源配置作用给出了进一步肯定，政策的解放在更大程度上激发了上海商品市场推进多种所有制经济共同发展的热情。随着国有企业改革的推进，上海率先探索国有商品零售企业的股份合作制，纯国营企业逐渐转变为股份制企业。通过股份制改革，一批国营零售企业的所有权发生转变，由国家控股逐渐转变为国家、社会法人以及个人共同拥有，极大地促进了私营经济和个体经济的发展。这个时期推行股份制改革的企业包括当时名列我国第一、第二的零售企业“上海第一百货商店”和“华联商厦”。经过十多年的发展，国有经济所占比重不断下降，个体经济所占比重不断上升，商品零售总额中个体经济的比重从 1978 年的 0.35% 上升至 1990 年的 4.84%，而国有经济的比重则从 73.01% 下降至 53.73%。

表 3–1　上海社会消费品零售总额按经济类型划分

年份	上海社会消费品零售总额各经济类型所占比重				
	国有经济	集体经济	私营经济	个体	其他
1978	73.01%	26.64%	0.00%	0.35%	0.00%

① 参阅：http://www.shtong.gov.cn/Newsite/node2/node2247/node79045/index.html。

续表

年份	上海社会消费品零售总额各经济类型所占比重				
	国有经济	集体经济	私营经济	个体	其他
1979	68.06%	31.22%	0.00%	0.29%	0.42%
1980	67.15%	31.47%	0.00%	0.30%	1.08%
1981	63.76%	34.13%	0.05%	0.33%	1.75%
1982	62.90%	34.96%	0.03%	0.36%	1.76%
1983	62.74%	34.32%	0.02%	0.70%	2.22%
1984	61.13%	35.40%	0.02%	1.36%	2.09%
1985	59.17%	34.31%	0.10%	3.70%	2.72%
1986	56.76%	35.08%	0.34%	4.30%	3.51%
1987	54.63%	35.68%	0.39%	5.09%	4.21%
1988	54.64%	35.10%	0.58%	4.92%	4.75%
1989	53.13%	36.20%	0.53%	4.88%	5.26%
1990	53.73%	34.62%	0.61%	4.84%	6.19%

资料来源：历年上海统计年鉴。

（二）组建生产资料市场，在探索中不断发展。

1979 年 7 月，上海建立了全国第一家综合性的生产资料市场——上海生产资料交易市场，标志着上海率先探索的生产资料现货市场建设，在理论和思想上突破了“生产资料不能按照市场机制来交易”的局限。经济学家薛暮桥对此曾经给予了充分肯定，认为上海生产资料市场是我国新中国成立以来首先以商品形式直接销售的生产资料，这个市场有较大的灵活性，在物资短缺经常变化的情况下能加强产需之间的密切联系，有效地弥补了计划调节的不足。[①]

生产资料市场组建之后，上海不断探索，经历了生产资料市场从低级到高级、形式从单一到多样化的逐渐成熟过程。1984 年，为了响应全国人大六届二次会议《政府工作报告》中提出“在城市应建立各种类型贸易中心”的要求，上海物资系统开始整顿改组生产资料交易市场，建立了 7 个专业性贸易中心并成立综合性的物资交易所。此后，1984—1990 年上海根

① 参阅：http://www.shtong.gov.cn/Newsite/node2/node2247/node4575/node79253/node79257/userobject1ai104131.html。

据客观需要共成立了42个贸易中心，其中物资系统36家、工业系统4家、财贸系统2家。依托这些不同规模、不同类型、多层次的贸易中心和市场，上海已初步形成了开放型的物资流通网络，这个时期物资部门积极参与市场调节，调节商品供求，发挥着平抑物价与促进生产的主导作用。

（三）改变商品供求状况，逐步复苏消费品市场。

改革开放以后，全国对农副产品的供应价格逐渐放开，但供不应求的状况仍然十分严峻。1979年，在大力推进计划经济体制改革背景下，上海在浦东、闵行等市郊接壤地区恢复建立了22个农副产品集贸市场。上海以建设农副产品市场为先导，改革商品流通体制，导入市场运行机制，并着手建设消费品市场。

在这个过程中，虽然消费品生产发展迅速，但是却赶不上人民群众购买力的增长，消费品市场这种供不应求的状况持续了多年。人民群众购买力的增长主要受益于改革带来的经济实惠，其直接表现就是居民收入不断增加。1988年5月份的价格调整虽然带来了人均10元的收入补贴，但结果却加剧了供不应求的矛盾，使部分商品只能凭票购买，甚至出现部分畅销商品有价无货的现象。此后工业消费品历经数次价格调整，不仅诱发了市民的“恐涨”心理，而且爆发了供不应求的矛盾，引发了抢购风波。之后，政府采取积极措施，很快控制了抢购风波，使市场得以继续繁荣发展。

总的来说，经过12年的发展，上海的消费品市场实现了初步复苏，全市社会消费品销售增长快速，到1990年已实现社会消费品零售总额333.86亿元，为1978年的6倍多。主副食品中粮、油、肉、鱼、禽、蛋、菜、糖的生产、收购和供应稳定增长，保证了充足的货源，种类丰富的商品供应基本保证了市民的日常需求。与此同时，上海的小商品市场也得到了一定发展。至1990年，上海的各种小商品约有519个大类，近5000种，小商品的批发销售额为7.32亿元。尽管如此，这一阶段上海消费品市场的发展仍然存在营业面积较少、业态形式比较落后等特点。20世纪80年代，上海零售商业面积仅增加了12%，以专业商店、杂货店、烟杂店和小百货为代表的改革开放前的传统业态仍然是这一阶段消费品市场的主要形式。

二、1991—2000 年：上海多层次商品市场在曲折中发展

党的十四大报告明确提出“我国经济体制改革的目标是建立社会主义市场经济体制”，市场在资源配置中的基础性作用逐渐达成共识并得到强化，我国的经济体制改革工作进入了一个崭新的阶段。我国经济建设的重点逐渐转变为建设社会主义市场经济，在全国范围内大力发展市场的基调为上海在 20 世纪 90 年代建设商品市场提供了宽松的政策环境。1991 年之后，上海抓住建设浦东新区的重大机遇，大规模建设城市商业基础设施、调整产业结构，构建多层次的商品市场体系，初步形成了批发市场与零售市场、有形市场与无形市场、现货市场与期货市场共同发展的商品市场体系。但由于缺乏完善的风险控制手段，使这一阶段有关市场的发展出现了风险频发、无序竞争等情况，而随后实施的对策和得出的整顿经验则为各地市场体系的建设提供了重要依据。

（一）生产资料期货市场逐步趋于规范完善。

作为生产资料的一个新兴市场领域，上海的期货交易市场起步较晚，20 世纪 90 年代初才开始进行相关市场的建设。建设初期，期货交易市场在缺乏完善的期货交易制度规范下呈现出粗放式扩张态势，交易所数量在不到两年的时间内便发展到了六家。为规范期货交易市场，1993 年底，国务院发布了《关于坚决制止期货市场盲目发展的通知》。1994 年又发布了《期货经营机构从业人员管理暂行办法》，中国证监会对期货市场进行了清理整顿。上海市保留金属交易所和粮油交易所，停止煤炭交易所期货交易业务，农资、石油、化工、建材四家合并成立上海市商品交易所。[①]1998 年，为了进一步规范期货交易市场，整合资源，国务院发布了《关于进一步整顿和规范期货市场的通知》并召开全国证券期货工作会议，将全国 14 家期货交易所合并

---

① 部分资料参阅：中国证券监督管理委员会关于印发《关于期货交易所进行会员制改造的意见》的通知（证委发〔1995〕20 号），1995 年 8 月 9 日。

为一家。1999 年上海期货交易所的重新组建，标志着上海的生产资料期货市场走向了规范化发展的道路。由于新成立的上海期货交易所市场规模比较小，品种也相对较小，1999 年成交金额只有 4918 亿元，交易品种只有 7 个。

与此同时，上海在这一时期不断探索向更具现代市场特征的生产资料现货市场发展。1992—1995 年，全市各行业和区县陆续建立了 59 家具有物流量大、交易量大等特点的生产资料市场，搭建了省市间生产资料互通有无的桥梁。上海市生产资料市场已初步形成了贸易型现货市场、保税市场、旧汽车、机电废旧金属市场、拍卖市场、租赁市场、复合型市场、监证型市场等多元化的生产资料市场。

（二）消费品零售市场带动连锁业兴起。

这一阶段中，上海的消费品零售市场获得了巨大的发展，上海市社会消费品零售总额从 1991 年的 382.06 亿元增长到 2000 年的 1865.28 亿元，年均保持 8% 以上的增速。这 10 年，是上海市整个消费品市场飞速发展的黄金十年，百货商场、连锁超市、便利店、大型仓储超市、购物中心等业态相继出现并迅速发展，外资对各类零售业态贡献颇大。同时，结合商业体制改革，传统的国营和集体经营的商品零售业也加快重新改造。

上海通过引进外资和与港、澳、台合作，再结合老城区改造、土地批租等政策，使上海百货业的规模与层次均上了新台阶，成为 20 世纪 90 年代最主要的商品零售业态。从 1992 年批准立项新建到 1995 年建成，营业面积在 4000 平方米以上的大型零售商厦达 69 家，且 80% 以上都是综合型百货商厦，[①] 上海成为中国最早出现连锁超市及便利店的城市。自 1991 年联华超市股份有限公司创建起，上海的超市就以超常规速度急速发展，每年新增超市在百家以上。到 2000 年，全市连锁商业网点达 4460 多家，年销售额 410 亿元，占社会消费品零售总额的 23.8%，成为上海消费品市场的支柱，其中连锁超市门店 1750 家，华联、家家乐、捷强、农工商等知名连锁超市也在这个时期获得了巨大发展。同时，连锁超市也带动了便利店的发展，传统的粮油店、杂货店率先采用连锁经营方式改

① 参阅：http://www.shtong.gov.cn/Newsite/node2/node2245/node66046/node66049/index.html。

造成为便利店。

（三）消费品专业批发市场体系发展仍存在瓶颈。

1991—1993 年这三年是消费品专业性批发市场集中建立阶段，上海先后建立了华东纺织纱布布料交易市场、上海肉类商品批发市场、副食品批发交易市场、上海粮油商品综合交易市场、卷烟交易市场和沪南粮油交易市场等。到 1994 年，上海的专业批发市场已经初具规模，初步形成了以国家级市场为龙头，区域性市场为骨干，地方性市场为基础的层次多样、功能丰富、起点较高、信息量大、辐射面广的梯度消费品批发市场体系。到 1994 年底，上海批发市场达到 204 个。

随后，由于市场开放程度有所提高，消费品批发市场在构成形式上发生了重大变革，逐步形成形式多样、层次多样以及经济成分多样的消费品批发市场格局，其主要构成形式包括：工业系统自建的营销网络；新行业和社会各部门企业组建的总代理、总经销商；大超市建立的配送中心；“麦德龙”式大型配送中心；各类综合市场、专业市场；以及以品牌为基础的产供销一体化批发业。

这一阶段，虽然上海消费品批发市场获得了快速发展，但是仍然存在难以突破的瓶颈，主要体现在其规模与效益的发展受到制约。对比上海的消费品批发市场与零售市场，消费品市场发展领先全国，而批发市场却表现平平。1992 年，浙江义乌等有数个商品批发市场的交易规模超过 15 亿元，而上海消费品批发市场的交易规模超过亿元的仅有 3 家。此外，由于上海大量批发市场的前期发展需要企业投入大量资金进行基础设施建设，这也给批发企业带来了沉重的债务负担。在上海消费品零售业态急剧发展、零售与批发业务逐步合一的过程中，批发市场逐渐丧失了竞争优势。一些批发企业因为不愿放弃传统的发展思路，逐渐资不抵债，最终破产，导致批发市场逐渐萎缩。到了 2000 年以后，许多传统的消费品批发市场逐渐被淘汰。

三、2001 年至今：国际化、开放性商品市场体系的逐渐形成

进入 21 世纪，加入 WTO 为上海拉近与世界的距离创造了前所未有的

条件。2001 年国务院批复了《上海城市总体规划（1999—2020）》，明确提出要把上海建设成为国际经济、金融、贸易、航运中心的宏伟目标。在全面推进国际贸易中心建设的背景下，上海的商品市场建设在 21 世纪进入了转型飞跃期，并有效带动了全国市场的快速发展。经过 21 世纪第一个十年的发展，上海市已经具备了很强的国际资源配置、国内物资集散能力，国际化、开放性的商品市场体系已经大体形成。

（一）商品市场的国际化步伐明显加快。

在这 10 多年中，因为"入世"的全面影响，上海的商品市场开放程度已经较高，国外一些著名的大型跨国商业集团纷纷进入中国市场，仅 2011 年批发零售业引入的外资就达 21.12 亿美元，增速明显高于同期第三产业引入的外资。外资的进入不仅带来了先进的业态形式和管理技术，而且也加快了上海商品市场的现代化建设进程。一方面，商业基础设施的建设不断走向现代化，如社会化物流配送服务的市场规模不断扩大，如惠尔物流有限公司以完善的全国终端配送体系，支撑上海家化的全国销售网络，每年完成数万吨、价值逾 20 亿元的货物运输与中转；另一方面，一批现代化、信息化的商业设备不断投入应用，条形码的普及，自动销售管理系统（POS）的应用取得了较快发展，到 2011 年上海绝大部分企业已经进入了数字化管理系统阶段。

（二）大宗商品市场在探索中发展。

21 世纪的头十年，是全球互联网技术和电子商务快速发展的黄金时期。上海大宗商品交易市场紧密结合互联网技术获得了快速发展，显示出从传统的有形市场向现代的无形市场、从现货撮合交易向现货、中远期等多种交易方式延伸等新特点。经过多年的发展，到 2011 年上海已经拥有十几家具有一定规模、并在国内有较大影响力的大宗商品交易市场。按交易产品种类划分，涵盖钢材、有色金属、煤炭、石化产品、农产品等主要大宗商品类别；上市交易的商品品种不断丰富，如上海钢材电子交易品种基本涵盖了大部分钢材贸易品种，包括线材、螺纹钢、热轧、冷轧以及不锈钢等，同时交易规模也在逐渐扩大。

这个时期快速发展的大宗商品交易市场存在着不够成熟规范的特点，

如大宗商品交易市场普遍为公司制法人，实行注册登记管理，市场准入门槛较低等。这种管理模式虽然有利于推动大宗商品交易市场的充分发展和自由竞争，但也容易导致竞争无序、市场不规范等问题。整个大宗商品交易市场行业尚未形成一套成熟规范的市场运作机制和风险可控的资金管理模式。

（三）商品市场发展步入新阶段。

商品市场是现代市场体系的重要组成部分，在中央要求推动全国统一大市场建设的总体要求下[①]，上海的多层次商品市场建设取得了新的发展。从市场制度建设来看，2000 年以来，上海商品市场加快从粗放式发展向规范化、制度化发展转变，初步形成了一个规范化运行的适应市场的法律框架体系，特别是在长期探索的基础上一批具有前瞻性、针对性的规则制度不断推出，使上海商品市场的法律法规体系不断健全。如《上海商业服务质量规范》《上海商业职业道德规范》的施行，《超市商品质量管理规范》通过了地方标准的评审，《反不正当竞争法》《拍卖法》《关于制止低价倾销行为的规定》《商品市场登记管理办法》《连锁店经营管理规范》《零售业态分类规范意见》等一系列法律法规和政府部门规章的实施，规范了消费品市场与生产资料现货市场的运行机制；《关于坚决制止期货市场盲目发展的通知》的下发，《期货经营机构从业人员管理暂行办法》的推行，《上海期货交易所异常交易监控暂行规定》的执行，见证了期货市场的曲折发展过程；《中国（上海）自由贸易试验区大宗商品现货市场交易管理暂行规定》的实施，规范了大宗商品现货市场的交易活动，推动了大宗商品现货市场的健康发展。

近年来，上海围绕中央提出的加快建设“四个中心”、加速实现“四个率先”等战略目标，进一步出台了《国内贸易发展规划（2011—2015）》

① 1993 年 11 月，中共十四届三中全会通过了《中共中央关于建立社会主义市场经济体制若干问题的决定》，明确提出“建立全国统一开放的市场体系，实现城乡市场紧密结合，国内市场与国际市场相互衔接，促进资源的优化配置”。2003 年 10 月，《中国共产党第十六届中央委员会第三次全体会议公报》进一步提出“要加快建设全国统一市场，大力推进市场对内对外开放，大力发展资本和其他要素市场，促进商品和各种要素在全国范围自由流动和充分竞争”。

《上海建设国际贸易中心“十二五”规划》和《上海商业“十二五”发展规划》等文件，使商品市场体系规划更具系统性、操作性。今后上海仍将不断强化商品市场体系建设的规划、规范和服务工作，制定相关规划及法律法规，营造良好的市场发展环境，推动商品市场走向管理规范、制度创新的发展道路。

第二节　上海多层次商品市场改革开放的主要经验

长期以来，上海处于我国经济改革开放的前沿，在多层次商品市场建设方面也始终在各省市中保持较为领先的地位。特别是上海依托改革开放的独特优势，许多先行先试的改革举措都为其他地区所借鉴。

一、发展满足工业化、城镇化等多元需求的商品市场

（一）探索更高层次的期货市场，完善生产资料市场。

1992 年，邓小平南方谈话以后，上海开始了 1979 年以来的第三次建设生产资料市场的热潮。在生产资料现货市场十多年的建设经验及取得成效的基础上，上海成立了上海金属交易所和上海商品交易所两大国家级市场，开始探索生产资料期货市场的建设。虽然与发达国家相比，上海生产资料期货市场起步较晚，但国外经验却为上海生产资料期货市场的建设提供了非常重要的参考。上海采取包括强化监管力度，控制交易风险、开发新品种期货合约，扩大市场交易量、加强宣传力度，引导套期保值者入市、提高从业人员队伍的法制观念和道德水平建设等各种措施，通过几年的发展快速成为我国试点期货交易所的标杆。

1999 年，上海期货交易所由上海金属交易所、上海商品交易所、上海粮油交易所合并成立，此后生产资料期货市场进入了更加规范的发展阶段。

经过多年发展，上海期货交易所的交易品种不断增加，交易规模不断扩大。目前设有 14 个期货品种，包括铜、白银、黄金、铝、铅、锌、镍、锡、螺纹钢、线材、燃料油、天然橡胶、石油沥青、热轧卷板。2017 年，上海期货交易所成交量 13.64 亿手，成交金额 89.93 万亿元，成交量在全球商品期货和期权交易所中排名第一，在全球衍生品交易所中排名第九，其中，铜、铝、白银、螺纹钢、天然橡胶、石油沥青等位居同品种全球第一。①

生产资料期货市场的建设完善了生产资料市场的建设，促进了生产资料的流通。期货市场的主要优势在于：首先，期货交易所作为一个交易平台，客户量庞大，对于撮合交易更有效率；其次，交易所作为第三方，严格的交易制度为每一笔交易的执行提供保障；再次，交易会员的平等关系保障了交易的公平性，更受市场欢迎；最后，交易所能提供快速、准确的交易行情，帮助交易客户获取信息作出决策。生产资料期货市场的发展，充分发挥了其价格导向作用。期货市场实物交割比率较低，成为不少企业套期保值、规避风险的方式。

（二）发展招商为主的生产资料现货批发市场，组建“生产资料一条街”。

生产资料期货市场的发展，增加了生产资料的流通速度，成为生产资料现货市场的一个重要补充。在期货市场蓬勃发展的同时，上海继续探索生产资料现货市场建设，不断完善招商为主的现货批发市场。20 世纪 90 年代，生产资料现货批发市场主办单位不断多元化，这类市场的成立方式包括中央单位主办、地方单位主办、中央与地方联办、区县政府主办以及物资部门主办，这类现货批发市场主要以招商为主进行经营。以招商为主的现货批发市场其经营范围及规模不断扩大，对于完善生产资料市场的建设有着极其重要的作用。由于以招商为主的现货批发市场流通渠道较广、经营方式多样化、流通环节较少，因此，这类批发市场交易十分活跃。如 20 世纪 90 年代成立的上海物资贸易中心，其入驻单位超过 200 家，包括国内各种大中型生产、流通企业以及金融企业，被誉为“中国物资第一楼”。

---

① 根据上海期货交易所官网有关统计资料汇总。

上海根据生产资料市场经营网点集中的特点，统一规划，通过旧街改造扩建等方式组建各种类型的生产资料一条街，如真如地区的电子电器一条街、漕河泾科技商业街等。这类生产资料一条街经营方式多样化，不仅包括批发、零售以及批零兼营，还包括经销、代销、代购、咨询服务等，企业之间形成了竞争合作的良好关系。生产资料一条街的兴建，促进了上海生产资料市场的繁荣发展，使上海生产资料市场建设朝着综合化发展。

（三）现货与期货市场联动发展，有效满足多元化生产资料需求。

自 1979 年成立第一家综合性生产资料交易市场以来，上海生产资料市场的建设始终朝着规范有序、多元化、多层次的方向发展，实现期货市场与现货市场之间的联动，发挥独特的优势。20 世纪 90 年代以后，上海在发展现货市场的同时引入并不断完善期货市场建设。通过现货市场与期货市场的联动发展，上海生产资料市场为生产企业以及商业企业提供了充分的信息，大大促进了生产资料的流通效率。

20 世纪 90 年代，上海在生产资料市场建设方面提出建立大市场、大买卖、大流通的要求，为此，生产资料市场运用多种手段，将招商方式和交易会方式结合、联营模式与展销方式结合，同时突破传统模式的束缚，结合现货、期货市场，不仅扩宽了生产资料的流通渠道，也满足了不同消费群体的物资需求。经过多年的建设，上海生产资料市场建设取得了一定的成效，交易规模和交易品种不断增加，交易品种质量也在不断提升，满足了工业化、城镇化的多元需求。

二、发展有效调节国内外商品供求关系的消费品市场

（一）放开价格管制，大力发展小商品市场。

小商品市场是消费品市场中的重要组成部分，小商品主要包括五金、办公用品、家具电器、服装纺织品等，由于种类繁多且与人们的日常生活息息相关，因而上海十分重视小商品市场的健康发展。

随着社会零售商业机构的变化，上海的集体商业和个体商业均得到了一定的发展，产生了一批小商品市场。改革开放初期，商品流通体制的改

革曾为小商品市场带来一个很好的发展机遇，然而很长一段时间内小商品的价格却没有放开。究其原因是因为原材料的供应及产成品销售渠道的不稳定，大大阻碍了小商品市场的健康发展，因此导致上海一度出现了小商品供不应求的状况。为了促进小商品市场健康发展，上海在多个方面进行了大胆探索。为了搞活商品交易，上海对小商品交易的经营方式进行了大胆革新，并逐渐放开了对小商品的价格管理，使小商品市场更具活力。

为了适应小商品经营灵活的特点，上海对小商品价格逐渐放开，允许小商品批发市场根据实际情况灵活定价，主要定价方式包括：（1）内部拨货扩大回扣率；（2）一揽子进货，分等级订销售价；（3）按有关规定售价上下浮动；（4）按批量作价；（5）削价优惠。价格放开之后，企业可以根据实际成本以及市场供求自主定价，大大增加了企业的积极性。与此同时，民营经济的不断发展，给国营企业的经营带来了巨大的竞争压力，不仅加剧了小商品市场的竞争，而且促进了小商品种类的增加以及产品质量的提升，提高了人民的生活水平，并为丰富和活跃整个商品市场作出了重要贡献。

（二）消费品市场立足本地，横向辐射全国。

20世纪80年代以来，上海市的商业结构发生了重要变化，商业部门独家经营的状况得到改变，初步形成了多种经济成分共同发展的竞争格局。一批全民所有制消费品市场快速涌现，这些商品市场打破了行政级别和地区界限，促进了小商品的横向流通，使上海的小商品市场不再仅仅面向上海，而是向全国辐射。以批发市场为例，全民所有制的批发市场除了保障上海本地的小商品供应以及内部系统调拨之外，还可以将消费类商品销往外地，大大增加了消费品的流通渠道，其供应对象包括小商店、零售店以及个体户等。据统计，到1985年，上海小商品批发市场销往外地的比重已经超过88%。

为了促进消费类商品的横向流通，开拓供销渠道，一方面，上海市政府积极牵头组织各种大型展销会，例如上海市商业一局、供销社等在1990年牵头举办了工业品下乡供货会、上海商品交易会、全国百货商品补货会等多次大型展销会；另一方面，商品生产经营单位积极策划小型展销会，以上海文化用品批发公司为例，该公司仅 1990 年举办的展销会就高达 55 次，包括迎国庆亚运展销会、单一商品展销会、新产品介绍会、系列产品出样选购会等；此外，上海的小商品经营企业与全国多个省市建立不同形式的横向经济联合项目，包括与全国各地企业组成企业集团，相互经销、代销小商品，增加了小商品市场的横向联系。

表 3-2　1978 年以来上海与全国社会消费品零售总额对比情况

年份	全国社会消费品零售总额（亿元）	上海社会消费品零售总额（亿元）	上海占比（%）
1978	1558.6	54.1	3.47
1979	1800	68.28	3.79
1980	2140	80.43	3.76
1981	2350	88.73	3.78
1982	2570	89.8	3.49
1983	2849.4	100.68	3.53
1984	3376.4	123.72	3.66
1985	4305	173.39	4.03
1986	4950	196.84	3.98
1987	5820	225.25	3.87
1988	7440	295.83	3.98
1989	8101.4	331.38	4.09
1990	8300.1	333.86	4.02
1991	9415.6	382.06	4.06
1992	10993.7	464.82	4.23
1993	14270.4	675.92	4.74
1994	18622.9	834.76	4.48
1995	23613.8	1050.96	4.45
1996	28360.2	1258	4.44
1997	31252.9	1435.38	4.59
1998	33378.1	1593.27	4.77
1999	35647.9	1722.33	4.83
2000	39105.7	1865.28	4.77
2001	43055.4	2016.37	4.68
2002	48135.9	2203.89	4.58
2003	52516.3	2404.45	4.58

续表

年份	全国社会消费品零售总额（亿元）	上海社会消费品零售总额（亿元）	上海占比（%）
2004	59501	2656.91	4.47
2005	67176.6	2979.5	4.44
2006	76410	3375.2	4.42
2007	89210	3873.3	4.34
2008	108487.7	4577.23	4.22
2009	132678.4	5173.24	3.90
2010	156998.4	6070.5	3.87
2011	183918.6	6814.8	3.71
2012	210307	7412.3	3.52
2013	237809.9	8019.01	3.37
2014	262394.08	8718.65	3.32
2015	300931	10056	3.34
2016	332316	10946.57	3.29
2017	366262	11830.27	3.23

资料来源：历年上海统计年鉴。

三、依托供应链整合全面提升商品市场流通效率

（一）放开外贸经营权，促进外贸产业发展。

改革开放之前，上海的外贸经营权由上海外贸局管理的几家国营公司所掌控，外贸经营缺乏竞争。改革开放初期，上海的对外贸易一直徘徊不前，进出口总额多年来保持在 35 亿美元左右。为了改变这种状况，促进上海对外贸易的发展，增强商品流通效率，1985 年，国家下放进出口经营权，上海进行了外贸经营权改革，大批企业获得了进出口经营权。到 1995 年，上海拥有进出口经营权的企业已达 591 家，值得注意的是，这些获得进出口经营权的企业包含大批外资企业和非国营企业。进出口经营权的放开，引入了一批具有活力的非国营企业，这给几乎处于垄断地位的国营企业带来了竞争压力，大大调动了国营企业参与国际贸易的积极性，促进了外贸企业互相竞争的良性局面。

表 3-3　上海市主要年份进出口数据

年份	进出口总额（亿美元）	进口总额（亿美元）	出口总额（亿美元）	进出口差额（亿美元）	进出口总额相当于生产总值的比例（%）	出口总额相当于生产总值的比例（%）
1990	74.31	21.10	53.21	32.11	47.0	33.6
1995	190.25	74.48	115.77	41.29	63.6	38.7
1996	222.63	90.25	132.38	42.13	62.6	37.2
1997	247.64	100.40	147.24	46.84	59.7	35.5
1998	313.44	153.88	159.56	5.68	68.3	34.8
1999	386.04	198.19	187.85	–10.34	76.3	37.1
2000	547.10	293.56	253.54	–40.02	94.9	44.0
2001	608.98	332.70	276.28	–56.42	96.7	43.9
2002	726.64	406.09	320.55	–85.54	104.8	46.2
2003	1123.97	639.15	484.82	–154.33	139.0	59.9
2004	1600.26	865.06	735.20	–129.86	164.1	75.4
2005	1863.65	956.23	907.42	–48.81	166.6	81.1
2006	2274.89	1139.16	1135.73	–3.43	174.9	87.3
2007	2829.73	1390.45	1439.28	48.83	179.3	91.2
2008	3221.38	1527.88	1693.50	165.62	163.3	85.9
2009	2777.31	1358.17	1419.14	60.97	127.3	65.1
2010	3688.69	1880.85	1807.84	–73.01	148.0	72.5
2011	4374.36	2276.47	2097.89	–178.58	147.2	70.6
2012	4367.58	2299.51	2068.07	–231.44	136.6	64.7
2013	4413.98	2371.54	2042.44	–329.10	126.6	58.6
2014	4666.22	2563.45	2102.77	–460.68	123.1	55.2

资料来源：历年上海统计年鉴。

（二）优化投资环境，发展基于高端供应链的总部经济。

从 20 世纪 80 年代起，上海就已经率先开放，允许国内其他城市的外贸企业在沪设立子公司，同时通过保税区吸引海外企业，这项举措对上海贸易企业的集聚作出了重要贡献。1990 年，中央政府主导，推行浦东的开发与开放政策，上海牢牢把握这个历史机遇，积极引进外商投资，重点发展基于高端供应链的总部经济。这个阶段，大量跨国公司总部落户上海，带来了丰富的管理经验、先进的营销模式以及健全的销售网络，带动了相关行业的中小型企业发展；同时，这些跨国公司也为实力强劲的大中型企业带来了供应链整合的经验，结合国际物流服务体系的构建，国际商品流通的效率不断提高。截至2014年底，上海累计引进外资项目7.63万个，合同外资2741.1亿美元，实际吸收外资1691.59亿美元，外商在上海设立的跨国公司总部累计已达484家，这个过程中也催生了一大批专门加工制造用于国际市场的产品的企业，增强了上海的外贸实力，为上海形成国际供应链管理中心创造了基础。

表3-4　1980年以来上海利用外资情况

年份	合同项目（个）	合同利用外资金额（亿美元）	实际利用外资金额（亿美元）
1980	1	0.03	—
1981	3	0.06	0.03
1982	7	0.17	0.03
1983	6	0.47	0.11
1984	41	1.95	0.28
1985	94	3.05	0.62
1986	62	0.95	0.98
1987	76	1.29	2.12
1988	219	1.66	3.64
1989	199	1.77	4.22
1990	203	2.14	1.77
1991	365	2.79	1.75
1992	2012	18.6	12.59
1993	3650	37.57	23.18
1994	3802	53.47	32.31
1995	2845	53.6	32.5
1996	2106	58.08	47.16
1997	1802	53.2	48.08
1998	1490	58.48	36.38
1999	1472	41.04	30.48
2000	1814	63.9	31.6
2001	2458	73.73	43.91
2002	3012	105.76	50.3

续表

年份	合同项目（个）	合同利用外资金额（亿美元）	实际利用外资金额（亿美元）
2003	4321	110.64	58.5
2004	4334	116.91	65.41
2005	4091	138.33	68.5
2006	4061	145.74	71.07
2007	4206	148.69	79.2
2008	3748	171.12	100.84
2009	3090	133.01	105.38
2010	3906	153.07	111.21
2011	4329	201.03	126.01
2012	4043	223.38	151.85
2013	3842	246.3	167.8
2014	4697	316.09	181.66

资料来源：历年上海统计年鉴。

（三）整合服务能力，提高供应链效率。

在加强国际供应链整合的过程中，上海始终致力于加强基础设施建设，提高其服务能力，促进要素流动。一方面，上海凭借其地理位置优势以及经济优势加强多种类型特殊监管区域等平台建设，发挥集聚效应，实现资源整合。上海于1990年便开始率先设立全国第一个保税区——上海外高桥保税区。此后，上海先后成立洋山保税港区以及浦东机场综合保税区并设立多个出口加工区，大力发展国际中转、现代物流、贸易服务等业务，2013年，中国（上海）自由贸易试验区落户上海，更是加强了保税区与港口之间的联动，意义重大。

另一方面，上海充分整合其交通等基础设施资源，提高服务能力。在商品市场的流通中，物流建设是国际供应链的重要环节，而交通运输服务能力更是物流体系中重要的一环。在发展国际贸易的过程中，上海始终致力于整合其交通设施，不断提高运输能力，使其适应不断发展的国际贸易的要求。据统计，2014年上海在交通运输上的投资为510.42亿元。

表 3-5 主要年份上海交通运输主要指标

年份		2000	2010	2012	2013
公路运输	营运汽车拥有量（辆）	155860	185531	198055	239940
	载客汽车（辆）	30757	20386	21508	21312
	载货汽车（辆）	125103	165145	176547	218628
	载客汽车客位数（客位）	309834	523564	548591	527994
	载货汽车吨位数（万吨）	48.36	132.59	169.89	194.41
港口	船舶平均在港停泊时间（天）	0.90	0.40	0.46	0.42
机场	起降航班数（万架次）	–	55.11	59.67	61.51
	进出港旅客人次（万人次）	–	7187.74	7870.84	8279.18
	国内航线（公里）	–	5106.96	5473.74	5681.04
	国际及地区航线（公里）	–	2080.78	2397.09	2598.14

资料来源：历年上海统计年鉴。

第三节 对全国商品市场改革开放的引领作用

上海对全国商品市场改革开放的引领作用不仅体现在上海经验方面，更为重要的是上海各类商品市场的辐射功能不断增强，有效地打破了长期以来各地区市场分割与地方保护的局限，不断激发市场经济的活力，使上海作为全国贸易中心的功能充分显现。

一、地方保护与市场分割背景下，上海生产资料市场辐射全国

（一）打破传统观念，率先建立综合性生产资料市场。

改革开放之前，传统的生产资料流通体制，主要是实行统一计划、统一分配、统一定价、统一供应的管理方式。这种管理体制存在诸多弊端，一方面企业的产销活动完全根据当地行政部门规定进行，打压了企业的积极性，不利于企业发挥创造性；另一方面，当时物资管理体制造成了各种

人为的壁垒，限制了不同地区以及不同部门企业之间的横向联系；此外，生产资料统一定价的规定使生产资料价格不能反映市场需要，严重阻碍了资源的配置效率。

1979 年，在国民经济调整阶段，国家基建项目有所减少，因而物资库存有所增加，计划外流通物资不断增加；同时，国家在上海、北京等部分地区开展企业自主销售部分产品试点工作。在这个背景下，上海牢牢把握住这些有利条件，在全国率先创办了第一家综合性生产资料交易市场。这个市场成立之初，立足上海，面向全国，改变了传统的物资分配方法，为全国各个省市的生产资料流通建立了渠道。生产资料市场成立时占地 15000 平方米，营业面积 8000 平方米，成立第一年便组织成交了各类物资 3.7 亿元，充分体现了市场活力。

各类交易市场的创办，为部分企业的生产资料销售提供了渠道，这改变了人们对于生产资料不能进入市场的传统观念，受到了各个生产单位的认可，同时上海成为全国探索生产资料市场建设的先驱，因此具有十分重要的先导意义。

（二）多元化、高层次发展生产资料市场，优化资源配置。

改革开放以来，上海掀起了多次建设生产资料市场的热潮。一方面，上海生产资料市场向更高级层次探索，另一方面，生产资料市场类型也从单一逐渐向多元化发展。1984 年之后，国家大幅调减了统配物资种类，导致大量计划外生产资料进入市场，[①] 为此，上海抓住机遇，大力整顿生产资料交易市场，以满足生产资料交易的扩容需要。1992 年邓小平南方谈话以后，上海开始全面建设生产资料市场，集中组建了国家级大市场，并建立上海金属交易所，探索生产资料期货市场，使生产资料市场的建设进入了更高层次。

在市场类型上，上海生产资料市场形态从原先的单一形态逐渐多元化，既建立了生产资料现货交易市场，又不断发展期货交易市场；从交易标的

① 1984 年《政府工作报告》提出，“除了某些重要生产资料和紧缺消费品仍由国家掌握并按计划供应外，计划外的和非计划的商品都可以在各种贸易中心和批发市场自由购销。不准实行封锁，保护落后”。

来看，上海的生产资料市场也在不断细分。20 世纪 90 年代，在生产资料市场组建热潮期间，上海组建并整顿了各种不同类型的物资贸易中心，包括以机电产品、汽车配件、农机产品、木材、燃料、汽车和木材等综合贸易中心为代表的专业性生产资料现货市场，以及以工、农等生活资料为主，并适当经营生产资料的复合型市场。经过多年的生产资料市场建设的探索，上海逐渐建立起了多部门、多层次、多类型的生产资料市场网络，在优化资源配置、促进产需结合、繁荣市场、保障经济等方面发挥了重要作用。

（三）大力发展横向经济联合，辐射全国。

探索建设生产资料市场的过程中，上海牢牢把握物资流通的特点，因势利导，大力发展横向经济联合，使上海生产资料建设向全国辐射。到 1986 年底，上海市物资系统便与全国 20 多个省、自治区、直辖市的近 700 个企业建立了经济联合关系。在发展横向经济联合方面，上海进行了多方面的探索：在生产资料信息共享方面，上海积极筹建物资专业信息网，为全国各地的生产企业提供生产资料行情状况，到 1985 年，上海物资专业信息网基本筹建完成，各省市之间基本实现生产资料信息共享。在促进生产资料在不同省市企业间的流通方面，上海积极举办各种类型的大规模交易会以及商品博览会：1987 年举办的全国规模的生产资料交易会，参会代表便达 1600 多名，设摊自销企业多达 3000 多家，选购企业超过 2 万家，此次交易会 3 天时间成交额便高达 10.7 亿元；1994 年，上海市政府更是鼓励本地企业到外省市展示新技术、新产品，在成都和哈尔滨成功举办了上海商品博览会，成都上博会累计成交 61 亿元，哈尔滨上博会累计成交 81.64 亿元。

上海作为率先探索生产资料市场建设的城市，在横向经济联合方面也进行了不断探索，并取得了不错的成绩。通过生产资料市场的横向经济联合，上海打破了生产资料流通中条块分割的旧体制，促进了生产资料市场向全国辐射，并形成了完备的生产资料流通网络，为全国不同区域的资金流通、人才流通以及技术交流创造了便利。

二、发挥商品市场功能，在国际、国内两个市场开展资源配置

（一）“引进来”与“走出去”相结合，强化上海作为国内市场对外开放的“桥头堡”功能。

1. 在“引进来”方面，从开放初期较为初级的招商引资，到外资商业企业在国内快速发展，上海的开放模式对国内起到了重要的导向作用。

在改革开放后的一段时期内，我国对商品市场都保持了较为严格的封闭管理方式，对外资商业企业进入内地是严格限制的。1992 年，我国启动了零售业对外开放试点，开放北京、上海、天津等六个沿海城市和深圳、厦门等五个特区，政策允许在每个城市试办一到两家合资零售商业企业；但政策还规定，具体项目要由地方政府报国务院审批。当年，中国第一家中外合资零售企业——上海八佰伴开张营业，其导向意义十分巨大。1995 年 6 月，国务院发布《指导外商投资方向暂行规定》和《外商投资产业指导目录》，将商业零售领域列入“限制外商投资产业目录”的乙类项目，允许有限度的对外投资开放，但不允许外商独资。当年 10 月，国务院批准在北京、上海开办两家中外合资连锁商业企业，并规定必须由中方控股 51% 以上。在政策支持下，1995 年，麦德龙集团与上海锦江集团成立合资公司，成为国内第 1 家被批准在中国所有主要城市经营的外资零售商；随后，家乐福也开设了第一家超级购物广场，从而触发了中国零售商品市场形态从传统商店模式向超级市场模式的加速转型。截至到 2004 年 6 月，家乐福以 50 家门店和 77.61 亿元的销售额位列外资零售企业之首。[①] 这一时期，上海创造了多项全国第一：1996 年 8 月，沃尔玛正式进驻中国，上海是其发展连锁店的“发源地”；1997 年 6 月，泰国易初莲花在浦东开设第一家合资店铺；1999 年 6 月，英国百安居第一家连锁店落户上海。这些外资的陆续进入，不仅带来了先进的市场经营模式和管理理念，也极大地推动了国内各地零售商品市场的繁荣发展。据统计，2001 年，外商及港澳台商占上海零售市场的份额已经攀升到 6.1%。

---

① 参阅：《零售业全面开放前夕家乐福沃尔玛圈地比赛》，《北京晨报》2004 年 10 月 28 日，参见 http://www.people.com.cn/GB/jingji/8215/41543/41599/3036325.html。

2000年，中央政府又颁布了《外商投资商业试点办法》等重要文件，不仅将开放地域由原来的11个城市扩大到所有的省会城市、自治区首府和中心城市，而且在经营方式、合资比例等方面都有更大的放宽。该《办法》规定：外资可以办单店，也可以办连锁店；在北京、上海、天津、重庆则允许对批发业进行合资、合作试点；外商投资比例限制可经国务院特批后，持股比例可超过51%。随着我国加入WTO，2003年7月，家乐福旗下的专业折扣店“迪亚天天”在上海开出设第一家店，截至2006年上半年，其在京沪已拥有111家分店。

随着一系列政策、实践探索的开展，上海商品市场向多层次、开放型的新格局不断迈进。上海在全国商品市场中的领先优势仍比较突出，特别是随着大量外资商业龙头企业的不断集聚，上海已成为外资商业企业开拓内地市场的“第一站”。

2. 在“走出去”方面，上海商业企业及商品市场运营机构率先拓展海外市场。

我国商业机构拓展海外市场起步较晚，长期处于止步不前的状况，而我国加入WTO则为商业企业“走出去”战略提供了制度条件。在上海商品市场加快对外全面开放、外资持续不断进入的同时，上海本土零售企业也不断投资扩张，这也带动了零售行业总资产规模的不断扩大。总体上看，在“走出去”战略的初期，上海有关商业企业按照以市场换市场的原则，充分利用在沪投资的跨国商业集团的国际营销网络，输出上海大型商业集团的商业品牌。例如，国内知名度较高的“亚振家具”依托品牌影响力，积极借助世博会来拓展海外市场。该企业自从2010年成为世博会上海馆合作伙伴之后，2012年又获准成为韩国丽水世博会海洋馆合作伙伴，2015年又成为米兰世博会中国国家馆全球战略合作伙伴。2014年，以推动中欧设计交流为宗旨的上海—佛罗伦萨中意设计交流中心建立，该企业也积极参与其中并借助国际交流来加强海外市场的开发。

客观来看，上海商品市场“走出去”战略的海外、国内双向拓展中，海外拓展仍处于探索阶段，而对其他省市的市场输出则走得更快，并有效带动了各地区商业的繁荣发展。例如，上海龙头商业企业百联集团近年来将“奥特莱斯”作为集团重点发展的业态，面对其他城市内购物中心、百货商店竞争趋于饱和的状态下，积极输出“奥特莱斯购物村”理念取得了良好效果。百联在国内其他地区开设的奥特莱斯大多位于郊区，一方面是能够拥有更大的空间、提供更为丰富的商品、营造更好的购物环境，并实现与传统百货和购物中心的错位竞争；另一方面则可以为当地创造大量就业岗位，并带动周边地区的经济繁荣。据统计，奥特莱斯广场每1万平方米场地可提供约150个就业岗位，以2012年开业的武汉百联奥莱为例，其当年就提供了1000余个工作岗位。

（二）积极构建自贸试验区多层次市场平台，探索解决国内消费需求不足问题。

长期以来，我国经济发展的动力结构呈现典型的投资拉动特征，出口带动作用在金融危机后快速下滑并频繁波动，需求拉动的作用却始终较为不足。在我国步入经济新常态，经济增速趋缓的背景下，如何有效扩大需求成为未来几年面临的重大问题。从上海的情况看，居民收入水平、人均消费水平等指标在全国领先，但依然存在较为突出的内需不足问题。上海自贸试验区建成以来，随着一系列国际化市场平台的建设，其对拉动消费的作用日趋明显，使消费力的提升成为上海自贸试验区设立后的突出特点。概括而言，试验区对拉动消费需求的作用主要体现在：培育消费能力、创造消费热点、扩大消费渠道等。具体主要体现为以下几个方面：

1. 在外高桥进口商品直销中心在市内多点扩展的基础上，上海积极规范布局发展更多的直销中心，为国内居民在上海直接购买各国商品提供便利。

上海在有关规划中前瞻性地对有关网点进行了规划研究，使上海市及其他省市的更多居民能够受到自贸区政策的实效。同时，上海根据中央政策支持，积极借鉴香港、海南等地探索进一步完善离境退税政策，提高退税手续的办理效率。

2. 上海加快探索推动离岸贸易等新型贸易方式的发展，逐步扩大离岸贸易规模，并通过离岸贸易与在岸贸易的联动带动消费增长。

例如，通过建立自贸试验区的信息围网，在离岸区域允许设立离岸公司，使用离岸金融账户等方式，开展离岸贸易，在抢占国际市场的同时也吸引更多国际商务人士来沪工作、旅游、消费。又如，将现在的“进出境备案清单”改为“进出关备案清单”，并重新定义新的“备案清单”，简化境外入区手续，为国际商务来往提供便利。

3. 上海积极借鉴国际经验，规划形成上海迪士尼乐园购物村模式，在引入国际知名的唯泰集团（Value Retail）作为开发商和运营商的同时，探索将旅游、购物、体验、餐饮、文化等多种功能相结合。

随着功能不断完善，上海不断增强自贸试验区的溢出和扩散效应。

4. 依托国家馆项目，构建“外品直销”“内品外销”的新型国际化消费市场。

该类市场是在原保税区十大专业贸易平台的基础上，推动市场开放的重要改革举措。建成后的国家馆平台可以促进所属国的优质产品进入中国市场，拉动消费；同时还可为国外客户提供包括保税展示、专业培训、产品发布、贸易洽谈、进口代理、物流配送、商务咨询、转口贸易等多项配套服务。自2014年5月、12月澳大利亚馆、俄罗斯馆开馆以来，智利、泰国、新西兰等国家馆也将陆续开业，[①] 随着开馆数量的不断增加，将大幅度改变国内消费税收过高而引起的资金外流、境外消费热等现状，并对扩大消费产生直接作用。

三、上海品牌商品市场在全国的引领作用

上海品牌商品市场在全国的引领作用主要可分为两个层面，一是上海老品牌作为畅销商品在全国市场得到广泛认可，二是品牌商品市场在国内市场建设中的导向作用。

在新中国成立后的很长一段时期内，上海品牌是全国居民和企业追捧的对象，而一大批知名品牌如“上海”手表、“永久”自行车、“蝴蝶”缝纫机、“英雄”钢笔、“上海”收录机、“佛手”味精、“红灯”收音机、“大白兔”奶糖、“老凤祥”珠宝、“百雀羚”护肤品、“民光”床单，等等，都已经是家喻户晓的

① 张颖：《自贸区先试贸易“国家馆”》，《国际金融报》2014年6月9日。

产品，其在市场上往往供不应求。二十世纪七八十年代，“上海”手表、“永久”自行车、“蝴蝶”缝纫机并称为百姓家庭结婚必备的“三大件”，被比喻为家庭生活富足殷实的象征。创建于1915年而目前仍在红火经营的百年老店“冠生园”，在2013年已经在全国建立了20多个销售中心，形成1万余个销售网点，年销售收入60亿元，在50多个国家和地区注册了商标，特别是旗下的“大白兔”奶糖仍畅销于40多个国家和地区，成为上海品牌的重要代表。

就品牌商品市场来看，从理论角度而言，除了市场交易的基本功能之外，至少还需要具备四大功能：价格发现、业态引领、商品枢纽、外商云集。在这些功能中，上海的一些品牌商品市场在加强自身建设的过程中，不仅在发展理念上引领着国内商业，而且在价格发现方面弥补了国内市场定价权不足的弊端，而这是我国作为全球主要消费大国的“软肋”，特别是在形成国际定价权方面，只有一些品牌商品交易市场才存在可能性。例如，作为自贸试验区的前身——洋山保税港区是全国首家拥有期货保税交割功能的试点港区，从2010年底试点开展以来，从依托保税交割形成物流上的集聚，向大宗商品贸易、期货交易、资金结算一体化发展方向提升；据统计，一直依托洋山保税港区可同时兼顾国际和国内市场、期货和现货市场的优势条件，打造面向亚太地区的大宗商品集散平台。2012年通过上海洋山保税港区进口的电解铜超过100亿美元，占全国电解铜进口总量的三分之一，其交易价格也具有重要的导向作用。

第四节　新时期上海多层次商品市场体系的改革开放

近年来，在长期的商品市场建设经验基础上，借助上海自贸试验区先行先试的重大契机，上海进一步开拓创新多层次商品市场体系，形成了一些新的市场模式、交易方式和发展趋势。

一、发展国际大宗商品市场交易平台——上海大宗钢铁电子化交易中心案例

近年来国内出现了大宗商品交易市场的平台化、集成化发展趋势，上海也快速涌现出规模不等的各类交易平台。但是，由于有关平台的运营商在风险控制、制度设计等方面水平参差不齐，导致部分平台在交易中风险频发，如违约行为、交易保证金被挪用等问题。针对这些现象，国家在深入调研的基础上发布了若干重要的规章制度，以促进大宗电子交易平台的不断健全完善，尤其是《国务院关于清理整顿各类交易场所切实防范金融风险的决定》(《国发〔2011〕38号文》，以下简称“38号文”）和国家有关部门颁发的《中远期交易市场整顿规范工作指导意见》(简称“国六条”）对促进大宗电子交易平台的完善发挥了积极作用。

“38号文”下发以来，对各大宗商品交易市场的规范经验有严格要求，其目的在于通过对平台的整顿以有效防范系统性风险。2010年初，“国六条”的出台，明确了监管主体和政府对行业发展的态度，规范了公司经营行为，指引了行业发展方向，有利于行业良性、健康的发展。“国六条”概括起来，即一是禁止新设市场和新上品种，二是保障资金安全，三是禁止自然人和无行业背景的企业入市交易，四是禁止代理业务，五是规范保证金缴纳形式，六是限定每个交易品种和每个交易商的最大订货量。这六条内容都有利于大宗商品中远期交易市场的规范、有序、健康发展，有利于深入推进发挥大宗商品交易平台的作用。在政策的规范与支持下，一些经营规范、运作有序的市场平台不断发展起来，成为新时期上海商品市场体系建设的重要领域。以上海大宗钢铁电子交易中心有限公司（英文简称SSEC）为例，该企业成立于2004年，并由多家股东方共同投资组建了中远期钢铁现货电子交易市场。经过11年的发展，该平台已成为全国钢铁中远期电子交易市场的领头羊，同时也是全国大宗商品电子交易市场领域的标兵，先后荣获上海市名牌企业、信息行业优秀企业、品牌服务企业、守合同重信用企业、国家信息化试点示范单位等诸多荣誉。其发展模式及经

验可以概括如下：

（一）实行资金三方监管，强调资金安全。

为保证客户资金的安全、完整，自觉自律地引入银行等第三方外部机构，通过监管银行、客户、市场三方共同签署资金监管协议的方式，由监管银行按照相关的法律、法规和监管协议的要求，独立对客户资金的存取、账户权益实行监管，并由三方共同确认和监督的模式。上海大宗钢铁电子交易中心是业内最早提出“资金监管”概念、最早引入银行作为第三方监管人实施交易资金三方监管的市场。自2006年7月起正式推出运行，实现了中心、监管银行、客户在资金三方监管上的对接：每天由监管银行对相关监管账户实行清算和对账，客户则通过监管银行的官方网站，对照中心发送的结算清单来查询各自在监管银行账户内的实际资金存取明细、可用资金余额等情况，这种方式有效保证了参与交易者的资金安全。

（二）统一竞价市场的交易模式，提高交易效率。

从市场交易模式来看，该中心按照国家规定的20%保证金比例要求进行交易结算，并且100%以货币资金形式收取，同时积极突破期货在“交割”“品种”上的种种限制和瓶颈，扩大服务范围，提升服务能力，如电子交易除从事线材和螺纹钢交易外，还从事热轧卷和中厚板的交易，交易品种更为广泛。从交易方式看，实际上是一种有组织的统一竞价市场，依托网络与电子商务平台，使分散在全国各地的信息、资源、客户可以集中在一个交易平台上交流、交易，形成了集中的信息群和交易群，市场透明，信息对称。这种方式打破了传统的“三现”交易方式（现场、现金、现货），实现了交易机制的一次升级与进化，大大提升了商品价格的发现功能、调节功能和市场联动功能，进一步提高了市场运行的公开度、透明度，规范了市场秩序。

作为新型的交易市场形态，上海大宗钢铁电子化交易中心在上海获得了快速发展。在发展过程中，逐渐探索出一条具有自律性、规范化、覆盖广的发展模式，并在引领全国乃至全球同业发展方面发挥着重要的作用。

二、推动流通体制改革，打破区域市场壁垒，统一发展全国商品市场

（一）依托连锁业态的持续增长，加快拓展周边市场。

近年来，随着上海零售商品业态的不断发展，商业设施的不断扩建，连锁网点倍增。虽然上海的消费品市场增速有所放缓，但是仍保持了较高的增长。2017 年，上海社会消费品零售总额达到 11830.27 亿元、同比增幅 8.1%，居全国城市排名第一位。2017 年，上海实体零售呈明显回暖趋势，限额以上的 5650 家批发零售企业的营业利润同比增长 35%，限额以上的 2395 家住宿餐饮企业营业利润同比增长 39.4%。上海的全球消费资源要素聚集功能进一步增强，上海国际零售商聚集度达 54.4%，位列全球第三。在上海，国际高端知名品牌集聚度超过 90%，众多国际高端品牌纷纷选择上海作为其中国地区、亚太地区总部所在。上海成为中高端消费品的进口集散地，中高端消费领域影响力增强。

上海的消费便利度大幅提升。2017 年，上海共有各类连锁商业网点 16868 家，其中便利店和超市网点 9425 家、平均每 2566 个常住人口中就有一家。市商务委指出，在上海，“前有基地、中有配送、后有菜场”的全链条加肉菜追溯系统形成上海保供新格局，推动了“互联网 + 菜篮子”的发展模式。在上海消费的获得感和幸福感正逐步提升。

由于上海连锁商业发挥了名牌信誉度与业态成熟度的比较优势，商业网点在上海市以外的城市也获得快速发展。同时，得益于上海市物流业与互联网的发展，电子商务这一新兴业态充分发挥了其对提高流通效率、降低交易成本的重要作用，并获得了快速发展，上海市获得“国家电子商务示范城市”的称号。据统计，2017 年 1—12 月，上海电子商务保持平稳增长，实现电子商务交易额 24263.6 亿元，同比增长 21.0%。其中，B2B 交易额 16923.4 亿元，同比增长 17.2%；网络购物（B2C/C2C）交易额 7340.2 亿元，同比增长 31.0%（其中，商品类网络购物交易额 3674.3 亿元，同比增长 22.8%；服务类网络购物交易额 3665.9 亿元，同比增长

40.4%)。[①]

（二）借助大宗商品市场和供应链，突破传统行政区划分割。

从全国商品流通体系建设的角度看，基于行政区划的市场保护和隐性市场壁垒是长期阻碍性因素，这与各地市保护本土企业、稳定税收等动机密切相关。但从长期来看，只有不断打破这种无形的市场分割，才能最大限度地降低国内商品市场的总体交易成本、提高商品流通效率、满足人民群众及生产企业的多元化需求。要达成这样的状况，需要在部分领域进行率先突破，上海的一些大宗商品市场通过不断探索，逐渐形成了一些能够与其他地市进行市场联动的可行模式。

例如，上海大宗农产品市场（CCBOT）曾在其官网上发布信息指出，全面推动联通全国主要城市农产品批发市场实时交易系统工程（简称“联通工程”）与“百县百品工程”的建设。这个举措实际上是对2011年《国务院办公厅关于加强鲜活农产品流通体系建设的意见》(59号文件）的呼应——该文件提出“要实现联通全国主要城市农产品批发市场实时交易系统”。在操作中，该项工程采用了“竞价交易（招标、拍卖)、挂牌交易、专场交易、中远期交易”多种交易的集成模式，灵活满足农产品贸易的多层次、多规模、多种类、多变化的需求，同时也有效发挥大宗商品市场在“发现价格、规避风险、资源配置、行业融资”等方面的基本功能。在具体操作方面，该工程借助CCBOT云计算平台，利用其成熟规范的交易与营运体系，对传统农产品批发市场进行电子化交易改造，引入多元化现代交易机制，同时也通过互联网实现全国联通实时交易，推动联通实时交易的农产品批发市场，进而形成分布广泛的“交易网络”，成为“买全国，卖全国”的综合性农产品交易集散中心；在交易系统的背后，还构建起了联络全国各地农产品批发市场、农贸市场、超市、团体采购单位的电子交易、结算、物流、交割体系，从而实现交易链、资金链、物流链的高度整合。

---

① 中华人民共和国商务部驻上海特派员办事处：《2017年上海电子商务保持平稳增长》，2018年1月29日，见 http://www.mofcom.gov.cn/article/resume/n/201801/20180102705223.shtml。

三、建立电子商务交易平台，实现商品市场体系的信息化变革

21世纪以来，上海商品市场的现代化进程显著加快，发达国家探索了几十年的现代流通组织形式和业态形式几乎全部导入上海商品市场，经营业态不断创新，连锁经营发展迅速。近几年，在互联网技术的推动下，淘宝、京东商城等众多网络购物平台的迅猛发展，全国各地网络购物热情持续升高，而上海的网络购物规模则在国内保持领先，并保持了高速增长的态势。

据上海市商务委的历年统计资料，上海市2012年实现商品类网络购物交易额658.2亿元，增长139.3%。2013年，电子商务持续快速增长，全市电子商务整体规模和发展速度继续保持全国领先。2014年全年完成电子商务交易额13549亿元，其中网络购物交易额2904亿元，口岸税费电子支付系统入网企业累计55000家，全年电子单证传输量为22900万张，实现电子支付金额12830亿元。制造业成为电子商务应用的最大行业，商贸业除自营平台和第三方平台模式外，O2O（线上线下结合模式）、C2B（消费定制模式）和B2B2C（跨境电商模式）等新模式和新业务不断涌现。2015年，上海市电子商务交易额达16447.3亿元，比上年增长21.4%。2016年，上海电子商务交易额达20049.3亿元，比上年增长21.9%。电子商务的快速发展，有效提升了上海产业在全球价值链中的地位。在2016年上海电子商务交易额中，B2B（企业之间通过互联网进行产品、服务及信息的营销与交换）占比高达72%，交易额为14445.6亿元，同比增长17.3%。其中，钢铁交易占比达47%，石油化工类交易占比达31.7%，有色金属类交易占比达13.7%，汽车交易占比达1.37%，这意味着上海几大优势制造行业已跨入电子商务时代，钢铁、石化、有色金属、汽车等“上海制造”“上海服务”交易市场已实现转型升级。2017年1—12月，上海电子商务保持平稳增长，实现电子商务交易额24263.6亿元，同比增长21.0%。其中，B2B交易额16923.4亿元，同比增长17.2%；网络购物（B2C/C2C）交易额7340.2亿元，同比增长31.0%（其中，商品类网络购物交易额3674.3亿元，同比增长22.8%；服务类网络

购物交易额 3665.9 亿元，同比增长 40.4%）。[①]

在这些新兴的网络购物渠道快速增长的影响下，上海市商品销售总额稳步增长。图 3-1 反映了 2001—2016 年上海市社会消费品零售总额增长趋势的增长趋势。

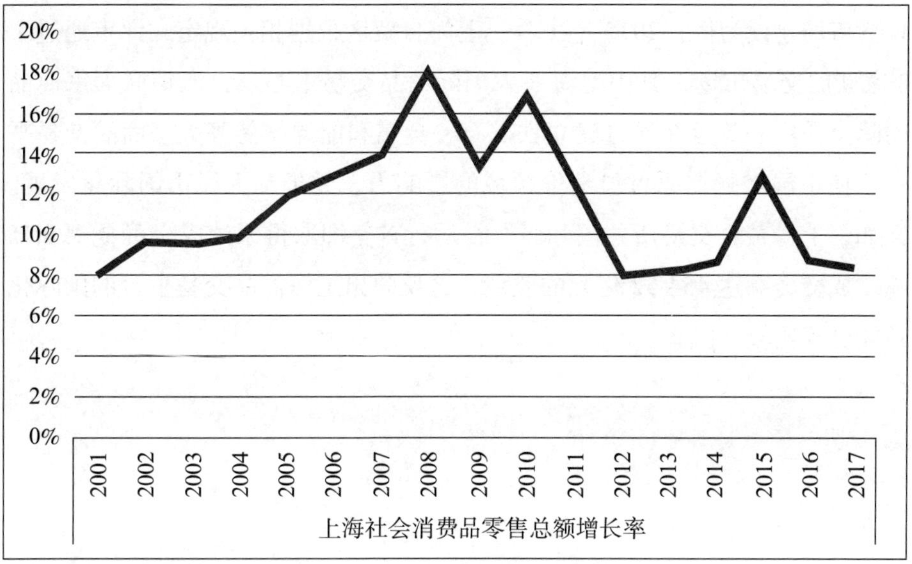

图 3-1　上海 2001—2017 年社会消费品零售总额增长趋势

资料来源：上海市统计年鉴（2017）。

进一步结合上海市商务委的统计，2012 年上海市实现社会消费品零售总额 7387.3 亿元，同比增长 9.0%；2013 年全年实现社会消费品零售总额 8019.01 亿元，同比增长 8.6%；2014 年全年实现社会消费品零售总额 8718.65 亿元，同比增长 8.7%；2015 年全年实现社会消费品零售总额 10056 亿元，同比增长 15.3%；2016 年上海市实现社会消费品零售总额 10946.57 亿元，同比增长 8.8%；2017 年上海市实现社会消费品零售总额 11830.27 亿元，同比增长 8.1%。

除了以上三大趋势外，依托自贸试验区建设及上海国际贸易中心建设

① 根据上海市商务委员会官网资料整理，参见 http://www.scofcom.gov.cn/。

的契机，上海商品市场还在加速向国际化、品牌化方向迈进，其主要趋势包括：通过国际供应链整合，推动商品的跨境流通；打造自贸试验区进口商品交易平台，降低进口商品交易成本；探索离境退税办法，吸引境内外消费者更多地参与到上海商品市场交易中；推出一系列支持老牌精品和打造新品等振兴老字号的措施，推进上海品牌之都建设。以国际化大宗商品现货市场建设为例，2015 年 1 月，上海自贸区根据相关规定，评审通过了 8 家新的交易市场，其中上海亚太国际商品交易中心及上海钢联大宗商品国际交易中心等旨在通过建立铁矿石、金属和能源交易等大宗商品交易平台，使中国增强在原材料定价领域的影响力，并推动人民币国际化发展。又如，上海黄金交易所“国际版”在运行首年即取得累计成交黄金 190.55 吨，成交金额达 454.52 亿元的业绩，这反映出上海商品交易平台的国际化功能已经比较突出。

第四章

上海金融市场发展与改革开放

改革、开放与发展，作为经济体系运行的三个环节，环环相扣；作为经济体系演进的三个维度，又相互支持、相互促进。20 世纪 90 年代初，在全国推进改革开放的大背景下，上海金融业和金融市场的发展获得先机。在将上海建设成为国际金融中心这一国家战略的推动下，上海逐步建立起完整的金融市场体系。金融机构集聚上海，金融业的发展走在全国的前列。这不仅有力地促进了上海本地的经济发展，同时基于金融在国民经济体系中的关键地位和重要作用，上海的金融发展也有力地推动了上海和全国进一步深化改革和扩大开放的进程。

第一节 上海金融市场发展的背景和地位

我国实行改革开放 40 年来，始终坚持以市场化为导向，逐步推进金融改革与发展。通过改革，我国金融业总体上突破了传统的计划经济模式，基本上建立起一个与现代化市场经济相适应的金融体系。

一、上海金融市场改革和发展的背景

（一）20 世纪 80 年代中国金融业的改革。

新中国金融体系的建立可以追溯至新中国成立前夕。1948 年 12 月 1 日，为了统一货币、促进物资交流、支持生产恢复和发展，正式组建成立中国人民银行。之后，通过对解放区银行、官僚资本银行、外资银行、私人银行和钱庄的改造与合并，以及建立农村信用社组织等途径，形成了人民银行统一领导下的几家专业银行与其他金融机构并存的金融体系格局。1953 年，为配合第一个五年计划，我国建立了集中统一的综合信贷计划管理体制，实行“统存统贷”的管理方法，银行信贷计划纳入国家经济计划，为经济建设提供全面的金融监督和服务。这种金融状况一直持续至 1978 年，其间虽有变动，但是基本格局变化不大。这种金融体制在社会主义经

济建设的早期发挥过重大作用，但由于忽视了市场的作用和基层金融机构的主动性，金融在国民经济中的重要性并没有充分体现。

1978 年十一届三中全会是我国改革开放的开端，我国的金融体制改革也发轫于此。十一届三中全会之后，国内经济结构的变化和中央金融改革政策为金融体制改革创造了有利条件。

1. 经济的快速发展引发对资金的巨大需求。

20 世纪 80 年代，我国开始对传统的计划经济体制实行改革，经济获得快速增长。1980 年 GDP 总量仅为 4546 亿元，到 1990 年增至 18668 亿元，年平均增速达到 9.35%。[①] 由于政策放宽放活，以乡镇企业、私人经济为代表的大批新兴经济力量如雨后春笋般产生。同时，80 年代中期开始的国企改革也激发了体制内资源的活力，新建厂房、引进技术、扩大生产、兴建三产等活动方兴未艾。实体经济体现出的巨大活力对金融服务提出了新的要求，我国金融业亟须在银行信贷、资金拆借、外汇调剂等多个方面进行改革创新。

2. 建立现代银行体系，中央出台相关金融改革措施。

1979 年，邓小平同志提出“要把银行作为发展经济、革新技术的杠杆，要把银行办成真正的银行”，[②] 从而开始了恢复金融、重构金融组织体系的工作。1983 年 9 月，国务院颁布《关于中国人民银行专门行使中央银行职能的决定》，规定人民银行是领导和管理全国金融事业的国家机关，确立了人民银行的性质与地位。1984 年，人民银行发布了《信贷资金管理试行办法》，并决定于 1985 年初开始正式实行“统一计划，划分资金，实贷实存，相互融通”的办法，将人民银行与专业银行的资金往来由计划指标分配关系改为借贷关系。此外，国务院、人民银行还发布了《商业汇票承兑、贴现暂行办法》《中华人民共和国银行管理暂行条例》《中华人民共和国外汇管理费用暂行条例》等一系列法律法规。上述法律法规的出台，表明了中央政府坚持金融改革的决心，为实质性的改革提供了法律保障。由此，

---

① 数据来源：中华人民共和国国家统计局，参见 http://www.stats.gov.cn/。

② 《邓小平文选》第二卷，北京，人民出版社 1993 年版，第 200 页。

中国出台了一系列金融改革举措。

第一，建立中央银行体系。1979 年，中国农业银行恢复成立，中国银行和中国建设银行也分别从中国人民银行和财政部分离出来；1984 年，中国工商银行从人民银行分离，承担了原人民银行办理的金融经营业务，而人民银行则成为发行的银行、政府的银行、银行的银行，专门行使中央银行职能。自此，中央银行体系在中国建立了起来。

第二，改变信贷分配方式。1979 年，中国开始改革“统存统贷”的信贷计划管理体制。1985 年，人民银行正式实行“统一计划，划分资金，实贷实存，相互融通”的管理办法，规定人民银行与专业银行间的资金往来是借贷关系而非计划分配关系。1985 年，人民银行取消了对专业银行贷款规模指令性控制，虽然此时银行信贷的发放仍具有明显的计划色彩，但是相比改革之初已迈出了一大步，并为之后的信贷市场化改革奠定了基础。

第三，创建票据、货币、外汇市场。伴随着一系列金融法规的出台，各类金融市场开始在中国初步建立起来。例如：1985 年，人民银行在全国范围内全面推行商业票据承兑贴现业务；1986 年，人民银行对专业银行以贴现形式买进未到期票据，正式开办了商业票据再贴现业务，从而标志着票据承兑汇票贴现市场的初步形成。1986 年，国务院颁布了《中华人民共和国银行管理暂行条例》，促进了拆借业务在全国范围内的发展，经过几年发展，中国初步形成了一个以经济发达城市为依托，跨系统、跨地区的资金流通网络。1980 年，《调剂外汇暂行办法》颁布，中国开始了外汇调剂试点，此后逐步增加调剂品种、放松价格限制、扩大交易主体范围，初步建立起了外汇调剂市场。

整个 20 世纪 80 年代，中国金融改革取得了重大的成就，对原有的计划经济金融体制进行了一定程度的市场化改造。然而，这些改造仍是初步的，金融体系的完善尚需时日，主要包括：

第一，80 年代的金融改革主要针对银行体系，对股票、债券、期货等金融市场涉及很少。20 世纪 80 年代，中央对银行体系进行了大规模改造，不仅确定了人民银行作为中央银行的地位，而且恢复和新设了四大国有银行，并成立了一批股份制商业银行，焕发了银行业的活力。但是，中国的股票、债券、期货等金融市场在此时仍处于萌芽状态。在股票方面，1984年，上海飞乐音响首次公开发行50万元股票，开创了中国股票公开发行的先河。[①]其后，股票发行试点扩大到全国，股票柜台交易、场外交易和私下交易也开始出现。但此时的股票无论在融资总量还是交易规模上看，均完全无法与银行业相提并论。在债券方面，1981年，中国开始重新发行国债，但在整个80年代，并没有形成债券市场，国债发行量较小，发债成了行政任务。在期货方面，1988年5月，国务院作出“研究国外期货市场并结合中国实际制定试点方案”的重要指示，但是直到80年代结束也未有一家期货交易所成立。所以总的来说，20世纪80年代，中国在股票、债券、期货等方面的改革虽然已取得突破，但是实质影响仍然有限。

第二，尚未形成覆盖全国的金融市场。20世纪80年代，中国已经在全国范围内推广资金拆借、外汇调剂，并且在部分城市形成了股票柜台交易市场。但是这些市场均为区域型市场，全国统一的金融市场尚未形成。金融业具有极强的规模效应，分散的市场阻碍了效率的进一步提高。

第三，利率、汇率定价仍未实现市场化。20世纪80年代，利率水平仍由人民银行直接控制，存款利率、贷款利率、银行间同业拆借利率、银行间债券回购利率等均不得根据供求关系自由浮动。在汇率方面，1979年，中国开始实行汇率双轨制，即贸易外汇内部结算汇率和官方公布的非贸易外汇收支牌价并存的局面。1985年，又改变为官方牌价和外汇调剂价格并行的机制，但并未改变外汇价格双轨制的实质。在利率与汇率并未能实现完全市场化的情况下，一方面资金价格难以根据市场供求作出快速调整，进而调节经济，另一方面也为不法分子提供了寻租空间。

第四，政府直接干预金融活动依然较为普遍。政府一方面通过确定利率和汇率水平，另一方面也通过行政命令控制信贷资金规模和流向，保证国有企业获得低成本资金。例如，1988年9月，央行为控制经济过热，决定严格货币发行的指令性计划管理和现金管理，清理信托机构并压缩信贷

---

① 郭维：《上海飞乐音响：邓小平送出的新中国第一股》，东方网2013年7月31日，见http://history.eastday.com/h/20130731/u1a7559947.html。

规模，严格控制再贷款的资金来源及投向，并向重点行业和产业倾斜。而在1989年，为走出经济衰退，人民银行又加大了贷款的投入量。上述情况表明，此时中国金融业的市场化程度仍然较低。

（二）20世纪80年代上海金融业的发展。

二十世纪三四十年代，上海曾是远东最大的国际金融中心。当时，上海地区拥有一百八十多家银行、钱庄，占全国总数的近一半[①]。中国四大银行中三家的总部设立在上海，一些大型外资银行也将分支机构设立在上海，不仅增强了上海金融业对内和对外的辐射能力，也确立了上海作为金融中心的地位。

新中国成立之后，政府对上海金融业进行社会主义改造，高度集中的计划体制开始在上海推行。原有的横向物资交易和横向资金融通关系被切断，取而代之的是垂直的资金调度和物资调配，信用则全部集中于总部位于北京的国家银行，并实行服务于指令性计划的结算方式，从而形成了高度集中的以行政管理为主的金融体制。上海作为金融中心的地位被北京所取代。

改革开放之后，随着金融体制改革的逐步推进，上海金融业的活力重新被激发出来。至20世纪90年代初，上海已逐步形成比较完整的金融机构体系，包括：

1. 人民银行上海市分行，作为中央银行派出机构统领上海金融业发展；

2. 国家级大型商业银行：中国工商银行、中国农业银行、中国银行、中国建设银行、交通银行、中信实业银行，这六家商业银行组成金融机构主力军；

3. 信用社体系：40多家城市信用社和两百多家农村信用社；

4. 非银行金融机构：保险公司、租赁公司、财务公司、投资信托公司等一大批非银行内资金融机构；

5. 外资金融机构：华侨、东亚、渣打、汇丰等四家外资银行的分行和35家外资证券公司与外资银行的办事处。

---

① 熊月之等：《上海通志》，2008年7月23日，见 http://www.shtong.gov.cn/Newsite/node2/node2247/node4560/index.html。

除了建立多层次的金融机构体系，上海在金融市场方面的发展也比较突出。1986 年 9 月，中国工商银行上海信托投资公司静安证券业务部开始办理飞乐音响和延中实业两支股票的代购、代销业务，这使股票交易市场在上海绝迹 30 多年后重新出现。1986 年 11 月，上海成立外商投资企业外汇调剂中心，允许国有企业和三资企业在调剂中心相互调剂外汇，成为上海最早的外汇交易市场。1987 年，人民银行上海分行建立了上海统一的银行间同业拆借市场，提高了银行资金运作的效率。虽然这些金融市场在成立之初仅为上海本地机构提供服务，对实体经济的影响力也远小于银行体系，但是它们的出现为上海在之后 20 年发展成为中国金融产品的交易中心奠定了坚实的基础。

二、上海金融发展对市场化改革的推动

在全国经济和金融改革发展的大背景下，由于上海金融业和金融市场的发展在全国的特殊地位，其对上海以及全国的市场化改革发挥了非常重要的推动作用。

（一）金融市场为政府实施货币政策调控提供了场所。

一般情况下，中央银行通过三条渠道执行货币政策，即通过公开市场业务调节基准利率，通过准备金率调整商业银行信贷规模，通过再贴现窗口承担最后贷款人的责任。20 世纪 80 年代，由于我国没有统一的货币市场，人民银行不能通过公开市场业务对市场中的资金供求进行微调，只能通过计划手段控制商业银行的信贷总额和流向，从而降低了货币政策的效率。我国统一的银行间拆借市场的形成，使央行通过市场手段执行宏观调控政策成为可能。同时，金融业的发展也为货币政策的有效传导打下了良好的基础。

（二）金融市场的价格发现功能有利于提高资源配置效率。

价格发现功能是市场的重要功能之一，对金融市场来说也不例外。市场中的竞价活动可以清晰地反映市场上某类商品的供求关系，决定其公允价值，进而可以为市场外的商业活动提供价格参考。股票市场为股权资产

交易提供了参考价格，商品期货市场反映了原材料市场的供求关系，银行间拆借市场是形成短期利率的场所，国债交易市场体现了市场参与者对长期利率的判断，外汇交易中心则提供了本币与外币的市场比价。由于存在上述市场，政府无需对各类产品的供需进行预测，只需通过价格调整就能实现市场的供需均衡，提高经济运行效率，也为利率和汇率的市场化改革提供了重要的价格参考。

（三）流通市场的发展促进了直接融资市场发展。

股票和债券的发行属于一级市场业务，其发展壮大需要二级市场即流通市场配合。这是因为投资者购买股票和债券需要一个场所进行变现，否则难以激发其投资热情。例如，20 世纪 80 年代，我国国债交易市场并不发达，当时的国债发行是行政任务，需要行政摊派，发行量较小。20 世纪 90 年代之后，由于国债市场日益完善，摊派发行不再出现。此外，流通市场为发行市场提供了价格参考，有利于股票和债券发行成功。

（四）金融市场使产业资本拥有风险对冲工具。

价格波动幅度与时间长度呈正比。对于生产周期长的行业来说，原材料价格的波动很可能侵蚀本就微薄的利润。保险、期权、期货、远期、利率互换等风险对冲工具有利于控制此类行业产业资本的风险敞口，提高其从事商业活动的意愿，进而推动经济增长。

（五）金融市场促进了金融业整体的发展壮大。

金融市场的发展为证券公司、基金公司、保险公司、投资银行等业务直接与投融资有关的金融机构提供了生存土壤，为银行等金融中介机构搭建了调配资金和外汇的平台，也为会计师事务所、律师事务所以及其他金融服务机构创造了收入来源。

第二节　上海金融市场发展与金融改革

自 20 世纪 90 年代以来，随着把上海建设成为国际金融中心的战略逐步落实，上海经济和金融领域改革开放的步伐也在加快。上海陆续建立了各类金融市场，目前已形成一个比较完整的金融市场体系，包括股票、债券、外汇以及各类金融衍生品的交易市场。在建设金融市场的同时，市场交易规模不断扩大，融资、定价等金融市场功能不断完善，为上海和我国的金融改革和发展奠定了良好的基础。

一、上海金融市场体系的发展

为了与把上海建设成为国际金融中心的战略定位相适应，政府决定把一些重要的全国性金融市场放在上海。自 1990 年上海证券交易所成立开始，上海先后建立了各类金融市场，已形成比较完整的金融市场体系。

表 4–1　上海金融市场体系建设情况

时间	金融市场	说明
1990 年 11 月 26 日	上海证券交易所成立	新中国第一个证券交易市场
1994 年 4 月 18 日	中国外汇交易中心暨全国银行间同业拆借中心成立	中国人民银行总行直属事业单位，中国银行间外汇市场、货币市场、债券市场以及汇率和利率衍生品市场的具体组织者和运行者
1999 年 12 月	上海期货交易所重新组建	根据国务院 1998 年 8 月关于进一步整顿规范期货市场的要求，上海三家交易所实行合并，重新组建上海期货交易所
2001 年 10 月 31 日	上海黄金交易所成立	经国务院批准，由中国人民银行组建，中国唯一合法从事黄金交易的国家级市场，为黄金交易的参与者提供了现货交易平台，使黄金生产与消费企业的产需供求实现了衔接，完成了黄金统购统配向市场交易的平稳过渡
2006 年 9 月 8 日	中国金融期货交易所成立	继上海期货交易所、大连商品交易所、郑州商品交易所之后的中国内地的第四家期货交易所，也是中国内地成立的首家金融衍生品交易所及首家采用公司制为组织形式的交易所

资料来源：根据各交易所网站资料整理。

（一）股票市场。

上海证券交易所（简称“上交所”）是我国证监会的直属机构，是上海股票市场的核心。经过多年发展，上交所已经成为我国首屈一指的证券市场。截至 2017 年末，上交所拥有上市公司 1389 家，股票市价总值 38.34 万亿元，其中流通市值 12.29 万亿元。2017 年全年股票成交金额达到 50.56 万亿元。

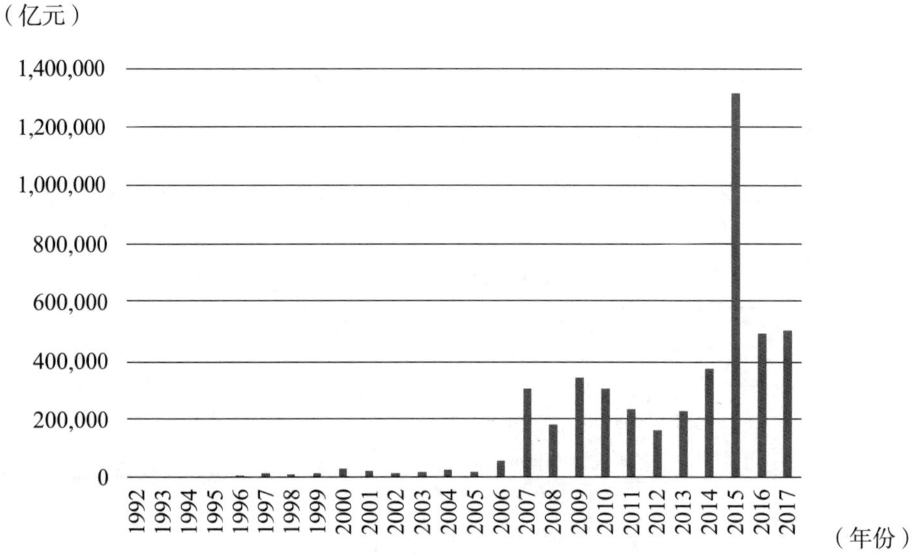

图 4–1　上海证券交易所股票交易额年度数据

数据来源：历年中国证券期货统计年鉴、历年证券交易所统计年鉴、wind 资讯。

1990 年 12 月 19 日上交所开始营业，标志着我国股票交易从场外向场内的转变。上交所成立之初，上市股票仅有 8 只，成交额远小于债券。从开业至 1991 年底，交易所实际开市 265 天，股票与债券累计成交金额 93.31 亿元，其中股票成交 16.14 亿元，占 18%。上市的 8 只股票中有 7 只来自上海本地，所以当时的上海股票市场仍然是一个地方性市场。

1991 年，为了应对我国外汇储备增速下滑、而外汇需求逐步上升的情况，我国面向外资建立了 B 股市场。1991 年 11 月，上海真空电子器件公司向境外发行 1 亿美元 B 股，简称“电真空 B”。B 股市场的兴起，摆脱了当时资本项目下外汇不可自由兑换的约束，开辟了一条吸引外资发展本国企业的道路。

1992 年，邓小平视察南方期间，就证券市场姓“社”姓“资”发表了重要讲话，大大加快了我国资本市场的发展进程。[①] 随即，上交所市场规模迅速扩大，上市公司数量快速增加。至 1992 年底，上交所上市公司已有 29 家，总市值达到 558.4 亿元。自此之后，上市公司的行业分布、注册地点日趋多元化，上交所开始成为全国性股票交易市场。

1996 年，上交所将国有企业的改制上市作为工作重点。1996—1998 年，上交所新增 267 家上市公司，新上市公司的总市值达 380 亿元。截至 1998 年底，共有 438 家企业在上交所上市，筹资总额达 1408 亿元。

1998—2003 年，随着《证券法》《上海证券交易所章程》《上海证券交易所股票上市规则》等一系列法律法规的出台，上交所的上市公司和投资者数量均出现了大幅增长。上市公司由 438 家增加至 780 家，总市值从 1.4 万亿元增加至 2.5 万亿元，上交所的股票市值占 GDP 的比重也从 1998 年末的 12.59% 增加到 2003 年末的 21.94%。投资者数量从 2000 万人增加至 3600 万人。

2004 年之后，我国资本市场开始对证券公司实施综合治理，对上市公司进行股权分置改革，全面提高了上市公司的质量。这些改革措施为上海股票市场的迅速发展创造了良好条件，上交所蓝筹股的市场地位也在这个过程中确立起来。2004—2007 年，上交所股票市值从 2.6 万亿元增加至 26.99 万亿元，交易总额从 2.65 万亿元增加至 30.54 万亿元，年筹资总额从 455 亿元增加至 6805 亿元。

2008—2010 年，我国股票市场经历国际金融危机的冲击，上证综指最低下探至 1664.92 点，随后在中央政府四万亿投资和宽松的货币政策条件下，大盘强劲反弹。至 2010 年底，上证综指收至 2808.08 点，上市公司总市值为 17.90 万亿元，全年筹资 5532 亿元，成交总额达到 39.84 万亿元。

2010 年之后，上海股票市场经历了三年熊市，上市公司总市值、年

---

① 《邓小平文选》第三卷，北京，人民出版社 1993 年版，第 373 页。

筹资总额、交易总量等数据逐年下滑。由于受到证监会暂停 IPO 的影响，2013 年仅有 1 家新上市公司。在此期间，上海证券交易所积极推动沪港通、国际板等新兴业务，努力让国内证券市场与国际接轨。2014 年下半年开始，上海股票市场逐步恢复上行，特别是第四季度股价指数出现快速上升，年末上证综合指数收于 3235 点，比上年末上升 52.9%。

2015 年，上海股票市场上演了一场暴涨暴跌的大戏。总体上看，上半年股市快速上涨，6 月 12 日上证综合指数涨至 5178 点。之后经历一波崩盘式暴跌，最低跌至 8 月 26 日的 2850 点。目前，股市逐步企稳。伴随股市行情的大起大落，成交额也出现暴发式增长，2015 年，上海证券交易所 A、B 股成交金额达到 133.1 万亿元，是 2014 年的 3 倍多。

2016 年以来，随着国家股市管理政策的完善修正，防范系统性风险、打击违规违法行为、保护投资者利益成为股市总基调。在此影响下，上海股票市场走势在 3000 点上下平稳波动，并迎来结构性行情。截至 2017 年末，上证综合指数收于 3307 点，比上年末上升 6.56%。

表 4-2　1992—2017 年上海证券交易所股票交易情况

年份	年成交量（亿股）	日均成交量（亿股）	成交金额（亿元）	日均成交金额（亿元）
1992	17.78	0.07	248.96	0.97
1993	147.42	0.57	2340.54	9.11
1994	656.76	2.61	5735.07	22.76
1995	513.83	2.05	3103.46	12.36
1996	1101.88	4.46	9114.82	36.90
1997	1215.68	5.00	13763.17	56.64
1998	1127.95	4.59	12386.11	50.35
1999	1560.38	6.53	16965.79	70.99
2000	2437.65	10.20	31373.86	131.27
2001	1819.95	7.58	22709.38	94.62
2002	1781.10	7.52	16959.09	71.56
2003	2692.73	11.17	20824.14	86.41
2004	3607.74	14.85	26470.60	108.93

续表

年份	年成交量（亿股）	日均成交量（亿股）	成交金额（亿元）	日均成交金额（亿元）
2005	3986.59	16.47	19240.21	79.51
2006	10283.93	42.67	57816.60	239.90
2007	24325.38	100.52	305434.29	1262.13
2008	16311.60	66.31	180429.95	733.46
2009	33679.64	138.03	346511.91	1420.13
2010	25964.43	107.29	304312.01	1257.49
2011	21192.91	86.86	237555.30	973.59
2012	18928.43	77.90	164460.86	676.79
2013	26718.85	112.26	230266.03	967.50
2014	42938.82	175.26	377162.12	1539.44
2015	102485.63	420.02	1330992.1	5454.89
2016	44,631.44	182.92	495,123.39	2029.19
2017	43,597.64	178.68	505,649.76	2072.34

数据来源：历年中国证券期货统计年鉴、历年上海证券交易所统计年鉴、wind资讯。

（二）期货市场。

上海的期货市场主要包括上海期货交易所和中国金融期货交易所两家交易所。上海期货交易所成立于 1999 年，由原上海金属交易所、上海商品交易所、上海粮油交易所合并而成，受中国证券监督管理委员会集中统一监督管理。2016 年，上海期货交易所现有会员 402 家，其中，期货公司会员 354 家，约占 88%。上海期货交易所上市交易的有铜、白银、黄金、铝、铅、锌、镍、锡、螺纹钢、线材、燃料油、天然橡胶、石油沥青、热轧卷板等 14 种期货合约，并推出了黄金、白银和有色金属的连续交易。2017 年，上海期货交易所成交总额达到 89.93 万亿元，其中交易规模前五名的品种分别是螺纹钢、天然橡胶、铜、锌和镍，成交额分别为 24.27 万亿元、13.75 万亿元、13.39 万亿元、10.7 万亿元和 6.5 万亿元。

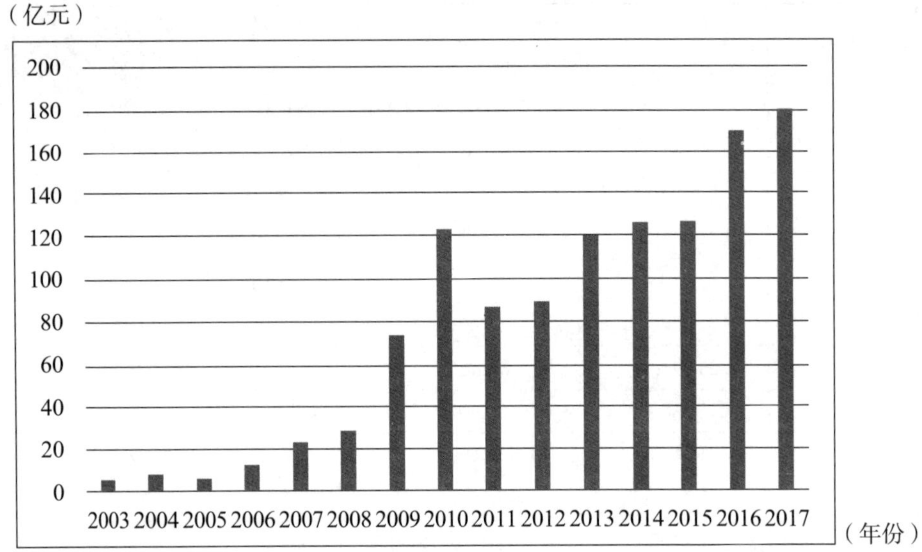

图 4–2 上海期货交易所年成交金额

注：成交金额双向计算。

数据来源：上海期货交易所网站。

中国金融期货交易所于 2006 年 9 月 8 日在上海成立，其主要职能是：组织安排金融期货等金融衍生品上市交易、结算和交割；制订业务管理规则；实施自律管理；发布市场交易信息；提供技术、场所、设施服务；中国证监会许可的其他职能。中国金融期货交易所实行结算会员制度，采用电子化交易方式，不设立交易大厅和出市代表，金融期货产品的交易均通过交易所计算机系统进行竞价，由交易系统按照价格优先、时间优先的原则自动撮合成交。

1988 年 3 月，第七届全国人大第一次会议《政府工作报告》指出：“加快商业体制改革，积极发展各类批发市场、探索期货市场。”为响应中央号召，1992 年，物资部和上海市政府联合下发《关于建立上海金属交易所的通知》，并于当年 5 月 28 日正式成立上海金属交易所，这标志着上海期货市场正式形成。1993 年，上海市场推出标准化合约。

1992 年，为增强国债现货的吸引力，上交所引入国债期货交易，标志着上海期货市场首次拥有了金融期货品种。国债期货的推出使国债现货交易额大幅增加。由于交易制度存在缺陷，以及监管力度不够，1995 年 2 月 23 日爆发了震惊我国金融市场的“327”国债期货事件，同年 5 月又发生了“319”国债期货风波，导致国债期货交易被暂停。

1998 年，鉴于当时全国期货市场存在的乱象，国务院下发《关于进一步整顿和规范期货市场的通知》，期货交易所在全国范围内仅保留上海、郑州、大连三家。1999 年，上海金属交易所、上海商品交易所、上海粮油交易所合并成为上海期货交易所，交易品种压缩为铜、铝、胶合板、天然橡胶、籼米五种。经过此次整顿，全国期货市场之间避免了重叠的交易品种。其后，上海期货交易所不断研究和推出新的品种与合约。2004 年 8 月，燃料油合约上市；2007 年 3 月，锌合约进入交易；2008 年 1 月，黄金合约成为新的交易品种；2009 年 3 月，螺纹钢和线材合约上市；此后又于 2011 年 3 月、2012 年 5 月、2013 年 10 月、2014 年 3 月，以每年一个新品种的速度分别推出了铅、白银、沥青、热轧卷板的期货交易，为商品市场提供了价格参考，也为中国争夺国际定价权作出了贡献。

在商品期货市场繁荣发展的同时，金融期货市场被暂停十年后重新出现在上海。2006 年，中国金融期货交易所（简称“中金所”）在上海成立。2010 年 4 月 16 日，中金所首只产品——沪深 300 股指期货上市，从此中国股票投资者有了对冲下跌风险的金融工具。股指期货推出短短 4 年，交易额就已经赶上股票现货市场。2010 年，股指期货全年交易 4587 万手，交易总额达到 4.1 万亿元。至 2014 年，全年实现交易 2.17 亿手，成交金额为 163.14 万亿元。[①]2013 年 9 月 6 日，国债期货于中金所上市。时隔 18 年后，国债期货重新出现于上海，表明中国金融监管水平的提高，也彰显了决策层大力发展金融创新的决心。

（三）外汇市场。

上海外汇交易市场的核心是中国外汇交易中心（简称交易中心）暨全国银行间同业拆借中心。该交易中心也是银行间债券市场的核心，成立于

① 数据来源：中国金融期货交易所网站：http://www.cffex.com.cn/。

1994 年 4 月 18 日，是人民银行总行直属的事业单位。主要职能有：为外汇市场、银行间同业拆借市场、债券市场等提供交易、基准、信息、培训等服务，承担市场交易的日常监测工作，为央行货币政策操作和传导提供服务，开展经人民银行批准的其他业务。交易中心总部位于上海张江，在北京设有北京中心，在成都、重庆等 18 个城市设有分中心，在上海外滩和北京建有同城和异地灾备中心。

在外汇交易方面，银行间外汇市场包括人民币外汇市场、外币对市场和外币拆借市场及相关衍生品市场，是机构之间进行外汇交易的市场，实行会员管理和做市商制度，参与者包括银行、非银行金融机构和非金融企业等。交易中心为银行间外汇市场提供统一、高效的电子交易系统，有集中竞价与双边询价两种交易模式，同时提供单银行平台、交易分析、做市接口和即时通讯工具等系统服务。

2015 年，交易中心交易系统支持人民币对 14 种外币，即美元、欧元、日元、港元、英镑、澳大利亚元、新西兰元、新加坡元、瑞士法郎、加拿大元、林吉特、俄罗斯卢布、泰铢（区域交易）和坚戈（区域交易）的即期，人民币对 12 种外币（美元、欧元、日元、港元、英镑、澳大利亚元、新西兰元、新加坡元、瑞士法郎、加拿大元、林吉特和俄罗斯卢布）的远期、掉期，人民币对 5 种外币（美元、欧元、日元、港元、英镑）的货币掉期和期权交易，9 组外币对（欧元 / 美元、澳元 / 美元、英镑 / 美元、美元 / 日元、美元 / 加元、美元 / 瑞士法郎、美元 / 港元、欧元 / 日元、美元 / 新加坡元）的即期、远期和掉期交易，3 种外币（美元、欧元和港元）的外币拆借交易以及与上海黄金交易所合作的银行间黄金询价即期、远期和掉期交易。

交易中心成立于 1994 年。1994 年之前，我国实行的是汇率双轨制，官方汇率和市场汇率长期不一致，各地外汇调剂中心价格也不统一，造成市场混乱。1994 年，中国对外汇管理体制进行改革，实行结售汇制度和以市场供求为基础的单一的、有管理的浮动汇率制度，并建立全国统一的银行间外汇市场，即中国外汇交易中心。从此，中国外汇交易有了集中平台和统一价格。

交易中心成立之初，产品仅为美元和港币两种外币对人民币交易。2005 年，人民币汇率实现浮动，市场上亟需外汇衍生品对冲风险。交易中心适时将产品扩展至外汇远期、掉期、期权等多种工具。同年 11 月 24 日，外汇管理局发布《银行间外汇市场做市商指引（暂行）》，开始在外汇市场引入做市商制度。

在对外开放方面，2004 年，中银香港和中银澳门成为交易中心会员，从事银行间外汇交易，标志着交易中心的服务和网络首次延伸至境外。此后，银行间市场迎来境外机构入驻潮，截至 2015 年底，银行间外汇市场已拥有各类会员 1486 家（含重复会员数）[①]。2017 年，我国外汇市场累计成交 162.27 万亿元人民币（等值 24.08 万亿美元）。[②]

（四）债券和货币市场

上海的债券和货币市场以上海证券交易所和上海银行间债券市场为主，其中前者为场内市场，后者为场外市场。

上交所债券市场形成于上交所成立之初。1990—2002 年，上交所的债券交易额占比均高于银行间债券市场。2003 年，由于上交所债券市场的逐步萎缩和银行间债券市场的繁荣，后者的交易量开始超越前者，并呈逐年扩大之势。截至 2016 年底，上交所挂牌债券数量 8130 只，其中政府债 1620 只，公司债 6457 只；债券发行量为 24.32 万亿元，其中政府债发行 16.98 万亿元，公司债发行 7.34 万亿元；债券成交总额 224.72 万亿元，其中债券回购成交总额达 220.34 万亿元。

银行间债券市场成立于 1997 年 6 月，人民银行在全国银行间同业拆借中心的基础上开办银行间债券交易业务。目前，银行间债券交易市场提供信用拆借、质押式回购、买断式回购、同业存单、现券买卖、债券借贷、债券远期、利率互换、远期利率协议、信用风险缓释凭证等交易品种，支持询价、做市报价、请求报价、双边授信撮合等多种交易方式。

---

① 中国外汇交易中心的会员有多种类型，如人民币外汇做市商、人民币外汇即期会员、人民币外汇远期会员、人民币外汇掉期会员、人民币外汇期权会员、外币对做市商、外币对会员、外币拆借会员等，同一家会员可能会兼有几个类型的会员。

② 数据来源：国家外汇管理局网站：http://www.safe.gov.cn/。

2017 年，银行间债券市场现券交易累计成交 59.87 万亿元。银行间回购交易量增速大幅上升，拆借交易量快速增长。2017 年，银行间市场债券回购累计成交 616.79 万亿元，同比增长 93.85%；同业拆借累计成交 40.82 万亿元。

2017 年债券发行规模显著下降，累计发行各类债券 13.1 万亿元，比上年少发行 1.11 万亿元。主要是国债发行下降较多。2017 年全国债券市场托管存量 64.57 万亿，同比增长 14.68%。

1990 年之前，我国已有在银行柜台进行现券交易的债券场外市场。1990 年，上交所成立，开始进行实物债券的托管，并可以开展记账式债券交易，首次形成了我国的场内债券市场。当时在上交所挂牌交易的债券共 22 只（其中企业债 8 只）。从上交所开业至 1991 年底，债券交易总额为 77 亿元。由于当时的场内债券市场没有一个统一的托管机构，无记名实物券在发行后需要分散在不同代保管机构内，因此，债券交易只能在代保管机构所在地进行，无法跨区域交易，不能算作全国性的债券市场。1994 年之前，上交所的债券交易量一直较低。

1994 年，财政部发行国债 1028 亿元，比 1993 年增加近 2 倍，同时，在国债期货的带动下，当年上交所债券市场交易总额大增。1995 年 2 月，“327”国债期货事件爆发后，监管部门停止了一切场外交易，上交所成为全国唯一合法的交易市场。1996 年，财政部记账式国债发行了 1116.7 亿元，是上一年的近十倍，导致二级市场交易额同步上升。与此同时，债券回购交易开始出现，上交所债券市场体系初步形成。

1997 年，是上交所债券市场和银行间债券市场的分水岭。当时，人民银行要将直接货币政策转为间接货币政策，但是交易所债券市场的机制不适合进行公开市场业务操作。同时，政府开始实行积极的财政政策，需要一个大规模发行国债的场外债券市场。此外，商业银行的信贷资金通过交易所债券回购流入股票市场，导致经济过热。针对这些问题，人民银行决定将银行全面退出上交所债券市场，并建立全国银行间债券市场。

自 1999 年起，银行间债券市场开始飞速发展。1999 年，在银行间债券市场发行国债和金融债共计 4426 亿元，占当年全国债券发行总量的

74%。2000年，银行间债券市场的国债和金融债发行总量达到3904亿元，占当年全国发行债券总量的62%。[①] 其间，保险公司、城乡信用社、证券公司、投资基金、财务公司纷纷被批准进入银行间债券市场。此后，银行间债券市场全面超越了上交所市场，主导我国债券市场的发展。

表4-3　1996—2016年上海证券交易所债券成交金额

年份	成交金额（亿元）							
	金额合计	企业债	公司债	可转债	可分离债	中小企业私募债	国债	回购
1996	17402	1	–	–	–	–	4962	12439
1997	15396	16	–	–	–	–	3468	11912
1998	21267	31	–	–	–	–	6047	15189
1999	17447	46	–	–	–	–	5277	12124
2000	16896	92	–	–	–	–	3657	13147
2001	19794	68	–	–	–	–	4383	15343
2002	30874	51	–	23	–	–	6381	24419
2003	59243	316	–	445	–	–	5500	52982
2004	47482	96	–	339	–	–	2961	44086
2005	26841	125	–	322	–	–	2773	23621
2006	17318	125	–	169	–	–	1537	15487
2007	20132	313	–	212	–	–	1,262	18345
2008	28288	68	244	302	1095	–	2272	24307
2009	39915	367	436	418	602	–	2163	35929
2010	74953	658	838	1300	512	–	1627	70018
2011	210749	1175	1140	2041	496	–	1276	204621
2012	379819	2722	2150	2177	448	40	906	371376
2013	625835	6378	2562	4794	572	230	772	610527
2014	866846	24199					1247	841400
2015	1228534	26350					4331	1197853
2016	2247175	36050					7773	2203352

数据来源：历年中国证券期货统计年鉴、历年上海证券交易所统计年鉴。

① 数据来源：中国债券信息网：http://www.chinabond.com.cn/；上海清算所网站：http://www.shclearing.com/。

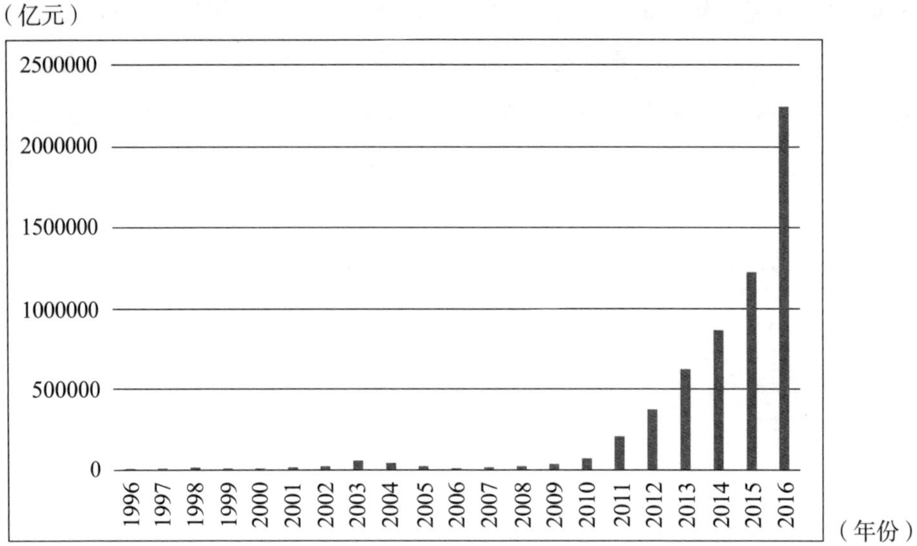

图 4-3　上海证券交易所债券交易情况

数据来源：历年中国证券期货统计年鉴、历年上海证券交易所统计年鉴。

二、金融市场功能建设

上海金融市场经过 20 多年的发展，现已具备融资功能、投资功能、定价功能、避险功能、宏观调控功能等。

（一）融资功能。

作为我国股票和债券市场的核心，上海金融市场在直接融资方面走在全国前列。1990 年 12 月 19 日，上海证券交易所成立，标志着上海在场内市场进行股票融资和债券融资的开始。1991 年，上海在全国范围内首次推出 B 股市场，“电真空 B”上市融资 1 亿美元。1997 年，上海成立银行间债券市场，为国债和金融债发行提供了新的场所。2014 年，上海证券交易所股票首发和增发融资总额 3962.59 亿元；债券发行量为 10.7 万亿元，其中政府债发行 7.6 万亿元，公司债发行 3.1 万亿元；银行间债券市场累计发行各类债券（含中央银行票据）10.98 万亿元。此外，上海作为全国银行间同业拆借市场，为各类金融机构提供头寸拆借服务。2014 年，银行间同业拆借市场同业拆借累计成交 37.7 万亿元。

表 4-4 上海证券交易所历年股票融资情况

年份	A 股		B 股		总计
	首发	再发	首发	再发	
1990	10.11	0.00	0.00	0.00	10.11
1991	0.00	0.24	0.00	0.00	0.24
1992	10.85	2.53	37.66	0.00	51.05
1993	57.52	27.40	22.83	0.50	107.06
1994	98.98	31.29	34.43	2.26	166.95
1995	24.29	27.76	6.13	0.00	58.16
1996	130.46	44.95	15.85	9.64	205.14
1997	278.57	131.00	47.02	18.28	474.87
1998	230.69	139.24	9.84	0.19	379.91
1999	291.96	190.86	1.89	0.33	486.37
2000	591.18	325.13	0.44	0.00	919.95
2001	534.29	423.20	0.00	0.00	957.49
2002	516.96	97.55	0.00	0.00	614.51
2003	453.51	103.90	0.00	0.43	560.96
2004	237.24	219.66	0.00	0.00	456.90
2005	28.55	271.22	0.00	0.00	299.77
2006	1180.23	534.18	0.00	0.00	1714.41
2007	4379.92	2425.89	0.00	0.00	6805.81
2008	733.54	1504.62	0.00	0.00	2238.16
2009	1251.25	2091.91	0.00	0.00	3343.15
2010	1891.51	3640.62	0.00	0.00	5532.14
2011	1014.01	2185.68	0.00	0.00	3199.69
2012	333.57	2556.74	0.00	0.00	2890.31
2013	0.00	2515.72	0.00	0.00	2515.72
2014	311.77	3650.82	0.00	0.00	3962.59
2015	1086.9	7626.06	0.00	0.00	8712.96
2016	1118.03	7242.18	0.00	0.00	8360.21
2017	1286.17	6299.12	0.00	0.00	7585.29

数据来源：历年中国证券期货统计年鉴、历年上海证券交易所统计年鉴、东方财富 Choice 数据。

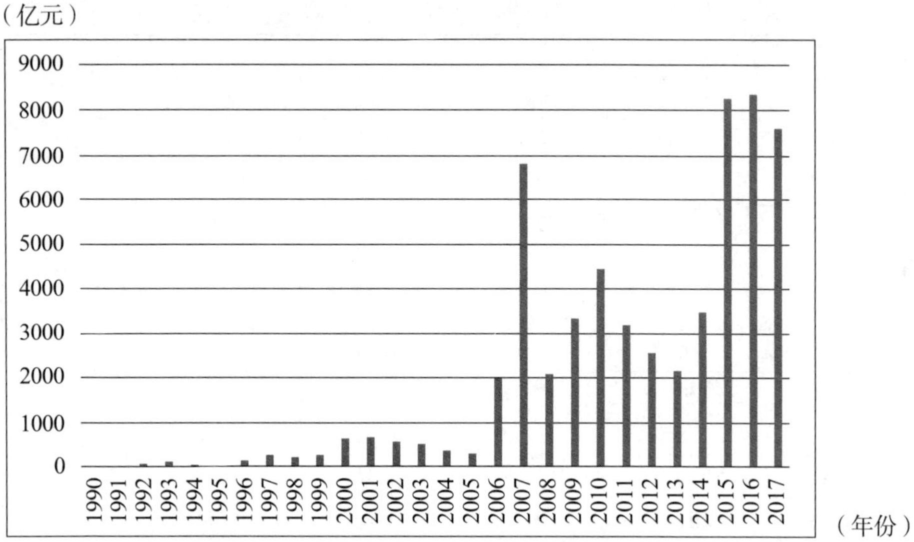

图 4-4 上海证券交易所历年股票融资额

数据来源：历年中国证券期货统计年鉴、历年上海证券交易所统计年鉴、东方财富 Choice 数据。

（二）投资功能。

经过 20 多年的发展，上海金融市场为投资者提供了丰富的交易品种。

在股票投资方面，1990 年，“老八股”在上海证券交易所挂牌交易，标志着中国 A 股市场的诞生；1991 年，上海推出 B 股市场，为海外投资者投资内地上市公司开辟了最早的通道；2004 年 12 月，上海证券市场首只 ETF 产品——“50ETF”上市，自此投资者有了可以跟踪指数的投资品种；2007 年 3 月，上海证券交易所引入融资融券的交易方式，进一步增加了投资者的选择余地。

在债券投资方面，上海证券交易所成立之初，就已经形成了国债和企业债的场内市场。2005 年 12 月，“中国联通 CDMA 网络租赁费收益计划”于上海证券交易所的大宗交易系统上市，这是全国首款在交易所交易的资产支持债券；2006 年 11 月，“06 马钢债”于上海证券交易所上市，这是全国第一只分离交易可转债；2007 年 12 月，我国第一只公司债“中国长江电力股份有限公司债券”于上海证券交易所上市，此后，公司债渐渐成为信用债的代表品种；除现货债券之外，上海证券交易所还提供了买断式国债回购、新质押式国债回购、企业债回购等债券回购品种。

在金融衍生品投资方面，1992 年上海金属交易所成立，形成了商品期货市场；1992 年 6 月，第一只权证——飞乐股份配股权证于上海证券交易所上市，为衍生品投资者提供了交易品种；1992 年，股指期货产品上市，但于 1995 年被暂停交易，2010 年 4 月恢复，在中国金融期货交易所重新交易。此外，上海金融市场还大力引入外汇和货币远期、掉期、期权、互换等品种，在增加市场交易品种的同时，为投资者提供了金融避险工具。

（三）定价功能。

上海金融市场已成为国内公司资金、资产及外汇等人民币金融产品的定价中心，并取得部分商品的交易规则制定权和国际市场定价权。

在公司资产定价方面，上海证券交易所的换手率高、成交量大，市场交易充分，其交易价格可以较好地代表市场定价。此外，上海证券交易所拥有多元化的上市公司类型，几乎涉及所有行业，同时其来源地区不同，规模大小也不一，交易所的交易价格已成为其他非上市公司资产定价的一个标杆。因此，上海证券交易所成为名副其实的公司资产定价中心。

在资金定价方面，银行间同业拆借利率能比较充分地反映我国资金市场的供求关系。2006 年 10 月 8 日，上海银行间同业拆借利率（Shanghai Interbank Offered Rate，SHIBOR）建立并开始试运行。2007 年 1 月 4 日，SHIBOR 正式对外公布。自推出以来，SHIBOR 已经成为我国资金市场最重要的价格指标，并成为其他金融产品利率的基准。由此可以说，上海已经成为全国的资金定价中心。自 2015 年 8 月我国放开一年期存款利率浮动上限，基本上实现利率市场化。

在部分商品的国际市场定价权方面，上海期货交易所已与纽约商品交易所、伦敦金属交易所一起，成为国际公认的世界三大定价中心，已经拥有全球铜价的“定价话语权”。这表现在：首先，国内所有现货购销交易合同全部只确定交易数量，成交价格以交易时点的上海期货交易所的交易价格为准；其次，上海期货交易所的期货铜价格已成为国际铜价定价标杆，并作为全球 24 小时时区交易链条的重要组成部分，而且其铜库存量等信息，已成为智利等全球铜主产国的重要指导信息；再次，除取得定价中心地位之外，上海期货交易所还取得制定国际市场交易规则的“话语权”，目前，上海期货交易所的铜期货交割规则，已与伦敦金属交易所的相关规则一样，成为国内外铜交易的国际标准。

（四）宏观调控功能。

改革开放之初，我国宏观调控往往沿用计划经济中行政干预的手段，虽然可以取得立竿见影的效果，但经济活力受到很大影响。同时，政府开始探寻从直接调控向间接调控的方式转变。1996 年 1 月，全国统一的银行间同业拆借市场在上海联网运行，为人民银行进行公开市场业务提供了场所。1997 年 6 月，上海金融市场开始出现银行间债券回购业务，它为人民银行开展公开市场业务，以及商业银行运用证券资产调节资金头寸创造了条件。2002 年 9 月，银行间市场引入央行票据，为公开市场操作提供了工具。2013 年 1 月，短期流动性调节工具（SLO）登陆银行间市场，使央行拥有了调控市场短期流动性的新方式。

三、金融市场体系改革

上海金融市场体系与我国金融体制改革之间的关系可以分三个阶段进行分析。第一阶段从 1990 年上海证券交易所开业至 1992 年国务院证券委员会（简称“国务院证券委”）和中国证券监督管理委员会（简称“中国证监会”）成立，其间上海在决定金融政策方面享有较大自主权；第二阶段从 1993 年至 1998 年《证券法》颁布，我国金融市场被纳入全国统一监管框架，上海从区域性金融市场发展成全国统一的大市场，从规则的制定者转变为规则的执行者；第三阶段从 1998 年至今，其间证券业和期货业的制度从制定到执行、从数量到质量都取得了飞跃发展，进入一个崭新的阶段。

（一）1990—1992 年：金融市场体系改革试验阶段。

上海是我国金融市场发展最早的地区，也是金融改革的试验田。1990—1992 年，上海为规范市场行为，制定了一系列地方性行政规章，主要包括：《上海市证券交易管理办法》（1990 年 11 月）、《上海市人民币特种股票管理办法》(1991年11月)、《上海市股份公司暂行办法》(1992年6月)。与此同时，上海证券交易所也出台了大量的交易制度和交易规则。1990—1993年，上海证券交易所颁布的各类业务规则达79件，涉及证券上市、交易、会员管理等多个环节，对规范微观层面的资本市场秩序发挥了重要作用。在这一阶段，由于全国统一的监管体系缺失，金融市场出现了较大的风险事件。如1992年8月10日，深圳著名的“8·10”事件。1992年10月，为了加强对资本市场的监管，国务院证券委和中国证监会应运而生。

（二）1992—1998年：金融市场体系确立职能阶段。

1992年底，国务院下发《关于进一步加强证券市场宏观管理的通知》，这是新中国出具的第一个关于证券市场管理和发展的比较系统的指导性文件，确立了证券管理体系的基本框架。1993年《公司法》的颁布，确定了公司这一市场主体的法律地位，规定了公司上市的条件、要求和程序，对促进我国资本市场的发展作出重要贡献。1998年《证券法》出台，这是中国证券市场的第一部基本大法，确立了资本市场在社会主义市场经济中的法律地位，是资本市场发展的重要里程碑。除此之外，国务院在同期还出台了多部行政法规，具体包括：《股票发行与交易管理暂行条例》(1993年)、《国务院关于股份有限公司境内上市外资股的规定》(1995年)、《可转换公司债券管理暂行办法》(1997年)和《证券投资基金管理暂行办法》(1997年)。这些法律法规的出台，对上海乃至全国资本市场的充分发展都具有极为重要的影响。

在证券业监管改革方面，1995年3月，国务院正式确定中国证监会为国务院直属事业单位，是国务院证券委的监管执行机构。此时证券经营机构由中国人民银行监管。1997年8月，上海、深圳证券交易所统一划归中国证监会监管。同年11月，全国金融工作会议决定对全国证券管理体制进行改革，由中国人民银行监管的证券经营机构划归中国证监会统一监管。1998年4月，中国证监会与国务院证券委合并，中国证监会成为正部级事业单位，专司全国证券、期货市场的监管职能。

（三）1998年至今：金融市场发展完善阶段。

2003年颁布的《证券投资基金法》，全面规范了基金行业。2004年，国务院出台《关于推进资本市场改革开放和稳定发展的若干意见》，将发展我国资本市场放在了国家战略的高度，提出了九个方面的纲领性意见，为资本市场的进一步改革指明方向。2005年，全面修订《公司法》和《证券法》，在创新、投资者保护、上市公司治理与监管、证券公司发展、上市制度、证券登记结算制度、监管执法权限、证券违法行为处罚等八个方面作出新的规定。2007年，国务院出台《证券公司监督管理条例》和《证券公司风险处置条例》，作为《证券法》和《公司法》的补充。同年，《期货交易管理条例》代替《期货交易管理暂行条例》，进一步完善了期货的风险控制体系。2013年，《基金法》经修订后公布，扩大了公募基金的内容，并确立了私募基金的法律地位。

第三节　金融市场改革深化与功能完善

在初步建立基本完整的金融市场体系之后，上海金融发展面临的主要任务就是完善金融市场的相关功能，以进一步提高金融市场的运行效率。完善金融市场功能，关键是进一步深化改革，包括金融体系的市场化、国际化、法制化建设；同时，还必须加强金融监管，防范金融风险。

一、市场化机制建设与金融市场效率

金融体系的市场化、国际化、法制化，是我国金融改革的瓶颈所在，也是上海与国际先进金融中心的主要差距。建设市场化机制，提高市场化效率，就是要围绕金融市场化、国际化、法制化这三大支柱，形成金融市场开放、利率与汇率改革、资本项目可兑换、人民币国际化等领域协同推进的格局。

金融市场化包括金融市场的投融资效率、金融基础设施水平和金融资源配置能力。金融市场化需要拓展金融市场的广度和深度，推动产品创新，优化市场结构，发展金融衍生工具，增加市场结构，提升市场服务质量，加快形成分层有序、互为补充的市场体系。大力发展在岸业务，适度发展离岸市场，与在岸市场形成互补，加快建设现代化金融基础设施体系。

金融国际化包括金融市场开放程度和在国际金融市场当中的话语权等。扩大金融业对内对外开放，关键是为企业利用境内和境外两个市场、两种资源创造环境，建设透明的治理体系，把拓展金融创新空间与培育金融国际化功能相结合，形成与国际接轨的金融制度体系，最终与国内、国际金融市场融为一体。

金融法制化包括金融监管、法律、税制等金融生态环境建设。需要突破不合理的法律规章，完善相应的管理办法，及时修订《负面清单》，建立多元化纠纷解决机制，改善金融司法和执法机制，理清政府边界，处理好监管与创新的关系。按照国际惯例和贸易投资规则，加快形成具有国际竞争力的法制与监管环境。

围绕上述观点，依托中国（上海）自由贸易试验区（简称自贸区）“先行先试”的政策优势，上海在利率及汇率改革、金融市场开放、人民币国际化、资本项目可兑换等方面进行了突破性改革。2013 年 12 月，中国人民银行出台《关于金融支持中国（上海）自由贸易试验区建设的意见》，银监会、证监会、保监会分别推出支持试验区建设的多项政策措施。具体来说，上海是从以下四个方面推进金融改革，提高市场效率的。

第一，分账管理。

自贸区内居民可以通过设立本外币自由贸易账户，实现分账核算管理，便于跨境投融资汇兑。其中，同一非金融机构主体的居民自由贸易账户与其他银行结算账户间因为经常项目下业务、偿还贷款、实业投资以及其他符合规定的跨境交易可办理资金划转。

第二，投融资汇兑便利化。

一是自贸区内企业在办理跨境直接投资项目下所涉及的跨境收付、兑换业务时，可以直接在银行办理，与前置核准脱钩；二是涉及的跨境投融资主体范围包括企业、个体工商户、非银行金融机构等主体；三是跨境融资更加便利，自贸区内机构可以根据经营的需要，按照规定从境外融入本外币资金；四是向自贸区内主体赋予结合自身生产经营和跨境商务活动的特点，在更大空间内利用自贸区内和境外金融市场管理对冲相关风险。

第三，利率市场化。

自贸区利率市场化将在宏观审慎金融管理框架内，依据自贸区内实体经济的发展需要，以及金融市场主体的培育和市场环境的建设情况逐步推进。具体包括：完善自贸区内居民自由贸易账户和非居民自由贸易账户本外币利率的市场化定价监测机制。将自贸区内符合条件的金融机构纳入优先发行大额可转让存单的机构范围，并且在自贸区内先行先试大额可转让存单的发行。一旦条件成熟，放开自贸区内一般账户小额外币的存款利率上限。

第四，外汇体制改革。

关于外汇管理体制改革，外汇管理部门出台五项措施。这些措施包括简化直接投资外汇登记手续、支持自贸区发展新型贸易和总部经济、取消自贸区内机构向境外支付担保费的核准、支持自贸区开展境内外租赁服务、支持银行开展面向客户的大宗商品衍生品的柜台交易。

二、金融市场中介机构的发展

改革开放初期，金融市场开始在国内出现，随之产生的是连接客户与金融市场的中介服务机构。1987 年 9 月，改革开放后第一家专业证券公司——深圳特区证券公司成立。1988 年，为了在全国范围内推广国债转让，中国人民银行下拨资金，在各个省市成立了 33 家证券公司。与此同时，财政系统也组建了一批证券公司。上海最早的三家证券公司也应运而生，即申银证券、海通证券和万国证券。1992 年 9 月，万通期货经纪公司在广东成立，标志着专业期货经纪公司的兴起。随后，上海也出现了一批期货公司。1998 年，中国首家基金管理公司——国泰基金管理有限公司在上海诞生，“专家投资”成为一股新的金融力量进入我国资本市场。

20多年来，证券公司、期货公司和基金公司随着金融市场的发展不断壮大，无论在数量还是质量上均取得了令人瞩目的进步。截至2013年末，上海辖区内共有证券公司20家，占全国的17.4%；上海20家证券公司的资产总计4571.6亿元，净资产1687.8亿元，净资本1233亿元，2013年全年实现营业收入307.8亿元，净利润91.9亿元。截至2013年末，上海辖区内共有期货公司28家，占全国的17.9%；上海28家期货公司的客户权益达到501.9亿元，占全国的25.7%；代理交易额为143.8万亿元，占全国的26.9%；2013年全年实现营业收入41.3亿元，净利润7.0亿元。截至2013年末，上海辖区内共有基金公司44家，占全国的49.4%；上海44家基金公司管理资产总规模为1.28万亿元；发行公募基金产品675只，占全国的43.5%，总净值占全国的31.3%。①

三、金融监管与风险控制

作为高风险行业，金融业的快速崛起离不开金融监管制度的保障。上海在积极推动金融市场发展的同时，为保持金融市场体系的安全和稳定，也非常重视金融监管。这主要基于以下三个方面的考虑：第一，上海的金融发展与国外发达经济体金融体系相比尚显薄弱，金融市场、金融机构抵御各种金融风险冲击的能力仍然不强；第二，上海是金融创新试点的前沿，由于创新试点存在不确定性，更需要谨慎地发展、充分的监管；第三，金融体系对整个经济体系具有重大影响力，尤其是上海金融发展对全国经济体系具有巨大作用。证券市场、期货市场等都是高风险金融市场，直接影响实体经济的运行。

上海金融市场运行监管的重点：1. 金融市场的创新试点，如股票市场中的新公司上市及期货市场中新品种开始交易等；2. 市场交易过程中的违法、违规行为；3. 国外短期投机资本的进出；4. 境外金融危机可能对国内市场造成冲击的情况，如1997年的亚洲金融危机、2008年的美国次贷危

① 数据来源：上海金融新闻网：http://www.shfinancialnews.com/。

机等。在危机时期，更需要注意加强监管，防范风险。

上海在监管方面的具体工作包括以下两个方面：

第一，金融监管体系能级不断提升。

改革开放后，特别是浦东开发开放战略确立后，为推动上海金融的健康发展，我国陆续在上海设立了一些“重量级”监管机构。1998年，新一届的跨区分行——人民银行上海分行挂牌，负责对上海、浙江和福建的金融机构及其金融业务活动进行监管。该机构的落户对上海金融业发展起到了非常重要的导向、规范与约束作用。2005年8月10日，人民银行第二总部落户上海，将上海金融监管的能级提上了更高层次。

第二，金融监管制度持续完善，监管水平逐步提高。

金融监管体系主要由四部分组成：一是宏观金融监管体系，国家监管机构“一行三会”的区域性总部或分支机构；二是由上海证券交易所、上海期货交易所、中国金融期货交易所、中国外汇交易中心等多个国家级或市级金融市场管理机构组成的市场监管体系；三是由上海有关职能部门组成的地方金融监管体系，其管理机构为上海金融服务办公室；四是由证券业、保险业、银行业、期货业协会及上海金融业联合会等行业自律组织构成的自我管理体系。在上海金融市场的发展过程中，随着金融监管主体的逐步丰富，金融监管手段也在不断创新，促使区域整体金融监管体系快速完善。同时，各类监管机构通过制定更为完善的监管制度、招聘国际高端金融监管人才、加大监管设施的投入、加大监管执法力度等途径，使上海金融监管整体水平不断提高。这也是上海能够在席卷全球的国际金融危机中能保持又好又快发展的成功经验和重要原因。

第四节　金融市场制度创新与扩大开放

上海正处于国际金融中心建设的关键阶段，尽快从主要依靠规模、数量等增长为支撑的发展模式，过渡到以金融功能塑造为核心的发展阶段，加强制度创新以适应国际化发展，在此阶段非常必要。针对当前存在的问题，主要应从以下几方面推进制度创新：

一、适应国际化发展的金融制度创新

（一）从政府推动向市场主导转变。

上海作为我国金融体制改革最前沿的地区，虽然已经取得一些重大突破，但是长期以来计划经济体制下所形成的政府干预思想依然根深蒂固，特别是几家主要的交易所实际上已成为政府的附属机构。金融资源分配、金融产品创新、交易规则制定等仍然受到上级主管部门的干预，金融市场无法实现真正的市场化运作。实现与国际金融市场制度的完全对接，还有很长的道路要走。

市场主导的金融中心是当前发达国家采取的主要模式，具有较强的市场活力和国际竞争力。一方面，这些市场主导型的国家和地区，其金融市场自由度、开放度都比较高，不仅能激发金融创新，而且能增强当地对各种金融的吸引力，从而获得长远、高质量、不断增长的金融资源；另一方面，这些金融中心在发展中形成的完善的市场机制，对于实体经济的发展也起到了巨大作用，这对加强金融资源聚集具有重要意义。因此，由市场主导的国际金融中心类型是金融中心城市发展的理想模式。展望未来，上海要实现这个转变，还需要长期的努力，而加快政府职能转变、不仅能推动市场机制的较快发展，而且将在一定程度上缩短这个过程的时间。

上海应通过转变地方政府职能，约束与规范地方政府行为，避免政府直接干预企业日常经营行为；同时要加快推动金融市场制度建设，尽可能创造公平竞争、公开透明、合理引导的市场环境，使国有、股份制、民营、外资等所有制不同的金融企业可以在平等条件下开展市场竞争，从而使上海成为国际金融企业经营与业务创新的乐土。

（二）发挥金融服务功能，支持中小企业发展。

在现有的金融制度下，上海金融业服务实体经济的功能并不显著。这主要体现在金融服务对象存在结构失衡的情况，金融资源大量倾斜于大型国有企业，而广大中小企业难以获得充足的金融支持。从长期看，这些企业的发展速度将受到很大牵制。

纵观各国情况，中小企业融资作为一个世界性难题，主要瓶颈在于企业可抵押资产较少、信用风险较高、单笔业务的成本费用率高等。这些因素使银行、证券等金融机构并不热衷于向中小企业、特别是小微企业提供金融服务。从上海金融业发展情况来看，问题则体现在多个方面。例如，金融机构对中小企业缺乏足够的重视，实际上如果采取科学的业务模式，还是能取得良好成效的；又如，当前的金融体系仍倾向于为大企业提供金融服务，这主要是因为缺乏股权投资基金（PE）、风险投资基金（VC）等专注于投资有高成长潜力中小企业的金融机构，从而导致金融服务对象的结构失衡现象。

上海金融业存在金融服务对象结构失衡的现象，应引起政府管理部门、金融企业的高度重视，通过多方面的制度创新，加大对中小企业的支持力度，从而进一步完善金融服务实体经济的功能。具体来说，需要考虑的重点领域有：

1. 大力培育有利于高新企业和中小企业发展的私募股权基金、财富管理服务和风险投资基金，促进场外交易市场（OTC）的发展，形成多层次资本市场体系，并通过金融机构创新来形成比较完善的“微金融”体系。

2. 鼓励商业银行、证券公司等金融机构开展业务创新，改善体制内和体制外“二元金融”状况，重视对中小企业提供信贷业务服务。主要措施有：按照中国银监会的要求，各商业银行按照“专业服务、单独管理”的原则，加快建立小企业信贷专营服务机构，对小企业贷款进行专门的授信审查、风险控制及售后服务；在开展大量市场信用风险调查的基础上，针对不同规模、不同行业的特点，实施贷款标准差异化，对部分中小企业贷款标准适当放宽；大力开发适用于小企业特别是小微企业贷款的信贷技术和信贷产品，为中小企业提供更多的产品选择等。

3. 逐步消除上海金融业对民营资本的进入壁垒。民营资本与中小企业有着千丝万缕的联系，放开金融行业对民营资本的进入限制，发挥民营资本在信息上的优势，有助于提高服务中小企业的效率；此外，实现金融市场的公平、公正化改革，也是上海金融制度建设的重要方向。因此，针对上海金融领域国有资本比重偏大的情况，当务之急是尽快放宽对非国有资本进入金融领域的限制，大力发展各类专门为中小企业服务的民营金融机构。

（三）加快金融混业经营和监管的改革。

20 多年来，我国金融体系发生了很大的变化。为防止金融业各部门间的风险传递，我国确立了严格的金融业分业经营、分业监管的发展模式。目前，我国是世界上少数几个采取严格“分业金融”制度的国家之一。正是由于采取了谨慎的金融发展方式，所以我国在一系列国际金融危机中受到的冲击都较小。

从国际金融的大趋势来看，金融混业化是必然的发展趋势。特别是随着信息技术和金融创新技术的快速发展，大量金融创新产品事实上已经打破了银行、证券、保险等金融行业的“藩篱”，导致金融“脱媒化”趋势日益加剧。从国内来看，层出不穷的金融创新产品不断冲击着“分业金融”所构建的行业壁垒，行业交叉现象非常普遍。在这种形势下，过于严格的“分业金融”监管制度已经与金融实践有了脱节，导致部分金融创新产品游离于“一行三会”的监管体系之外。因此，过于严格的“分业金融”制度不仅不利于我国与国际金融市场接轨，而且也容易滋生新的金融风险。

针对上述问题，需要认真借鉴国际经验，在审慎的原则下分步骤探索国际通行的综合经营模式。一方面，要鼓励金融企业通过业务创新有效打通金融行业间业务关联渠道，使中间业务市场更加富有活力；另一方面，要充分借鉴发达国家的经验教训，逐步探索从分业监管向功能性监管制度转变的最佳路径，并切实消除事实上存在的金融监管“盲点”。

二、金融市场环境的完善

（一）加强金融法制建设，完善地方法律体系。

在金融法制环境建设方面，积极探索符合金融中心建设需要的地方金融法律新制度和新机构，并在全国立法制度的框架内，探索符合区域特征的法律法规体系。

1. 进一步提升上海“金融法庭”的能级；完善金融仲裁体系，在上海建立金融仲裁专业委员会，使上海成为国际金融仲裁的中心。

2. 通过改善司法环境，赋予司法机关应有的执行力和强制力，确保判决决议的有效执行。同时，对涉及金融诈骗、逃避债务、国际洗钱等严重扰乱金融秩序的犯罪行为进行严厉惩处，维护个人投资者和金融机构的合法权益。

3. 完善知识产权保护制度，保护金融创新者的利益。随着上海金融业开放程度的不断提高，上海地方政府应高度重视金融创新环境的优化和创新制度的完善。在现有法律体系框架下，进一步出台金融知识产权保护政策及相关法律制度，使金融创新者的利益得到充分保护，严厉打击盗用知识产权的行为。

4. 在法律的制定过程中，应当尽可能地吸收国际惯例和有关国家的先进经验，以实现在保持独立性的前提下提高法律制度的国际化和开放性程度。

（二）完善金融市场规则，建设有效金融监管环境。

放松对金融业务过于严格的管制，是激发金融机构创新活力的重要举措。处于我国金融制度改革前沿的上海，应当有勇气率先转变管制金融机构业务的方式，即从规定“正面清单”，转变为规定“负面清单”，从而为金融机构的业务创新提供更大空间。目前存在的对内资金融机构的业务限制多于外资金融机构的状况亟待改变，凡已经允许外资或承诺允许外资金融机构开展的业务，原则上也应该同意内资金融机构开展，以保证平等竞争。

需要强调的是，放松管制、促进金融发展，并不等于放松监管。相反，在制度建设和金融开放的过程中，为保障金融稳定，需要进一步加强对内外资金融机构的监管，包括加强对金融机构事前、事中、事后的检查，加大处罚违法行为的力度，促使国内外金融机构能更好地遵守我国的金融法律法规，为金融发展创造更好的市场秩序。同时，要积极推进在国际监管领域的合作，如积极推动与境外金融监管机构之间保持正式的合作与交流；

积极发展双边和多边监管合作关系；实现国际金融监管信息的有条件共享；对跨国金融机构实行国际统一监管；努力与国际证券监管委员会组织（IOSCO）、国际保险监督官协会（IAIS）和巴塞尔银行监管委员会（Basel Committee on Banking Supervision）等国际组织开展合作，积极参与国际金融监管标准的研究和制定。

三、金融市场的国际化发展

（一）调整金融市场发展战略，争取国际市场定价权。

基于世界经济格局的变化和我国经济发展的需要，上海金融市场已经具备了一定的规模和影响力，金融市场发展战略应从扩大规模转向增强功能，特别是提高国际市场定价权和市场规则制定权的能力。

在大宗商品价格波动加剧的背景下，商品期货市场的作用尤为突出。从目前情况看，上海期货市场发展，需要做精做强现有的期货品种，并有序推出新的金属和能源类大宗产品期货，为制造业、贸易和农业企业提供有效的价格信号服务和套期保值服务。另外，应加快发展期货市场，增强上海期货市场在国际大宗商品市场上的定价权，对于上海建设国际金融中心来说，其意义更是非同一般。

（二）聚焦人民币国际化，加快上海金融市场开放步伐。

加快上海国际金融中心建设，是促进国民经济平稳健康发展、打造上海和全国经济升级版的需要。上海国际金融中心建设的主要目标是在2020年建成与我国经济实力及人民币国际地位相适应的国际金融中心。

人民币国际化是指人民币能够跨越国界，在境外流通，成为国际上普遍认可的计价、结算及储备货币的过程。人民币国际化与上海国际金融中心建设相辅相成，没有人民币国际化的支持，上海很难成为国际金融中心；另一方面，人民币国际化的进程也需要上海作为国际金融中心的许多建设举措的支持。两者的结合能够共同推动上海金融市场的开放。

人民币国际化是国家发展的重大战略，中国人民银行的战略部署思路非常清晰。首先，通过与其他国家、地区的货币当局签署货币互换协议，把人民币种子播撒到世界各地；其次，推进贸易和投资的人民币跨境结算；再次，支持建设境外人民币离岸市场、境外人民币清算中心；同时，推进国内金融市场特别是资本市场开放，开辟境外人民币投资渠道，沪港通即为其中重要一环。

人民币国际化还有一个重要的而且是根本性的发展逻辑，就是在发展离岸人民币交易中心的同时，也要重视发展在岸人民币产品交易中心。如果没有成熟而广阔的在岸市场，不仅人民币国际化会失去根基，我国货币政策的向外传导和主导性也将面临严峻挑战。建设离岸市场不能脱离国内市场的发展，否则后果不堪设想。这在亚洲金融危机期间已有先例（马来西亚的案例）。当年，马来西亚任由离岸市场在新加坡发展，最终导致境内市场被离岸市场操控，市场定价权旁落，并引发了马来西亚政府强硬关闭资本账户的政策。

目前，中国人民银行正致力于全面实现利率市场化，支持人民币双边互换的国家也在增多，离岸人民币产品日益丰富，这些均显示我国正在沿着汇率市场化、利率市场化、资本项目开放以及离岸市场建设四个方向加速推进人民币国际化的进程。而沪港通的起航作为促进资本项目开放和人民币国际化的一环意义重大，显示出政府加快开放步伐的决心。我们预计人民币很快将会实现基本可兑换。此外，鉴于人民币海外受欢迎程度超出预期，在实现资本项目可兑换后，人民币成为国际储备货币的情形可能比想象中更乐观，在内外部共同推动下，预计 2020 年人民币有望步入国际储备货币行列。

国家开发银行研究院与上海社会科学院在沪联合发布了《2017 上海国际金融中心发展报告》。报告认为：多年来上海国际金融中心建设成绩显著，主要体现在多个方面，即金融市场体系不断完善，金融市场规模明显提升。2016 年上海金融市场交易总额达到 1364.2 万亿元，是 2010 年的 3.5 倍；金融机构体系日益健全，金融业务创新不断加快；金融对外开放继续扩大，国际化程度稳步提高，截至 2016 年上半年，在沪各类外资金融机构总数达 432 家，占上海金融机构总数的 30% 左右，上海已经成为外资金融机构在华的主要集聚地；金融发展环境持续优化，配套服务功能明显改善；不断加快上海自贸试验区金融开放创新步伐。

报告指出，在国际金融中心建设方面，上海需要考虑如何进一步创新。近年来，深圳科技创新发展迅猛，又有与香港毗邻的区位优势，如果仅仅站在上海而不是全国乃至全球的角度看国际金融中心建设，如果不加深城市自身的改革，上海迟早会被深圳和香港超越。上海需要进一步解放思想，大胆实践，立足全国，坚持开放和创新导向，不断加大金融改革创新力度，充分发挥先行先试的政策优势，增强敢闯敢试的责任感，同时要保持旺盛的金融创新活力。

上海未来面临的挑战可想而知。而如何让“上海价格”能够主导全球定价，不仅要求上海必须拓展市场的深度和广度，也意味着在定价中必须遵循让国际投资者能够信服的交易机制和模式。沪港通就是这一探索过程中的“试验田”和“窗口”，这是沪港通在人民币国际化进程中的重要战略价值的又一体现。

第五节　上海与全国金融市场的改革开放

在全国的金融市场体系中，上海的地位举足轻重，特别是在证券市场领域。上海在证券市场的发展、改革和开放，对全国金融业的发展具有极其重要的影响和作用。上海通过先行先试，闯出一条金融发展之路，继而引领全国金融体系的发展、改革和开放。

一、先行先试：上海金融市场体系的建设成就

经过 20 多年的发展，上海已建立起一个比较完整的金融市场体系，这是上海金融发展所取得的最重要的成就，也是上海国际金融中心建设的核心。在这一金融市场体系中，除了信贷、保险市场外，还包括证券市场、期货市场、外汇市场、银行业同业拆借市场等主要金融市场，以及钻石交

易市场等要素资源市场。金融市场类型齐全，结构层次比较完整，既有现货市场，又有期货市场。在期货市场方面，除了商品期货，还有金融衍生品，与股票市场的权证等产品一起，形成商品期货、金融期货等完整的金融衍生品市场。

如此完整和如此规模的金融市场体系，不仅在国内首屈一指，在国际上也是屈指可数的。特别是上海证券交易所，股票市值规模、交易规模在亚洲数一数二，在全球股票市场中也名列前茅；在上海证券交易所的上市公司中，工商银行等公司的总市值也都居于全球市值最大公司的前列。这些都足以说明上海证券市场的发展成就和影响力。

伴随着金融市场的逐步建立和运行，各类金融机构也相继集聚到上海，特别是浦东新区，外资金融机构也主要集中在浦东，从而构成一个比较完整的金融机构体系，为提高全面、高效的金融服务功能打下坚实的基础。

金融市场体系建立、金融机构集聚，使上海的金融服务功能日趋丰富和完善，除了常规的融资功能外，投资交易、资产管理、咨询研究等功能也在不断完善。

由此，上海的金融市场体系和金融机构体系，与主要集中在北京的金融宏观监管体系一起，构成中国金融体系的核心和重要组成部分。

上海金融市场体系的建设和发展不仅有力地推动和促进了我国银行体系的市场化改革，同时，证券市场的发展也直接推动我国直接融资市场的发展，进而推动了我国金融体系的现代化发展。

20 世纪 90 年代初，上海证券交易所成立之前，我国金融体系主要是银行体系，企业融资只能依靠银行贷款。暂不论当时的银行管理体制基本上是计划性的，市场化程度很低，银行贷款按计划配置，资源配置的效率非常低；就是从整个金融体系的结构来看，一个完整的、现代化的金融体系必须包括银行的间接融资体系和证券市场的直接融资体系两大组成部分，只有银行体系的金融体系是不完整的，其配置资源的效率必然是低下的。上海金融市场特别是证券市场的发展，正是在这一意义上对我国整个金融体系的现代化发挥了主要作用。

首先，从资金供给方看，证券市场提供一个有效的投资和资产管理市场，吸引更多的社会资源投入市场，也就是说，证券市场起到充分动员社会资源的作用；从资金需求方来看，证券市场的发展为企业开辟了一条新的融资渠道，即证券市场直接融资。总体来说，证券市场的发展拓展了全社会经济资源规模。

其次，从我国的实际情况看，证券市场的市场化发展程度高于商业银行体系，证券市场的运行模式是通过充分的市场化交易发现资产价值所在，进而引导资源投向，因此，证券市场具有较高的资源配置效率。由此，证券市场在充分挖掘社会资源潜能的同时，还提高全社会一部分资源的配置和应用效率，从而使全社会资源的配置和应用效率得到提高。金融体系现代化发展的意义正在于此。

再次，从我国银行体系改革和证券市场发展进程看，上海证券市场的发展还为银行体系的股份制改革、银行体系的市场化发展和运行效率的提高，提供了有力支持。

从以上几个方面看，上海金融市场的发展不仅直接推动直接融资市场发展，完善我国的金融结构体系，也支持和促进了我国金融体系中原有银行体系的市场化发展。这一作用和意义非比寻常。事实上，从我国的金融体系看，金融决策监管体系主要在中央政府，上海国际金融中心建设的核心意义就是要推动我国金融体系的市场化和现代化。

事实上，上海金融发展自始至终伴随着金融改革和创新的过程，从政策制度到市场、产品、机构，我国许多金融改革和创新是在上海先行试点或者实施的。2005 年，上海浦东新区实施综合配套改革试点，以及 2009 年上海加快“两个中心”建设的过程中，上海金融改革、创新和开放的步伐大大加快。上海积极争取金融创新的先行先试，成为辐射全国的金融改革创新的前沿阵地和承载平台。

二、国家战略：上海国际金融中心定位

上海建设国际金融中心从一开始就定位为一项国家战略。所谓“国家战略”的含义，不只是国家帮助或支持上海发展地方区域性的金融业和金

融市场，而更多的是国家“在”上海发展全国性的金融体系，是国家在上海建立起金融市场体系之后“要求”浦东的金融体系能够为全国的经济发展服务，是国家“要求”上海的金融业和金融市场能代表全国参与国际金融市场竞争。上海的金融发展正是在这一层面上和意义上推进的。

因此，上海的金融市场发展是在国家战略的指引下，在政府的政策推动和引导下，经过各方面的共同努力和积极拓展，取得显著成效和巨大成就的。在这一发展进程中，尤其是在上海金融市场发展的初期，国家战略指引、政府政策推动起到非常关键的作用。这一发展路径符合当时我国正由计划经济体制向市场经济体制转变的现实背景，符合在金融发展基础非常薄弱的情况下快速建立金融市场体系的要求，符合金融业作为一个经济体中的全局性产业的特性，也符合我国金融决策体系仍集中在北京发展的现实状况。

上海金融发展的一个重要特点就是政府推动，这种政府推动型的金融发展道路已经成为一种典型的发展模式。20 多年来上海金融发展的成就充分证明，这种发展模式是有效的，是成功的，其战略思路和相关经验完全可以成为发展中经济体在推动金融发展过程中借鉴的典范，发展中经济体在面临类似的情况下推动金融体系发展，完全可以采取政府推动的发展模式。

三、世纪之举：上海自贸试验区的金融开放

改革开放的实践证明，推行市场开放、充分利用国内国际市场的“两种资源”是加快国民经济发展的必由之路。加快金融业开放也是我国经济发展必然的要求，这主要体现为：一是随着改革开放以来我国实体经济的快速发展，对金融产生了更大的需求，而单纯依靠国内金融资源在短期内是无法满足这样快速增长的金融需求的；二是国际金融机构有着先进的管理理念和高端的金融人才，通过引进这样的机构，能够在推动我国经济金融领域改革与创新方面发挥积极的作用；三是我国金融领域的开放实际上在某种意义上讲是慢于一般产业经济领域开放进程的，非金融领域通过改

革开放所取得的良好成效无疑为金融业开放提供了重要借鉴和市场基础。因此，推进金融业开放是我国经济发展必然的要求。中国（上海）自由贸易试验区的设立和发展，可以说是我国金融开放的世纪之举。

近年来，西方发达国家主导了一系列新的国际投资与服务贸易新规则，包括“跨大西洋贸易与投资伙伴协定”（Transatlantic Trade and Investment Partnership，TTIP）、“跨太平洋伙伴关系协定”（TPP）等，这些新的协议将致力于重构全球服务贸易新体系并努力维持美元为核心的全球金融系统。新的规则对双边和多边金融领域的开放性要求更高，这将对中国加快金融改革开放带来极为严峻的挑战。如果错失了加入新规则谈判的时机，我国将可能面临在新国际贸易体系中被边缘化的危险。

国家给予上海自贸区的一个重要任务就是率先探索通过金融创新更好地服务于实体经济。针对国内融资体系中直接融资比重过低、多元化融资渠道不畅等突出问题，迫切需要探索通过金融创新支持国际贸易、支持在试验区内设立外资银行和中外合资银行、允许金融市场在试验区内建立面向国际的交易平台、鼓励民营资本参与国内金融机构股权等一系列举措，更好地发挥金融服务实体经济的功能，推动实体经济可持续发展。

国家选择在上海建立自贸区，出于对上海长期在改革开放过程中形成的相对完善的社会主义市场经济体系、国际化的营商环境、创新要素较为健全、经济基础较为雄厚等方面的考虑。而自贸区的建立也为上海经济社会发展，加快推动“四个中心”建设带来了契机。尤其是通过面向国际标准的金融创新，能够在强化上海作为全球金融资源枢纽，拓展金融服务于经济、贸易、航运等领域的新方式、新渠道、新平台、新功能，以及通过营造更为宽松的利率、汇率、资本账户往来等方面的金融环境，为“四个中心”建设提供支持。

上海自贸区在新时期金融改革开放中肩负着重任，根据国家的战略要求，希望通过在上海自贸区积极探索政府经贸和投资管理模式创新、开展金融改革开放与创新，使之成为推进改革和提高开放型经济水平的“试验田”，通过尽快形成可复制、可推广的经验，发挥示范带动、服务全国的积极作用，促进各地区共同发展。而试验区在金融创新中的另外一个重要作用就是通过局部试点，使金融风险控制在较小的区域范围内，将金融改革开放成本降到最低。

总之，建立中国（上海）自由贸易试验区是党中央、国务院在新形势下推进改革开放的重大举措。自贸试验区金融开放和改革创新，对我国深度参与全球金融体系变革、推动我国金融改革开放、加强金融服务实体经济的功能等都具有极为重要的战略意义。

第五章

上海劳动力市场与改革开放

劳动力作为重要的生产要素之一，在经济发展中起着举足轻重的作用。劳动力市场运用市场机制调节劳动力的供求关系，引导劳动力合理流动，实现劳动力在社会、经济等领域的合理配置。狭义的劳动力市场指劳动力商品交易市场，劳动力供求双方进行劳动力交换的场所，以及运用市场机制调节劳动力供求关系的一种组织形式。广义的劳动力市场包括劳动契约、工资分配、劳动立法、社会保障、职业培训、职业安全卫生和特殊劳动者群体保护等方面的内容。上海作为改革开放的前沿城市，在劳动力市场的建立和发展中有着自身鲜明的阶段特征，积累了大量的成功经验，对全国劳动力市场的发展有较强的引领作用。

第一节　上海劳动力市场改革开放历程

新中国成立后，我国长期处于计划经济时期，劳动力在国家计划统筹范围内流动。随着全国改革开放的进行，上海的劳动力市场步入了改革开放的进程，其改革与发展是走在全国前列的，大致经历了四个阶段：一是引入市场机制阶段，二是培育市场机制阶段，三是完善市场机制阶段，四是国际化阶段。

一、1980—1984 年：引入市场机制阶段

上海劳动力市场率先引入市场机制，以解决 20 世纪 80 年代初大量从农村返回的上山下乡知青的就业问题为契机，探索劳动力市场机制的建立。80 年代初期，上海的国有和集体企业无法容纳如此多的劳动力就业，面对严峻的就业形势，上海采取了“三结合”的方针，在国家统筹规划和指导下，通过劳动部门介绍就业，自愿组织起来就业和自谋职业相结合的就业方针，运用市场化的手段，解决了大量返沪知青的就业问题。从此打破了国家“统分统包”的计划经济模式下的就业方式，在全国率先形

成了多元化的劳动力市场格局。这一时期的劳动力市场，无论从规模还是具体的运行机制上，已具备了部分市场功能，形成了劳动力市场供需双方自主选择的用工模式，促进了劳动力的有效流动，提高了整个经济发展的动力。

1984 年 4 月 21 日，在上海市展览馆科技交流会上开辟了人才交流馆，来自全国 22 个省市的 1 万多人参加了此次人才交流会，交流登记达 4000 多人，成为上海乃至全国探索劳动力市场流动的先例，标志着上海劳动力市场建设引入市场机制的开端。1984 年 7 月，上海市人事局成立了“上海市人才交流服务处”，负责上海市的人才调动与交流，打破了计划体制下的人才完全凝固状态。①

这一阶段，计划经济时代“统分统包”的用工模式被打破，劳动力开始自由进入劳动力市场寻找工作，供求双方自主选择的用工模式开始形成，出现了可以自由流动的劳动力生产要素。这对解放劳动力，释放劳动力的生产潜能起到了重要作用，为上海市场经济的建立与改革开放奠定了重要的要素基础。

二、1985—1993 年：培育市场机制阶段

1985—1993 年，上海劳动力市场进入培育市场机制阶段，形成了以劳动力供求平衡决定劳动力价格的机制，劳动力市场的信息功能和社会保障功能逐步完善。

从 1985 年起，上海国有企业对新招收的职工实行劳动合同制，促进了职工在劳动力市场上的合理流动。以国有企业为主的劳动力流动市场机制的形成，标志着上海劳动力市场全面进入自由流动阶段。1986 年，闸北区出现第一家劳务市场并迅速扩展到全市范围，职工劳务市场、待业劳务市场和外来劳动力劳务市场等多元劳动力市场格局逐步形成，劳动力的流动逐步进入以市场为配置的合理流动阶段。20 世纪 90 年代初期，上海开

① 汤静波、王平：《人才资源开发》，上海，上海社会科学院出版社 1999 年版，第 71、75 页。

始出现大型的人才交流会，劳动力供需双方在市场上进行面谈、交流和选择，供需双方共同决定劳动力市场价格。在此背景下，以劳动力供求双方均衡的价格机制逐步形成，市场价格在劳动力的流动中逐步发挥作用，并且有效促进了劳动力生产效率的提升，为上海的经济发展作出了巨大的贡献。

1988年上海市成立“人才开发调节中心”，建立人才信息库、代管人事档案，开展待业保障等，上海劳动力市场的信息功能开始体现。特别是20世纪80年代末，对劳动力中的人才流动采取更为开放态度，对于专业技术人员的流动采取鼓励支持的态度。1988年10月，上海颁布了《上海市专业技术人员辞职暂行办法》，使专业技术人才的自由流动进入正常化的轨道。为促进劳动力规范、有序地自由流动，上海市出台一系列和劳动力流动相配套的社会保障措施，上海劳动力市场的社会保障功能开始发挥其特殊的作用。解除了劳动力流动的后顾之忧，让更多的劳动力可以放心地到劳动力市场中去寻找工作，扩大了供需双方选择的范围，提升了劳动力市场的配置效率。

三、1994—2001年：完善市场机制阶段

从1994年到加入世界贸易组织前，上海劳动力市场进入完善市场机制阶段。在这一阶段，上海形成了由市场配置劳动力的用工形式，全国劳动力开始大量涌入上海，并为上海的经济发展作出了巨大的贡献。

1994年，上海市委提出“加快建立上海区域性社会主义劳动力市场”的指导方针，劳动力市场成为市场配置劳动力资源的主要渠道，是社会主义市场经济的一个重要组成部分。同年，上海建立了上海人才市场和中国上海人才市场，人才市场的规模迅速扩大，组织能力迅速增强，人才市场体系基本形成。中国上海人才市场积极开展人才培训，不断探索新的运行机制，拥有完善的服务网络、先进的服务手段，拥有人才交流、人才评价、人才信息、人事代理等服务功能。当时中国上海人才市场下设中山西路市场、漕河泾市场、南昌路市场、恒丰路市场等分支机构。1996年，实行全

员劳动合同制的改革，标志着上海劳动力市场开始进入完善市场机制阶段。

四、2001 年至今：国际化阶段

2001 年 12 月 11 日，中国正式加入世界贸易组织，成为 WTO 的第 143 个正式成员。上海劳动力市场开始迈入国际化的阶段，进入上海的跨国公司迅猛增长，大量的外国员工进入上海。同时，上海的部分企业走出国门，进入其他国家，大量的本国员工被派往国外，形成了劳动力之间的国际流动。这一阶段有三个方面的特征：

一是国外劳动力进入上海。中国于 2004 年 8 月开始实施绿卡制度，截至 2012 年底有近 5000 名外国人办理了永久居留手续。① 截至 2014 年 5 月 23 日，我国海外高层次人才引进计划（“千人计划”）引进的外籍人才及其家属以及各部委和省级人民政府推荐的高层次人才有 1306 名，获得中国绿卡。② 目前已有 91 个国家和地区人士获得中国绿卡，申请人数较为集中的前 5 个国家依次为美国、日本、加拿大、澳大利亚、德国。随着上海改革开放的进一步深化，尤其中国加入世界贸易组织后，上海的外国人口逐年增长，到 2012 年底，上海共有 76 个境外人员聚居区，常住外国人总计 17.3 万余人，同比增加 6.7%，约占全国 1/4。③

早在 1996 年，上海就成立了外国人就业中心，是全国最早设立外国人就业中心的城市。经过二十多年的发展、四次搬迁，上海外国人就业中心获得了快速的发展。从 1996 年到 2000 年，每年新登记的在上海就业的外国人基本上有四五千人。2003 年新增加 11118 人，首次突破万人大关，比

① 中国广播网：《中国已为 5000 名外国人办理了永久居留手续》，2012 年 12 月 11 日，见 http://edu.163.com/12/1211/18/8IFBB1CI00294III.html。

② 北京青年报：《我国正研究降“绿卡”门槛 1306 外籍人才受益千人计划》，2014 年 6 月 3 日，见 http://finance.ifeng.com/a/20140603/12465992_0.shtml。

③ 东方早报：《沪常住老外超 17 万占全国 1/4 境外人员聚居区多》，2013 年 1 月 9 日，见 http://sh.sina.com.cn/news/g/2013-01-09/083629175.html。

上年翻了一倍多。到 2008 年底，在上海就业的外国人总量为 6.86 万。[①]

二是国内劳动力通过上海公司进入国外。随着中国经济的高速发展，中国企业对外直接投资迅猛增长，其中上海企业对外直接投资也获得了快速的发展。2006 年，上海新批对外直接投资项目 75 个，对外直接投资金额 4 亿美元。在 96 个国家和地区设立投资企业和办事机构。经过近 10 年的发展，上海对外直接投资出现了高速增长，2016 年，上海企业实现对外直接投资 535.5 亿美元，新增投资项目 1425 个。[②] 与此同时，上海扎实推进开放型经济的发展，积极落实国家“一带一路”倡议，并借助“自贸区”平台推行跨境投资备案制并打造企业境外投资服务平台。大量的上海企业在海外投资，必然带动大量的员工从上海到投资目的地工作，导致上海劳动力输出到国外。

三是网络招聘的迅猛发展。随着互联网技术的完善和推广，网络招聘在劳动力市场中的作用日益显著，劳动力市场由有形转入无形阶段。网络招聘具有时效性强、覆盖面广、成本低、针对性强等特点，除此之外，还具有一定的筛选功能。智联招聘、前程无忧、中华英才网等招聘网站日益成熟，在劳动力市场中成为主流招聘网站。同时，上海在各个区县的人才网站也发布招聘信息，形成了多层次，全方位的网络招聘体系。2005 年，网络招聘已占招聘总数的 20% 以上，市场份额接近 10 亿元，业内企业的平均增长率超过 70%。2006 年，网络招聘占整个人才市场份额的比例达到 33%，比 2005 年增长 65%。由于网络招聘没有时空的限制，用人单位和劳动力可以打破时空的限制，特别是在视频电话等手段的辅助下，可以快速完成劳动力供求双方的交流与沟通，快速完成面试程序，因此，网络招聘促进了劳动力之间的国际流动。

---

① 瞭望东方周刊：《上海老外淘金客：日本人最多 美国第二》，2009 年 6 月 1 日，见 http://finance.ifeng.com/job/zcyw/20090601/727133.shtml。

② 何骏：《全球化背景下上海企业对外直接投资的动因研究》，《当代经济管理》2008 年第 3 期。

第二节　上海劳动力市场改革开放经验

在改革开放的40年中，上海劳动力市场不仅解放了生产力，而且提升了生产效率。为上海的经济发展作出了巨大贡献，同时，也积累了非常宝贵的经验。主要表现在以下六个方面：改革的渐进性和就业的稳定性相结合，对内开放大量使用国内劳动力，对外开放大量使用国外劳动力，优化人才政策吸引高端人才，率先推出柔性退休制度，合理开发老年人才。

一、渐进性改革确保社会就业稳定

通过市场配置劳动力资源是上海劳动力市场改革开放的重大突破。建立自由流动的劳动力市场是完善社会主义市场体系的客观需要，也是推动企业转换经营机制的客观需要。劳动力资源配置由计划经济时代的按计划分配转变到按市场需求由供求双方自由选择是一项重大的变革。为避免出现劳动力市场的动荡，确保劳动力市场的和谐稳定以及维护社会就业的稳定，上海在劳动力市场的改革中采取了渐进式的改革方式。

为了解决下乡返沪知青和部分社会失业人员的就业问题，上海的企业改进了招工制度，采取“公开招收、自愿报名、全面考核、择优录取”的办法，彻底打破了由劳动部门计划分配劳动力的传统用人方法。在此基础上，上海率先推行了劳动合同制，对新进企业职工实行劳动合同制，对原有的职工也开始实行合同化管理。推动部分职工逐步下岗来促进企业内部劳动力的有效流动，有效提高了企业内部劳动力的利用效率，从而提高了企业的生产率，促进企业步入高速发展时期。然后通过就业训练、生产自救、事业保险和再就业培训等手段缓解下岗失业人员对社会稳定的冲击。在劳动力市场化改革过程中，把再就业工程和劳动力市场的深化改革有机结合起来，通过扩大再就业工程，让部分下岗职工通过职业培训，再次走上工作岗位，有效缓冲了国企改革中因大量下岗职工而带来的社会震荡。通过对非正规就业、个体工商户、自主创业等多种就业渠道的开拓，有效满足了大量下岗职工的再就业需求。

二、对内开放大量利用外来劳动力

上海劳动力市场的改革开放与国内劳动力大量涌入上海密不可分。20世纪90年代以来，上海的劳动力市场发生了显著变化，主要表现在：本地下岗待业劳动力日见增多，数以百万计的外来劳动力涌入上海劳动力市场，本地劳动力下岗待业与外来劳动力的就业同时并存，成为上海劳动力市场的一个重要特征。在20世纪80年代，上海对外来劳动力的进入有很严格的限制。随着1990年4月18日，国务院宣布开发开放浦东，上海掀起了改革开放的大潮，20世纪90年代，由于大量的外资企业涌入上海，市场对劳动力有着巨大的需求，上海劳动力市场的供求双方关系发生了巨大变化，出现了劳动力供不应求的局面。而大量的外来劳动力进入上海，改变了上海劳动力市场供不应求的局面，为上海的经济发展作出了巨大的贡献。同时也存在外来劳动力与上海本地劳动力抢岗位的现象，特别是一些技能含量比较低，对劳动力素质要求不高的岗位，生产一线的工人基本上来自外来劳动力。为了规范外来劳动力在上海的有序就业，维护外来劳动力的基本利益，督促用人单位规范使用外来劳动力，1993年12月18日，上海市人民政府批准了《上海市单位使用外地劳动力管理规定》（以下简称“《规定》”）。1997年12月19日上海市人民政府第54号令对其修正并重新发布。该《规定》对上海市规范使用外来劳动力作出了明确的规定，促进了合理使用外来劳动力，避免了外来劳动力对户籍劳动力的就业冲击，也充分考虑了对外来劳动力基本权利的保护，对上海经济发展起到了较大的作用。

《规定》的宗旨是为了维护上海市劳动力市场管理秩序，加强对单位使用外地劳动力的管理。上海市行政区域内的国家机关、社会团体、企业、事业单位、部队所属单位和个体工商户（以下统称“单位”）使用外地劳动力的，必须遵守本规定。外地劳动力是指年满18周岁、具有初中以上文化程度、身体健康，在本市务工且不具备本市常住户口的人员。上海市劳动局是本市单位使用外地劳动力的行政主管部门。各级政府有关职能部门应当按各自职责，做好单位使用外地劳动力的管理工作。根据上海市外来务工总量控制规划和分类管理原则，结合行业特点及劳动力供需状况，由市劳动局会同有关部门确定行业和单位使用外地劳动力的控制比例。单位申请使用外地劳动力，必须具备下列条件：招聘本市常住户口的劳动力不足的；具备向外地劳动力提供食宿等基本生活条件的。外地劳动力的食宿等基本生活条件的具体标准，由市劳动局会同有关部门制定。获准使用外地劳动力的单位，必须到上海市指定的劳动力市场招收外地劳动力。有特殊原因的，经市劳动局批准，可以直接到外省市招收劳动力。外省市驻沪劳务中介服务机构和劳务输出机构的设立，须经市劳动局批准。外省市驻沪劳务中介服务机构可以从事劳务中介活动，不得从事劳务输出活动。外省市驻沪劳务输出机构可以从事劳务输出活动，也可以从事劳务中介活动。被单位使用的外地劳动力，由单位向市或者区、县劳动局统一申领《上海市外来人员就业证》(以下简称"《就业证》")。

三、对外开放有效利用国外劳动力

上海在改革开放的初期，就吸引了大批外资企业的关注，特别是在2001年我国正式加入世界贸易组织后，上海与世界各国的经济联系更加密切。大量的跨国公司进入上海，随之被派到上海来的各国专家，形成了上海的国外劳动力群体。上海以海纳百川的胸襟吸引着全世界的人才，大量的外国劳动力活跃在上海的经济舞台上。

为了促进经济发展，上海出台了大量的优惠政策，吸引海外高端人才来上海工作。据上海市统计局公布的《2010年上海境外人员的现状与特征》中的数据，2010年末，上海境外人员总量为20.83万，位居全国第二，占全国的20.4%。就业与商务是境外人员来沪的最主要原因。境外人员中，外籍人员为14.32万人，居全国第一位；港澳台居民为6.51万人，居全国第二位。与此同时，居住在上海的境外人员家庭户为11.22万户，其中港澳台家庭户3.73万户。随着越来越多的境外人员在上海生活工作，外籍人员、港澳台居民和上海居民结婚的数量呈逐年上升趋势。2010 年，上海登记的涉外婚姻达 2231 对，10 年累计达 29587 对。调查还显示，上海市境外人员分布涵盖了全市 18 个区县，其中长宁区的虹桥镇、浦东新区的花木街道、闵行区的虹桥街道是境外人员的主要集中区。上海市的外籍人员来自 214 个不同国家和地区，其中日本、美国、韩国、法国、德国、加拿大、新加坡、澳大利亚、英国及马来西亚等 10 国的人数共 11.4 万人，占来沪外籍人员总数的 79.5%，来自日本、美国和韩国三国的外籍人员占了 51%。

除了就业与商务往来及随迁家属外，上海还有大量的外国留学生，根据《上海统计年鉴》的数据，2005 上海外国留学生人数为 13691 人，2015 年上海外国留学生人数增加到 29242 人，2016 年上海外国留学生人数为 31416，年增长率为 7.43%。其中不少留学生在上海从事隐性就业，他们多以兼职的形式活跃在上海的语言教学等领域。

四、优化人才政策吸引高端人才

人才是经济发展的原动力。上海作为改革开放的前沿阵地，其经济发展取得的巨大成效离不开对人才的高度重视。上海一直尝试在人才政策方面取得新的突破，让人才政策能够更好地为海外高端人才服务，吸引更多的海外高端人才落户浦东，促进上海的产业转型与经济发展。面对上海商务成本的不断上升，政策优势显得尤为重要，特别是人才政策。如何营造具有竞争力的人才优势？通过开放的产业、开放的社会、开放的文化和开放的政府来吸引人才，营造全面接轨国际惯例的深度开放人才环境，努力打造上海国际人才高地。特别是在 2014 年习近平总书记提出上海要建设具有全球影响力的科技创新中心后，上海更是对人才政策提出了新的要求。

上海的人才政策一直在不断地变化，其变化的宗旨均是为了更好地服务于各类人才，特别是对海内外高端人才给予了较大的关注。从人才家属及随迁子女的落户、医疗、就学，以及针对上海高房价的住房补贴等关系到个人切身利益的问题，以及人才工作环境和创新创业环境等方面，都出台了相关的优惠政策。一方面，在给予海内外人才居住证方面出台较为详细的规定，2013 年 5 月 20 日，上海市政府第九次常务会议通过《上海市居住证管理办法》(以下简称“《居住证》”)，自 2013 年 7 月 1 日起施行。关于《居住证》持证人的待遇，持证人可以为其同住子女申请在本市接受义务教育，由居住地的区（县）教育行政部门按照本市有关规定安排就读的权利。持证人的同住子女可以按照本市有关规定，在本市参加全日制普通中等职业学校自主招生考试、全日制高等职业学校自主招生考试。另一方面，确定海外人才在上海的居住问题。2013 年 9 月，上海市人力资源和社会保障局和上海市外国专家局发文，贯彻落实《中组部、人社部等 25 部门关于印发〈外国人在中国永久居留享有相关待遇的办法〉的通知》，切实保障持有《外国人永久居留证》人员的相关待遇。一是持《外国人永久居留证》人员在上海就业，免办《外国人就业证》。二是可按照国家和本市有关规定办理《外国专家证》、《回国（来华）专家证》及《上海市居住证》B 证。三是可以按规定参加专业技术职务任职资格评审和专业技术人员资格考试。四是在上海就业的外国人，由单位凭《外国人永久居留证》及劳动合同为个人办理城镇职工社会保险参保缴费手续；在上海居住但未就业的，可以按照本市有关规定参加城镇居民基本医疗保险和城镇居民社会养老保险。

比如浦东新区开通中央“千人计划”专家机场绿色通道服务。为方便海外高层次人才工作需要，自 2012 年 10 月 1 日起，浦东新区高层次人才服务中心正式为浦东新区中央“千人计划”专家提供机场绿色通道服务。该措施方便了很多中央“千人计划”专家的出行，提升了他们的工作效率。浦东新区成为继闵行区之后，第二个为海外高层次人才提供机场绿色通道服务的区县。

近年来，以上海自贸试验区、张江国家自主创新示范区为改革平台，发挥“双自联动”优势，创建人才改革试验区，推进人才政策先行先试。推出的人才政策还包括：改革科研成果转化制度，加大科研人员股权激励力度，加大科研工作绩效激励力度，完善科研人才双向流动制度，优化博士后培养机构运作机制，改革人才评价制度，构建创新型人才培养模式，加大科技创新人才培养力度。

五、率先推出“柔性退休”政策合理开发老年人才

劳动力是经济社会发展的重要资源之一。劳动力作为重要的生产要素，在知识经济时代和经济转型发展的过程中，发挥的作用越来越大。而劳动力中的高端人才，对经济发展的作用更为突出，关键技术的突破、知识产权的创造、专利技术的申请和创新活动等都离不开高端人才的参与。随着全球老龄化时代的来临，中国也步入了老龄化社会，而上海的老龄化程度远远高于全国的平均水平。2010 年上海老龄人口比例为 23.4%，到 2016 年，老龄人口比例达 31.6%（2016 年上海市户籍老龄人口为 457.79 万人，户籍总人口约为 1450.00 万人）①。如何利用老龄人才将是影响上海经济健康发展的一个重要因素，国家和上海现行的退休政策规定男性 60 岁，女性 50~55 岁退休。大量拥有高级职称和掌握关键技术的老龄人才的退休，造成了关键技术领域和重点行业的领军人才过早地退出了经济社会发展的舞台，降低了人才的利用效率和高端人才资源的紧缺，不利于社会经济的发展。

上海作为未来的智慧城市和卓越的全球城市，将依靠创新驱动、转型发展推动经济社会的全面发展，这在知识经济时代将得到明显体现。知识作为一种新的生产要素，在经济发展中的作用日益增强。作为知识重要载体的人才，必将成为社会发展中最重要的推动力。社会各行业对人才的需求日益增长，从过去依靠人力资源的数量转向依靠人力资源的质量，而人才是反映人力资源质量的最主要方面。科研院校大型项目的攻关需要有丰富经验的人才指引方向，重点学科的建设需要有丰富经验的学科带头人才把握方向，大型企业的成长与发展也同样需要有丰富经验的高级经营管理人才和高级专业技术人才去支撑。一个人若要在这些方面达到国内外领先

---

① 吴振东:《截至 2016 年 12 月底上海老年人口超 31%》,《人民日报海外版》2017 年 3 月 29 日，见 http://www.cssn.cn/shx/shx_sjzx/201703/t20170329_3470307.shtml。

水平，是需要长期的积累和培养的，或许已经临近退休年龄。如此上海必将面临大量退休人员引起的关键人才缺失的问题。

老龄人才在社会经济发展中有着极大的需求，特别是一些科研技术领域和咨询行业；老龄人才本身也有继续从事工作的能力和意愿。鉴于退休年龄为国家确定，在国家没有作出统一规定之前，上海市已先试行了延迟办理申领基本养老金手续的"柔性"政策。2010 年 9 月，上海市人力资源和社会保障局颁布了《上海市关于各类企业人才施行柔性退休的规定》。延长退休年龄的规定不具有强制性，由单位和个人协商确定是否延迟办理申领基本养老金手续，并且仅对企业中具有专业技术职务资格人员，具有技师、高级技师证书的技能人员和企业需要的其他人员的退休作了柔性规定，男性一般不超过 65 岁，女性一般不超过 60 岁。

第三节　上海劳动力市场改革开放的影响和作用

上海劳动力市场的改革开放具有引领作用，在全国的改革开放中占有重要的地位，主要表现在以下几个方面：为上海的经济发展与转型提供了强大的智力支持，为全国劳动力特别是为上海的国内劳动力提供大量的就业岗位和就业机会，让他们在为上海经济发展作贡献的同时，也充分享受到上海经济发展的成果。同时，上海在促进就业方面积累了大量的经验，在全国产生了强大的示范效应。上海优越的条件，吸引了大量海内外高端人才，使上海成为全国吸纳高端人才的主要阵地之一。

一、为上海的经济发展与转型提供了强大的支撑

改革开放 40 年中，上海的经济发展取得了巨大成就。劳动力市场的改革开放起到了非常重要的作用，劳动力资源作为重要的生产要素，对经济发展起着举足轻重的作用。改革开放初期，在计划经济时代，劳动力基本

上是按照计划配置的，劳动力的自由流动是被禁止的，不能自由流动的劳动力市场，严重地束缚了劳动力供求双方按照劳动力价格进行双向选择，企业和劳动力双方都不能按照自己的意愿进行选择。但是随着改革开放的逐步深化，国有企业改革的有序推进，国外跨国企业的强势进入，以及民营企业如雨后春笋般的崛起，对自由选择劳动力的需求空前强烈。打破吃大锅饭的计划分配劳动力资源成为改革开放中的首要问题，在这个背景下，上海率先打破了统分统配的劳动力用工模式，首先推出国有企业部分职工下岗，释放出部分劳动力，让这部分劳动力自由选择进入民营企业，同时率先推出劳动合同制，在外资企业和民营企业中推行以契约为前提的劳动合同制，然后在国有企业内部也开始逐步推行劳动合同制，逐步打破过去的用工模式。一方面，劳动力市场的改革彻底释放了劳动力的积极性，自由流动的劳动力市场的建立为各类企业的用工提供充足的劳动力资源。另一方面，劳动力市场的开放，特别是对内开放，让全国劳动力进入上海供企业挑选，解决了上海本地劳动力供给严重不足的问题，让企业能够不断补充新鲜的血液。其次是劳动力市场的对外开放，从海外引进大量高层次的人才，为企业带来先进的管理经验和先进技术，为上海企业的逐渐成长提供了技术和管理上的支持。

二、为我国劳动力提供了大量的就业岗位和就业机会

上海劳动力市场的改革开放，释放了劳动力的流动性，让大量的劳动力充分流动，为上海企业的快速成长提供了充足的劳动力资源，同时也为全国劳动力顺利进入上海就业提供了畅通的渠道。从 20 世纪 90 年代开始，外来劳动力开始逐步进入上海。上海户籍人口从 1993 年开始出现负增长，但是上海的经济发展却对劳动力资源有强劲的需求，经济发展带来的大量劳动力岗位的空缺给外来劳动力带来大量的就业机会。2003 年 10 月的调查显示，上海外来流动人口中从事经济活动的人数已达 375 万左右，在全市就业人口中的比例高达 39.5%，相当于本市每 5 名就业人员中有 2 名外来劳动力。2003 年外来就业人口平均年龄仅为 30.7 岁，比上海户籍人口

平均年龄低了 9 岁。由于较为年轻的外来人口的加入，全市就业人口的平均年龄下降了 3.7 岁。[①]2016 年，全市常住人口总数为 2419.70 万人。其中，户籍常住人口 1450.00 万人；外来常住人口 997.70 万人，按照三口之家计算，就有近 700 万外来劳动力进入各类行业就业。[②]外来劳动力的流入，不但给上海的经济发展带来活力，还延缓了上海老龄化的进程，改善上海的人口结构。上海也对外来劳动力职业培训投入了大量资金保障，上海 2014 年共完成职业培训 53.40 万人，其中，农民工 24.64 万人。[③]

三、丰富多彩的促进就业政策为我国提供了示范作用

上海劳动力市场在改革开放的过程中，首先要满足上海企业对劳动力的需求，保证劳动力的正常供给，其次要满足上海本地及外来人口的正常就业。政府采取以下措施以促进劳动力市场正常运转：完善失业保险办法，发挥其保障和促进就业的双重功能；加强劳动力市场硬件建设；实施政府补贴培训政策；实施非正规就业政策；设立社区就业援助员。

针对在国有企业改革中出现的大量下岗职工，上海市出台了大量的促进就业的措施与政策，通过再就业工程让更多的下岗职工再就业。针对 20 世纪 90 年代的国有企业改革出现的大量下岗职工，上海全面推动再就业服务中心建设工作。到 1998 年底，全市共建立再就业服务中心 308 个。中心下属共有 1866 个分中心，涉及企业 8046 户。[④]从 1999 年起，随着新的市场化就业战略目标的逐步成熟，再就业服务中心逐渐结束使命，“淡出”历史舞台。2001 年，以开展“4050”工程为执行主题，重点解决再就业服务中心结束期间“4050”人员的就业困难。2002 年，以实施“就业援助”行动为执行主题，针对三个就业“瓶颈”：即一般困难人员、就业特别困难人

---

① 医药英才网：《上海能容纳 1000 万外来就业者吗？》，2004 年 7 月 9 日，见 http://news.healthr.com/1089334224/701/1/0.html。

② 上海市统计局：《 2016 年上海市国民经济和社会发展统计公报》，2017 年。

③ 上海市统计局：《 2014 年上海市国民经济和社会发展统计公报》，2015 年。

④ 上海市劳动和社会保障局：《1999 年上海再就业和社会保障情况汇报》，内部打印稿，1999 年。

员、青年失业人员，采取有针对性的援助措施。

通过鼓励非正规经济组织的发展，吸纳大量劳动技能较弱的劳动者进入非正规经济组织就业，比如2003年启动的上海的协管员“万人就业项目”。该项目于2003年9月启动，初期主要针对年龄较大、市场竞争能力较弱、就业比较困难的下岗失业人员，后逐步形成交通、市容环境、商品交易市场、特种设备安全、劳动保障、环境保护、房屋租赁、社区保安、社区综合等九支协管员队伍。经过10年的过渡期，到2014年完成转制，转制后的协管员将正式签订劳动合同。除此以外，通过鼓励大学生创业带动就业；通过每年新增就业岗位提供更多的就业机会；以税收优惠、岗位补贴、房租补贴或开业贷款贴息等政策，鼓励企业吸纳失业、协保人员和农村富余人员。

四、成为集聚海内外高端人才的主要阵地

上海正在以海纳百川的胸襟吸引着全国乃至全世界的人才，新上海人越来越多也越来越活跃。在改革开放的进程中，上海一直注重对海内外高端人才的引进。为了更好地促进上海具有全球影响力的科技创新中心的建设，2015年上海出台了《关于服务具有全球影响力的科技创新中心建设，实施更加开放的海外人才引进政策的实施办法（试行）》，主要针对以下四类外籍高端人才：知名奖项获得者或高层次人才计划入选者；知名专家、学者、杰出人才、专业人才；企业杰出人才、专业人才；其他具有特殊专长并为上海紧缺急需的特殊人才。2015年8月，浦东出台“浦东人才14条”，在以下几个方面进行新的尝试与探索：高级特聘公务员制度，聘请高层次国际化人才深度参与政府项目和课题；实施政府、企事业单位公职人员与国际企业人才“双向挂职”制度，完善不出国门外向型培训机制。对于高层次人才，浦东还将实施适度宽松的金融管理制度，外汇限额管制将被放宽，简化高层次人才外汇结汇、直接持有境外关联公司股权以及离岸公司进行返程投资等有关审批手续。开辟外籍人才外币兑换携带绿色通道，放宽外汇限额管制。多年来，上海不断推出具有吸引力的人才引进政策，对海内外的高端人才产生了强大的虹吸效应。近年来，落户上海的留学人

员中高层次人才集中，获得硕士、博士学位的人数占总数的 90%，其中博士占总数近 25%。据上海市外国专家局 2014 年统计，近年来，上海每年都能引进 1 万多名海外留学人员，上海海外留学人员总数已超过 11 万人；留学人员在上海创办的企业已达 4700 多家，占全国总数的 1/4；还有 2000 多名海外留学人员在外资跨国公司中担任高管。[①]

第四节　上海劳动力市场改革中存在的问题与深化改革

随着社会经济的发展，上海劳动力市场虽然在改革开放中取得了巨大的成效，但也出现了新的问题，存在一些不适宜劳动力市场健康发展的因素，还需要进一步深入研究，以确保上海劳动力市场与上海经济发展相匹配，为上海经济发展作出更大的贡献。

一、改善劳动力结构缓解劳动力市场结构性不平衡

由于上海不断推出具有吸引力的人才政策，大批的海内外高端人才、产业领军人才选择落户上海，这对上海的经济发展起到极大的推动作用。大量外来劳动力的涌入，使上海劳动力市场供给较为充裕，对上海本地劳动力来说是一个重大补充。尽管如此，上海的劳动力市场仍存在一定的结构偏差问题。一方面，不少劳动力找不到工作，在市场上闲置，成为社会的不稳定因素；另一方面，不少企业难以招聘到自己所需要的劳动力，特别是一些对专业技术要求较高的企业，专业技术人才紧缺程度日益增长。这种由于劳动力市场结构偏差引起的不平衡，容易扭曲劳动力市场的实际

① 《据统计上海每年落户的海外留学生达一万多》，2018 年 4 月 26 日，见 http://www.sh112.com/news/newsshow-144807.html。

情况，不仅浪费劳动力资源，而且也会给企业招聘和用工带来困难。如何缓解劳动力市场的结构性不平衡，需要从以下几方面考虑：一是要根据经济发展与产业转型升级的需要，对未来产业的发展作出中长期判断，确定未来产业发展的重点，科学预测这些产业所需要的劳动力专业技能，对全社会形成一个有效的引导，让更多的潜在劳动力提前作好准备；二是鼓励引导现有的大中专院校按照未来产业发展方向，适时调整学校所开设的专业方向和专业课内容，培养更多符合劳动力市场需求的专业技术人才；三是大力发展高等职业技术院校和中等职业技术学校，引导更多的学生进入职业技术学校学习，为未来的产业发展培养出更多的专业技术人才；四是对现有劳动力专业技能的再培训，针对那些市场需求较低的劳动力进行专业技能的再培训，确保劳动力闲置率降低，为企业培养更多符合岗位需求的劳动力，让劳动力市场达到有效平衡。

二、扩大对外开放推动劳动力的国际流动

经济全球化的加速，带动货物与技术贸易的全球化，使资本与劳动力的全球流动成为潮流。上海作为国际化的大都市，要建成具有全球影响力的科技创新中心，对海外高端人才的需求巨大。上海有很多外国公司，其核心管理层大多由国外人员担任，为上海带来大量的海外劳动力，并与上海劳动力共同工作。不同民族、不同语言、不同信仰，必定会对企业文化产生碰撞与融合，这就需要加强企业的跨文化管理建设。上海在建设国际大都市的过程中，面临两个问题：一方面是大量国际人才的涌入，另一方面是大量本地员工进入跨国公司工作，跨文化问题日益突出，大部分外资企业的跨文化管理机制还比较薄弱，有待建立和健全。上海发布实施人才“30 条”一年半以来，吸引在沪工作外国人才达到 21.5 万人，人数位居全国首位。[①] 可以预见，随着上海开放步伐的加快，将会有越来越多海外劳动

① 东广新闻台：《上海持续推进人才新政 在沪工作外国人数全国居首》，2018 年 3 月 26 日，见 http://sh.sina.com.cn/news/m/2018-03-26/detail-ifysqfnf6493647.shtml。

力涌入上海。如何正确引导、服务、管理这部分外来劳动力，让他们为上海的经济建设作出贡献，是上海劳动力市场建设面临的一个重要问题。同时，上海部分企业走出国门，进行全球投资和兼并，必将输出本土劳动力。如何对这部分劳动力进行服务与管理，对上海劳动力市场建设来说是一个挑战。随着上海改革开放的深化，海外劳动力的流入和上海劳动力的输出必将越来越常态化，劳动力的国际流动将成为上海劳动力市场的主要特征之一。

三、改善劳动力市场环境吸引海内外优秀人才

劳动力市场环境有待进一步优化，主要有两个层次：一是次要劳动力市场环境，二是主要劳动力市场环境，二者均有较大的改进与完善空间。次要劳动力市场由拥有较低劳动技能的劳动力作为主体参与，以外来民工为主。次要劳动力市场需要完善对劳动力的保护，尤其是工作时间、劳动条件等方面，用以维护劳动力的权益，规范次要劳动力市场的中介行为，保障次要劳动力市场的有序运行。主要劳动力市场，也可称为人才市场，其参与者大部分是具有高等学历和专业技术能力的专业人才。上海要建设具有全球影响力的科技创新中心，更需要集聚大量的海内外高端人才、产业领军人才，学科带头人等。优化主要劳动力市场环境需要做到以下几点：一是人才引进。要加大顶尖科研创新团队的引进力度，要按照重点发展产业和重大项目需求引进人才。出台形式多样、灵活便捷的引才引智政策，鼓励国内外高层次人才来沪从事兼职、咨询、讲学、科研活动；开展技术合作、技术入股、投资办企业或从事其他专业工作；鼓励用人单位以岗位聘用、项目聘用、任务聘用、项目合作等方式引进高层次人才。二是要构建宜居生活环境。推进实施人才安居工程，加大人才保障性住房建设力度，完善人才公寓空间布局，缓解成长型人才住房困难。加快人才集中居住地生活休闲配套设施和环境布局，打造具有宜居、活力、和谐氛围的人居环境，将其建设成为开放包容、多元和谐具有国际影响力的人才社区。三是要打造充满活力的创新文化环境。为各类人才提供良好的创新环境，鼓励

创新，包容失败。四是要完善社会保障机制，让海外人才能够充分享受生活的社会保障。五是要推动科技创新人才柔性流动，支持高校院所科研人员、企业双向流动。完善高校、科研院所科技人员兼职兼薪办法，支持科研人员在岗或离岗创业，推进产学研用新型研发组织和协同创新平台建设。六是要制定有利于创新人才集聚的户籍和居住证制度。创设更开放、更包容、更具吸引力的海外人才引进制度，即完善绿卡、签证制度和升级本市海外人才居住证制度。

四、完善相关政策法规规范健全劳动力市场

上海劳动力市场经过多年的发展，已成为比较成熟的市场，具备了一套较为完善的政策法规来维护劳动力市场的正常运转。随着经济的发展和国家政策法规的修改，一些新问题相继出现。首先是分裂的二元社会保障体系，城镇居民、本地农民、外地农民工享受不同的社会保障。尽管这种情况已经在逐步调整与并轨，但是由于受到不同制度的管理，给企业的用工带来难度，造成部分劳动力的福利损失，这就需要尽快完善所有劳动力的社会保障体系。其次是上海面临海外劳动力逐年增长的趋势，需要尽快出台相关政策以规范海外劳动力在上海的工作、居住、生活和社会保障等问题。虽然过去也有这方面的相关法规，但是随着这一群体不断壮大，越来越多的海外劳动力游离于政府的管制之外从事非法就业，更加需要提供进一步的应对措施。再次是90后大量加入劳动力大军中，他们有着自己时代的特征鲜明的就业观念。因此，需要出台与之相适应的政策法规，逐步改变过去一些管理上的陈旧办法。最后是大量的民二代进入劳动力市场，他们中很多是在上海出生长大的，但是和上海户籍的同龄人又有着不同的成长经历，需要考虑到两个群体之间的观念冲突，避免两个不同群体的劳动力大军之间的裂缝加深，需要政府在企业文化、政策法规等方面作出正确引导。

第六章

财税改革与上海改革开放

财政是经济的重要组成部分，直接服务于经济的转方式、调结构；财政也是行政和政治的组成部分，制约或推动着行政和政治的体制改革；同时，财政又是社会、文化、生态各领域的重要支撑，牵一发而动全身。财税体制是一个国家经济体制的基础和核心，财税体制改革是整个经济体制改革的重要组成部分，对保障社会主义市场经济体制得以健康运行具有重要作用。上海财税改革不但体现了全国财税改革的基本特点，而且其自身也有着独特性。上海的财税改革试点，不仅为上海的经济发展带来了体制效应，更开启了中国新一轮财税改革的序幕。

第一节　上海财税改革的进程

一、1978—1993 年：上海财税改革的放权让利阶段

中国的经济体制改革是从分配领域入手的。最初确定的主调是“放权让利”，通过“放权让利”激发各方面改革的积极性，提高在传统经济体制下被抑制的国民经济活力。在改革初期，政府能够且真正放出的“权”，主要是财政上的管理权；政府能够且真正让出的“利”，主要是财政在国民收入分配格局中所占的份额。这一改革思路与财税体制自身的改革任务即由下放财权和财力入手，改变和打破“财权集中过度、分配统收统支，税种过于单一”的传统体制格局相对应，采取了以下几种改革举措：

（一）在中央与地方的财政分配关系上实行“分灶吃饭”。

从 1980 年起，先后推出“划分收支、分级包干”、“划分税种、核定收支、分级包干”以及“收入递增包干、总额分成、总额分成加增长分成、上解递增包干、定额包干、定额补助”等多种不同的体制模式。

（二）在国家与企业的分配关系上实行“减税让利”。

从 1978 年起，先后推出企业基金制、利润留成制、第一步“利改税”、第二步“利改税”、各种形式的盈亏包干制和多种形式的承包经营责任

制等。

（三）在税收建设制度上着眼于实行“复税制”。

从1980年起，通过建立涉外税制、建立内资企业所得税体系、全面调整工商税制、建立个人所得税制、恢复和改进关税制度、完善农业税等改革，改变了原来相对单一的税制格局，建立起以流转税、所得税为主体，其他税种相配合的多税种、多环节、多层次征收的复税制体系。

（四）在与其他领域改革的配合上，给予“财力保障”。

以大量的财政支出铺路，配合并支撑了价格、工资、科技、教育等相关领域改革举措的出台。

上述举措在推动各项改革举措顺利出台和整体改革平稳推进方面所发挥的作用是奠基性的。然而无论放权还是让利，都是以财政减收、增支为代价的，因此，主要由财税担纲的以“放权让利”为主调的改革，却使财政收支运行自身陷入了不平衡的境地。

在全国经济体制放权让利的背景下，上海区县实行“定收定支、收支挂钩、总额分成、一年一定，同定留成加超收分成”的管理体制，这个体制使财政收支挂钩，加重了地方的权责，同时留给区县一定的机动财力，以适应新时期地方财政支出日益增长的需要。这一阶段的财政体制运行表现为，上海向中央上交了大量资金，地方留用的比例比较小。1978—1987年的10年中，上海全市财政总收入2170.55亿元[①]，地方财政预算内收入共1711.99亿元[②]，其中上交中央财政1423.56亿元，占地方预算内收入的84.57%；地方共留用259.74亿元，占地方财政预算内收入的15.43%，占全市财政收入的11.96%。为了保持地方财政的收支平衡，上海不得不压缩支出，造成企业需要更新的生产设备、市政建设和科教文卫事业的“欠账”越积越多，影响了经济和各项事业的发展，同时也制约着上海区县财政收入的增长。

① 上海市统计局潘建新主编：《2004年上海统计年鉴》北京，中国统计出版社2004年版，表9.1，参见 http://www.stats-sh.gov.cn/tjnj/nj.htm?d1=2004tjnj/C0901.htm。

② 参考资料：《中国经济统计数据1978—1995》。

二、1994—2003 年：分税制改革下的重大突破阶段

1992 年 10 月，中共十四大正式确立了社会主义市场经济体制的改革目标，1993 年 11 月，中共十四届三中全会又通过了《中共中央关于建立社会主义市场经济体制若干问题的决定》。从 1994 年起，以建立适应社会主义市场经济为着眼点的财税体制改革踏上了制度创新之路。

上海于 1994 年推行市与区县分税制财政管理体制，各区县对街道财政体制也作了调整，但实施内容不完全相同。分税制实行后，区县财政收入占地方财政收入的比重从分税制前 1993 年的 38.2% 提高到 1996 年的 54.8%①，2000 年占比为 56.66%，2003 年比重达到 63.03%②。区县财力的提升使其获得相对稳定的自主发展空间，形成从“一区一业，一业特强”到功能定位等自身的发展格局，推动了上海提出构建国际大都市、“四个中心”等战略目标。区县政府在上海的发展主体地位得以确立，在旧城改造、市政建设、社会救助、社区就业、社会基本保险、社会稳定，以及发展特色产业和特色经济等方面发挥了重要作用。

由于分税制模式更强调财力的下沉，再加上市级承担了向中央上缴收入的主要责任以及大部分的改革成本，包括养老、失业、医疗等基本社会保险，托底保障和农村税费改革，文教科卫等各项社会改革专项支出，投融资改革的资本金投入以及大型基础设施建设等，这种模式直接导致了市、区两级财政收入的比例失调，市级财政的调控能力和公共服务能力的减弱，不利于统筹区域错位发展，打破城乡二元实现公共服务均等化，因此需要对分税制模式进行适当调整。

1994 年的财税改革使中国的财税体制走上了制度创新之路，但这次财税改革所覆盖的只是体制内的政府收支，游离于体制之外的政府收支则没有进入改革视野。1994 年财税改革的着眼点主要是以税制为代表的财政收入的制度变革，没有对财政支出同步进行重大调整。在 20 世纪 90 年代后

---

① 参见 http://www.stats-sh.gov.cn/tjnj/2000/tables/8_1.htm 中表 8-1 主要年份财政收支。

② 参见 http://www.stats-sh.gov.cn/tjnj/nj.htm?d1=2004tjnj/C0903.htm 中表 9.3 主要年份地方财政收入。

期，以规范政府收支行为及其机制为主旨的“税费改革”和财政支出管理制度改革先后进入财税体制改革的重心地带，并由此将改革带上了财税体制整体框架的重新构造之路——构建公共财政体制框架。

三、2004—2011 年：增值税改革试点下的深入发展阶段

随着以构建公共财政基本框架为核心的各项财税体制改革的稳步推进，财税体制改革逐步深入并面临进一步完善的任务。2003 年 10 月，中共十六届三中全会召开并通过了《中共中央关于完善社会主义市场经济体制若干问题的决定》。会议根据对已初步建立的公共财政体制框架的判断，提出了进一步健全和完善公共财政体制的战略目标，将完善公共财政体制纳入完善社会主义市场经济体制的整体布局，从而在两者的密切联系中谋划进一步推进公共财政建设的方案。以此为契机，中国财税体制改革开始了旨在进一步完善公共财政体制的一系列操作。

为深化“两级政府、两级管理”，把财权与事权同步适度下沉，既充分调动了区县管理社会经济的积极性，又保障对全市改革、发展、稳定大局的宏观调控能力。2004 年 2 月，上海市政府出台了《关于市与区县财税体制改革的实施意见》，决定在中央对上海实行的分税制财税管理体制基本框架下，在 2004—2006 年的三年间，分步推进以“税收属地征管、地方税收分享”为目标模式的市与区县财税管理体制改革。

（一）税收征管体制和财政管理体制方面的改革措施。

在税收征管体制方面明确：将原按企业产权隶属关系划分的市与区县两级税收征管体制，调整为除涉及国计民生的特定行业（企业）（主要包括银行、保险、交易所三个行业以及冶金、交通、烟草、高化、石化、通讯、汽车、电力等系统的企业，简称“3＋8”）由市级集中税收征管外，其他企业全部实行税收属地征管。在财政管理体制方面明确：市级集中税收征管企业税收的地方收入部分归属市级财政收入，税收属地征管企业税收的地方收入部分，分税种按固定比例由市与区县两级财政分享，其中：增值税、营业税、城建税、企业所得税等主体税种，按市、区县 40:60 比例分

享；个人所得税按市、区县30∶70比例分享；契税按市、区县15∶85比例分享；耕地占用税、城镇土地使用税全部作为市级财政收入；房产税、印花税等其他地方税种收入全部作为区县级财政收入。

（二）财税管理体制改革分步推进，财政收入平稳增长。

2004年，在浦东新区先行先试“税收属地征管、地方税收分享”的财税管理体制改革目标模式；2005年，黄浦、卢湾、徐汇、长宁、静安、虹口等6个中心城区和闵行区（即“6+1”）实行改革目标模式；2006年，其余的11个区县也按改革目标模式全部实施到位。由于分三步实施的区县财税管理体制改革有序衔接、不断完善，有效地确保了全市财政收入的持续平稳增长。

（三）按照各区县的不同特点和功能定位，在财政体制上分别实行“11863”的差别政策。

第一个“1”，即对浦东新区先行先试“税收属地征管、地方税收分享、基数差额返还”的财税管理体制；所谓第二个“1”，即对崇明县根据崇明生态建设的要求，实行地方税收全返和生态专项资金支持的倾斜政策；所谓“8”，即对嘉定、青浦、松江、南汇、奉贤、金山、闵行、宝山8个郊区，根据“工业向园区集中”的要求，实行市级工业园区内的市、区两级财政收入增量返还园区的政策，支持郊区发展先进制造业；所谓“6”，即对黄浦、卢湾、徐汇、长宁、静安、虹口6个中心城区，按照中心城区集聚发展现代服务业的政策导向，将部分服务业企业市级财政收入增量返还所在区；所谓“3”，即对闸北、普陀、杨浦等三个财力相对困难区，作为中心城区产业结构调整的空间，同时享受上述“8”和“6”的政策。

市与区县财政管理体制改革到位后，市财政局采取了一系列切实有效的措施，稳步推进区县以下财政管理体制改革。2006年，根据财政部有关规定，积极推行“乡财区（县）管”财政改革试点。2007年，市财政局制定了《完善上海区县以下财政体制的指导性意见》，明确区县以下财政体制的改革办法。各区县均根据本地实际，结合街道和乡镇的不同职能定位，分类分步推进区县以下财政体制改革，逐步过渡到规范统一的分税制目标模式，进一步理顺区县与乡镇、街道的财政分配关系。

以“税收属地征管、地方税收分享”为核心内容的财税管理体制改革，是“十五”和“十一五”时期上海财税改革的重点。从改革实践来看，整个改革平稳有序，基本建立起了符合上海实际的市与区县财税管理体制，对上海的改革发展稳定产生了良好的体制效应，取得了较为明显的阶段性成果。

四、2012年至今：“营改增”试点下财税改革范式转型阶段

按照国家财税体制改革方向和上海市委、市政府的要求，为进一步深化“两级政府、三级管理”体制改革，完善市与区县的税收征管体制和财政分配关系，增强财政政策导向功能，实现市与区县产业发展资源的有效整合，加快推进区县经济发展方式转变和经济结构战略性调整，“十二五”时期上海要进一步深化完善市与区县财税管理体制改革。

2011年10月26日，国务院常务会议决定，将大力推动结构性减税。从2012年1月1日起，先在上海市交通运输业和部分现代服务业等开展增值税制度改革试点，条件成熟时可选择部分行业在全国范围进行试点。

试点区内，在现行增值税17%标准税率和13%低税率基础上，新增11%和6%两档低税率。[①]试点期间，原归属试点地区的营业税收入，改征增值税后收入仍归属试点地区。当前，我国正处于加快转变经济发展方式的攻坚时期，大力发展第三产业，尤其是现代服务业，对推进经济结构调整和提高国家综合实力具有重要意义。按照建立健全有利于科学发展的财税制度要求，将营业税改征增值税，有利于完善税制，消除重复征税；有利于社会专业化分工，促进三次产业融合；有利于降低企业税收成本，增强企业发展能力；有利于优化投资、消费和出口结构，促进国民经济健康协调发展。

---

① 财经网：《国务院：增值税新增11%和6%两档低税率》，2011年10月27日，见http://www.chinaacc.com/new/184_187_201110/27du1509218704.shtml。

2013 年 11 月，中共十八届三中全会通过的《中共中央关于全面深化改革若干重大问题的决定》指出，财政是国家治理的基础和重要支柱，科学的财税体制是优化资源配置、维护市场统一、促进社会公平、实现国家长治久安的制度保障，从改进预算管理制度、完善税收制度、建立事权和支出责任相适应的制度等三个方面对深化财税体制改革作出了全面部署。首次将财政提高到国家治理的高度，是中央立足全局、面向未来提出的重要战略思想，是科学把握现代国家发展规律对财政职能作出的重大论断。

2014 年 6 月，中共中央政治局审议通过了《深化财税体制改革总体方案》，再次强调财政是国家治理的基础和重要支柱，财税体制在治国安邦中始终发挥着基础性、制度性、保障性作用。新一轮财税体制改革是一场关系国家治理体系和治理能力现代化的深刻变革，是立足全局、着眼长远的制度创新，目标是建立统一完整、法治规范、公开透明、运行高效，有利于优化资源配置、维护市场统一、促进社会公平、实现国家长治久安的可持续的现代财政制度，2016 年基本完成重点工作和任务，2020 年基本建立现代财政制度。

2014 年 8 月，距《预算法》修订三审仅仅 4 个月后（二审在 2012 年 6 月进行），十二届全国人大常委会第十次会议即对《预算法》进行了四审，并最终审议通过了《全国人大常委会关于修改预算法的决定》，新的《预算法》于 2015 年 1 月 1 日起正式实施。

2014 年 9 月，国务院出台《关于深化预算管理体制改革的决定》，分析了充分认识深化预算管理制度改革的重要性和紧迫性，如何准确把握深化预算管理制度改革的总体方向，并从完善政府预算体系，积极推进预算公开；改进预算管理和控制，建立跨年度预算平衡机制；加强财政收入管理，清理规范税收优惠政策；优化财政支出结构，加强结转结余资金管理；规范地方政府债务管理，防范化解财政风险等方面对全面推进深化预算管理体制改革的各项工作作了部署。

“营改增”的全面推进将开启中国新一轮财税改革。“营改增”表面看是两个税种的归并，但会倒逼财税体制改革的配套，推进建立新的地方税体系，并触动政府间收入划分格局，成为深化财税体制改革的突破口。以

"营改增"为引领，我国正在加快构建更加公平、有效、简洁的税制结构。

第二节　上海财税改革的内涵、目标、经验和效应

一、上海财税改革的内涵

对于财税体制改革，以往我们多是将其作为经济体制改革的一个组成部分而与经济体制改革目标相对接的。以 1994 年的财税体制改革为例,《国务院关于实行分税制财政管理体制的决定》将分税制改革的意义归结为"分税制改革是发展社会主义市场经济的客观要求";《国务院批转国家税务总局工商税制改革实施方案的通知》将工商税制改革的目的归结为"为了适应建立社会主义市场经济体制的需要"、建立适应社会主义市场经济体制要求的税制体系;《国务院办公厅转发国家税务总局关于组建在各地的直属税务机构和地方税务局实施意见的通知》将两套税务机构分设的意义归结为"加强国家宏观调控和促进社会主义市场经济体制的建立"等。

现行财税改革要在全面服务于经济、政治、社会、文化、生态各领域改革的基础上，在调整分配结构特别是合理界定政府职能、理顺政府间财政关系、改革税收制度、优化支出结构、强化预算管理、规范政府债务、健全信息系统等方面深入推进。同时，加强财税改革与价格、土地、金融等改革的配套联动。财税改革的重点在于调整中央和地方之间的财政关系。营业税改增值税后，中央和地方收入如何分配，地方财政收入如何保证成为当下面临的紧迫问题。

政府与市场、社会之间关系的正确处理决定政府职能的合理化，政府职能、职责及履责权限决定政府支出责任。因此，财税体制改革的核心是正确处理政府与市场、社会的关系。划清政府与市场、社会的边界，必须尊重市场规律，让市场充分起作用，以公众利益最大化和维护社会正义为基点，恰当、适度地发挥政府作用，充分发挥市场在资源配置中的基础

性作用，充分发挥人民群众和社会力量在经济发展和社会进步中的基础性作用。

二、上海财税改革的目标

深化财税体制改革的目标是建立统一完整、法治规范、公开透明、运行高效，有利于优化资源配置、维护市场统一、促进社会公平、实现国家长治久安的可持续发展的现代财政制度。

（一）新一轮财税体制改革将重点推进三个方面的改革。

1. 改进预算管理制度，强化预算约束、规范政府行为、实现有效监督，加快建立全面规范、公开透明的现代预算制度；

2. 深化税收制度改革，优化税制结构、完善税收功能、稳定宏观税负、推进依法治税，建立有利于科学发展、社会公平、市场统一的税收制度体系，充分发挥税收筹集财政收入、调节分配、促进结构优化的职能作用；

3. 调整中央和地方政府间财政关系，在保持中央和地方收入格局大体稳定的前提下，进一步理顺中央和地方收入划分，合理划分政府间事权和支出责任，促进权力和责任、办事和花钱相统一，建立事权和支出责任相适应的制度。新一轮财税体制改革目标是到2020年基本建立现代财政制度。

（二）财政工作必须站在实现国家治理的高度，结合工作实际。

在推进财政改革和深化财税体制改革过程中，紧紧围绕建立现代财政制度这一目标，紧抓六个着力点（完善立法、明确事权、改革税制、稳定税负、透明预算、提高效率），实施好三方面改革（改进预算管理制度、完善税收制度、建立事权与支出责任相适应的制度），注重发挥两个积极性（中央和地方的积极性）。

1. 紧抓六个着力点。

“完善立法”，就是要“法”字当头，走法治化规范化的道路，依法行政，依法理财；“明确事权”，就是要明确界定各级政府的职能和事权范围，实现政府事权和支出责任在政府间的合理配置；“改革税制、稳定税负”，就是要在既不进行大规模结构性减税又不增加税负的基础上，对现有税收制度进行完善改进，进一步打造公平公正的税收环境；“透明预算”，就是要推进预算公开，保障基层群众的知情权、参与权和监督权，打造阳光财政；“提高效率”，就是要提高财政整体机制的运行效率，提高各类财政性资金的使用效率。

2. 实施好三方面改革。

预算编制科学完整、预算执行规范有效、预算监督公开透明，三者有机衔接、相互制衡，是现代预算管理制度的核心内容。完善税收制度是建立现代财政制度的重要途径，完善税收制度必须着眼于促进经济发展方式转变、调节社会财富分配、节约能源资源和保护环境，促进经济社会持续稳定发展。事权与支出责任相适应是现代财政制度的重要标志，是科学合理分配各级财力和事权的重要保障，以及推进市场统一、司法公正和基本公共服务均等化的制度基础。

3. 注重发挥两个积极性。

科学的体制机制，必须统筹考虑上下级政府的实际情况，既要有利于保证上一级政府履行职能和实施重大决策，又要有利于保障地方既得利益、调动地方积极性，从而形成改革共识、确保改革的顺利进行。

三、上海财税改革的经验

改革开放以来财政体制的频繁变动，是与国家整体的经济体制和经济、政治形势变化紧密联系在一起的。财权在“放”与“收”、“集中”与“分散”之间屡经周折，也在很大程度上反映了对于“构建符合社会主义市场经济要求的财政管理体制”的持续探索。税收制度改革的逐步推进反映了理论界和实践界对于“构建符合社会主义市场经济体制要求的复合税收体系”认识的不断深化，构建公共财政框架体系下的预算管理领域的各项改革更是反映了随着财政收支规模的不断增长，加强财政资金监督管理、提高财政资金使用效益的要求。各项重大改革措施的推出均具有一定的与当时国内外经济环境相适应的阶段性特征。从一般经验规律来看，上海财税体制改革的经验可归结为以下五点：

（一）财税改革要结合国情，坚持正确的方向，坚持中国特色社会主义，坚持改革开放，促进经济、政治、文化、社会、生态文明的全面、协调、可持续发展，改革过程中必须强化政府财政的宏观调控能力。

在处理政府与市场关系时，要求发挥市场在资源配置中的基础性作用，政府的活动范围应以弥补市场失效为界限。事实证明，做到这一点就能达到政策功能与机制作用双向协调、共同促进、相得益彰的良好效果。但对于一个由计划经济体制向市场经济体制转轨的发展中大国而言，加强财政宏观调控能力的一个重要原因还在于改革过程的复杂性和艰巨性。改革是一个利益重新分配的过程，在改革尚未创造出新增利益之前，改革的初始成本就是对改革利益受损害的价值补偿，只能由财政来负担。改革中对国有企业职工、农民利益的必要补偿，离不开政府财政的大力支持。中共十七大提出全面建设小康社会的战略目标，构建和谐社会、解决民生问题成为当前改革的着力点，这也需要政府财政加强转移性支出的力度，注重解决经济发展中的公平问题，需要以政府财力保障为前提。另外，经济全球化所带来的不确定性，也是需要加强财政宏观调控的重要原因。总之，无论从改革、发展还是稳定的角度看，加强以充足、强大的财政实力为后盾的国家宏观调控，都是使改革免于陷入被动局面的重要举措。

（二）财税改革成功的关键在于建立规范的、与时俱进的、可持续的制度体系。

必须着眼长远，适应经济改革与发展的要求，不断调整与完善财税体制。构建社会主义市场经济体制不是财政单兵推进的改革，需要国有企业改革、金融体制、投资体制等领域改革的协调推进。财税体制改革的推进在进一步理顺政府与国有企业的分配关系时，必须以国有企业改革的同步推进为前提，构建自主经营、自负盈亏的国有企业经营实体，国家以对国有企业的出资额享有经营管理权限。以放权让利为特征的财政体制改革并非否定财政的调控地位，强化金融在国民经济运行中的地位。财政职能的不健全和宏观调控的功能“缺位”，不仅极大地限制了财政政策的选择空间，同时又反过来对银行信用造成了畸形的依赖，对货币政策产生了“缠绕性”的干扰与冲击，必然使财政、货币政策各自作用的正常发挥及二者的协同配合出现困难。

（三）财税改革要统筹兼顾，正确处理好国家与企业、个人，中央与地方等各方面利益关系，财政职能的转变必须与政府职责的转换同步进行。

1994 年分税制前的财政包干制，事先确定中央和地方各自的预算收支范围，以及地方预算收支包干基数，地方依照基数收支包干，在划定的范围内自求平衡。政府职能未能突破计划经济的框架，各级政府的事权、财权划分含混不清。1994 年的分税制改革，改变了传统放权让利的改革思路，在初步划分中央与地方各自事权的基础上，按税种划分中央与地方的财政收入。尽管为了使改革顺利推进，不得不保持了地方的既得利益格局，在存量上依然存在包干制的痕迹，但在增量的安排上，则倾向于向新的体制过渡，这标志着财政体制改革迈出了关键性的一步。1994 年的分税制改革，虽然在划分政府间收支方面取得了明显的成效，但由于政府机构改革和职能转换的相对滞后，各级政府职能划分上还存在着诸多不具体、立法程序未能及时跟进等问题，从而使分税制改革的进一步深化与完善遇到了障碍。因此，在财政体制改革过程中，必须明确划分政府与市场的界限，处理好财政职能转变与政府职责转换的协调性问题。

（四）财税改革要正确处理好“渐进”与“突变”的关系，在战略性、历程性渐进式改革中，要审时度势、不失时机有重点地实施阶段性突变，突变中也要协调好各方面关系，实现平稳过渡，避免大起大落。

我国的特殊国情决定了改革只能走渐进式的道路，以照顾各方面的利益，减少改革的阻力与成本。在改革的探索期，放权让利的改革思路有利于冲破高度集中的计划经济体制带给企业、农村、农民和地方政府的重重束缚，逐渐引入竞争和激励机制，塑造多元利益主体，增强微观经济主体和国民经济的活力。尤其是在改革初期，这对于打开改革的突破口至关重要。在利益激励之下，长期以来在计划经济体制下被压抑的创造力瞬间释放出来，创造了国民经济长足发展的奇迹。中共十四大提出建立社会主义市场经济是我国经济体制改革的目标模式后，则必须按照市场经济是法治经济的内涵要求，明确政府放权让利的界限和度，走渐进式改革道路。

（五）财税体制内部的改革也需要坚持同步推进的原则，提高改革的效果。

预算管理领域的部门预算改革、收支两条线改革、政府采购制度改革和国库集中收付制度改革是相互联系、相互制约的预算支出管理的重要环节，为提高改革效果，也需要坚持同步推进的原则。政府采购制度改革贯穿预算编制到资金支付的全过程，政府采购预算的细化编制是推行政府采购制度的前提，政府采购资金实行直接拨付是推行政府采购的制度保障，政府采购制度改革对预算编制和国库集中收付改革具有不可替代的促进作用。同时，国库集中收付制度改革是一项涉及整个财政管理的基础性改革，贯穿于财政预算执行的全过程。因此，为提高财政支出改革的综合效益，相关支出领域的改革必须坚持同步推进、协调配套的原则。

四、上海财税改革的经济增长效应

财税政策对区域经济的影响主要表现在：按照政府一定时期经济发展战略，利用财税政策引导资源在不同区域结构性流动，进而影响各个区域的经济发展；在尊重市场机制的原则下，政府运用财税政策直接对市场投资者的成本和收益状况施加影响，从而影响企业产品竞争力，导致区域经济的差异；财税政策作为投资、消费、就业的信号，影响经济主体的决策行为，最终引导资源市场、要素市场、产品市场的重新调整，弥补市场机制自发形成的不合理的市场结构。可见，政府利用财税政策对区域经济干预并不是取代市场机制的作用，而是着眼于对市场机制在区域经济发展中的失灵领域进行调节与引导，保持发达地区经济持续增长，促进落后区域经济的发展，从而实现各地区经济的协调发展及经济空间结构的改善。

上海市财税改革调动了各区县的积极性，综合经济实力显著增强。财税改革将原来按企业产权隶属关系划分市与区县两级财政收入，调整为分税种按固定的分享比例在市与区县间进行分配；通过向区县分批下放企业，实行税收属地征管，促进市与区县产业发展资源的整合联动。据统计，2004 年至 2013 年，全市生产总值由 7450.27 亿元[①]增加到 21602.12 亿元[②]，其中，市级公共财政收入完成 1977.03 亿元，同比增长 7.9%，区县级公共财政收入完成 2132.48 亿元，同比增长 11.5%；全市地方财政收入由 1119.72 亿元增加到 4109.51 亿元，并实现了市和区县财政收入的同步增长[③]。

上海市财税管理体制的差别化政策，有力地促进了区县产业结构的调整。在中心城区重点支持发展现代服务业，第三产业的支撑作用进一步增强。2013 年，第三产业增加值 13445.07 亿元，增长 8.8%，第三产业增加值占上海市生产总值的比重达到 62.2%。[④]2017 年，上海第三产业增加值 20783.47 亿元，增长 7.5%。第三产业增加值占全市生产总值的比重为 69.0%。[⑤]

上海市对区县财政转移支付的能力逐步增强，进一步促进了区域间协调发展。从“十一五”期间财税改革开始，市级财政收入占全市财政收入的比重逐年提升并稳定在 50%左右，为增强市对区县财政转移支付能力、提高区县基本公共服务均衡保障水平奠定了基础。市级集中的新增财力主要用于对财力困难区县的财政转移支付，相比 2003 年和 2013 年，市对区县财政转移支付资金从 31.8 亿元增加到 371 亿元，增长了 11.67 倍。区县间财力差距逐步缩小，各区县在转型发展过程中围绕各自的功能定位，逐步形成各自的发展特点特色，形成各自新的经济增长点。如在对接金融方

---

① 参见 http://www.stats-sh.gov.cn/tjnj/nj05.htm?d1=2005tjnj/C0401.htm 中表 4.1 上海市生产总值（1978—2004）。

② 参见 http://www.stats-sh.gov.cn/tjnj/nj14.htm?d1=2014tjnj/C0401.htm 中表 4.1 上海市生产总值（1978—2013）。

③ 参见 http://www.stats-sh.gov.cn/tjnj/nj14.htm?d1=2014tjnj/C0502.htm 中表 5.2 主要年份地方财政收入；http://www.stats-sh.gov.cn/tjnj/nj05.htm?d1=2005tjnj/C0503.htm 中表 5.3 主要年份地方财政收入。

④ 参见 http://www.stats-sh.gov.cn/tjnj/nj14.htm?d1=2014tjnj/C0406.htm 中表 4.6 主要年份上海市生产总值（按三次产业分）。

⑤ 上海市人民政府新闻办公室：《2017 年上海市国民经济运行情况》2018 年 1 月 19 日，见 http://www.shio.gov.cn/sh/xwb/n790/n792/n1038/n1039/u1ai15521.html。

面，黄浦大力推动互联网金融，徐汇、静安积极推动文化金融，虹口重点扶持财富管理，杨浦优先发展科技金融，浦东新区充分利用上市公司定向增发和减持股权推动临港开发建设，嘉定、金山通过“基金＋基金”的方式着力带动电子商务、新材料、绿色印刷等领域中的重点企业发展。在要素发展方面，奉贤、松江、嘉定等区县规范建设用地二次开发，黄浦、静安、徐汇依托丰富文化底蕴建立起与商业商务相得益彰的城区发展环境，长宁、闸北积极利用绿地资源推动都市产业积聚。

第三节　中国财税体制改革与上海的经验

一、以财税改革为抓手，以完善社会主义市场经济体制为核心

政府与市场、社会之间关系的正确处理决定政府职能的合理化，政府职能、职责及履责权限决定政府支出的责任。因此，行政体制和财税体制改革的核心是正确处理政府与市场、社会的关系。划清政府与市场、社会的边界，必须尊重市场规律，让市场充分发挥作用，以公众利益最大化和维护社会正义为基点，恰当、适度地发挥政府作用，充分发挥市场在资源配置中的基础性作用，充分发挥人民群众和社会力量在经济发展和社会进步中的基础性作用。应遵循市场、社会优先的原则，凡市场、社会能做好的就交由市场和社会去做；凡市场、社会能做但做不到位的，由政府发挥辅助作用；凡市场、社会做不到的，由政府牵头承担或组织相关资源配置。创新政府履行职能方式，充分引入市场机制。

党的十八届三中全会《决定》指出，“紧紧围绕使市场在资源配置中起决定性作用深化经济体制改革”，并强调“财政是国家治理的基础和重要支柱，科学的财税体制是优化资源配置、维护市场统一、促进社会公平、实现国家长治久安的制度保障”。这对财税改革提出了新的更高要求，保障市场在资源配置中起决定性作用和促进政府更好地履行职能，成为深化财税

体制改革的基本方向。财政是市场起决定性作用的制度保障。财政在弥补市场失灵、稳定市场预期、维护市场秩序、提高公共服务等方面具有十分重要的作用。财税政策是宏观调控的主要工具之一，财税政策科学与否、执行如何直接影响市场预期和市场总供求。经过多年持续改革，我国社会主义市场经济体制日趋完善，财政功能向公共财政和民生财政迈进，在保障市场发挥作用与政府职能转变方面发挥了重要作用。

从市场的决定性作用要求出发，必须尽快完成财政职能和财政作用机制的根本性转变。必须把财政工作重点放到营造统一公平市场环境上来，大幅度减少财政对资源的直接配置，主要借用财政贴息、信用担保以及以政府购买公共服务为主的PPP模式等市场化手段，以财政杠杆撬动市场机制，推动资源配置。依据市场规则、市场价格、市场竞争实现效益最大化和效率最优化。充分发挥市场在资源配置中的决定性作用，处理好财政与市场的关系，探索财政在市场培育和市场弥补等方面的有效途径。推进新一轮财税体制改革是经济体制改革的关键点和突破口，也是构建现代财政制度的基础性工作。必须深刻领会、认真贯彻党中央、国务院的决策部署，结合实际制定切实可行的政策措施，狠抓落实、稳扎稳打，力求取得实效，有力促进经济社会持续健康发展。

二、服务国家战略，明确各阶段改革定位和改革重点

以财税体制改革作为改革的突破口始于改革之初。财税改革的历程大致可分为三个阶段：第一阶段，放权让利。从1978年至1993年的16年时间，通过财税上的“放权让利”并以此铺路搭桥，从分配领域入手，实现各项改革举措的顺利出台和整体改革的平稳推进。第二阶段，制度创新。从1994年至2013年的20年时间，从放权让利迈上制度创新轨道的转折点是1994年的财税体制改革，其基本着眼点在于以建立适应社会主义市场经济的财税体制为突破口和主线索，为整个经济体制改革提供支撑。从一定意义上说，正是由于1994年财税改革的制度创新基础，才有了后来社会主义市场经济体制的建立和完善以及持续20年的经济社会快速发展。第三阶

段，全面深化改革。以党的十八届三中全会通过的《决定》为契机，在新的历史起点上展开的以全面深化为基本特点的新一轮改革。这一轮改革全面覆盖经济体制、政治体制、文化体制、社会体制、生态文明体制以及党的建设制度等所有领域。于是，在将推进国家治理体系和治理能力现代化定位于全面深化改革总目标的背景下，财政作为国家治理基础和重要支柱仍继续充当全面深化改革的突破口。

从适应社会主义市场经济体制到匹配国家治理体系，从建立与社会主义市场经济体制相适应的财税体制基本框架到建立与国家治理体系和治理能力相匹配的现代化财政制度，我国财税体制改革战略实现了重大转型。只要把改革蓝图一一落到实处，我国财税体制建设就会迈上一个新的更高平台，对全面深化改革更好地发挥基础和重要支柱作用。上海财税改革的每一阶段，都坚持服务国家战略，始终明确各阶段的财税改革定位和财税改革重点。

三、主动先行先试，为全国财税体制改革提供发展先例

上海是全国的经济中心，政府管理相对比较规范，国税和地税征管部门没有分家。回顾中国以往的财税改革，从 20 世纪 90 年代后半期的政府采购制度改革到近期的“营改增”试点，很多重大改革上海都是先行者，国家选取上海进行试点，积累宝贵经验后再推向全国，受到了各方面的充分肯定。改革创新既是上海突破发展瓶颈、引领经济社会发展的最大红利，也是上海服从和服务于国家战略的不二选择。上海当前正处在经济转型发展的关键时期，在新一轮财税体制改革中，上海最有条件，也责无旁贷，应该勇于开拓创新，继续走在全国前列。在新一轮财税体制改革中，对于已经出台的财税改革政策，上海应该积极探索如何落实；对于尚未出台的财税改革措施，上海应该勇于创新，争取先行先试。

营业税改征增值税是当前结构性减税的一项重要内容，是推动产业结构升级、促进经济发展方式转变的一项重要改革，也是健全有利于科学发展的财税体制的必然选择。目前营业税改征增值税成为财税体制改革的突

破口。“营改增”后必将对中央与地方之间财政体制产生影响，必须建立和完善地方税体系，进一步改革与完善现行财政体制。

我国正处于加快转变经济发展方式的攻坚时期，大力发展第三产业，尤其是现代服务业，对推进经济结构调整和提高国家综合实力具有重要意义。将营业税改征增值税，有利于完善税制，消除重复征税；有利于社会专业化分工，促进三次产业融合；有利于降低企业税收成本，增强企业发展能力；有利于优化投资、消费和出口结构，促进国民经济健康协调发展。

上海市服务业门类齐全，辐射作用明显，选择上海市先行试点，有利于为全面实施改革积累经验。选择交通运输业试点主要考虑：一是交通运输业与生产流通联系紧密，在生产性服务业中占有重要地位；二是运输费用属于现行增值税进项税额抵扣范围，运费发票已纳入增值税管理体系，改革的基础较好。选择部分现代服务业试点主要考虑：一是现代服务业是衡量一个国家经济社会发达程度的重要标志，通过改革支持其发展有利于提升国家综合实力；二是选择与制造业关系密切的部分现代服务业进行试点，可以减少产业分工细化存在的重复征税因素，既有利于现代服务业的发展，也有利于制造业产业升级和技术进步。

在财政改革中，上海勇于先行先试超前规划，在全国首开先河，在市对区县转移支付等财力补助方案中，将“社会管理转移支付”从“城市维护与社区管理”科目中单列开来，重点支持和促进加强社区的公共服务功能，鼓励社会管理创新。一方面，上海的两级政府、三级管理体制在全国是领先的，适应了特大型城市的管理要求，市、区之间的财政管理体制较为规范；另一方面，上海目前的财政自给率（一般预算收入占财政支出的比重）在85%左右，对中央财政税收返还和转移支付的依赖程度是全国最低的省市之一，这为上海财政管理体制改革创造了良好的条件。上海应该率先统一制定市、区两级政府的权责清单，科学合理地确定两级政府及其内部各个政府部门的职责，在职责划分清晰的基础上，合理区分市、区之间的收入划分方法，以及确定市对区的转移支付方式及水平，抑制目前区县招商中的税收恶性竞争情况，实现基本公共服务均等化。

四、强化区域联动，深化财税改革对国家经济的调节作用

上海市区财政体制经历了改革开放前的强市弱区相对集权模式，1994年分税制财政体制改革后的强区弱市分权模式，以及2004年进一步改革完善后的强市强区平衡模式。未来财政体制将主要围绕市区财政收支关系处理，以及中心城区和郊区分类管理两大主题。

从适应上海城市转型发展要求来看，有必要在两级政府、三级管理基本体制模式基础上，将上海行政区划分为中心城区、卫星城区和浦东城区三类城区，实行差别体制模式，分类管理。

（一）中心城区市强区弱相对集权。

主要原因：中心城区更具有行政区特点，政府对中心城区主要承担行政管理、市政建设和社会服务职能，较少承担经济管理职能，行政管理职能更多强调行政秩序，市政建设职能更多强调规划效率，社会服务职能更多强调分配公平，都需要通过相对集权财政体制来保障。由于中心城区的各区域空间面积较小，但区域之间空间联系紧密，市政建设更需要相对集权的统一规划、统一决策和统一管理，市级政府更多行使决策权，区级政府更多行使执行权。在收支划分上，市与区财政收入可按6：4分割，而支出可按5：5分割，并在此基础上相应调整市与区各自承担的事权和职责。①

（二）卫星城区市强区强相对分权。

主要原因：卫星城区具有行政区和经济区双重特点，政府除了承担行政管理、市政建设和社会服务职能以外，随着经济建设由中心城区向卫星城区转移，更多承担园区经济建设和管理职能，而履行经济建设和管理职能更多需要通过强调分权来予以激励。卫星城区各区域空间面积较大，区域之间相对分散独立，更需要自主规划、自主决策和自主管理。但收支划分的结构同样不合理。

（三）浦东城区市弱区强相对独立。

浦东新区是国家级综合配套改革试点区，应通过制度创新使其具有不

① 胡怡建：《上海迈向全球城市的财政体制模式比较和借鉴》，《东方早报》2014年7月1日。

同于其他区域的独特管理体制或模式，而这种独特管理体制或模式在财政体制上需要给予其相对独立性和自主性。浦东新区区域面积庞大，在空间上由于黄浦江与中心城区隔江而治，相对独立，具有相对自治的条件。浦东已成为上海“四个中心”建设主战场，金融中心建设主要依托陆家嘴，航运中心建设主要依托临港，而贸易中心建设主要依托自贸区以及张江、临港、世博、迪士尼等在内的众多经济功能区发展要求赋予更多自主权限，而这种自主发展权限只有在市弱区强体制下才能实施。在收支划分上，市与区财政收入可按 4 ：6 分割，而支出可按 3 ：7 分割，并在此基础上相应调整市与区各自承担的事权和职责。

第四节　新一轮改革开放中上海深化财税改革的路径

一、近年来国家财税体制改革与国家治理体系建设

党的十八届三中全会出台的《中共中央关于全面深化改革若干重大问题的决定》，提出：“财政是国家治理的基础和重要支柱，科学的财税体制是优化资源配置、维护市场统一、促进社会公平、实现国家长治久安的制度保障。”对深化财税体制改革进行了部署，提出财税体制是实现国家长治久安的制度保障，明确了建立现代财政制度的目标。2014 年 6 月 30 日，中共中央政治局通过了《深化财税体制改革总体方案》，指出深化财税体制改革的目标是：建立统一完整、法治规范、公开透明、运行高效，有利于优化资源配置、维护市场统一、促进社会公平、实现国家长治久安的可持续的现代财政制度。方案提出，在 2016 年基本完成新一轮财税体制改革的重点工作和任务，2020 年基本建立现代财政制度。

新一轮财税体制改革应继续推进财税制度化，加强政府收支预算的科学性，规范、简化转移支付规则，适度减少转移支付比重，合理发挥中央

地方两个积极性。新一轮财税体制改革应重点推进三个方面的改革：改进预算管理制度，强化预算约束、规范政府行为并实现有效监督，加快建立全面规范、公开透明的现代预算制度；深化税收制度改革，优化税制结构、完善税收功能、稳定宏观税负、推进依法治税，建立有利于科学发展、社会公平、市场统一的税收制度体系，充分发挥税收筹集财政收入、调节分配、促进结构优化的职能作用；调整中央和地方政府间财政关系，在保持中央和地方收入格局大体稳定的前提下，进一步理顺中央和地方收入划分，合理划分政府间事权和支出责任，促进权力和责任、办事和花钱相统一，建立事权和支出责任相适应的制度。

《关于〈中共中央关于全面深化改革若干重大问题的决定〉的说明》指出，“随着形势发展变化，现行财税体制已经不完全适应合理划分中央地方事权、完善国家治理的客观要求，不完全适应转变经济发展方式、促进社会经济持续健康发展的现实需要，我国经济社会发展中一些突出矛盾和问题也与财税体制不健全有关”。习近平总书记在《决定》中强调“这次全面深化改革，财税体制改革是重点之一”，“主要目的是完善立法、明确事权、改革税制、稳定税负、透明预算、提高效率，加快形成有利于转变经济发展方式、有利于建立公平统一市场、有利于推进基本公共服务均等化的现代财政制度，形成中央与地方财力与事权相匹配的财税体制，更好发挥中央与地方两个积极性。”

十九大报告指出：“加快建立现代财政制度，建立权责清晰、财力协调、区域均衡的中央和地方财政关系。建立全面规范透明、标准科学、约束有力的预算制度，全面实施绩效管理。深化税收制度改革，健全地方税体系。”

二、中国（上海）自由贸易试验区建设中的贸易管理方式转变

上海自 20 世纪以来，一直是我国的国际经济贸易中心，上海自由贸易试验区的设立有着重要的历史和现实意义。上海自由贸易试验区不仅可以在某些政策上先试先行，而且对于现行的财税体制本身就是一种考验，并

且倒逼着体制机制的改革。重点推动税收创新，如采用低税率，以降低企业税负，形成更具国际竞争力的税收政策。就特区的共性而言，都承担着扩大开放、加强合作、体制创新、引领改革的历史使命。

加快自由贸易区的建设标志着中国对外开放进入了一个新的起点。《决定》指出，建立我国上海自由贸易试验区是党中央在新形势下推进改革开放的重大举措，要切实建设好、管理好，为全面深化改革和扩大开放探索新途径、积累新经验。在推进现有试点的基础上，选择若干具备条件的地方发展自由贸易园（港）区。目前，上海自贸试验区已试行负面清单制度，金融领域和其他现代服务业也在加大开放力度，正在不断地积累经验。

以 2014 年为例，上海财税工作高度聚焦，推进上海自贸试验区的建设。上海市财政部门积极配合国家有关部门进一步研究完善包括境外股权投资、离岸业务等与自贸试验区建设密切相关的税收政策，加快推进与自贸试验区建设相配套的财政政策，进一步优化财政政策环境，有效拓展和充分发挥上海自贸试验区的示范带动作用。此外，扩大会计师事务所等专业服务的对外开放，市财政部门积极向财政部争取外商在上海自贸试验区内合伙设立会计师事务所的政策也及时落地。

上海自由贸易试验区成立以来，在党中央、国务院领导下，在中央有关部门和上海市委、市政府共同努力下，以制度创新为核心，以形成可复制可推广经验为要求，在简政放权、放管结合、加快政府职能转变、体制机制创新、促进贸易投资便利化以及营造市场化、国际化、法治化营商环境等方面，进行了积极探索和大胆尝试，取得了一系列新成果，为在全国范围内深化改革和扩大开放探索了新途径、积累了新经验。2014 年 11 月，国家税务总局发出通知，决定依照先期制定的《中国（上海）自由贸易试验区创新税收服务措施逐步复制推广方案》（以下简称“《推广方案》”），将上海自贸试验区创新税收服务措施逐步向全国税务系统复制推广。上海自贸试验区建立一年来，上海自贸试验区国税局、地税局试行“办税一网通”十项创新服务措施，受到纳税人和社会各方面的肯定和支持。目前，这十项创新服务措施均已纳入《全国县级税务机关纳税服务规范》，其中二项已在全国复制推广，即网上区域通办、创新网上服务。对于其余八项创新服务措施，国家税务总局经过审慎评估，认为其中五项尚未具备在全国复制推广的条件，可以先选择向已符合条件的地区推广，再逐步向全国推广，即纳税信用网上评价、网上直接认定、网上自主办税、网上审批备案、网上自动赋码。另外三项可在一定范围内试行复制推广，即非居民税收网上管理、电子发票网上应用和网上按季申报。[①] 自 2015 年 1 月起，在上海浦东新区分步、逐项做进一步检验或开展压力测试，视检验或测试情况经税务总局认可后，于 2015 年内择机在苏州工业园区等符合条件地区推广。

三、现代服务业开放对财税改革的新要求

为解决服务业税制这个制约服务业发展的关键问题，上海市积极研究与发展服务业适应的税制改革措施和政策，为服务业发展营造良好的税制环境，主要取得了以下进展：一是实行营业税差额征收试点。按照国家现行税收制度规定，从实务性和可操作性的角度，研究提出了在本市部分高端服务行业，率先实行营业税差额征收，对减轻服务业企业税负起到了积极作用。二是鼓励和支持先进制造业主辅分离。选择部分从事研发设计、检验检测、信息服务、总集成总承包和供应链管理服务的生产性服务业企业，实施相应的财政扶持政策，支持和鼓励本市制造业的主辅分离。三是支持上海国际航运中心建设的财税政策。主要是营业税减免，对注册在洋山保税港区内的航运企业从事国际航运业务取得的收入，仓储、物流等服务企业从事货物运输、仓储、装卸搬运业务取得的收入等免征营业税。

2012 年进行的“营改增”试点综合考虑了服务业的发展状况、财政承受能力、征管基础条件等因素。从试点地区看，选择经济辐射效应和改革示范作用明显的地区，呈现“雁阵排列”的格局，具有很强的代表性。从试点行业看，包括交通运输业与研发和技术、信息技术、文化创意、物流

---

① 国家税务总局:《国家税务总局关于支持中国（上海）自由贸易试验区创新税收服务的通知》税总函〔2014〕298 号，2014 年 6 月 25 日，见 http://www.chinatax.gov.cn/n810341/n810755/c1150584/content.html。

辅助、有形动产租赁、鉴证咨询服务，即“1+6”，具有很强的针对性。从适用税率和征收率看，新增 6% 和 11% 两档低税率，并对小规模纳税人按照销售额和 3% 的征收率计算征收增值税，具有很强的操作性。

围绕支持和促进现代服务业发展，对财税改革提出三个方面的要求：一是支持和促进上海国际贸易中心建设。重点支持国际贸易中心公共服务平台建设，对重大功能型、公共性的贸易服务和促进平台建设实施财政扶持；完善促进消费的财政政策，着力营造良好的消费环境；完善吸引跨国公司地区总部的财政政策，重点支持地区总部的层级提升、功能性机构集聚和跨国公司地区总部企业重组；完善推进外高桥国际贸易示范区的财政配套政策，发展离岸贸易业务。二是积极开展国家现代服务业综合试点。财政部、商务部已批准同意上海在浦东新区、虹桥商务区及浦江沿岸开展现代服务业综合试点，探索突破服务业发展的体制机制瓶颈，促进上海现代服务业加快发展。中央和地方财政将提供资金支持，并集成政策，连续三年予以重点支持。三是通过政府购买服务促进现代服务业发展。结合加快政府职能转变、推进事业单位分类改革，上海积极探索政府购买服务促进服务业发展。

四、重点领域建立新一轮财税制度改革

税制改革的任务是优化税制结构，逐步提高直接税比重，完善地方税体系，坚持清费立税，强化税收筹集财政收入主渠道作用。从税种来看，今后一段时期的重点将放在增值税、消费税、资源税、环境税、房地产税和个人所得税这几个税种上，结合上海自身的优势，仍有一些税种的改革可以在上海先行探索。

（一）综合个人所得税制改革。

我国的个人所得税制是典型的分类个人所得税制模式，而世界上大部分国家特别是发达国家均实行的是综合个人所得税模式，两种税制模式各有利弊。分类个人所得税制征管比较简单，但不公平；综合个人所得税制对征管有较高的要求，体现了公平原则。综合个人所得税制是我国个人所

得税改革的大方向，这一点早已明确，由于受征管水平所限，近年来几乎没有取得进展。上海国税和地税合一，征管较为规范，财力基础好，可以探索如何加强个人自行申报纳税制度，如将自行纳税申报与个人或家庭退（减）税结合起来，即在进行自行纳税申报时，根据纳税人的家庭人口等基本情况，按照一定标准可以申请退还、减免个人所得税。在开始时，可以只考虑家庭未成年子女、慈善捐赠等少数几种情况，随着制度的完善，再逐渐扩大退（减）税范围。

（二）金融行业“营改增”改革。

2012 年 1 月 1 日起，上海率先在交通运输业和部分现代服务业进行了“营改增”试点，取得了良好效果。目前，已经推广到全国并且试点范围还在不断扩大。下一步将全面实行“营改增”，将范围逐步扩大到生活服务业、建筑业、房地产业、金融业等各个领域，其中金融业的“营改增”在国际上是个难题，对上海建设国际金融中心影响深远，上海应积极参与国家“营改增”制度的制定，可争取金融业营改增在上海先行试点。

（三）房地产税的改革。

2011 年 1 月 27 日，国务院授权上海和重庆进行房产税试点，同日，上海市政府发布了《上海市开展对部分个人住房征收房产税试点的暂行办法》。上海房产税试点已经进行了多年，虽然征收管理情况不是很理想，但是也积累了宝贵经验。房地产税是比较敏感的税种，预计未来制度设计不会一刀切，很可能再选择上海进行先期试点。上海应该积极利用当前试点的优势，总结试点中存在的问题，为从房产税向房地产税过渡作好准备。

（四）消费税的改革。

消费税的未来改革方向应至少涵盖四方面：税目、税率、征税环节和税收归属。消费税改革的思路主要有以下几点：1. 提高高耗能、高污染产品及部分高档消费品和服务的消费税税率；2. 对日常化妆品、小排量汽车、新能源汽车等降低或者取消消费税；3. 由生产或进口环节改为零售或批发环节征收，由价内税改为价外税；4. 由中央税划为地方税，可补充地方财力，有利于稳增长。

五、上海新一轮财税改革具体措施与对策

财税问题实质是公共资源配置体系与机制问题，财税改革的多重影响和多种效应，不只局限于经济层面，而且覆盖政治、社会和文化等多个范畴，涉及政府与市场、政府与企业、中央与地方等多方面利益，决定了财税改革具有牵一发而动全身的复杂性特征。财税改革担负着国家发展的重要历史使命，有望带来经济增长新动力，促进经济发展。新一轮财税改革涉及一系列配套改革，既要精心设计、整体把握，又要区分轻重缓急，分阶段、分步骤实施，发挥财税改革在整体改革中的基础性和支撑性作用，准确把握推进财政体制改革的路径、节奏和力度，使财税改革与其他领域改革统筹协调推进。如何把握好财税改革的节奏，与其他方面的改革协同好，关系到全面深化改革的效果。财税改革的重点有三个方面，分别是改进预算管理制度，深化税收制度改革，调整中央和地方间财政关系。上海财税改革要重点把握四个方面：一是合理划分市与区县的事权与支出责任，调整、完善市与区县财权的划分、收入的划分，完善转移支付；二是税制方面，进一步深化税制改革，理顺国家、企业、个人的分配关系；三是通过改革，强化公共财政的属性，切实理顺政府与市场、与社会的关系，做到既不越位也不缺位；四是完善政府预算体系，加强政府全口径预决算管理。具体措施与对策如下：

一是深化预算制度改革，加快建立规范完整、透明高效的预算管理机制。

围绕深化预算制度改革、规范政府收支行为、强化预算约束、加强对预算的管理和监督，加强各方面的改革措施，包括健全完善预算编制、建立跨年度预算平衡机制、提高预算执行时效性和均衡性、全面规范专项资金使用管理、完善政府性债务管理体系、调整完善转移支付制度、强化财政监督和绩效管理、推进财政信息公开等。

二是调整市区政府间财政关系，建立市区事权和财政支出责任相适应的运行机制。

按从财权到事权的改革思路，正确划分市区事权和支出责任、明确市

区各级事权、各级支出责任的改革推进路径。在划分市区事权和支出责任时，适当上移并强化市级事权和支出责任，并在保持收入格局大体不变的前提下，合理调整市区分税制财政体制，实现市区事权和支出责任相适应。

三是深化民生财政保障制度改革，建立基本公共服务均等化的财力支撑机制。

明确实施范围、加大投入力度、创新政策措施、完善供给机制、强化政策效应等。通过完善财政投入体制机制，增强财政保障能力，有效保障改善民生，建立完善基本公共服务均等化的财力支撑机制，促进形成政府主导、覆盖城乡、功能完善、分布合理、管理有效、可持续的基本公共服务体系。

四是深化财政投融资制度改革，构建政府公共资源投入的公平配置机制。

探索推进财政投融资改革，深化公共资源交易体制改革，构建政府公共资源向各类投资主体公平配置机制，推进公平统一市场建设，提高公共资源配置的效率和公平性。

五是深化税收制度改革，探索建立符合上海市实际的地方税收征管机制。

在中央的部署指导下和地方权限内，按照完善立法、稳定税负、改革税制的要求，推进各项税制改革，优化税制结构，探索建立符合上海市实际的地方税收体系，完善征管机制。主要改革举措包括根据中央的统一部署积极推进税制改革、探索建立地方税收征管机制、着力加强地方税源管控、清理规范税收优惠政策等。

第七章

改革开放与上海农村发展

农村改革是我国改革开放的先声。1978 年以后，全国农村逐步开展“联产承包责任制”改革，适当把土地的所有权和使用权分开，这极大地刺激了农民的生产积极性，使全国粮食产量大幅增加。同样，这一改革也给上海农村、农业、农民带来了巨大影响。上海农村改革既体现了全国农村改革的基本特点，又有着自身的独特性。这一独特性与上海社会主义现代化国际大都市的建设有着紧密的关系，与上海城市发展的路径和总体特征相呼应。特别是进入 20 世纪 90 年代以后，由于上海城市发展大踏步前行，上海农村发展必然围绕着上海城市发展前进，这给上海农村发展带来了积极影响，同时也因为上海农村必须为上海城市发展作出自身贡献，使上海农村的自主发展受到抑制。21 世纪以来，随着城乡一体化改革的深入，上海农村也分享到上海城市功能提升带来的益处，并在农村产业、农村面貌、农民生活等方面取得了长足的发展。

第一节　改革开放以来上海农村发展历程

对改革开放以来上海农村发展的阶段进行划分是个较为复杂的问题。从农村发展的视角看，既可以通过农业生产总量、农民生活发展指标、农村城镇化发展水平等指标寻找上海农村发展阶段划分的依据，也可以从农村的体制机制建设思考这个问题。如果从改革的视角着手，更应该思考改革对上海农村发展特征的影响，思考 40 年来上海农村发展的阶段，特别是农村产业特征、农民生活方式以及农村城镇化等方面。由于我国改革开放与发展具有独特性，似乎更应该从政府政策对农村制度环境建设的影响，以及对农村发展的影响着手思考这一问题。实际上，自 1978 年至浦东开发开放前夕，上海农村呈现出自主发展的特征，无论是家庭联产承包责任制还是乡镇企业的发展都体现了这一点。浦东开发开放以后，为了迅速融入全球城市体系，上海城市建设加快发展，上海城市功能快速提升，上海各类市场和产业资源也迅速蜕变，而上海农村发展则密切围绕上海城市整体建设进行。21世纪以来，随着全国层面统筹城乡发展和新农村建设的深入，上海农村也进入新一轮发展阶段。现以十一届三中全会、浦东开发开放、全国城乡统筹和新农村建设为标志事件，对上海农村发展的阶段进行划分。

一、1978—1990年：从联产承包责任制改革到乡镇企业的发展

上海的农村改革与全国同步，始于中国共产党第十一届中央委员会第三次全体会议（以下简称“十一届三中全会”）后。十一届三中全会以后的农村改革，是以“家庭联产承包责任制”为主的一系列改革，这些改革的影响为人熟知，实际上在政策层面上全国的改革是渐进性的。1978年底召开的十一届三中全会提出要注意国民经济重大比例失调，搞好综合平衡的要求。[①] 在农业领域，全会认为只有大力恢复和加快发展农业生产，才能提高全国人民的生活水平。会后，《中共中央关于加快农业发展若干问题的决定（草案）》（以下简称“《决定》”）下发给各省、市、自治区讨论和试行，这一草案在十一届四中全会中通过。文件指出，“人民公社各级经济组织必须认真执行各尽所能、按劳分配的原则，多劳多得，少劳少得，男女同工同酬”。但是《决定》也明确指出，农村包工到作业组，在作业组中根据产量计算劳动报酬，实行超产奖励。在农业生产组织制度层面，《决定》明确反对分田单干，并指出：“除某些副业生产的特殊需要和边远山区、交通不便的单家独户外，也不要包产到户。”也就是说，十一届三中全会以后，全国开始在农业生产领域采取责任制，根据劳动的生产成果实行按劳分配。

1980年9月27日，中共中央印发《关于进一步加强和完善农业生产责任制的几个问题》的通知，明确指出：“对于包产到户应当区别不同地区、不同社队采取不同的方针”，“在那些边远山区和贫困落后的地区，……可

① 参考《中共中央关于加快农业发展若干问题的决定》，见 http://www.china.com.cn/chinese/zhuanti/jd/493900.htm。

以包产到户，也可以包干到户，并在一个较长的时间内保持稳定”；而“在一般地区，集体经济比较稳定，生产有所发展，现行的生产责任制群众满意或经过改进可以使群众满意的，就不要搞包产到户”。可以看出，这一时期包干到户主要在贫困落后地区施行，而经济富裕地区仍不能实行包产到户。

1982年，中共中央一号文件《全国农村工作会议纪要》指出：“在各地建立的生产责任制中，实行联产计酬的占生产队总数的百分之八十以上，一般地讲，联产就需要承包。联产承包制的运用，可以恰当地协调集体利益与个人利益，并使集体统一经营和劳动者自主经营两个积极性同时得到发挥，所以能普遍应用并受到群众的热烈欢迎。目前存在于不同地区的名目众多而又各具特色的责任制形式，是群众根据当地不同生产条件灵活运用承包形式的结果。”这一文件传达以后，全国范围内开始取消“三不”，即不搞包产到户、不搞分田单干、不分口粮田。

中央层面的开放是渐进式的，家庭联产承包责任制的正式全面推出实际上到1982年才开始。上海农村领域的改革开放与中央层面的改革相呼应。1979年，根据十一届三中全会精神，上海开始因地制宜实行多种形式农业生产责任制。上海郊区农村生产队一般采取集体统一经营、小段包干、定额计酬的生产责任制。截至1980年春，实行这一农业生产责任制的生产队占生产队总数的87%。[①] 除此之外，上海郊区生产队还采取了包干到组、联系产量计酬以及沿用旧有的评工记分方式。在1980年中共中央印发的《关于进一步加强和完善农业生产责任制的几个问题》的通知指出，由于上海不是边远山区和贫困落后地区，所以不能采取包干到户这一形式。上海主要提倡根据农业作业需要，实行包工到组，责任到人，定额计酬；对于小面积的经济作物和适宜于分散经营的副业项目，则实行包工包产，联产计酬，超产奖励，减产赔偿等生产责任制。

1982年12月，上海市根据中共中央全国农业书记座谈会议精神，取

---

① 《上海农业志》编纂委员会编：《上海农业志》，上海社会科学院出版社1996年版，见 http://www.shtong.gov.cn/Newsite/node2/node2245/node66643/node66648/node66677/node66740/userobject1ai63020.html。

消“三不”，并倡导在多数社队总结推广“统一经营、包干分配”的责任制形式，即家庭联产承包责任制。到 1983 年 5 月，上海郊县实行家庭联产承包责任制的生产队占生产队总数的 73.5%。[①]

家庭联产承包责任制的确立，激发了农民的生产积极性，使上海郊县农业生产获得全面丰收。1984 年上海粮食总产量比 1982 年增长 17%，1985 年在农业生产遭受严重自然灾害的情况下，上海农业生产仍然在增长。[②] 可以说家庭联产承包责任制的确立，激发了农民的劳动热情，农民可以根据实际情况有效分配自身的劳动。由于上海地区农业生产人地矛盾比较突出，政策的落实可以让农民根据农业生产的实际情况，合理安排劳动，将剩余劳动、资金、技术等生产要素向其他农村产业领域转移。许多农民既务农又务工，人均收入中来自集体统一经营的非农产业的分配收入逐年增加，平均每人由 1982 年的 341 元增加到 1990 年的 920 元，增长了 1.7 倍。[③]

在家庭联产承包责任制确立的同时，农产品流通体制改革也逐步展开，即对上海农村地区农产品统购统派制度进行改革。在完成生产任务以后，农民和生产大队可以把多余农产品放入市场出售。对农副产品上海也开始由派购改为合同定购和换购，定购和换购价格也同时被放开。此外，农业市场体系的构建也促进了农产品流通。同时也应该看到，家庭联产承包责任制的施行带来的一些问题，最主要的是农业生产无法形成规模。由于农村耕地存在优劣之分，所以农民在分地时，往往采取好田孬田、近田远田平均搭配的办法。土地无法连片，经营规模也逐渐变小。以嘉定县徐行村为例，该村 91 户农民，承包耕地 345.13 亩，这些耕地被分成 520 块，平

---

① 《上海农业志》编纂委员会编：《上海农业志》，上海社会科学院出版社 1996 年版，见 http://www.shtong.gov.cn/Newsite/node2/node2245/node66643/node66648/node66677/node66740/userobject1ai63021.html。

② 《上海农业志》编纂委员会编：《上海农业志》，上海社会科学院出版社 1996 年版，见 http://www.shtong.gov.cn/Newsite/node2/node2245/node66643/node66648/node66677/node66740/userobject1ai63021.html。

③ 《上海农业志》编纂委员会编：《上海农业志》，上海社会科学院出版社 1996 年版，见 http://www.shtong.gov.cn/Newsite/node2/node2245/node66643/node66648/node66677/node66740/userobject1ai63021.html。

均每块土地 0.66 亩，最小耕地仅为 0.01 亩。[①]

为保持农业的适度规模经营，1984 年上海市委倡导在郊区发展专业户、重点户，并鼓励土地向种田能手集中。由此，郊区逐步建立了各种形式的专业户、专业组、专业队。农业规模经营的形式主要有家庭经营、农业联合承包经营和集体统一经营。通过农业适度规模经营，1990 年上海粮田规模经营面积达到 205347 亩，占粮田总面积的 6%，而 1985 年粮田规模经营面积仅占粮田总面积的 0.75%。[②]

家庭联产承包责任制使农民拥有了合理调配劳动资源的自由，促使农民把剩余劳动力引向农村工业领域，直接促进了由乡镇企业主导的农村工业的发展。1984 年之前，乡镇企业称为社队企业。社队企业属于社会主义集体所有制经济，由人民公社社办设有，或生产队队办设有。根据 1979 年国务院《关于发展社队企业若干问题的规定》:“社办企业设立的主要目的是为农业生产服务，社队企业发展不搞‘无米之炊’，不搞生产能力过剩的加工业，不与先进的大工业企业争原料和动力，不破坏国家资源。”1984 年 3 月，国务院通过农牧渔业部和部党组《关于开创社队企业新局面的报告》,并同意报告提出的将社队企业名称改为乡镇企业的建议。

改革开放以后，上海乡镇企业取得了极大的发展。据《上海郊县工业志》数据，至 1985 年，上海郊县乡村集体工业按产品分类，已发展到 31 个大行业、340 个小行业，8362 家工业企业（乡办 2620 家、村办 5742 家），从业人员 114.21 万人，总产值 84.25 亿元，利润 14.72 亿元，税金 9.82 亿元，全员劳动生产率 7376.76 元。其总产值已占全市工业总产值 9.01%。[③]

1986 年以后，上海乡镇企业得到了迅猛发展，乡镇企业不再像过去社

① 《上海农业志》编纂委员会编：《上海农业志》，上海社会科学院出版社 1996 年版，见 http://www.shtong.gov.cn/Newsite/node2/node2245/node66643/node66648/node66677/node66740/userobject1ai63021.html。

② 《上海农业志》编纂委员会编：《上海农业志》，上海社会科学院出版社 1996 年版，见 http://www.shtong.gov.cn/Newsite/node2/node2245/node66643/node66648/node66677/node66740/userobject1ai63022.html。

③ 《上海郊县工业志》编纂委员会编：《上海郊县工业志》，上海新闻出版局内部资料准印证（01）第 088 号，2001 年版，见 http://www.shtong.gov.cn/node2/node2245/node65761/node65766/node65778/index.html。

队企业一样，仅仅为农业提供服务补充。随着改革开放的深入，乡镇企业开始向外向型经营方向探索。同时在企业资产结构上，引入其他成分的资本，形成一批具有一定规模的工农联营企业和“三资”企业。此外，还开始探索建立工业园区，创建了一批乡级工业小区。到 1990 年，上海乡镇企业涉及产业领域达 33 个大类，422 个小类。乡办企业和村办企业总数达 13574 家，工业总产值达 235.5 亿元，占上海全市工业总产值的 20.3%。①

然而，乡镇企业发展也伴随着一系列的问题，如占用耕地和其他集体建设用地、违规建设、农村工业环境污染、农村工业发展缺少规划无序发展等，这些问题与上海城市发展的整体方向相悖。随着世界经济发展进入以跨国大集团、大企业主导的发展时代，加之我国改革开放水平的提升，乡镇企业显示出与世界经济发展趋势不相适应的问题。虽然乡镇企业通过自身努力可以实现股份制发展，企业治理水平也可以逐步提高，但是由于乡镇企业领导者自身素质的局限性，大多数乡镇企业很难在短时期内适应国际竞争的要求。特别是这些乡镇企业所依托的上海市场，在进入 20 世纪 90 年代以后越来越开放化、国家化、现代化，因此，乡镇企业向规范化蜕变已成为必然趋势。

二、1992—2002 年：浦东开发开放带动下的农村发展

1990 年 4 月，中共中央、国务院作出开发开放浦东的重大决策。1991 年 3 月，全国人大七届四次会议审议通过的《国民经济和社会发展十年规划和第八个五年计划纲要》指出，把搞好上海浦东地区的开发和开放作为今后十年国家经济发展的重大举措和发展外向型经济的一项重要任务。1992 年 10 月，江泽民同志在十四大报告中指出，“以上海浦东开发开放为龙头，进一步开放长江沿海城市，尽快把上海建成国际经济、金融、贸易中心之一，带动长江三角洲和整个长江流域地区经济的新飞跃”。至此，开

① 《上海郊县工业志》编纂委员会编：《上海郊县工业志》，上海新闻出版局内部资料准印证（01）第 088 号，2001 年版，见 http://www.shtong.gov.cn/node2/node2245/node65761/node65766/node65778/index.html。

发开放浦东提升为关系全国改革开放的发展战略。

在上海市层面，1990 年 4 月上海市政府成立浦东开发领导小组，5 月初又设立浦东开发办公室。1993 年 1 月 1 日，中共上海市浦东新区工作委员会和上海市浦东新区管理委员会成立，完成浦东开发开放的组织准备、规划准备、政策法规准备工作。1992 年开始，以“两桥一路带三区”（南浦大桥、杨浦大桥、杨高路、陆家嘴金融贸易区、金桥出口加工区、外高桥保税区）为中心的十大基础设施建设正式启动。浦东开发开放的影响是整体性的，正是由于浦东开发开放，上海城市化水平得到快速提升，这也改变了上海农村发展的走向。

浦东开发开放聚焦在重点项目建设上，需要大量的土地资源作为保障，这些是由农村土地转性作为保障的。因此，在大规模的城市建设过程中，大量近郊农村成为最先受益于浦东开发开放的地区，这些地区快速地实现了城镇化。以原属川沙县的高东镇为例，来说明这一变化。

高东镇位于浦东新区东北部，东临东海，毗邻外高桥保税区。得天独厚的地理区位优势，使高东镇成为浦东开发开放的重点地区，也因此推动了自身的城镇化发展。浦东开发开放以后，特别是外高桥保税区扩区以后，国家在高东镇域内征用大量土地。1991 年至 2003 年征用土地达 12717.03 亩，与此同时重点投资建立了外高桥港区四期、五期、六期工程，外高桥电厂，外高桥修造船基地等重大项目，仅 1995—2000 年投入资金达 400 多亿元，极大地提升了高东地区的城市基础设施建设水平和工业生产能力。在引入市级乃至国家级资源后，高东镇充分利用自身的经济环境优势，大力发展镇级工业园区。虽然高东镇工业园区面积仅有 1.6 平方公里，但是引入了一批优质国际企业，使工业化能级大幅提高。

城镇化在带动经济快速发展的同时，也带来了大量社会问题。一方面，工业发展带来外来人口的涌入。自外高桥港区建设以后，大量外来人口涌入高东镇。另一方面，在经济工业化、农村城镇化的过程中，出现了失地农民补偿和安置问题。随着工业发展，高东镇已具备解决这些问题的资源。在外来人员管理上，针对集中居住和散居外来人员分别创新了社区管理模式。对受企业雇佣、集中居住的外来人员，高东镇由镇政府出钱兴建高东公寓，企业和物业联合管理，实行公寓自助管理的集中服务模式。对于散居在农村和居民定居点的外来人员，建立了“新居民（村民）”服务管理中心，探索“依法管房、以房管人”的散居服务管理模式。在农民动迁安置问题上，高东镇加强集镇建设，通过完善配套、优化环境，提升镇级动迁配套商品房品质。在拆迁过程中，做到“阳光动迁、规范动迁、依法动迁”，对动迁过程中出现的突出问题，仔细分析，认真解决，实现了强迁少、上访少，减少了不稳定因素的发生。在农民就业和社保方面，高东镇积极促进农民就业，扩大“新农保”和“城居保”人员的参保覆盖面。

此外，高东镇还十分注重镇区环境和文化建设。在集镇内兴建了高东公园、杨园体育公园等大型景观绿地，人均绿化面积超过200平方米。同时建设了一批文化设施，丰富了镇区居民的文化生活。

高东镇的例子是上海浦东开发开放带动近郊农村地区发展的一个成功案例。浦东开发开放提升了高东镇的土地价值，并为高东发展注入了各类高端资源，而高东镇在经济实力提升的同时，又妥善解决发展带来的诸多社会问题。

在浦东开发开放以后的一个时期内，农村发展主要围绕上海城市整体建设进行，特别是近郊或者邻近重大项目的郊县地区，其发展速度迅速。由于得到政策支持，农业人口也可以在短时期内转变为非农身份。但是这一发展模式的问题有这样几点：一是上海国际大都市建设对农村地区的影响是局部的，并非所有农村地区都能从这种发展中受惠。二是即便在近郊农村地区，其发展由于必须服务于上海城市整体建设，因此发展的自主性受到抑制，有些地区必须根据上海城市建设规划的整体目标，对其城镇化以后的发展进行定位。如果市级层面只是把某些近郊城镇定位在疏导中心城区人口，或者给邻近产业地区做住宅配套，那么，镇域经济发展非但缺乏带动因素，还面临土地资源瓶颈。同时，随着大量人口导入，相关社会问题也会大量出现。

三、2002年至今：统筹城乡发展与新农村建设

统筹城乡经济社会发展的思想最先在中国共产党第十六次全国代表大

会（以下简称“党的十六大”）中提出，但是在中国共产党第十四次全国代表大会（以下简称“党的十四大”）和中国共产党第十五次全国代表大会（以下简称“党的十五大”）中，城乡统筹或实现城乡一体化发展的观点已经出现。党的十四大提出：“农业是国民经济的基础，必须坚持把加强农业放在首位，全面振兴农村经济”。党的十五大提出搞好小城镇规划建设。党的十六大指出，全面繁荣农村经济，加快城镇化进程。并提出统筹城乡经济社会发展，建设现代农业，发展农村经济，增加农民收入，是全面建设小康社会的重大任务。之后，十六届三中全会提出，统筹城乡发展在“五个统筹”中居于首位。十七届三中全会提出，必须统筹城乡经济社会发展，认为这是一个重大战略。十六届五中全会又提出，建设社会主义新农村是我国现代化进程中的重大历史任务，要按照生产发展、生活宽裕、乡风文明、村容整洁、管理民主的要求，扎实稳步地加以推进。十九大报告指出：“坚持农业农村优先发展，按照产业兴旺、生态宜居、乡风文明、治理有效、生活富裕的总要求，建立健全城乡融合发展体制机制和政策体系，加快推进农业农村现代化。”总体而言，城乡统筹与社会主义新农村建设是一脉相承的，目标是提升农村经济实力，改善农村生产生活环境，提高农民生活水平。

2002 年，中共上海市委、市政府召开郊区工作会议，提出城乡一体化、农业现代化、农村城市化和农民市民化的郊区工作目标。2009 年，中共上海九届市委七次全会指出，“上海作为我国改革开放的排头兵，要按照中央确立的总体思路，把建设社会主义新农村作为战略任务，把走中国特色农业现代化道路作为基本方向，把加快形成城乡经济社会一体化新格局作为根本要求，根据特大城市特点，发挥自身综合优势，努力在新农村建设方面走在全国前列”。2012 年，上海市政府又印发了《上海市推进城乡一体化发展“十二五”规划》，并提出上海城乡统筹的中远期目标是：基本实现城乡公共资源均衡配置、生产要素自由流动，基本形成产业联动、优势互补的城乡发展格局，建立完善均等均衡、公平公正的城乡公共服务和社会保障体系，确保城乡人民共创共享改革发展成果，与上海“四个中心”和社会主义现代化国际大都市相适应，使上海城乡一体化水平保持全国前列并接近发达国家水平。2013 年 5 月 9 日，上海市人民政府办公厅印发

《上海市推进城乡一体化发展三年行动计划（2013年—2015年）》，为促进城乡协调发展，将郊区和农村建设放在现代化建设更加重要的位置。2016年10月28日，上海市人民政府印发《上海市城乡发展一体化“十三五”规划》，提出上海城乡发展的总体目标，即按照当好全国改革开放排头兵、创新发展先行者的总体要求，到“十三五”期末，上海城乡差距明显缩小，城乡间不平衡不协调不可持续问题得到有效解决，重要领域和关键环节的改革基本完成，努力使城乡发展一体化各项工作继续走在全国前列，城乡发展一体化水平与全国全面建成小康社会的目标和上海基本建成社会主义现代化国际大都市的地位相得益彰。

此外，上海对于城乡统筹思想的一项贡献是提出了“三个集中”。20世纪90年代，上海率先提出“三个集中”，即土地向规模经营集中、工业向园区集中、农民居住向城镇集中。“三个集中”是加快上海郊区城乡一体化、农业现代化、农村城市化和农民市民化的重要手段，使生产集聚、生活集聚、土地规模效应增加，进一步推动农村地区的城镇化，而城镇正是生产和生活集聚的最佳体现。基于这一点，上海结合自身国际大都市发展的需要，提出在推进城乡一体化过程中，打造“中心城—新城—中心镇——般镇”的城镇体系。

第二节　上海农村改革开放的特点

由于上海本身是一座现代化国际大都市，拥有大市场、大资金等优质资源要素，上海农村发展有其特殊性，同时，土地资源稀缺的问题也较为突出。因此，上海在土地利用和流转、农村产权制度改革、农村公共服务供给以及农村城镇化建设上具有中国其他农村地区不具备的发展条件和发展瓶颈。

一、重视土地集约利用与土地流转

作为社会主义现代化国际大都市，上海的用地需求与土地稀缺之间的矛盾问题较为突出。因此，上海对于土地的集约利用尤为重视。如何通过农业用地流转提高农村地区农业建设用地和耕地的效率，带动农村经济发展，提高农民收入水平，显得更为重要。

在土地集约利用上，上海把郊区农村的土地集约利用与新农村建设结合起来。特别是近年来，通过宅基地置换和宅基地归并两种形式，以商品房或新的宅基地住房置换农民原有的宅基地住房。新的商品房或宅基地住房在土地使用上更为集约，建筑质量与城镇商品房相同，这在改善农民居住条件的同时，把用于宅基地的农业建设用地节约下来。这些节约下来的土地既可以通过转性为国有建设用地投入国有建设用地市场，也可以保留农业建设用地性质，用于农村地区工业园区建设等。此外，还可以把农业建设用地转化为耕地，以弥补上海耕地不足的问题。宅基地置换与宅基地归并的不同在于，宅基地置换在以商品房置换农民宅基地住房的同时，把农民身份转变为非农，给予农民社会保障等福利。

在土地流转中，上海主要采取的形式有三种：转包、出租、入股。“转包”这一形式较为普遍，即指承包方将部分或者全部土地的承包经营权以一定期限转给同一集体经济组织的其他农户从事农业生产经营。这种方式一般只在集体经济组织内部的个体承包户之间流转，流转的范围较小，难以促成土地的规模化经营。“出租”是指承包方将部分或者全部土地承包经营权以一定期限租赁给他人从事农业生产经营。金山区廊下镇的土地流转是“出租”的典型代表，当地采取了层层签约的土地流转形式：首先是农民将土地流转给村委会，村委会将土地流转给镇集体性质的土地流转平台公司——金土地绿色农业有限公司，再由金土地公司负责招商，将土地流转给农业企业。这样农民既可以享受每年的土地租金，又可以在引进的农业企业中上班，获得了工资性收入和财产性收入。廊下镇通过这种方式，积极发展高端现代农业，特别是以动物胚胎繁育以及花卉苗种为代表的种源农业，使农村的土地收益大幅提高。“入股”是指承包方之间为发展农业经济，将土地承包经营权作为股权，入股组成股份公司或合作社等，从事农业生产经营。土地入股的代表是上海市奉贤区柘林镇。柘林镇的绿都农业合作社成立于 2004 年，农民以土地入股合作社，同时，又作为农业工人参与合作社生产，每年除了可以按亩获得固定回报和保底分红外，还可以根据合作社收益获得利润分配。合作社在管理上采取民主管理，社务公开。合作社以社员代表大会为最高权力机构，由全体社员定期选举45名代表组成，每半年定期召开一次，讨论决定关系合作社发展的重大问题。同时实施职责配套，承包人在用工上对合作社负责，承包土地时商谈好用工问题，确定人数以确保产业用工，优先安排就近社员工作。合作社对承包企业负责，协调上下左右，确保承包费收足；合作社针对不同项目的特点，制定相应的扶持和服务配套措施，这些规定促进了合作社效率的提升。

二、推行农村产权制度改革

20世纪80年代，上海在乡镇企业内部推行多种形式的经济责任制和承包责任制，促进了乡镇企业的繁荣。但是，由于乡镇企业领导者自身素养、企业规模以及外部竞争压力的影响，乡镇企业一些深层次的改革并未推进。1992年以后，上海市农村党委、农委开始在乡镇企业中推行农村股份合作制改革。1993年，上海市政府有关部门先后颁布了《上海市农村股份合作制企业试行办法》等文件，以促进乡镇企业向规范经营的方向发展。1994年，上海城乡产权交易所成立，交易所通过盘活集体企业存量资产和产权交易，带动农村企业实现市场化，进而形成倒逼机制，推动农村企业自身规范化，推进了农村集体经济改革。

1996年，上海乡镇企业开始进入调整阶段，农村企业组织形式形成了以集体所有制为主、多种经济成分共同发展的格局。1998年，上海原有乡镇企业中已有85%实现改制，改制成为股份合作制企业、有限责任公司、股份有限公司等，数量达1.26万家。

三、提高农村公共服务水平

2007年，上海启动农村综合改革试点工作。其中，“乡镇机构改革”和“农村义务教育改革”对于农村地区公共服务水平的提高起到了至关重要的作用。由于乡镇机构改革中涉及乡镇政府职能转变，即强化乡镇政府公共服务职能，因此，推动了上海农村综合服务体制机制的形成。

在农村义务教育方面，对郊区各区县农村义务教育经费和城乡教育资源进行统筹管理，规范乡镇财政预算，在教育公共服务投入上加大了力度。2005—2007 年，上海市政府每年安排 3 亿元专项资金，支持远郊区县农村义务教育。2005 年 9 月起，对农村困难家庭实行“两免一补”政策，免除郊区义务教育公办学校学生学杂费 3600 万元，使 56.2 万人受益。

在农村医疗卫生方面，2006 年，上海市政府把在三年内完成 1000 所村卫生室的标准化建设作为目标，积极推动市级医疗资源向郊区转移，力促上海市三甲医院在郊区设立分院。2012 年以后，上海推动实行郊区三级医院建设“5+3+1”项目，即新建 5 家、升级 3 家、迁建 1 家，项目完成后，郊区三级医疗机构可新增近 5000 张床位，解决过去郊区优质医疗资源不足的问题。

在农村文化方面，进一步加强文化综合服务中心建设，积极开展农村群众性文化服务设施的建设。

农村公共服务水平的提升，是缩小城乡差距的重要手段，也是提升农民生活水平、福利水平的重要举措。除了基本的农业服务以外，将教育、医疗、文化等领域公共服务水平提高，才能真正缩小城乡居民生活上的差距，才能使农村地区更有活力。

四、建设新城与农村形态的城镇化

新城建设是上海改变郊区各区县城镇面貌的重要举措。“新城”的概念是在 20 世纪 90 年代末启动编制《上海市城市总体规划》时提出的概念，即以县城或重大产业项目为依托，形成与中心城相对独立、有机联系的综合性的城市。这些新城布局在郊县地区，在上海城市整体框架中作为节点城市，将上海市区与郊县衔接起来，实现农村地区面貌的革新。“新城”不是辅城，也不是简单的产业基地，而是上海城镇体系的重要组成部分。

在“十五”期间，上海就提出了“一城九镇”建设，即打造松江新城，并重点建设安亭、罗店、朱家角、枫泾、浦江、高桥、周浦、奉城、陈家镇9个镇。在“一城九镇”建设中，每个新城都在环境建设上下了很大功夫，做了许多工作，形成了各自的特点。到“十一五”，上海开始打造“1966”城市体系，即一个中心城区，9个新城，60个左右新市镇，600个中心村。其中，9个新城为宝山、嘉定安亭、青浦、松江、闵行、奉贤南桥、金山、临港新城、崇明城桥。“十二五”期间，为了加快推进新城建设，鼓励新城产城融合、功能互动、优势互补。2011年，上海市政府发布了《关于本市加快新城发展的若干意见》，进一步提出加快新城发展的主要任务和目标：松江新城、嘉定新城初步确立为长三角地区综合性节点城市；浦东南汇新城、青浦新城、奉贤南桥新城具备较高能级的城市综合集聚辐射功能；金山新城、崇明城桥新城对周边地区的发展服务带动作用明显增强。

新城建设加速了农村地区的城镇化发展。首先，通过集中对新城建设，使郊区农村地区建设起与中心城区类似的现代化城区，再通过这些新城区对周边镇的带动，使得郊区整体形态有了质的飞越。其次，新城与中心城区的交通联系更加紧密。在新城建设的同时，郊区“15-30-60”高速路网也逐步形成，2005年，上海郊区抵达上海中心城区实现15分钟就可进入高速路网，30分钟互通，60分钟可以抵达。这样的路网体系使上海郊区与中心城区的联系更加紧密，不仅有利于郊区经济的发展，也有利于市区资源要素向郊区流通。2017年12月25日国务院批复《上海市城市总体规划（2017—2035年）》，提出城镇圈是按照30~40分钟交通出行时间，以一个或多个城镇（新城或新市镇）为核心，按照居民交通出行的活动规律，有效配置公共服务资源，集就业、生活、服务为一体，范围覆盖若干个建制镇或街道，统筹公共服务设施配置，促进城镇圈内产城融合、职住平衡、资源互补、服务共享，实现地区组团式统筹发展、城乡发展一体化。最后，郊区形态日益符合产城融合的要求。上海二十世纪五六十年代建设的卫星城，功能较为单一，与周边地区融合不够，卫星城只是中心城区在郊区的飞地，对周边农村地区的发展意义不大。通过新城建设，不仅使郊区的基础设施得以提升，还为人口导入、产业资源导入提供了条件。通过新城建设可以把新城及周边地区建设成为上海重要的现代服务业集聚区、主要的先进制造业基地和战略性新兴产业基地，也可以在短时间内拉近上海郊区经济与世界经济发展之间的距离。

第三节 上海家庭农场建设对全国的示范作用

40年来，家庭联产承包责任制作为我国农村土地改革阶段性的发展成果，在农村经济发展中发挥了重要作用。随着经济发展，这种农地超小型、过度分散的经营模式越来越难以适应生产力发展的要求，严重制约了现代农业的发展。土地是农民最重要的生产资料，在稳定农村基本经营制度的大前提下，走中国特色的农业现代化道路，需要在农业内部形成两种状态：一是实现土地有效流转，形成农业的适度规模经营；二是明确土地所有权属，形成稳定的职业农民队伍。这在客观上要求必须在家庭承包责任制的基础上进行农业生产经营组织形式的创新。家庭农场正是在新一轮农村改革和制度创新中，探索以新型农业经营组织形式推进农业规模经营，实现我国农业改革和发展“第二个飞跃”的重要实践。2008年，党的十七届三中全会审议通过的《中共中央关于推进农村改革发展若干重大问题的决定》首次提出有条件的地方可以发展家庭农场作为规模经营主体。2013年正式发布的《中共中央、国务院关于加快发展现代农业 进一步增强农村发展活力的若干意见》再次强调创新农业生产经营体制，鼓励和支持承包土地向专业大户、家庭农场、农民合作社流转，发展多种形式的适度规模经营。

上海在推进城镇化和农业现代化的进程中，土地细碎化问题日益突出，不仅人均占有耕地少，土地经营无规模效应，而且本地农村劳动力大量向二、三产业转移，郊区农业发展面临后继乏无人的窘境。近年来，上海不断探索农村承包地流转、深化管理制度改革。2009年，上海通过稳定和完善农村土地承包关系，维护了农民的基本权益。2011年，上海率先开展农民承包地经营权确权登记工作，以乡镇为单位建立农村土地承包经营权流转管理服务中心，形成了公平、公正、公开的农村承包地流转市场机制和管理服务体制。在农村承包地管理制度日益完善和健全的大背景下，松江区委、区政府经过深入调查，结合松江特点，将家庭农场作为实现现代农业的有效形式，在全区大力推广。

一、率先探索家庭农场建设中的土地流转

上海在农村承包地流转、管理制度深化改革方面的探索一直走在全国前列。2009 年，上海通过稳定和完善农村土地承包关系，维护了农民的基本权益。2011 年，上海的金山、奉贤两区作为全国试点，率先开展了农民承包地经营权确权登记工作。同时，上海率先在国内以乡镇为单位建立农村土地承包经营权流转管理服务中心，形成了公平、公正、公开的农村承包地流转市场机制和管理服务体制。目前，上海农村土地承包地流转面积达 114.6 万亩，农业规模经营面积已达 60.1%（全国平均为 21.2%）；在流转耕地中，流入农民专业合作社的占流转总面积的 39.8%，名列全国各省市第一。在推进家庭农场生产模式过程中，为促进土地流转，松江区建立了流转补贴机制，规定凡是老年农民自愿将承包地委托流转给村集体经济组织的，给予每人每月 150 元的养老金补贴。为规范土地流转行为，要求先由村民与村委会签订统一格式的土地流转授权委托书，再由村委会与家庭农场经营者签订统一格式的土地流转合同。

二、上海松江家庭农场模式的形成与推广

2007 年，松江区政府提出探索发展家庭农场模式，区农业部门经过调研出台了土地流转费补贴政策，并制定了围绕家庭农场产前、产中、产后的服务规范，以支持和规范家庭农场发展，当年建立家庭农场 20 多家。2008 年，通过专题培训在全区统一思想，并通过总结表彰，培育典型，示范带动，为快速发展打下基础。2009 年，松江区针对回流种地农民增加引发的矛盾，及时调低家庭农场规模。同时，对家庭农场提供免担保小额贷款，给予资金支持。2010 年，调整土地流转补贴方式，引导农民规范流转

承包耕地，提高政策效率。2011 年，松江区政府强化对家庭农场的发展指导，首次明确家庭农场的定义，进一步完善准入条件、申报程序、配套措施等，巩固家庭农场的发展成果。

2012 年 7 月，上海市委、市政府在松江区召开年中“三农”工作推进会，市“三农”领导小组成员和各区（县）分管负责人实地考察了松江家庭农场。市委、市政府相关领导要求：认真总结推广松江区发展粮食生产家庭农场的经验，通过发展粮食生产家庭农场这一有效载体和抓手，推进农业适度规模经营，促进现代农业的发展，增加农民经营性收入。11 月，上海市农委会同市财政局制定了农业组织化专项奖补政策，在奉贤、金山等区探索完善土地流转补贴机制，引导农民将土地承包经营权委托村委会统一流转，组建粮食生产家庭农场。2013 年，市财政又专门安排 1000 万元奖补专项资金，对符合条件的粮食生产家庭农场，由市、区财政按每亩各补贴 100 元，对符合条件的村委会每亩奖补 15 元，引导农民将承包地有序地委托给村委会流转，以实现上海的粮食生产主要由本地农民种植的目标，为发展粮食生产家庭农场创造条件。

作为家庭农场示范地区，松江区进一步规范家庭农场发展，稳定单纯种粮家庭农场数量，适当发展种养结合、机农结合家庭农场，继续完善配套政策，并深化制度创新，组建家庭农场合作联社，强化为农服务，将家庭农场发展推向深入。2013 年 3 月，上海市委主要领导调研松江区粮食生产家庭农场，充分肯定了松江区发展粮食生产家庭农场的做法，并提议召开农村工作现场会。4 月，上海市委、市政府在松江区泖港镇召开农村工作现场会，会议指出走规模化、专业化道路是上海发展都市现代农业的根本方向，上海各区（县）要着力把握好促进土地有序流转、完善促进适度规模经营的各种配套政策、支持农业社会化服务体系建设等几个环节，学习、总结、推广松江家庭农场的成功经验和做法，努力提高土地产出率和劳动生产率。8 月，上海市“三农”工作领导小组召开各郊区（县）党委、政府分管领导参加的“三农”工作专题会议。市委、市政府分管领导分别就加快推进家庭农场发展提出了要求，指出发展家庭农场是贯彻落实中央 1 号文件精神、创新农业经营体制机制的重要内容，是构建新型农业经营体系、促进都市农业现代化的关键措施，更是控制大城市人口过快增长、实现农民现代化和农村现代化的有效途径，各区（县）要统一思想，充分认识推广松江家庭农场经验的重要意义，把发展家庭农场作为“三农”工作的一项重要任务来抓，积极创造条件，加快发展家庭农场。9月，上海市政府出台了里程碑式的《关于本市加快推进家庭农场发展的指导意见》（以下简称“《指导意见》”），提出下一阶段推广家庭农场的总体要求：以科学发展观为指导，以加快构建本市新型农业经营体系为目标，做到“四个坚持”，即坚持稳定完善农村基本经营制度，强化农民群众主体地位；坚持发展现代农业导向，提高农业综合生产能力；坚持适度规模取向，优化资源要素配置运用；坚持统筹扶持推进，加强引导支持与服务保障。每个区（县）都要积极创造条件，选择具备条件的地方，加快推广粮食生产家庭农场，积极探索粮食经作型、蔬菜园艺型家庭农场建设，到“十二五”期末，努力形成家庭农场和农民专业合作社、农业龙头企业等多种农业经营主体协同配合、互促共进的局面，推动现代都市农业稳定、健康发展。《指导意见》同时确定了引导土地优先流向家庭农场、建立家庭农场登记档案制度、给予家庭农场各种扶持政策、完善家庭农场人才培训机制以及强化对家庭农场提供社会化服务五项措施。

作为家庭农场示范地区，松江区进一步规范家庭农场发展，稳定单纯种粮家庭农场数量，适当发展种养结合、机农结合家庭农场，继续完善配套政策，并深化制度创新，组建家庭农场合作联社，强化为农服务，将家庭农场发展推向深入。

三、政府扶持家庭农场模式的经验与启示

八年来，松江不断摸索、改进和完善家庭农场发展的机制、体制和政策，通过精心的顶层设计和制度安排，使家庭农场从一开始就朝着既定的目标和方向有序、规范、良性地发展。松江家庭农场的快速发展主要得益于三方面的举措。

（一）顺应形势发展，为家庭农场成长创造良好的外部环境。

1. 推进农民非农就业，加快农村劳动力向第二、第三产业转移。转移出去的农民只有实现稳定就业才能具有土地流转的意愿。经过努力，松江区近20万农村劳动力中，大部分实现就业，留在农村直接从事农业生产的只有1万人，大大加快了土地流转的速度。

2. 市政府提出的要求，把解决“三农”问题摆在全区工作的重要位置，区委书记亲自分管“三农”工作。从2007年开始，松江区实行领导干部差异化考核，对乡镇领导按地区制定不同的考核指标，在纯农业的浦南地区，只要“把耕地守卫好，把生态保护好，把农田耕种好，把集镇建设好，把农民服务好”，考核即可以获得高分，得到嘉奖。

（二）培养职业农民，为家庭农场发展提供坚实的人力保障。

1. 建立准入机制。

松江区对家庭农场经营者设立了包括身体素质、农业知识、农机操作技能等方面的准入条件，在农民自愿向村委会提出经营申请的基础上，由村委会民主评定，按照“吃苦耐劳、钻研技术、善于经营”的标准择优选用。经营者原则上要求是本村农户，常年务农人员至少在2人以上（含2人），年龄一般不超过55岁，同时禁止经营者改变土地用途。

2. 建立考核机制。

松江区要求经营者建立农业生产档案，同时加强目标考核，组织开展生产竞赛。对生产经营较好的老家庭农场户，以及种养结合、机农一体的家庭农场，与其签订较长时间的承包协议；与新家庭农场户则签订短期承包协议，并试用一年，考核合格后即成为正式家庭农场经营者，否则自动终止承包经营协议。区财政对家庭农场实行每亩150元的考核奖励，每年考核3次，考核主体是各镇、村农业主管部门，考核方式实行镇专业考核与村民民意考核相结合。

3. 建立培训机制。

松江区要求家庭农场经营者必须持证上岗，同时做好家庭农场分级资格培训，强化家庭农场生产管理基础知识，提高家庭农场解决实际问题的能力。全区分春秋两季对家庭农场经营者进行农业职业技能培训，并派出技术人员现场指导，提高家庭农场生产经营水平。

（三）加强扶持服务，为家庭农场发展提供有力的政策支持

1. 出台支持家庭农场发展的系列政策。

一是在中央、市级发放的水稻良种补贴、农资补贴的基础上，区财政对种植水稻的家庭农场每年每亩再给予 200 元的土地流转费补贴。二是增加农机补贴，市、区财政对家庭农场按农机总价的 50%~70% 进行补贴。三是区财政出资 5000 万元成立贷款担保基金，为家庭农场提供贴息贷款扶持，解决融资难的问题。四是家庭农场的水稻保险费全部由区财政承担。

2. 加强农业专业化服务体系建设。

松江区建立了涵盖良种供繁、农资配送、烘干销售、农技指导、农业金融和气象信息等内容的专业化服务体系。具体服务内容包括：一是扩大农资连锁经营覆盖面，做好农业生产资料配送供应服务。二是组建 30 家农机合作社，推广农机作业，实行农机社会化服务。三是区农委为全区家庭农场经营者配送一部手机，联合电讯部门及时提供气象、植保、市场等各类信息。四是建设一批粮食仓库和烘干设备，粮食烘干设施装备能力达到 2200 吨，解决了家庭农场稻谷集中翻晒的难题。五是鼓励粮食购销部门和粮食加工经销企业实施定单生产或直接上门收购，指导家庭农场实行稻米品牌经营。

3. 扶持粮田水利排灌设施及生产辅助设施建设。

松江区投入巨额资金，扎实推进设施农田和高水平农田的建设，完善粮田水利排灌设施及生产辅助设施。

四、探索家庭农场的实施成效与创新意义

松江具有中国特色的家庭农场的实践表明，推进以农户家庭为基础的农业规模经营，可以有效解决谁来种地的难题，解决农业发展缺乏后劲的忧虑，解决家庭联产承包责任制的内在不足。家庭农场不仅使农业生产方式从家庭小农经营转向家庭规模经营，也是农业经营体制的一次变革。

松江粮食家庭农场极大地激发了农户经营家庭农场的积极性，参与竞

争的农户比例不断提高，竞争激烈。家庭农场也激发了农户种粮和爱田的积极性，千方百计用好土地资源，想方设法搞好粮食生产，二麦、水稻长势平衡，三类苗面积明显减少（推行家庭农场前，全区三类苗面积在 1/3 左右），改变了不规范种植、掠夺性生产的现象，耕地得到更好保护，耕地质量得到了提高。同时，劳动生产率、土地生产率明显上升。2012 年，松江家庭农场户年均产粮达到 6.48 万公斤，比 2007 年的 1.8 万公斤提高了 2.6 倍，可以满足 344 人消费需求；年上市生猪达到 1500 头，可以满足 3191 人的消费需求；水稻亩产 572 公斤，比推行家庭农场前增产 21 公斤。2011 年水稻单产 565 公斤，比上海郊区平均 558.6 公斤高 6.4 公斤。家庭农场有效解决了农田撂荒、外包和农业劳动力弱化等曾经普遍存在的问题，确保了松江地区粮食生产的稳产、增产和优产。

2007 年松江外来农业从业人员为 9801 人，2011 年则减少为 6084 人，粮食生产则全部由本地户籍农户经营。松江家庭农场模式培养了一批适度规模化的新型农业经营者，全区持有中、初级证书的家庭农场主已达 89.5%。2013 年底，松江约有 50 位农民拿到"家庭农场高级培训证书"，持有中、高级证书的家庭农场主突破 1000 人，占比约 85%。2012 年，松江家庭农场亩均净收入达到 847 元，比 2008 年 460 元增加了 84%。家庭农场户均年净收入达到 9.52 万元，比 2008 年的 7.45 万元增加了 23%。收入的持续增长和持续高于当年城镇居民家庭的收入水平，增强了从事农业的吸引力。

全面实行家庭农场使松江粮食生产实现了全程机械化，粮田机耕率达到 100%，机收率达到 99.5%，水稻烘干率达到 56%。松江实行农业生产服务五统一管理：种子统一供应、农药统一配送、田间统一管理、机械统一作业、粮食统一出售和提供粮食烘干收储服务，提高了农业经营管理的科学化水平。如种子直播机的普遍使用，不仅大大减少了育种育苗、插秧移栽等生产环节，而且大大提高了种子成活率，同时还大幅度减少了人工支出。家庭农场使农业逐步成为现代化农业，有利于构建生产现代化、服务社会化、管理科学化的新农业框架。

家庭农场促进了农民增收、农业增产、农村增效，提供了化解城乡发展差距的重要方式。从松江经验来看，发展家庭农场必然涉及农业规划、土地流转、农民合作、组织管理、生产服务、风险防范、信贷税收、财政扶持、农业生态、人口转移、社会保障、城乡统筹、政府管理、干部考核，城镇建设和法律规范等各个环节，必须有一系列相应的体制改革和政策配套。例如，松江建立的土地有序流转体制、农业统分结合服务体系、农业地区平等发展机制、财政补贴奖励政策等，不仅推动了家庭农场的探索和发展，更由此形成了比较系统的新的农村制度设计，不仅推动了家庭农场的探索，更推进了农村的整体发展。因此，以家庭农场为重要内容的新型农业经营体制探索，应当且可以成为我国农村新一轮改革和发展的重要突破口。

第四节　上海新型城镇化展望：特大城市与农村协同发展

近些年来，上海农村地区出现一些新的发展趋势，特别是在城乡一体化发展背景下，上海国际大都市整体功能的提升，要求上海农村地区展现出国际大都市农村地区应有的发展水平。上海郊区和中心城区只有形成良性、互补的发展趋势，才能强化上海整体发展的良性势头。这种良性互动在上海农村地区发展中主要体现在三个方面：一是新市镇作为衔接上海中心城区、郊区新城这些发展热点地区与广大农村地区的节点，在农村发展中愈发重要。二是农村地区服务经济发展或者产业的服务化发展，为农村经济提供了巨大发展空间。三是农村在肩负发展的同时，为了保持可持续发展的势头，必须正确处理生态文明建设的问题，把生态文明建设与农村地区经济发展有机结合起来，而不是互相对立，从而使农村地区的发展更具活力。

一、积极发展城市体系中的新市镇

新市镇是上海城市发展体系的重要组成部分。在“中心城—新城—中心镇——一般镇”的城镇体系中，新市镇是新城与广大农村地区之间的联系节点，包括中心镇和一般镇。新市镇是上海解决城乡二元矛盾的重要突破口，它可以接受中心城和新城的辐射，并积极带动广大农村地区与中心城和新城的协同发展。中心镇具有小城市的功能特点，它处于市域范围内的重要节点位置，产业发展相对成熟，经济发展基础良好。在《上海市城市总体规划（1999—2020）》中，规划了22个中心镇。规划人口规模在5万至10万人。一般镇是在现有建制镇基础上，根据区位、交通、产业匹配程度等归并而成，目前约170个左右，规划人口在1万至3万人。

新市镇是具有行政管理、公共配套、社会服务等功能的基本载体。在城镇功能上，新市镇是对郊区新城的补充，通过完善的服务体系建设，承担中心城区人口疏解功能；在经济上，新市镇通过新型产业的集聚发展，带动广大农村地区经济发展水平整体提高；在与新城的关系上，新市镇的建设目标主要是产城融合、生态优美、宜居宜业，利用自身的生活和生产成本优势成为上海城市发展新的增长点。

从上海市层面看，积极发展新市镇有其重要意义。首先，随着上海中心城发展成本高涨，一部分产业资源开始向郊区转移。一些创新型科技中小企业在创业初期，出于自身运营成本考虑，也需要郊区作为自己发展壮大的沃土。其次，长三角地区城镇发展势头强劲，逼迫上海郊区新市镇加快发展。上海周边的江苏、浙江等地，由于乡镇企业和民营企业的快速发展，城镇化发展水平快速提高，特别是强镇扩权上，得到行政管理、财政分配、建设用地指标分配等方面的政策支持，发展动力更加强劲。相比而言，上海城镇发展水平相对较差。再次，上海郊区产业发展水平不高，集中体现在土地利用效率较差这个根本问题上。对于上海这一土地资源稀缺的特大型城市而言，通过加强新市镇产业转型，提高土地利用效率显得尤为重要。最后，上海郊区一些地区已经形成了自身发展的特点，如川沙新镇已经成为上海国际旅游度假区的核心承载区等。

当然，上海新市镇建设也面临一些挑战。比如在人口导入方面，往往导入人口素质不高，影响新市镇产业发展，并挤占新市镇公共资源；在城市建设方面，由于原有城镇化发展不规范，使城中村改造问题突出，社会治安也受到影响；在产业资源引导方面，引入的企业过于低端，无法承载郊区产业转型要求。面对这些问题，上海也将积极寻求对新市镇的明确定位，通过市场主导、政府调控的模式，激发郊区自主发展的动力，在财政上对郊区新市镇积极扶持，强化规划，使郊区新市镇走出一条可持续发展之路。

二、郊区经济服务化发展趋势明显

上海作为社会主义现代化国际大都市，其服务业发展水平一直走在全国前列。2017 年，上海第三产业增加值在 GDP 中的占比达 69%。[①] 尽管服务业发展的重要地区是中心城区，但是郊区乃至广大农村地区的服务业也随之兴起，上海郊区服务业发展在近郊地区和远郊地区呈现出不同的发展趋势。

由于近郊地区毗邻上海中心城区，所以随着中心城区商务成本的提高，一些对商务成本比较敏感的服务型企业开始向中心城区以外地区溢出。对商务成本敏感并非这些企业的盈利能力不足，有些企业处于成立初期，节省成本是必然选择。还有诸如一些电商企业，需要大量用地，所以会选择交通方便、仓储面积较大的近郊地区。因此，在上海的松江、嘉定等区域，云集了大量的电子商务企业。

以嘉定区为例，嘉定区政府在产业园区打造上，积极为电子商务企业服务，帮助京东、百度等成立了上海市首批跨地区的小贷公司，积极协调京东商城华东总部成为上海市首批获得国家电子发票试点企业之一，在跨境电子商务方面，以嘉定工业区国家级出口加工区为平台，与上海自贸试验区对接，将京东商城作为应用试点企业，出台了一系列针对性措施，加快培育引进了一批优秀企业。同时，政府通过优化企业服务等方式，继续

---

① 参考上海市 2017 年国民经济和社会发展统计公报，以下分别为 2013 年、2014 年、2015 年、2016 年、2017 年相应网址资料：http://www.tjcn.org/tjgb/09sh/27540.html、http://www.tjcn.org/tjgb/09sh/28026.html、http://www.tjcn.org/tjgb/09sh/32640.html、http://www.tjcn.org/tjgb/09sh/34835.html、http://www.tjcn.org/tjgb/09sh/35333.html。

加大区内电子商务产业的发展。针对电商行业发展的特点，进一步细化完善产业政策，特别是在鼓励电商行业的模式创新方面，出台了一系列操作性更强的政策，助推企业做大，促进行业的发展。除了引入大型电子商务企业，嘉定区还在产业园区中积极扶持中小型电子商务企业，通过创业联盟方式，形成企业之间互帮互助，大型商务企业和产业基金对中小电子商务企业进行创业指导，促进中小电子商务企业逐步做大。

如果说近郊地区的服务业发展主要还是依托中心城区，那么远郊地区服务业的发展就更具有特色。随着上海中心城区国际化程度提升，中心城区对配套服务的需求也快速提高，而上海远郊地区通过农业的“接二连三”，也就是把农业生产链向第二产业和第三产业衍生，通过与二、三产业联动发展，提升农业发展水平，并逐步在农业服务化发展中提升农村经济发展水平。以金山区为例，金山区作为传统的远郊农业地区，农业在经济中占有重要地位。近年来，金山区服务业在第三产业中的占比始终保持在 35% 左右。一方面，发展附加值较高的农产品加工业，形成了集净菜加工、色拉蔬菜和保鲜蔬菜加工、冷冻干燥农产品以及植物营养提取物加工于一体的中央厨房加工产业体系。另一方面，又把传统农业与服务业有机结合，确立了以农产品展示交易、旅游观光、休闲度假等为主的农业旅游产业体系。这些做法都抓住了中心城区对服务配套的较大需求，以此为契机发展了农村经济。

更为有意思的是，一些在传统意义上依托中心城区发展的服务业也开始在远郊地区布局。如远离中心城区的上海奉贤区打造的金融小镇，就改变了人们对金融业只在中心城区集聚的观念。上海金融小镇依托申隆生态园的生态环境优势，着重加强金融产业发展所需要的核心功能，积极建设金融人才集聚所需要的配套功能，着力吸引基金公司、小额贷款公司、担保公司、创业投资公司、金融租赁公司等金融企业。2012 年 1 月，“上海金融小镇”成为上海市首批现代服务业综合改革试点区域。到 2013 年，“上海金融小镇”税收已经突破千万元。2016 年 7 月，上海市人民政府下发了上海金融小镇控规修编的批复，12 月，上海金融小镇发展有限公司正式挂牌成立。截至 2017 年 9 月份，上海金融小镇入驻企业已达 4000 余家，其中金融类企业 500 余家，管理的资产规模达 1000 亿元。[①]

上海郊区服务业的发展一方面依托上海城市服务经济水平的提高，另一方面抓住了上海城市发展对配套服务水平要求提升的机遇。上海郊区或农村地区经济的服务化发展趋势是上海农村地区发展的独有特点，也是上海农村地区新型城镇化发展的重要特征之一。

三、积极推进郊区生态文明建设

2017 年，党的十九大提出“强化土壤污染管控和修复，加强农业水源污染防治，开展农村人居环境整治行动。加强对生态文明建设的总体设计和组织领导，着力解决突出环境问题”。农村生态文明建设已成为统筹城乡发展的重要组成部分。农村生态文明建设对于农村地区现代化建设而言至关重要，农村地区生态文明建设亟待加强。其建设难题来自几个方面：一是由于基础设施建设落后，农村地区居民生活和牲畜养殖污水排放始终是制约农村生态文明建设水平提高的难题；二是农村工业建设对环境造成污染，农村地区工业发展能级低，高污染、高能耗企业对外部环境影响较大；三是农村发展对农村耕地的侵占，在缩减粮食生产面积的同时，也破坏了农村生态环境。

上海农村地区的生态文明建设对于上海城市整体发展至关重要，一方面，上海城市生活用水水源地处于上海农村地区，只有加强农村地区的生态质量，才能保证上海城市用水安全；另一方面，推进上海农村地区生态环境建设，不仅能提高上海城市整体绿化水平和生态安全，也提升了上海国际大都市的城市形象。近年来，上海在农村地区生态文明建设上主要有以下举措：一是保护黄浦江水源地生态安全；二是通过郊野公园建设扩大生态绿地面积；三是努力扩大耕地面积。

在对水源地生态安全的保护上，2013 年，上海编制了《淀山湖地区中

① 王星：《上海金融小镇：13.1 平方公里绿色金融创新乐活发源地》，《企业观察报》2017 年 9 月 26 日，见 http://www.cneo.com.cn/article-38219-1.html。

长期发展规划》，对黄浦江主要取水口的上游进行生态保护。规划编制的目的是通过把生态文明建设放在优先位置，探索一条“生态、生产、生活”融合发展的道路；结合太湖流域综合治理和上海市水源地保护要求，加强淀山湖地区水环境整治和监测，确保饮用水水源地安全；发挥绿地、林地、耕地、湿地、水面等的综合生态功能，构筑生态屏障，维护生态安全，提升地区生态环境品质；对淀山湖及周边水系进行生态修复，推进绿地林地建设和湖岸生态景观整治，规划建设绿道网络。在产业上，积极打造休闲旅游产业、健康疗养产业、文化创意产业以及商务会议产业，淘汰高能耗、高污染企业，促进制造业产能升级。通过这样的规划，把黄浦江水源地地区的产业发展和生态保护有机结合起来，解决了发展与生态保护之间的矛盾。

郊野公园是以郊区基本农田、生态片林、水系湿地、自然村落、历史风貌等现有生态人文资源为基础建设郊野公园体系。郊野公园一般规模较大、自然条件良好、公共交通便利。通过郊野公园建设，可以进一步优化郊区农村生活、生产、生态格局，逐步形成与城市发展相适应的大都市游憩空间环境。在未来，上海将建设 21 个郊野公园，总用地面积约 400 平方公里。首批试点规划的 7 家郊野公园，共计占地 126.8 平方公里，总投资近 40 亿元，以首个对外开放的郊野公园——金山区廊下郊野公园为例，廊下郊野公园以“万亩良田”市级土地整治区为基础，打造集现代农业科技、科普教育、文化体验、旅游休闲于一体的“假日农场”。廊下郊野公园还包括“800 亩桂花林”、“生态涵养林”、“万亩良田”、“特色民居”、“农家乐”等区域。通过郊野公园建设，保证了上海农村地区生态用地指标，在此基础上提升了上海城市整体生态绿化水平。对于耕地指标，上文已经提及上海通过家庭农场、宅基地归并后结余土地转为耕地等方式，保持上海耕地面积。

郊区生态水平的提升对郊区产业的发展也带来了积极影响，在避免低能级工业的同时，通过生态文明打造，引入高端制造业和服务业，丰富了上海郊区产业资源，提升了郊区产业发展水平，为郊区新型城镇化发展作出了贡献。

第八章

政府职能转变与上海改革开放

20 世纪 70 年代末，我国拉开了改革开放的序幕，步入了经济转轨、社会转型的漫漫征程。在“摸着石头过河”试验论的指导下，探索出一条符合国情的渐进式的改革道路。从始于 20 世纪 70 年代末的农村生产制度变革，到始于 20 世纪 80 年代中期的城市经济体制改革，再到始于 20 世纪 90 年代的政府职能转变，我国改革走入了“先易后难，先改见效快的，后改见效慢的”、“以点突破，以点促面”的路径，形成了西方世界所推崇的“北京共识”（The Beijing Consensus）。① 总体而言，多年的改革实践是在既定制度和机制约束下进行的资源配置优化和细枝末节的调整，而改革中应该解决的深层次矛盾和问题被绕开或积压。目前，传统的改革思路和模式表现出严重的路径依赖，同时不触及制度和机制的改革空间越来越小，致使传统改革思路变得日益举步维艰，改革成本越来越高。

党的十八届三中全会通过的《中共中央关于全面深化改革若干重大问题的决定》（以下简称“《决定》”）指出，经济体制改革的核心问题是处理好政府和市场的关系，使市场在资源配置中起决定性作用和更好发挥政府作用。这是一个重大的理论突破，一方面，前期的改革已初步建立社会主义市场经济体制，市场化程度大幅提升，对市场规律的认识和驾驭能力不断提高，宏观调控体系更为健全；另一方面，《决定》对更好发挥政府作用提出了明确要求，强调科学的宏观调控、有效的政府治理是发挥社会主义市场经济体制优势的内在要求。因此，为了彻底实现经济转轨和社会转变，必须要更新改革理念，寻找新的改革动力，探索新的改革思路，作出新的改革示范。

作为中国繁荣的标志和最具活力的城市，上海在我国经济发展中起着举足轻重的作用。1992 年，党的十四大报告首次提出把上海建设成国际经济、金融、贸易、航运“四个中心”；2006 年全国“两会”期间，胡锦涛总书记在参加上海代表团审议时，明确提出上海要实现“四个率先”。“四

① 《北京共识》是美国《时代》周刊高级编辑、美国著名投资银行高盛公司资深顾问乔舒亚·库珀·雷默（Joshua Cooper Ramo）在英国伦敦外交政策中心发表了一篇调查论文，指出中国通过艰苦努力、主动创新和大胆实践，摸索出一个适合本国国情的发展模式。他把这一模式称之为“北京共识”。

个中心”和“四个率先”是国家对上海改革的战略定位和要求。2009 年 3 月 25 日，国务院常务会议通过《关于推进上海加快发展现代服务业和先进制造业，建设国际金融中心和国际航运中心的意见》，从初步形成战略设想到国务院专门以文件形式明确上海“两个中心”的国家战略地位，上海重新回到中国经济舞台的中央。2010 年上海世博会的召开，成为上海政府职能转变的又一个动力机制，上海市各级政府从“城市让生活更美好”的角度，在引入政府购买机制、提高社会参与等方面进行了大胆探索，提高了行政效率，取得了显著成效。2013 年上海建立自贸试验区，开启了新时期我国探索政府转变职能提供新的路径和模式。随着政府职能的转变，我国将迎来一个更加开放的经济时代。

第一节　上海政府职能转变的历程

上海作为中国市场化程度发达的城市之一，改革开放的前 30 年，在行政管理体制改革实践中，按照深化经济体制改革和发展社会主义市场经济的要求，在转变职能方面取得了一定的成绩，成为中国改革开放的“先锋城市”。特别是浦东 1991 年开发开放以后，上海利用中央赋予特区的改革自主权，实施“以东带西、东西联动”的发展战略，通过打造二级政府三级管理的新体制，提出多种制度创新，把规划权下放到区、县，在减少行政审批的同时，把政府的监督管理从“事前”调整到“事后”，成功实行了土地批租、发展资本市场、吸引外资等一系列经济项目，推动了数轮的城市改造与开发，形成强大的资源集聚与配置能力，使上海逐步从新中国成立后的单一工业城市演化为一座以经济、金融、航运、贸易为支撑的多功能中心城市。[①]

---

① 张幼文、姚为群、李庭辉：《集中开发陆家嘴 加速上海建成国际金融、贸易中心的步伐》，《上海管理科学》1996 年第 3 期。

一、改革开放前上海的行政管理模式

上海是中国新文化运动的发源地和中外文化汇聚点之一。近代上海城市的发展，是商贸市场不断扩大和近代思想文化不断浸润的结果。开埠前的上海是一个传统的港口县城，由于其襟江濒海的交通优势，这里较早地孕育了资本主义经济的萌芽。以棉纺织业和航运业为主的商贸经济有了相当程度的发展，传统的会馆公所和手工业行会开始出现。总体来说，近代前的上海，仍然是封建自然经济和简单商品经济占主导地位的社会形态，社会治理简单，传统意识形态浓厚。

开埠后，上海被推入传统之外的发展轨道。西方工业商品不断地涌入上海市场，对上海传统的棉纺织业和其他手工业造成严重冲击。伴随西方商品而来的隐藏于商品里的近代西方资本主义生产和生活方式以及近代西方的思想文化观念，比有形商品对社会的影响更大。租界的开辟，更使近代西方资本主义的社会形态和城市治理方式根植于上海的土壤中，引导着近代上海向西方社会形态转型。三界分立的政治格局，不仅打破了封建政权对城市社会进行统一管理的权威，而且使传统的治理威信和方式逐步消解，城市区域产生很多管理弱化的“飞地”和“真空区”。各种力量在分割治理的局面中流动分化，使社会风险加大。开放的贸易条件激发了上海发展市场经济的区位优势和连接内外贸易的巨大经济潜力。

1949—1982 年，在计划经济体制下，上海从工商业综合性城市转型为单一型工业城市，政府行政管理体制高度封闭集中，政企合一、条块分割、基础建设滞后。上海曾是“远东第一大城市”，也是解放初期我国最大的工商业综合性城市，它的重要性不仅仅在于它拥有 600 万人口（当时我国人口最多的都市）[①]，在区域策略上具有区域资产、大规模经济和特殊的地理位置优势，当时中国一半的贸易额和工业产值都集中在上海，是中国的经济命脉。1949 年后，在我国政府职能转变的大背景和共同要求下，上海从我国最大的工商业综合性城市，转型为最大的单一型工业城市，地方政府的

① 参考资料:《上海市国民经济和社会发展历史统计资料 1949—2008 年》。

主要职能逐渐缩减为中央政府的派出机构，职能重点是保障区域工业生产和效率，满足中央财政需求。这不仅反映在中央对上海的干部人事安排上，更是表现在对本市国有企业管理与财政政策上。

二、改革开放初期的“企业型”行政管理模式

1978—1980 年，围绕市场经济建设，上海开始初步探索地方政府职能转变。面对世界新技术革命的严峻挑战和国际、国内两个市场的激烈竞争，同时资金不足、资源短缺、城市臃肿、交通拥挤、住房紧张、环境污染等一系列问题又制约着经济的发展，上海亟须作出新的战略决策。20 世纪 80 年代初，上海开展了“上海向何处去，建设什么样的上海”的大讨论，在上海市八届人大一次会议上（1983 年）提出了“外挤、内联、改造、开发”的发展途径，并指出：这四个方面的内容互为条件，互相促进，构成上海经济和社会发展战略的重要组成部分。[①]

上海从 1983 年起，率先在全国实施了地方政府职能的第一轮转变，提出事权下放、分权明责行政管理构想，开始进行政府管理职能下移，其主要内容包括两点：第一，按照经济体制改革和政企分开的要求，合并裁剪了专业管理部门和综合部门内部的专业机构，政府对企业由直接管理转而到间接管理为主。在合并、撤销专业机构的同时，先后建立了经济委员会等宏观管理机构；第二，从机构配置的科学性和整体性出发，适当加强决策咨询和调节、监督、审计、信息部门、转变综合部门的工作方式，提高政府对宏观经济活动的调节控制能力。此时，政府系统的监察、审计、信息中心等管理机构得到加强。1985 年，在国务院批准的《关于上海经济发展战略的汇报提纲》中明确指出：上海应当成为中国“四化”的开路先锋；上海要充分发挥对外开放和多功能的中心城市的作用；上海近期工作的重点要放在改革、开放和理顺经济三大目标上。围绕着实现上海经济发展的

---

① 本部分根据人民网对时任上海市委书记的韩正访谈整理，人民网：《不失时机推进上海产业结构调整》，2009 年 8 月 21 日，参见 http://www.qhnews.com/ll/system/2009/08/21/002795780.shtml。

战略目标，上海实行了一系列城市经济体制的配套改革措施。一是政企职责分开，进一步扩大企业经营管理自主权，特别是建立国有企业独立核算、自主经营、按劳分配、自负盈亏的现代企业制度，培育市场；二是改革公司组织形式，实行自由联合；三是改革工资制度，搞活企业内部分配。在公共财政上，建议尽快改变上海“定收定支、收支挂钩、总额分成、一年一定”的办法，采取“核定基数、总额分成、六年不变”的体制；允许上海银行实行差别利率。上海银行可同全国各地银行发生横向联系，融通资金，对跨地区、跨省市的联行进行拆放；对某些产品和大型成套设备，可发放买方信贷和卖方信贷；扩大对外贸易的经营权，鼓励出口；利用外资改造老企业实行更多的优惠政策；提高外汇留成比例，把外汇用好用活。这些政策的实施，其根本的目的在于放松管制，培育市场。

三、全面市场化时期公共管理范式的初步转型

20 世纪 90 年代至 21 世纪初，以浦东开发开放为契机，上海地方政府职能转变进入全面实施阶段。行政管理体制上形成了“两级政府、三级管理”，政企分开，政府职能从全面管理逐渐转为对公共事务的管理。

中央在全面评估了上海在政治经济方面的未来影响力和发展制约后，于 1990 年作出开发开放浦东的重大决定，形成上海“以东促西、东西联动”的格局。这一决定既是看中了上海既往的财政优势，也是考量了上海的未来发展条件。1997 年 9 月，中共十五大报告中再次要求上海浦东新区和经济特区“在体制创新、产业升级、扩大开放等方面继续走在前面，发挥对全国的示范作用”。按照中共十五大精神，市政府进一步对浦东开发开放作出规划部署。1998 年 2 月，市政府在部署“九五”计划后三年工作中，强调要根据全国对外开放的新格局，继续发挥浦东开发开放的示范、辐射、带动作用：（1）加快培育浦东新区外向型经济功能。继续改善投资环境，推进中外金融机构、国内外大集团总部、各类要素市场向浦东金融贸易区集聚，形成连接国际国内两个市场的枢纽。（2）继续做好外资银行经营人民币业务和组建中外合资外贸公司的试点工作。（3）扩大外高桥保税区出

口加工业务和转口贸易，加快港区合一步伐，开发港口服务功能。（4）加快陆家嘴金融贸易区、金桥出口加工区、张江高科技园区、孙桥现代农业开发区等新兴产业基地建设。（5）继续加强浦东的市政基础设施建设，基本建成外向型、多功能、现代化的新城区框架。经过9年的开发，浦东取得令人可喜的集聚效应。以浦东新区与上海全市相比，国内生产总值总量占1/6，工业总产值占1/5，外贸出口占1/4，引进外资占1/3。浦东新区正在成为国际贸易的一个集聚地，成为对生产要素进行优化配置的主要市场。①

浦东新区政策设定的具体原则：一是坚持计划经济与市场调节相结合的方向（中共十四大进一步提出建立社会主义市场经济体制），既要考虑如何扩大浦东的开放度，如何有利于增强上海的自我积累、自我发展能力，加强对经济活动的计划调节；二是不改变现行的财政体制和外汇管理体制，不影响上海市对中央的财政上缴、外汇上缴任务以及在沪的中央直属企业的利润上缴任务；三是既要增加浦东对外资的吸引力，也要避免与浦西和上海邻近地区的差距过大；四是实行新区、新事、新办法，老区、老事、老办法。

在浦东开发开放的契机下，上海地方政府加快了职能转变步伐，重点围绕促进区域开放型经济，率先在浦东进行了一系列的制度创新，通过合理定位政府角色、科学配置政府职能、优化经济管理体制和增加政府工作的透明度等措施，取得了显著成效。这一阶段上海在外向型经济改革中，着重增强市场经济需要的宏观管理职能，转变行政对经济的直接干预手段。当时上海明确提出了行政职能的四大转变，即：从过去实物量管理为主转向价值量管理为主；从过去抓微观经济活动为主转向宏观调控为主；从过去直接管理为主转向以间接管理为主；从过去搞单一计划转向组织、培育和发展大市场。明确政府经济管理职能，主要是集中精力把大事管住管好，包括“五大二调”：出大思路、拟大政策、抓大项目、搞大平衡、建大市场，加强宏观调控和加强协调服务。同时，明确提出实行市与区县“两级

---

① 上海市人民政府：《上海市城市总体规划（1999年—2020年）》，2003年12月4日，参见http://www.shanghai.gov.cn/nw2/nw2314/nw2319/nw10800/nw11407/nw12941/u26aw1100.html。

政府，两级管理”体制。

表 8-1 1990—1998 上海浦东新区经济社会指标

年份	1990	1991	1992	1993	1994	1995	1996	1997	1998
年末总人口（万人）	133.94	137.34	140.67	143.73	146.20	148.63	151.11	153.40	156.18
职工人数（万人）	39.61	41.19	53.84	78.88	76.71	79.89	71.96	66.32	66.14
国内生产总值（当年价格）（亿元）	60.24	71.54	101.49	164.00	291.20	414.65	496.47	608.22	704.27
其中：第三产业（亿元）	12.13	15.68	25.88	47.43	90.88	126.51	171.59	226.40	286.15
工农业总产值（当年价格）（亿元）	182.18	234.86	370.24	611.33	894.72	978.38	1141.69	1360.31	1426.58
工业总产值（亿元）	176.85	228.90	363.71	604.40	886.35	968.03	1130.42	1349.01	1414.99
农业总产值（亿元）	5.33	5.96	6.53	6.93	8.37	10.35	11.27	11.30	11.59
固定资产投资总额（亿元）	14.15	28.95	75.00	164.56	261.13	285.07	395.04	504.36	583.22
其中：城市基础设施投资额（亿元）	7.50	5.42	21.84	54.73	78.76	53.42	98.68	119.32	177.24
建筑业施工产值（亿元）				43.28	74.49	104.56	125.68	135.14	143.55
地方财政收入（亿元）						23.47	31.01	40.32	46.37
地方财政支出（亿元）				9.53	19.93	38.65	42.56	50.32	55.75
社会消费品零售总额（亿元）	14.28	18.00	28.23	41.92	82.74	110.00	140.21	162.23	178.97
外贸出口商品总额（亿美元）				10.13	18.00	24.75	32.13	37.55	43.00
港口货物吞吐量（万吨）	6827	6739	7403	9017	8315	6022	7208	7417	4595
新批外商直接投资签约项目（个）	28	92	567	924	1035	838	802	615	554
外商协议投资额（亿美元）	0.50	2.36	28.00	31.86	38.10	38.87	47.22	45.85	34.74
各级各类全日制学校在校学生（万人）	18.02	18.76	19.76	21.47	22.91	24.18	25.09	25.89	26.42
医院病床（张）	3871	3449	3986	4111	4264	4368	4492	4440	4592
专业卫生技术人员（人）	5026	4492	5396	5577	5802	5935	6198	6523	6724

续表

年份	1990	1991	1992	1993	1994	1995	1996	1997	1998
其中：医生（人）	2161	2097	2385	2542	2672	2753	2928	3060	3141
职工工资总额（亿元）	11.51	13.70	23.17	47.26	60.75	80.30	83.38	84.18	89.69
职工年平均工资（元）	2939	3363	4350	5999	7906	9995	11351	12425	13417
农民实际收益分配总额（亿元）	6.63	7.16	10.14	14.99	17.69	20.60	22.03	24.20	19.16
农民年人均收益（元）	1310	1482	2015	3253	3563	4148	4555	5434	5420
居民储蓄存款年末余额（亿元）	20.62	28.66	37.09	65.70	115.78	180.94	233.19	279.73	317.61
城镇储蓄（亿元）	16.28	23.09	30.52	55.53	99.31	159.89	208.81	249.00	283.67
农村储蓄（亿元）	4.34	5.57	6.57	10.17	16.43	21.05	24.38	30.73	33.94

资料来源：上海市浦东新区统计局编：《上海浦东新区统计年鉴 1999》，北京，中国统计出版社 1999 年版，第 24—27 页。

四、深入市场化时期公共管理体制的全面转型

2002 年党的十六大至十八届三中全会前，随着上海深度城市化和国际化建设，政府职能转变进入完善升级阶段，进一步完善了“两级政府、三级管理、四级网络”的城市管理体制，加强公共建设配套，强化社区服务。

进入 21 世纪后，上海和其他各省市政府一样经历了国内外一系列重大政治、经济事件的影响，特别是中国加入 WTO 和上海成功举办世博会，对深化地方政府管理体制、促进政府管理水平提高提供了强大的推动力，上海地方政府对城市的管理模式从“管理”向“治理”全面转型，初步形成了目前的基本符合社会主义现代化国际大都市要求的行政体制现状。

2005 年 6 月实施的浦东综合配套改革对上海政府职能转变意义重大。国务院对浦东综合配套改革提出了“三个着力、四个结合”的总体要求，[①]

① 邵律、薛牧云：《上海区县巡礼及发展热点介绍 浦东——综合配套改革》，《上海经济》2013 年第 8 期。

即着力转变政府职能、着力转变经济运行方式，着力改变二元经济与社会结构；把改革与发展有机结合起来，把解决本地实际问题与攻克面上共性难题结合起来，把实现重点突破与整体创新结合起来，把经济体制改革与其他方面改革结合起来。从国务院对上海浦东新区的要求可以看出，综合配套改革是原有改革的深化，它源于传统改革，但又异于传统改革，必须以原有改革为基础，将改革成果在整体框架下，实现资源配置、改革成效的优化和系统化。浦东综合配套改革具体思路可概括为“两个作用和三个三个”。[①]

“两个作用”就是浦东综合配套改革要发挥好两个示范带动作用。“三个三个”就是要求浦东综合配套改革要坚持三个立足、三个结合和三个提供。一是立足国家，把浦东改革与国家改革结合起来，为全国深化改革扩大开放提供舞台和经验；二是立足上海，把国家确定的综合配套改革试点任务与上海“四个中心”建设结合起来，为上海实施科教战略和提高国际竞争力提供制度保障；三是立足浦东，把浦东的改革与发展结合起来，为浦东又快又好发展提供强大动力。

在市区层面，共同推进五个方面的改革。在行政管理体制改革方面，在规划项目土地等方面赋予浦东先行先试的权力；在科技体制改革方面，重点在张江高科技园区探索多层次多渠道的风险投资试点；在金融改革和创新方面，重点配合人民银行上海总部完善运行机制和实施中央银行公开市场操作方案；在社会经济体制方面，重点研究大通关方案，完成保税物流园区和浦东空港物流园区的建立；在城乡二元结构改革方面，重点探索土地改革管理。这些改革均以上海市各个部门为主导，与浦东新区共同推进。

在浦东新区层面，重点推进六个方面的改革：（一）深化行政管理体制改革；（二）推进金融改革创新，探索金融衍生品交易的创新；（三）推进科技综合配套改革，推动自主创新，探索创业投资体制改革；（四）深化教育、医疗、卫生、文化体制改革；（五）在城乡二元结构改革方面，加快农村综合改革，推进村镇体制建设和治安管理改革，推进教卫文以及就业保障改革；（六）在就业方面，配合上海市有关部门推进海关体制改革和外包

① 廖明中：《滨海新区与浦东新区、深圳特区的改革差异》，《中国经济周刊》2006 年第 19 期。

试点。

五、系统集成改革阶段

十八大以来，党中央从全局出发，把转变政府职能作为深化行政体制改革的核心，把简政放权作为供给侧结构性改革的重要内容，多次作出重要部署，提出明确要求。党的十八届三中全会强调，经济体制改革的核心问题是处理好政府和市场的关系，使市场在资源配置中起决定性作用和更好发挥政府作用，关键是转变政府职能。十八大以来“放管服”改革的重要进展与积极成效表现在以下几个方面：

（一）减少行政审批。

本届政府成立之初，国务院部门各类审批达 1700 多项，投资创业和群众办事门槛多，不仅抑制了市场活力，而且容易滋生腐败，企业和群众对此反映强烈。新一届政府大力深化行政审批制度改革。国务院部门先后分 9 批取消和下放行政审批事项 618 项，本届政府承诺的减少行政审批事项三分之一的目标提前两年超额完成。非行政许可审批彻底终结。[①] 连续两次修订政府核准的投资项目目录，中央层面核准的项目数量累计减少约 76%，95% 以上的外商投资项目、98% 以上的境外投资项目改为网上备案管理。清理规范国务院部门行政审批中介服务事项 323 项，74% 的中介服务不再作为审批要件。地方政府有序开展“接、放、转”，多数省份行政审批事项减少 50% 左右，有的达到 70%。

（二）不断深化商事制度改革。

工商登记由“先证后照”改为“先照后证”，前置审批精简了 85%；注册资本由实缴制改为认缴登记制；在全面实施“三证合一、一照一码”基础上，推进“五证合一”“多证合一”，对个体工商户实行“两证合一”，进一步简化了证照手续，降低了企业准入门槛和生产经营成本；简化市场主

---

① 马宝成、吕洪业、王君琦、安森东：《党的十八大以来政府职能转变的重要进展与未来展望》，《行政管理改革》2017 年第 10 期。

体住所（经营场所）登记手续、推行电子营业执照和全程电子化登记管理等措施，全面建成国家企业信用信息公示系统，努力营造便捷准入、公平竞争的市场环境。

（三）着力深化收费清理改革。

新一届政府不断加大减税和普遍性降费力度，先后出台了《国务院关于清理规范税收等优惠政策的通知》《降低实体经济企业成本工作方案》等文件，大力清理行政事业性收费、政府基金等，重点查处利用行政权力垄断经营、强制服务、强制收费等违法行为。[①]中央和省级政府取消、停征和减免收费1100多项，其中，中央设立的涉企行政事业性收费项目减少69%、政府性基金减少30%，每年减轻企业负担1500亿元。中央政府定价项目减少80%，中央对地方财政专项转移支付项目减少一半以上。

（四）积极推进资质资格改革。

国务院加大职业资格许可和认定事项清理力度，分7批取消了434项职业资格，占总数的70%以上。建立和实施国家职业资格目录清单，清单之内除准入类职业资格外一律不与就业创业挂钩。

此外，多措并举加强事中事后监管，如加快转变监管理念、上下联动推进监管体制机制改革和积极创新监管方式；不断优化政府服务，如加快升级政务大厅服务、丰富政务服务网内容和加强基本公共服务等。通过这些措施的实行，政府效率明显提升，政府治理规范化，营商环境逐步改善，企业税费负担明显降低，市场主体迅速增加。[②]2017年上半年全国新登记市场主体887万，同比增长13.2%，其中新登记企业291万户，增速11%。2017年二季度新设企业就业贡献率26.6%，户均从业人员7.14人，同比增长17.6%。群众对“放管服”改革的满意度持续上升，调查显示，96.6%的网民认为改革激发了企业活力和社会创造力，84%认为便民服务更加有效。近五年来，“放管服”改革为破解政府职能转变中长期存在的深层次问

---

① 马宝成、吕洪业、王君琦、安森东：《党的十八大以来政府职能转变的重要进展与未来展望》,《行政管理改革》2017年第10期。

② 马宝成、吕洪业、王君琦、安森东：《党的十八大以来政府职能转变的重要进展与未来展望》,《行政管理改革》2017年第10期。

题找到了一条新路，有效激发了市场活力和社会创造力。

第二节 上海政府职能转变的路径、阶段特征和基本经验

一、上海地方政府职能转变的制度路径

上海地方政府职能转变的起点比我国大部分城市要早得多，政府整体治理水平相对于我国其他地区的领先地位也十分明显。其中最突出的一点，就是自 19 世纪中期上海开埠，上海的城市治理一直推崇“兼容并蓄”的道路，根据治理的效能与社会价值双重属性来调动政府、社会、企业、公民个人的积极性，灵活地选择多元治理方式的公共治理格局。在尊重自身传统秩序基础上，始终吸收着西方城市治理的有益因素，形成了东方价值内核加西方治理效能的独特的城市治理文明。

一方面，上海“租界”的城市治理制度建设，使上海的城市治理制度体系从一开始就融入了国际城市的因素。

上海华界地区的近代市政是上海城市化进程中的重要组成部分。存在 60 多年租界，其市政机构组织和工作方式一直是华界居民仰慕的对象。在 1905—1914 年（即上海自治时期）上海华界地区市政组织开始突破传统城市治理模式，模仿租界工部局体制，管理城市和治理城市，强化了上海城市管理的制度性和科学性。借鉴工部局管理租界的成功经验，制定了许多关于城市管理的文本化规约。[①] 另外市政组织还依据当时的历史条件，积极参与城市基础设施建设和公益性事业建设。因此，学术界普遍认为，上海

---

① 芬彻（John ·H·Fincher）:《中国的民主：地方、省和中央政治中的地方自治运动（1905—1914）》（Chinese Democracy：The Self-Government Movement in Local，Provincial and National Politics，1905-1914），澳大利亚国立大学出版社 1981 年版，转引自李铠光:《上海地方自治运动中成员的身份与运作冲突》,《史林》2003 年第 5 期。

华界地区近代市政组织就是上海自治机构，具备较为完整的组织体系，具备西方二元政体的某些特征。上海市政组织是一个民间的、官方赋予的公共权力的实体，使其履行职能有了官方的效力和权威。在职能方面，上海华界地区市政组织的功能主要集中在城市建设和城市管理等两方面，使上海的市政建设得到了很大的改善。

另一方面，上海工业化进程中政府行政效率提高，“行政推动型”治理变革的主体优势和体系优势进一步显现。

上海作为中国工业化进程中的典型城市，并不存在一个过于理想化的“企业家政府”，但在经济发展规程中，政府和市场形成了一种独特的彼此激励的机制，进而推动政府明确职能范围、革除官僚制弊病、提高管理效率效益，其作用显然是毋庸置疑的。战后，西方理论界在对“过度官僚化”的反思中，开始意识到，行政机制与市场机制之间并不表现为一种简单的彼此替代的作用。因此，在影响西方当代公共管理改革的主要理论中，都包含了引入市场竞争机制“改造”传统官僚制政府，改善政府单一主体在提供公共服务方面低质低效现状的内容，“企业家政府”的导向明显。

上海“两级政府、三级管理”建设为主要内容的行政体制改革作为改善治理基础条件的前提，体现了主体优势和体系优势，有其现实的合理性。1996 年，上海率先启动了城市社区治理建设，其改革的重点是赋予社区居民委员会以更大的自主职权和更多的管理资源，通过将原来的党政权力系统下放到街道“复制”出次一级的准行政管理机关。相对于原有的行政管理格局而言，这种依托社区中心的治理改革最为突出的成绩，就是带动了治理主体因地制宜解决问题能力的提高。就其实际效果而言，上海市的城市治理也确实得到了来自社区这一新兴治理层级的有力支持，无论是社区居民获得公共服务的效率与质量，还是其对政府的认同和满意度都在改革中得到了显著的提升。但是，此类改革必须以城市政府拥有较强的财力、人力和物力资源作为不可或缺的前提。

二、上海地方政府职能转变的阶段性特征

在40年的不断改革实践中，上海行政体制改革已经进入自觉地按照社会主义市场经济体制的本质要求，自觉地全面重塑的新阶段。上海按照国际通行规则和惯例，根据WTO有关要求，结合上海城市发展特点，以全面开放促进行政体制改革完善，注重塑造与国际通行规则接轨的行政管理体系，注重构建服务型行政体制，增强社会管理职能。全面推进外资企业国民待遇、增强行政透明度和增强贸易便利化，切实加强对国有资产的监督和管理，强化对市场的监管职能，强化对国民经济的宏观调控职能，强化社会保障职能，强化规划管理职能。与此同时，致力于推进一系列旨在理顺政企关系的改革，包括推进政府部门的全行业管理，解决体制内与体制外的不平等问题；推进控股公司改革；推进行政审批制度改革；推进信用制度改革；推进政府机构改革，等等。

目前，上海已经初步形成了与市场经济体制相适应的行政体制，行政效率、行政成本、行政透明度基本符合特大型城市管理的要求，有力地推进了上海城市发展。上海政府职能界定不断清晰，政府机构主要四大职能：行政职能、经济职能、文化职能、社会职能不断完善。政府与企业、市场、社会的关系逐步理顺。政企分开、政资分开、政事分开、政府与市场中介组织逐步分开，市场在资源配置中的基础性作用得到充分发挥，公民和社会组织在社会公共事务管理中的作用也逐步体现，政府机构得到较大程度精简和优化。

虽然上海对政府职能转变进行了积极的探索，取得了一定成就，如政府透明度增加，腐败和权力寻租概率降低，市场活力更大，公民就业机会增加，公民对政府行政运行更加明了，财政支出会节约等一系列好处，但也面临着一系列的新挑战，如实行《负面清单》后，将使我国的企业面临更高标准的开放、环保、技术等规则。我国还处在工业化进程的中后期阶段，我国的三大产业都存在不同程度的薄弱环节，与发达国家的产业发展相比较，还有一定的差距；同时，由于公民长期形成的政府权力执行一般不予关注的态度，公众对政府权力清单执行监督的参与度不高；社会第三

方组织发展规模小，发展比较缓慢，社会自治能力差等需要我们去克服。只有解决了这些问题和挑战，上海行政体制改革才能取得圆满成功。

三、上海地方政府职能转变的基本经验

（一）以培育市场为目标，是上海地方政府职能转变的基础前提。

要以经济体制改革为前提和牵引，与全面深化改革的重点相协同，突出经济领域的行政体制改革，以此牵引和带动其他领域的相关改革。科学的宏观调控、有效的政府治理是发挥社会主义市场经济体制优势的内在要求。其中，政府的职责和作用主要是保持宏观经济稳定，加强和优化公共服务，保障公平竞争，加强市场监管，维护市场秩序，推动可持续发展，促进共同富裕，弥补市场失灵。上海地方政府这些年来切实转变政府职能，深化行政体制改革，创新行政管理方式，有力推动了上海国际化营商环境的建立，为形成上海对内对外市场起到了基础作用。

（二）以简政放权为突破口，是上海地方政府职能转变的推进路径。

充分理解和把握市场在资源配置中的决定性作用。上海的前期改革紧紧围绕市场在资源配置中起决定性作用深化经济体制改革目标，通过简政放权，坚持和完善基本经济制度，加快完善现代市场体系，通过政府制度创新，着力解决市场体系不完善、政府干预过多和监管不到位的问题。这既适应了社会主义市场经济体制的时代要求，有利于实现资源配置的效益最大化和效率最优化，也有利于进一步创新政府履行职责的方式和手段。

（三）注重行政体制改革的系统性、综合性和协同性，是上海地方政府职能转变的制度保障。

在全面深化改革的总体布局中，行政体制改革具有系统性、综合性、协调性特点，与各领域改革都有紧密联系。一是根据全面深化改革的总目标确定深化行政体制改革的战略目标。行政体制改革作为上海整体改革的一部分，在任何时期必须与上海的全面改革形成整体合力，成为全面深化改革的有机组成部分。因此，不能就行政体制改革而改革，必须有需求导向、问题导向和战略导向。二是行政体制改革与经济、政治、社会、文化、

生态和党的建设等诸多领域的重大改革举措结合起来。深化行政体制改革，要与各阶段区域重大战略协同，要为区域重大决策配套，要有针对性地推进解决各领域改革中涉及的相关体制机制问题、职能调整和机构设置问题等，促使各项改革措施的顺利实施。三是要坚持顶层设计和“摸着石头过河”相结合，要以战略思维把握深化行政体制改革的方法步骤，要与全面深化改革的方法步骤相协同，坚持整体推进和重点突破相结合，把握好稳中求进的总基调，遵循系统、科学的方式方法，循序渐进，逐步推开。

第三节　上海政府职能转变与我国行政体制改革

一、加快政府职能转变是深化我国行政体制改革的核心

改革开放以来，随着经济、文化、社会等各领域改革的推进，我国先后进行了七轮比较集中的行政体制改革（见表 8-2）。从时间上看，基本五年一个改革周期，也就是每届政府换届时集中改一次。从总体上看，改革取得了明显的成效，即政府对微观经济运行的干预逐步减少，社会管理和公共服务职能不断加强；政府组织结构持续优化，机构设置和职责体系趋于合理；行政运行机制日渐完善，行政管理方式逐步转变；法治政府建设全面推进，依法行政不断取得新进展。

表 8-2　中国行政体制改革

年份	内容
1982	下放经济财政管理权限，扩大企业自主权
1988	提出转变政府职能，裁减专业部门，推进政企分开
1993	加快政企分开，进一步改革计划投资、财政、金融管理体制
1998	进一步撤并国务院机构，大幅精简人员编制
2003	强调要全面履行政府职能，解决经济和社会发展非均衡问题

续表

年份	内容
2008	进一步强化政府社会管理和公共服务职能
2013	启动了以转变政府职能为核心的新一轮改革
2017	转变政府职能，深化简政放权，创新监管方式，增强政府公信力和执行力，建设人民满意的服务型政府

习近平在十九大报告中指出，为适应新时代中国特色社会主义现代化，要进一步深化机构和行政体制改革。他指出，特别是要“统筹考虑各类机构设置，科学配置党政部门及内设机构权力、明确职责”。与此同时，“统筹使用各类编制资源，形成科学合理的管理体制，完善国家机构组织法”。此外，还需要“赋予省级及以下政府更多自主权。在省市县对职能相近的党政机关探索合并设立或合署办公”。这些思想反映了政府机构和行政体制改革未来发展的三大方向，并将为指导服务型政府建设提供了行动路线图。报告还指出，政府机构和行政体制改革归根结底是要“转变政府职能，深化简政放权，创新监管方式，增强政府公信力和执行力，建设人民满意的服务型政府”。如果机构改革无法带动职能转变，或者难以推动政府管理创新，就谈不上深化行政体制改革。此次报告明确了未来政府机构和行政体制改革的方向，有利于在巩固已有机构改革成果的基础上，进一步实现行政体制改革的提质增效。因此，通过上述三方面的改革深化，特别是加强内外联动、资源统筹和上下互动，必将提升政府工作的效率、效果和公平，并赢得人民的满意和信任。

二、上海行政审批制度“从管制到服务”理念的革新

政府理念革新是政府行为变革乃至行政体制变革的内在价值基石，纵观全球，服务行政已经成为各国政府的主流价值取向，是政府自我定位和锐意革新的内在要求。上海行政审批制度改革的历程表明，从管制到服务，这是政府从计划体制到市场体制转变过程中内在价值取向的深刻转变。

（一）强化以服务为核心价值的政府责任。

权力与责任是一对共生的关系，但在管制型政府模式下，行政审批强化的是权力，往往会忽视与之相对应的行政职责和政府义务。上海在改革开放初期政府主导色彩浓厚，在注重行政效率的同时，忽视了市场的作用。上海针对存在的突出问题，首先，从倡导公共服务理念入手，率先在全国提出构建服务型政府，植根“公共性”理念，明确政府责任。其次，上海市地方政府特别强调公共行政的科学化，充分利用了社科院、党校、部分高校的力量，发挥智库作用，认真做好五年规划和重大项目布局。再次，通过绩效评估，倡导新型行政文化。逐步形成以人为本的服务理念，最大限度地排除个人权力的恣意武断和主观随意性，使权力关系社会化。通过强化服务价值理念，承担起政府应有的责任和义务。

（二）强化以制度建设为基本的运行体制机制。

上海审批制度改革通过对一系列规则的设计，调整了权力部门之间的关系，充当“看不见的手”，设立“游戏规则”，能够确保规则达到经济调节、市场监管的目的。上海行政审批制度改革强调规则的服务化，其实质就是打破权力垄断，严格限制权力的运用，放松规制，还权于市场和社会，把好“舵”，而不再是亲力亲为的“划桨”，将重心转向服务和引导。

（三）强化多元治理主体的共同参与。

上海是在全国率先推出政府购买社会组织服务的地区。上海通过规范购买流程，建立社会组织第三方评估机制等，先后出台了《经济鉴证类社会中介机构规范管理的若干意见》《促进行业协会发展的指导意见》《行业协会暂行办法》《支持行业协会发展改革若干意见》等文件，促进了社会主体的发展，将原来由政府做的事放手给非政府主体去完成，提高了服务质量，满足了公众的需要。

除此之外，上海还组建了社会团体管理局和社会服务局等机构，加大对社会组织的培育和扶持力度，使政府进一步理清运行边界，真正做到了精简高效，在更高层次上实现了宏观管理。目前，上海的中介组织在促进就业、培训、教育、环保、能源等方面越来越发挥出重要作用，特别是在社区和创新两个领域，通过多元化的社会管理主体依法管理或参与管理，对治理基层社会和实现“大众创业、万众创新”提供了基础。

三、上海城市治理中政府“综合配套改革”的积极探索

上海综合配套改革试验区，从管理权限、资金扶持、政策优惠等层面给予试验区足够的自主权，全面实施综合配套改革试点，综合配套改革也因此奏响了前奏。综合配套改革是传统改革模式的创新，是国家经济社会发展、实施改革开放战略的非常重大的战略布局，它将改革的视角从局部拓展到全局，改革的领域从部分扩展到整体。综合配套改革从宏观层面着手，具有明显的系统性和整体性。浦东综合配套改革更多的效应在于其对上海和全国其他地区改革发挥着强有力的引领和示范作用，这也是国家实施这一制度安排的初衷。在浦东新区的综合配套改革进程中，最具示范性的改革效应体现在以下四个方面：

（一）行政管理体制改革——政府职能转变。

切实推动政府职能转变，是浦东新区综合配套改革的首要任务和重要内容之一。重点体现在以下两点：首先，按照上海大部门体制改革方案，完成机构重组与改革，重点解决职能交叉、职责不清、政出多门、扯皮推诿的现象，建立健全部门间协调配合机制，逐步构建部门联席会议机制和信息共享机制。其次，深化行政审批和企业投资审批管理制度改革，相对集中行政审批权，设立行政服务中心，规范统一受理流程。

（二）社会事业改革——城郊二元并轨与一体化发展。

在教育、医疗等公共服务领域，按照城乡一体化的思路推进社会事业发展，努力实现城乡之间公共服务的相对均衡化，是浦东新区开发开放和综合配套改革的主要成就。例如在教育领域，按照城郊结合、均衡合理、理顺关系的原则，新区组建了四个教育署。教育署作为新区社工委、社发局的派出机构，对所辖中学、小学、幼儿园、职教和成人教育实施全面统一管理。城乡二元教育体制并轨以后，城郊基础教育实行统一硬件配备、统一拨款标准、统一信息平台、统一提供教师培训与发展机会的“四统一”，促进郊区教育跨越式发展。而在医疗领域，按照城乡资源互补的原

则，组建了城乡医疗联合体，实现了医疗资源的城乡互补和平衡。

（三）政府与社会关系重构——小政府、大社会的构建。

按照市场经济的要求，积极转变政府职能，大力发展社会组织，促进社会成长与发育，构建“小政府、大社会”格局，是浦东新区综合配套改革的主要成效。具体而言，浦东新区出台了旨在促进社会组织发展的《关于促进浦东新区社会事业发展的财政扶持意见》，对行业协会、民非单位的培训机构和养老机构，从建设、运营等各方面给予扶持，如对区经济发展有贡献的行业协会补贴 3 万元工作经费，对社区公益性以及涉农社会组织给予 4 万元开办费、运行费、房租补贴等；此外，还制定了《关于着力转变政府职能建立新型政社合作关系的指导意见》、《关于促进浦东新区民间组织发展的若干意见》和《关于政府购买公共服务的实施意见》，这些都对促进浦东新区社会组织健康发展发挥了重要的推动作用。

四、中国（上海）自由贸易试验区政府职能转变的引领示范作用

2013 年 9 月 29 日，上海市人民政府公布了《中国（上海）自由贸易试验区外商投资准入特别管理措施（负面清单）（2013 年）》，2014 年 9 月又发布了 2014 版的《负面清单》。《负面清单》依据《国民经济行业分类及代码》（2011 年版）分类编制，共涵盖 18 个行业门类，89 个大类，419 个中类，1069 个小类，共计 190 条管理措施。2015 年《负面清单》缩减至 122 项。2017 年 6 月 16 日，国务院办公厅印发了《自由贸易试验区外商投资准入特别管理措施（负面清单）2017 年版》（以下简称“《2017 年新版自贸区负面清单》”），并于 2017 年 7 月 10 日起实施。新版《负面清单》更加精炼，划分为 15 个门类、40 个条目、95 项特别管理措施，比 2015 年版减少了 10 个条目和 27 项措施，这标志着《负面清单》在为自贸区建成中国对外开放的“最高地”、深化外资管理体制机制和形成开放型经济新体制上释放了显著的改革红利。据悉，2017 年版自贸区《负面清单》实现了大幅“瘦身”。与 2015 年版相比，2017 年版减少了 10 个条目和 27 项措施，

在采矿业、制造业、交通运输业、信息和商务服务业、金融业、科学研究和文化等领域进一步扩大开放，特别管理措施减少至95项，开放度、透明度大大提升。此外，2017年版《负面清单》在进一步对标国际规则的同时，按照现行国民经济行业分类的标准表述对27个领域的具体条目加以规范，对具体限制性要求的描述更详细，使清单更具可操作性。

负面准入清单是上海自由贸易试验区最先使用的，为了扩大资本自由化和保护本国核心产业，同时也是为了与国际接轨，中国率先在上海自由贸易试验区采取负面准入清单制度。负面准入清单即是政府以清单方式明确列出禁止和限制企业投资经营的行业、领域、业务等，清单以外则充分开放，即“法无禁止即可为”，企业只要按照法定程序注册登记即可开展投资经营活动。它是一种市场准入的“规则”，只要不是法律法规或规范性法律文件明确禁止和限制的主体，可以进入相关市场从事清单上禁止以外的行为，由法律规定来决定市场主体是否具有进入市场的资格。这就意味着在负面准入清单制度下，只有法律才能够对市场主体资格和市场行为类型进行授权，清单以外则充分开放，赋予投资主体极大的自由度，更加容易吸引资金投入到市场经济建设。同时，负面清单制度，使政府职能从行政审批转变为事中事后监督管理，减少政府对市场经济的过度干预和不必要的审批、降低市场准入的门槛和行政审批手续，节省大量的时间和精力，简化政府办事流程还经济以活力。

由于我国处在计划经济向市场经济的转型期，应赋予投资主体更多的机会进入国内市场，给予市场主体更多的权力，充分开放投资市场，使我国更多的企业“走出去”、外国企业“引进来”。负面清单制度则是宽松的市场准入制度，“法无禁止即可为”，只要法律不禁止，清单不包含，相关行业、领域、行为投资主体都可以参与，给投资者充分的选择自由和较低的市场准入门槛。

负面清单制度对深化改革具有深远意义。在政治上，“负面清单制度限制了政府权力”，体现了民主政府的价值追求。在经济上，“负面清单制度体现了经济开放与经济安全并重”，市场经济需要有序开发的导向。在法律上，负面清单制度是开放型经济法律体系的有机组成部分。“管得少的政府才是管得好的政府”[①]，体现了市场经济体制下对政府简政放权、发挥市场决定性作用的倡导。市场的自由度与一个国家的市场经济成熟度和开放程度密切相关。一般而言，进入市场的元素越多、限制越少，市场经济的自由度越高，发展就越成熟。负面清单制度，就是最大限度地减低市场进入门槛，减少限制，进入市场的元素会越多，这样市场经济的自由度越高。在负面清单制度下，政府对投资者进入市场没有过多干预，给了他们以极大的自由度，体现政府简政放权，将权力转让给了社会和市场，最大限度地发挥市场的资源调配作用。市场的活力来自于竞争，市场调节机制主要是价格和供求关系。如果政府对市场过多的干预，市场主体的竞争下降，市场活力也会变弱。而负面清单制度，在清单外，给予各个市场主体同等的法律主体地位和相同的权利，因而保证了市场的有效竞争力。尤其是，准入前国民待遇打破了中国传统的投资准入制度，对国内外市场主体在自贸区采取了相同一致的市场标准，使国内外投资主体在清单外具有平等的法律地位，通过竞争，促进我国国内投资主体的科技实力和竞争力。“负面清单”最大的意义在于结束了“政府在前制定政策，市场紧随政策进行活动”的模式，最大化地利用市场的能量，发挥市场主导作用。

第四节 新一轮改革开放中上海地方政府职能转变的路径思考

一、探索“四位一体”的“清单管理”模式

党的十六大报告指出，要进一步转变政府职能，改进管理方式，推行电子政务，提高行政效率，降低行政成本，形成行为规范、运转协调、公

---

① 参考约翰·奥利沙文（John LO’ Sullivan）所著的《美国杂志与民主评论》（The United States Magazine and Democratic Review）。

正透明、廉洁高效的行政管理体制。十八届三中全会上正式提出“权力清单制度”，上海自贸试验区采取“负面清单制度”。党的十九大报告指出，开放带来进步，封闭必然落后。中国开放的大门不会关闭，只会越开越大。实行高水平的贸易和投资自由化便利化政策，全面实行准入前国民待遇加负面清单管理制度。上海逐渐成为全国“清单管理”模式的试点区。加快对政府权力清单、负面准入清单、企业诚信清单和社会自治清单这“四位一体”的“清单管理”模式探索，将成熟的“清单管理”模式用于推动上海行政管理体制改革。

政府权力清单制度是近年来我国地方政府尝试对行政权力滥用、职权分割不清和随意设置权力等现象，进行规范和约束的一些经验总结的成果。目的在于提升行政效率、简化政府行政程序，理顺部门审批职责、归并交叉重复审批事项、区分行政审批和行政管理事项，将行政审批和行政监管相对分离。在充分体现行政权力改革的同时，优化政府行政权力，达到廉政的目标。权力清单制度是我国权力公开运行改革的起点，也是我国加强依法行政强化社会监督，从源头根除腐败的重要举措，对于推动我国民主与法律制度建设进程和社会主义市场经济改革具有重要的意义。通过公开政府行政权力，揭开权力运行的神秘面纱，打破其封闭性，增强社会监督，确保政府行政高效和廉洁。政府权力清单，就是规定政府的每个部门该干什么，以及其所包含的每个岗位的职责与应该怎样行使职权的制度规范，并以清单形式将行政权力的行使过程公之于众，接受多元主体监督的制度。权力清单制度对外公开政府的权力，可以让每个公民都清楚知道政府部门应该给社会提供什么样的服务，以什么方式提供服务，对政府行政行为给予监督。

权力清单制度的运用是为了解决我国当前政府行政方面存在的一些问题：权力滥用导致的政府权力越位于社会权力，损害社会公共利益；职权不清导致政府官员在对待利益上的一哄而上，对待问题推诿扯皮、相互推卸责任，造成了我国行政部门内耗严重，工作低质低效等问题；由于我国行政权力的不公开，地方政府随意新设自己部门的审批事项，加重手续复杂度，浪费了企业和公民的大量时间和精力；政府行政权力无序导致权力寻租和腐败的滋生，降低政府行政运行效率和政府的社会公信力。

权力清单制度的推行对推进政府职能转变、加快行政体制改革有着以下几个方面的积极意义：

（一）优化服务，提升效能，提升政府公信力。

权力清单就是自我约束的责任清单，也是向社会承诺的权利保障书。社会公众对照这个保障书，有充分的理由要求政府提供优质便捷高效的服务。而政府部门为了满足公众的权利和诉求，就必须密切干群关系，提高行政管理效率，推动服务型政府建设。

（二）强化公众参与，推动政府决策的科学化、民主化。

政治参与的前提是要求公众对行政权力的行使有确切的了解，权力清单制度通过将政府权力公开，使公众在充分掌握信息的基础上，直接或间接参与政府的管理。权力清单公开的目的是让公众进行判断、评价和反馈，从而使政府决策更加科学，公众参与度得到提高。

（三）以低成本、高效率的方式，从源头防治腐败。

限制权力和监督权力是遏制腐败的两个途径，如果权力的行使没有边界，就会导致腐败的产生。实践证明，限制权力比监督权力更加便捷有效，成本更加低廉。权力清单制度通过给权力划定清晰的边界，最大限度地限定权力的范围，消除了腐败产生的现实空间。同时，公开清单可以得到全社会对政府行政权力行使的监督，遏制腐败的生长和发展。

（四）完善权力运行问责机制，增强政府的责任意识。

权力清单制度不仅强调权力的公开和监督，而且注重政府履行职责的考核和追究，权力清单同时也是责任清单。政府在设立权力清单时，必须细化责任的归属，便于对各个部门的管理，当出现问题时，也有利于追究相关单位的责任，对症下药。

在推行权力清单制度时，必须建立法治政府、有限政府和阳光政府。法治政府是权力清单制度推行的法治基础。我国治理国家的基本方略是依法治国，只有法治才能建立交易有序的市场环境和廉洁奉公的政府。保障市场经济有效运行的法治包含两个方面的内容：一是保障市场自由（市场准入、资源配置）的发展；二是保障市场秩序（市场监督）的法治。政府应该发挥在市场监督上的法治，现实却是政府过度干预市场自由，对市场秩序监督不足，导致市场经济出现一定扭曲，不能健康发展。政府应加大对市场秩序的法治建设，减少对市场自由的干预。有限政府是权力清单制度的理论前提。政府行政权力是公民授予的，政府只能拥有为维护社会公民权利实现和保障的有限权力，并接受社会全体公民的监督。有限政府的本质通过权利约束权力，使行政权力在限制的范围内，使政府和市场的权力界限明晰化。阳光政府是权力清单制度推行的制度保障。法治政府和有限政府是将权力关进制度的笼子里，而阳光政府则是将权力曝光在阳光下，让公民看清笼子里的权力是什么。行政权力的封闭和隐蔽必然会导致腐败的滋生和权力的滥用，因而必须把权力曝光在阳光下，接受公民的监督，让公民参与到行政管理中。在上述基础上，权力清单制度基本上厘清了政府和市场的权力界限，中央政府和地方政府的权力界限、政府各个部门职能和权力的界限。

二、构建上海行政体制改革的多元化目标

根据上海“清单管理”模式的要求，上海行政体制改革的目标模式应是多样的。首先，建立有限政府和有效政府。有限政府要求政府放权于社会，给市场经济发展以极大的自由，自身并不直接参与和控制经济活动；政府主要在市场活动中发挥“守夜人”和宏观调控者的角色，这就要求政府是有效政府，能够及时有效地掌握市场活动信息，并作出合理反应。其次，建立法治政府、责任政府和阳光政府。法治政府即要求政府依法行政，不滥用职权，保证行政管理的合法性；责任政府是指政府能够保障社会利益，只有当政府成为责任政府时，政府行政行为才会从公民的权利出发，做有益于民的事；阳光政府是一个对政府行政进行民主控制的制度安排，政府将行政权力和运行过程公开给公民，让广大公民清楚知道政府干了什么，能干什么达到对政府行政运行的监督，并保障公民权利的实现。最后，把政府建设成为服务型政府。党的根本任务就是为人民服务，政府是我党进行管理的管理组织，因而政府行政目的应该与我党的宗旨一致，就是服

务于民。当前在“清单管理”模式的探索阶段，上海行政管理体制改革目标模式确定为“适度有限权力、责任、法治、阳光的政府”。

三、深化上海行政管理体制改革的基本路径

党中央已经明确提出了进一步深化行政管理体制改革的路径[①]：

一要更新观念，进一步转变政府职能；

二是按照精简、统一、效能的原则和决策、执行、监督相协调的要求，完善机构设置，理顺职能分工，合理划分中央和地方经济社会管理权责；

三是大力推进电子政务建设，充分利用现代通信发达、信息传导便捷的有利条件，精简管理层级，扩大管理半径；

四是全面推行依法行政，强化外部监督体制，实行政府行为责任追究制度，完善政府自我约束机制；

五是要完善科学民主决策机制，采取多种渠道，运用多种形式，广泛集中民智、反映民意，使决策真正建立在科学、民主的基础之上；

六是建立应急管理机制，提高对突发事件的应对能力；

七是积极、稳妥地培育和发展第三部门；

八是大力建设高素质的公务员队伍，并辅之以科学的绩效考核制度和责任追究制度。

四、上海行政管理体制改革的对策建议

结合“清单管理”模式，上海行政管理体制改革具体政策如下：

首先，管理理念更新。

理念更新是管理制度改革的前提。“清单管理”模式是一种全新的管理方式，对上海政府行政管理者的管理理念提出了新要求。传统的政府行政

---

① 根据国务院总理李克强在第十二届全国人民代表大会第五次会议上所作政府工作报告（全文）中的观点整理而成，参见新华网，2017 年 3 月 5 日。

管理思想已不能适应上海行政管理体制改革的需要，只有转变管理理念和创新政府行政管理体制，才能更好地适应社会发展的需要。

其次，协调各方力量。

上海行政管理体制改革成败的关键在于是否能够协调好政府职能部门、企事业单位和社会组织等各方之间的关系。只有协调好各方关系，为上海行政管理体制改革创造良好的条件和环境，才能促使行政管理体制改革成功。在协调各方力量时，将政府管理职能集中到统筹规划、制定政策、组织协调、提供公共服务和创造良好有序的社会经济发展环境，以推动改革进程；企业树立诚信理念，诚信交易，促进市场经济健康有序发展，节约政府对市场的监督管理成本，以便政府将更多精力用于提供公共服务；设定负面准入制度，放宽企业进入市场进行投资经营活动的门槛，激发市场活力；呼吁社会第三方组织积极进行自我管理和自我服务，减少政府负担。

再次，管理组织创新。

“清单管理”模式是一种全新的管理方式，在国内没有先例可循，一切都要重新开始。上海在行政管理体制改革中探索“清单管理”模式，需要借鉴国外先进经验和我国的一些大型活动成功的运行管理机制，坚持从实际出发，调整行政组织机构，增加专业管理部门，加强宏观管理部门，减少行政职能部门，扩大社会服务，加强执法监督部门，引进社会第三方组织，按照权责一致的原则，明确各部门的职责权限，明确部门间的职责分工，形成科学管理体系。

第一，在横向上，实施“网格化”管理。

网格化管理是现代城市管理中应用的一种新型管理方式，其基本管理方式就是将城区行政性地划分为一个个的“网格”，将这些网格作为政府行政管理的基本单元，把人、地、物、事、组织等内容全部纳入其中，实现精细化、信息化、动态化的社会服务管理，是现代城市管理方式的一种革命和创新。

第二，在纵向上，实施业务条线指导，发挥职能和业务主管部门作用。

政府各个部门各自负责自己的管理组织工作。将政府各个部门职能细化，避免政府职能交叉。

第三，在总体管理上，建立“一体化、扁平化、专业化”的立体行政管理体制。

所谓一体化，就是要求整个上海行政管理体制改革由上海市政府统一决策、统一指挥、统一调配，各个部门是一个整体。所谓扁平化，就是在上海市政府条件下，各级部门、各个企业和各社会组织为执行上海市政府指令的二级指挥平台，使上海市政府的指令能够迅速传递到各级部门、企业和社会中去，及信息的及时反馈。所谓专业化，就是指导“清单管理”模式中清单的制定者需要制定具有专业的知识，权力清单制定者必须熟悉政府应该行使哪些权力及应该限定哪些权力，如何制定清单能平衡政府与市场之间的关系；企业诚信清单也必须对企业经营业务熟悉才能作出准确判断；负面准入清单更需要制定者对整个经济形势和行业作用有专业的了解，否则清单将不能发挥正效应。

最后，正确处理各方关系。

当前政府行政管理中存在“四位”问题：经济调节越位、市场监管越位、社会管理错位和公共服务不到位。科学界定政府与市场、社会的边界，充分发挥市场配置资源的基础作用，把更多的管理及服务职能转移给社会和市场，切实转变政府职能，逐步形成“小政府、大社会”的治理模式。虽然上海对“清单管理”模式的探索取得了一定成就，如政府透明度增加，腐败和权力寻租概率降低，市场活力增强，就业机会增加，人民对政府行政运行更加明了，财政支出减少等。但是，由于“清单管理”模式处于探索阶段，对“清单管理”模式中“四位一体”的构建参差不齐。负面清单已经在自贸试验区开展，权力清单制度也逐渐在上海政府各个部门先后进行，企业诚信清单和社会自治清单还没有建立起来。已经建立起来的负面清单管理和权力清单制度仍然面临着一些问题和挑战。

第一，治理方式和治理理念面临“急转弯”。

我国在上海自贸试验区探索实行负面清单管理，并有在全国范围内推广之意。我国长期实行的是“正面清单”管理，即政府以清单方式列明什么可以做，企业通过政府审批后才能从事相关投资经营活动，清单之外通常被认为是不允许的。这与负面清单管理的治理理念“法无禁止即可为”正好相反，实行负面清单管理要求简政放权，要求将工作重心转向事中事后的监管。因此，如果贸然在全国推广，将会带来治理方式和治理理念的“急转弯”。面对这样的转变，那些已习惯于坐拥“审批权”的部门或个人是否愿意真正放权，那些“庸官懒官”是否会尽职尽责，都将直接影响负面清单管理的实行效果。

第二，“非禁即允”加大了行政管理的风险。

实行负面清单管理必须遵循“法无禁止即可为”的管理理念和管理方式，否则就不能称作“负面清单”管理。而“法无禁止即可为”实际上就是“非禁即允”，即没被禁止的就是允许的，这样的“宽进”要求必须“严管”，这无疑加大了行政管理的风险。一方面是加大了行政管理中的法律风险。因为所“禁”的项目带有很大的不可预知性，如果没有列入清单，将被“默许”，若表述不够精确，也会造成歧义，这些都加大了引发法律问题的可能性；另一方面也加大了行政管理中的监管风险。“非禁即允”是个“急转弯”，增大了行政监管中“不作为”、“慢作为”和“不能有效作为”等行为出现的可能性，同时“非禁即允”降低了市场准入门槛，也增大了事中事后监管的范围和难度。

第三，《负面清单》的制定是一个全新课题。

我国长期实行的是正面清单管理，政府擅长的是制定“正面清单”，以鼓励做什么，或允许做什么。而对各级政府而言，制定限制或禁止什么不可以做的“负面清单”却是一个全新课题。《负面清单》的制定既要体现国家“让市场起决定性作用”的改革精神，不能成为“正面清单”的翻版，也不能威胁到国家的安全和市场的稳定。正因如此，上海自贸试验区在制定《负面清单》时特别谨慎，强调其为2013版的《负面清单》，以表示将在实践过程中逐步完善和提高清单质量。这仅就上海自贸试验区试点负面清单管理而言，如果是在全国范围内推广实行，面临的挑战将会更大，因为我国的经济结构和行政方式存在客观上的差异，要制定一份“两全其美”的高质量清单是个难题。

第四，公有制经济的主体地位面临巨大挑战。

我国市场经济的基本经济制度是公有制为主体、多种所有制经济共同发展。必须毫不动摇巩固和发展公有制经济，坚持公有制主体地位，发挥国有经济主导作用。上海市实行负面清单管理后，有望形成一个以《负面清单》为基础的统一市场准入制度，各种所有制经济主体均可依法平等进入清单外的领域。这意味着公有制经济面临更多的市场竞争，公有制经济的主体地位受到巨大挑战。

第五，高标准游戏规则给企业带来转型压力。

我国探索实行《负面清单》管理旨在与国际接轨，是有意“打造内外资企业一视同仁、公平竞争的营商环境，使中国继续成为外商投资首选地”。目前，以美国为首的发达国家正欲构建以“负面清单”为基础的新的世界贸易规则。因此，无论是与国际接轨，还是给予外资准入前的国民待遇，都将使我国的企业面临更高标准的开放、环保、技术等规则。我国还处在工业化进程的中后期阶段，我国的三大产业都存在不同程度的薄弱环节，与发达国家的产业发展相比较，还有一定的差距。因此，“高标准游戏规则”将使我国处于转型过程中的企业承受巨大的压力。

第六，公民参与度不高。

政府权力清单制度的引入，虽然政府逐渐放权，并向公众公开行政权力行为，但是由于公民长期形成了对政府权力执行一般不予关注的态度，使公众对政府权力清单执行监督的参与度不高。

第七，“清单管理”模式在大范围内还没有形成。

企业诚信和社会自治一直存在，但是企业诚信清单和社会自治清单尚没有建立，由于企业诚信是一个比较泛而抽象的概念，清单很难列出与之相关的全部内容。社会自治清单需要在社会第三方组织发展壮大基础上成立，但是上海乃至整个中国，第三方组织发展规模小，发展比较缓慢。“郭美美事件”的发生，让社会第三方组织的公信力受损，影响社会自治。由于每个社会自治组织的侧重点不一样，社会自治清单也不一样，没有统一的标准，也不利于推广。负面清单管理只在上海自由贸易试验区进行，并没有在非自贸区运行，负面清单管理模式在非自贸区是否可行值得思考。

总之，上海“清单管理”模式正处在试点初期，虽然初见成效，但是仍然存在诸多困难和挑战，需要去克服。只有解决了这些问题和挑战，上海行政体制改革才能取得圆满成功。

第九章

上海社会管理的改革开放

上海市政府历来高度重视社会管理工作，并紧紧围绕建设“四个中心”和全球城市的奋斗目标，认真贯彻落实中央和市委、市政府有关部署，不断创新社会治理理念，积极探索社会组织规范有序发展的新途径、新举措。经过多年来的不懈努力，上海市按照社会治理多元主体共同参与的时代要求，坚持培育发展和监督管理并重，完善整体设计，创新体制机制，持续加大公共财政支持力度，走出了一条具有上海城市特色的社会管理创新发展之路。

第一节　上海社会管理的发展历程

1982年，上海正式启动农村经济体制改革，郊区人民公社体制逐步解体。1985年，上海城市经济体制改革正式揭开序幕，以单位制为主、街居制为辅的社会管理体制已不适应现实形势的发展变化。为此，上海探索改革社会管理体制，下放管理权限、下移工作重心，下沉服务管理资源，逐步形成了“二级政府（郊区是三级政府）、三级管理、四级网络”体制。

一、上海社会管理的历史演进

（一）启动市区管理体制改革（1985—1993年）。

1985—1989年，上海以简政放权为核心，按“成熟一项下放一项”的原则，通过建立和完善区一级财政、调整区级机构设置和干部编制，在加强区县经济发展职能的同时逐步向区县下放城市建设和管理、社会事业发展和管理的权责。从1992年起，对原来的“一级半政府、一级半管理”体制进行改革，到1993年基本实现了向“两级政府、两级管理”体制的转变。

（二）建立社会管理体制的基本架构（1994—1999年）。

1994年，上海市委、市政府召开街道工作会议，提出赋予街道城市管理、社会治安综合治理、社区服务、精神文明建设、基层干部队伍建设等城市和社会管理职能，在街道层面逐步建立“统一领导、分级负责、条块结合、以块为主”的管理体制。经过试点，1996年，上海市在城区工作会议中正式提出了建立“两级政府、三级管理”城区管理体制，明确了街道对辖区内的社区建设和街道经济发展行使组织领导、综合协调、执法监督检查等行政管理职能，对地区性、社会性、群众性的工作负全面责任。同时，理顺条块关系，强化街道辖区内区级职能部门派出机构的双重管理制度，扩充街道行政编制，进一步增加街道财力和居委会工作经费，提高街道履行职能的能力，基本确立了市区“两级政府、三级管理”体制。按照这个体制，市级层面负责对全市社会管理的领导、组织、统筹；区级层面负责对辖区社会管理的领导、组织与督导，街道和区县职能部门为落实社会管理的责任单位。

（三）社会管理体制进一步完善（2000—2011年）。

2000年，上海市政府出台相关政策，进一步完善市、区（县）、街镇三级权责划分和财税体制。按照民政部《关于在全国推进社区建设的意见》所提出的社区服务、社区管理、社区共治、社区自治的四项任务，上海的街道管理体制正式向社区管理体制转变。2004年，上海市委制定了《关于加强社区党建和社区建设工作的意见》，明确将社区定位在街道范围，并初步形成了党委领导统筹、政府负责公共服务和社会管理、驻区单位协同社区建设、基层群众自治组织积极参与的社区发展模式。按照这个模式，街道党组织按照社区行政组织、居民区、驻区单位三条线，分别建立了社区党工委领导下的行政组织党组、居民区党委、综合党委，形成区域化、全覆盖的党组织工作体系。街道办事处在行政职能上强化区域综合管理、监督专业管理、组织公共服务、指导自治组织的功能，促使街道工作重心向社会管理和公共服务转移。区（县）行政管理职能部门将服务管理资源下沉社区，构建了社区网格化管理体系。特别是以举办2010年世博会为契机，上海相继出台实施了一系列法规、政策和工作措施，街镇、村居层面的公共服务和社会管理功能不断充实强化，“两级政府、三级管理”体制进一步巩固完善。

（四）社会管理体制继续深化（2011 年至今）。

2011 年 11 月，上海市委、市政府召开全市社区工作会议，就新形势下强化街道综合管理功能、针对城市化地区探索推进“镇管社区”体制改革、推进社区居委会自治能力和社区工作队伍建设、推进农村社区建设和管理、提高社区党建实效、加强社区建设的领导体制和财力保障等方面提出了新思路和新任务。

当前上海发展已经进入新的阶段，要面向全球、面向未来建设“四个中心”、卓越的全球城市和具有世界影响力的社会主义现代化国际大都市，提高城市管理精细化水平成为推动高质量发展的重要举措，成为创造高品质生活的必然要求。2018 年 1 月 31 日市委、市政府召开加强城市管理精细化工作推进大会上，上海市委书记李强提出：“以绣花般的细心、耐心和卓越心，使上海这座城市更有温度、更富魅力、更具吸引力。”

二、上海社会管理特征

（一）三级管理、四级网络的职能分工格局。

上海市委、市政府主要根据国家宏观决策，对全市社会管理工作进行领导决策，统筹管理，并协调各区县之间关系；区（县）主要根据市委、市政府决策对区域内社会管理工作进行决策管理和统筹协调；乡镇和街道对辖区内的社会管理工作负全面责任，主要行使强化综合管理、监督专业管理、指导基层群众自治的职能；村委会、居委会主要负责开展村民、居民自治活动，同时协助政府开展相关工作。

（二）分级负责的三级工作推进体系。

2009 年 11 月以来，上海市、区（县）分别成立社会建设工作领导小组负责统一领导全市、各区县范围内的社会建设和管理工作（部分街镇也相应建立了社会建设工作领导小组），市、区（县）直属的多个相关党政职能部门被列为市、区（县）领导小组成员单位，并确定了专项工作的分管领导和相应责任处室，建立工作协调联动机制；领导小组下设办公室，主要承担开展调查研究、进行统筹规划、提出政策建议、加强协调指导的职能。乡镇和街道普遍设立社区管理办公室或社区管理科等机构，与其他相关职能机构共同负责辖区内的社会管理工作。目前全市已基本形成了党委统一领导、分级负责、条块结合、以块为主的社会管理工作推进体系。

（三）专职专业为主、专群结合的工作队伍体系。

上海参与社会管理的工作队伍主要有党政部门及其所属事业单位的专职人员队伍、居委会和村委会工作人员队伍、社区工作者队伍、社会管理协管员队伍、志愿者队伍等五类队伍，基本形成了以党政专职力量为主、社会专业化力量支持、社会一般力量协助参与的社会管理工作队伍体系。其中，全市专职执法管理人员 9.2 万人（含公安警力 4.66 万人），居委会工作人员 18665 名，社区干事 6393 名，从事社会管理的各类社会工作者约 15 万人，各类社会管理协管员 7 万余人，平安志愿者队伍 85 万人，城市管理志愿者 3.1 万人。

（四）城乡二元的财力保障与编制配置结构。

上海市与区（县）在分税制基本框架下，实行的是“11753”的差别化财政政策。各区（县）根据本地实际，进一步理顺了与乡镇、街道的财政分配关系。目前中心城区大部分街道已剥离招商职能，街道工作所需经费与招商税收脱钩，由区本级以部门预算方式保障，区级职能部门与街道之间实行条费块转。中心城区少数区以及郊区仍对街道下达招商或税收指标，对街道实行税收分成的财力保障体制。郊区乡镇作为一级独立财政，社会管理经费主要由其本级负责保障，同时试行“镇财区（县）管”改革，加大区县辖区内的财力统筹配置力度。专职管理人员编制主要有行政编制、事业编制两类，编制人数长期按照城乡两元标准和机构的行政等级进行核定，目前仍没有较大调整。全市街道行政编制平均 61.9 名，事业编制平均 52.1 名；乡镇行政编制平均 55 名左右，事业编制平均 80 名左右。

（五）以街镇为关键节点的管理工作平台体系和联动网络。

目前上海在街镇层面普遍建立了以下几类社会管理工作平台：街镇社会治安综合治理工作中心、社区党员服务中心（社区党群服务中心）、社区社会（民间）组织服务中心、社区事务受理服务中心等，部分区还在街镇层面建立了城市综合管理与应急处置联动分中心（网格化管理分中心）。由上述工作平台为中间枢纽环节构建了一系列区（县）—街镇—村居—块区的多级社会管理联动网络。

第二节　上海社会管理取得的成绩和经验

一、上海的社区建设与管理

（一）上海探索社区建设与管理的主要经验。

上海从特大型城市管理和服务实际出发，把社区定在街道，建立了"三级管理、四级网络"的体制，这对有效整合社会资源、满足居民需求、确保社会稳定、巩固党的群众基础和执政基础起到了积极作用。

1. 初步形成了社区管理的新型体制架构。

2004 年底，上海市委八届六次全会根据党的十六大"以服务群众为重点，构建社区党建新格局"和党的十六届四中全会提出的"建立健全社会管理格局"的要求，决定在坚持和完善街道、社区党建工作协调机制基础上，着眼于充分发挥社区党组织的领导核心作用，按照"社区行政组织、居民区、驻区单位三条线，理顺社区党的组织设置，形成全覆盖的组织、工作体系"，探索建立组织化程度更高、覆盖面更广的社区党建工作领导和工作体制。经过近两年的试点，到 2006 年底，将全市街道党工委统一调整为社区（街道）党工委，在其统一领导下，按照"三条线"分别设立社区行政党组、综合党委和居民区党委。新成立的社区（街道）党工委，在功能上更加强化了区域领导核心作用，在成员构成上从"三条线"中增添了 4—6 名兼职委员（占委员总数的 1/3），代表区域内的各种组织参与党工委的领导工作。全市约有 400 多名驻区的机关、企事业单位的领导干部担任社区"兼职委员"。"三条线"党组织中，行政党组主要由街道办事处领导层和区政府条线部门派驻街道的"七站八所"党员负责人组成，重在协同、协调和整合社区内的行政资源；居民区党委主要负责居民区党建工作，由与居民事务相关的街道部门负责人、组织部门和居民区书记代表组成，重在加强对居民群众及基层自治组织专业管理、服务和指导，逐步建立居民区工作统筹、过滤机制；综合党委主要负责领导和指导辖区内两新组织党建工作，协助社区（街道）党工委联系指导协调驻区其他法人单位，一般配备专门力量，重在整合区域内法人单位资源共驻共建。“三条线”党组织负责推进本系统内单位党建工作资源的整合利用，在社区（街道）党工委统一领导下，分类强化社区（街道）党工委对各种组织和各项工作的领导，为形成“党委领导、政府负责、社会协同、公众参与”的社会管理新格局奠定组织基础。2011 年，上海市委印发了《关于进一步推进本市区域化党建工作的若干意见》，提出：把区域化大党建作为社区内各类党组织和广大党员参与社区建设、直接服务群众的平台，并且完善了社区党组织与驻区单位党组织双向沟通服务、双向得益机制，坚持驻区单位党组织到社区党组织联系、报到制度，社区党组织主动帮助驻区单位排忧解难、化解矛盾，驻区单位党组织要积极承接社区相关公益项目、志愿服务。并先后推进地铁社区、社区物业管理、社区公共绿地管理、社区城管执法等行业的党建联牵，实现了党的工作向领域延伸、向行业覆盖、向社会辐射，组织党员到所在社区报到，通过全天候接待、信息化管理、菜单式选择，统筹安排在职党员参与社区服务。

2. 创新基层社区共治的体制机制。

在上海市委、市政府的推动下，各区县积极实施街道职能改革，使街道成为“组织公共服务、实施综合管理、监督专业管理、指导自治组织”的主体，更多地承担起综合管理和公共服务的职能。如浦东新区制定了《关于进一步转变政府职能充分发挥街道办事处社会管理综合协调作用的若干意见》，推动街道由全能管理型机构向主导服务型机构转变，12 个街道退出直接招商引资，并按照“以事定财”的原则，街道费用实行政府部门预算管理，由新区财政统筹保障，以确保街道集中精力，把人、财、物等资源投入到社区建设中。在街道管理职能转变的同时，上海市政府也在积极探索在街道层面搭建社区共治平台，积极探索共商共治机制。自 2003 年以来，上海的许多街道都以社区委员会为载体，建立了居民诉求表达制度、意见征询制度、沟通协调制度和监督制度，让社会各方有效、有序地参与社区公共事务的协商治理，并探索社区服务“三中心”建设，努力改善社区公共服务。上海市政府印发了《关于加强本市社区居民委员会自治能力建设的若干意见》，明确了上海在区治理结构由社区（街道）层面开展共治和社区（居委会）层面开展自治两方面组成。居民自治以进一步深化自治家园创建为抓手，着重在制度的落实、自治网络的建构上下功夫，将居民自治工作做深做细；社区共治主要以共同需求、共同利益、共荣目标为纽带，并运用社区代表会议、社区委员会为载体，开展议事、协商、评议、监督等工作，继续创新政府购买服务的方式方法，同时引导社区社会组织良性发展，形成社区（街道）层面政府、企业、社会组织、居民共同参与、共同治理、共建共享的和谐局面。

3. 激发居（村）委会自治活力。

近年来，上海全面推进居委会直接选举，推广听证会、协调会、评议会“三会”制度，扩大居民在社区管理事务和公共服务中的地位，资源配置基本到位，自治载体不断拓展，形成了充满活力的群众自治机制。目前上海居民自治的载体主要包括三种形式：（1）居委会；（2）包括居民自治小组、“弄堂管理委员会”、民管会、大楼自管小组、“民情恳谈会”等居民议事协商平台；（3）文体团从等居民活动性组织。并在此基础上，创建了 88 个自治家园，作为上海居民自治活动的样板。2012 年居委会直选比例高达 94.8%，基层群众民主参与的热情日益高涨。由居民群众参与决策社区事务，协调社区纠纷，评议政府工作，协调社区矛盾，并大力推行居民听证会、居民协调会和居民评议会的“三会”制度，以促进社区的民主管理。全面建立居务公开制度，将国家的有关政策、街道和居委会的各项工作向居民群众公开，自觉接受居民群众的监督不断完善居民会议、居民公约、居民自治章程等自治制度，让居民群众在社区自己管理自己的社会事务。这些制度的落实，有效畅通了社情民意的反映渠道，培育和增强了广大居民群众的民主自治意识和参与意识，并且有力地推进了居民自治。切实减轻居委会负担，保障居委会工作经费，明确居委会工作经费每年不低于 6 万元，由街道（镇）及区级财政负责落实，还可以探索因地制宜地设置社区事务工作站，主要承担上级政府交办的行政事务，让居委会把更多精力放在社区服务和自治上。在郊区农村社区建设方面，则主要突出强化村委会组织生产、社会管理和公共服务的功能，增强村民的自治能力。

党的十七大以来，为了贯彻中央关于进一步加强基层民主建设的精神，上海市各区（县）普遍在区、街镇、居（村）委会三个层面开展了相关自治机制建设探索：在区级层面，利用区政府网站，大力开展区长网上办公、市民听政会等“听政于民，问计于民”活动，进一步畅通和完善市民参与管理的机制和平台；扩大了政社互动合作，进一步促进政府行政管理和居民自治的互联、互动和互补。在街镇层面，推动街道办事处职能转变，进一步强化街道社区管理和公共服务的职责。通过建立街镇党政领导与市民共商和谐社区发展例会制度，社区代表会议制度，改革社区管理模式，建立社区委员会，推行社区共商共治，扩大政社合作，积极动员社区各类主体广泛参与社区公共事务。在居（村）委会层面，进一步加强居（村）委会规范化建设，积极探索居（村）民自助和互助服务制度，建立健全居（村）民信访代理制度，进一步发挥居（村）委会倾听民意、反映民情，联系居（村）民和政府之间的桥梁和纽带作用，切实维护群众的民主权益。

4. 探索区域化党建领导新方法。

积极探索区域化党建领导体制和工作方法，加强基层社会管理，逐步形成了以社区（街道）党（工）委为核心，居民区党组织为基础，以服务群众为重点，以组织联建为基本方法，驻区单位党组织和全体党员共同参与的区域化党建工作新格局，并在保障和服务世博会成功举办过程中经受了考验、体现了成效，在社区共治推进中发挥了核心引领作用。例如：部分街道聚焦城市管理和民生问题，探索区域党组织与行业党组织、单位党组织开展党建联建共建，先后推进了社区与地铁、物业管理、公共绿地管理、城管执法等行业的党建联建，积极推动社区党组织与这些行业单位党组织实现组织互联、工作互动、功能互补，有效整合政府部门、行业单位和基层社区的优势资源，共同做好群众工作，实现多方共赢。社区共治平台主要体现为：全市街道层面建立的社区代表大会、社区委员会和街镇自行探索的个性化共治平台（如长宁区新华路街道的凝聚力工程分会）。联动共治机制有了新的实践，闵行、嘉定等区开展城市管理“大联动”“大联勤”探索，在社区网格化管理的基础上，分别组建街镇大联动分中心和街镇的城市综合管理联勤大队，将条线资源与块上力量相整合、行政执法与综合管理相支撑，形成了“条块结合、以块为主”的工作机制，充分整合社会协管力量和行政执法力量至街面和小区巡管网格开展工作，建立起一张纵向到底、横向到边的管理网络，既提高了政府管理效率，又提升了城市社区管理水平。在郊区特别是人口导入较多的近郊地区，试点“镇管社区”工作模式，在城镇化水平较高和社区发展比较成熟的地区设立社区管理机构。

5. 增强社区公共服务能力。

在“十二五”期间，上海进一步完善社区事务受理服务中心、社区卫生服务中心和社区文化活动中心的运行机制，探索建设社区生活服务中心，策划家政、助老、保育、康复等多种群众需要的社区服务项目，吸引公益性社会组织参与社区民生服务，健全社区资源共享机制，把政务服务、公益服务和便民服务有机结合起来，构筑有效的社区公共服务平台，让居民在社区享有便捷的公共服务。

（二）存在的问题。

1. 与上海传统社区管理架构不适应。

随着经济社会的快速转型，上海和“四个中心”建设步伐的不断加速，对上海传统社区管理架构的适应性提出新挑战。现有社区管理架构将遭遇多方面的挑战主要表现在以下几个方面：（1）随着社区管理和服务复杂性的不断提升，在街镇层面构筑由政府、市场、社会组织共同参与的共治体系变得越来越重要；（2）对社区内职业人群的有效服务与管理将成为社区建设的重要范畴，而这对当前以社区居民为主要对象的街道管理架构将提出适度改革的新要求。

2. 与社区服务供给方式的不适应。

上海的人口构成将进一步多样化，社会结构也将面临快速变化，随之将引发社区需求结构的快速调整。这集中表现为：基本保障服务需求持续增长的同时，要满足各类中高端群体不断增多的扩展性服务需求，差异性需求也会不断提出。社会结构转型期主体多、层次多、变化多的社会需求体系，将对传统的强调同质性和执行力的社区公共服务供给体系提出较大挑战，这也对多层次公共服务体系建设提出了前所未有的要求。

3. 与新时期社区意识的不适应。

在一个快速发展和日益开放的时代背景下，社会成员的文化和价值观都将日趋多元化，未来的新型社区意识将更强调包容性和开放性，这也对传统的自上而下的宣传动员式社区意识形成机制提出了新的挑战。

4. 与社区公共物品的配置方式的不适应。

随着上海经济社会的快速转型，城乡之间、新旧“上海人”之间双重“二元结构”差异有扩大的内在压力，这种差异尤其体现在城市社区与农村社区之间、新旧上海人之间在享受公共物品、公共设施上的差异。因此，上海在社区建设中要注重城乡公共物品配置的均等化问题，也要不断探索外来人员融入社区、享受社区服务的新机制。

二、上海的社会组织管理与服务

（一）上海的社会组织管理体制格局的历史演进。

1. 从“一元”格局到“二元”格局。

1950 年 9 月，政务院制定了《社会团体登记暂行办法》，并授权内务部于 1951 年 3 月制定《社会团体登记暂行办法施行细则》。这两部社团法规的制定与实施，是党和政府部门调整社会关系、实现社会团体结构变革的重要措施。但“文化大革命”（以下简称“文革”）后，社会团体的管理处于“多头审批”和擅自成立的状况。1989 年 10 月，国务院公布施行《社会团体登记管理条例》，确立登记管理机关和业务主管单位双重负责的管理体制。1988 年，国务院批准民政部成立社团管理司，1997 年更名为社会团体和民办非企业单位管理司，1998 年改称民间组织管理局。随后，上海市于 1999 年 8 月成立市社会团体管理局，专门负责登记、注册、管理社会团体，取缔、处罚非法社团组织的工作。各区（县）也先后成立社团管理科，负责区级层面社会团体和民办非企业单位的登记管理。2000年，上海市民政局、市社会团体管理局印发的《关于对本市社会团体和民办非企业单位实行双重负责管理的若干意见（试行）的通知》规定对社会组织的登记管理，实行由登记管理机关和业务主管单位双重负责的管理体制。

2. 从“二元”格局到“三元”格局。

2001年，中国加入世贸组织（WTO）后，上海为探索与国际接轨的行业协会运作机制，于2002年1月成立上海市行业协会、上海市场中介发展署。按照2002年1月市政府印发的《上海市行业协会暂行办法》规定，上海市行业协会发展署是经市政府授权的行业协会“协会业务”的主管单位，负责上海市行业协会的发展规划、布局调整、政策制订和协调管理。此后，行业协会的相关管理制度逐渐适用于行业协会以外的其他新社会组织。并在此基础上，于2005年6月成立了上海市社会服务局，负责为新社会组织、新经济组织的发展提供综合协调服务，对新社会组织的管理体制从原来的登记管理机关、业务主管单位双重负责的管理体制转变为登记管理机关、业务主管单位和协会主管单位三方负责的“双重管理、三方负责”的管理体制。

3. 从“三元”格局到“新二元”格局。

随着形势的发展，中央考虑到社会组织管理工作的重要性和任务繁重，于2007年给民政部民间组织管理局新增编制和局领导职数，对外称“国家民间组织管理局”，并加挂“民间组织执法监察局”牌子，增加工作经费，配备执法设备，加强了登记管理机关的力量。在2008年下半年上海市党政机构改革中，不再保留市社会服务局，将其职责分别划入相关部门，将其对于新社会组织的综合协调和监督服务的职责和对行业协会的协会业务管理的职责划入上海市社团管理局。同时，加强新社会组织党建和管理服务的职能，进一步推动社会组织的发展建设。这样，登记管理机关、业务主管单位双重负责的社会组织管理体制再次形成。目前，上海初步形成了归口登记、双重负责、分级管理的新社会组织管理体制，建立了以登记管理机关为主导，业务主管单位以及其他相关部门互相配合的行政管理体系。为进一步加强上海社会组织管理和社会建设的整体性格局，2009年11月，上海市委市政府决定建立上海市社会建设工作领导小组，统筹全市社会建设工作，领导小组由市委、市人大常委会、市政府、市政协领导担任组长、副组长，成员单位由市委、市政府相关部门以及工会、共青团、妇联等群众团体组成。领导小组办公室设在市社会工作党委，其主要职能是就本市社会建设开展调查研究、进行统筹规划、提出政策建议、加强指导协调。各区（县）成立社会建设工作领导小组，因地制宜建立相应的社会建设工作机构，形成党委统一领导、社会建设工作领导小组办公室具体负责的工作体制。

（二）上海的社会组织管理与服务主要经验。

1. 把握不同类型社会组织建设重点。

上海市委、市政府办公厅《关于进一步加强本市社会组织建设的指导意见》按照社会组织在社会建设中的功能和作用，把社会组织分为经济类、公共服务类、慈善事业类、学术类、社区群众活动、学生社团等其他社会组织六大类，并提出了每一类社会组织的工作重点。比如，经济类社会组织要以政社分开为切入，进一步增强其独立性、代表性和权威性，着力提升“服务企业、规范行业、发展产业”的能力；公共服务类社会组织重点是坚持公益服务宗旨，提升专业化、多元化服务能力；慈善事业类社会组织重点是规范募捐行为，提升慈善品牌影响力，探索资金募捐和项目运作分离模式，提高社会慈善资源的综合效益；学术类社会组织重点是坚持社会主义核心价值观，提高凝聚会员、推进理论创新与科技创新能力，等等，提高指导工作的科学性、针对性。

2. 制定社会组织发展的扶持政策。

为解决社会组织发展资源问题，从2000年起，上海首先在养老领域开始探索购买社会组织服务。目前，上海各区（县）政府和市政府相关部门每年都有一定数量的资金用于购买社会组织服务。静安、浦东等区县在过去几年里都制定了社会组织的相关扶持政策，在资金、场地、税收、人员、购买服务等方面给予倾斜，形成有利于社会组织开展公共服务的良好环境。如浦东新区专门出台了《关于促进浦东新区社会事业发展的财政扶持意见》，扶持了新区养老机构、培训机构、行业协会、社工机构等各类社会组织的发展。

3. 推进政社分开。

浦东、闵行等区（县）以政府职能转变为契机，把政社分开作为改革的切入点，着力解决政社不分、主体不清、职责不明、行政依附性强等问题，在卫生、教育、文化和体育等社会事业领域，实施“政事分开、政资分开、管办分离”改革，同时对下属事业单位实行“分类定位、分开管理、分别改革”，以公开的方式和公平的原则把一些公益性、服务性、社会性的公共服务职能转移给各类社会组织，为社会组织发展拓展了空间。

4. 提供针对性的支持。

针对不同发展阶段的社会组织提供针对性的支持，对于具有创新精神和发展潜力的初创期社会组织，通过孵化器和专业培训机构，提供包括办公场地、办公设备、能力建设、小额补贴、注册协助等关键性支持。对于处于成长期的社会组织，着重通过规范化建设，引导其完善治理结构，建立健全选举制度、决策制度、管理制度、财务制度、诚信自律制度、信息公开制度，通过等级评估激发其加强自身建设的积极性，着力提升其专业能力和社会公信力；对于成熟期的社会组织，通过开展公益创投和公益招标，引导社会资金和项目参与公益创投和公益招标，为社会组织打造获取资源和发挥作用的开放式平台，着力提升其社会创新和市场竞争能力，促进其在相互竞争中取长补短，快速成长。

5. 通过购买服务引导社会组织进入公益领域。

目前，上海各区（县）、街镇和相关的管理部门积累了政府购买服务的一些经验，例如：“费随事转”模式、项目发包形式、公开招标形式和政府补贴方式。上海市、区政法系统每年用于购买禁毒社会服务的项目资金高达 3000 万元。从 2009 年开始，上海市民政局开始探索“公益招投标”、“公益创投”改革举措（即从福利彩票收入中拿出一部分资金，用于鼓励社会组织积极通过“招投标”的形式，以适度竞争的方式参与社会公共服务）。

6. 探索“枢纽式”管理加强社会组织党建工作。

枢纽式管理分为市级和区级（包括街道一级）两个层面，是通过党和政府控制下的社会公共服务组织去管理性质相同、业务相近的条线或行业社会组织。枢纽式组织系统正在成为党的组织建设和方向引导的重要载体。例如：静安区在区级层面成立社会组织联合会，构建了“1+5+X”社会组织联合会枢纽，这个架构把不同层级、不同领域的社会组织纳入枢纽式管理，通过这个架构来实现党组织在新社会组织中的建设和影响。

7. 建立服务民间组织的平台。

在上海市民政局和市社会团体管理局的指导下，建立服务民间组织的平台，在服务中实现管理。从 2001 年开始，在市、区、街道（镇）三级逐步推动建立了民间（社会）组织服务中心。这些中心在承担政府委托任务的同时，逐步成为政府与社会合作互动的重要载体。例如：普陀区的经验是通过区、街道和镇层面的民间组织服务中心，将“服务、协调、管理、预警”功能融为一体，并在积极服务中掌握社会组织的动态。

（三）上海的社会组织管理与服务存在的问题。

近年来，上海社会组织参与公共管理和公共服务越来越受到政府部门的重视，因此，出台的相关制度也相对比较多。街镇层面的制度创新较多，与具体问题相关的专题性制度安排也比较多，主要有以下特点：

1. 政策法规不够完善。

与社会组织的快速发展相比，政策法规不够完善，社会组织发展的整体制度环境缺乏顶层设计，当前的相关法制建设仍显比较滞后，主要表现在两个方面：一方面，某些法律法规之间互不协调，制度保障和分类扶持也不够到位，进而导致政府引导和监督的低效率运作；另一方面，与社会组织相关的法规立法层次比较低，造成政府引导和管理的法律依据不够充分，甚至出现无法可依的现象。同时，与法律相配套的政策也较为匮乏，例如：政府公共财政框架中缺乏购买社会组织服务的内容，涉及社会组织的社会保障和税收政策不够健全等。

2. 现有社会组织登记注册制度“准入门槛”过高。

由于现有的社会组织登记注册制度“准入门槛”过高，影响一些社会组织的成立与发展。近年来，上海社会组织发展速度由年增长 14% 的速度降到了 2012 年的 6% 左右。同时，许多民间自发性社会组织却面临着成立难的问题。首先，不少社会组织由于找不到业务主管单位而难以正式注册登记，主要是部分行政机关因为怕担责任而不愿意担当业务主管单位，因为按照“双重管理”体制的职责分工，业务主管单位需要承担社会组织日常管理的 9 项职责，而机关的“三定方案”中并没有管理社会组织的职责定位，这些单位没有相应的编制人员、资金保障等；其次，随着社会的多元化发展和行政机关的不断精简整合，越来越多的新兴社会组织找不到业务对应的行政管理机关，因而难以找到相应的业务主管单位；再次，一些社会组织由于达不到登记注册要求的人、财、物条件而无法登记。

3. 缺乏“基础性”制度支持。

从发达国家的情况来看，社会组织的管理不仅有登记、年检等刚性的合法性管理制度，还包括评级、信用管理等与社会组织日常运行相关的基础性管理制度。基础性管理制度规定了政府有关部门要对社会组织是否积极参与公益活动、是否规范运作、是否较好完成政府或其他组织委托项目等行为进行记录，而且还要求政府和公众共同参与对社会组织的资质和信用级别进行评估，这个评估结果对社会组织获取公共资源的可能性具有重要影响。而我国的社会组织管理缺乏“基础性”制度支持，其重心长期局限于社会组织的登记，难以进入社会组织的运作过程。政府通过有效运作这些基础性管理制度，还可以对社会组织的运作过程进行引导。正是由于这些基础性制度的缺失，才使相关部门实际上很难对社会组织的具体运作过程进行引导与管理。

4. 对“社会协同”的探索仅限于街、镇层面。

自从 2005 年以来，随着上海社区建设“两化一覆盖”的不断深化，越来越多的社区社会组织作为社区建设的“实体”得到快速发展。在这样的背景下，社区社会组织可以通过社区委员会等共治平台和“三会”等基层民主制度，自下而上地表达社会意见，发挥社会自我协调的功能。因此说，在街镇层面出现了一种不同于政府行政管理的社会自我协调机制。但是，街镇层面的这些社会诉求缺乏进入区、市层面公共治理结构的制度化途径。区、市层面缺乏社会组织可以参与公共治理的组织载体和制度保障，社会组织实践“社会协同”的探索尚仅仅局限于街、镇层级。在现实中，一方面人大、政协要求其成员下社区，另一方面社区共治机构吸纳的公共意见又进不了人大、政协。也就是说，当前社区自下而上形成的公共诉求还缺乏进入更高决策层面的制度化途径。如果这种局面得不到有效的改进，那么上海的“两级政府、三级管理、四级网络”的政府行政管理体系就很难得到社会自我协调体系的支持。目前社会组织当前难以进入区、市层面的公共治理结构，不仅与相关制度化途径的缺失有关，在深层次上还与相关立法保障的缺失有关。

三、上海的社会平安建设

（一）上海的社会平安建设的主要经验。

1. 开展系列平安创建活动。

推动平安创建和评比表彰。松江区、黄浦区在每四年举行一次的全国综治表彰，连续三次受到表彰，被中央综治委通报表扬并授予全国社会管理综合治理“长安杯”。其中，金山区、嘉定区、奉贤区、长宁区被评为2009—2012年度全国平安建设先进县（市、区、旗），松江区继续保留全国平安建设先进县（市、区、旗）荣誉称号的单位。开展平安创建和平安示范创建。2013年，17个区（县）被评为上海市“平安城区”，65个街道乡镇被评为“平安社区”；972个居村委被评为“平安示范小区”，4010个居村委被评为“平安小区”；1098家单位被评为“平安示范单位”，10994家单位被评为“平安单位”。上海市综治办协同有关职能部门开展平安商务楼宇、平安家庭、平安医院、平安工地、安全文明校园等专项平安创建活动，拓展领域，丰富内涵。

2. 推进平安建设实事项目。

以群众需求为导向、以项目运作为依托，每年确定一批平安建设实事项目（八年来共确定落实了74项），明确牵头单位、协同单位责任，形成专项协调工作机制，解决了一批社会治安和社会管理突出问题，推动出台近百项相关管理规范和措施，有效解决了一批群众反映强烈的社会管理和治安突出问题。此外，根据每年新发现的突出问题，及时建立专项工作协调机制，推动开展整治和规范管理。上海市综治办围绕“组织、协调、督导”三个工作重点，建立例会制度、总结讲评制度、信息报送制度，特别是建立领导分工联系制度，每年由市综治委领导分别至少联系指导一项实事项目，加强督导推进。

3. 建设“六张网”的社会治安防控体系。

2012年，上海市委、市政府办公厅下发了《关于深入推进上海社会治安防控体系建设的实施意见》，明确了“六张网”和“四项运行机制”建设任务，并分解为36个具体项目、214项具体目标措施予以项目化推进。根据《上海市公安局科技与信息化“十二五”发展规划》的要求，2013年前后，上海全市公安自建及租赁的视频监控已达4.6万个、联网复接社会监控2.3万个。完善上海市地方标准《重点单位重点部位安全技术防范系统要求》系列标准20余个，制定相关技术规范80余个，全市区域联网报警用户已达6万余家。排摸掌握非经营性公共上网服务场所3025家，督促指导其中98%的单位完成安全审计系统安装调试。在人气网站（论坛）布设报警岗亭和虚拟警察432家（个），在全市75个重点网站布设网站警务室。推进虚拟人口数据库建设，基本做到“只要在上海区域范围内上网，就可以知晓其真实身份”。建成市公安局互联网信息监控中心和31个监控分中心。组建由150余家上海知名互联网企业及计算机信息安全企业组成的“上海市信息网络安全管理协会”，建成国内首家“网络社会征信网”。

4. 解决治安突出问题。

推广城市综合管理联勤联动机制，加强社区服务管理，积极整合基层工作资源，总结基层城市综合管理联勤联动机制的探索成果，结合社区共治加以推进；加强与有关专项工作领导小组的沟通协调，主动参与和配合涉及城市安全运行突出问题的协调解决。公安、工商、城管、住房保障、卫生、建设交通等部门和各区县强化“两个排查”工作，组织社会治安重点地区暗访活动，持续开展针对动拆迁地区治安突出问题、“住人集装箱”问题、“黑搬场”问题、无证无照废品收购站点收赃问题、垄断小区装修问题、寺庙周边利用封建迷信招摇撞骗问题以及新建的金山支线沿线社会治安突出问题的专项整治。市教委、市公安局、市交通港口局制定校车安全管理规定，严格校车及司机的准入条件和精细管理。加强对铁路、公路、水路和电力、电信、广播电视设施及输油气管道、重要压力管道的安全防护，加强对涉路涉线突出治安问题、安全隐患的综合整治和矛盾纠纷疏导化解。深入推进城市运行安全和生产安全45项重点工作，进一步完善应急预案体系，提高应急处置能力，质监、安监等部门对全市的300多万液化气钢瓶进行排查，利用信息化手段实施动态监管。

5. 开展社会治安重点地区排查整治。

按照中央综治办《关于深入开展社会治安重点地区排查整治工作的意见》精神，紧紧围绕“平安上海”建设目标，以制度化、规范化、常态化为目标，切实落实社会治安重点地区排查整治工作各项措施，取得了较好成效。动员基层组织和社会力量，推动“两个排查”（排查化解矛盾纠纷、排查整治治安混乱地区和突出治安问题）工作深入开展，并拓展到矛盾、问题、重点人、安全隐患等各类基础信息的排查。组织力量开展明察暗访，强化督促检查。推行街镇党委副书记（综治办主任）、公安派出所所长报告涉黑涉恶犯罪情况机制和重点地区、突出问题排查整治签名承诺制。坚持每季度一份社会治安状况数据报告、每半年一份社会治安评估分析报告、每年一份公众安全感调查报告，并视情况开展社会治安讲评。建立日常的社会治安信息督导机制。市综治办明确了专人每天浏览上海各大媒体的社会新闻，汇总收集与重点地区有关的新闻报道。并充分利用上海政法综治网站，收集广大网民对本市重点地区和突出治安问题的举报。截至2013年底，上海全市共排查出市、区县、街镇三级重点地区283个，全部纳入整治工作重点。截至2013年底，完成整治272个，完成率96.1%；其余11个重点地区的治安面貌也有一定改观，治安状况处于可控状态。

6. 加强城乡社区警务及群防群治队伍建设。

通过将社区、治安、巡逻、执法办案等各警种力量合理配置到责任区开展联勤联动，实现责任区各警种优势互补、一体化运作。目前，上海全市17个公安分（县）局的300个地区派出所共设置783个责任区，配置责任区民警10963人，占派出所总警力数的62%。通过规范派出所社区警务室（工作点）运作、配齐配强社区民警等措施，使全市各派出所责任区内的警务区、警务室（工作点）和社区民警配比达到了100∶105∶114，明确在对派出所考评中群众安全感、满意度等外部评价指标的考评权重不得低于30%，深化安全感、满意度调查、派出所所长“双述双评”、社区民警向社区群众述职等外部考评做法，将派出所工作的评判权交给群众。上海市综治办在全市5466个居村委均至少聘任了综治社保队员1名，共6000人。上海全市居村委共有7155个治保会组织、2.6万余名治保干部，7825支群防群治队伍，25万名平安志愿者。按照每个社区警务室至少配备2名治安辅助人员的标准，上海全市3964个社区警务室共配备1万余名治安辅助人员。同时，加强上海全市4900余家保安服务从业单位和4860家自招保安员单位管理。目前，上海全市22万余名保安服务人员中，已有1.6万余人获得《保卫职业资格证书》，8万余人获得《保安员证》。

7. 2016年前后的拆违整治、“五违四必”工作。

“五违四必”，“五违”是指“违法用地、违法建筑、违法经营、违法排污、违法居住”，“四必”是指“安全隐患必须消除、违法无证建筑必须拆除、脏乱现象必须整治、违法经营必须取缔”。从2015年9月到2017年8月底，上海全市面上拆除违法建筑1.5亿多平方米，集中成片违法建筑基本消除。拆违整治和“五违四必”区域环境综合整治取得了明显成效，并紧紧抓住整治违法违规、加强综合统筹两个关键，统一了认识、形成了合力，改变了过去单打一的局面，使工作机制越来越顺畅，充分发挥了政策的叠加效应。实践证明，开展区域环境综合整治，是守住人口、土地、环境、安全四条底线的重要举措，不仅仅是拆掉了一批隐患，而且更是腾出了新的发展空间。

（二）上海“平安建设”存在的问题。

1. 城市安全的风险增多。

随着经济社会的快速发展和城市化进程的逐步推进，上海城市基础设施密度高、产业类型复杂、重点安全领域较多，涉及群众日常生活的城市安全运行的风险和隐患也日趋增多，以及中心城区人口的大量导入，大批本地农村人口变成城市人口和外来务工人员的大量增加，都给社会稳定和管理带来了巨大的挑战。由于城市建设重大工程动拆迁、农村征地、城中村改造等问题引发的矛盾大幅度上升。社会治安，尤其是城乡结合地区的社会综合治理任务非常繁重,“大联勤”“大联动”模式还有待进一步完善,工作力度还需进一步加大,“大联勤”“大联动”的功能还需进一步向社会管理和公共服务领域拓展和深化。

2. 平安创建的成效不明显。

有些职能部门和基层组织对平安建设创建的大局意识不强,创建思路模糊,创建职责不能充分履行,工作部署多,落实少,创建成效不明显。在宣传载体、信息载体、防范载体、教育载体、创安载体方面创新性也比较弱等,缺少机制上、条件上、运行方式上的创新。

3. 群众的参与度不够。

平安建设工作是党委决策、政府搭台、各方参与的创新之举。但在一些部门单位出现创建力量整合、凝聚和壮大不足的问题,主要表现为内力凝聚不够,多数职能部门和基层组织内部发动的广度和深度比较弱,群众的参与度不够,推动的合力不够。单靠政法单位的力量是远远不够的,广大人民群众才是创建的主体。而在实际的工作中,仅是少数主要职能部门在勇挑“创建重担”,齐心协力抓创建的生动局面尚未真正形成。在公共安全设施保障方面投入的不够,社会经济建设项目的配套安全设施欠缺,特别是一些工厂、学校消防设施不足,安全隐患比较大。

第三节 上海社会管理创新发展新思路

一、深化社会管理机制创新

加强整体规划设计,转化和应用社会管理创新综合试点工作成果。坚持“民生为本、城乡一体、统筹兼顾、循序渐进,着力完善民生保障”的制度安排。加强社会政策综合平衡,加强源头治理,尽可能防止和减少社会问题的产生,加强动态协调,更加注重平等沟通和协商,及时化解社会矛盾,加强应急管理,有效应对和妥善处置突发公共事件。继续深入开展社会管理创新综合试点，力争尽快形成适合上海现代化国际性大都市特点的社会管理模式，并在若干领域成为具有中国特色社会主义社会管理体系建设的典型示范。

二、加强基层社区建设

继续完善社区治理结构，强化社区公共服务，发挥基层自治功能，使社区成为管理有序、服务完善、民主自治、文明祥和的社会生活共同体。解决居村委行政化偏向问题，推动通过社区共治、自治机制完成基层工作任务，实现政府行政管理与基层群众自治有效衔接。全面推广听证会、协调会、评议会等民主管理制度，引导居（村）委会运用协商、沟通、合作等方法，处理社区事务和协调社区矛盾。健全党代表、人大代表等联系社区制度，建全社区居民参与重大公共政策的制定、实施、评估和监督的机制，激发居民参与社区管理的积极性。

三、提升社会协同能力

（一）大力培育和发展社会组织。

完善社会组织扶持政策，推进政社分开、管办分离。逐步将部分适合的社会管理工作委托给社会组织承担，把决策咨询、行业规范和标准制定、资格认证等职能转移给相关社会组织。完善社会组织登记管理制度，健全公共财政对社会组织的资助和奖励机制，鼓励社会资金支持公益事业。探索引导社会组织健康成长的路径，培育发展型社会组织体系，形成社会组织行为规则体系，建立社会组织资源引导和行为监督机制。大力发展公益性社会组织，支持发展行业性社会组织，引导发展学术团体、网络社团等社会组织。加强枢纽型社会组织建设。重点推进社会组织参与社区治理工作，构建政府提供服务、社区自治服务相结合的协作型社区服务体系。

（二）提升社会组织提供公共服务的能力。

健全社会工作发展保障体系，完善政府购买社会工作服务制度，推行项目化、契约化的运作机制。构建社会组织提供公共服务的政策支撑体系，通过公共资源调配吸引更多人才充实到相应的社会组织中来。加强社会工作者队伍建设，健全社会工作者职业能力评估机制和薪酬制度，加大对培训的投入，保障通过相应的系统知识和技能培训。推进社会工作专业化、职业化。

（三）进一步加强对社会组织的引导和监管。

强化党建引领，把各类社会组织纳入党委和政府主导的社会管理体系。进一步发挥基层工会、共青团、妇联等群团组织在基层社会管理和公共服务中的桥梁纽带作用。建立社会组织监管信息平台，健全社会组织负责人管理制度、资金管理制度、年度检查制度、社会组织查处退出制度，逐步形成登记审批、日常监管、税务稽查、违法审查、信息披露、公共服务、行政处罚等各环节信息共享、工作协调的社会组织管理机制。引导社会组织完善内部治理结构，提高自律性。对未经审批就自行开展活动的社会组织加强排查，避免出现失序、失控状态。

（四）加强对非公经济组织的管理引导。

依托两新组织党建工作，积极开展“综治进企业”“平安市场”“平安企业”创建等活动，落实企业法人维护企业安全稳定和参与社会建设的责任。支持企业组建治保、调解组织和群防群治队伍，加强治安防范，调解各类矛盾纠纷，平衡劳资双方利益。充分发挥行业协会等中介组织的桥梁纽带作用；推动健全劳动关系的协调机制，健全劳动争议的协商、调解、仲裁机制，维护职工合法权益。依法实行劳动合同制度和集体合同制度，完善企业员工工资集体协商机制、正常的增长机制、支付的保障机制。

四、维护社会安全稳定

（一）深入开展平安建设。

继续做好平安建设实事项目工作，着力解决群众反映强烈的突出治安顽症和社会管理问题，并加强长效机制建设，加强社会治安综合治理，深入开展平安建设，以促进社会政策的完善。开展矛盾纠纷的排查化解和社会治安重点地区、突出治安问题、安全隐患的排查整治。健全社会治安防控体系，继续推进人防、物防、技防建设，不断完善街面巡逻防控网、城乡社区农村防控网、单位和行业场所防控网、防控合作网、技术视频防控网、虚拟社会防控网组成的社会治安防控体系。完善现代警务机制建设、群防群治机制建设，健全应急联动中心运作机制，整体提高治安防控的科技含量。依法加强对网络虚拟社会的监测和管理。加强对特殊人群的关怀帮扶，完善预防和减少犯罪工作体系，加强禁毒、社区矫正及预防青少年犯罪工作。

（二）切实防范社会风险。

加强公用事业基础设施常态和应急预案管理，对事故风险相对较大、社会关注度高的重点领域、重点物品、重点区域，进行全面排查、全力防范。加强安全生产监督管理，保障食品药品安全，严格落实安全生产责任制，特别是企业法人责任制。开展全民消防安全演练和消防安全知识普及活动。加强交通综合整治，解决好轨道交通、公交、轮船等公共交通工具及站点安全、交通市场混乱等瓶颈问题。

（三）创新矛盾预防和化解机制。

探索通过协商和公开方式预防社会矛盾产生的工作机制。完善重大事项社会稳定风险分析和评估制度，确保成为政策制定和项目审批的必备环节。健全矛盾纠纷排查调处和社区舆情汇集分析机制，完善重大公共安全事件、群体性事件的预防预警和应急处置体系。完善多元化矛盾纠纷解决机制，重点推动劳动争议、医疗纠纷、物业管理纠纷、交通事故纠纷等专业领域社会难点、热点矛盾的化解。加强各级各类调解组织建设和人才培养，完善以人民调解为基础，人民调解、行政调解、仲裁调解和司法调解联动的“大调解”工作体系，支持社会力量参与矛盾化解。

（四）营造社会管理的良好社会环境。

积极践行社会主义核心价值体系，深入开展精神文明创建活动，培育奋发进取、理性平和、开放包容的社会心态。加强社会心理服务，探索建立以社会心态分析和心理问题疏导为重点的社会服务机构，建立调查摸底、动态监控与心理检测机制，加强心理危机的提前干预，防范和降低社会风险。

第四节　上海社会管理创新实践探索

上海作为国际化的大都市，在城市发展进程中会不断碰到新的问题，总结和发现上海在社会管理创新方面前沿性的探索和实践经验，对于推动全国的社会管理创新工作具有典型意义。

一、“镇管社区”模式

随着城镇化建设进程的加快，大量农村地区转变为城市地区，大量农民转化为居民，已经是不可逆转的趋势，“镇管社区”应运而生。所谓“镇管社区”，是指由镇一级党委和政府直接管理社区，包括除建制村以外的整个区划范围。“镇管社区”是农村社区和城市社区两种结构之间的中间状态，与传统的城市街区体制相比，存在管理方式差异性、居民构成多样性、群体文化差异性等特征，给乡镇党委和政府带来新的挑战。“镇管社区”提供了一种传统乡镇——村管理体制向城市社区管理体制转变的途径，立足未来的城市社区管理，“镇管社区”模式下的居委会作为一个基层自治组织，要继续适应形势发展的需要，及时转变观念，积极引导社区工作向自治方向发展；同时，政府作为社区建设的指导者，应该确立“小政府、大社会”的管理模式，切实转变政府职能，把社区还给社会，并从政策上、制度上、经费上、事权划分上、人事安排上给予指导和帮助，使社区实现真正意义上的自治。

（一）上海“镇管社区”的模式。

1. 在镇与居委会之间增加社区中心建制的模式。

在镇与居委会之间增加社区中心建制的模式以浦东新区三林镇为代表。三林镇镇域面积为 34.19 平方公里，下辖 16 个村，41 个居委。其中，城市化地区为 20 平方公里。三林镇在城市化功能形态比较成熟的 20 平方公里，探索实践了在镇与居委会之间增加社区中心建制的“镇管社区”模式，从而形成公共管理和公共服务有效下沉、社区自治共治逐步发育的一种社区管理模式。按照区域相对独立、社区居委会数量相对合适、人缘地缘相近的原则划分为 4 个社区管理区域，包括世博家园社区、永泰社区、杨思社区、三林社区，分别建立社区中心（如图 9–1 所示）。

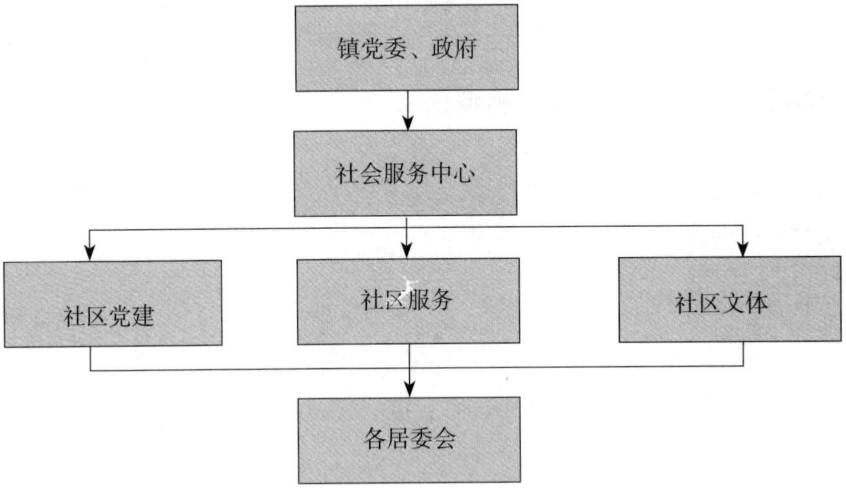

图 9–1　镇与居委会之间增加社区中心建制的模式

2. 镇与社区管理中心之间增加街道办事处或社区办事处的模式。

以奉贤区南桥镇为代表。南桥镇镇域面积 114.68 平方公里，辖有 17 个行政村，4 个社区（街道），下辖 47 个居委会。南桥镇社区管理在镇与社区管理中心（社区居委会）之间设立“街道办事处”或社区办事处来管理社区的建设与管理。“街道办事处”不是镇政府的事业单位，只是片区化管理社区居委会的枢纽型机构，没有内设科室，主要职责是信息收集和上传下达，配备工作人员。“社区管理中心”（社区居委会）因居民区规模小，将社区管理中心和社区居委会合署办公。

3. 在镇与居委会之间建立社区管理工作机构的模式。

以闵行区浦江镇、闵行镇、莘庄镇和虹桥镇为代表，分别是“PM”模式和“XH”模式。“PM”镇管社区模式即在镇党委、政府与社区居委会之间设立社区管理工作机构，负责统筹社区建设与管理工作。社区管理工作机构实行居民区党委、社区管理办公室、社区事务管理服务中心“三块牌子、一套班子、合署办公”，一般内设“行政”“业委会指导”“党建”“精神文明创建”“综合”“物业”等职能科室。镇各职能部门涉及社区的相关工作均由该机构进行统筹后落实到社区。

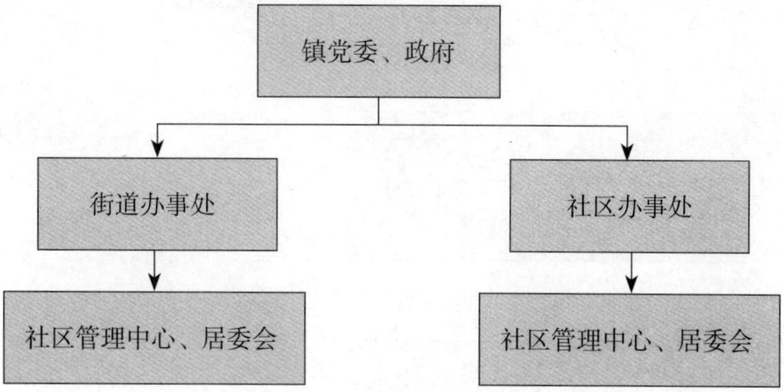

图 9-2　镇与社区管理中心之间增加街道、社区办事处的模式

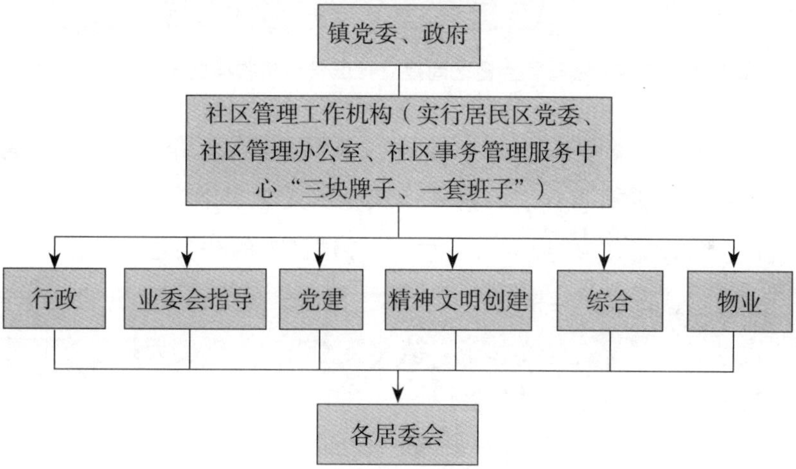

图 9-3　镇与居委会之间建立社区管理工作机构的模式（PM）

“XH”镇管社区模式即对居民区党委、社区管理办公室和社区管理服务中心人力资源进行整合，实行“三块牌子、一套班子”，内设“党建”“综合”“物业”等职能科室。该模式下的社区管理工作机构负责的社区管理权限相对较窄，主要负责社区党建、社区居委会组建、社区服务、业委会指导、综合治理等工作，而镇各职能部门涉及社区的有关事务则

“一插到底”，直接布置到社区居委会。

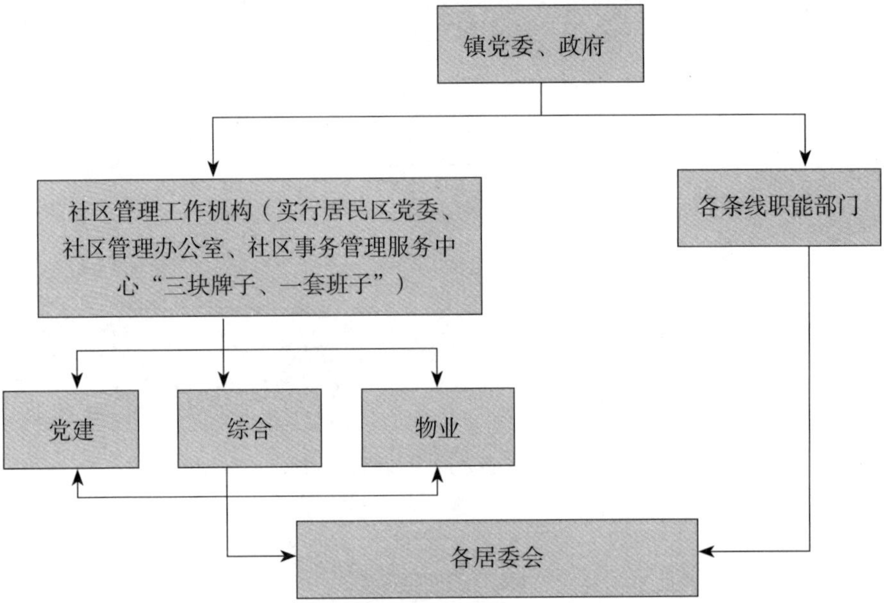

图 9-4　镇与居委会之间建立社区管理机构模式（XH）

4. 在镇与社区管理工作机构之间建立镇社会建设工作领导小组的模式。

以闵行区七宝镇为代表，这一模式把村委会也纳入镇管社区的范围，成立镇社会建设工作领导小组，组织领导辖区内的社会建设工作，领导小组下设办公室，设在镇社区管理办公室。同时，成立镇社会建设工作党委，增挂居民区党委、综合党委牌子。镇社会建设工作党委为镇党委下属二级党委，与镇社区管理办公室合署办公。

（二）推进镇管社区建设新设想。

对社区共治目前并没有一个权威性的定义，根据已有研究，可以理解为：社区共治是政府、社区组织、辖区单位及居民、企业组织等基于市场原则、公共利益和社区认同，协调合作有效供给公共物品，满足社区需求，优化社区秩序的过程和机制。这明确了社区共治的主体、原则和目的。

1. 镇管社区建设有必要在镇层面创新共治的机制。

首先是要建立镇共治的决策机制。公共管理领域的治理以善治为目标，善治是一个还权于民、还权于社会的过程。镇党委致力于畅通民意通道建设，通过“三联四会”制度、组团式联系服务、网络舆情沙龙等民意收集载体，鼓励多元主体为社区建设和管理建言献策，以需求为导向决策公共事务。其次是要完善镇共治的实施载体。在镇公共事务的执行层面，在镇党委的领导下，政府、社会和市场各司其职、合作互动。依托社区公共管理服务信息化平台，实现内外联动、条块联动。成立镇社会组织服务（孵化）中心（园），让社会组织承接溢出政府职能的公共服务项目。成立社区房屋托管中心，构建租赁管理和群租整治的社会化、市场化、专业化平台；搭建镇共治的议事平台。社区公共管理具有公共属性，因此治理过程必须变“行政控制”为“民主协商”，保障社区居民的议政权、建议权和监督权。以党员议事会、居民公共客厅、居民（代表）议事会等载体，建立社区居民议事、协商、听证、监督的平台，实现共治的常态化。

2. 居委层面创新自治的机制。

社区居民对公共事务的参与构成了社区治理的重要方面，社区参与是“共同体”意识的表现，也是推动社区自治的关键所在。应以自治能力建设为核心，全面加强社区居委会建设。应通过剥离不属于社区居委会职责范围的事项或专业性较强的工作，切实为社区居委会减负，推动其职能归位。应重点做好以下三方面工作：

（1）推进“自治家园”建设。积极推行居民民主评议居民区干部工作，落实民主选举、民主决策、民主管理、民主监督等各项措施，保障居民依法行使民主权利。完善居民自治机制，深入推广听证会、协调会、评议会“三会”制度，建设网上居委会，提高居民参与社区事务管理和公共服务的能力。

（2）建立枢纽型的居民区自治理事会。现在很多小区都有群众自发组织或居委会组织的各种团队，居民参与社区活动的积极性也越来越高，但条线过多，反而减弱了这些团队的影响力和作用发挥。因此，积极发挥居民区党组织的力量，将这些群众团队整合起来，设立居民区自治理事会，理事会根据这些团队的内容分为综治、调解、民政、卫生、老龄、青保、文艺等专业委员会，由居民区党组织成员或热心社区工作的居民担任各专业委员会的负责人，居民区党组织与居民区自治理事会负责监督和辅助各专业委员会工作的展开，并定期召开负责人联席会议，实现信息沟通和资源共享，实现全方位多元化的居民自治。

(3)加快社区服务站建设。应将居委会的一部分工作转移到社区服务站，由镇向社会公开招聘专职社会工作者，然后派到每个居委会，其主要职能是承接镇及上级其他政府部门下沉到基层的社会性和行政性事务，以及居委会剥离出来的社会性事务、社区公益性服务等，从而为居民委员会减负，使其回归到基层群众性自治组织的法律定位，积极推进基层民主建设。

3. 促进社区公共服务的供需平衡。

把社区群众的受益率、参与率和满意率作为衡量社区服务发展水平的重要指标。应重点做好以下三方面工作：

(1) 进一步改进镇公共财政管理机制，将项目推进模式引入社区公共服务领域。逐步形成公共服务项目申报、项目管理、项目跟踪为一体的"项目制"管理体系。

(2) 创新社区公共服务供给方式。改变政府单一供给主体的传统模式，积极发挥居委会、企业和社会组织在社区公共服务供给中的作用，在明确政府供给责任的前提下，努力实现社区公共服务生产主体的多元化，即社区公共服务的供给主体是政府，但是社区公共服务的生产可以是企业和社会组织，政府和居委会做好沟通工作，同时对社区公共服务的质量和价格水平进行监管和监督。

(3) 完善社区服务载体建设。推进社区事务受理服务中心标准化建设，提高基层政务服务的效率。完善社区卫生服务中心运作机制，提高社区卫生服务质量，方便群众就医。加强社区文化活动中心建设，完善公共文化服务资源体系。积极推进社区生活服务中心和 15 分钟生活服务圈建设，整合各类社区资源，提供方便可达的社区生活服务。努力促进公共服务的便捷度和可及性，提高居民满意度。

二、嘉定区的"大联勤"模式

嘉定区内城市化程度较高的真新街道先行先试"大联勤"城市综合管

理体系模式，其具体特点是：优化整合调派执法资源，打造“大联勤”千里眼、顺风耳，促使联合执法常态化、制度化，将“大联勤”向社区、企业延伸。“大联勤”工作机制，实现了城市综合管理的“联体指挥、联队管控、联动处置、联手监督”，很好地解决了以往执勤管理力量分散、执法权限交叉不清、执法效率效能低下的实际执法问题，各类社会管理问题由被动事后分散处置主动转化为事前合力管理掌控。根据统计，2013 年辖区报警类 110 总量与 2012 年度同期相比下降了 11.5%；辖区内“两抢”案件与 2012 年同期相比下降了 69%；真新街面盗窃三车案件与 2012 年同期相比下降 12%；辖区内入室盗窃发案数与 2012 年同期相比下降 20%，全年杜绝了各类粗暴执法、暴力抗法现象。“大联勤”模式具体做法如下：

（一）优化整合调派执法资源。

管理模式创新的第一步，是在街道层面成立实体化指挥协调机构，有效整合执法管理资源，充分整合条块执法管理资源，使其有效发挥社会管理力量的作用，积极引导市民志愿者参与，提高城管执法效率、效能和效果，提升破解难题顽症和解决实际问题的水平，推动城市实现常态长效管理，因而确定在街道社会治安综合治理办公室基础上成立名为“城市综合管理委员会”的常设性临时办事机构，负责统筹协调、指挥调度区域内综治维稳、城市管理的各条块执法管理和社会力量。

（二）打造“大联勤”千里眼、顺风耳。

2010 年初，由街道统筹节流，资源共享，将辖区交通安全、应急联动、联勤指挥、110 出警四大系统整合为一大套综合系统，真正实现了联网、高效、便捷，发挥出了系统资源的最大效能和运作潜力。这套系统不但对辖区所有街面情况、人员动态、管理状况了如指掌，而且还可以主动发现问题和线索，调派联勤队员前往处置，大大提高了管理效率。

（三）促使联合执法常态化、制度化。

在综管联勤体系的有效管理下，各部门按照执法规范程序区分执法责任主体。联勤分队、联勤班组对各自网格区域内“三面”管理、“三乱一跨”等市容问题主动发现、主动处置的案件大幅增加。同时联勤指挥中心作为统一的调度枢纽，第一时间即可发出指令，迅速整合多网格、多部门快速集合，“狠、准、快”地集中整治区域内突发性、频发性的城市管理难点问题。条线由各自行动转变为“集团军”作战，显现执法“1+1>2”效应。正是“大联勤”模式，让多部门联合执法全天候、常态化，而不是局限于“上班时间”，也不只在一时的突击整治中发挥威力。

（四）将“大联勤”向社区、企业延伸。

为推动区域社会管理的社会化参与，完善群防群治网络，综管委大力发动社区居民和企业，将“大联勤”模式进一步向社区、企业延伸。街道牵头方、居委协调方、市民督导方和城管责任方等四方联动，以“横向到边、纵向到底”为原则，建立一套“四方联动、综合整治、长效巩固”和“动态化、全覆盖、多元化”的市容环境、社会治安整治措施。实现了街道、社区单位、执法部门、志愿者的四方联合，充分发挥集体作战的优势和作用。就这样，区域社会管理实现了“点、线、面”全天候全覆盖：“面”上，110 接处警车和联勤巡逻车机动巡逻；“线”上，4 支联勤分队 24 小时动态管控；“点”上，社区民警、社区管理队时刻巡查。“点、线、面”各司其职，互为支援，社会治安联防、城市管理的有效性得以提高。

三、闵行区的“大联动”模式

闵行区是上海改革开放的缩影。20 多年间，闵行区的城市发展实现了“三级跳”，迅速跨越郊县、城郊结合部阶段，进入“深度城市化”：从仅有 50 万常住人口的传统乡村社会，发展成为拥有 233 万实有人口（其中，来沪人员超百万、境外人员 7 万多）的现代化城区。上海闵行区社会管理以街镇“大联动”分中心为平台，整合涉及社会管理、城市综合管理各类协管力量，从以条线管理为主转变为以街镇管理为主。所谓“大联动”，就是在不改变现有行政管理组织体制的前提下，社会协管力量整合统管、管理信息集中采集共享、行政执法协调联动，优化完善城市综合管理运行机制。“大联动”将形成上下联动、问题联动、执法联动的社会管理联动局面，形成合力。根据“大联动”机制，闵行区设立了一个区“大联动”中心，公安、消防、建交委等部门常驻中心，对城市日常管理和各类公共突发事件统一处置；在全区 13 个街镇设立“大联动”分中心，516个居村委成立“大联动”工作站。与此同时，将全区街面网格划分成75个巡区，189个责任块；居村委“大联动”工作站划分责任块1299个，街面和社区巡管网格共整合各类力量3.66万余人，是原来的近2倍。“大联动”实现了三个转变、三个无缝衔接，即：从条线单一行动向条块互补联动转变，从条线分散运作向以块为主合成作战转变，从事后“被动处置”向事前“主动发现”转变；以及街面和小区管理空间无缝衔接，白天和夜晚管理时间无缝衔接，市容城管和治安防控管理责任无缝衔接。其具体特点是：组织架构设计上创新，形成多方联动模式，实现管理信息集中采集与共享，形成无缝衔接网格，实现常态社会管理与应急管理有机统一。通过力量整合，条块联动，努力实现各职能部门多头执法管理向街镇以“块”为主综合管理的转变，保障社会和谐稳定，提高居民满意度，具体做法如下：

（一）组织架构设计上创新。

依照“条块结合，以块为主，统一协调，分级包块，责任明晰”的原则，建立了区、街镇、居村委大联动工作站三级组织架构，由各级党政主要领导亲自担任第一负责人，参与部门领导具体抓落实，确保“大联动”工作权威化、常态化。

（二）形成多方联动模式。

形成了“一张管理网络、一套运行机制、一个指挥系统、一个服务平台、一支综合力量”的社会管理工作新格局，整合目标，整合行政执法力量。在“条（委办局）”上，发挥区“大联动”中心统一受理、指挥、协调、监督的功能，有效整合各职能部门的信息资源、执法力量，建立常态化行政执法联动机制。

（三）实现管理信息集中采集与共享。

依照“依托社区，整合资源；集中采集，信息共享”的工作原则，在区“大联动”领导小组及推进办的统一指导下，实现了区、街镇和居村委三级管理主体之间的信息共享、接口对接和工作联动，将联动协调运行机制固化为信息化操作流程，依托区政务网搭建的闵行区社会综合管理基础信息采集系统，及时采集和处理相关违章违规信息（包括安全隐患、房屋群租、违章建筑、无证照经营、非法行医、地下工厂等）。目前，上海已建立了集通信、计算机、网络、地理信息系统、视频监控、数据库与信息处理等多技术为一体的信息化指挥系统。

（四）形成无缝衔接网格。

首先，加强小区巡管力量，成立居村委“大联动”工作站，整合就业援助、社区助残、房屋协管、社区保安、综合协管、社区公共文化服务6支队伍；其次，加强街面巡管力量，建立长效街面各相关部门联勤制度，以道路为网格单元，建立城市网格化管理联动机制，将市容环境协管和治安辅助巡逻两支队伍纳入网格化管理联动机制进行统一管理。

（五）实现常态社会管理与应急管理有机统一。

在管理流程设计上创新，按照“服务在先、管理跟上、执法托底”的原则，实施系统推进，形成常态管理格局。在管理方式上从“处置问题”向“发现问题”延伸，从“事后执法”向“前端服务管理”转变，以信息化平台建设为支撑，将区、街镇、居村委“大联动”三级网络有效串联起来，通过常态化的信息排查工作，摸清底数，对社会管理和城市管理中的问题，按照应急管理“早发现、早报告、早研判、早处置、早解决”的“五早”原则进行先期处置，实现常态化管理与应急管理的有机结合。

四、上海浦东公益服务园区

上海第一个旨在扶持公益性社会组织的公益服务园区——浦东公益服务园自2009年12月15日正式开园以来，已形成比较成熟的运作模式，产生了突出的成效。浦东公益服务园是浦东新区民政局为了推进社会管理创新，支持社会组织发展而实行的一项社会创新，从创立之初，上海浦东公益服务园就秉持“公益服务社会、合作促进发展”的使命。上海浦东公益服务园坐落在浦东新区大陆家嘴区域的峨山路613号，开园总面积为3200平方米（加上新拓展部分达4200平方米）。目前入驻公益园的公益机构有28家，其中一些机构在国内享有较高知名度。浦东公益服务园是上海在培育社会组织、推进社会建设的最新实践，将原上海东星手帕厂区改造为“浦东公益服务园”。浦东公益服务园凝聚了先进的社会组织管理与服务理念，汇集了极具代表的公益组织机构和专业人才，代表了上海社会组织的最新实践和发展未来。浦东公益园区把在浦东新区具有一定代表性的公益性社会组织汇聚到一起，加大政府对社会组织孵化培育力度，提供整合服务，实现资源共享，促进社会组织参与社会管理和公共服务。服务园区分为A、C两座。A座底楼是600平方米的公共空间，可以为社会组织提供会议培训、社工专业实训、法律咨询、财务管理、公共阅览以及公益产品展示等多项服务。C座底楼是500平方米的展示厅，社会组织可以在此举办各类展示活动。入驻的公益性组织均可享受政府提供的办公补贴和运营补贴，并享受财会代理、法律咨询等服务。今后，园区将吸纳近30家在各领域有代表性的公益性社会组织入驻，成为本市首个社会组织集聚办公、共享服务资源的公益园区。

第五节　上海社会管理创新对全国的作用

一、上海社会管理创新对全国的示范作用

近年来，上海市顺应社会发展趋势，转变社会管理理念，围绕服务科学发展主题和“创新驱动、转型发展”主线，坚持一流标准，以争当中国特色社会主义社会管理体系建设的先行者、示范区为目标，总结提炼上海世博会等系列大型活动期间社会管理工作的经验，不断激发社会活力，促进和谐稳定，上海将进一步发挥社会管理创新对全国的示范作用。

二、上海社会管理创新对全国的借鉴作用

“十二五”以来，上海市政府历来高度重视社会管理创新，紧紧围绕建设“四个中心”和全球城市的奋斗目标，认真贯彻落实中央和市委、市政府有关部署，不断创新社会治理理念，积极探索社会组织规范有序发展的新途径、新举措。经过多年来的不懈努力，上海市按照社会治理多元主体共同参与的时代要求，坚持培育发展和监督管理并重，完善整体设计，创

新体制机制，持续加大公共财政支持力度，走出一条具有区域特色的上海社会管理创新发展之路。

三、上海社会管理创新对全国的服务作用

2011 年 9 月，党中央、国务院印发了《关于加强和创新社会管理的意见》，明确提出 2020 年之前社会管理工作的目标任务：完善党委领导、政府负责、社会协同、公众参与的社会管理格局，加强社会管理法律、制度、体制、机制、能力建设，完善基层社会管理服务，建设中国特色社会主义社会管理体系。历届上海市委、市政府高度重视社会管理问题，在实践中不断探索创新，取得了显著成就，先后经受住了世博会等重大事件和活动的检验，确保了上海改革、发展、稳定的长期良好局面。未来几年将是上海加快推进“四个率先”、加快“四个中心”和社会主义现代化国际大都市建设的关键时期，经济体制深刻变革、社会结构深刻变动、利益格局深刻调整和思想观念深刻变化的阶段性发展特征将进一步集中凸显。如何按照科学发展观的要求和“四位一体”的现代化建设总体布局，构建具有时代特征、中国特色、上海特点的社会管理体系，和进一步发挥上海社会管理创新对全国的服务作用是未来上海长期面临的重大课题。

表 9–1　关于社会管理创新相关政策一览表

名称	地域范围	时间	内容
中央政治局第二十次集体学习讨论会	全国	2005 年 2 月 21 日	要适应社会主义市场经济发展和社会结构深刻变化的新情况，深入研究社会管理规律，更新社会管理观念，推进社会建设和管理的改革创新，尽快形成适应我国社会发展要求和人民群众愿望、更加有效的社会管理体制

续表

名称	地域范围	时间	内容
中国共产党第十六届中央委员会第六次会议	全国	2006 年 10 月 11 日	“加强社会管理，维护社会稳定，是构建社会主义和谐社会的必然要求。必须创新社会管理体制，整合社会管理资源，提高社会管理水平，健全党委领导、政府负责、社会协同、公众参与的社会管理格局，在服务中实施管理，在管理中体现服务。”并且具体提出了完善社会管理的几个方向：（1）建设服务型政府，强化社会管理和公共服务职能；（2）推进社区建设，完善基层服务和管理网络；（3）健全社会组织，增强服务社会功能；（4）统筹协调各方面利益关系，妥善处理社会矛盾；（5）完善应急管理体制机制，有效应对各种风险；（6）加强社会治安管理，增强人民群众安全感；（7）加强国家安全工作和国防建设，保障国家稳定安全
中国共产党第十七届全国代表大会	全国	2007 年	“建立健全党委领导、政府负责、社会协同、公众参与的社会管理格局”
中国共产党十七届五中全会	全国	2010 年	在《中共中央关于制定国民经济和社会发展第十二个五年规划的建议》中提出，“通过着力保障和改善民生，加强社会建设，创新社会管理，切实维护社会和谐稳定”
中央党校省部级主要领导干部“社会管理及其创新专题研讨班”	全国	2011 年 2 月 19 日	胡锦涛主席指出，“社会管理是人类社会必不可少的一项管理活动。在我们这样一个有 13 亿人口、经济社会快速发展的国家，社会管理任务更为艰巨繁重。我们加强和创新社会管理，根本目的是维护社会秩序、促进社会和谐、保障人民安居乐业，为党和国家事业发展营造良好社会环境。社会管理的基本任务包括协调社会关系、规范社会行为、解决社会问题、化解社会矛盾、促进社会公正、应对社会风险、保持社会稳定等方面。做好社会管理工作，促进社会和谐，是全面建设小康社会、坚持和发展中国特色社会主义的基本条件”
中国共产党第十八届全国代表大会	全国	2012 年 10 月	加强和创新社会管理，推动社会主义和谐社会建设

续表

名称	地域范围	时间	内容
中国共产党第十九届全国代表大会	全国	2017 年 10 月	加强社会治理制度建设，完善党委领导、政府负责、社会协同、公众参与、法治保障的社会治理体制，提高社会治理社会化、法治化、智能化、专业化水平

第十章

上海社会保障体制与改革开放

在我国由计划经济体制逐步向社会主义市场经济体制转型的过程中，随着渐进性的改革不断进入深水区，作为保障社会稳定的重要基础和促进未来经济社会发展的重要保障，社会保障体系改革也逐步从经济体制改革的配角走向经济社会体制改革的主角，是协调改革与发展的重要内容。改革开放40年来，上海勇于创新，积极探索，在全国率先进行了社会保障领域的多项改革。目前上海已经基本建成新型社会保障体系的制度框架，也不断地提高了社会保障的覆盖面和保障水平。上海在社会保障领域的制度创新和开拓实践也为全国其他地区的社会保障改革提供了经验和示范。本章通过对上海社会保障体制改革的历史进程与阶段特征的梳理，总结上海社会保障体制改革的基本经验，分析上海社会保障体制改革对全国的作用和影响，然后结合中国国情和上海实际，深入分析当前上海社会保障体系面临的现实问题和挑战，提出未来上海社会保障制度进一步深化改革的具体建议和对策。

第一节 上海社会保障体制改革的历史进程与阶段特征

一、完全的单位统筹阶段（1993年以前）

中华人民共和国成立初期，养老保险覆盖面仅限于100人以上的工矿企业和运输邮电部门。1951年国家颁布《中华人民共和国劳动保险条例》之后，养老保险逐步扩大到所有全民单位，集体单位也可根据自身的经济状况参照执行。

根据该条例，1951年上海开始建立上海城镇职工养老保险制度。改革开放以后，为了适应多种经济成分的发展，城镇合作社和外商投资企业的中国职工开始委托人民保险公司经办养老保险。从1986年开始，上海实行了企业退休费全市统筹，在一定程度上缓解了企业之间退休费负担畸轻畸重的矛盾，保证了离退休费能按时足额发放。同时，上海还把社会养老保险制度扩大到劳动合同制职工，对劳动合同制职工实行个人缴费筹集养老金、退休后享受社会养老保险制度，解除了这部分职工的后顾之忧。此外，为了保证养老金的实际购买力不受物价变动的影响，对离退休人员适时地增加物价补贴或生活补贴。

从20世纪50年代初到1993年以前的这40多年间，上海养老保险事业取得了迅速发展，上海养老保险制度在这一阶段的主要特点为：

1. 养老保险的覆盖面不断扩大，但养老保险的覆盖范围仅限于国有企、事业单位，而改革开放以来得到迅速发展的非公有制企业没有包括在覆盖范围之内；

2. 养老保险基金筹资渠道单一，不能适应上海人口老龄化迅速发展的需要；

3. 离退休费按职工退休前一个月的标准工资和连续工龄长短计发，而退休前一个月标准工资的多少，在很大程度上取决于能否在退休前“挤”上加工资的“末班车”，具有很大的偶然性；

4. 养老基金多头管理，各部门之间不能调剂，管理的社会化程度很低，养老保险基金积累的保值增值问题没有得到有效解决。

二、个人缴费和单位统筹阶段（1993—1997年）

（一）1993年上海率先改革“城保”。

上海作为全国最大的经济中心城市，早在1993年就率先开始着手进行社会养老保险体制的改革。从1993年开始，上海市遵循立法先行、分步实施、循环渐进、不断完善的原则，对原来所实行的养老保险制度进行了重大改革。1993年2月5日，上海市九届人大常委会第四十一次会议原则批准了《上海市城镇职工养老保险制度改革试点方案》，初步确立了以社会统筹和个人帐户相结合为主要特点的养老保险制度改革的基本框架。在此基础上，1994年4月27日，市人民政府发布《上海市城镇职工养老保险办法》，提出了正式的实施办法。1995年1月，上海市政府相继发布《上海市城镇私营企业职工养老保险办法》、《上海市城镇个体工商户及其帮工养老保险办法》和《关于对本市外商投资企业中国职工的养老保险实行统一管理的通知》，养老保险的范围扩大到全体城镇劳动者及离退休人员。

上海养老保险制度在这一阶段的主要特点表现为：

1. 实行社会统筹与个人账户相结合。

按照个人储存与统筹互济相结合的原则，为每个职工建立一个终生不变的个人养老保险账户，记录职工在职时单位和个人缴纳的养老保险费，待退休时作为计发养老金的依据。这样可以避免原来用标准工资和连续工龄来计发养老金的弊端，更能体现公平、公正的原则，方便劳动者在不同的所有制单位之间的流动。

2. 扩大社会统筹，实行全市统筹。

除原来实行养老保险的全民、集体企业继续实行全市退休费统筹外，机关事业单位的退休费也由各单位自行开支改为全市统筹，外资企业、私人企业、合作联社和个体户等养老费用都纳入全市统筹。

3. 引入个人缴费机制，实行国家、单位、个人共同负担养老费用。

从 1993 年开始，个人按本人上一年月平均工资收入的 3% 缴费，以后每两年提高一个百分点，直到 8%。单位养老金缴费为工资总额的 25.5%。

个人账户记入的养老保险费包括：个人缴纳的养老保险费；单位缴纳的养老保险费记入个人账户的部分：按在职人员个人缴费基数的一定比例（企业和自收自支的事业单位为 8%，机关、全额预算事业单位为 10%，差额预算事业单位为 9%）记入的数额；按上一年度全市在职人员月平均工资收入的 5% 记入的数额。因此，个人账户比例为 16%~18%；单位缴纳的养老保险费除记入个人养老保险账户的部分外，均为社会统筹部分，社会统筹部分比例为 10.5%~12.5%。

从 1994 年 4 月 1 日起，上海市调整在职工养老保险缴费比例，由原来的 3% 调整为 4%；同时调整单位缴费记入个人账户的比例：企业为 7%，机关、全额预算事业单位为 9%，差额预算事业单位为 8%。

4. 个人账户的养老金部分大于社会统筹部分，有利于激励机制和监督机制。

一是激励机制。个人缴费多，单位为之缴费并记入个人账户的也多，年轻时多缴费，年老时养老保险待遇就高，提高了职工参与养老保险的积极性。二是监督机制。由于以企业职工利益为导向，广大职工从维护利益出发，监督企业缴费，使收缴率大大提高。

5. 改革养老金计发办法。

养老金计发办法是个人账户储存额除以 120，它是根据上海平均期望寿命和退休后平均存活余命来确定的。个人账户用完后，由社会统筹基金继续支付到职工死亡为止。考虑到实行改革以前广大职工都没有个人账户，为了使新老政策能够衔接和平衡过渡，对不同类型人员分别采取不同的养老金计发办法来过渡，即“老人老办法、中人中办法、新人新办法”。

6. 建立基金养老金的物价补偿制度。

建立养老金的年度调整办法。每年根据物价指数调整离退休人员的基本养老金。一是按职工生活费价格指数上升幅度调整基本养老金，下降时基本养老金不调整；二是参照在职职工实际工资增长情况，不定期增加生活补贴。

7. 开展多层次的养老保险。

除基本养老保险外，有条件的单位，可以实行单位补充养老保险。还提倡和鼓励个人参加个人储蓄性养老保险，理顺养老保险管理体制，建立高效、统一的决策和执行机构，集中管理社会养老保险。

（二）1996 年上海推出“农保”。

1996 年 2 月，上海市出台了《上海市农村社会养老保险办法》，规定适用于上海市范围内农村各乡（包括实行镇管村体制的镇）的企业（含外商投资企业）、事业单位、机关和其他各类经济组织及其在职人员；农、副业从业人员；个体工商户及其帮工。“农保”实行以劳动者自我缴费积累为主，集体补贴和互济为辅，社会保险与家庭养老相结合以及对各业人员的养老保险统一管理的原则，统筹资金现收现付，个人账户资金实行积累制模式。

1. 企业在职人员和农、副业从业人员，以本乡上一年度劳动力月平均收入为缴费基数，按照 5% 的比例缴纳养老保险费。事业单位和机关在职人员，以本人上一年度月平均工资收入为缴费基数，按照 5% 的比例缴纳养老保险费。企业按照计税工资总额15%的比例缴纳养老保险费，事业单位和机关按照工资总额15%的比例缴纳养老保险费。

2. 农村外商投资企业和私营企业及其在职人员、农村个体工商户及其帮工养老保险费的缴纳，分别按照《上海市城镇职工养老保险办法》、《上海市城镇私营企业职工养老保险办法》和《上海市城镇个体工商户及其帮工养老保险办法》的有关规定执行。

3. 个人养老保险账户中记入的养老保险费包括：个人缴纳的养老保险费；单位缴纳的养老保险费记入个人养老保险账户的部分。单位缴纳的养老保险费记入个人养老保险账户部分的标准，由各乡人民政府根据实际情况定期拟定，报县民政局核准后执行。单位缴纳的养老保险费除记入个人养老保险账户的部分外，均为社会统筹部分。

（三）1997年与全国养老保险制度并轨。

1997年7月，国务院颁布了《关于建立统一的企业职工养老保险制度的决定》（以下简称"《决定》"）。1997年12月12日，上海市第十届人民代表大会常务委员会第四十次会议审议，决定按国务院《决定》对上海市城镇职工养老保险制度的部分内容作相应调整，使上海市养老保险制度与全国统一方案并轨。1998年4月13日，上海市政府正式发布了《上海市人民政府关于调整本市城镇职工养老保险办法部分内容的通知》，明确提出了与全国养老保险制度并轨的具体办法。

1. 调整了个人账户。

自1998年4月1日起，个人账户规模调整为工资的11%（5%由个人缴费，6%从单位缴费中划入），将单位缴费中按职工平均工资5%记入的部分移出，在计发时以基础养老金来体现。并轨前已经记入的部分不再变动。

2. 调整了基本养老金的计发办法。

从1998年起，改按全国统一的养老金计发办法执行。改革后参加工作符合退休条件的人员，养老金由基础养老金和个人账户养老金组成，基础养老金为上年度全市职工月平均工资的20%，个人账户养老金按本人账户累计储存额除以120计发。对改革前参加工作、1998年以后符合条件的退休人员，按照新老办法衔接、待遇水平基本平衡等原则，在新制度两块养老金的基础上增加过渡性养老金，基本保证所有退休人员的养老金水平不受影响。

3. 改变了基本养老金的增长机制。

从 1998 年开始，退休人员的养老金按照上一年全市在职人员平均工资增长率的 40%~60% 进行调整；同时考虑物价变动的因素，确保退休人员的基本生活，适当向退休早、养老金水平低的人员倾斜。

4. 对实行企业化管理的事业单位，按照国务院《决定》和上海市情况进一步深化改革；对《决定》中未作规定的国家机关和其他事业单位职工，仍按上海市 1993 年养老保险改革方案中的有关规定执行，但个人账户规模及基本养老金增长机制作相应调整。

5. 根据国务院《决定》的规定："企业缴纳养老保险费的比例一般不得超过企业工资总额的 20%，……养老负担过重，确需超过企业工资总额 20% 的，应报劳动部、财政部审批。"

上海养老负担较重，拟考虑将单位缴纳养老保险费的比例调整为工资总额的 24.5%，今后随个人缴费比例的增加，再适当降低单位的缴费率。

6. 所有经济形式实行统一模式，扩大了覆盖面。

到 1997 年底，全市参加养老保险的有 4.4 万余家单位，414 万名职工，201 万名离退休人员，人员覆盖率已达 98.2%。

由于实行全市统筹，缓解了单位之间离退休负担畸轻畸重的矛盾，为发展社会主义市场经济创造了良好的外部环境。

7. 初步建立起了多层次的养老保障体系。

除基本养老保险以外，还试办了企业补充养老保险，到 1997 年底，已有 428 家企业、17 万名职工参加了补充养老保险。上海市工会组织从 1994 年开始建立了职工互助保障网络。个人商业养老保险市场发展也很快。

三、制度改革与覆盖面扩大阶段（1998—2010 年）

（一）2002 年推出"综保"。

2002 年 7 月，上海市政府发布了《上海市外来从业人员综合保险暂行办法》，并于 2002 年 9 月起正式实施，适用于本市各类单位使用的外来从业人员（其中主要是农民工），包括工伤（或者意外伤害）、住院医疗和养老补贴三项保险待遇，以及门急诊医药费补贴。规定用人单位和无单位的外来从业人员按照缴费基数 12.5% 的比例（单位的缴费基数为上海市上年月社会平均工资的 60%），缴纳综合保险费，其中养老补贴为 7%。综合保险费由用人单位缴纳，无单位的外来从业人员由其自己缴纳。其中，外地施工企业的缴费比例为 5.5%。

综合保险的养老补贴待遇标准，按照综合保险累计缴费时间和金额确定。用人单位累计缴纳综合保险费每满 12 个月，来沪从业人员可以获得一份养老补贴凭证。按 2007 年标准，12 个月的养老补贴累计为 1242 元。考虑到来沪从业人员户籍地不在上海，流动性较高，综合保险的养老补贴采用了由保险公司发放报单、到龄时领取的办法，在来沪人员离开上海时，可以带走所有的养老补贴凭证，在其达到规定年龄时（即男性年满 60 周岁、女性年满 50 周岁），可到相关商业保险公司在其户籍所在地的分支机构一次性兑现。未到规定年龄死亡的，养老补贴可由其直系亲属继承。但由于外来从业人员的文化程度、职业、收入水平、在沪工作年限相差很大，部分外来从业人员认为综合保险提高了用工成本，使他们找工作更难了，参保意愿不强。外来从业人员希望提高养老保障水平。截至 2007 年底，上海市“综保”参保人数已达 333.6 万人。

（二）2003 年推出“镇保”。

为了解决郊区城市化进程中失地农民社会保障问题，促进城乡劳动力就业，上海市按照中共中央、国务院《关于促进小城镇健康发展的若干意见》（中发〔2000〕11 号）中关于积极探索小城镇社会保障制度的精神，结合本市城乡一体化进程不断加快的实际，开始进行小城镇社会保险试点。2003 年 10 月，上海市政府出台了《上海市小城镇社会保险暂行办法》，该办法适用于本市郊区范围内用人单位及其具有本市户籍的从业人员，以及经市政府批准的其他人员。“镇保”的推出有效地解决了失地农民和郊区各种历年遗留问题人员的社会保障问题，增强了被征地农民市场化就业能力，适应了郊区社会经济发展。

"镇保"适用于上海市郊区范围内用人单位及其具有上海市户籍的从业人员，原已参加上海市农村社会养老保险的用人单位及其从业人员以及经市政府批准的其他人员，是包括养老、医疗、失业和生育保险（将来也要纳入工伤保险）在内"五险合一"的一项综合性社会保障制度，由基本保险的统筹部分和补充保险的个人账户部分组成，其模式可概括为"25% +X"。25%是指基本保险的统筹部分，这部分缴费以上年度全市职工月平均工资的60% 为基数，按照25% 的比例，全部由用人单位按月足额向社会保险经办机构缴纳。其中，养老、医疗、失业、生育、工伤保险分别占17% 、5%、2%、0.5%、0.5%，由政府强制征缴，主要体现政府"保基本"的责任和社会公平的原则。X是指"镇保"的个人账户部分，包括X1补充养老、X2补充医疗、X3生活补贴等，由用人单位、从业人员根据经济能力和有关规定自愿参保，其本金和利息全部归个人所有，主要用于补充养老和补充医疗、被征地人员生活补贴以及规定的其他用途，体现改善生活靠"补充"的效率原则，是"镇保""有弹性"的主要体现。由于"镇保""低平台"和"有弹性"的特点，使其适应了本市不同地区、不同人群经济水平的需要，为"广覆盖"创造了重要条件。

1. 该模式具有"低平台、有弹性、广覆盖"三大特点。

充分考虑了上海当时的经济发展水平以及未来经济社会发展的需求，也充分考虑了当时上海郊区的经济发展水平和郊区人口对于社会保障的现实需求，较好地体现了社会保障多层次以及同当前经济发展水平相适应的原则。

2."镇保"有利于推进上海市郊区"三个集中"的发展战略。

"镇保"用"土地换保障"的思路来解决农民保障问题，有利于促进郊区人口向城镇集中、土地向规模经营集中；实施小城镇社保能够降低上海的人工成本，增强投资吸引力，有利于促进郊区工业向产业园区集中；从而对上海郊区新一轮大发展具有推动作用。

3."镇保"有助于促进上海市经济和社会协调发展。

一是改变了以往城乡社会保障二元分割的状况，使广大郊区居民同样获得了享有基本社会保障的权利；二是可以较好地推动非农就业，能够进一步提高郊区农民的收入水平；三是保障对象包括了被征地人员，可以从长远上解决离土农民的基本保障这一历史遗留问题，有利于维护郊区社会稳定。

2008年3月，上海市出台了《关于2008年本市小城镇社会保险领取养老金人员增加养老金的通知》《关于2008年本市农村社会养老保险领取养老金人员增加养老金的通知》，提高了征地农民和参保农民的养老金保障水平。截至2007年底，上海市“镇保”参保人数已达138.6万人。

（三）不断完善“城保”。

1. 调整单位和个人缴纳养老保险费的比例。

2004年上海市人民政府办公厅下发的《关于调整本市城镇养老保险缴费比例的通知》规定，本市城镇单位缴纳的基本养老保险费比例为22%，个人养老保险缴纳比例为8%。

2. 调整个人账户比例与社会统筹账户比例。

根据2005年国务院颁布的《关于完善企业职工基本养老保险制度的决定》，从2006年1月1日起，个人账户的规模统一由本人缴费工资的11%调整为8%，并全部由个人缴费形成，单位缴费不再划入个人账户，而全部划入社会统筹部分。

3. 个人账户“虚账实记”。

2005年9月，上海市出台《上海市城镇养老保险“虚账实记”实施方案》。“虚账实记”方案适用于1992年底以前参加工作，并按规定参加本市城镇养老保险，且本方案实施前尚未办理退休手续的人员。而方案实施前已办理退休手续的人员，以及1993年1月1日起参加工作的人员，不属于“虚账实记”方案的适用范围。

1992年底以前参加工作目前尚未办理退休手续的人员，由于1992年底以前没有实行个人缴费，其个人账户中1992年底前只有记载工作年限的“虚账”。做实个人账户需要妥善处理“虚账”问题，因此将“虚账”部分按照目前的计算规则转换为记账金额，一次性记入个人账户（称为“虚账实记”），并与其1993年以后所形成的实账合并，构成一个完整的实记账户，为逐步做实个人账户打下基础。“虚账实记”的记账金额总额为1992

年底以前连续工龄所对应的记账实记金额与 1993 年到 1997 年 5 年内个人账户储存额所对应的记账金额之和。2005 年第四季度上海市完成了全市个人养老金的“虚账实记”工作。为确保新老办法的平稳过渡，上海市对 2005 年 11 月 1 日以后所有领到“‘虚账实记’告知单”，并在 5 年内按照企业办法退休的人员，给予一次新老办法的选择机会。

4. 做实个人账户。

2006 年，国务院决定扩大养老保险制度、逐步做实个人账户的改革试点到全国八省市，其中包括上海市。为此，上海市采取措施，包括改革个人账户从“虚账实记”到逐步做实个人账户。

5. 加强社会保险基金管理。

2006 年 10 月 31 日，上海市出台了《上海市社会保险基金管理办法》，该办法适用于城保、镇保、综保等社会保险基金。规定基金纳入单独的基金财政专户，实行收支两条线管理，专款专用，任何部门、单位和个人均不得挤占、挪用，也不得用于平衡财政预算。基金根据国家要求实行统一管理，按险种分别建账、分账核算，专款专用，自求平衡，不得相互挤占和调剂。

6. 增加企事业单位退休人员基本养老金。

为切实保障退休人员养老金随着社会经济发展水平逐步提高，2008 年 1 月，上海市出台了《关于 2008 年调整本市城镇企事业单位退休人员基本养老金的通知》，增加基本养老金范围对象是本市 2007 年底以前已按城镇养老保险规定办理退休（职）手续，并按照企业、事业单位办法计发基本养老金（生活费）的人员，实施“普加”“特加”“专加”相结合的基本养老金增长办法。

7. 提高社会保障水平。

2009 年 1 月，上海市出台了《上海市人力资源和社会保障局关于 2009 年调整本市城镇企事业单位退休人员基本养老金的通知》《关于 2009 年本市农村社会养老保险领取养老金人员增加养老金的通知》《关于 2009 年本市小城镇社会保险领取养老金人员增加养老金的通知》，提高了社会保障水平。截至 2009 年上半年，农保养老金人均月发放标准提高到 303 元；征地养老生活费人均月发放标准达到600元。

8. 出台持有（上海市居住证）人员申办本市常住户口政策（纳入城镇社保体系）。

2009年2月12日，上海市出台了《持有（上海市居住证）人员申办本市常住户口试行办法》，该办法适用于来沪创业、就业，并持有《上海市居住证》的境内人员，规定持证人员申办本市常住户口的五项条件和四项激励条件，将其纳入城镇社会保障体系之中。

9. 出台外来从业人员参加上海市城镇职工基本养老保险政策。

2009年6月12日，上海市出台了《关于外来从业人员参加本市城镇职工基本养老保险若干问题的通知》，规定"与属于参加本市城镇基本养老保险范围的用人单位建立劳动关系，且具有外省市城镇户籍的从业人员，年龄在45周岁以下的，应当参加本市城镇职工基本养老保险"；"与属于参加本市城镇基本养老保险范围的用人单位建立劳动关系的外省市非城镇户籍、年龄在45周岁以下的人员，符合具有专业技术职称或具有技师、高级技师国家职业资格证书或单位需要的其他专门技术人员等条件之一的，经与用人单位协商一致，可以参加本市城镇职工基本养老保险"。

10. 出台在沪工作的外籍人员等参加上海市城镇职工基本养老保险政策。

2009年10月10日，上海市出台了《关于在沪工作的外籍人员、获得境外永久（长期）居留权人员和台湾香港澳门居民参加城镇职工社会保险若干问题的通知》，规定在沪工作的外籍人员、获得境外永久（长期）居留权人员和台湾香港澳门居民参加本市城镇职工社会保险有关事项。

（四）不断完善"农保"。

由于中国固有的城乡二元体制背景，上海的社会保障体系同全国一样，也呈现出城乡二元的结构。农业人口占上海总人口的比重一直较少，1978年农业人口为总人口的41.3%，随着上海城镇化的加速，农业人口占总人口比重日益减少。据统计，2006年上海农业人口仅占总人口的14.2%。尽管如此，上海社会保障制度基本上仍是以户籍为基础的城乡二元结构，保障水平偏低，制度还不够完善，但上海各级政府一直很重视农村居民的社会保障制度的建设和完善，改革开放以来取得了一定的成效。

早在 20 世纪 90 年代初期，上海就开始对农村养老保险制度进行试点和探索，经过十几年的建设，养老保险的覆盖面、支付标准以及管理体制方面都得到了不同程度的完善和提高。乡镇企业发展并纳入社会保障，很大程度上加快了一部分农业人口的城市化步伐。1997 开始实施的农村基本医疗保险制度，兼顾大额医疗费用补偿与小额医疗费用补助，为农民提高了抗风险能力，又兼顾到受益面，极大减轻了农民患大病时的疾病经济风险。随着农村城镇化的进程加快，城乡之间以及农村各地区之间劳动力流动加速，上海还适时推出了小城镇社会保险，以解决失地农民和郊区用人单位就业人员的生活保障问题，同时为上海未来逐步实现城保、农保、镇保“三保合一”，构建城乡一体化的社会保险制度奠定了基础。

上海农村社会保险的渐进发展促进了社会与经济之间、城镇与农村之间的协调和谐发展，并加速了上海城乡一体化的进程。

（五）建立高龄保障制度。

2006 年 9 月，上海建立了高龄无保障老人基本社会保障制度，这是落实高龄无保障老人基本养老、医疗保障体系的一项政策措施。其享受的对象是从户籍制度建立以来一直是上海市城镇户籍，在上海工作、生活满 30 年，且年龄满 70 周岁以上的无任何养老、医疗保障的人员。由于他们已不适于通过缴费纳入现有的城镇职工社会保险制度，因此，对其采取由政府筹措资金为高龄无保障老人提供基本养老金及基本医疗待遇的办法。2008 年 11 月，上海市人力资源和社会保障局等部门印发了《关于完善本市城镇老年居民养老保障若干问题处理意见的通知》，将城镇高龄无保障老人纳保范围扩大，规定年满 65 周岁，在上海市居住、生活满 30 年，现为上海市城镇户籍且已满 15 年，未享受基本养老、医疗以及征地养老待遇的老年居民均可享受此通知规定的养老待遇。高龄无保障老人的养老待遇标准为，年满 65 周岁不满 70 周岁的城镇老年居民养老待遇为每人每月 400 元。年满 70 周岁的城镇老年居民养老待遇由每人每月 460 元增至 500 元。

作为具有很强福利性特点的上海市“高龄保障”制度，在很大程度上解决了部分高龄无保障老人的生活问题，虽然其资格条件不断降低以保证上海市更多无保障老人的生活，然而65周岁的规定依然存在遗漏的可能，使那些从退休年龄到65周岁之间年龄段的、生活困难的老年人得不到保障，不利于社会保障公平性的体现。

四、深化改革阶段（2010年至今）

（一）2011年综保、镇保转入城保。

为了贯彻落实《社会保险法》，2011年7月1日起，上海将参加“综保”的农民工和参加“镇保”的郊区用人单位及其从业人员纳入“城保”。按照“明确目标、统筹设计、逐步过渡”的基本工作思路，综合考虑“综保”、“镇保”、“城保”各保险制度的差异，以及养老、医疗、工伤、生育和失业各险种的不同要求，企业和个人各方面承受力和外来从业人员流动性强等因素，确定了这两类人群参加“城保”实行两个过渡——缴费水平过渡和实施险种过渡的方法。2011年底，郊区各区县将“老农保”参保企业过渡到“城保”。上海市此次重大社保制度调整，终止了“综保”制度，同时将“镇保”专门面向市郊被征用地人员，从而顺利实现了对上海市基本社会保险制度进行整合的目标。同时，统筹增加各类养老金，完善城镇企业基本养老金计发办法和增长办法。

截至2012年末，上海市城镇职工基本养老保险参保人数达到1326.38万人（其中参加城镇职工基本养老保险的农民工人数为340.81万人，50多万原参加“镇保”的从业人员参加了“城保”），相比2010年末的894.89万人基本养老保险参保人数，增加了48%。其中，参保职工947.98万人，离退休（职）人员378.40万人，离退休人员人均月养老金2341元。

（二）2011年全面建立城镇居民养老保险（城居保）。

2011年，为解决城镇无养老保障居民的老有所养问题，国务院出台了《关于开展城镇居民社会养老保险试点的指导意见》（国发〔2011〕18号）。2011年7月1日，上海市贯彻此文件精神，颁布了《上海市人民政府贯彻国务院关于开展城镇居民社会养老保险试点指导意见的实施意见》，建立个人缴费、政府补贴相结合的城镇居民养老保险制度，并于2011年底实现了本市城镇居民养老保险制度的全覆盖。

这项制度的参保对象，为那些在本市不符合城镇职工基本养老保险参保条件的城镇非从业居民而且年满16周岁，但不包括在校学生，可以在户籍所在地自愿参加城镇居民养老保险。城镇居民养老保险基金主要由个人缴费和政府补贴构成。其中，个人缴费标准设定为每年500元、700元、900元、1100元、1300元、1500元、1700元、1900元、2100元、2300元十个档次，参保人自主选择档次缴费。与个人缴费档次对应的缴费补贴标准为每年200元、250元、300元、350元、400元、425元、450元、475元、500元、525元十个档次。政府对参保人缴费给予补贴，个人缴费越多，政府补贴也越多，而且个人缴费和政府补贴全部计入参保人的个人账户。

参加城镇居民养老保险的本市城镇居民，年满60周岁，缴费满15年的，可按月领取养老金。养老待遇由基础养老金及个人账户两部分组成，支付终身，基础养老金的月计发标准为400元（含中央确定的基础养老金标准每人每月55元），2013年1月1日起提高基础养老金70元每月，标准提升至470元；累计缴费超过15年的参保人员，每超过1年，其基础养老金增加10元。基础养老金由市（含中央财政补助资金）和区县两级财政按照1:1比例分担。个人账户养老金的月计发标准为个人账户全部储存额除以139。

截至2012年末，城居保参保人数达到7.79万人，其中参保缴费人数2.72万人，领取养老金人数5.07万人，人均月养老金480元。

（三）2011年全面建立新型农村社会养老保险（新农保）。

新型农村社会养老保险是在原农村社会养老保险（老农保）的基础上发展而来。2009年国务院印发《关于开展新型农村社会养老保险试点的指导意见》。按照国家要求，自2010年起，上海市在浦东新区、松江区和奉贤区试点实施新农保，以后逐步扩大试点，并在2011年底实现了本市新农保制度的全覆盖。

年满16周岁（不含在校学生）、未参加“城保”或“镇保”的农村居民，可以在户籍地自愿参加“新农保”。“新农保”基金由个人缴费、集体补助、政府补贴三部分构成。“新农保”实行按年缴费的形式，其中个人缴费标准设为每年500元、700元、900元、1100元、1300元五个档次。参保人自主选择档次缴费，多缴多得。区县或乡镇政府对参保人缴费给予补贴，与个人缴费档次分别对应的缴费补贴标准为每年200元、250元、300元、350元、400元。有条件的村集体可以对参保人缴费给予一定补助，补助标准由村民委员会召开村民会议民主确定。个人缴费、补助、缴费补贴全部计入个人账户。个人账户储存额每年参考中国人民银行公布的金融机构人民币一年期存款利率计息。

“新农保”养老金待遇由基础养老金和个人账户养老金组成，支付终身。基础养老金标准依人群界定，分为两大类三个档次的标准，缴费满15年的参保人员为每月300元，缴费不满15年的参保者每月135~155元。区县可根据自身财政能力在市确定的基础养老金基础上再提高基础养老金标准。各区县确定的基础养老金标准集中在320元、330元、370元三个档次。个人账户养老金的月计发标准为个人账户全部储存额除以139。基础养老金标准待遇调整方式，以2012年为例，每人每月增加45~70元，调整为200元和370元两档。

截至2012年末，上海市“新农保”参保人数达到73.04万人，其中参保缴费人数32.48万人，领取养老金人数40.56万人，人均月养老金499元。2012年11月，上海市实施新型农村和城镇居民社会养老保险制度与城乡居民最低生活保障、农村五保供养和优抚制度的衔接，符合新农保和城居保参保条件的低保、五保、优抚对象按规定参加新农保或城居保，实现了新老制度的平稳过渡。

自此，上海市基本养老保险制度体系改革为“城保”、“城居保”和“新农保”三足鼎立的框架，为将来全国范围内的统筹统一打下良好的基础。

（四）2013年降低社会保险缴费率。

2013年8月28日，上海市人民政府出台了《关于调整本市城镇职工社会保险缴费比例的通知》（沪府发〔2013〕62号），决定自2013年10月1日起，本市城镇职工基本养老保险缴费比例由原来的30%调整为29%，其中，单位缴费比例由原来的22%调整为21%，个人缴费比例不作调整；

本市职工基本医疗保险缴费比例由原来的14%调整为13%（其中，非城镇户籍外来从业人员缴费比例仍为7%），其中，单位缴纳基本医疗保险费的比例由原来的12%调整为11%，单位缴纳地方附加医疗保险费的比例及个人缴纳比例不作调整；本市失业保险缴费比例由原来的2.7%调整为2%，其中，单位缴费比例由原来的1.7%调整为1.5%，个人缴费比例由原来的1%调整为0.5%。本市城镇职工社会保险缴费比例共下调了2.7%，这在一定程度上缓解了企业的负担，有利于经济的健康发展。

（五）2016年再次降低社会保险缴费率。

为贯彻2016年全国两会上总理有关降低社会保险费率、减轻企业负担的要求，全国两会一结束，上海市就率先贯彻国家关于适当调整社会保险费率的要求。2016年3月，作为地方供给侧结构性改革的主要措施，以降低企业成本为主要目标，上海市人民政府决定，在保障参保人员社会保险待遇水平和社保基金正常运行的前提下，进一步降低本市部分职工社会保险的费率水平。此次调整共涉及养老、医疗和失业保险三个险种，总体费率下降2.5个百分点，得到下调的均为单位缴费费率，并未涉及个人缴费。其中，养老保险企业的单位缴费费率下调1个百分点，即从21%降到20%；医疗保险单位缴费费率下调1个百分点，即从11%调整为10%；失业保险单位缴费费率下调0.5个百分点，即从1.5%调整为1%。

上海市职工社会保险基金收支情况较好，有一定的积累且年度有结余。2015年上海各项社保基金收入3000多亿元，支出2800多亿元，当年结余400多亿元，累计结余达到3000多亿元，其中养老保险累计结余1000多亿元，医保累计结余1000多亿元。同时，2015年上海财政支持社保基金400多亿元。这次费率的调整，不会对参保人员的养老、医疗和失业保险等各项社会保险待遇产生影响。

该项政策从2016年1月1日起实施，这次费率调整，预计2016年全年可减轻企业负担约135亿元。企业是市场经济的主体和社会保险基金的主要收入来源之一，企业的平稳发展对经济社会发展和社会保险基金安全都是至关重要的。在目前企业面临一定困难的情况下，通过降低企业的单位缴费费率来降低企业成本，以进一步落实供给侧结构性改革的主要措施。

第二节 上海社会保障体制改革的基本评价及其经验总结

近年来，按照党中央、国务院的要求，上海市坚持“保基本、广覆盖、分层次、可持续”的指导原则，各项社会保险事业发展取得新进展。制度建设逐步完善，覆盖范围不断扩大，待遇水平稳步提高，基金收支规模持续增长，经办管理服务不断加强。社会保险事业的不断发展为保障人民基本生活、促进经济发展、维护社会稳定，发挥了积极作用。总结起来，改革开放以来，上海社会保障制度改革取得了重大成效，其主要成效和经验可以概括总结如下：

一、率先性

率先性，是指上海在全国率先引入个人账户制度改革。上海养老保险制度建设一直走在全国的前列。上海市经过反复论证反复实践，抓住了建立个人账户这个社会养老保险制度改革的核心内容，出台了上海城镇职工养老保险制度改革实施方案，这是国内第一部以地方立法形式出台的法规，为全国的养老保险制度改革探索了一条新路。改革方案不仅在上海市可行，而且也为全国养老保险制度改革方案所采纳。上海市以社会统筹与个人账户相结合为主要特征的养老保险制度改革取得了如下成效：

1. 以社会统筹与个人账户相结合为主要特点的养老保险制度，打破了长期以来在计划经济体制下形成的我国社会保险费用完全由政府和企业承担的做法，引入了个人缴费机制，建立一套将职工在职时缴费多少和退休金计发水平直接挂钩的新计发办法，逐步实现筹资模式由现收现付向部分积累模式转化。这不仅激励了职工缴费的积极性，而且为退休高峰提前积累了基金。

2. 支持了国企、集企改组、改制、破产及其现代化企业制度改革，配合再就业工程，支持多种形式就业，为分流人员，从事非正规就业、协议保留劳动关系人员等提供了必要的养老保险。

3. 为离、退休人员建立了养老金正常增长机制，初步解决了以往职工退休后难以共享社会发展成果、难以承受由于物价上涨过快而造成实际生活水平下降的矛盾，进一步保障了离退休人员的基本生活，维护了社会稳定，保持了社会统筹互济的功能，有利于公平与效率相结合的原则。

二、渐进性

激进性，是指上海社会保险覆盖面从“城保”逐渐扩大到“农保”“镇保”“综保”“城居保”，最后形成由“城保”“城乡居保”“机关事业单位社会保险”构成的全覆盖的社保保险制度。上海市从 1993 年开始，在全国范围内，率先将机关事业单位人员纳入“城保”缴费制度之内。上海市在不断完善“城保”的改革进程中，逐步推出“农保”“镇保”“综保”“城居保”，已经在全国率先建立起覆盖城镇各种所有制单位职工（包括机关、国有企事业单位、三资企业、私营企业和个体工商户及其帮工）、广大郊区和外来从业人员以及城镇非从业居民的多层次的社会养老保险制度。《上海市小城镇社会保险暂行办法》的实施开创了我国农村社会保障制度建设的新局面，由于“镇保”“低平台”和“有弹性”的特点，使其适应了本市不同地区、不同人群经济水平的需要，为“广覆盖”创造了重要条件。“城居保”将长期以来缺乏养老保险保障的城镇非从业人员纳入养老保险制度，标志着上海基本养老保险制度在制度层面上实现了全民覆盖。

三、持续性

持续性，是指上海社会保险制度不断改革整合形成“城保”、“城乡居保”、“机关事业单位社会保险”三足鼎立的制度。上海在实行全国统一的基本养老保险制度方面采取了实事求是、稳步推进的做法。结合上海的实际情况，对一些主要方面先行并轨，以维护全国养老保险制度的统一性；对其他方面则按统一制度的要求，逐步过渡，逐步到位，不断完善制度改革和整合。

从 1991 年国家 33 号文件开始，上海市基本养老保险制度改革一直领先全国，2002 年、2003 年针对外来从业人员的特点和上海市当时的社会经济状况建立“综保”和“镇保”制度，以保障城镇基本养老保险没有覆盖的人群；而且扩大“城保”的覆盖范围将个体工商户及其帮工、自由职业人员、非正规劳动组织从业人员纳入保障体系之中。自此，上海市建成了典型的“一城四保”模式，其基本养老保险制度有“城保”“镇保”“综保”“农保”，领先于全国其他省市。

随着“一城四保”制度“碎片化”问题的显露，2009 年上海市开启了制度整合的步伐。2009 年底推出用政府直接补贴的“新农保”取代“老农保”，并于 2011 年底全面实施“新农保”制度；2011 年将“综保”中的外来从业人员纳入“城保”，终止了“综保”制度；2011 年将“镇保”中的就业群体纳入“城保”，将“镇保”专门面向市郊被征用地人员；2011 年全面建立“城居保”制度，以覆盖最后的制度缺失群体——城镇非从业居民。2014 年 2 月，国务院发布了《关于建立统一的城乡居民基本养老保险制度的意见》，决定建立全国统一的城乡居民基本养老保险制度。2015 年 1 月 3 日，国务院下发《关于机关事业单位养老保险制度改革的决定》，明确了机关事业单位养老保险制度改革的适用范围、制度模式和具体设计，标志着为社会各界高度关注的机关事业单位养老保险制度改革方案的正式明确。自此，上海市基本养老保险制度体系改革为“城保”、“城乡居保”和“机关事业单位社会保险”三足鼎立的框架，覆盖了城镇就业人群、城镇非就业适龄人群、农村适龄人群，实现了基本养老保险制度的全覆盖，为将来全国范围内的统筹打下良好的基础。

四、可发展：缩小缺口，提高基金可持续发展能力

可发展，是指上海社会保险基金进一步缩小缺口、提高基金可持续发展能力。根据上海市人力资源和社会保障局发布的数据，2007 年城保养老保险的基金缺口为 49.55 亿元；2008 年上升至 88.63 亿元；2009 上升到 91.86

亿元，当年财政补贴也突破了100亿元。到2012年10月，在《社会保险法》实施一年多后，这一缺口缩小至35.06亿元，这是多年来首次出现缺口缩小，表明困扰上海多年的养老金缺口正在缩小。目前本市正在积极探索建立国资、财政、土地收益等多元投入的社保筹资机制和基金保值增值机制。

2012年末，本市城镇职工基本养老、城镇职工基本医疗、失业、工伤和生育五项社会保险基金资产总额1155.89亿元。其中，市财政专户存款973.22亿元，各社保经办机构支出户存款166.59亿元，暂付款10.32亿元，债券投资5.76亿元。

表10–1　2012年末上海市社会保险基金资产情况（单位：亿元）

资产项目	城保基本养老保险	城保基本医疗保险	失业保险	工伤保险	生育保险	合 计
财政专户存款	397.77	421.72	113.71	39.86	0.16	973.22
支出户存款	95.75	47.17	14.74	7.01	1.92	166.59
暂付款	8.76	1.28		0.11	0.17	10.32
债券投资	1.88	2.84	0.77	0.27		5.76
基金资产总额	504.16	473.01	129.22	47.25	2.25	1155.89

资料来源：上海市人力资源和社会保障局，上海市人力资源和社会保障网。

注：暂付款，反映尚未收回的社会保险基金暂付款项（如周转金等）；债券投资，反映期末持有的用社会保险基金购买的国家债券的账面价值。

第三节　上海社会保障体制改革对全国的作用和影响

作为全国综合改革试点城市，上海在社会保障制度建设上一直走在全国前列，形成了具有自身特色的上海模式，并为全国性及其他地方的建设提供了宝贵经验。

一、最早提出和引入个人账户

在养老保险制度改革方面，上海抓住了建立个人账户这个社会养老保险制度改革的核心内容，在全国率先于1993年2月出台了《上海市城镇职工养老保险制度改革试点方案》，确定引入个人账户制度，实行社会统筹与个人账户相结合，实行国家、单位、个人共同负担养老费用，对“老人”“中人”“新人”分别实行不同的养老金计发办法。

个人账户制度的引入，不仅有利于激励机制，“多缴多得”“长缴多得”更能体现公平、公正的原则，方便劳动者在不同所有制单位之间的流动，扩大职工参与养老保险的积极性；而且也有利于监督机制，监督企业缴费，大大提高收缴率。上海市的这一改革实践为全国的养老保险制度改革探索了一条新路，也为全国养老保险制度改革方案所采纳，并逐步推广到全国。

二、最早实行省级社会统筹

在城镇基本养老保险制度建设方面，1993年，上海市扩大社会统筹，实行全市统筹，在全国最早实行了省级社会统筹。上海市从1993年开始，在全国范围内，率先将机关事业单位人员纳入“城保”缴费制度之内。除原来实行养老保险的全民、集体企业继续实行全市退休费统筹外，机关事业单位的退休费也由各单位自行开支改为全市统筹，外资企业、私人企业、合作联社和个体户等养老费用都纳入全市统筹。上海市在全国最早实行了省级社会统筹，为全国其他地区逐步实行省级社会统筹提供了经验和示范。

三、首创小城镇社会保险制度

基于20世纪90年代上海工业化和城市化进程的加快，特别是“上海城郊一体化”战略后，产生了大量失地农民以及部分不适于纳入“城保”及“农保”的劳动力群体，为了解决失地农民和郊区用人单位就业人员的生活保障问题，2003年，上海市推出了“镇保”政策，出台了《上海市小城镇社会保险暂行办法》。同时，上海市提出了“完善城保、推进‘镇保’、淡出农保”的基本养老保险方针，在此方针下，“镇保”作为全国独一无二的制度，在上海得到了快速发展。

这项制度是上海首创的具有低平台、有弹性、广覆盖特征的社会保险模式，实施范围是被征地人员和郊区用人单位的就业人员（既包括本市农村居民又包括城镇居民），这为上海市实现基本社会保障制度全覆盖、构建城乡一体化的社会保险制度奠定了基础。

然而这项制度在实施中面临不少问题：一是“土地换保险”政策的临时性，因为随着上海市城镇化推进的高峰期、平稳期的到来及其之后，“镇保”新增参保人员逐年减少；二是“补充保障”基本上没有起到预期效果，这与其参保群体的性质有关，其中被征地人员基本上是一次性缴费，没有真正意义上的补充保障，而对于郊区就业人员来说，企业一般不愿意缴纳补充保障以免增加企业负担；三是制度的短期应急性问题，因为随着城乡一体化社会保障制度的逐步形成，上海市基本养老保障制度“碎片化”问题必将解决，“镇保”首当其冲成为被整合的对象。针对上述问题，上海市于2011年颁布了《关于本市郊区用人单位及其从业人员参加城镇职工社会保险若干问题的通知》，促进了“镇保”有序的整合和平稳过渡到“城保”制度。

四、首先实行城镇居民和农村居民最低生活保障的社会救助制度

20世纪90年代，随着企业改革的深化，上海出现了下岗、待岗人员以及各种低收入特困人员等新的困难群体。为保障这些社会成员的基本生活，上海于1993年6月起，在全国率先制定和颁布了城镇居民最低生活保障线、在职职工最低工资标准、待业人员最低收入标准，首次将待业人员纳入社会救助范围。1995年这个制度得到了中央的肯定，后来在全国推广。

1994年，上海在全国最早建立了农村居民最低生活保障制度，制定了

农村居民最低生活保障线。1996年，上海在全国率先颁布省市级政府规章《上海市社会救助办法》。1997年，全市开始探索社会救助“一口上下”的运行机制。1998年，上海全市所有街道、乡镇建立了社会救助管理所，并实现市、区县、街道和乡镇社会救助计算机网络管理系统三级联网。1999年10月，市政府改变了城镇最低生活保障金由政府和企业分别承担的模式，将原来由企业承担的职工定期生活困难补助纳入统一的社会救助范围，在制度上实现了最低生活保障对象的全社会覆盖，这标志着上海基本构建了最低生活保障体系。

目前，上海社会救助制度改革的成效可以归纳为以下几点：

（一）上海社会救助制度日趋系统化和规范化。

上海社会救助制度不仅包括城镇居民最低生活保障制度，而且还包括医疗救助、教育救助、廉租房政策等附着于低保制度的配套措施和临时性的救济制度。

（二）上海社会救济制度的福利水平有了空前的提高。

自最低生活保障制度出台后，尤其是进入21世纪以来对民生问题的关注，上海社会救助的各项指标都发生了巨大的变化，在很大程度上缓解了受助者的贫困状况，起到了较好的政策效果。

（三）达到了较高的公平程度。

对上海市民而言，上海社会救助制度总体上已达到了“应保尽保”的公平程度；对贫困的救助力度而言，也已达到了相当水平，基本实现让全体市民共享经济改革和社会进步的成果。

（四）维持了社会稳定。

上海社会救助制度在综合性的社会保障体系中形成了一种“弱势社会保障、强势社会救助”的格局，解决了国企改革以来出现的大量失业下岗人员的基本生活问题，维持了社会稳定。

此外，在医疗保险制度方面，上海创造性地推出医保、医疗、医药“三医联动”制度，建立医疗保险的分担机制、医疗卫生的竞争机制和药品流通的市场机制。

第四节　上海社会保障体制改革的现状、问题与展望

一、上海社会保障体制改革的现状与问题

（一）近年上海社会保障体制改革的现状。

1. 适时适度降低了基本养老保险缴费率。

上海市城镇职工基本养老保险中的单位缴费比例，自 2013 年 10 月 1 日起由原来的 22% 调整为 21%，个人缴费比例不作调整。2015 年缴费基数基于上年平均工资 5451 元，下限为 3271 元，上限为 16353 元。2015 年，非城镇户籍的外来从业人员缴费基数不再按上年度全市职工月平均工资的 60%，而按本市城镇职工社会保险的规定参保缴费。2015 年，原参加小城镇社会保险的用人单位及其具有本市户籍的从业人员根据规定至 2014 年 3 月底过渡期已满，单位和个人的缴费基数和比例在本标准执行期内按本市城镇职工社会保险相关规定执行。2015 年上海市职工养老保险缴费标准如下表。

表 10–2　2015 年上海市职工基本养老保险费缴费标准

（2015 年 4 月 1 日至 2016 年 3 月 31 日）

	单位	个人	合计	缴费基数（元）	
				下限 5451 × 60%（3271）	上限 5451 × 300%（16353）
机关事业企业团体	21%	8%	29%	948.6	4742.4
有雇工的个体户	业主缴付 21%	个人（包括业主）缴付 8%	29%	948.6	4742.4
灵活就业人员	29%		29%	948.6	4742.4
非正规就业	29%		29%	948.6	4742.4

续表

	单位	个人	合计	缴费基数（元）	
				下限 5451×60%（3271）	上限 5451×300%（16353）
外来从业人员	21%	8%	29%	948.6	4742.4
原镇保人员	21%	8%	29%	948.6	4742.4
城乡居保人员	个人缴费标准设为每年500元、700元、900元、1100元、1300元、1500元、1700元、1900元、2100元、2300元、2800元、3300元12个档次，参保人自主选择档次缴费；对应上述缴费档次，区县政府对参保人缴费给予补贴，补贴标准为每年200元、250元、300元、350元、400元、425元、450元、475元、500元、525元、550元、575元；有条件的村集体经济组织应当对参保人缴费给予补助，金额不超过最高缴费档次标准				

资料来源：上海市人力资源和社会保障局，上海市人力资源和社会保障网，2015年4月7日。

2016年3月，以降低企业成本为主要目标，上海市人民政府决定，进一步降低本市部分职工社会保险的费率水平，将养老、医疗和失业保险三个险种的单位缴费费率总体下降2.5个百分点。该项政策从2016年1月1日起实施，对于1月1日至今企业多缴纳的社会保险费，将实施清算退还给企业。

2. 进一步提高了退休人员养老金。

（1）城镇职工基本养老保险。

按照沪人社养发〔2015〕3号文，2015年元旦春节期间，对“职保”离退休人员、“镇保”按月领取养老金人员发放了一次性补助费。

2015年1月1日起，上海市对2014年底前已按城镇职工基本养老保险规定办理退休（职）手续，并按照企业办法计发基本养老金（生活费）的人员，增加了基本养老金（生活费）。从2015年1月1日起，上海市2014年底前已按镇保相关规定办理按月领取养老金手续的人员每人每月增加170元。

2014年，在待遇水平方面，上海市城镇职工基本养老保险企业离退休人员人均月养老金 2964 元；在养老保险关系转移接续方面，2014 年上海市跨省市转移基本养老保险关系 7.63 万人次，其中转入 3.15 万人次，转出 4.48 万人次；转移基金 16.79 亿元，其中转入 8.39 亿元，转出 8.40 亿元。

（2）城乡居民养老保险。

2014 年 5 月 1 日起，根据已经实施的《上海市城乡居民基本养老保险办法》，上海市将新型农村社会养老保险和城镇居民社会养老保险一起合并实施。2014 年 1 月 1 日起，对 2013 年底前已按新型农村社会养老保险或城镇居民社会养老保险规定办理按月领取养老金手续的人员，分别增加了基础养老金，基础养老金标准统一调整为每人每月 540 元。按照沪人社农发〔2015〕4 号文，2015 年 1 月 1 日起，上海市 2014 年底前已按城乡居民养老保险相关规定办理按月领取养老金手续的人员，城乡居民养老保险基础养老金标准由每人每月 540 元调整为每人每月 645 元。

按照沪人社农发〔2015〕7 号文，为贯彻实施人力资源社会保障部、财政部《关于提高全国城乡居民基本养老保险基础养老金最低标准的通知》，2015 年 1 月 1 日起，上海市城乡居民基本养老保险基础养老金标准由每人每月 645 元调整至每人每月 660 元（含中央确定的基础养老金最低标准）。

2014 年，在待遇水平方面，上海市城乡居民基本养老保险领取养老金人员人均月养老金 688 元；在养老保险关系转移接续方面，上海市城乡养老保险关系转移 4 万人次，其中转入 1.4 万人次，转出 2.6 万人次；转移基金 3.84 亿元，其中转入 1.99 亿元，转出 1.85 亿元。

3. 进一步扩大了养老保险覆盖面。

（1）城镇职工基本养老保险。

到 2014 年底，上海市城镇职工基本养老保险参保人数达到 1373.37 万人，其中参保职工 969.30 万人，离退休（职）人员 404.07 万人。参加城镇职工基本养老保险的农民工人数为 346.53 万人。

（2）城乡居民养老保险。

到 2014 年底，上海市城乡居民基本养老保险参保人数达到 78.30 万人，其中领取养老金人数 47.68 万人。

4. 进一步扩大了基本养老保险基金收入。

（1）城镇职工基本养老保险。

到 2014 年底，上海市城镇职工基本养老保险基金收入 1605.85 亿元（其中财政补贴收入 9 亿元），比上年增加 129.10 亿元，其中征缴收入 1556.11 亿元。基金支出 1421.80 亿元，比上年增加 188.80 亿元。2014 年底，基金累计结存 928.75 亿元，其中企业职工基本养老保险积累个人账户基金 129.01 亿元。

（2）城乡居民养老保险。

到 2014 年底，上海市城乡居民基本养老保险基金收入 42.80 亿元（其中财政补贴收入 34.66 亿元），基金支出 40.61 亿元，2014 年底基金累计结存 74.23 亿元，其中个人账户累计积累 54.08 亿元。

5. 提高了养老基金可持续发展能力。

根据上海市人力资源和社会保障局发布的数据，2014 年末，上海市城镇职工基本养老、城乡居民基本养老基金资产总额 1006.45 亿元。其中，市财政专户存款 886.96 亿元，各社保经办机构支出户存款 118.08 亿元，债券投资 1.41 亿元，详见表 10–3。

表 10–3　2014 年末上海市社会养老保险基金资产（单位：亿元）

资产	城镇职工基本养老保险	城乡居民基本养老保险	合计
财政专户存款	812.9	74.06	886.96
支出户存款	117.92	0.16	118.08
债券 / 投资	1.4	0.01	1.41
基金资产总额	932.22	74.23	1006.45

资料来源：上海市人力资源和社会保障局网站。

注：债券 / 投资，反映期末持有的用社会保险基金购买的国家债券的账面价值。

按照沪人社基发〔2015〕1 号文，2015 年度上海市城镇职工基本养老保险个人账户、城乡居民基本养老保险个人账户的记账利率为 2.75%。目前，本市正在积极探索建立国资、财政、土地收益等多元投入的社保筹资机制和基金保值增值机制。

（二）近年上海社会保障制度存在的主要问题。

1. 仍存在一定程度的拖延缴费或逃缴费现象。

2014 年，上海市通过社会保险专项审计、稽核以及专项检查等方式，开展了社会保险参保、职工工资申报等情况的检查。一是对 27809 户用人单位，198.69 万人进行了社会保险稽核，其中通过工资总额专项审计，7303 户用人单位补缴了社会保险费 2.75 亿元；二是对未按时足额缴纳社会保险费的用人单位，通过实施银行划拨方式，对 263 户用人单位强制划拨了欠缴的社会保险费 1377.26 万元，同时，首次对 19 户社会保险欠费单位进行了社会公示，探索失信单位信息纳入社会诚信体系；三是对冒领社会保险待遇的 38 人次进行查处，追回冒领社会保险待遇 80.36 万元。

2. 养老基金的投资回报率仍然过低。

上海在近年来将“综保”、“镇保”转入“城保”在一定程度上缓解了上海财政的压力，提升了城镇养老保险制度的财务可持续性。到 2014 年底，本市城镇职工基本养老、城乡居民基本养老基金资产总额已经达到 1006.45 亿元，其中主要是市财政专户存款，债券投资只有 1.41 亿元。而且，2015 年度本市城镇职工基本养老保险个人账户、城乡居民基本养老保险个人账户的记账利率为 2.75%，这不仅低于 2013 年度的 3%，而且还低于其他地区，如 2013 年山东省莱芜市企业职工基本养老保险个人账户记账利率为 4.25%，这就更低于 2013 年广东省将 1000 亿元城镇职工基本养老保险结存资金委托给全国社保基金理事会投资运营的投资回报率 9%。长期来看，如果上海养老基金的投资回报率过于低下，这将导致影响上海社会保障体系的可持续性问题。

3. 养老金连续多年大幅度普涨带来多种负面效应。

从 2004 年至今，上海已连续 11 次大幅度（远远超过养老保险基金年度投资回报率 2%~3% 水平）上调退休人员养老金，退休人员养老金已经增长到近二倍。当前退休人员养老金连续多年单纯普涨的负面效应已逐渐显现，这些负面效应表现如下：

一是在相同条件下，后退休人员的养老金比先退休人员少，出现“倒挂”现象，甚至缴费年限短、基数低的退休人员经过调整后，获得的养老金高于缴费年限长、数额高但较迟退休人员。

二是出现在职职工工资和退休人员养老金“倒挂”现象，大批人想提前退休。

三是在普涨的情况下，退休人员之间由于养老金基数不同，养老金差距愈发明显，如企业退休人员养老金与机关事业单位退休人员养老金差距仍然十分明显。尤其是上海市机关事业单位人员退休后除了可以领取基本退休费之外，还可以领取机关事业单位退休人员补贴，而且补贴较高，包括按国家规定计发津贴补贴等项目［如地方职务（岗位）津贴、物价补贴、生活津贴、医保补贴性工资、八类地区工资补贴、书报洗理费、住房提租补贴、养老保险补贴、高知特殊补贴等］，此外还可以领取历年增加的退休费，因此机关事业单位与企业单位退休后所享受的待遇差别还是很大。

四是连续多年上调，在养老金收入增速低于支出增速的情况下，容易产生新的养老金缺口，对养老保险基金和财政造成压力。

本来上海老龄化程度是中国城市中老龄化程度最高的，上海市 60 岁及以上老年人口数量也在不断增长：“十五”期间上海市老年人口平均每年增加 4.92 万人；“十一五”平均每年增加 11.3 万人；“十二五”上海市进入人口老龄化加速发展期，老年人口总量急剧增加，平均每年增加近 20 万人，同比“十一五”期间老年人口增长数量几乎翻番。上海市老年人口数量的不断增长，退休人员的不断增加，对上海市养老保险基金支出以及财政支出造成了很大的压力。

同时，根据 2015 年 2 月上海市统计局、国家统计局上海调查总队的数据，上海市 GDP 增长率从 2010 年的 10.3% 下降到 2011 年的 8.2%，2012 年的 7.5%，2013 年的 7.7%，2014 年的 7%；再根据 2014 年上海统计年鉴，上海市财政收入增长率从 2010 年的 13% 增长到 2011 年的 19% 之后，开始急剧下降到 2012 年的 9%，2013 年的 10%；上海近几年 GDP 增长率的下滑，对地方财政收入影响也较大。

因此，养老金连续 11 年大幅普涨的情况今后不可持续，在养老金替代率达到一定程度后，逐步建立和完善退休人员基本养老金的正常调整机制，从而规避大幅度普涨引发新的不公，尤其是在经济增长下滑的情况下对地方财政支出的巨大压力。

二、上海社会保障体制进一步深化改革的展望

（一）建立基本养老金的正常调整机制。

建立覆盖机关事业单位、企业退休人员和城乡居民的基本养老金正常调整机制。从 2016 年 1 月 1 日起，退休人员养老金不再以 10% 的幅度上调，而是根据基本养老金正常调整机制进行适当水平的上调。

一是根据职工工资增长、职工收入水平提高、物价变动等情况，考虑财政负担能力和基本养老保险基金的承受能力等因素，对机关事业单位退休人员和企业退休人员的基本养老金，统筹起来，进行适当调整。

二是建立城乡居民基础养老金调整机制，在完善激励约束机制的基础上，遵循权利与义务对应的原则，根据经济发展和物价变动情况，适时提高基础养老金最低标准，建立兼顾各类人员利益的养老金待遇调整机制。

（二）加强养老保险基金的征缴和管理。

按照国家“一个统一,五个同步”[①] 的基本思路，稳妥实施机关事业单位养老保险制度改革，建立机关事业单位养老保险职业年金制度，着力体现多缴多得和长缴多得。完善职工养老金增长机制，根据保障基本生活和共享发展成果相结合的原则，适当提高“职保”、“镇保”、“城乡居保”的养老金水平，鼓励更多企业参加企业年金。加强养老保险费的征管，加强社保部门与公安、卫计、街镇社区等部门的协作，推进全民参保登记；依托

---

① “一个统一”，即党政机关、事业单位建立与企业相同基本养老保险制度，实行单位和个人缴费，改革退休费计发办法，从制度和机制上化解“双轨制”矛盾。“五个同步”，即机关与事业单位同步改革，职业年金与基本养老保险制度同步建立，养老保险制度改革与完善工资制度同步推进，待遇调整机制与计发办法同步改革，改革在全国范围同步实施。参见 http://sdxjw.dzwww.com/wszhc/xtfxgn/201412/t20141223_9961330.htm。

金保工程平台，加大数据核查力度，进一步夯实单位缴费基数，完善社会保险基金非现场监管系统和实时监管系统；统一城乡居民养老保险经办体制，指导区县社会保险经办机构全面承接相关经办职能；进一步规范养老保险基金预决算管理，推进养老保险基金的信息公开，探索建立养老保险基金预警机制、储备机制和保值增值机制；建立全方位、多层次的社会保险经办质量控制体系，提高风险预防和控制能力。

（三）扩大养老基金的投资回报率。

建议上海养老基金先行试点购买“上海地方债”以提高养老基金回报率。2016 年上海养老基金（包括上海机关事业单位和企业单位）积累额达到 1000 多亿元。根据国家规定，养老基金主要是购买国债和存入银行，但目前国债额度很难落实，社保基金购买国债的额度很少，主要是定期存款。但存银行的贬值风险较大，在通货膨胀的情况下，很难增值。另外，上海市政府每年融资规模较大，从各方面筹资。2014 年 6 月 13 日全国地方债发行序幕正式开启，地方债发行额度为 4000 亿元，比上年增加 500 亿元。其中，上海、浙江、广东等 10 省、市将试点地方债自发自还。因此，在保证养老基金投资安全性和一定流动性的前提下，如果将上海养老基金先行试点购买“上海地方债”，那么将会提高上海养老基金的收益水平，这既可保证其安全性，又可提高投资回报率，还可以有效防范存入银行的贬值风险。

建议拓宽个人账户投资渠道，加强个人账户养老基金投资运营监管，提高个人账户投资回报率；建立职业年金制度，提高职业年金投资回报率。建立健全养老保险基金管理制度，实行养老保险基金行政管理和营运管理分开、执行机构与监督机构分设的管理体制，探索养老金进入资本市场投资运营机制，最大限度地实现养老金的保值增值。

2012 年，广东省城镇职工基本养老保险结存资金 1000 亿元委托给全国社保基金理事会投资运营，投资回报率在 9% 以上。上海要建设国际金融中心，更有条件在养老金投资体制的市场化改革方面先行先试，步子更要大。

（四）提高上海在国资收益分配中用于民生社保的比例。

2013 年 12 月，上海市深化国资改革促进企业发展工作会议正式发布了《关于进一步深化上海国资改革促进企业发展的意见》（即“上海国资国企改革 20 条”），其中第 8 条规定：“健全完善国有资本收益保障机制。逐步提高国有资本收益上缴比例，到 2020 年不低于 30%。国资收益原则上按照产业调整发展、基础设施建设、民生社会保障各 1/3 安排支出，建立国资收益资金使用评价制度。”也就是说，在上海国资收益的支出结构中，1/3 用于产业调整发展，1/3 用于基础设施建设，1/3 用于民生社会保障。

十八届三中全会《中共中央关于全面深化改革若干重大问题的决定》在第 6 条中指出：“划转部分国有资本充实社会保障基金。完善国有资本经营预算制度，提高国有资本收益上缴公共财政比例，2020 年提到 30%，更多用于保障和改善民生。”因此，上海在国资收益的支出结构中，1/3 用于民生社会保障的比例偏低。

根据《中国养老金发展报告（2012）》的数据，从 2002 年到 2011 年，上海市基本养老基金当期缴费不抵当期支出，如下表所示：

表 10-4　上海市基本养老基金当期缴费收入与支出之差（单位：亿元）

	2002 年	2003 年	2004 年	2005 年	2006 年	2007 年	2008 年	2009 年	2010 年	2011 年
上海	–23.41	–15.38	–11.91	–8.09	–10.67	–49.55	–88.63	–91.86	–139.54	–25.08
北京	–3.19	18.96	27.09	45.86	60.34	83.53	86.93	113.21	176.84	233.92
江苏	–3.66	13.50	17.65	55.09	72.26	143.61	181.19	195.89	206.35	293.32
浙江	36.57	68.04	72.90	97.90	130.76	149.44	177.54	156.83	176.03	294.11
广东	64.62	108.32	120.48	153.61	224.86	212.58	286.01	287.07	425.73	518.58

资料来源：郑秉文主编：《中国养老金发展报告 2012》，北京，经济管理出版社 2012 年版。

可见，从 2002 年到 2011 年，与其他省份相比，上海面临严重的养老金收不抵支的问题。然而，根据《中国养老金发展报告（2013）》[①]，2012年上海市基本养老基金收入1391.60亿元，比上年增长27.77%；支出1127.74亿元，比上年增长13.51%；实现当期结余263.86亿元。这主要是由于上海市从2011年7月1日起，终止了“综保”制度，同时将“镇保”专门面向市郊被征用地人员，将参加“综保”的农民工和参加“镇保”的郊区用人单位及其从业人员纳入了“城保”。截至2012年末，本市城镇职工基本养老保险参保人数达到1326.38万人，其中参加城镇职工基本养老保险的农民工人数为340.81万人，50多万原参加“镇保”的从业人员参加了“城保”。300多万的农民工从综保转入“城保”，提高了上海“城保”的养老金征缴收入，而该农民工群体几乎没有离退休人员的养老金支出，这是2012年上海市基本养老基金实现当期结余263.86亿元的主要原因。

1. 用国有资本收益来解决养老金历史债务问题。

近年来，上海市基本养老金收不抵支的主要原因除了养老基金需求不断扩大（如人口老龄化速度不断加快、程度不断加重、规模不断加大，导致退休金支付不断扩大；退休年龄低、提前退休现象、期望寿命提高，导致退休金支付不断扩大；养老保险待遇支付水平不断提高）、养老基金供给严重不足（如就业人口增长率低于退休人口增长率，导致供款增长率不断低于领款增长率；覆盖面和征缴率问题、逃缴现象仍然存在）、养老金管理的投资回报低（如养老基金投资运营方式单一，保值增值困难）之外，主要在于养老保险制度转轨造成的巨大历史欠账问题，即养老金历史债务问题。

在制度建立之初，与其他省份相比，上海已退休的“老人”和工作的“中人”的比例较大，而且上海国有企业和集体所有制企业比重较高，它们成为制度建立之初的主体，其历史债务随着时间的推移而成为一个历史遗留问题，导致个人账户空账问题的出现。

上海作为全国13个做实个人账户试点省份之一，本来在养老金22%+8%（2014年是21%+8%）的部分中，8%的个人账户部分是需要做

---

① 郑秉文主编：《中国养老金发展报告2013：社保经办服务体系改革》，北京，经济管理出版社2013年版。

实的。但是实际上，上海实行个人账户实账虚记，也就是没有做实的名义个人账户，因此这么多年来累积起来的没有做实的个人账户十分庞大。

作为我国最早进入人口老龄化的城市，上海市于1993年起就进入了人口自然负增长的阶段，而且近30多年来其人口老龄化程度也处于全国前列。未来20年之内，上海人口老龄化高峰期即将到来，这将对上海养老保险基金的支付构成严峻考验。

实际上，巨额养老金历史债务的根源在于，当初国企改革由现收现付制向个人账户基金积累制转型所带来的巨大隐形成本的显性化。在改革开放前的计划经济时代，广大职工创造的大部分财富没有以基金的形式进行积累，而是用于国有企业的进一步投资和扩建。因此，用国有资本收益来充实社保基金，这是解决养老金历史债务问题的必要条件。

2. 近年来上海地方国资收益不断增长。

经过40年改革开放，上海国有企业取得了长足的发展，在许多领域居于领军地位。尤其是近年来，上海市国资委出资监管企业的营业收入、利润总额出现明显的持续增长。在全国各省、直辖市、计划单列市的国资委出资企业国资总量和营业收入中，上海地方国资的当量巨大。近年来，上海国有企业，特别是一批优质企业，继续保持在全国同行业的领先地位。当前，上海正在加快实施国资国企改革，上海地方国资的收益不断增长，为有效解决养老金历史债务问题，奠定了坚实的资金基础。

3. 提高上海在国资收益分配中用于民生社保的比例。

近年来上海面临着基本养老保险基金当期收不抵支的严重问题，主要原因之一是养老金巨大的历史债务问题。而养老金历史债务的根源在于当初国企改革，因此必须要用国有资本收益来解决养老金历史债务问题。而近年来上海国资收益的不断增长，为解决该问题创造了条件。

鉴于近年来上海面临着基本养老保险基金当期收不抵支的严重问题；个人账户没有积累做实而且空账额巨大；近年来上海将综保、镇保纳入城保又存在着转制成本；未来20年之内上海人口老龄化高峰期的即将到来，将给上海基本养老保险基金的支付带来巨大压力。此外，上海城保社会统筹的缴费率仍然是全国最高的，比周边地区更要高许多，导致上海许多单位大量使用由社保缴费率较低的外地劳务公司向上海派遣的务工人员。为了确保上海企业与外地企业的公平竞争，在当前上海养老金财务状况好转的情况下，也可考虑适当降低上海的养老保险缴费率，为上海创新型企业的发展创造更好的用工环境和商务环境。为此，建议在逐步提高国有资本收益上缴比例的同时，在上海国资收益的支出结构中，逐步提高用于社会保障的比例。

（五）城镇职工基础养老金从“省级统筹”走向“全国统筹”。

建议上海向中央申请成为建立“国民基础养老金”试验区先行试点。建议基础养老金全国统筹的主要原则如下：

1. 重视改革着眼于提高养老保险体制的公平性、效率性和财务可持续性等长期性战略性目标的同时，重视从我国养老保险体制的现状出发来设计改革，重视改革前后的过渡安排。

2. 充分调动中央与地方两个积极性，明确中央与地方的责任，形成推动改革的合力。

3. 在较长时间的过渡期内承认各地的差异，按“帕累托改良”原则确保改革使不同地区和不同人群的原有利益至少不受损。

4. 在降低基础养老金的强制缴费率基础上实行全国统筹，降低低收入人群参与基础养老金的缴费率门槛，避免人为地推高企业的用工成本。

5. 采用折扣费率（和相应的折扣替代率）的办法，将覆盖面扩大到农业劳动者、个体经营者（自雇）和其他非正规就业人员。当劳动者在城乡之间，以及在正规部门与非正规部门之间流动时，他们的基础养老金权益不受流动的影响。

6. 充分重视政府与企业、劳动者个人的积极性，改革城镇职工养老保险的第二支柱（个人账户部分）管理运作模式问题，推动建立和完善多支柱的养老保险体制。

建议基础养老金全国统筹的基本框架如表 10–5 所示。

表 10-5　实行基础养老金全国统筹后各类参保人的缴费和受益

参保人类别	企业缴费	个人缴费	养老金受益（待遇）
已退休“老人”	—	—	维持原来的“目标”替代率不变，其中 40% 由全国统筹基金提供，不足部分由地方过渡基金提供
在职“老人”	向全国统筹基金缴纳 12%，向地方过渡基金缴纳 8%	向地方过渡基金缴纳本人工资的 8%，个人账户余额全部纳入地方过渡基金	同上
“中人”	向全国统筹基金缴纳 12% 全国统筹前历年由企业向社会统筹基金缴纳的超过 12% 的部分（包括本金和回报），部分或全部按规定办法计入个人账户	向个人账户基金缴纳个人工资的 4%~12%	由全国统筹基金提供 40% 的替代率 由退休时个人账户基金余额提供年金化受益
“新人”	向全国统筹基金缴纳 12%	向个人账户基金缴纳个人工资的 4%~12%	同上

注：“已退休‘老人’”指实现全国统筹时已经退休；“在职‘老人’”指尚未退休，但参保时间已达 15 年或以上的职工；“中人”指实行全国统筹时已经参保，但参保时间不足 15 年的职工；“新人”指实行全国统筹后参保的职工。

实行全国统筹，既能发挥基本养老保险互助互济的功能，又能提高社会养老保险基金抗风险的能力。提高统筹层次是社会养老保险制度发展的方向，全国统筹基金对于促进劳动力在全国范围内的合理流动和公平竞争，以及进一步降低企业平均缴费压力，降低参保人的缴费负担，为更多的人享受基本社会保障创造条件，克服地方统筹的弊端方面具有积极作用。

然而全国统筹过程必然会遭到阻碍，基金结余的地区会抵触统筹，而赤字地区会呼吁提高统筹层次，因此统筹层次的提高不能以挫伤发达地区积极性为代价，可以明确各地区历史债务的数额和责任，由各级财政和政府来负担，从而把历史债务从现行制度中分离出去，大大缩减地区间养老保险收支的差距。全国统筹后可以降低原来部分地区畸高的缴费率，从而扩大制度的覆盖率，同时全国统筹实现全国整体的基金统收统支和统一管理，可以提高制度遵缴率，稳定社会统筹制度的收入来源。

第十一章

浦东开发开放与上海的改革开放：历史演进

回顾人类文明的发展历程，可以看到，世界文明的发展经历了农业文明、工业文明、知识文明三个阶段。世界经济重心存在着空间上的位移规律，但只是近500年来的以工业文明为基础的世界经济的发展才真正表现出世界性的发展趋势。与之相应，世界经济重心也表现为从大西洋东岸向大西洋西岸、从大西洋西岸向太平洋东岸、从太平洋东岸向太平洋西岸的空间位移趋势。这种空间位移趋势早在100多年前就已被恩格斯揭示，他认为："世界贸易中心在古代是泰尔、迦太基和亚历山大，在中世纪是热那亚和威尼斯，在现代，到目前为止是伦敦和利物浦，而现在的贸易中心将是纽约和旧金山、尼加拉瓜的圣湖安和利奥、查理斯和巴拿马。世界交通枢纽在中世纪是意大利，到现在是英国，而目前将是北美半岛南半部。……再过几年，在我们面前将会出现一条固定航线，从英国通往查尔斯，从查尔斯和旧金山通往悉尼、广州和新加坡。由于加利福尼亚金矿的开采和美国佬的不断努力，太平洋两岸很快就会像现在从波士顿到新奥尔良的沿海地区那样人口密集、贸易方便、工业发达。这样，太平洋就会像大西洋在现代，地中海在古代和中世纪一样，起着伟大的世界交通航线的作用；大西洋的作用将会降低，而像现在的地中海一样成为内海。"[①] 从地中海到大西洋，从大西洋到太平洋，恩格斯为我们展示了过去两千年来世界经济空间位移的基本脉络。

考察当代世界各国的开发开放活动，不难发现，各地区的开发开放基本上都是在上述世界经济空间位移规律的大背景下进行的，表现为一种世界性的自然历史过程。考察世界各国的历史，开发开放活动伴随着人类历史发展的每一个阶段，人类社会的每一项进步都可以看作开发开放所取得的成就，把这些开发开放活动按照时代顺序和空间顺序汇总并连贯起来就可以展示或重现上述世界经济发展的空间位移规律。人类开发开放的历史可以追溯到人类的起源时期，但以工业革命和现代技术为基础的开发开放则是近代历史上的事情，而形成蓬勃发展、洋洋大观格局的则只是20世纪50年代以来的事情。浦东的开发开放既是上述世界经济空间位移规律下开

① 《马克思恩格斯全集》第七卷，北京，人民出版社1959年版，第263—264页。

发开放大潮流的有机组成部分，也是在当代太平洋世纪条件下对国际资本流动和产业转移的承接，是适应国际贸易和投资需要的必然。

第一节　浦东开发开放的多元背景

一、新一轮经济全球化是浦东开发开放的世界背景

20世纪90年代以来，世界发展呈现出新一轮经济全球化和跨国公司、区域经济一体化和城市群、城市群与企业群的培育和发展的新趋势。

（一）经济全球化与跨国公司的崛起。

20世纪90年代以来，以全球的信息化和交通网格化为基础呈现出新一轮经济全球化趋势。经济全球化使世界各国及其企业把全球的资源、环境、生态、产业、经济、社会、文化等因素放在全球的大框架中统筹规划、统一配置。

在经济全球化的过程中，跨国公司主导着全球化发展的进程。据联合国贸易与发展组织（简称“贸发会议”）《2000年世界投资报告》，截至1999年底，跨国公司控制着40%的全球产出、60%的贸易、70%的技术转让、90%以上的直接投资。进入21世纪，这种发展势头正在日益加大，一个以跨国公司为主轴的国际经济体系正在形成。《2008年世界投资报告》称，全球79000家跨国公司及其790000个国外分支机构仍在继续进行海外扩张，其FDI股本2007年达15万亿美元，销售总额为31万亿美元，产值占全球GDP的11%。服务业跨国公司在过去10年中发展迅猛，2006年这类跨国公司在前100家中的20个，而1997年仅为7个。发展中国家的100强跨国公司增长尤其快，排名前25位的发展中国家跨国公司主要来自东亚和东南亚地区。《2017年世界投资报告》称，全球跨国企业海外分公司的国际生产活动仍在扩张，但近年来放慢了速度。值得一提的是，国有跨国企业在全球经济中的作用不断扩大。全球大约有1500家国有跨国企

业，仅占全球跨国企业的1.5%，但它们拥有86000多家海外分公司，相当于全球总数的10%。国有跨国企业公布的绿地投资在2016年占全球总数的11%，高于2010年的8%。它们的总部分布广泛，半数以上在发展中经济体，近三分之一在欧盟。中国拥有的国有跨国企业数量最多，占全球的18%。

以上事实表明，跨国公司是经济全球化的主要实施者和组织者，它把全球的采购、生产、销售、研发、服务和消费统一在一个严密的组织网络之内，是经济全球化的主要承担者。跨国公司在全球范围内进行布局和配置资源的结果是，国际分工体系掌控在跨国公司总部及其母国手中，其他各国形成了许多为跨国公司配套的依附型企业和企业集群。跨国公司把自己的主要资源和精力放在微笑曲线中核心竞争力、高附加值和最挣钱的部分，即它只做R&D，做品牌、采购、市场销售及售后服务等等环节，而把通用环节、低附加值环节转移出去。

（二）区域经济一体化与城市群的相互依存。

与经济全球化相对应，是区域经济的一体化。在区域经济一体化背景下，各个地区的发展必须城市化和城市群化。在城市群中，如何加强城市与城市之间的合作和联系，实现人流、物流、信息流、货币流、技术流等“五流”的畅通无阻，使“五流”的速度、流量、质量等三项指标不断刷新，既需要各单个城市的各自发展，也需要接通城市之间能够使“五流”高速度、大规模、高效率地流动的通道。城市群向高等级的发展催生了以世界城市为最高级别的各个等级的城市之间共同构成的等级型和交融型的城市群和城市体系，譬如美国东北部大西洋沿岸城市群、巴黎城市群、东京城市群、伦敦城市群，国内珠三角、长三角、京津唐城市群。

（三）城市群与企业群的联动发展。

在城市群中，经济全球化的直接承担者是跨国公司，跨国公司既把自己的组织（分公司、代表处、销售处、服务中心、研发中心、采购中心、营运中心、信息中心等）延伸到全球各国的等级型和交融型的城市群和城市体系中，也通过全球各国的等级型和交融型的城市群和城市体系而与全球各国的国家级的、区域级的企业发生资源、生产、经贸、科技、投资、服务、产权、管理、品牌等方面的联系和合作，从而构成为数众多的全球性的企业群。于是，经济全球化和区域经济一体化表现为城市群与企业群的互动和联动发展。城市群是企业群的生存空间，企业群是城市群的运营主体，城市群和企业群的互动形成了当今经济全球化的纷繁复杂的内容，如图 11–1 所示。

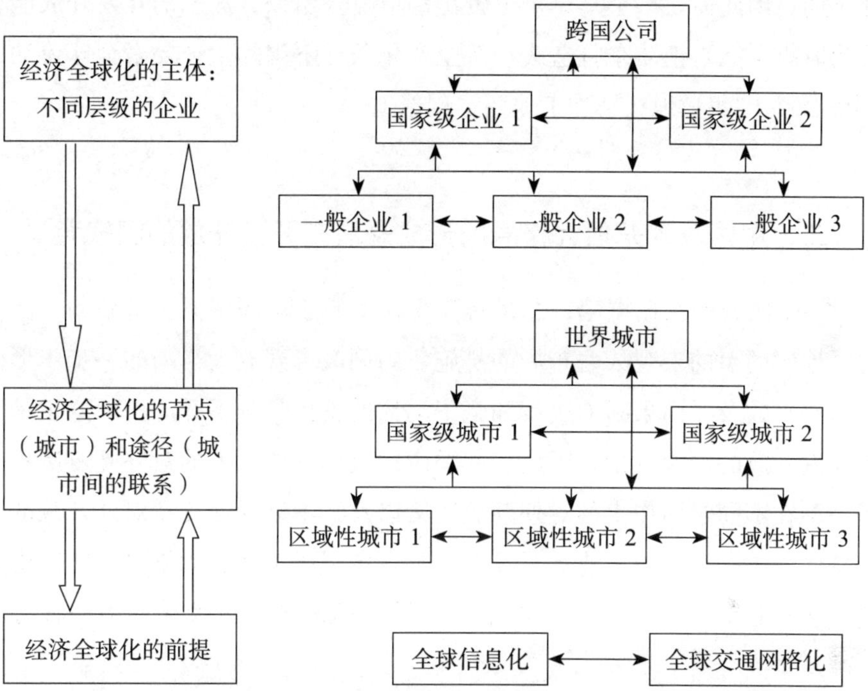

图 11–1　经济全球化结构示意图

资料来源：作者自行整理绘制。

上述经济全球化与跨国公司的崛起、区域经济一体化与城市群、城市群与企业群的相互依存和联动发展是浦东开发开放的世界环境。上海市老市长徐匡迪曾经指出："浦东开发的思路，其核心是要抓住国际经济全球化的机遇，依托长江三角洲的地缘优势和人才资源，主动承接发达国家的产业梯度转移，并根据上海的基础与条件，把承接产业的水平定在'中高端'，从而可以把浦东新区建成国际、国内两个市场、两种资源的交汇点与聚合区……”[①]浦东新区管委会首任主任赵启正也指出：“……在国际经济发展格局中，中国需要有几个具有国际影响的经济中心城市，这样的城市在全世界是屈指可数的。”[②]

经济全球化的重要特征是各种生产要素在全球范围内流动并在重要的节点集聚。浦东开发开放之初的中国正处在如何应对经济全球化浪潮的关键时期，因此需要一个集聚全球资源的节点。所以，浦东的开发开放能否成功取决于能否把浦东打造成经济全球化条件下国际生产要素全球流动的“中转站”、“集散地”、“加工地”、“创新地”。

二、中国改革开放大格局的形成是浦东开发开放的国家背景

一个区域的快速崛起，总是首先得益于基于不同层面（世界的、国家的、地区的）的宏观战略布局的实施。中国改革开放大格局的一步步形成与邓小平的及时而果断的决策和毫不动摇的支持是分不开的，而这正是浦东开发开放的国家背景。因此，回顾中国改革开放以来的对外开放历程和邓小平在不同时期作出的对外开放决策以及毫不动摇地支持对外开放的一些具体做法，可以看出浦东开发开放是在中国改革开放大格局中的历史必然，也可以看出浦东开发开放本身就是中国改革开放大格局中的核心和关键。

（一）40年来中国改革开放大格局的逐步形成过程。

从1980年起，中国先后在广东省的深圳、珠海、汕头，福建省的厦门和海南省分别建立了五个经济特区；1984年进一步开放了大连、秦皇岛、天津、烟台、青岛、连云港、南通、上海、宁波、温州、福州、广州、湛江、北海等14个沿海城市；1985年后又陆续将长江三角洲、珠江三角洲、闽南三角地区、山东半岛、辽东半岛、河北、广西辟为经济开放区，从

① 马迁：《浦东要成为坚持全球化的样本》，《浦东时报》2017年4月21日，见http://www.pdtimes.com.cn/html/2017-04/21/content_11_2.htm。

② 《赵启正：推开“浦东逻辑”的历史之门》，《东方网》2013年9月3日，见http://history.eastday.com/h/20130903/u1a7637107.html。

而形成了沿海经济开放带；1987 年海南建省并成为中国最大的经济特区；1990 年中国政府决定开发开放上海的浦东新区，并进一步开放一批长江沿岸城市，形成了以浦东为龙头的长江开放带；1992 年以来，又决定对外开放一批边疆城市和进一步开放内陆所有的省会、自治区首府城市，形成了沿海、沿江、沿边、内陆地区纵横交织的全方位、多层次、宽领域对外开放的大格局。

在上述中国改革开放大格局中，浦东的开发开放在中国改革开放从南到北、从东到西、从点到面的全方位推进中起到了枢纽作用。当时浦东开发开放的国家背景是当时中国正在从计划经济向市场经济转轨变型。一方面，当时中国正在从计划经济向市场经济的转轨变型这一大环境允许我国的一些特殊区域放弃以政府为主导的各种发展模式。又由于开发开放没有前人的经验可寻，属于传统计划经济中从未涉及的领域，这就导致开发开放先行区往往更加容易采取非计划经济的手段和方法，于是市场经济性质的以企业为主导的开发模式就应运而生。另一方面，随着中国改革开放的深化，从改革进程来看，当时中国正处在计划体制与市场体制谁是谁非、谁优谁劣的焦点；从开放进程来看，当时中国正处在开放的空间是否要扩大、开放的层级是否要提高、开放的力度是否要加深的“十字路口”。经过 20 多年的开发开放，浦东的龙头作用逐步凸显，成为上海城市功能重塑和经济快速发展的强大引擎，成为长三角和沿江地区开放型经济发展的桥头堡，成为我国改革开放由点到面纵深推进中承前启后的关键一环。

（二）邓小平不同时期关于对外开放的决策和持续支持

上述中国对外开放大格局的逐步形成是与中国政府坚定不移地实施对外开放政策紧密关联的，而中国政府能够持续实施对外开放政策与邓小平的坚强领导和及时果断决策紧密关联。

在中国的改革开放史上，早在 1978 年中国政府在作出进行经济体制改革决策的同时，就开始了有计划、有步骤地实施对外开放政策并一直持续坚持到现在。从 1978 年到 1992 年，中国的对外开放政策一直是在邓小平关于世界发展总趋势的正确判断下的结晶，而期间中国对外开放的每一重大决策都是在邓小平主导下制定出来的，实施过程中又得到邓小平的持续关注和坚定支持，具体包括以下五个方面：

1. 创办经济特区——从“窗口论”经“试验论”到“肯定论”。

从创办经济特区到特区的开发建设，邓小平关于经济特区的论断也经历了从“窗口论”经“试验论”到“肯定论”的三段论过程。

社会主义国家实行对外开放是一个全新的事业，没有成熟、成功的方案可供借鉴，需要“摸着石头过河”，在不断地试错过程中纠正错误，在无数次的犯错误和纠正错误过程中找到正确的对外开放道路、总结出科学的对外开放方案。试错、犯错和纠错的过程往往需要支付必要的实验成本、学习成本和创新成本，不仅如此，如果对外开放政策一下子在全国范围内实施，就可能出现一哄而上、大起大落的现象，必然会付出更大的实际成本。因此，对外开放政策不宜在大范围内推行，只能在小范围内实验。而在多大范围、在哪个区域、从哪个地方突破、以什么形式进行实验是一个必须从全国发展大局出发的深谋远虑的战略问题。

党的十一届三中全会后，邓小平就积极寻找对外开放的突破口。以习仲勋为第一书记的广东省委的一个建议为他提供了具体的方案。1979 年 4 月的中共工作会议期间，广东省委希望中央允许广东在毗邻港澳的地方举办出口加工区。虽然这一建议在当时引起了很大争议，但得到邓小平的坚决支持，他指出：“可以划出一块地方，还是叫特区好，陕甘宁开始就叫特区嘛！中央没有钱，可以给些政策，你们自己去搞，杀出一条血路来。”① 在邓小平的倡导下，1980 年四个经济特区相继开工建设，从而实现了中国对外开放的第一次突破。

经济特区的兴办引起了国内外的广泛关注。在当时传统意识形态仍然大行其道的思想文化背景和氛围下，人们对经济特区，有的人给予深切理解和热情支持，也有的人持有怀疑和指责的态度。时任国务院副总理的谷牧回忆道：“我是分管经济特区和对外开放工作的，深感压力不小。特别是

① 《邓小平年谱（1975—1997）》（上），北京，中央文献出版社 2004 年版，第 510 页。

1982 年上半年，很有些‘秋风萧瑟’的味道。”[①] 在当时的思想文化背景下，对于已经创办的经济特区是肯定还是否定、特区实行的一系列开放政策是对还是错、特区还该不该继续办下去，这几个问题已经不仅仅涉及经济特区自身的问题，可以说已经涉及两种思想路线、两条政治道路和两个国家战略的较量问题，必将在更高层次上直接影响当时中国的发展战略的选择、未来中国的前途以及社会主义的前途。

为了寻找答案，1984 年初邓小平考察了深圳、珠海和厦门。考察后，邓小平分别为三个特区题词，肯定了兴办经济特区的决策和实践。回到北京后，他用“窗口论”对特区的性质和作用进行了科学概括，指出：“特区是个窗口，是技术的窗口，管理的窗口，知识的窗口，也是对外政策的窗口。”[②]“窗口论”的提出充分体现了邓小平的战略智慧，因为在当时的思想文化背景下进行两种思想路线、两条政治道路和两个国家战略的激烈论战和直接交锋，不利于当时从“文革”中刚刚走出来的全国安定团结的局面，因此，本文认为，“窗口论”的提出是邓小平从技术层面坚定支持了对外开放的国策，而回避了路线、道路和战略的争论，目的是以时间换空间，在实践的持续进程中解决这些关键问题。

同任何新事物在发展过程中必然伴随着这样那样的缺陷一样，经济特区在发展过程中也出现了一些问题。邓小平并没有回避这些问题，他于 1985 年指出：“深圳经济特区是个试验，路子走得是否对，还要看一看。它是社会主义的新生事物。”[③] 他对外宾说：“现在我要肯定两句话：第一句话是，建立经济特区的政策是正确的；第二句话是，经济特区还是一个试验。”[④] 我认为，邓小平的这一论断是他关于经济特区的“试验论”。“试验论”的提出是邓小平在“窗口论”基础上对经济特区兴办过程中难免出现问题的态度，这与保守思想者借出现的问题企图封杀经济特区的态度迥然

① 谷牧：《邓小平同志领导我们抓改革开放》，转引自徐庆全编：《中国经验：改革开放 30 年高层决策回忆》，济南，山东人民出版社 2008 年版，见 http://cpc.people.com.cn/GB/85037/8583506.html。

② 《邓小平文选》第三卷，北京，人民出版社 1993 年版，第 51—52 页。

③ 《邓小平文选》第三卷，北京，人民出版社 1993 年版，第 130 页。

④ 《邓小平文选》第三卷，北京，人民出版社 1993 年版，第 133 页。

两样，从问题定性角度进一步支持了经济特区的兴办。在“试验论”基础上，邓小平提出“中国的对外开放政策是坚定不移的，但在开放过程中要小心谨慎。”①

在邓小平“窗口论”和“试验论”的支持下，又经过几年的探索和实践，经济特区在体制创新、产品创新、品牌创新和开拓国际市场方面取得了巨大成就。与此同时，中国解放思想的进程和改革开放的力度进一步加大并进一步深入人心，所有这些为回答“经济特区是对还是错、该不该办”这一根本性的问题创造了条件。所以到 1987 年，邓小平在会见外宾时肯定地说：“现在我可以放胆地说，我们建立经济特区的决定不仅是正确的，而且是成功的。所有的怀疑都可以消除了。”②我们认为，邓小平的这一论断可以概括为关于创办经济特区的“肯定论”。从“窗口论”到“试验论”，再到“肯定论”，邓小平在无声无息中消除了可能出现的不必要的两种思想路线、两条政治道路和两个国家战略的论战和交锋，体现了邓小平高超的政治智慧，为改革开放后的中国坚定不移地、持续实行改革开放的国家战略奠定了思想基础、政治基础。

2. 推动沿海开放区（带）的形成。

在邓小平上述关于经济特区“三论”的基础上，邓小平形成了进一步扩大开发开放空间的战略思想并及时作出了相应的战略决策。

1984 年，邓小平结束特区考察后就向中央提出：“我们建立经济特区，实行开放政策，有个指导思想要明确，就是不是收，而是放。”③并向中央提出了三点建议：（1）把整个厦门岛搞成经济特区。（2）再开放几个港口城市，这些地方不叫特区，但可以实行特区的某些政策。（3）开发海南岛，把海南岛的经济迅速发展起来。④

根据邓小平的建议，中共中央、国务院于 1984 年正式批准开放大连、

---

① 《邓小平文选》第三卷，北京，人民出版社 1993 年版，第 133 页。

② 《邓小平文选》第三卷，北京，人民出版社 1993 年版，第 239 页。

③ 《邓小平文选》第三卷，北京，人民出版社 1993 年版，第 51 页。

④ 参见《邓小平文选》第三卷，北京，人民出版社 1993 年版，第 52 页。原文如下：“除现在的特区之外，可以考虑再开放几个港口城市，如大连、青岛。这些地方不叫特区，但可以实行特区的某些政策。我们还要开发海南岛，如果能把海南岛的经济迅速发展起来，那就是很大的胜利。”

天津等14个沿海港口城市。这一举措使对外开放在中国整个沿海地区布局和展开。国际舆论认为，开放整个海岸，意味着实际开放半个中国，这个战略决策是35年来中国政府“采取的最大胆的行为”，“是中国从明朝以后的第一次开放”。

1984年底，党中央、国务院进一步研究开放沿海地区，拟把长江三角洲和珠江三角洲的一些市县开辟为沿海经济开放区，实行沿海开放城市的政策，以扩大出口贸易为导向，发展工农业生产，繁荣经济。邓小平听取汇报后表示支持，高兴地说，“这很好嘛，沿海连成一片了”，并赞同再加上闽南三角地区。1985年2月，中共中央、国务院正式批准将长江三角洲、珠江三角洲和闽南厦（门）漳（州）泉（州）三角地区开辟为沿海经济开放区。

中共十三大后，邓小平主张沿海地区要加快发展，使这个拥有2亿人口的广大地带较快地先发展起来，从而辐射全国，带动内地更快地发展。1988年1月23日，他在一份关于加快沿海地区对外开放和经济发展的报告上批示：“完全赞成。特别是放胆地干，加速步伐，千万不要贻误时机。”根据这一指导思想，1988年4月，国务院作出决定，将辽东半岛、胶东半岛、环渤海区域等140个沿海市、县列入沿海经济开放区。到1991年底，我国东南沿海形成了一个横跨11个省、区，包括40个省辖市、215个县（市），总面积42万平方公里的南北连线成片的经济开放地带。

3. 主张创办海南经济特区，支持洋浦开发模式。

在整个中国沿海开发开放格局中，需要有几个重点开发开放的区域，从而实现整体推进和重点突破的有机结合，如果说深圳等四个经济特区是第一个重点，那么海南经济特区就是第二个，浦东新区是第三个，滨海新区是第四个……这些重点开发开放区在开发开放进程中都得到过邓小平的肯定和支持。早在1984年2月，邓小平就提议加速开发海南岛。1987年6月，他第一次向世界宣布：“我们正在搞一个更大的特区，这就是海南岛经济特区。”[①]1988年4月3日，七届全国人大一次会议批准海南建省，建立

---

① 《邓小平文选》第三卷，北京，人民出版社1993年版，第239页。

海南岛经济特区。

在海南岛经济特区建设中，建设资金短缺问题成为关键和瓶颈。当时的海南省负责人曾算过一笔账，按照规划，海南省若要在15年内赶上先进地区，需要建设资金2000亿元，平均一年需要130亿元。海南省1988年国民收入61亿元，3年的全省国民收入只能解决一年的开发费用；1988年全省财政收入4.2亿元，30年的财政积累也只能筹足一年的开发费用。很显然，单纯依靠海南省的自我积累解决不了开发资金短缺问题。另外当时国家给海南的低息贷款一年只有2亿元，远远不能满足海南开发的需要。如何填补这一巨大的资金缺口成为海南经济特区建设能否成功的关键和核心问题。唯一的出路只有在国家给予的外商投资政策基础上利用外资。但以什么形式利用外资呢？海南省想出一个办法：在洋浦划出30平方公里土地，共计4.5万亩，以每亩2000元的价格出租给熊谷组（香港）有限公司开发，租期70年，以这种方式引进外资、成片承包、综合补偿。这种方法被称为“洋浦模式”。

长时间、大面积地出租土地，这在新中国成立以来还是第一次。有的人还产生了这是不是制造新租界的疑虑。然而，邓小平却明确支持洋浦开发模式。1989年4月28日，他在海南省委的报告上批示：“我最近了解情况后，认为海南省委的决策是正确的，机会难得，不宜拖延，但须向党外不同意者说清楚。手续要迅速周全。”①

在邓小平的坚决支持下，洋浦开发区得以成立，它成为当时国内吸引外资规模最大、政策最优惠、开发度最高的改革开放实验区。毫无疑问，洋浦开发的实践使我国对外开放在广度和深度上又迈出了新的步伐。

4. 开发开放浦东，带动上海及长江三角洲的发展。

整个20世纪80年代，中国改革开放的战略重点主要在广东福建沿海布局。开放战略的实施给当时的南中国带来了经济、政治、文化等方面的重大变化。然而，到20世纪80年代末90年代初，国内外局势中产生了不利于中国改革开放的因素，主要是1989年政治风波、苏联解体、美国等西方国家对中国实施制裁。在这种情况下，中国是否继续实行开放政策，开

① 《邓小平文选》第三卷，北京，人民出版社1993年版，第407页。

放的力度是更大还是更小？中国继续发展的突破口在哪里？这些事关中国和世界发展大局的根本性问题引起了当时国内外的高度关注，很多外国媒体开始报道说中国的改革开放要倒退了，要往回收了。中华民族的前途命运再一次地走到了一个“十字路口”。

处在战略转折关头的中国需要一个科学的高屋建瓴、统揽全局的战略构想来指导全中国发展的布局谋篇，而任何一个科学的战略构想的启动都需要一个战略突破口，反过来，战略突破口的起点、档次乃至身价都将直接决定着整个战略构想的起点、档次和身价。如何形成未来中国发展的战略构想？由谁来完成这一战略构想？这一战略构想的战略突破口如何选择并由谁来承担呢？上世纪80年代末90年代初中国改革、开放、发展的事实已经作出了正确的选择和科学的回答。这就是，自1978年改革开放以来中国100年发展的战略构想已经形成了，是邓小平完成了这一战略构想，也正是邓小平不失时机地把20世纪80年代末90年代初这一战略构想的突破口敲定为浦东的开发开放。根据邓小平的建议，国务院于1990年4月宣布，“开发浦东、开放浦东”，在浦东实行经济开发区和某些经济特区的政策，把上海推向改革开放的最前沿，进而形成了我国改革开放的全面布局。1991年，邓小平又强调指出：“抓紧浦东开发，不要动摇，一直到建成。”[①] 在邓小平的推动下，浦东开发开放大踏步前进，并且带动了上海和整个长江三角洲的对外开放。

5. 在邓小平南方谈话的推动下，全方位开放大格局基本形成。

1992年，邓小平视察南方并发表了一系列的谈话，谈话中，邓小平解答了长期困扰人们的一些疑难问题，提出了用“三个有利于”的标准来化解姓“社”和姓“资”争论，极大地促进了全国的思想解放，使我国的对外开放又出现了新的高潮。于是，沿长江的重要城市、一些内陆边境城市和内地省会城市相继对外开放。到1994年，我国共有经济特区5个，沿海开放城市14个，沿海经济开放区包含260个市、县，沿长江开放城市6个，内陆省会开放城市18个，沿边境开放城市13个，国家级经济技术开放区30个，保税区13个，新技术产业开发区52个，国家旅游度假区11

---

① 《邓小平文选》第三卷，北京，人民出版社1993年版，第366页。

个，从而形成了全方位、多层次的对外开放格局。

综上所述，不难看出，在中国既有开放的区域中，浦东的开发开放处于沿海开放带和沿长江开放带的交汇处，大大提升了中国开发开放的层级，全面形成了中国改革开放的网络，也使浦东的开发开放成为中国改革开放逐步推进过程中的历史必然。

三、上海必须面向世界与服务全国是浦东开发开放的时代背景

（一）上海必须面向世界。

在世界经济重心正向环太平洋地区转移、新技术迅猛发展之际，经济全球化要求必须占据便利的通往世界各地的出海口。上海地处长江三角洲前沿，北界黄金水道长江入海口，处于中国南北18000公里海岸线的中部，交通便利，腹地广袤，具备得天独厚的国际经贸区位优势与国内辐射优势。浦东新区是上海市城区的有机组成部分，这既是与特区的开发开放最关键的不同之处，也是浦东开发开放的特征所在，更是把浦东开发开放的历史必然与上海建设卓越的全球城市和服务全国的功能定位紧密联系起来，因此，上海面向世界的功能定位是浦东开发开放的城市背景。

（二）上海服务全国的功能定位。

世界城市的功能无外乎是集聚效应和扩散效应。集聚效应是指城市本身对生产要素的聚合作用，从而壮大城市的综合实力和综合竞争力。扩散效应是指城市的辐射力、带动力，即城市的服务功能。城市的服务功能是通过产业链、资金链、信息链、人才链、技术链和物流链来传递的。以资源、资本、技术、知识、智慧、信息、网络、组织、市场等生产要素为经济纽带，发挥上海服务全国的功能是中国改革开放持续深化的必然。“全国改革开放排头兵、创新发展先行者”是十八大以来习近平总书记对上海一以贯之的要求。作为上海市的有机组成，浦东的开发开放正是落实上海服务全国的功能定位的切实步骤。浦东的开发开放与长三角地区的发展形成了有力的互动，体现了上海服务全国的具体落实，最主要的表现为：一是引领长三角地区的经济腾飞。浦东开发开放为长三角地区的发展构筑了发展的大平台。二

是引领长三角地区的体制创新。浦东创造性地解决了区域开发中普遍存在的资金、人才、技术、环境等多方面的问题，形成了具有普遍示范意义的整体开发模式。温家宝总理在2007年长三角地区协调会议上要求以浦东综合配套改革试点为契机，引领长三角地区的体制创新再上一个新的台阶。三是引领长三角地区的国际化进程。浦东的外向型经济战略为长三角地区形成具有国际竞争力的产业体系构建了发展平台。大量的国外资本、信息、技术、管理、市场等要素通过浦东这一平台源源不断地向长三角地区扩散，长三角制造的产品通过浦东、上海的对外口岸向世界各地输出，带动了整个区域经济的发展水平，尤其是提高了长三角地区的外向型经济水平。

四、上海的城市再造与空间拓展是浦东开发开放的城市背景

（一）上海城市空间历史演进的必然。

历史上的上海是典型的租界城市，英法美等帝国主义国家在租界中各自为政使城市建设缺乏统一规划。

新中国成立以后至改革开放前，上海市区面积一再扩大，1949年为86平方公里，1958年开辟了若干个卫星城镇并扩大至127平方公里。改革开放以来，1981年再次扩大为149平方公里，1985年为261平方公里。

但20世纪80年代之初，上海城市基础设施陈旧落后、道路交通狭窄拥挤、电力紧张、环境污染，人均道路面积、人均居住面积、三废污染、车辆事故、建筑密度、人口密度等方面的问题居全国倒数第一，电话、自来水、煤气等公用事业跟不上群众生活需要。由于生产的日益增长，在城市中采取“见缝插针”发展，不仅不能解决市区的超饱和状态，而且使工业布局更趋恶化。

上述现状使上海市委市政府认识到必须拓展上海城市新空间。如何扩展呢？市委、市政府曾组织有关部门、专家探索并提出了城市空间布局的“北上”、“南下”、“西扩”、“东进”等多种方案。“北上”指往北部的吴淞、宝山地区发展，与建设中的宝钢连为一体；“南下”指向邻近江浙两省的郊县吴泾、闵行、金山等发展，一直到杭州湾；“西扩”指向西面扩展；“东进”

指跨越黄浦江，开发浦东。西扩“摊大饼式”的设想很快遭到否决，因为改造旧区要比建设新区投入的人力、物力、财力更大，且世界旧城改造史上鲜有成功典范，建设新城区成本相对低。所以东进浦东和向南北发展的意见成为主流。

（二）上海产业空间调整的必然。

上海的工业企业主要分散于市区，这既不利于城市功能的整体开发，也不利于工业企业及产品的配套和规模化。开发浦东为上海城市产业再造和功能拓展提供了载体和空间，推动上海城市空间布局和产业结构调整。以东带西，浦西很多老企业将扩充投资、更新技术的项目迁移到浦东。以西促东，在浦东部分基础设施建成之前，浦西原有的港口码头、机场、通讯设施、供电供水等都有效地为浦东开发所利用。以浦西支持浦东，浦东发展中需要的大量工程技术人员、资金、贸易等各种经济要素都来自浦西。

（三）调整经济结构的必然。

新中国成立后的计划经济时代，上海工业总产值、出口总产值、财政收入、人均国民生产总值、能源有效利用率、商品调拨量、内迁工厂与技术人员输出等10项独占全国第一。然而，改革开放以来的整个20世纪80年代的上海却逐步失去了在中国国民经济和社会发展中独领风骚几十年的地位。到20世纪90年代初，上海国内生产总值由第1位降到了第6位，落到了广东、山东、江苏、辽宁、浙江之后，这表明上海在从计划经济向市场经济转型过程中举步维艰、困难重重，需要以全新的手段和方法实现重振国际大都市、远东金融中心、全国经济中心的功能。

（四）上海建设全球城市的必然。

上海自1843年被迫开放门户后逐步成为中国近代化起步最早、程度最高的城市。到20世纪30年代，上海已集航运、外贸、金融、工业、信息、文化中心为一体，综合经济实力居全国首位。新中国成立之后，上海依然是全国主要的工业中心城市，到1984年，上海占据国内生产总值5.6%，工业总产值9.6%。但是改革开放的前10年，从城区来看，基础设施落后、人口密度高、城市空间狭窄、空气污染严重；与国内其他开放地区相比，上海传统计划经济模式下的国有企业处于竞争劣势，企业效益逐年滑坡；

与国际大都市相比，长期坚持生产制造中心的上海逐渐丧失了曾经的远东经济和金融中心地位；与当时南方城市相比，上海的改革开放相对迟滞。在严峻现实面前，上海建设全球城市的愿望更加迫切。

全球城市的主要特征体现在国际化、区域化和专业化程度上。首先是国际化。上海特别是浦东是世界经济、贸易、航运和金融中心，在世界经济体系中具有较强的竞争力、凝聚力、辐射力、影响力；同时，它集中了较多的跨国公司、国际金融机构和国际经济与政治组织，是国际资本集散中心、国际物流集散中心、国际人才集散中心、国际信息集散中心、国际知识集散中心、国际智慧集散中心等等，对世界经济具有较强的控制力；此外，这样的城市还具有很高的开放度，通行国际惯例和国际法规，是国际新思想、新技术、新体制的创新基地等。其次是区域化。这主要是指城市人口规模和城市空间范围较大，与周边数量众多的中小城市形成大都市连绵区；拥有现代化的城市基础设施，具有方便快捷的区际和区内快速交通系统，包括交通、通讯、科技、咨询、商业、市政公用等在内的生产性服务业十分发达，具有现代化的城市管理体系和一流的生态环境。再次是专业化。上海具有不可替代的优越地理位置和人文资源，在政治、经济和文化活动中具有十分鲜明的特征，同时在国际上或区域范围内能发挥极其重要的作用，能产生重要的影响。

上述全球城市的本质内涵和功能定位是经济全球化条件下区域经济发展和城市发展的客观趋势和必然要求，这就意味着中国改革开放的深入和中国经济发展的深化需要若干个全球城市及与之关联的城市群，上海必然要担当建设中国的全球城市的重任，由此可见，上海建设全球城市成为中国改革开放和经济发展的必然要求。浦东的开发开放正是上海建设全球城市进程中的关键步骤，体现了浦东的开发开放历史必然性的城市建设元素。

五、浦东自身的主客观条件是浦东开发开放历史必然的内在条件

浦东开发开放前，已经具备了自身条件、时代条件、历史条件等客观条件。

（一）浦东开发开放的自身条件。

浦东开发开放前已经具备了作为上海市的一个新城区、振兴上海和全中国开发开放大格局的战略安排等有利条件。

1. 独特的区位优势。

浦东地处黄浦江的东部，是中国海岸线的中点与长江入海口的交汇处，交通便利，腹地广阔，地理位置优越，具有良好的港口航道条件和港口集疏运体系，拥有较强的港口吞吐能力。据统计，长三角承接了全国一半的集装箱吞吐量，上海承接了长三角一半的吞吐量，浦东承接了上海港集装箱吞吐量的 7 成。

2. 上海的新城区。

浦东从一开始就是作为上海市的一个新城区来规划和开发的，因此其开发开放一开始就纳入了整个上海市的城市建设轨道。上海是近代中国最重要的工业城市和口岸城市，更是中国改革开放前最重要的工业基地。改革开放以来，上海老城区（浦西）的发展与上海新城区（浦东）的开发形成互动，必然迸发出无限的生机和活力。

3. 迈向全球城市。

浦东新区是作为振兴上海和建设上海“四个中心”的重大举措提出来的，因此其开发目标首先是从属于上海市的发展战略总目标。建设“四个中心”，迈向全球城市，是上海顺应经济全球化条件下全球城市兴起的必然选择。浦东的开发开放为上海建设“四个中心”和迈向卓越的全球城市提供了新的城市发展空间。

4. 实施国家战略。

浦东的开发开放是我国扩大对外开放的重大举措和带动长江流域经济发展的战略安排，是中国改革开放大格局下的重大国家战略。相应的，国家也给予浦东新区更加特殊的开发开放政策。

（二）浦东开发开放的时代条件。

关于浦东开发开放的时代条件，时任浦东新区区委常委、宣传部长的陈高宏先生曾经从政治、经济和时代的“大局观”出发进行了精确的阐述。他指出：“首先，从政治大局来看，决策浦东开发是展示我国坚持改革开放的政治形象，树立了一面旗帜。”“在1989年政治风波之后，小平同志和党中央不为任何风险所惧，不被任何干扰所惑，准确把握并驾驭政治大局，从而迎来了中国改革开放的新局面，推动浦东的开发开放及其模式成为事关中国政治大局的国家战略。”“其次，从经济大局来看，浦东开发不仅是启动我国经济新一轮发展的杠杆，而且也抓住了世界经济全球化的机遇，释放了积蓄已久的经济潜力。”“第三，从时代大局来看，党中央决策浦东开发是要在和平与发展的国际格局下，构筑我国面向新世纪、面向世界的战略高地。”“纵览当今世界，从发达国家到发展中国家，无一不在谋划如何在新世纪到来之际抢占经济、科技、文化的制高点，为21世纪的发展和竞争取得相对有利的地位。这种时代的发展与国际竞争的大局，正是小平同志构思浦东开发的宏观背景。”[①] 总的来看，浦东开发开放的时代条件有以下八个方面。

1. 经济增速放缓。

1988年，我国的经济过热和涨价导致罕见的抢购风潮，中央开始“治理整顿”，宏观政策的收缩使中国改革开放以来第一次出现了GDP增长速度放缓。如何启动经济发展成为当时的一个关键问题。

2. 国际经济制裁。

以美国为首的西方国家借1989年政治风波之机，对我国实施经济制裁，使当年全国实际利用外资出现负增长，不利于我国的对外开放。

3. 战略选择关口。

中国是否继续坚持对外开放的国策成为当时中央政府的战略抉择，中华民族前途命运也走到了一个新的“十字路口”。

4. 特区经验的辐射和示范作用。

到20世纪90年代初，深圳特区经过10年的发展已取得了巨大成就并积累了开发开放的许多成功经验，如何在更深层次、更大范围探索改革开放之路成为当时中国共产党人必须破解的时代命题。

5. 需要一个开放的“旗帜”。

正如陈高宏所说的，邓小平从当时世界和中国的实际状况出发，需要

① 陈高宏：《对党中央决策浦东开发开放的思考》，《中国城市经济》2009年第2期，第60—63页。

打出一个改革开放的“旗帜”，而把这个“旗帜”定位为浦东的开发开放最为恰当。

6. 需要一个发展的“发动机”。

当时中国需要一个启动新一轮发展的“发动机”，正如陈高宏所说，“上海浦东处于通江达海的交汇点，可以把利用国内资源、开拓国内市场，同利用国外资源、开拓国际市场结合起来的两个扇面辐射空间的实际，从而使浦东的开发开放及其模式的战略决策获得强劲的经济支撑。”[①] 因此，把浦东的开发开放作为启动中国新一轮发展的“发动机”是再恰当不过的了。

7. 需要抢抓经济全球化的机遇。

新一轮经济全球化的趋势日益明显，中国需要充分利用这一机遇加快发展。20 世纪 90 年代以来，以 IT 技术的迅猛发展和交通运输革命为基础的新一轮经济全球化趋势使发达国家的产业、资本、技术等要素急切寻找新的生存和发展空间，中国必须充分抓住这一时机和机遇，承接国际产业转移，加快自身的发展。浦东的开发开放及其模式正是在这一经济全球化的时代背景下作出的正确决策。

8. 上海城市发展的必然选择。

陈高宏先生指出：“浦东的开发开放把握了上海近代城市化开发进程中存在的黄浦江两岸不对称发展、黄浦江以东广袤的农村化地区所具有的巨大开发空间的实际，既充分运营了浦西自近代以来所积累的巨大的城市优势，也充分利用了浦东巨大开发空间优势，以浦西的城市资源帮助、支持、参与浦东的开发开放，以浦东的巨大开发空间承接浦西的城市辐射和融合进而推动浦东的开发开放及其模式的进程和释放浦西的城市能量，实现以西带东、东西联动。”[②]

（三）浦东开发开放的历史使命。

如果说上述浦东开发开放的自身条件和时代条件是着眼于浦东的过去和现在，那么，浦东开发开放所肩负的历史使命则是着眼于未来，浦东开

① 陈高宏：《对党中央决策浦东开发开放的思考》，《中国城市经济》2009 年第 2 期。

② 陈高宏：《对党中央决策浦东开发开放的思考》，《中国城市经济》2009 年第 2 期。

发开放肩负着推动整个中国开发开放大格局的历史使命。浦东开发开放所肩负的历史使命可以从国家层面和上海城市层面两个角度来考察。

从国家层面来看：

1. 浦东开发开放是新一轮中国改革开放的“旗帜”。

在南方经济特区和沿海城市率先开发开放的基础上，党中央从国家发展的全局出发作出了浦东开发开放的战略决策，这一战略决策实际上意味着向全世界表明中国继续推进改革开放的信心和决心。另外，从中国开发开放全局来看，浦东的开发开放实际上深化了中国改革开放的战略版图，表明以浦东为“龙头”的长江流域成为我国改革开放的最前沿阵地，而浦东开发开放是处在我国沿海开发和沿江开发所构成的“T”字形开发开放格局下的“交点”上的开发开放，理所当然地成为中国改革开放的“旗帜”和“王牌”。浦东开发开放这张“旗帜”和“王牌”一经打出，国际资本立即蜂拥而入，数百家跨国公司地区总部将浦东作为向中国各地投资的平台和桥头堡。所以，浦东开发开放推动了我国新一轮的对外开放，使我国开发开放的格局由点到面、由南到北、由沿海地区到沿江地区，逐步向纵深推进。

2. 浦东开发开放成为中国现代化建设的“缩影”。

20 多年的浦东开发开放呈现出开发进程全面推进，开放空间全方位、宽领域、多层次，改革走向综合配套，发展速度快、质量好、品位高，城市建设走向外向型、多功能、现代化、国际化，产业体系日益完善、产业结构日益优化、产业能级日益提高，社会事业协调发展等特点，已初步建成一个外向型、多功能、现代化新城区的框架，成为中国现代化建设的“缩影”。

3. 浦东开发开放也是充分提升和发挥上海服务长三角、服务长江流域、服务全国功能的需要。

浦东开发开放是在国际产业分工和国际资本流动的最前沿搭起了中国承接国际产业转移和资本流入的“平台”。对外，最大限度地利用各种国际资源，参与世界经济竞争、协作、流通；对内，最大限度地承接国际产业和资本，进而以资本、产业、技术、产品、人才、品牌等要素资源辐射长三角、辐射长江流域。在这样一个内外交流的过程中，内地企业家把企业总部迁到上海，承担公司的融资、信息、销售和技术开发等职能，并作为在全国乃至全球发展谋篇布局的总部，而将生产基地设在本地，以充分利用不同地区的比较优势。与此同时，上海的许多企业家也逐步把生产基地转移到内地，这种双向交流最终实现了上海在全国“经济一盘棋”中的战略价值：服务长江三角洲地区、服务长江流域地区、服务全国各地，并且不断提升服务全国的能级。20多年来的浦东开发开放过程中，按照“立意更高、思路更宽、力度更大、服务更优”的要求，浦东重点搭建要素市场、对外辐射、支援帮助、人才开发四大平台，进一步提高服务全国的能力和水平，成为长三角、长江流域乃至全国经济发展的重要助推器。

4. 中国企业提升核心竞争力的需要。

在大规模吸收外商投资并因而经济越来越国际化的同时切实培育出了一批能代表中国参与国际生产力竞争的“国家队”——中国的跨国公司。

从上海城市层面来看：

1. 上海建设卓越的全球城市的需要。

把上海建设成为卓越的全球城市既是上海城市发展的需要也是中国发展的需要。浦东开发开放是上海建设卓越的全球城市的历史机遇和重要步骤——依托浦东的开发开放带动浦西的发展，进而推动上海整个城市空间的新布局和产业结构的新调整。因此，作为上海市的有机组成部分，把浦东新区建设成为现代化、国际化的新城区是对上海建设卓越的全球城市的巨大贡献。

2. 上海提升产业能级的需要。

通过浦东的开发开放，得以打造先进制造业和现代服务业高地，努力形成服务经济为主的产业结构，大力促进地区之间、国内外之间的商品、资金、技术、人才、信息的流动和组合，全面推动了上海产业能级的提升。

3. 上海适应经济全球化的需要。

上海建设卓越的全球城市的过程必须以世界市场为范围，广泛参与国际经济循环，逐步确立上海在经济全球化网络中的地位。浦东全方位、多层次、宽领域开发开放格局的形成，使迈向卓越的全球城市的上海与世界经济发展互为依存和互相渗透，上海日益成为中国联结世界经济的枢纽。

第二节　浦东开发开放的战略构想

新中国成立以来，上海始终处于功能相对单一的工业中心城市定位，没有明确的城市发展战略来引导上海从工业中心城市向综合性的区域中心城市转变。然而，改革开放以来的实践表明，如果上海依然沿袭传统的计划经济模式很难持续发展下去，工业中心的城市定位面临着巨大挑战：一是工业发展受到原材料紧缺的硬约束使单纯依靠资源投入的高消耗模式难以持续。二是计划经济体制下的区域分工格局被打破和生产资料无偿调拨制度被逐步取消。由于体制的落后和资源的匮乏，在新的经济发展环境下，重振上海雄风急需适应世界发展趋势和中国改革开放的新型战略构想。浦东开发开放的战略构想一开始是从上海城市发展角度启动的，之后上升为国家战略。

一、基于上海城市发展的浦东开发开放战略构想

浦东开发开放的战略构想是在改革开放以来对上海城市发展道路探索过程中逐步形成的。浦东开发开放理念一开始是从上海逐步改造老城区与积极建设新城区相结合的方针出发的，是上海着力突破城市空间瓶颈的发展战略。

1980 年 7 月至 9 月，上海市委多次召开座谈会，听取市经委、农委、建委、计委、科委、财政局等相关单位关于十年规划的设想，讨论研究上海今后的发展方向、重点等问题。

1981 年至 1982 年，全市掀起了“上海向何处去，建设什么样的上海”的讨论热潮：（1）上海是继续加大工业发展力度，还是逐步调整产业结构？（2）要使上海的发展进入新的发展轨道，仅仅依靠大量投入够不够？我们

还缺些什么？（3）工业结构的调整，是把力量放在产品结构的调整上，还是下决心调整上海的整个工业结构？进而形成了以下共识：上海的发展定位必须从单一的工业中心向多功能的综合性城市转变，在产业结构上逐步加大第三产业的发展力度。

1983 年 4 月，在上海市《政府工作报告》中提出了“外挤、内联、改造、开发”的方针。同年 8 月，中共中央总书记胡耀邦视察上海时提出，上海要充分发挥口岸和中心城市的作用，发挥经济、科技、文化基地功能，做全国四化建设的开路先锋。

从 20 世纪 80 年代中至 90 年代初，上海市领导为筹划浦东开发，曾先后率代表团遍访欧、美、日等发达国家的高科技园区、新兴工业园区及自由贸易区，组织大型中层干部团去广东、深圳等地学习取经。通过比较、分析、讨论，逐步形成了浦东开发的思路，其核心是要抓住经济全球化的机遇，依托长江三角洲的地缘优势和人才资源，主动承接发达国家的产业梯度转移，并根据上海的基础与条件，把承接产业的水平定在“中高端”。

1984 年 7 月，中共中央指出，上海、辽宁两个老工业基地必须振兴和改造。8 月，中央财经领导小组会议在听取了上海市委书记、市长汇报后决定由国家计委牵头，与上海一起调查研究，提出改造振兴上海的战略方案。12 月，市政府和国务院改造振兴上海调研组联合向国务院、中央财经领导小组上报了《上海经济发展战略汇报提纲》，提出了“南下”、“北上”、“东进”三个方案。其中，“南下”就是开发吴泾、闵行、金山一直到杭州湾；“北上”就是开发吴淞、宝山，与建设中的宝钢连为一体；“东进”就是开发开放浦东，建设现代化的新城区。最终东进方案成为上海谋求自身发展突破的重要决策。1985 年 2 月，国务院同意《汇报提纲》，批示强调，上海在我国经济建设中占举足轻重的地位，改造、振兴上海不仅是上海市的大事，也是关系我国四个现代化建设的大事。

1986 年 4 月，中央书记处会议讨论《上海市城市总体规划方案》并指示，上海市城市总体规划方案必须从长远考虑，高瞻远瞩，面向 21 世纪，面向全世界，面向现代化；还应当把上海建成太平洋西岸最大的经济贸易中心。上海市委、市政府根据中央意见，对规划方案再次修改上报，提出建设和改造中心城，充实和发展卫星城，有步骤地开发长江口两岸、杭州湾北岸和浦东地区，有计划地建设郊县小城镇。10 月，国务院批复原则同意，强调，当前，要特别注意有计划地建设和改造浦东地区。要尽快修建黄浦江大桥及隧道等工程，在浦东发展金融、贸易、科技、文教和商业服务设施，建设新居住区，使浦东地区成为现代化新区。

为了落实国务院的批示，1987 年 7 月，上海成立了由副市长任组长的开发浦东联合咨询小组，聘请原市领导以及一批专家任高级顾问、海外知名人士为顾问，对浦东开发进行大量的可行性论证。1987 年底，国务院副总理姚依林率中央各部委组成的工作组来沪，帮助上海制定了《深化改革、扩大开放，加快上海经济向外向型转变》的报告并获中央批准。中央给予上海地方财政包干政策，财政上缴比例从 87% 下调到 64%。1987 年，《浦东新区规划纲要（草案）》提出浦东新区是中心城的延伸，是疏解中心城的方向之一，要重点发展第三产业，划出一定地段重点发展金融、贸易、科技、文教和商业服务设施，适当安排一些工业区和开发外高桥港区。

1988 年 5 月，上海召开国内外 140 多位专家、学者参加的“浦东新区开发国际研讨会”，时任市委书记的江泽民指出：“上海作为全国最大、位置最重要的一座开放城市，应该更进一步改革开放。开发浦东，建设国际化、枢纽化、现代化的世界一流新市区”，[①] 并强调开发浦东要再造上海“经济贸易中心的功能和对外对内枢纽的功能”。[②] 这一阐述实际上是把浦东开发在战略上又拔高了一层，不单单作为上海产业、人口的疏导区，而是作为城市发展战略的功能核心。

1989 年，《浦东新区总体规划初步方案》提出浦东开发分三步实施：起步阶段着重建设城市基础设施；重点开发阶段基本形成浦东新区形象；全面建设阶段逐步实现新区建设的总体目标。为了集中力量，规划起步阶段重点开发陆家嘴金融中心区（即小陆家嘴地区）、外高桥保税区及港区和金桥工业园区。

---

① 《江泽民文选》第一卷，北京，人民出版社 2006 版，第 35 页。

② 参见《江泽民文选》第一卷，北京，人民出版社 2006 年版，第 36 页。

1990年8月，时任上海市市长的朱镕基提出了上海城市转型构想，过去上海的企业都是依靠国内资源、完全面向国内市场的，今后要将重点同时放在国内、国外方面，要更多地利用国外资源，并转向国际市场。过去的工业采取的是以劳动密集型、资源密集型为主的粗放型发展，今后将向以资本密集型、知识技术密集型为主的精密型方向发展。1990年初，上海市委、市政府正式向党中央、国务院上报《关于开发开放浦东的请示》，尔后国务院领导又先后两次用十多天时间率领有关部委的负责同志到上海，对浦东的开发问题进行了专题的调研，并形成了《关于上海浦东开发几个问题的汇报提纲》，经过中央决策层的深入研究，最终完成了浦东开发开放的重大战略决策，浦东的开发开放也从地方的发展构想上升为国家层面的战略。

二、基于国家发展战略的浦东开发开放战略构想

把浦东开发开放上升为国家战略是邓小平对中国改革开放伟大事业的杰出贡献之一。

1990年1月，邓小平、杨尚昆在上海过春节，听取上海关于开发开放浦东设想的汇报后，邓小平非常明确地表示支持。过完春节后，朱镕基再一次得到邓小平的鼓励："我一贯主张胆子要放大，这十年以来，我就是一直在那里鼓吹要开放，要胆子大一点，没什么可怕的，没什么了不起。因此，我是赞成你们浦东开发的。"[①] 当时，江泽民已由上海市委书记升任中共中央总书记，朱镕基时为上海市委书记兼市长，不过，也正因为这层关系，让上海向中央要政策不太好意思，怕兄弟省份有意见。邓小平决定亲自去做工作。1990年2月17日，他回到北京后，对政治局的领导说："我已经退下来了，但还有一件事要说一下，那就是上海的浦东开发，你们要多关心。""江泽民同志是从上海来的，他不好说话。我本来是不管事的，我现在要说话，上海要开放。"当天下午，国务院总理李鹏就让国务院副秘

① 《邓小平文选》第三卷，北京，人民出版社1993年版，第346页。

书长何椿霖给朱镕基打了电话，讲了一些浦东改革开放要注意的问题，建议出一个书面报告。朱镕基回答说，上海的报告已经讨论了两三个月，总是不太满意，要催的话，今天晚上他就加班弄好。朱镕基果然当晚就改好了《关于开发浦东的请示》报告，第二天就送给何椿霖。此后，朱镕基向中央领导不断游说："我们现在希望增强中央下决心的力量，批准我们这个报告。"他还代表上海保证，会"为全局作贡献，让上海真正在全国一盘棋中作出他应有的贡献，我们有这个决心"[①]。1990 年 3 月 3 日，邓小平再次找到江泽民、李鹏等中央负责同志："要实现适当的发展速度，不能只在眼前的事务里面打圈子，要用宏观战略的眼光分析问题，拿出具体措施。机会要抓住，决策要及时，要研究一下哪些地方条件更好，可以更广大地开源。比如抓上海，就算一个大措施。上海是我们的王牌，把上海搞起来是一条捷径。""开发浦东，这个影响就大了，不只是浦东的问题，是关系上海发展的问题，是利用上海这个基地发展长江三角洲和长江流域的问题"。[②]他强调："上海开发了，长江三角洲，整个长江流域，乃至全国改革开放的局面，都会不一样。"此后又多次强调："抓紧浦东开发，不要动摇，一直到建成"。[③]

在邓小平的积极支持下，中央高度重视邓小平关于开发开放浦东的战略构想，先后委派国务委员邹家华、国务院副总理姚依林带领有关部委负责人进行实地考察，策划如何启动开发浦东并形成了《关于上海浦东开发几个问题的汇报提纲》。1990 年 4 月 10 日，中共中央政治局会议通过了浦东开发开放的决策。4 月 18 日，李鹏总理代表中共中央、国务院在上海宣布了开发开放浦东的决策，指出这是中国为深化改革、扩大开放作出的又一重大部署。5 月，上海市浦东开发办公室和上海市浦东开发规划研究设计院正式挂牌。6 月，中共中央、国务院正式发出《关于开发和开放浦东问题的批复》，指出："开发和开放浦东是深化改革、进一步实行对内对外

---

① 《朱镕基上海讲话实录》，北京、上海，人民出版社、上海人民出版社 2013 年版，第 429 页。

② 《邓小平文选》第三卷，北京，人民出版社 1993 年版，第 366 页。

③ 徐久刚、孟昭瑞：《邓小平领导思想研究》，北京，人民出版社 1995 年版，第 349 页。

开放的重大部署。上海有良好的政治经济基础，要充分利用上海的优势，有计划、有步骤、积极稳妥地开发和开放浦东，必将对上海和全国的政治稳定与经济发展产生极其重要的影响。开发和开放浦东是一件关系全局的大事，一定要切实办好。”之后，上海市政府组织编制完成《浦东新区总体规划（1991—2010年）》。

1991年1月28日，邓小平又来到上海。他一到就立即听取朱镕基汇报，再次谈到浦东的开发。邓小平说：“那一年确定四个经济特区，主要是从地理条件考虑的。……但是没有考虑到上海在人才方面的优势。上海人聪明，素质好，如果当时就确定在上海也设经济特区，现在就不是这个样子。……”[①] 不过，邓小平用他一贯的自信和乐观作了总结，这是件坏事，但也是好事，你们可以借鉴经验，可以搞得好一点，后来居上。1991年2月18日，农历大年初四的上午，邓小平兴致勃勃地登上了新锦江大酒店41层的旋转餐厅，一边透过宽敞明亮的玻璃窗眺望上海中心城区的面貌，一边嘱咐身旁的朱镕基：“我们说上海开发晚了，要努力干啊！”朱镕基向邓小平汇报了浦东开发开放中“金融先行”的一些打算和做法。邓小平听完后说：“金融很重要，是现代经济的核心。金融搞好了，一着棋活，全盘皆活。上海过去是金融中心，是货币自由兑换的地方，今后也要这样搞。中国在金融方面取得国际地位，首先要靠上海。那要好多年以后，但现在就要做起。”“要克服一个怕字，要有勇气。什么事情总要有人试第一个，才能开拓新路。试第一个就要准备失败，失败也不要紧。希望上海人民思想更解放一点，胆子更大一点，步子更快一点。”[②]

1991年4月，上海市九届人大四次会议通过的“八五”计划中确定了“开发浦东，振兴上海，服务全国，面向世界”的16字方针，明确浦东的开发开放坚持打“长江牌”、“中华牌”和“世界牌”。

1992年中国共产党十四大政治报告提出：“以上海浦东开发开放为龙头，进一步开放长江沿岸城市，尽快把上海建成国际经济、金融、贸易中

① 《邓小平文选》第三卷，北京，人民出版社1993年版，第353页。
② 《邓小平文选》第三卷，北京，人民出版社1993年版，第366—367页。

心之一，带动长江三角洲和整个长江流域地区经济的新飞跃。”既明确了上海在中国改革开放和经济建设中的地位和作用，也明确了上海在世界经济发展中应有的地位与作用。

1997 年，中共十五大政治报告要求浦东新区“在体制创新、产业升级、扩大开放等方面继续走在前面，发挥对全国的示范、辐射、带动作用”。

2001 年 5 月，国务院批准的新的《上海市城市总体规划》，进一步明确了上海建设社会主义现代化国际大都市和国际经济、金融、贸易、航运中心之一的功能定位，为迈向新世纪的上海描绘了新的发展蓝图。上海推进“四个中心”建设国家战略，最重要的区域就是浦东陆家嘴、外高桥、洋山港三点之间的“黄金三角”。

2002 年，中共十六大政治报告明确指出：“鼓励经济特区和浦东新区扩大开放等方面走在前列。”

2007 年，中共十七大政治报告从改革创新的层面提出：“更好发挥经济特区、上海浦东新区、天津滨海新区在改革开放和自主创新中的重要作用。”

经过上述邓小平的战略构想和中央决策层的深入研究，最终完成了浦东开发开放的重大战略决策，浦东的开发开放也从地方的发展构想上升为国家层面的战略。

第三节　浦东开发开放的历史进程

20 多年来，浦东开发开放的历史进程大致经过了四个发展阶段。

一、开发起步阶段：（1990—1995 年，国家计划的“八五”时期）

（一）启动和筹备。

1990 年 4 月 18 日，国务院宣布浦东开发开放时的区域面积为 522 平方公里，人口 134 万，而城市化面积仅有 40 多平方公里，大部分地区还是农村。浦东开发开放之初的主要任务是完成开发机构的组建、规划的编制、功能区的界定、人才的引进等一系列前期筹备工作。体现在以下三个方面：

1. 高起点制定浦东发展整体规划。

经市人大常委会审定通过的浦东新区总体发展规划指出：把浦东建成高度文明和国际水平的集中央商务区、自由贸易区、出口加工区、高科技园区以及海港、空港、铁路枢纽于一体，城乡协调发展的现代化新区。总体规划编制完成后，浦东新区各职能部门陆续编制了各专业的详细规划，如环保规划、绿化规划、交通规划、水利规划等。各开发区、街道、集镇也编制了本区、本块的各类详细规划。

在规划编制的方式上，浦东打破了传统规划编制的体制界限，陆家嘴开发区在全国率先采用国际招标形式，经过英、日、意、中等国专家的设计，以及 10 多个国家的 30 余位专家 17 轮讨论深化，历时两年，高质量地完成了陆家嘴中心区城市规划。同时，浦东还邀请英国专家进行交通规划设计咨询，邀请加拿大和日本专家分别编制不同区域的城市设计咨询或环境设计。规划的国际招标使浦东的开发开放在启动之初就定位于国际高端。

2. 创造开发开放的新区模式。

当时南方经济特区的开发模式是通过吸引外商投资，发展以“三来一补”形式的出口加工业。浦东开发开放是作为上海城市功能转型的先导区，着重发展以金融贸易为核心的第三产业和吸引以跨国公司投资为主体的高新技术产业。为此，确定了陆家嘴金融贸易区、金桥出口加工区、外高桥保税区和之后的张江高科技园区四个国家级开发区。

3. 建构开发开放的党政管理组织体系。

1990 年 4 月，成立上海市浦东开发领导小组和市浦东开发办公室，负责浦东开发的规划、政策和组织准备。1992 年 11 月，经国务院批准，撤销川沙县建制，建立浦东新区，其行政区域包括原川沙县全境，原上海县的三林乡以及杨浦、黄浦、南市 3 区的浦东部分，面积 522.75 平方公里，户籍人口 156.2 万人。1993 年 1 月，中共上海市浦东新区工作委员会、上海市浦东新区管理委员会成立，作为上海市政府的派出机构，全权管理浦东事务。同年 3 月，“两委”开始全面履职。

4. 组建开发主体。

1990 年 9 月，上海成立陆家嘴、外高桥、金桥三个开发公司，分别负责陆家嘴金融贸易开发区、外高桥保税区、金桥出口加工区的综合开发和经营管理。1992 年，上海又成立张江高科技园区开发公司负责张江高科技园区的综合开发和经营管理。

（二）启动城市基础建设。

浦东开发开放的前五年主要任务是城市形态开发。以交通、能源和通信项目为主的“八五”计划第一轮十大重点基础设施工程及各项配套设施项目（譬如南浦大桥、杨浦大桥、杨高路拓宽改建工程、外高桥港区、合流污水工程浦东段等）的建设，大大改善了新区道路、供水、供电、供气、通信等投资硬环境和城区面貌。其中，现代化交通体系的“两环三轴”建设是整个浦东第一轮基础设施建设的重点。所谓“两环”是指上海内外环的浦东部分，“三轴”是指浦东的南北、东西、滨江 3 条发展轴，黄浦江和杨高路之间的南北发展轴、东方明珠电视塔和浦东国际机场之间的东西发展轴、长江口以东的滨江发展轴。

二、重点开发阶段：（1996—2000 年，国家计划的“九五”期间）

从“九五”开始浦东开发开放转入了功能开发和形态开发并举的发展阶段。

（一）大规模推进基础设施建设。

从 1996 年起，新一轮以“三港二线”〔浦东国际机场（空港）一期工程、浦东信息港、深水港一期工程、地铁 2 号线一期工程、外环线〕为标志的十大基础设施工程全面展开，世纪大道、黄浦江观光隧道和东海天然气等先后建成投入使用。浦东开发开放以来的“八五”、“九五”10 年间，在基础设施建设上累计投入 1400 多亿元。截至 2000 年，新增道路 1000 公里，绿化地区从 44 平方公里扩大到近 100 平方公里，新建各类建筑 5000 万平方米，浦东城市化水平约达 56%，大规模开发建设使浦东的基础设施实现了从基础型向枢纽型的转变。

（二）加快四个国家级开发区的功能开发。

陆家嘴金融贸易开发区是全国唯一以金融贸易命名的开发区，着力开发金融、贸易、商业等第三产业集聚的服务功能，构筑国际经济、金融、贸易中心的核心功能区；外高桥保税区逐步拓展国际贸易、保税仓储、出口加工三大功能，增强物流分拨功能；金桥出口加工区着重发展资本和技术密集型的出口加工工业，基本形成以微电子、现代通信、光机电一体化、现代家电、汽车及零部件、生物医药等六大高新技术为支柱的产业结构；张江高科技园区着力高新技术产业开发和创新功能，初步形成科技创新区、国家生物医药科技产业基地、国家微电子信息产业基地和上海软件园联动发展的格局。

（三）经济结构调整升级。

浦东的工业经济结构逐步实现从低层次、粗放型、传统型向高层次、集约型、创新型的转变，形成了汽车、通信设备、生物医药和家电等六大支柱产业，使浦东成为上海信息产业、现代生物医药工业、家电制造业和汽车及零部件制造业的重要基地。浦东的第三产业发展较快，1990—1995年增幅为10.37个百分点，1995—1999年增幅为14.44个百分点。第三产业总值在1991—1993年间平均增长10.76亿元，在1994—1996年间平均增长41.38亿元，在1997—1999年间平均增长62.88亿元。

（四）构建要素市场体系。

1996年，上海市委、市政府决定分阶段将一些大的要素市场迁入浦东陆家嘴金融贸易区，尽快形成浦东大市场、大流通、大外贸的格局。东迁的要素市场涉及证券、外汇、资金、人才、技术、生产资料等领域，如上海房地产交易中心、上海产权交易所、上海粮油交易所、上海证券交易所、中国上海人才市场，等等。

三、全面建设阶段（2001—2010年）

经过“八五”和“九五”十年的开发开放，浦东基本完成了形态开发和功能开发，21世纪的浦东开发开放开始进入全方位开发开放新阶段。

（一）实施“聚焦张江”战略。

1999 年 8 月，上海市委市政府作出了“聚焦张江”战略决策，明确以集成电路、软件、生物医药为主导产业，按照“国内领先、世界一流”的目标集中力量建设张江高科技园区，吸引一批在集成电路、生物医药、软件、文化创意、金融服务等领域技术领先的企业入驻张江。2006 年，上海高科技园区整体更名为上海张江高新技术产业开发区，以核心区张江高科技园区的建设带动和辐射其他各园区发展，促进校区、园区、社区“三区”联动发展，促进中小科技企业快速成长，加速科技成果转化和技术扩散。张江正成为技术创新的示范基地、科技成果孵化与转化基地、科技创业人才研发机构和科技企业的集聚基地、产学研一体化综合改革的试验基地。

（二）推进金融中心建设。

进入 21 世纪，陆家嘴金融贸易开发区已经成为国内金融机构最密集、金融要素市场最完备的地区之一，金融流量涵盖全国 31 个省、市、自治区，物流网络遍布 165 个国家和地区，集聚着证券、期货、钻石、产权、石油等 10 多个国家级要素市场，以股票、货币、债券、外汇、商品期货、金融期货、黄金、产权市场等为主要内容的现代金融市场体系日渐成熟。

（三）迎世博，加快城区建设。

2010 年，上海世博会为浦东进入 21 世纪的开发开放提供了新的历史机遇。世博会会址总面积 65% 设在浦东新区。浦东抓住筹办世博会的历史机遇，一手抓城市基础设施建设，完善枢纽型网络化的基础设施建设，初步形成融入全市、面向世界、辐射长三角的基础设施网络体系；一手抓城区综合服务，充分利用世博效应，促进了世博周边区域和黄浦江沿岸的景观建设，进一步拓展商务、会展、旅游、文化等综合功能，进一步提升城区综合服务能力。

（四）紧抓加入 WTO 的机遇与挑战。

2001 年 12 月 11 日我国正式加入世界贸易组织（WTO）。从中国改革开放的角度来讲，过去的 20 年基本上是政府主导型的、政策性的对外开放，在体制上并没有和世界经济接轨。加入 WTO 后，这种对外开放将转变成市场主导型的、体制性的对外开放。紧抓 WTO 的机遇与挑战，浦东逐步建立了与 WTO 规则等国际惯例接轨的新的政策体系，以实现从支持性、优惠性政策为主向制度性、功能性政策为主的转变；以陆家嘴金融贸易区和外高桥保税区为主要载体，将对外开放的重点从一般生产加工领域扩大到服务贸易领域。陆家嘴金融贸易区在国内率先扩大金融保险、信息咨询、会展旅游等领域的对外开放，着重引进跨国公司地区总部、研发中心、外资金融机构、专业服务中介等，并将先行先试离岸金融业务。外高桥保税区，积极探索“境内关外”的监管方式和“区港联动”的新体制，按自由港的功能和模式，进一步开展国际租赁、国际航运、现代物流、国际法律服务和国际商品展示等服务贸易领域的开放。

（五）开展浦东综合配套改革试点。

2005 年 6 月 21 日，国务院批准浦东开展综合配套改革试点。标志着浦东开发开放的动力由主要依靠政策优惠和投资拉动转入主要依靠体制创新和扩大开放的根本转变。

（六）着手两个中心建设。

2008 年 7 月 5 日，温家宝在视察上海洋山港时指出：“上海要紧紧围绕建成东北亚国际枢纽港的目标，大力发展现代航运服务体系，着力打造航运服务资源集聚中心，加快上海国际航运中心建设。”2009 年 3 月，国务院发布《关于推进上海加快发展现代服务业和先进制造业、建设国际金融中心和国际航运中心的意见》，明确提出：“到 2020 年，将上海基本建成与我国经济实力和人民币国际地位相适应的国际金融中心、具有全球航运资源配置能力的国际航运中心。”上海建设国际金融中心、国际航运中心的核心要素如陆家嘴金融城、外高桥港区、洋山深水港和浦东国际机场都在浦东，使浦东成为上海“两个中心”建设的核心功能区。

四、“二次创业”阶段（2010 年至今）

（一）两区合并。

2009 年 4 月，国务院批复同意上海市《关于撤销南汇区建制将原南汇区行政区域划入浦东新区的请示》。新浦东雄踞东海之滨、外眺太平洋、南濒杭州湾、北靠长江，面积1210平方公里，占全市1/5左右。两区合并后的新浦东标志着浦东开发开放进入了“二次创业”的新阶段。在浦东“二次创业”过程中，必然更加主动地面向世界，更加积极地承担国家战略，更加自觉地与上海未来发展的总体定位相匹配，发挥浦东对上海的经济增长极的作用、全面提升服务全国的功能、在更高层级上代表国家参与全球竞争。因此，进入“二次创业”阶段，浦东新区政府明确了浦东进一步开发开放的战略目标、发展机遇、总体布局、发展思路和开发区的扩容，提出了“只争朝夕、勇立潮头、崇尚科学、开放包容”的二次创业精神。

（二）浦东进一步开发开放的战略目标。

进入“二次创业”阶段，浦东提出了建设“四个区”的战略目标：一是加快建设科学发展先行区，率先形成服务经济为主的产业结构和创新驱动为主的内生增长模式，走资源节约型、环境友好型发展道路，努力建设更高水平的小康社会。二是加快建设“四个中心”核心区，着力强化配置全球金融、航运、贸易资源的市场平台功能，着力强化资本、管理、信息、技术等要素的服务辐射功能，着力强化自主创新、产业转化功能，着力强化对内对外开放的门户枢纽功能，成为上海服务长三角、服务长江流域、服务全国的重要载体。三是加快建设综合改革试验区，率先突破制约发展转型的制度障碍，形成有利于服务经济、创新经济发展的信用、监管、人才和政府管理等环境；加快转变政府职能，深化机构改革，努力构建扁平高效的新型行政管理体制，积极推进社会建设和管理领域的体制机制创新；加快农村要素市场化、基本公共服务均等化，率先探索形成城乡一体化发展新格局。四是加快建设开放和谐生态区，全面实践“城市，让生活更美好”的世博主题，实现人居环境优质化、国际交往便利化、公共管理法治化、城市文明现代化，形成开放融合、和谐有序、充满活力的人文环境，构建经济与社会、人与自然和谐发展、有机统一的生态系统。

（三）重新布局产业空间。

进入“二次创业”阶段之初的2010年4月，浦东提出了“7+1”战略新布局。具体内容如下：

上海综合保税区板块：

规划面积 22.76 平方公里，包括外高桥保税区、洋山保税港区和浦东机场综合保税区，是上海国际航运中心和国际贸易中心建设的主要载体。为了加强三个保税区的联动发展、整合资源，上海市政府成立了上海综合保税区管理委员会，实行“市级区管”的体制，推动“三港三区”（三港：外高桥港、上海浦东国际机场空港、洋山港；三区：外高桥保税区、上海浦东机场综合保税区、洋山保税港区）联动发展，争取海关特殊监管区功能整合、政策叠加，建设国际水平的航运综合服务平台，大力吸引分拨中心、营运中心，促进现代物流、出口加工等临港临空产业加快发展。重点发展国际贸易、航运服务、现代物流、期货保税交割、国际贸易结算、融资租赁、进口贸易基地、分拨中心以及为国际贸易服务，引导资金结算中心、订单管理中心、价格发现中心等实体性总部的集聚。基于上海综合保税区，2013 年 9 月 28 日成立了中国（上海）自由贸易实验区，使这一区块成为贯彻落实国家战略的战略空间。

上海临港产业区板块：

规划面积 240 平方公里，包括重型装备产业区、物流园区和主产业区等。重点布局海洋工程、大型船用曲轴、石油平台、发电机组等高端制造产业。为此，市政府成立了相应的管理委员会，实行“市级市管”体制。以“高端制造、极端制造、自主制造”为特征。如今，南汇新城产业区已成为国家和上海重要的高端装备产业制造基地和战略性新兴产业发展基地，已形成汽车整车及动力总零部件、船舶关键件、新能源装备、海洋工程装备、大型工程机械，以及大飞机装备基地和其他各类战略性新兴产业。“十二五”期末，南汇新城还将诞生全国首台拥有自主知识产权的 C919 大飞机发动机、全国首台 6 兆瓦海上风电机舱、可在海下 3000 米作业的半潜式钻井平台、全国最大的 3600 吨履带式起重设备等一系列国内最先进的高端装备。

陆家嘴金融贸易区板块：

规划面积 31.78 平方公里，是上海国际金融中心的核心功能区，也是全国经济流量最大、服务最完善的金融中心区。进入“二次创业”阶段，陆家嘴金融贸易区完善了科技投融资服务体系，探索股权投资和银行融资联动机制，创新种子基金、创业投资引导基金和高新技术产业化投资基金的运行机制，放大国有资本杠杆效应，建立健全国有资本在风险投资领域的进入和退出机制；推进小陆家嘴深度开发和金融城扩容，加强与张江金融信息服务产业基地前后台联动，为金融机构集聚创造更好条件；大力发展金融信息服务业，发挥金融审判、检察、仲裁等机构的作用，强化地方政府在教育培训、人才激励、品牌提升、文化建设、城市管理等方面的服务保障职能；推进金融与航运、贸易、科技等联动发展，探索创业融资、小额贷款、消费金融、税收递延型寿险等试点；积极争取国家金融改革开放重大举措在浦东先行先试，率先推出房地产信托基金、柜台交易市场、消费金融公司等试点，推动全国性信托登记平台建设，在人民币国际化进程、金融市场发展、金融监管创新和风险防控中努力发挥综合试验平台作用。

张江高科技园区板块：

张江开发区整合了原张江高科技园区、康桥工业区和上海国际医学园区从 25 平方公里拓展至 77 平方公里。进入"二次创业"阶段，进一步深化"聚焦张江"战略，建设产学研结合示范基地，广泛集聚国内外创新资源，促进原始创新应用转化，提高集成创新和引进消化吸收再创新能力；改善自主创新制度环境，进一步集聚以浦东创新港为代表的创新公共服务平台；发挥企业主体作用、市场导向作用和政府扶持作用，加快构建区域创新体系；鼓励企业承担国家和市级重大科技专项，支持国家重点实验室和工程技术研究中心建设，完善资金配套和政策扶持机制；探索知识产权折抵入股和质押贷款方式，扩大技术开发费用税收抵扣、高新技术企业所得税优惠等政策的覆盖面；加快公共服务平台和共性技术联盟等建设，优化科技企业孵化器运营模式，降低创新成本和风险。2011 年，张江高科技园区升级成为国家自主创新示范区。

金桥出口加工区板块：

把金桥与南汇工业园区、空港工业园区整合在一起，从原有的 27.38 平方公里拓展至 67.79 平方公里，形成了先进制造业组团。

临港主城区板块：

规划面积 74 平方公里，重点打造产业高度发达、配套服务完善、交通运输便捷、文化氛围浓厚、适宜工作生活的现代化、低碳、生态、宜居的新城。南汇新城的目标是打造全球第一个“健康之都”。

国际旅游度假区板块：

以迪士尼主题乐园项目为核心，包括周边的三甲港海滨旅游度假区和临港滨海旅游度假区等。当今世界，旅游产业等现代服务业（尤其是迪士尼拥有庞大产业链）对于地区经济的促进作用已经不亚于汽车、船舶、航空等工业。2011 年 4 月 8 日，上海迪士尼乐园正式开建，于 2016 年 6 月 16 日正式开园。2017 年 11 月 9 日，《上海迪士尼项目对经济社会发展带动效应评估》报告在上海举行的长三角城市旅游论坛上发布。报告显示，上海迪士尼项目的经济效益和社会效益均达到了各方预期。上海迪士尼乐园开园首年（即 2016 年 6 月 16 日至 2017 年 6 月 15 日），游客接待数量超过 1100 万人次。上海市信息中心主任余文凯说：“其间，乐园接待的外地游客占总接待游客数量的 65%，游客平均在园时间达到 10 小时。”在迪士尼乐园的强大拉动作用下，2016 年，上海共接待旅游人次为 3.05 亿人次，同比增长 7.42%，高于 2011—2015 年平均增速 4.38 个百分点。尤其是在法定节日期间，上海旅游接待人次增长显著。2017 年春节，乐园游客对上海新增游客的贡献高达 90%。余文凯还指出：“在乐园开园一周年时，上海全市星级酒店入住率达到 70%。不仅如此，乐园的开园还带动上海本土知名景点游客的上升，比如，东方明珠接待人数显著增加高达 465.86 万人次，比 2015 年增加了 67.49 万人次，同比增长为 16.9%。数据显示，2016 年，上海实现旅游总收入为 3820 亿元人民币，同比增长 9%，高于 2011—2015 年平均增幅 4.5 个百分点，上海旅游目的地效应初现。”①

此外，评估报告表明，迪士尼乐园项目的溢出带动效应是一个由点及面、逐步释放的过程。从产业带动来看，项目除对上海旅游业影响显著外，还对中国主题乐园行业、工程建设行业等产业拉动效应明显；从区域带动

① 参见 http://sh.eastday.com/m/20171110/u1a13412440.html。

来看，项目对度假区周边区域、浦东中部、上海乃至长三角以及中国旅游发展和城市转型升级均带来不同程度的示范带动效应。而从长期看，项目对推动长三角旅游一体化、加快建设长三角世界城市群，对中国探索“生产型”城市向“生产＋生活型”城市转型，探索从供给侧角度推进旅游业转型升级等方面都有较好的示范带动效应。

后世博板块：

2010年上海世界博览会主场馆坐落在浦东，有260公顷，占世博会会址总面积的65%。世博园区浦东部分规划面积3.93平方公里以及附近后滩1平方公里和原环球地块的3平方公里，主要发展金融、会展、商务、文化等现代服务业。

（1）浦东围绕“办世博”强化城市服务功能。全力做好浦东新区承担的交通组织、安全保卫、服务接待、住宿餐饮、食品安全、医疗卫生、气象等世博会筹办各项准备工作。同时，把做好世博服务保障工作与各项服务业发展紧密结合起来，大力发展金融、物流、法律、创意设计和市场中介等各类专业服务业，加快拓展口岸、商贸、会展、旅游等综合服务功能，使世博盛会成为浦东服务全国的重要平台。

（2）进一步提高城市现代化管理水平，突出精细化管理、人性化服务，确保世博会期间城市运行高效、安全、有序。

（3）世博会后，世博园区将实现由参观展览区向总部集聚区和商务服务集聚区的转变。把世博区域的发展与浦东作为金融中心、航运中心和贸易中心核心功能区的定位更好地结合起来。

（4）进一步明确世博区域后续发展规划，加快世博和周边区域的开发建设，全力打造浦东新的城市地标和功能高地。世博园区B片区规划用地18.72公顷，吸引中央企业总部入驻，28幢企业总部楼将极大提升世博园区的开发水平、集聚辐射和综合服务功能。世博园区A片区是两面临水的半岛地区，规划功能为会展、商务，将成为国际知名企业总部聚集区和具有国际影响力的世界级商务区，也是上海最新一代“24小时活力”街区。在世博中心和世博展览馆中间，将成为国内第一个集住宿、商业、餐饮、交通等功能为一体的城市酒店群。以白莲泾为起点，沿黄浦江南下直到中环，分为后滩（即世博会浦东地块）3.93 平方公里、耀华地块 1.8 平方公里和前滩 2.83 平方公里三段开发。东方体育中心旁边的前滩将成为“24 小时立体城市”，所有建筑都能在地下、空中互联，从功能定位上看，前滩的定位将是非金融企业总部和跳变型企业（从传统企业向现代企业转型的大型企业）总部集聚地，比如咨询、法律、现代服务等。1.8 平方公里的耀华地块上，铺设了总长 8.6 公里的 11 条市政道路，沿江 20 万平方米的绿化带，以及 5 万平方米的街旁绿地，耀华地块已经是一个美丽的城市花园。白莲泾水岸将成为企业总部集聚、国际组织集聚、高端商业商务服务集聚的黄金地带，推动国内外大型会议、论坛、赛事落户。

“7+1”的产业空间布局是浦东、南汇两区合并后，在新浦东行政格局下对浦东既有开发区域的进一步整合和完善，在产业能级上包括了现代服务业、先进制造业，符合产业升级的要求；在发展动力上包括了科技驱动、创新驱动，符合率先转变方式的要求；在功能上更加突出区域核心竞争力，体现浦东和上海在全国的“四个率先”作用。这种更加科学的产业空间布局为浦东“二次创业”条件下浦东进一步开发开放创造了更加优越的前提和条件。

2016 年 11 月，浦东新区政府正式发布《浦东新区产业发展“十三五”规划》(以下简称“《规划》”)。《规划》指出，在未来五年，浦东将在产业发展上聚焦“八大产业板块”和“十个重点专项”。在产业空间布局上，浦东则将形成“4+4+X”的格局，并通过金融城、科学城、旅游城、航空城的建设，推进城乡一体化发展。

其间，浦东将重点谋划四个方面：一是落实国家战略，抓住自贸试验区和科创中心建设的历史机遇，面向经济社会发展的重大需求，实施创新驱动发展战略。二是促进“四个中心”建设，提升浦东新区金融、航运、贸易等方面在上海市相应指标中的比例，为上海在长江经济带中发挥“四个中心”的引领作用贡献一份力量。三是顺应“制造 + 服务”融合发展的趋势，整合各政府部门、各产业领域的资源，将在“十二五”期间“三大三新一优化”的制造业体系和五大服务业，进行三、二、一产业融合发展，以优化产业格局、提升产业能级、提高产业国际竞争力。四是抓住“互联

网 +”发展方式，创新扶持方式，营造良好的“互联网 +”创新创业环境，吸引优秀的互联网项目向浦东集聚，促进电子商务、工业互联网蓬勃发展，扶持企业做大做强、引导企业拓展国际市场。

具体到产业而言，浦东将做大做强涵盖相关领域的金融、航运、贸易、文化、健康、信息、装备、汽车“八大产业板块”，大力发展新兴金融、电子商务、旅游会展、物联网和下一代通讯、智能制造、民用航空、总部经济、高端研发（含科技服务业）、新能源、新材料“十个重点专项”。

《规划》称，“八大产业板块”和“十个重点专项”既是对浦东“十二五”期间主要产业的延续，也是顺应产业发展趋势，跨越制造业和服务业界限的调整。

《规划》明确，到“十三五”末，浦东新区产业结构中制造业增加值占地区生产总值比重将继续维持在 25% 左右，战略性新兴产业占工业总产值比重将占 1/3 左右。

在产业空间布局上，浦东将形成“4+4+X”的格局。其中，第一个“4”是指四个国家级开发区，即陆家嘴金融贸易区、外高桥等保税区、张江高科技园区、金桥经济技术开发区。第二个“4”是指四个新兴区域，包括世博地区、临港地区、国际旅游度假区、航空城。“X”则是指转型升级的镇产业园区。浦东新区现有川沙镇工业小区、六灶鹿园工业区、祝桥空港工业区、机场镇临空产业园区、高桥镇老工业基地、巴斯夫、曹路工业园区、合庆工业园区 A 区、张江高科技产业东区、合庆工业园区 C 区、新场工业区、三灶都市型工业园、老港工业区、高行镇工业园区、高东工业区、康桥东路工业片区、唐镇工业园区、三林经济园区、周浦智慧产业园、航头镇大麦湾工业区、北蔡工业园区、张江总部经济园等镇产业园区。根据“上海 2040”规划及航空城发展情况，一些镇产业园区将作相应调整，数量上称为“X”。

第四节　浦东开发开放的成就

浦东的开发开放被誉为“中国改革开放的象征，上海现代化建设的缩影。”美国前国务卿基辛格曾说：“浦东宣布开发开放之初，几乎所有的美国人都认为不过是一句口号。但我认为是真的。现在看来，我说对了。许多美国人并不了解中国，他们不知道，中国人只要想干一件事，就一定能干成。因为你们能把资金、人力、物力集中起来办大事。”挪威国王哈拉尔五世对浦东的评价：“浦东开发是世界城市开发中的一个非常独特的成功例子，世界上几乎所有城市开发事先都未经过全面规划，因此城市建设的随意性很大，效果并不好，而浦东是经过仔细规划后再进行建设，这非常可贵。”①

上述国际知名人士的赞誉是以浦东开发开放成就为基础的。浦东开发开放成就可以概括为三个方面：一是四大开发区的建成，二是现代化、国际化的大都市城区即“一轴三带六个功能区域”的建成，三是为上海迈向卓越的全球城市作出了巨大贡献。

一、四个国家级开发区的建成

20 多年来，浦东开发开放逐步完成了四个国家级开发区的开发开放任务。

（一）陆家嘴金融贸易开发区。

20 多年来，陆家嘴金融贸易开发区已经从昔日黄浦江边的“烂泥渡”发展成为当今世界瞩目的“金融城”，成为上海国际金融中心的核心区域、上海核心中央商务区的重要组成部分、全球格局中的高端航运服务集聚区。陆家嘴金融贸易区的功能主要集中在“一道三区”，即以世纪大道为轴线串联的小陆家嘴地区、竹园商贸区和花木行政文化区：金融办公和总部大楼

① 赵启正：《浦东奇迹》，北京，五洲传播出版社 2008 年版。

主要集中在小陆家嘴地区；各省市和中央部委建设的“省部楼”布局在东方路、张杨路沿线；行政管理、文化科教职能的公共建筑坐落在花木地区。陆家嘴金融贸易区的贸易功能主要集中在浦东大道沿线的航运服务集聚区，此外还开发建设了浦江沿岸的滨江旅游休闲带、以新国际博览中心为代表的现代会展商务中心等。小陆家嘴两层连廊进一步完善陆家嘴中心区交通和服务功能，商业配套环境更趋优化，旨在改善民生、提高环境品质，以增加养老、医疗、卫生、文化、菜场、停车等公共服务设施为主的老社区改造规划已编制完成并开始全面实施。陆家嘴作为国内金融机构最密集、金融要素市场最完备的地区之一，金融流量涵盖全国 31 个省、市、自治区，集聚着证券、期货、钻石、产权、石油等 10 多个国家级要素市场，以股票、货币、债券、外汇、商品期货、金融期货、黄金、产权市场等为主要内容的现代金融市场体系日渐成熟，基本确立了国内金融市场中心的地位。各类金融机构的集聚对楼宇的需求呈持续上扬态势，使陆家嘴金融贸易开发区也成为全球发展楼宇经济最成功的地区之一。“十二五”期间，陆家嘴金融贸易区将已形成“一核、一轴、一带”的发展路径。“一核”是指“聚合陆家嘴金融核心区”1.7 平方公里，增加上海船厂 0.7 平方公里，吸纳跨国公司总部、外资银行主报告行、国内大型银行等高端金融机构为主的金融核心区。“一轴”是以世纪大道为中心轴线，依托竹园商贸中心、新上海商业城、世纪公园（生态服务）、上海博览中心，提升金融核心发展轴的综合功能。“一带”则是以陆家嘴金融贸易区为核心，以黄浦江两岸综合开发为契机，把环球影城主题公园、世博会场馆区、陆家嘴金融贸易区连为一体，形成一条以总部经济、商业贸易、金融、会展旅游等现代服务业发展的滨江旅游休闲产业带。

（二）金桥出口加工区的建成。

20 多年来，金桥从一片农田变身为高科技、现代化、多功能的现代产业园区，初步形成了先进制造业和生产性服务业协调发展的格局，已成为上海外向型高新技术产业的重要基地之一。在推进先进制造业和生产性服务业的过程中，金桥开发区还重点培育战略性新兴产业。

“十一五”初期，金桥提出了“两轮驱动、转型发展”，先进制造与生产性服务两翼齐飞、协调互动，总体上实现“优二进三”的发展战略。2006 年 7 月,“上海金桥生产性服务业集聚区”获上海市经委批准正式挂牌；2007 年 7 月，金桥被命名为“中国服务外包基地上海示范区”；2009 年 6 月，被命名为“生产性服务业功能区”；2011 年，获批上海市服务业综合改革试点园区、上海国家高技术服务业园区。2011 年 8 月，中国服务外包示范城市（上海）金桥示范园区启动，金桥成为“中国服务外包产业基地”，以信息技术外包和业务流程外包为核心，吸引全球企业集团的服务外包中心、知名软件企业、设计公司，以及其他业务流程环节外包服务机构等入驻。随着金桥产业集群的形成，产业链日益完善，已有多家跨国公司将其全球性总部、亚太区总部和大中华区总部迁至金桥。

“十一五”期间，金桥重点培育新能源汽车和 ICT 信息通信两个产业。在金桥园区内，汽车基地约 2.1 平方公里，吸收投资额达 20 亿美元 / 平方公里，是全国占地面积最小、土地利用和产出效率最高的汽车产业基地。2011 年，金桥汽车及零部件业产值达 1048.37 亿元，同比增长 11.1%。以上海通用、联合汽车电子、泛亚汽车技术中心等企业为代表，使金桥新能源汽车产业形成强大的技术升级优势和发展后劲。由电子信息产业（IT）和通信技术产业（CT）逐渐融合形成的信息通信（ICT）产业，使金桥开发区成为上海发展数字通信工程的核心基地，也成为国家 3G 网络和下一代互联网及宽带光纤接入网建设的战略要地。上海贝尔、华为、大唐电信等制造商纷纷落户，中国移动视频产品创新基地、中国电信全国视讯运营中心等通信运营商也扎堆金桥。2011 年，金桥创建“国家新型工业化产业示范基地”金桥开发区信息通信产业迈入国家级产业示范基地序列。预计到“十二五”末，金桥信息通信产业将实现产值 1000 亿元、营业收入 2000 亿元，成为汽车及零部件产业后的第二个达到千亿元级规模的产业集群；形成 3~4 家规模在 200 亿元以上、3~5 家规模在 100 亿元以上、并对产业链起到引领作用的龙头企业；建成 3~4 家国家级重点实验室；新引进信息网络文化等企业 150 家，形成具有金桥特色的中国“无线之都”，成为产业融合与创新发展的示范园区。

在开发开放过程中，金桥开发区的亮点是国际社区的开发建设。2000

年 8 月通过国家环保总局现场评审，金桥成为 ISO14000 国家示范区；2005 年成为“上海市循环经济试点园区”；2009 年获评“上海市节水型示范园区”；2010 年 11 月，经国家环保部、商务部、科技部验收，金桥成为上海国家级开发区中首家国家生态工业示范园区。金桥开发区的另一个亮点，是生态宜居、设施先进、配套完善的国际化社区。碧云国际社区已成为上海规模最大、社区配套功能最完善、综合环境最具创意特色的新型社区之一。开发者参考国外社区的建设经验，运用大量先进技术和材料，比如大批量的木结构房屋，建筑风格的多样融合，集美、英、意、德、法等各国特色于一社区。同时，推出了符合国际化家庭居住需求的住宅租赁标准和物业服务标准；教育医疗配套、商业休闲配套方面，从早教中心、幼儿园到国际中小学直至中欧国际工商学院，实现国际化教育体系的全覆盖，设有上海首家公立涉外国际医院，可用英文做礼拜的教堂，上万平方米的绿茵场，百余家国际生活品牌供应商，每年上百余场社区活动，吸引着数万名国内外人士参与。国际社区的建设，除了租赁和服务的运营收益，更为金桥和上海带来了丰厚的人才和投资回报。落户上海的 500 强企业中，有 45% 左右的 CEO、高层管理者都生活在碧云社区。

（三）外高桥保税区的建成。

上海外高桥保税区虽只是全国 15 个保税区之一，但其年度贸易额超过 1000 亿美元，占全国保税区贸易额的 50%，成为全国第一个国家级进口贸易促进创新示范区。

从最初的商贸到逐步的汇集物流、配送、订单处理等，外高桥保税区已成为跨国公司实体性总部经济的汇集地。区内设立保税区商品市场，发挥保税商品展示功能。已经设立 3 个综合性市场，10 个专业性市场，分别为化妆品、汽车、工程机械、酒类、手表、医疗器械、文化传媒等，会员企业达到 1 万多家。

外高桥保税区逐步拓展国际贸易、保税仓储、出口加工三大功能，引进了 2000 多家贸易公司和 60 多家世界著名跨国公司的物流分拨中心，加工贸易出口快速增长，物流网络遍布 165 个国家和地区，物流分拨功能进一步增强，现代海运和港口经济稳步发展，已成为国内最大的保税区和新兴港口。

（四）张江高新技术产业园区的建成。

1992年，张江被划定为国家高科技园区。1999年8月，上海实施“聚焦张江”战略，以集成电路、生物医药、软件三大主导产业为核心，以金融信息服务、文化创意设计、光电子、新材料和新能源等产业为延伸的产业结构已形成；以企业为技术创新主体、以大学和科研院所为知识创新主体、以政府和社会中介为管理服务主体的区域创新体系初见雏形，实现了依靠要素投入的外延式增长方式向依靠技术创新的内涵式发展跨越。

以集成电路行业为例，在引进中芯和宏力两个项目之前，张江没有一家芯片设计公司。投资超过14亿美元的“中芯国际”和投资达到16亿美元的宏力两大重量级的芯片代工厂一落户，从事芯片设计、测试、封装的企业便纷至沓来。目前，张江集成电路产业占据全国20%的市场份额，占全球1.5%，并形成了从芯片设计、制造、测试、封装等完整的产业链条。

而作为张江另一大支撑产业的生物医药，GE医疗（中国）全球领先的生命科学研发培训中心FastTrak（中国）在张江正式扩建落成。新落成的FastTrak研发中心将凭借在生物医疗领域中集生产、研究、培训于一体的综合优势，通过全新技术的引入和系统化的人才培养，“张江药谷”将实现与GE分布全球的研发技术“同速”的实力。据统计，目前全球前12大药厂，已经有7家在张江设立了中国区研发中心，如罗氏、诺华、辉瑞等。

上海股权托管交易中心入驻张江高科总部被业界视作“张江高科技园区软环境的重大突破”。这一开放的交易市场，汇集了一批拥有资金、人脉的专业机构帮助企业做成果转化，将使张江很多科技型企业的创新技术能够直接转化为产品，并快速打开市场。目前，张江已经拥有27家境内外上市企业，资本市场的融资速度大大加快。

此外，张江园区在银政合作上更有所进展，张江小贷公司累计放贷5亿元，2011年担保中心担保额达到14亿元。同时，掌握了几百亿资产的众多PE、VC公司也在张江集聚，这些都极大丰富了张江的金融产品。在股权激励机制改革方面，张江是首个“尝鲜区”。今后，凡在张江高新区内从事创新创业的国有企业、高等院校、科研机构，均可对作出突出贡献的各类科技人员和经营管理人员实施多种方式的股权和分红激励试点。张江集团还计划设立“代持股专项资金”，帮助缺乏资金的科技人员购买股权。

张江高科技园区建有国家上海生物医药科技产业基地、国家信息产业基地、国家集成电路产业基地、国家半导体照明产业基地、国家 863 信息安全成果产业化（东部）基地、国家软件产业基地、国家软件出口基地、国家文化产业示范基地等多个国家级基地。拥有多模式、多类型的孵化器，建有国家火炬创业园、国家留学人员创业园。引进国内一大批科研教育机构入驻，支持以企业体的产学研联盟实施重大共性技术攻关项目。成为技术创新的示范基地；科技成果孵化与转化基地；科技创业人才、研发机构和科技企业的集聚基地；产学研一体化综合改革的试验基地，成为上海技术创新和发展自主知识产权的重要平台。

二、现代化国际化城区的建成

20 多年来的浦东开发开放把浦东建设成为上海市外向型、多功能、现代化的新城区，拥有先进的综合交通网络、完整的市政公用设施、便捷的通信系统、高端的产业结构以及良好的生态环境的现代化新区。

浦东的城区空间框架是“一轴、三带、六个功能区域”。即从陆家嘴到浦东国际机场是浦东城市发展的中轴线，沿黄浦江发展带、中部发展带、滨江临海发展带。“一轴”和“三带”的布局和态势，集中体现了国家战略的要求，也充分反映了我们城市形态、发展方向的定位。“六个功能区域”是指陆家嘴功能区域、金桥功能区域、张江功能区域、外高桥功能区域、三林世博功能区域、川沙功能区域。

三、浦东开发开放为上海迈向全球城市作出了巨大贡献

浦东开发开放不仅使上海彻底摆脱城市基础设施老化、产业结构层级低、总体经济实力下降的困难局面，而且也为上海这座百年老城在新的历

史条件下的再度腾飞、迈向卓越的全球城市作出了巨大贡献、发挥了巨大作用。

（一）奠定了上海市功能拓展的重要基础。

浦东开发开放以来的实践证明，浦东高起点、高强度、宽领域、全方位的开放，为上海建成国际经济、金融、贸易、航运中心奠定了重要基础。4 个国家级开发区的建成为上海的城市功能拓展发挥了核心作用，使上海城市功能从相对单一的工业生产基地转变成为多功能中心。

（二）彻底改变了上海城市的空间布局。

浦东开发开放为上海城市发展提供了新的发展空间，也为上海按照建设国际大都市的要求对 6300 平方公里的城市空间进行更加科学的城市总体规划提供了可能。新的总体规划大致为五个层次，确定约 5 平方公里中央商务区为城市核心层，主要发展金融、贸易、信息和管理等高层次第三产业；第二层为约 30 平方公里的中心商业区，成为汇集全国名、特、优商品的主要商业区；第三层为约 100 平方公里的中心城区，以第三产业和居住为主，并保留一部分无污染的城市型工业；第四层约 1000 平方公里的辅城，重点发展高科技含量、高附加值的工业，集中建设了 9 个市级工业区和一批大型居民住宅区；第五层约 5000 平方公里的郊区，主要发展第一产业和以制造业为主的第二产业，并形成若干个工业园区和旅游度假区，初步形成了支持多功能、高端化发展的城市形态布局。

（三）从根源上更加彻底地调整了上海的产业结构。

上海的产业结构、产业布局和整体经济结构因为浦东开发开放进程的逐步深化而得到了优化。

浦东开发开放之初的上海产业结构中第三产业的比重较低，第二产业中传统工业的比重较大。浦东开发开放坚持优先发展以金融为核心的现代服务业、以自主创新为核心的高科技产业，逐步形成了现代化服务业和先进创造业共同推进经济发展的格局，为全市产业结构合理化发挥了先导作用。大量外资外技的进入，促进了上海的工业结构向高级化、集约化方向发展，汽车、通信和精细化工等行业的技术水平跨入世界先进行列，电子信息、生物医药、新材料、光机电一体化等高新技术产业快速成长，包括高技术产业、软件产业和信息服务业、文化创意产业等在内的创新经济迅速发展。

在浦东开发开放过程中，浦西以浦东为“龙头”推动产业的调整。一批国有老企业和集体企业在浦东投资与外商投资经济嫁接，提升了产业能级；一批国有企业在资本市场通过募集发展资金，改善资本结构，实现了产权制度改造；一批国有企业在要素市场上进行了多方面整合，逐步强化了优胜劣汰的市场机制；一批国有企业在产业升级中开始了有进有退的战略调整；一大批混合经济和非公经济迅速发展也为国有企业的改革调整提供了包括资本嫁接、产业结构调整、劳动力就业等方面的良好社会条件。

（四）使上海成为国内市场与国际市场连接的重要纽带。

浦东开发开放以相对自由的投资环境、优惠的投资政策以及完备的基础设施吸引了大量的外资，成为国内市场与国际市场连接的重要纽带。

按照“延伸周边、辐射江浙、服务全国”的要求，上海建成了航空港、深水港和信息港，加快建设城市高速公路网、黄浦江越江通道等重要交通设施和轨道交通网，进一步密切浦东新区与周边区县及长江三角洲的联系，进一步强化浦东交通信息枢纽的地位。快速干道、轻轨等现代化交通动脉和密布新区的不同等级道路相连，形成便捷、畅通的网络，并和空港、海港、铁路、内河航道及黄浦江越江工程（大桥、隧道、地铁等）共同组成立体化的综合交通体系。由内环线、外环线、郊区干线公路、东西发展轴线等城市综合交通体系将浦东与浦西连成一片。

（五）提升了上海服务全国的功能。

浦东作为上海“四个中心”功能的重要承载区域，为提升上海对全国的服务功能发挥了应有的作用。

开发开放浦东后，上海制定了“开发浦东、服务全国、优势互补、互惠互利、联动发展、共同繁荣”的区域经济协作政策，提出让兄弟省市共享浦东开发开放资源，要打“长江牌”、“中华牌”、“世界牌”，要在为全国服务中加快发展自己等思路。同时制定了一系列鼓励、吸引外省市企业到上海发展的政策。对凡是到上海落户的外资或外地企业，均一视同仁，给予“国民待遇”，并在投资计划、进出口、财税、户籍、土地使用、融资等方面推出各种优惠政策。在扩大对外开放的同时积极扩大对内开放，积极创造平等竞争的市场环境，吸引中央各部委和兄弟省市的企业共同参与浦东开发。这些项目绝大多数已成为各地对外联系的“窗口”、改革开放的“试验田”和内地企业与外资企业嫁接的基地，从而带动和促进了全国改革开放和经济的发展。为发挥浦东和上海在全国经济的辐射作用，上海不断健全以“航空港、深水港、信息港”为重点的基础设施网络，积极拓展上海和浦东交通、通信、信息等方面的枢纽口岸功能；充分发挥浦东证券、金融、产权交易等要素市场的作用，特别是通过兴办钻石交易和黄金交易等新兴的要素市场，形成上海和浦东在资金、项目、要素配置等方面的服务功能；努力完善浦东在人才引进培训和科技开发等方面的优势，使浦东和上海成为全国面向市场经济的人才基地和科技产业化基地。这些政策的实施，不仅促进了上海的振兴，而且对长江流域和全国的经济发展起到了良好的辐射和带动作用，使上海初步成为全国资金流、商品流、技术流、人才流和信息流的集散地和交汇枢纽。

（六）提升了上海在全球城市体系中的比重。

20 多年来的浦东开发开放把浦东建成为上海市外向型、多功能、现代化的新城区，提升了上海在世界城市体系中的比重。在此基础上，2014 年 2 月，上海市人民政府发布的《关于编制上海新一轮城市总体规划的指导意见》中，明确未来上海发展目标定位是：“在 2020 年基本建成‘四个中心’和社会主义现代化国际大都市的基础上，努力建设成为具有全球资源配置能力、较强国际竞争力和影响力的全球城市，为打造中国经济升级版，实现中华民族伟大复兴的中国梦作出应有贡献。”

四、浦东开发开放展望

展望未来，中国经济已经步入新常态，与之相应，浦东开发开放也应当进入新常态；展望未来，中国将打造经济升级版，与之相应，浦东开发开放也应当打造升级版。基于此，未来的浦东开发开放应当树立正确的战略取向：一是统筹浦东开发开放的功能布局，探索陆家嘴、张江、外高桥、金桥等国家级开发区和洋山保税港区、临港产业区、康桥工业区、南汇工业园区等联动发展的有效机制；二是继续发挥开发区作为浦东开发开放主战场的作用，推动浦东开发开放向纵深发展；三是发挥浦东开发开放对全国开发开放的辐射带动作用，实现品牌资源、政策资源、空间资源的优化组合；四是更好地承担国家战略，深化开发开放的内涵、强化综合配套改革、着力“两个中心”建设；五是强化浦东的现代化、国际化的城市建设，为提升上海在全球城市中的地位作出积极贡献；六是继续担当中国（包括上海）参与经济全球化的排头兵和桥头堡，实施“引进来”和“走出去”的双向战略，进一步面向世界和服务全国。为此需要贯彻落实以下十个方面的工作。

（一）进一步落实国家战略。

1990 年以来，中央针对浦东先后提出四大国家战略。一是 1990 年党中央国务院作出了开发开放浦东的决定，为我国改革开放战略升级和形成全方位、多层次、宽领域的开发开放格局奠定了基础。二是 2005 年国务院批准综合配套改革试点，从国家战略高度要求浦东在转变政府职能、改变经济运行方式、缩小城乡二元结构等方面为全国深化改革、实践科学发展提供制度探索的经验。三是 2009 年国务院通过的南汇并入浦东和“两个中心建设”。四是 2013 年国务院批准创建中国（上海）自由贸易试验区。上海自贸区是全国新一轮改革开放的试验田：将积极探索创新型开发开放模式，以“开放”倒逼“改革”，对内，探索深化改革开放的道路与产业升级的路径，实现经济结构、经济发展模式从以政府为主导转型为以市场为主导；对外，将探索新型开放型经济体系和新一轮改革开放模式的构建，使中国经济进一步融入全球经济体系。作为中国开发开放的先行区及与国际经济的率先接轨区，浦东在全国改革开放大格局中仍将发挥核心功能作用、示范作用、带动作用。

（二）建设现代化、多功能、现代化国际大都市城区。

21 世纪是城市的世纪，浦东开发开放进程中的各项事业都是上海建设全球城市的有机组成部分，因此，把浦东建设成为上海的外向型、多功能、现代化新城区是当代上海城市发展和浦东新区发展的必然趋势和战略选择。

建设外向型、多功能、现代化的国际大都市新城区需要展开以下工作：1. 在区域定位上，使浦东成为长三角、长江经济带、整个中国沿海乃至亚太地区等不同层次区域的人流、物流、信息流、货币流、技术流的聚散地和主要的网络节点。2. 在交通体系定位上，基本形成功能性、枢纽型、网络化基础设施体系；把浦东优越的现代化港口（外高桥、洋山深水港）与铁路、高速公路、机场链接，提升交通枢纽地位，形成连接长三角经济圈进而联络世界的立体交通网络，使浦东成为这一网络中的枢纽城区和节点，这是提升浦东城区功能和增强浦东经济发展后劲的基础内容。3. 在项目的选择上，以大飞机项目、4G 通信标准、国家数字出版基地、国家级金融信息资讯平台、迪士尼等重大项目为抓手，促进浦东产业结构的优化和升级。4. 在产业基地建设方面，进一步打造四个国家级开发区、国际金融中心、国际航运中心、国家自主创新示范区、世博园区、临港新城区等产业基地。

（三）加强与邻近地区联动发展的协作机制。

早在浦东开发开放之初就明确了浦东开发开放的总目标是“开发浦东、振兴上海、服务全国、面向世界”。

服务全国首先要求浦东加强与邻近地区的联动发展，做到“延伸周边、辐射江浙、服务全国”。例如，浦东的产权交易市场可以通过完善协调机制和合作机制，与长三角其他地区的产权交易市场对接，形成既合作又分工的完整的产权交易市场体系。

服务全国要有服务的平台，浦东应当全力打造服务全国的“四个平台”，即要素市场服务平台、产业功能辐射平台、区域合作交流平台和人才开发培训平台。

（四）探索集约用地的新型土地一级和二级开发机制，提高土地集约利用水平。

经过 20 多年的开发，浦东土地开发的单位面积投资成本不断上升，导致浦东新区面临着土地要素资源约束，而土地资源约束进一步导致浦东的商务成本迅速提高。因此，未来浦东的开发开放需要积极探索新的集约用地开发机制，进一步加强土地资源的精深化利用。虽然南汇并入浦东新区后，使浦东新区的城区面积从530平方公里扩展至1200平方公里，为浦东开发开放提供了宽广的空间，但土地始终是有限的，仍然要在既有土地开发模式基础上完善土地的一级、二级、三级开发模式。

（五）构建与国际惯例接轨的商务环境。

构建符合国际惯例的商务环境，用国际通用的规则来保护投资者的权益，是浦东开发开放过程中进一步推进政府职能转变，提高服务质量，营造公平、公正、高效的投资软环境的重要领域。

现代市场经济的核心是商务，商务发展可以推进社会经济的全面升级，因为商务是“纲”，社会经济各环节是商务的“目”，纲举才能目张。浦东开发开放仍要牢固树立“着力商务发展，推进社会经济的全面升级”的发展理念。

浦东开发开放仍要做好商圈规划和建设，完善物流、资金流和信息流基础网络和各类市场体系，建设国内外驰名的商务城市；调整、优化和升级商务领域的产业结构、经济结构，大力发展现代服务业；培育和壮大商务企业；着力商务领域的自主品牌建设，全力推进商务发展在区域品牌、企业品牌和产品品牌三个方面率先突破，做大做强。

浦东开发开发仍要以商务发展提升制造业的升级：制造业的前、中、后、旁侧等各环节都需要商务提供支撑、维护和改善，着力商务发展可以提升制造业的全面升级。

浦东开发开放仍要以商务发展推进城市化：城市，在古代是因战而生、因商而荣；在现代，因商、因工、因教、因科、因文、因医卫而达，其中的“商”则是链接全部城市元素的纽带。着力商务发展，可以推进城市化进程。

浦东开发开放仍要以商务发展引领积极参与经济全球化：经济全球化的途径是对内和对外开放，开放的渠道无外是资金、商品、劳务、人才、信息、技术、品牌等等在全球范围的交流、交换和合作。着力商务发展，实际上就是要促进上述要素的国内、国际的交流、交换和合作，从而促进了参与经济全球化的程度、深度和广度。

浦东开发开放仍要以商务发展促进民生的改善：体现在两个方面，即就业和生活便利。从就业看，一方面商务发展本身创造了大量的就业和创业机会，另一方面商务发展在推进工业化、城市化和全球化的同时也间接创造了大量的就业和创业机会；从生活便利看，商务发展所带来的丰富的消费品和商业网点的优化布局，提高了居民的生活便利，提升了居民的幸福指数。

（六）继续推进浦东新区既有的产业结构的调整升级和着力培育新型产业体系。

在浦东开发开放20多年所培育的既有产业结构和产业体系基础上，仍要继续完善产业体系和优化产业结构：1. 继续完善浦东的先进制造业体系，把浦东建设成为全球化的先进制造业中心。例如，做优做强软件和信息服务、电子信息产品制造、先进重大装备、汽车、石化及精细化工等一批千亿级产业集群，重点推进海洋工程、大型发电设备等龙头性、总成式、整机型成套设备的项目建设，提高汽车特别是新能源汽车的自主研发水平和生产规模，推动石化及精细化工产业优化产品结构、实现清洁生产；加快建设民用航空、新能源、生物医药、文化创意等一批数百亿级的产业集群；配合推进大型客机总装和研发基地建设，规划布局航空配套产业基地；推动生物医药研发成果在本地实现产业化，促进高端医疗设备制造和医药研发外包加快发展；大力发展新能源产业，不断提升光伏、光热、风电、核电等关键设备的研发和制造能力。2. 加快建设以服务经济为主导，二、三产业融合发展的产业体系。着力优化现代服务业发展环境，培育现代物流、信息服务、专业服务、旅游会展、高新技术产业、金融业、商务服务业等现代服务业为主的新型产业体系，构建物流运输网络和物流信息平台，引进、培育、壮大物流经营主体，把浦东建成专业市场、大型批发企业集团、连锁经营、物流配送等多种业态并存的全球性的物流中心，促进商品流、资金流、技术流、信息流和人才流通过浦东大市场的快速流动；以会展业为主导，构建集商务活动、购物消费、休闲娱乐、观光旅游为一体的商品会展中心。3. 建成由要素市场和商品市场、有形市场和无形市场构成的大市场体系，汇聚证券、期货、金融期货、石油、钻石、外汇、产权、土地、房产等一批重要市场。4. 发展高科技产业，以高科技产业改造传统产业，实现产业信息化和以信息化带动工业化，扩大软件和信息服务业在电子商务、网游动漫、嵌入式软件等领域的领先优势和市场份额，着力提升集成电路产业在研发设计、生产加工、封装测试、设备制造和营运管理等环节的整合能力。最终，使浦东逐步形成服务经济为主的产业结构，努力增创发展新优势。

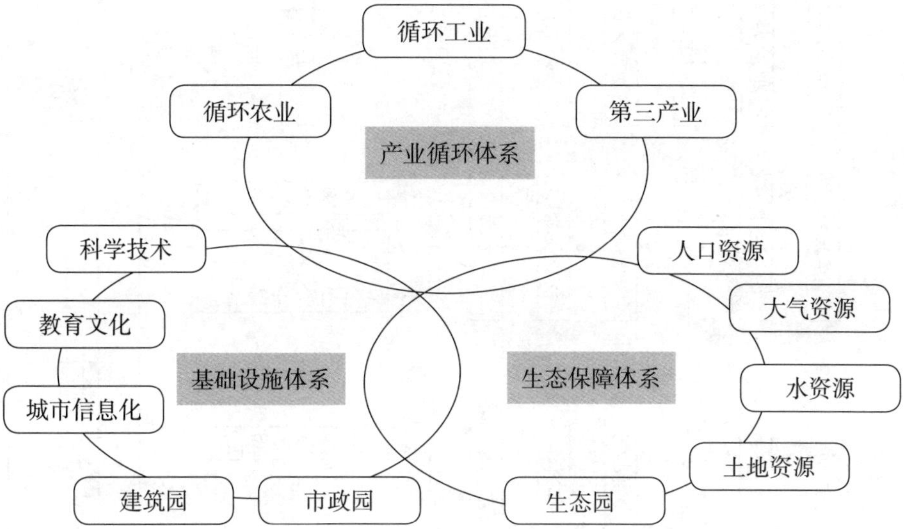

图 11–1　产业结构调整与优化升级示意图

资料来源：作者自行整理绘制。

（七）在资本结构上，实现外资、国资和民资的并存与混合。

20 多年的开发开放，国资、外资和民资共同发展已经成为浦东经济发展中资本结构的有机组成部分。今后，浦东开发开放仍要更加注重发挥国资、外资和民资的既有优势，积极发展混合所有制经济。

（八）构建浦东新区的区域自主创新体系和提升区域自主创新能力。

经过 20 多年的开发，张江高科技园区已经成为上海发展高新技术产业的重要载体，2011 年又被批准为国家级自主创新示范区。截至 2012 年底，园区累计注册企业 9164 家；从业人员 27 万人，本科学历以上占比超过 60%；实现经营总收入 4200 亿元，同比增长 13.5%；工业总产值 2084

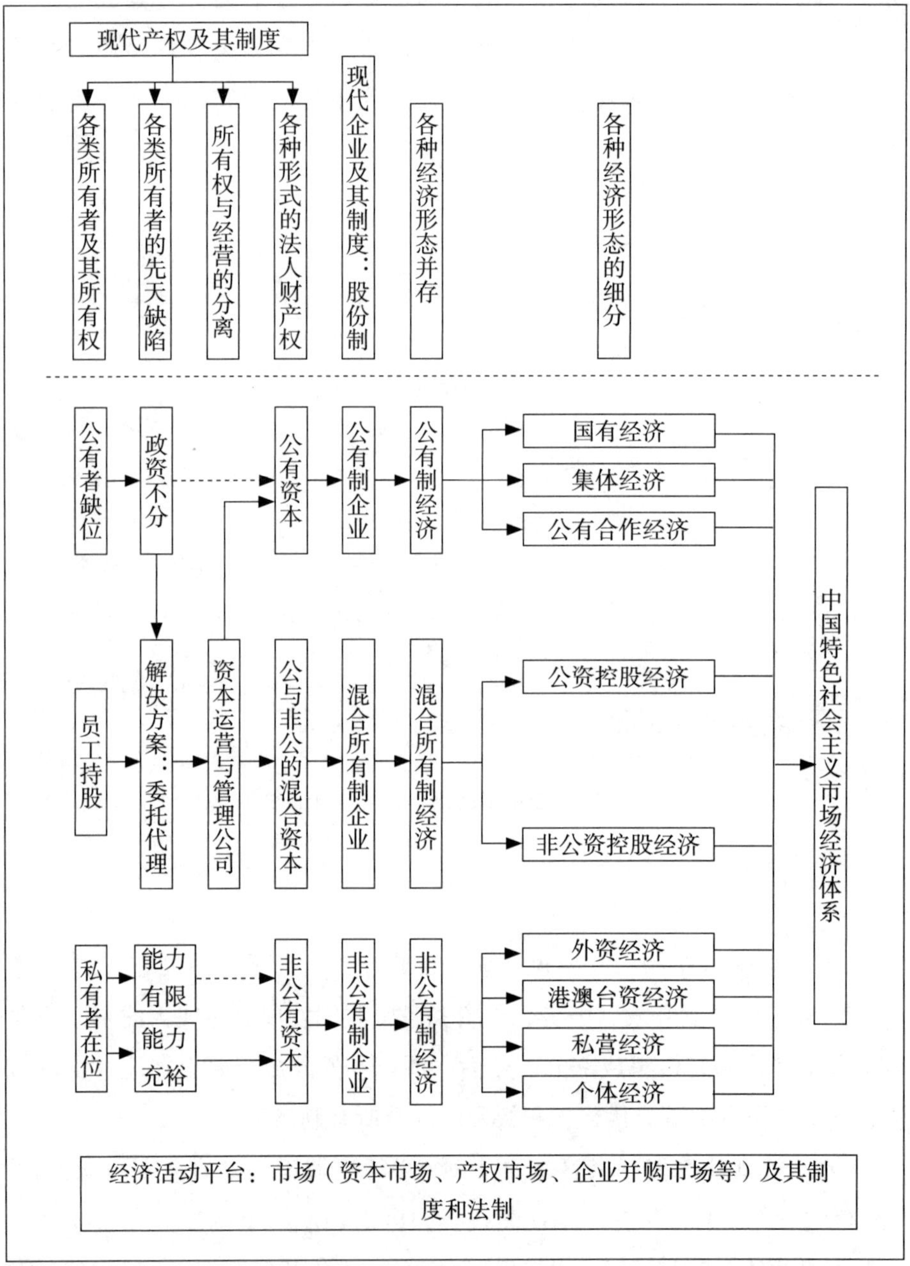

图 11–2　中国特色社会主义市场经济中所有制经济总体格局构想示意图

亿元，同比增长 19.75%；固定资产投资 206 亿元，同比增长 1.93%；税收收入 189.15 亿元，同比增长 10.6%[①]，成为浦东发展的重要增长极。根据“2012 年上海市开发区综合评价”，张江高科技园区再度蝉联综合排名第一，同时在创新发展和投资环境指标上也排名第一。今后需要加快浦东内外环线之间以张江高科技园区为重点“一江三桥”高科技产业带、高科技走廊的发展，促进高科技产业功能的拓展和对全国的辐射带动效应，基本形成具有国际竞争力的区域创新体系和提升企业自主创新能力，更加注重自己的核心竞争力，掌握自己的核心技术。

（九）强化浦东开发开放模式的品牌效应。

浦东开发开放及其模式已经成为浦东的品牌，成为浦东的“名片”，具有巨大的无形资产价值。今后，浦东进一步的开发开放仍然离不开过去 20 多年浦东开发开放过程中积累的经验和模式以及在此基础上形成的品牌形象，所以应当充分利用这一无形资源、文化资源、品牌资源，并将浦东开发开放及其模式这一无形资产纳入浦东经济发展战略规划、开发开放战略规划、综合配套改革规划。

（十）着力提升“浦东形象”。

城市是一个地区政治、经济和社会文化发展的关键因素，而城市形象对加强城市吸引力、提高城市的知名度、提升核心竞争力、综合竞争力和国际竞争力都起着重要的作用。世界上的许多知名城市如“时尚之都”巴黎、“亚洲国际都会”香港、“花园城市”新加坡等都有自己鲜明个性的城市形象（City Image）。

当今世界经济全球化的大背景下，无论是企业还是城市甚至是个人，都处在依靠形象赢得机会的时代。实际上，许多城市正是通过承办各种国际性的活动来提升自己的城市形象，最典型的例子就是韩国汉城（今称“首尔”）。1988 年夏季奥运会的举办使汉城的企业、事业部门、服务业的形象深深地印入世界人民心中。这种城市形象的提升使汉城乃至韩国在政治、经济、文化多个方面受益匪浅。近年来，在我国，北京成功举办 2008

---

① 数据来源：百度百科网站：https://baike.baidu.com/item/ 张江高科技园区 /5232362?fr=aladdin。

年奥运会，利用这一全球瞩目、世界关注的活动、全面启动城市改造工程、更加注重媒体引导造势，使北京的整体形象大大提高。而上海曾经通过成功的举办 APEC，使良好的城市形象在全球范围推广，通过举办世博会全力打造出了“城市，让生活更美好（Better City，Better Life）”的城市形象。

由此可见，良好的城市形象是城市的一笔宝贵的无形资产。因为良好的城市形象可以为城市发展提供一个更好的环境、更多的发展机会、更大的发展空间。

在过去 20 多年开发开放的基础上，进入“二次创业”阶段，浦东仍然需要依靠既有的浦东形象参与经济全球化，仍然需要依靠浦东的既有形象服务全国，当然在继续开发过程中也需要继续维护和提升浦东的形象。

第十二章

浦东开发开放与上海的改革开放：国家战略价值

浦东开发开放是在我国改革开放总设计师邓小平亲自倡导下，由党中央、国务院决策，上海市委、市政府精心组织实施的一项国家战略，党的十四大、十五大、十六大、十七大、十八大、十九大报告都从不同角度对浦东开发开放提出了具体的战略要求，具有重要的国家战略价值。

20 多年来，承担国家战略的浦东开发开放生动地、客观地、合乎逻辑地演绎了改革、开放、开发和发展之间的辩证关系。改革是为了发展，开放是为了发展，开发也是为了发展。改革、开放和开发都是为了推动区域发展和国家发展，改革、开放和开发是加快发展的重要途径。发展是深化改革的根本出发点，发展中遇到的难点是推进改革的重点，而发展正是改革、开放和开发的最终目的和最终目标。开放是深化改革的动力，改革是扩大开放的条件，开发是在改革和开放过程中进行的。改革、开放、开发三者互动共同推动了城市发展、经济发展、社会发展、生态环境友好、资源节约等，进而促进了区域经济、社会和文化的大发展。因此，改革、开放、开发与发展之间存在着内在的、有机的联系，四者是不可分割的整体，相互促进、相互融合、相互贯通、相互转化。就浦东开发开放来说，四者的关系可以用“浦东开发与改革开放的飞机模型”来形象地展示出来（如图 12–1 所示），具体内容表现为形成了系统完整的浦东开发开放模式，这一模式是在当时国内外宏观背景下自然历史过程演变的结晶，具有重要的理论价值、实践价值、历史价值和示范价值，即浦东开发开放的国家战略价值。

浦东开发开放的国家战略价值不仅体现在国家层面，而且体现在上海层面，因为浦东发展是上海城市发展的有机组成部分，而经济特区是独立的行政区划，这就决定了浦东的开发开放完全不同于和区别于经济特区模式，创造了和选择了新区模式，即国际大都市中的新区开发开放模式。

综合浦东开发开放模式的国家和上海两个层面，我们认为浦东开发开放模式的具体内涵可以从以下六个前后相继的阶段加以概括：谋划、决策、政策、战略、规划、实施（如图 12–2 所示）。

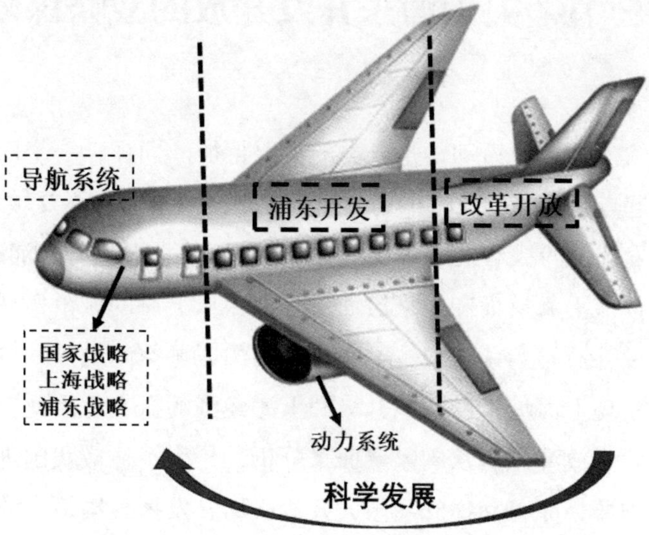

图 12–1　浦东开发与改革开放的飞机模型

资料来源：作者自行整理绘制。

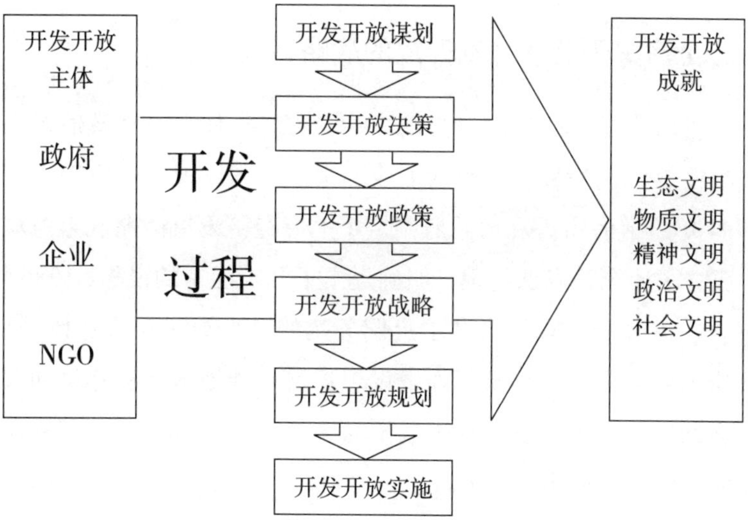

图 12–2　浦东开发开放模式的整体框架示意图

资料来源：作者自行整理绘制。

第一节 关于浦东开发开放的战略谋划

未雨绸缪、谋定而后动，是人类的重要特征。同样，一个区域的开发开放的逻辑起点是相关的战略谋划，战略谋划是解决“要不要做”的问题。关于浦东开发开放的战略谋划，其实质是“要不要”开发开放浦东的问题，这个问题可以从上海层面和国家层面来分析：从上海的城市发展层面来分析，浦东开发开放是为了从根本上突破浦西的区域空间局限和单一的工业功能缺陷，实现上海城市的功能升级和上海经济的振兴，因此上海的城市发展需要开发开放浦东；从国家层面来分析，是为了适应我国进一步扩大对外开放的需要，完善和提升我国大开放格局，发挥我国最大的经济中心城市——上海对整个中国经济发展的作用，带动我国长三角和长江经济带的腾飞，因此中国的发展同样需要开发开放浦东。

一、上海关于浦东开发开放的战略谋划

关于浦东的开发开放，起初是20世纪80年代上海市政府提出的城市发展战略构想。这一战略构想的形成和定型过程反映在以下四个历史事件中。1984年，上海市委和市政府制定了上海经济发展战略和上海城市总体规划，成立了浦东开发课题组，明确提出了开发浦东的设想；1986年7月，上海市委、市政府上报给中共中央国务院的《上海市城市总体规划方案》就开发浦东新区进一步提出了如下设想：富有计划地积极建设和改造浦东地区，规划出一定地段发展金融、贸易、科技、文教、信息和商业服务设施，在陆家嘴附近形成新的金融、贸易中心，成为上海市中心的延续部分，使浦东成为上海对内、对外开放都具有吸引力的优美的社会主义现代化新区；1987年6月，上海市政府正式成立了“浦东新区中外联合咨询小组”，形成了浦东开发的规划构想；1988年5月，上海市政府邀请了100多名中外专家在上海举行“开发浦东新区国际研讨会”，明确了浦东开发是为了恢复上海过去在远东的经济、金融和贸易中心地位。

上述构想的形成和定型过程使上海市政府和市民逐步就如何加快上海城市发展的战略问题形成共识，这是上海启动浦东开发开放的必要前提。然而，形成共识并不一定能够付诸实施，因为在中国既有的政治体制下地方政府启动一个事关国家大局的重大项目必须得到中央的批准和支持，所以上海是否能够启动浦东的开发开放还要看中央的态度和取向。中央对地方的态度和取向一般表现为两个方面：一是批准和支持限于地方层面的“试验”，譬如，深圳等经济特区的建设；二是上升到国家战略层面，举全国之力予以支持。历史已经表明，中央不仅批准了浦东的开发开放而且上升到国家战略层面，其中的重要原因是邓小平从全球视野和国家战略高度形成了关于浦东开发开放的战略谋划。

二、邓小平关于浦东开发开放的战略谋划

如果说上海关于浦东开发开放的战略谋划只是着眼于上海城市发展层面，那么，邓小平关于浦东开发开放则是从国家战略层面来谋划的。

20 世纪整个 80 年代，中国改革开放的战略重点主要在广东福建沿海布局。开放战略的实施给当时的南中国带来了经济、政治、文化等方面的重大变化，推动了以深圳为代表的区域开发。然而，到 20 世纪 80 年代末 90 年代初，国内外局势中产生了不利于中国改革开放的因素，主要是 1989 年政治风波、苏联解体、美国等西方国家对中国的经济制裁。

中国是否继续实行开放政策，开放的力度和空间是更大还是更小，中国继续发展的突破口在哪里？这些事关中国和世界发展大局的根本性问题引起了当时国内外的高度关注，很多外国媒体开始报道说中国的改革开放要倒退了、要往回收了。中华民族的前途命运再一次地走到了一个“十字路口”。

处在战略转折关头的中国需要一个科学的高屋建瓴、统揽全局的战略构想来指导全中国发展的布局谋篇，而任何一个科学的战略构想的启动都需要一个战略突破口，反过来，战略突破口的起点、档次乃至身价都将直接决定着整个战略构想的起点、档次和身价。如何形成未来中国发展的战

略构想？由谁来完成这一战略构想？这一战略构想的战略突破口如何选择并由谁来承担呢？20 世纪 80 年代末 90 年代初中国改革、开放、发展的事实已经作出了正确的选择和科学的回答。这就是，自 1978 年改革开放以来中国的 100 年发展战略构想已经形成了，是邓小平完成了这一战略构想，也正是邓小平不失时机地把 20 世纪 80 年代末 90 年代初这一战略构想的突破口敲定为浦东的开发开放，不仅如此，邓小平还始终关注着这一战略突破口的进展情况。

1988 年 1 月 23 日，邓小平在《关于加快沿海地区对外开放和经济发展的报告》上批示："完全赞成。特别是放胆地干，加速步伐，千万不要贻误时机。"①1989 年国内政治风波及"苏东风波"后的中国，改革开放、经济建设、国内稳定及国际关系同时遭遇困难，但我们党和国家之所以能够在这场风波中站住了脚跟，邓小平总结其中的原因是："如果没有改革开放的成果，'六·四'这个关我们闯不过，闯不过就乱，乱就打内战，'文化大革命'就是内战。为什么'六·四'以后我们的国家能够很稳定？就是因为我们搞了改革开放，促进了经济发展，人民生活得到了改善。"②然而面向未来，当时中国的发展也面临着重大方向性的战略抉择，是邓小平选择了继续改革开放的发展战略，也是邓小平把开发开放浦东作为中国发展的战略突破口。1989 年，邓小平在同中央负责同志谈话时指出："不开放不行"，"要把进一步开放的旗帜打出去，要有点勇气……现在国际上担心我们会收，我们就要做几件事情，表明我们改革开放的政策不变，而且要进一步改革开放。""要实现适当的发展速度，不能只在眼前的事务里面兜圈子，要用宏观战略的眼光分析问题，拿出具体措施。机会要抓住，决策要及时，要研究一下哪些地方条件更好，可以更广大地开源。比如抓上海，就算一个大措施。上海是我们的王牌，把上海搞起来是一条捷径。"③

---

① 参见《邓小平文选》第三卷，北京，人民出版社 1993 年版，第 408 页注释 99。

② 《邓小平文选》第三卷，北京，人民出版社 1993 年版，第 371 页。

③ 参见《邓小平文选》第三卷，北京，人民出版社 1993 年版，第 408 页。

第二节　关于浦东开发开放的决策

战略谋划解决了“要不要做”问题，接下来是“决定是否做”，即决策问题。

历史经验表明，一个正确的决策直接决定着处于关键时刻的一项事业未来的发展方向和成败得失。其原因是“关键时刻”往往是“机会”“机遇”所在，而“机会”“机遇”犹如白驹过隙，稍纵即逝，所以抓住机会、抓住机遇的关键在于决策的即时性、准确性、果断性。邓小平曾经指出：“机会要抓住，决策要及时。”如果说关于浦东开发开放的战略谋划是寻找机会的过程，那么，党中央国务院和上海市决定是否开发开放浦东的决策就是抓住机会的过程。

1990年春节，时任上海市委书记、市长的朱镕基向在上海过春节的邓小平同志汇报，我们准备再打一场淮海战役，打过黄浦江东岸，开发浦东，再造一个上海。小平同志微笑着频频点头。在邓小平基于全球和平发展大趋势和中国改革开放发展大趋势的战略思维的指导下，面对世界经济重心东移亚太地区的历史机遇，党中央、国务院从我国改革开放全局出发，审时度势，作出了开发开放浦东的重大决策，使浦东的开发开放上升到国家战略的高度。

第三节　关于浦东开发开放的政策

“决定是否做”敲定后，接下来是“为做什么而作出必要准备”，其中包括政策制定、战略设计、发展规划等。

由于浦东开发开放是上海市发展战略和中国国家战略的耦合，国家和上海市给予浦东开发开放一系列的优惠政策，20多年来，浦东根据国家和上海市的许可也制定了完整的政策体系。所有这些都是浦东开发开放模式中的有机内容，具体包括以下五个方面。

一、中央关于浦东开发开放的政策

浦东开发开放后的20多年，中央在不同时期陆续给浦东一系列特殊政策，例如，1990年的十项政策，给予65亿元启动贷款，允许浦东新区新增财政收入用于浦东进一步发展，允许外商投资第三产业（其中允许外商在上海和新区设立外资银行，允许外国贸易机构在浦东保税区从事仓储贸易）并批准了上海市关于浦东的土地使用权有偿转让政策（其中外商可成片承包开发区内土地）等。1990年9月，国务院有关部门和上海市政府发布了第一批浦东新区开发开放的9个法规文件，同年在外高桥率先建立我国第一个保税区。1992年，中央给予上海市用于浦东开发的政策包括扩大和增加5类项目的审批权和5个方面的配套资金筹措权。中央政府同意给上海扩大基金以支持浦东开发的权利：（一）允许上海每年发行5亿元工业债券；（二）除了配额外，允许上海向上浮动1亿元的股票价值；（三）除已经获得每年1亿元的贷款外，中央政府同意给上海每年2亿美元的低息贷款；（四）允许上海为外商投资者每年向上浮动1亿美元的发股价值；（五）在原有2亿元规模的基础上再增加1亿元的附加分配基金。以上折算下来，浦东一年的投入就是当时全国14个开发区全部投入的两位以上，如果股票溢价发行，投入规模更为可观。1995年6月，国务院颁发《关于“九五”期间上海浦东新区开发开放有关政策的通知》，主要包括财政税收和资金、扩大市场开放度和准入度以及扩大审批权限等3个方面。2005年，中央批准浦东率先进行综合配套改革试点；2009年，批准南汇并入浦东和上海国际金融中心、国际航运中心的建设；2013年，批准创建中国（上海）自由贸易试验区。

二、中央对浦东开发开放的政治支持

浦东开发开放之后，中央持续地予以坚强的政治支持。十四大报告提出："以上海浦东开发开放为龙头，进一步开放长江沿岸城市，尽快把上海建成国际经济、金融、贸易中心之一，带动长江三角洲和整个长江流域地区经济的新飞跃。"十五大报告明确："进一步办好经济特区、上海浦东新区。鼓励这些地区在体制创新、产业升级、扩大开放等方面继续走在前面，发挥对全国的示范、辐射、带动作用。"十六大再次提出："鼓励经济特区和上海浦东新区在制度创新和扩大开放等方面走在前列。"十七大报告提出："更好发挥经济特区、上海浦东新区、天津滨海新区在改革开放和自主创新中的重要作用。"

三、上海关于浦东开发的相关政策

1990年，上海市政府宣布了开发浦东的十条优惠政策和开发浦东的总体实施规划。1990年9月10日，国务院出台了九项规定，其中六项是上海市政府颁布的，包括：（一）上海市关于鼓励外商投资浦东新区的规定；（二）上海外高桥地区的行政管理措施；（三）上海浦东的土地管理规定；（四）上海浦东新区建设和管理的项目措施规定；（五）浦东新区外资企业的审批措施；（六）上海浦东新区的产业发展和投资方向指导。

1992年3月，中央政府同意给上海市政府审批投资项目的权利，授权上海：（一）在外高桥地区建立中资或外资仓储贸易企业的审批权；（二）在浦东新区的国有大中型企业进出口审批权；（三）在浦东新区建立非工业项目的审批权；（四）2亿元的工业项目的审批权；（五）发行股票和债券用于浦东开发并允许其他地方的股票在上海进行交易。

1992年12月15日，中共上海市第六次代表大会遵照党的十四大精神，对加快浦东开发，开创对内对外全方位开放的新局面作出部署。

2002年1月，上海市委、市政府正式启动了浦江两岸综合开发工程，在黄浦江两岸综合开发2260公顷规划面积中，浦东有1390公顷，占六成多。

2005年4月，上海海关推出八条措施进一步支持浦东开发开放。

四、浦东开发开放的政策体系

浦东根据中央和上海市两级政府的许可制定了开发开放完整的政策体系，其中包括招商引资、土地利用、资金筹措、人才引进、项目招标等方面的具体规定。

五、上海成立了浦东开发的相关政府机构

1990 年 5 月 3 日，上海市人民政府浦东开发办公室和上海市浦东开发规划研究设计院正式成立；1993 年 1 月 1 日，成立中共上海市浦东新区工作委员会、管理委员会；2000 年，成立了浦东新区政府。

第四节　关于浦东开发开放的战略设计

战略设计也是“为做什么而作出必要准备”的有机内容。所谓战略设计就是要确立战略的起点、构思战略的全局、描绘战略的未来远景等和明确其中的关键成功因素（KSF）。

浦东开发开放的战略设计分为国家、上海和浦东三个层面。

一、浦东开发开放的国家战略

一个区域的快速崛起，总是首先得益于基于不同层面（世界的、国家的、地区的）的宏观战略布局的实施。从国家战略来考虑，浦东开发开放是基于当时对世界和平发展格局和中国改革开放总趋势的国家战略决策，其目的就是要通过一个区域的开发开放体现当时中国提升改革开放层级的国家意志和国家决心。如今，20 多年来浦东外向型、多功能、现代化新城区框架的建成深刻地见证了中国国家战略在上海的实现能力。

同时，作为国家战略，浦东开发开放不仅表现为把浦东建成上海市的外向型、多功能、现代化新城区，还体现在振兴上海、服务全国和面向世界三个方面。

通过浦东开发开放实现上海振兴既是上海的城市发展战略也是国家战略的体现，因为振兴上海是为了以上海为龙头带动长三角和整体长江经济带的发展。浦东开发开放为振兴上海创造了新的城市发展空间，为振兴上海塑造了更加鲜明的城市形象。20 多年的开发开放，由现代化道路、立体化交通、大面积绿地、高档次楼宇、先进制造业和现代服务业等展现出来的浦东新面貌，成为上海城市形象的突出亮点。

服务全国也体现了当时的国家意志和国家战略，浦东开发开放是为了推动全国改革开放的多层次、宽领域、全方位的升级，既打好“世界牌”，也打好“长江牌”、“中华牌”。

面向世界，就是要按照国际惯例高层次、高强度、宽领域地对外开放。20 多年的开发开放实践证明，浦东开发开放是高层次的，率先把对外开放的重点放在先进制造业和金融贸易等服务业，引进具有国际竞争力的产业和大企业，形成了以现代服务业和高新技术产业为主导的新型产业体系；浦东开发开放是高强度的，体现在累计吸引了众多国家和地区的外商投资企业，累计吸纳了大量的外商投资；浦东开发开放是宽领域的，体现在由一般生产加工领域扩展到了服务贸易领域，发展现代服务业。

二、浦东开发开放的上海战略

关于上海城市发展的战略取向，在决定开发开放浦东之前曾经有三种可供选择的方案。一是北上，以宝钢为中心，开发宝山县和崇明岛，在上海北部建设新城区。二是西扩南下，向江浙延伸，发展化学工业。以上两个方案仍然局限于单一的工业功能，而且北部地区空间有限，向西延伸主要靠陆路和航空运输。三是东进，跨过黄浦江开发浦东，建立新的金融贸易区、保税区、出口加工区、高新技术产业区和深水港区。在当时经济全球化的总体趋势下，走向海洋，发展金融和航运是一个城市成为世界经济、贸易、金融、航运中心的基本条件，因此，东进开发开放浦东是上海迈向国际大都市的必然选择。

三、浦东开发开放的战略方针、战略突破口和战略路线图

在浦东开发的国家战略和上海战略指导下，浦东开发开放在启动之初就明确了战略方针、战略突破口和战略路线图。

（一）战略方针："依托浦西、开发浦东"，"以东带西，东西联动"，"东西一体、联动发展"。

浦东开发开放的独特背景和条件是浦西老城区。浦西老城区一直是近代以来中国最大的工业城市和远东国际大都市，城市功能完善，产业体系完整。因此，"依托浦西、开发浦东"是最现实的战略选择。譬如，依托浦西的城市功能和城市形象，弥补浦东开发之初城市功能不足和城市形象欠缺问题，为浦东的城市功能建设提供了缓冲时间，为浦东城市形象的提升创造了得天独厚的条件；依托浦西的产业基础，加快浦东产业结构的生成、完善和优化，如依托上海大众汽车集团，与美国通用汽车合资在浦东生产别克汽车，培育汽车产业；依托浦西的第一百货，与日本八佰伴合资，形成当时浦东规模最大的超市——第一八佰伴，促进传统服务业的生成；依托浦西的金融基础，打造浦东金融业基地，将原在外滩的人民银行上海分行和工商银行上海分行迁到浦东陆家嘴，上海银行也在浦东设分行，同时加大浦东引进外资银行的力度，在陆家嘴形成新的金融集聚区；依托浦西的人才和技术力量，加强与全市各类科研、教育、文化、医疗机构的合作，加快紧缺人才的培养，浦西的人才和技术一跨江就可以服务于浦东的开发开放。

浦东开发开放反过来带动了浦西的开发开放，实现了以东带西、东西联动、东西一体和联动发展。譬如，带动了浦西的产业升级，浦西的产业结构通过"退二进三"，大量的工业企业退出，金融、商贸业获得发展，高技术含量、无污染的都市工业兴起，三次产业的顺序由"231"转变为"321"；把浦东的"新区开发"与浦西的"老城改造"结合起来，带动了浦

西的旧城改造和城市功能的升级。将浦东定位为上海先导产业的发展基地，即以国际金融为主导的第三产业，以信息电子、生物医药、新材料为主导的高新技术产业，以大空港、大海港、大飞机为主体的先进制造业和航运产业等。上海旧区改造按以往政府正常拨款需 100 年左右时间才能完成，浦东开发开放以来通过土地批租利用外资仅花 10 年时间就基本完成。

（二）浦东开发开放的战略突破口——三个先行。

浦东开发开放之前，城市功能不完善，经济基础较薄弱，黄浦江隔断了浦东和浦西的人流和物流。要在短时间内把浦东建设成为上海现代化的新城区，必须选择切合实际的开发开放的战略突破口，浦东开发开放把规划先行、法制先行、高新技术先行“三个先行”作为战略突破口。

浦东开发开放坚持规划先行。为了高起点规划，浦东采取国际招标或国际咨询等方式，使区域的社会和经济发展规划、城市形态规划、交通规划、基础设施规划和生态环境规划配套完善，体现国际化特征。

浦东开发开放坚持法制先行。20 多年来，市人大、市政府在浦东新区先后颁布了 20 多项有关外商投资的法律和法规，基本上使经济运作有章、有序地进行。

浦东开发开放坚持高新技术产业先行，使浦东成为上海市高新技术产业发展的新高地，形成了以微电子、软件、生物医药为先导的国内最大的高科技产业体系。

1. 微电子产业：

在引进最先进的芯片生产线的基础上，重点向芯片设计、微电子装备和光电子等中上游环节拓展，形成了完整的微电子产业链；以张江为核心延伸到金桥、外高桥的微电子产业带的建设，基本建成了国内一流、国际领先的集成电路生产和研发基地。

2. 软件产业：

引进了国际知名软件公司，形成了研发、设计、应用与交易的领先优势，推动了软件的出口，初步实现了软件产业的国际化。

3. 生物医药产业：

形成了基因技术、生物技术、现代中药技术、新型制剂和生物医学工程的产业化优势。

4. 汽车产业：

运用高新技术提升汽车产业能级，加快产品升级换代，提高产品附加值，增强市场竞争力。

5. 新材料产业：

坚持引进与自主开发并重，形成了信息材料、汽车材料、新型特制钢材、树脂复合材料、新型建筑材料为主导的新材料产业。

（三）浦东开发开放的战略路线图——突出重点、滚动开发、逐级递进。

20 多年来，浦东的开发开放坚持突出重点、滚动开发、逐级递进的开发开放战略路线图，实现了“开发一片、建成一片、投产一片、收效一片”的开发开放成果。

浦东开发开放的重点：陆家嘴金融贸易区主要突出金融贸易功能，成为上海建设国际金融中心、国际贸易中心的重要载体；外高桥保税区是全国启动最早的集国际贸易、保税交易、现代物流和出口加工等功能于一体的保税区，强化了浦东的国际贸易功能，成为上海建设国际贸易中心和国际航运中心的重要载体；金桥出口加工区是上海重要的先进制造业基地和生产性服务业集聚区；张江高科技开发区已形成科技创新区、国家软件园、国家生物医药基地、国家信息产业基地齐头并进的新格局，强化了浦东的研发创新、孵化创业功能，成为上海发展高新技术产业的重要载体。

浦东开发开放的滚动过程：20 世纪 90 年代的十年，通过两轮十大基础设施建设，构筑了现代化的市政基础设施和沟通东西、连接国内、辐射海外的交通、通信网络框架。

浦东开发开放的逐级推进：通过四个国家级开发区的开发开放带动了整个浦东的开发开放，从而实现了“以点带面、以面成片、最终形成整体”的开发开放战略格局。浦东开发开放初期，实施“列车工程”，由国家级开发区作为“火车头”带动周边乡镇（“车厢”）发展；在开发区走向成熟后，提出“区镇（开发区与乡镇）联动”，加快郊区经济发展和小城镇建设；2005 年，建立了六个功能区域，从管理体制上打破城乡二元分割界限，推动城郊一体化发展和区域统筹协调发展。2010 年，浦东提出了“7+1”发展格局，这是 20 多年浦东开发开放基础上的新开发开放观下的新战略选择。

（四）浦东开发开放的新布局——“十二五”期间浦东的“7+1”和“十三五”期间“4+4”。

从 2009 年 4 月国务院批复同意南汇并入浦东新区开始，浦东进入了开发开放的二次创业阶段，新浦东“二次创业”的发展构想是“7+1”布局。“7”包括：上海综合保税区板块、上海临港产业区板块、陆家嘴金融贸易区板块、张江高科技园区板块、金桥出口加工区板块、临港主城区板块、国际旅游度假区板块，“1”就是世博商务区板块。

2016 年 11 月，浦东新区政府正式发布《浦东新区产业发展“十三五”规划》（以下简称“《规划》”）。《规划》指出，在未来五年，浦东将在产业发展上聚焦“八大产业板块”和“十个重点专项”。在产业空间布局上，浦东则将形成“4+4+X”的格局，并通过金融城、科学城、旅游城、航空城的建设，推进城乡一体化发展。

其间，浦东将重点谋划四个方面：一是落实国家战略，抓住自贸试验区和科创中心建设的历史机遇，面向经济社会发展的重大需求，实施创新驱动发展战略。二是促进“四个中心”建设，提升浦东新区金融、航运、贸易等方面在上海市相应指标中的比例，为上海在长江经济带中发挥“四个中心”的引领作用贡献一份力量。三是顺应“制造 + 服务”融合发展的趋势，整合各政府部门、各产业领域的资源，将在“十二五”期间“三大三新一优化”的制造业体系和五大服务业，进行三、二、一产业融合发展，以优化产业格局、提升产业能级、提高产业国际竞争力。四是抓住“互联网 +”发展方式，创新扶持方式，营造良好的“互联网 +”创新创业环境，吸引优秀的互联网项目向浦东集聚，促进电子商务、工业互联网蓬勃发展，扶持企业做大做强、引导企业拓展国际市场。

具体到产业而言，浦东将做大做强涵盖相关领域的金融、航运、贸易、文化、健康、信息、装备、汽车“八大产业板块”，大力发展新兴金融、电子商务、旅游会展、物联网和下一代通讯、智能制造、民用航空、总部经济、高端研发（含科技服务业）、新能源、新材料“十个重点专项”。

《规划》称，“八大产业板块”和“十个重点专项”既是对浦东“十二五”期间主要产业的延续，也是顺应产业发展趋势，跨越制造业和服务业界限的调整。

《规划》明确，到“十三五”末，浦东新区产业结构中制造业增加值占地区生产总值比重将继续维持在 25% 左右，战略性新兴产业占工业总产值比重将占 1/3 左右。

在产业空间布局上，浦东将形成“4+4+X”的格局。其中，第一个“4”是指四个国家级开发区，即陆家嘴金融贸易区、外高桥等保税区、张江高科技园区、金桥经济技术开发区。第二个“4”是指四个新兴区域，包括世博地区、临港地区、国际旅游度假区、航空城。“X”则是指转型升级的镇产业园区。浦东新区现有川沙镇工业小区、六灶鹿园工业区、祝桥空港工业区、机场镇临空产业园区、高桥镇老工业基地、巴斯夫、曹路工业园区、合庆工业园区 A 区、张江高科技产业东区、合庆工业园区 C 区、新场工业区、三灶都市型工业园、老港工业区、高行镇工业园区、高东工业区、康桥东路工业片区、唐镇工业园区、三林经济园区、周浦智慧产业园、航头镇大麦湾工业区、北蔡工业园区、张江总部经济园等镇产业园区。根据“上海 2040”规划及航空城发展情况，一些镇产业园区将作相应调整，数量上称为“X”。

第五节　关于浦东开发开放的规划

规划也是“为做什么而作的必要准备”的有机内容。20 多年的实践证明，浦东以“中心敞开、组团布局”、“城乡一体、共同发展”为特点的城区规划布局是浦东开发开放顺利推进的重要保证和保障。

一、浦东开发开放特别注重规划先行

规划先行之所以重要，是因为合理的规划能正确地贯彻开发开放战略，使得开发开放过程中少走或不走弯路。马克思在《资本论》中指出："蜘蛛的活动与织工的活动相似，蜜蜂建筑蜂房的本领使人间的许多建筑师感到惭愧。但是，最蹩脚的建筑师从一开始就比最灵巧的蜜蜂高明的地方，是他在用蜂蜡建筑蜂房以前，已经在自己的头脑中把它建成了。"正确的发展规划是在战略谋划指导下对客观事物发展规律的自觉认识和把握，它既是实践活动的起点和指路灯塔，又是实践活动的预定结果。英国设计师罗杰斯（巴黎蓬皮杜文化中心是其设计代表作之一）针对浦东的开发曾经说过，在 20 世纪，世界上再也找不到一块比陆家嘴更好的地块了。它像一块好料子，下剪子前一定要设计好，如若剪坏，即使再去补上一颗金纽扣，也不能挽回了。浦东开发开放的启动是从制定规划开始的，贯彻规划先行的开发理念。

二、浦东规划的先行先试

浦东开发规划的先行先试体现在通过市场化的途径按照国际惯例进行国际招标，力争做到城市规划世界一流。1990 年 12 月，陆家嘴中心地区按照国际惯例展开城市规划国际招标，中国、意大利、日本、法国和英国的专家们各自推出了不同的方案。1993 年 12 月，上海市政府正式批准了通过博采众长调整修改后的优化方案。继陆家嘴规划国际招标之后，浦东继续对重点区域、重大工程和标志性项目进行国际性规划招标。例如世纪大道的设计，就邀请了美国 EDAW 公司、RTKL 公司、法国夏氏——德方斯公司等国际设计公司完成了 3 个景观设计咨询方案，最终权衡选定。

三、浦东严格按照规划进行开发开放

浦东开发开放的顺利推进和持续高质量运行，是以包括总体规划、分区规划、各专业管线规划等在内的现代化规划体系作保证的。浦东的每一个建设项目，都自觉接受各类规划的指导，使浦东在城市空间布局上，形成了一个发展有序、层次较高的现代化新城区框架。浦东的规划具有法定的作用，"按规划、定项目、批土地"是浦东新区执政的基本准则。

第六节 关于浦东开发开放的战略实施

在明确了“要不要做”“决定是否做”和“为做什么而作的必要准备”等问题后，接下来是“具体实施”问题。就浦东开发开放来说，包括土地开发模式、资金筹措模式、浦东的开发组织、浦东开发的项目运营、浦东的综合配套改革、浦东新区党的建设六个方面。

一、土地问题

浦东开发开放是从土地的规划和运营启动的，1990 年 9 月 10 日，上海市人民政府颁布《上海市浦东新区土地管理若干规定》：“浦东新区国有土地实行有偿使用制度。采取土地使用权出让、转让方式或收取土地使用费的方式，使需用地者获得土地使用权。”在这一政策指引下，浦东四个开发区及其开发公司创造了独特的土地批租模式和融资模式，即“财政空转，土地实转，成片规划，滚动开发”，具体做法是：成立了陆家嘴、金桥、外高桥三家开发公司（1992 年成立了张江开发公司），政府只给每家开发公司办公经费 200 万元，同时由市财政局按照土地出让价向开发公司开出支票，作为政府对企业的资本投入；开发公司将支票背书后，作为土地出让金支付，交给土地局，并签订土地使用权的出让合同；土地局出让土地使用权后，再将从开发公司得到的出让金（支票）收入全部上缴给市财政局。形成了包括以地集股、以地融资、以地招商、以地抵押在内的全方位土地批租模式。采用这种创新做法，浦东四大开发公司作为土地开发主体，将“生地”转化为“熟地”后再投入土地二级市场，利用二级市场的土地转让收入进行再投入、再转让，从而形成了“土地资源—土地资本—货币资本”的螺旋式上升。这一创举在浦东开发开放初期资金极其匮乏情况下，既为培育土地市场创造了条件，也使浦东开发开放能够及时启动、快速发展。

以上这种以土地批租为核心的浦东开发开放，使陆家嘴金融贸易区、金桥出口加工区、外高桥保税区和张江高科技园区等四个国家级开发区的基础设施不断完善，功能建设效应显著，投资环境迅速改观，招商引资蓬勃发展。这种土地批租模式的特征有以下五点。

（一）以土地换资金。

浦东开发之初，通过有序、合法的土地使用权的出让获取了开发初期所需要的巨量开发资金。

（二）“用土有方”。

体现在以下六点：1. 强化土地管理行政制度：设立了“领导干部不准直接谈地价、不准干预项目、不准为动拆迁打招呼”三条“高压线”，从制度上杜绝权力寻租和暗箱操作的可能性。2. 建立市场化的土地出让制度：率先在全国建立了土地资产交易中心、土地资源储备中心、土地交易市场，对经营性土地实行公开招标、拍卖，形成了土地市场化配置、法制化运作、集约化使用机制。实行土地租赁，工业用地实行 2—50 年不等的土地租赁。3. 提升土地价值：通过树立浦东是国际大都市上海的有机组成部分的城市形象和全国改革开放“旗帜”等提升了浦东的土地价值。4. 以标杆项目带动和提升土地价值：通过标杆项目的开发，凸现标杆周围的土地价值。例如，陆家嘴的东方明珠、金茂大厦、环球金融中心、上海中心等标志性建筑的开发。5. 土地开发的公司模式：四大国有开发公司是浦东新区土地开发的主体，开发公司从一级市场获得土地开发，变“毛地”为“熟地”，再通过土地二级市场转让。这种公司制土地开发模式承担了 20 世纪 90 年代整个浦东新区土地开发总量 90%。6. 完成了地籍管理 GIS 信息系统的建设，实现地籍信息资料的及时更新，建立起土地登记可查询制度。

（三）“惜土如金”。

土地永远是稀缺资源，浦东的土地更是如此。浦东开发过程中坚持“惜土如金”理念开发土地。上海市原副市长、浦东新区管委会首任主任赵启正为了始终贯彻这一理念，请上海一位书法家为他写了“惜土如金”字幅，一直挂在办公室里。赵启正解释说，“惜土如金”有两个含义：一是土地有价值，比较贵；第二，土地要用好。

（四）“守土有责”。

一是对国家和人民负责，决不让浦东的土地收益流失；二是对民族和未来负责，决不让浦东的土地资源浪费、污染和破坏，损害子孙后代。赵启正曾说过，浦东要开发200年，我们要为子孙后代的开发准备足够的空间。

（五）“腾笼换鸟”。

随着浦东开发开放的深化，可供开发土地面积越来越少，商务成本也越来越高，招商引资和项目投资越来越困难，于是，在浦东开发开放的深化过程中形成了“腾笼换鸟”新理念。通过企业置换和产业置换，吸引发展前景好、产业能级高及核心竞争力高的企业和产业，是浦东深化开发开放内在的、客观的、必然的要求，使浦东有限的土地资源获得了最大的环境效益、经济效益和社会效益。

二、资金问题

据当时的初步估算，浦东开发开放的初步完成就需要多达8000亿元人民币的资金，显然仅仅依靠当时的政府财政是不现实的，必须通过吸引其他外部资金的注入，为此，浦东实施了资金筹措机制的创新，充分发挥政府投资在全社会投资中引导和带动社会投资的效应，大力开辟多元化融资渠道，通过办理银行或银团贷款、争取国债转贷资金、发行建设债券和企业债券、申请证券市场上市、利用国外政府贷款和国际商业贷款等方式，先后筹借了550亿元左右的资金，为浦东开发开放过程中大规模基础设施建设提供了充足的资金保证，创造出了以投资来源多样化、投资主体多元化、利用外资方式多样化为主要特色的政府投资与市场化投融资相结合的多元化投融资模式，形成了全方位、国际化、多元化、多渠道的招商引资格局。到20世纪90年代末，在浦东开发开放以来上千亿元的全社会固定资产投资中外资占32%、银行贷款占28%、企业自筹占30%，中央、市和新区三级政府财政仅占10%。

（一）土地资金。

据统计，截至2001年土地空转制度基本结束时，上海市政府以土地批租形式向四大开发公司成片出让土地23幅共61.59平方公里，折算为政府投入的资本金61.3亿元。土地批租不仅直接带来土地资本，而且引致了各路资金投资浦东。开发公司凭借“空转变实”得到的土地资源，在市场上融资，向银行抵押贷款，吸纳了200多亿元开发资金，获得120多亿元土地转让收入，吸引800多家中外资房地产公司和总量400多亿元的房地产开发资金。

（二）财政资金。

2000年底之前，国家留给浦东用于浦东的基础设施建设的新增财政收入，共计59.4亿元，主要用于以“两桥一路”（南浦大桥、杨浦大桥、杨高路）为主的第一轮浦东十大基础设施建设。

（三）银行信贷。

浦东在“八五”“九五”两个时期分别从银行获得资金217.5亿元、200亿元人民币，用于浦东国际机场、地铁二号线等第二轮十大基础设施建设。1998年2月23日，经中国人民银行批准，成立了上海浦东发展集团财务公司，4月1日开始营业，为集团内企业和机场配套道路提供了资金支持。1996年4月18日成立了上海城市合作银行浦东分行，为新区机场配套道路、世纪大道、国际博览中心等重大项目提供贷款支持。

（四）发行建设债券。

债券在浦东开发资金中的份额可以从2005—2007年浦东固定资产投资构成图中反映出来。

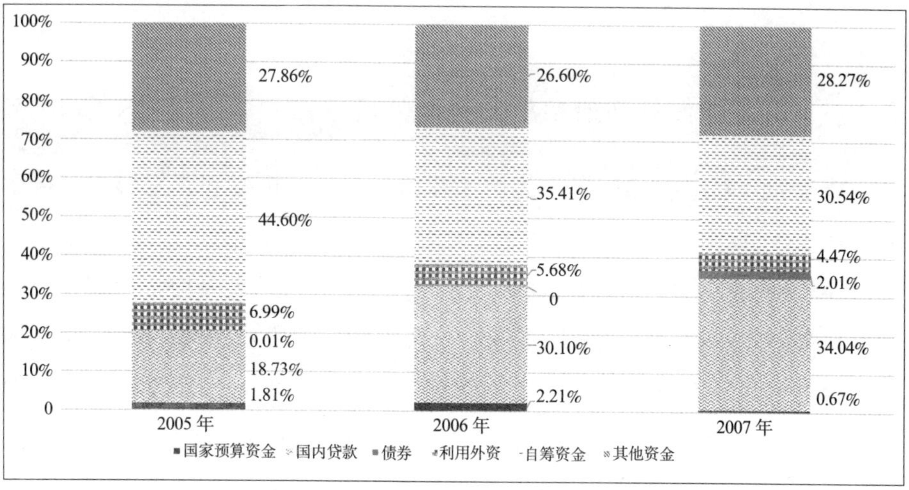

图12-3　2005—2007年浦东固定资产投资本年资金来源构成

资料来源：上海市统计局网站。

（五）吸引民间投资。

在 20 多年的开发过程中，民营企业逐步成为浦东开发开放的重要主体。据统计，截至 2009 年 10 月，新区民营企业累计 71832 户，占新区内资企业总数的 86%；注册资本累计 2113.8 亿元，占新区内资注册资本总额的 25.6%；新区 70% 以上的科技项目由民营企业完成。浦东的民资、民企不仅成为结构调整、产业升级的主要杠杆，也成为城市建设和优化生产力布局的重要力量。

（六）利用外资。

浦东开发开放充分利用了吸引外资政策。经中央政府批准通过上海市政府可以借外资开发浦东。据不完全统计，外商投资企业对浦东经济增长的贡献率达到 40%，对高新技术产业的贡献率更高达 90%。外资外贸已经成为浦东产业结构调整、城市空间布局的重要杠杆。据统计，在上海 20 世纪 90 年代的城市建设资金中，有 1/6 来源于外资，浦东更高达 70% 以上。

（七）上市融资。

20 世纪 90 年代初，四大开发公司都组建了股份有限公司在上海证券交易所成功发行 A 股、B 股，通过资本市场为浦东四大开发区的开发筹措了大量的建设资金。

三、开发组织：政府机构和开发公司

浦东的开发组织和开发主体，一开始只是政府机构和开发公司，再后来增加了 NGO 组织。

（一）浦东的政府机构及其体制创新："小政府、大社会、大服务"。

浦东的政府管理模式经历了三个阶段。第一阶段：1990—1992 年。上海市政府成立浦东开发办进行宏观管理协调，浦东的开发建设和管理分别由杨浦区、黄浦区、南市区、上海县和川沙县等"三区两县"具体负责。第二阶段：1993—2000 年。1993 年初，上海市委、市政府撤销了上海县和川沙县的行政建制，杨浦区、黄浦区和南市区涉及浦东的区域不再归其管辖。上海成立浦东新区党工委和管委会，作为市委、市政府的派出机构，直接负责浦东的开发开放。第三阶段：2000 年 6 月以后。健全新区党委、人大、政府和政协四大机构行使政府职权。

浦东的行政管理体制体现了“小政府、大社会、大服务”的格局。

“小政府”的特征：

1. 决策职能：政府集中力量驾驭全局；2. 服务职能；3. 审批职能：2001 年，浦东新区率先在全市进行政府行政审批制度综合改革试点，减少审批事项，规范审批程序，提高行政审批效率。

“大社会”的特点：

把政府管不了、管不好、不该管的事务交给市场和社会中介服务组织。在欧美模式下，区域内存在着各种行业协会、商会、创业服务中心等各种形式的中介服务组织，还积聚着一些创新基金、风险投资机构、本地的商业银行以及证券市场等的金融机构。中介服务组织和金融机构的发展使资金、技术、信息、人才等资源在区域内顺畅流动。浦东借鉴欧美模式中的优点和长处，建立了各类社会中介组织机构。

“大服务”的内涵：

浦东的行政机构在开发开放进程中一直发挥着大服务作用。一是形成科学的开发开放思路，使开发开放有计划、有步骤地推进。二是维护公正的市场秩序，努力建设公平、竞争、规范、有序的市场环境，例如，首创了把工程建设项目引入“建筑营运中心”，实行公开招标；把药品采购引入“社会资源配置中心”，实行公开交易。三是政府搭台，企业唱戏，多渠道、多元化招商引资，筹措开发开放建设资金。四是在大规模、快速度的城市化建设中，建立和维护良好的社会秩序，着力建设社会主义和谐社会，例如，在法律服务方面，创造了多个“全国第一”，如第一家知识产权法庭、第一个法律援助中心、第一个“110”电话报警系统、第一台“999”市民救助电话等。

（二）浦东的开发公司。

浦东开发开放从一开始就摒弃了由政府投资、统包统揽的计划经济模式，组建了四个开发公司作为开发主体并承担四个国家级开发区的开发开放任务，具体负责各开发区的土地开发、筹融资、基础设施建设、招商引资、产业发展和功能配套等。

在四个国家级开发区内，四个开发公司通过招商引资吸引了国内外众多的开发企业入驻，形成了开发主体多元化的生动局面。四个开发公司与入驻开发区的各类公司之间形成了如图 12-4 所示的相互依存、互相促进的共存、共荣关系，这是浦东开发开放模式中的独特内容。

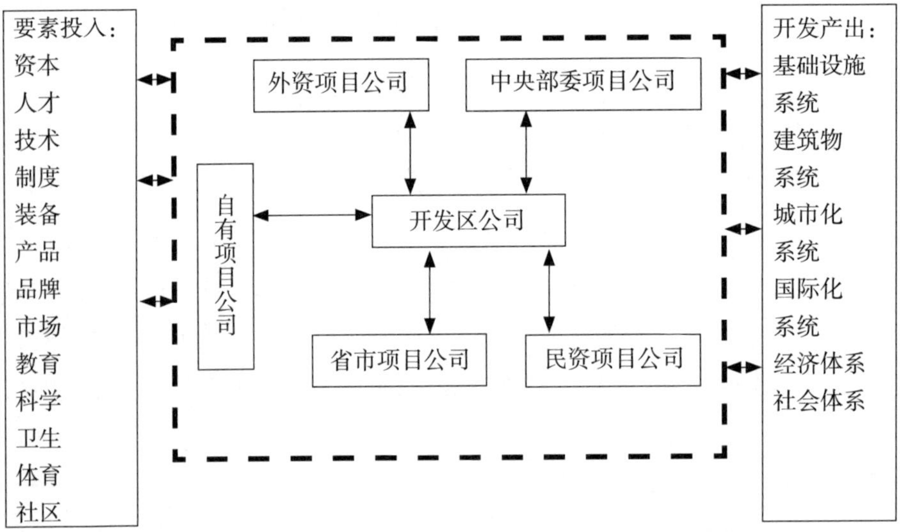

图 12-4 浦东开发开放中的开发主体：开发公司集群示意图

四、浦东的项目建设

开发过程表现为一个个项目的立项和建设过程。关于项目，美国项目管理专业资质认证委员会主席保罗·格雷斯（Paul Grace）曾经指出："在当今社会中，一切都是项目，一切也将成为项目。"的确如此，浦东开发开放从创意、谋划、决策、规划到启动，从启动到发展，从形态开发到功能开发，从功能开发到经济开发、生态环境开发和社会开发，每一个环节、每一个地点、每一条道路、每一栋楼宇、每一条生产线、每一个公园、每一地区的动迁、每一个产品、每一项服务、每一条公交线等都是通过一个个项目的谋划、决策、规划、启动、实施、监管等环节的点点滴滴的劳动累积而成的，不仅如此，每一个项目的累积共同构成了浦东开发开放的支撑体系框架、经济体系框架和社会体系框架，累积成为浦东开发开放的全部进程。因此，建立项目推进机制，以项目促发展，是浦东开发开放的着眼点、着力点，是浦东开发开放模式的有机内容。

浦东开发开放过程中的项目主要来源于中央部委、各省市、浦西和世界各地。

从1990年到1992年，中央10多个部委和全国20多个省市纷纷投资浦东，200多个内资项目陆续兴土动工，带来浦东开发开放的第一轮热潮。到2002年，中央各部委和各省市在浦东投资设立了6300多个项目，注册资金达320亿元人民币，30多家国内大企业集团总部，200多家创业投资、投资管理和咨询公司落户浦东。来自78个国家和地区的近8000个投资项目，投资总额接近400亿美元，其中100多家世界500强企业投资了200多个项目，28家跨国公司将地区总部移师浦东。投资总额创世博以来新高。全年共计建成各类工程12项，实现开工17项，完成市级工程前期腾地7项，完成投资196.8亿元（占年度计划的103.9%）。2017年新区重大工程投资总额和项目数量均超上年，共安排正式项目143项，计划投资160.62亿元。其中，市级重大工程34项、区级重大工程109项。同时，安排S3延伸段、周祝公路等预备项目34个[①]。

项目建设本身需要各种生产要素，从而形成引致效应，如图12-5所示：

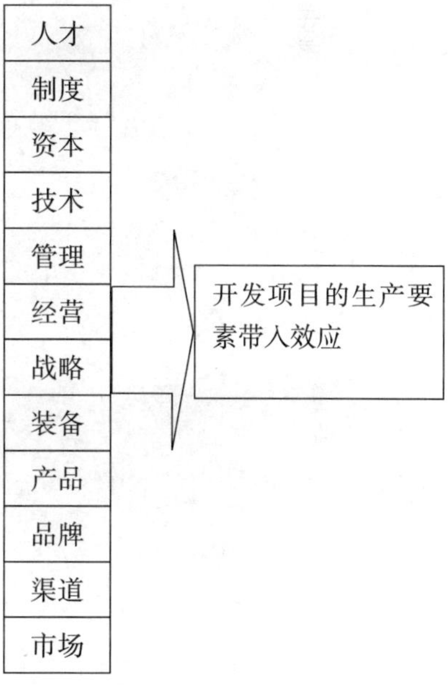

图12-5　项目建设引致效应示意图

资料来源：作者自行整理绘制。

浦东开发中的项目可以分为七

① 数据来源：浦东新闻网：《[东方网]2017年浦东重大工程安排1432页 涉生态环境建设19个》，2017年4月19日，见：http://www.shzgh.org/qxxc/node39/node43/node76/u1ai31846.html。

个层级，一是基础设施项目层级，该层级分为“硬件”即水、电、路、气等项目，“软件”即安全、秩序、政策、税收、生态等项目；二是建筑物层级，包括提供给各类功能需要的建筑项目；三是装备层级，包括提供给产业、政府、社会正常运行所需要的项目；四是产品层级，包括经济领域、社会领域、政府领域所供给的产品和服务项目；五是品牌层级，由上述各项活动形成的各个领域的品牌；六是市场层级，为浦东服务全国和走向世界建立渠道和网络的市场基础设施方面的项目；七是社会层级，为浦东建设和谐社会、资源节约型社会、环境友好型社会和学习型社会而启动的项目。全部项目的集群和累积，形成了浦东开发成就的有机整体。

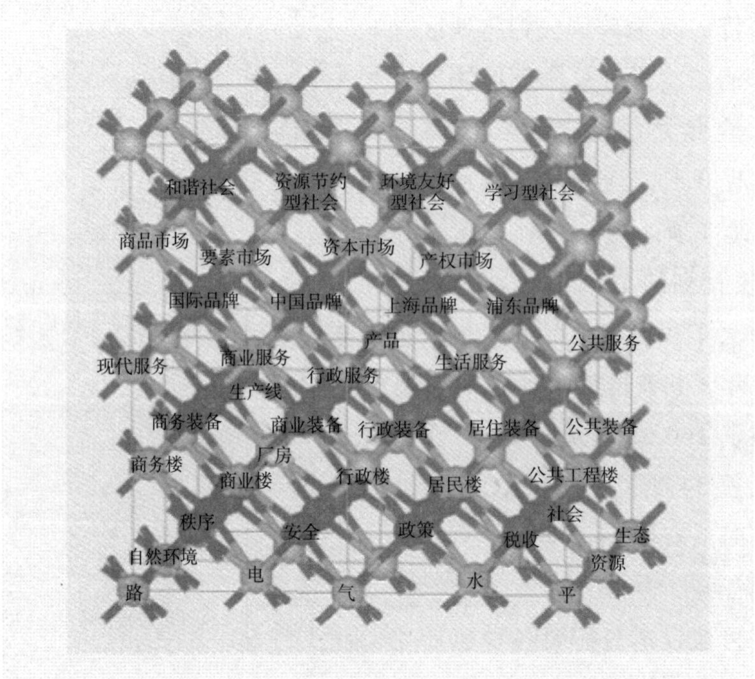

图 12–6 浦东项目集群与积累结构示意图

资料来源：作者自行整理绘制。

五、浦东的综合配套改革

2005 年 6 月 21 日，国务院正式批准浦东成为中国第一个“国家综合配套改革试验区”。

（一）浦东综合配套改革的国家战略定位。

在科学发展观指导下，顺应经济全球化和完善社会主义市场经济要求，以“全国能借鉴、上海能推广、浦东能突破”为原则，以制度创新推动浦东的开发开放，在全国率先形成制度完备、运行高效、具有国际竞争优势的社会主义市场经济体制框架，为推动全国改革起示范作用。

（二）浦东综合配套改革的战略重点：三个着力。

1. 着力转变政府职能，建设服务型政府。

政府行政体制改革是浦东综合配套改革试点的核心任务。

（1）探索适应大区域特点、体现扁平化特征的新型行政管理体制创新：理顺上海市与浦东新区的行政事权关系；在新区行政层级实施新一轮区级机构改革，设立综合统筹、经济服务、社会建设、城建管理、法制监督等职能模块，强化区政府在公共政策、发展规划、就业保障、社会事业、环境保护等方面的统筹职能；在新区与功能区和街镇层级，成立陆家嘴等 6 个功能区域，重新划分新区与功能区和街镇的职能、事权和财权；在街镇层级，剥离街道的招商引资职能，强化社会管理和公共服务职能。

（2）深化行政审批制度改革，着力构建综合审批服务运行机制，精简审批事项、优化审批流程、提高审批效率、加强批后监管、减少收费项目、打造审批管理电子化服务平台。

（3）推进人事制度改革，深化公务员聘任制改革试点，开展街镇主要负责人公开选拔、国有控股上市公司 CEO 全球招聘。

（4）在公共服务领域，大力培育和发展社会组织，政府购买服务。在社会管理领域，建立包括区级市民中心、功能区事务办理服务中心和街镇社区事务受理服务中心三个层次的公共服务平台，进一步畅通市民参与管理，与政府沟通互动的渠道。

完善决策、执行、监督协调一致的运行机制，提高行政效能和透明度。

（1）以监察部在浦东推出依法监察试点为契机，探索建立体制内的监察制、体制外的投诉制、社会化的评估制、自上而下的问责制。在川沙功能区域开展块的行政监察派驻试点，探索监察体系的垂直领导，实行监察主体与监察对象分离的监督机制，完善监督保障机制。

（2）加快权力运行公开透明试点。浦东被列为国家和上海市权力运行公开透明的试点单位。

推进政府管理方式创新。

（1）建设民本政府，首创新区、功能区和街镇三级市民中心，构建政民合作互动平台。

（2）探索政府由决策中心向执行中心的转变。

（3）通过“区长网上办公会”和街镇议政会推动市民议政。

（4）经过民政部同意率先开展行业协会设立无须行业主管部门批准的改革。

（5）探索社区共商共治共建新机制，着力建设社会生活共同体。

（6）深化政府管理企业的改革。积极探索方便企业设立和年检改革试点。出台了扩大浦东登记管辖权、优化浦东新区外商投资企业审批登记办法、允许商标专用权出资、将企业不良记录相关责任人员信息纳入个人征信系统等四项改革。

（7）深化中介组织改革。人事部准浦东开展允许人才中介机构外资控股试点。民政部批复同意浦东新区开展行业协会登记改革试点工作。

推进城市管理综合执法体制改革。

成立了城市管理行政执法局和六个功能区域的城管执法大队，统一行使市容市政、环境保护、城市规划建设管理、交通、卫生、文化市场、建制镇城市管理等方面的全部或部分行政处罚权；建立城市网格化管理监督中心（指挥中心），初步形成城市管理的快速发现机制和处理机制。

探索公共服务领域改革。

开展教育“管、办、评”联动改革试点，试行教育委托管理等改革。开展以提高医疗质量、降低诊疗费用为目的的基本医疗改革试点。开展以医保预付制为重点的社区医疗卫生服务改革。在郊区一二级医院成立“医疗卫生联合体”试点，实行双向转诊、先进医疗设施共享和互为确认检查项目等改革。开展事业单位财政投入方式改革和岗位设置试点工作。在街道探索剥离经济管理职能的新型管理模式，强化街道的城区公共服务和管理职能。

2. 着力转变经济发展方式，深化金融、科技、涉外经济体制改革。

推进金融业综合配套改革。

（1）完善金融市场体系，中国人民银行上海总部落户浦东；中国第一家货币经纪公司、全国首家信托登记机构——上海信托登记中心、央行黄金储备中心、中国金融期货交易所、上海石油交易所、上海金融衍生品期货交易所、国内首个租赁资产证券化项目等均在浦东试点；设立全国性信托登记中心，制订完善场外柜台交易市场（OTC）设立方案，争取设立区域性信贷转让市场；推动金融产品创新，设立全国首个成长型中小企业创业投资基金，积极争取房地产信托基金（REITs）和消费金融公司等试点，全球最大再保险市场机构——英国劳合社的分支机构，中国人寿资产管理公司已运用保险资金投资上海基础设施项目，华安基金率先获批开展 QDII 业务并推出了国内首批资产证券化产品，人民银行在浦东设立小额外币兑换机构试点。

（2）建设国际金融中心，出台关于支持金融机构、股权投资企业和外资股权投资管理企业发展等政策措施，鼓励金融机构集聚浦东；开展个人本外币兑换试点、国际贸易人民币结算试点，深化跨国公司外汇资金管理方式改革；推动设立金融仲裁院、金融审判庭和金融公诉处，引进新华社金融信息平台上海总部，建设全国首个中小金融机构共享服务的数据备份中心，不断优化金融生态环境。

以张江高科技园区为载体推进科技体制改革：科技部把张江纳入“火炬试验城市（区）”计划试点，国家知识产权局在张江高科技园区成立了全国首个“国家知识产权试点园区”，推进知识产权保护、交易和服务制度创新，构筑园区知识产权服务体系、自主知识产权成果转化孵化、自主知识产权成果进入“园区采购”、知识产权质押等。上海联合产权交易所在张江成立浦东技术产权交易中心。建设科技创新、人力资源、知识产权、投融资和信息服务等公共服务平台。以“国家自主创新示范区”和“国际人才创新试验区”为重要载体，推进人才管理体制、政策法规、服务体系和综合环境等的改革。在高新技术产业化方面，通过设立种子基金、风险投资引导基金、产业投资基金，探索投贷联动机制，形成覆盖创新企业成长周期的投融资扶持体系，不断强化自主创新的资本引力；探索知识产权质押融资试点；探索集成电路保税监管模式、生物材料检验检疫方式等改革试点，优化有利于产业升级的土地资源配置机制。

深化涉外经济体制改革：推动离岸与在岸业务创新，提升航运贸易综合服务功能。拓展订单中心、定价中心和结算中心功能，推动保税区由货物贸易为主逐步向服务贸易提升。国家外汇管理局提出支持浦东综合配套改革的“九项改革措施”（以下简称“外汇九条”），在浦东率先开展跨国公司地区总部外汇资金管理方式改革试点，解决跨国公司（地区）总部资金跨境流动难题。针对发达国家服务业转移、服务外包领域迅速扩大的趋势，市政府制定了《关于鼓励服务外包发展的意见》，并把浦东作为重要的试点区域。商务部与市政府在浦东共建国家级服务外包专业人才培训基地，推动涉外经济体制创新，逐步向国际惯例靠拢。构建新型服务外包人才培养体系。推进口岸管理体制改革试点，在海关总署、国家民航总局等支持下，研究完善“大通关”制度等。国家质检总局出台了支持浦东综合配套改革试点的十四条意见，上海海关公布了支持浦东综合配套改革试点的九项措施。货物通关的“一单两报”系统在外高桥保税区部分企业试点。

3. 着力改变城乡经济社会二元结构，深化城乡制度改革。

（1）打破行政管理体制的城乡二元分割。推动城区、郊区、开发区融合发展，设立了陆家嘴、金桥、外高桥、张江、三林世博、川沙六个功能区域，统筹区域内城乡发展。

（2）开展“区镇合一”试点。成立川沙功能区和川沙新镇，实行区镇合署办公，对区域发展进行统一规划。探索“社区共治”的管理方式，建立社区共商、共决、共治的民主决策和民主管理的机制。

（3）探索建立由功能区域、开发公司和相关镇共同参与的联合开发机制。以“国家现代农业示范区”和小城镇发展改革试点为载体，探索浦东的城乡统筹发展新机制。

（4）积极推进郊区综合改革试点。选择张江功能区作为社会主义新郊区试点，配套推进规划、建设、土地等领域的改革事项。在川沙新镇探索川沙功能区域管委会与川沙新镇合署办公，下设社区，实行镇直管社区的管理模式改革。

（5）建立城乡一体化的社会事业发展和就业保障新机制：教育、医疗、就业、社会保障、养老。

（6）土地管理制度创新，规范土地承包经营权流转，探索建立宅基地流转、非耕地垦复与置换的机制，加快建设城乡统一的土地市场。探索完善农村集体资产管理体制，支持有条件的地方采取股份化、股权化等方式实现集体资产保值增值，充分保障农民权益。

（三）浦东综合配套改革的基本进程。

一是整体部署、重点推进。

浦东制定了《浦东综合配套改革试点总体方案》和四轮《三年行动计划》（2005—2007，2008—2010，2011—2013，2014—2016），突出了改革总体思路、战略目标和主要任务。

二是建立改革试点的组织体制和推进机制。

上海成立了上海市推进浦东新区综合配套改革试点工作领导小组。2007 年 1 月，上海市人民政府下发了《关于完善市区两级管理体制，赋予浦东新区更大发展自主权的意见》，在规划、财税、土地管理、环保市容、项目审批、社会事业发展 6 个方面共 17 项权限，赋予浦东新区更大的发展自主权。

三是为浦东综合配套改革试点提供法制保障。

2007 年 4 月，上海市人大常委会第 35 次会议通过了《关于促进和保障浦东新区综合配套改革试点工作的决定》，明确对浦东综合配套改革中需要先行先试的事项，可以由市和新区两级政府制定相关文件，或由新区人大及其常委会作出决议、决定。

四是积极推进综合性制度创新。

在浦东新区进行的行政管理体制、金融体制、科技体制、涉外体制、经济体制、农村体制、社会体制改革中，坚持先行先试。

五是建立部市合作机制。

浦东综合配套改革试点得到了国家发改委和中央有关部委的大力支持和指导，形成了部市合作的机制，2006 年 4 月和 2007 年 4 月国家发展改革委同上海市人民政府两次召开了推进浦东综合配套改革试点工作会议。监察部、人事部、民政部、科技部、商务部、中国人民银行、银监会、证监会、保监会、国家外汇管理局、海关总署、知识产权局、国家质检总局等 13 个部门，在浦东新区开展了 20 多项改革试点，上海市有关部门也主动将 10 多项改革试点首先放在浦东。2016 年 4 月召开的浦东新区综合配套改革试点工作会议指出，要以自贸试验区建设为契机，继续发挥好浦东综合配套改革试点的作用。一方面，不能把两者割裂开来，要更好地发挥两者的叠加效应；另一方面，全面深化改革要求综合配套改革在新的形势下体现新的改革成效。

（四）浦东综合配套改革的重要意义。

浦东综合配套改革的实质是探索改革经济、政治、行政、文化、社会等诸多领域中不利于开发开放、改革发展的制度，标志着浦东开发开放的动力机制从过去的政策依赖转向制度依赖，浦东开发开放也从政策优势向制度优势转变。在浦东这样一个条件较好、开放程度较高的地区，率先构建符合社会主义市场经济要求、与国际通行做法相衔接的经济运行法规体系和体制环境，这对推动全国改革开放全局，具有综合性试验价值。浦东综合配套改革试点恰好为上海在更高起点上快速发展提供了重要契机。浦东作为第一个获批的综合配套改革试点区，是国家在改革进入到新阶段的新的战略部署，对于带动全国改革向纵深推进具有重要的引领和示范作用。

六、一流党建促一流开发

（一）一流党建是带动一流开发的根本保证。

1993年上海浦东新区党工委成立伊始，就明确提出“一流党建促一流开发”的指导思想，坚持围绕发展抓党建，抓好党建促发展，在实践中逐步形成了“三凝聚”、“三服务”、“三覆盖”的党建工作创新思路：以凝聚党员、凝聚群众、凝聚社会为目标，以党的上级组织为基层服务、党的基层组织为党员服务、党的各级组织和党员都为群众服务为载体，以组织覆盖、工作覆盖、制度覆盖为保障，做到开发建设到哪里，党的工作就开展到哪里。在党建中，浦东把廉政制度建设摆在首要位置，强调“廉政也是投资环境”，设置了三条“高压线”（不准擅自向有关部门开口子、写条子、打招呼；不准利用职权为亲属好友谋取不正当利益；不准在工程发包中利用职权捞取好处）、两道“防火墙”（任何开发公司负责人不准擅自决定公司的资金拆借，不准擅自以公司名义为他人作资金担保），加强干部作风养成教育，从而保证了经济社会的健康有序发展。

（二）党的建设是浦东开发的导航器和推进器。

浦东20多年开发开放的实践过程中，创造了“一流党建促一流开发”的党建模式，这是浦东的开发开放及其模式的有机内容之中的关键部分，也是浦东的开发开放及其模式的核心内容。

1. 充分发挥各级党组织战斗堡垒作用和党员干部先锋模范作用，为浦东新区开发开放的实施推进提供了有力支撑和强大保证。

2. 组建与开发进程同步的党组织。浦东的开发开放及其模式以来，迅速成为人才创新创业的热土，如何有效地在政治上引领、创业上扶持、生活上帮助这些人才，把他们更好地凝聚在党组织周围，是浦东新区面临的一大课题。

浦东陆家嘴金融贸易区已建立起综合党委、片区党总支、基层党支部、部门党小组的四级组织网络架构，把党员紧紧联系在一起，进行有效管理。“区域建党委，片区建总支，楼宇建联合支部，单位建独立支部，部门建党小组”的工作思路，搭建起陆家嘴金融贸易区党的组织架构。陆家嘴综合党委将金融城划分为6个片区，每个片区6至10幢楼宇，管理15至25个基层支部。这样的管理幅度使交流沟通更加及时，特别是对在建楼宇的竣工进度、企业入驻信息的掌握更加详细，从而有力推进了党组织的覆盖。

3. 建立与多元社会相适应的党组织。

随着市场经济加速发展，大量"单位人"成为"社会人"，"两新"组织迅猛成长。面对新形势，浦东新区提出了高起点开发建设与创造性党建紧密结合的目标，为多元社会管理提供了强有力的思想、政治、组织和作风保证。

一流的开发孕育了一流的党建，为党的建设注入了强大的生机和活力；一流的党建也推动了一流的开发，为一流的开发提供了强有力的思想、组织和政治保证，实现了高起点发展和党建科学化的统一。

七、浦东开发开放模式的形成

浦东开发开放从系统论的角度来看，涉及开发开放的全部要素，具体说来涉及开发背景、开发主体、开发客体、开发过程、开发成就等五个方面，这五个方面相互联系、相互贯通、相互转化、有机统一，因此，只有运用系统思维才能全面、完整、系统地透视和审视浦东开发开放模式。浦东开发开放模式的系统思维框架，如图12–7所示。

图12–7既是对"浦东开发开放模式"客观规律的反映和针对浦东开发开放模式的研究成果，也是研究浦东开发开放模式的思维工具。该图也具有普遍性的意义，应当适用于世界上任何地方的开发区的开发开放。这充分体现了浦东开发开放的理论价值、实践价值、历史价值和示范价值。

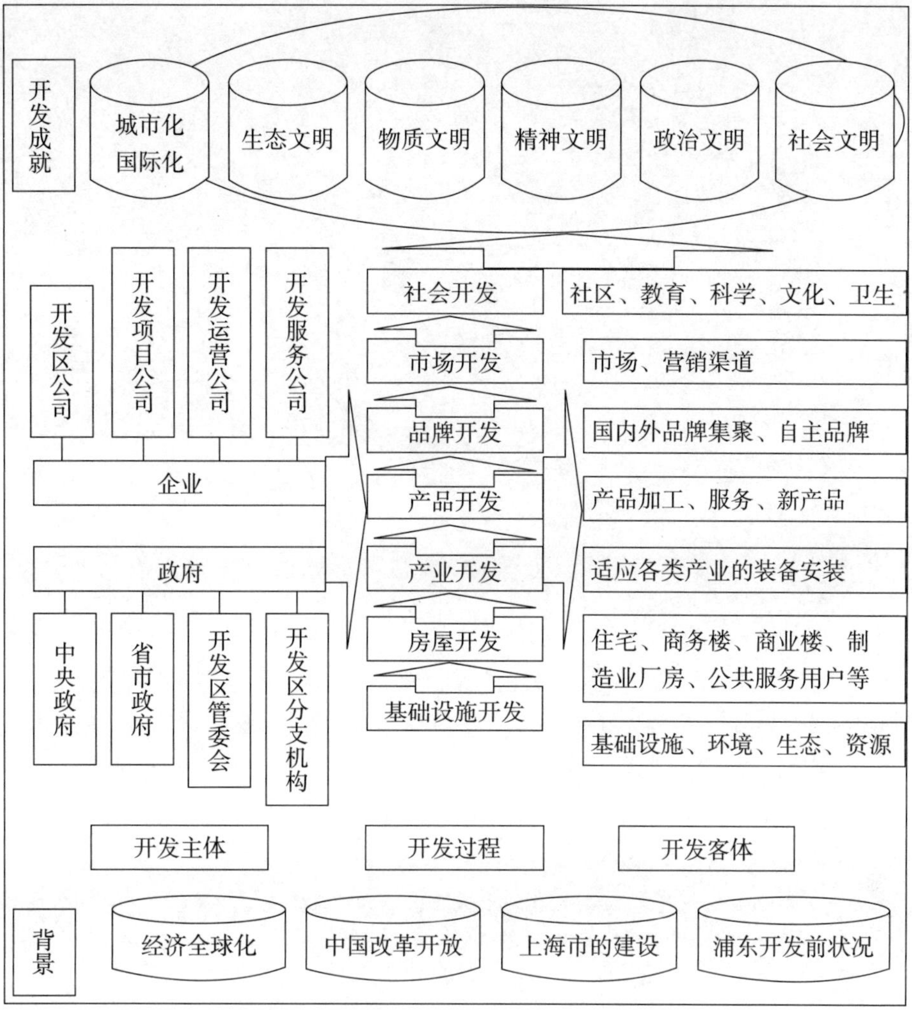

图 12–7　浦东开发开放的系统思维示意图

资料来源：作者自行整理绘制。

第十三章

中国（上海）自由贸易试验区与改革开放

中国的改革开放历程是不断在接轨国际规则过程中的改革过程，自贸试验区是这个过程中的一个代表性缩影。自贸试验区作为海关特殊监管区的升级版本，体现了特殊区域开放的渐进历程。在国际经济格局正经历深刻转变的大背景下，自贸试验区承载了开放倒逼改革的新时代历史使命，通过制度创新推动改革深入，促进中国全方位发展，并进一步通过溢出效应放到自贸试验区效应，带动中国整体的改革与发展。

第一节　园区的历史变迁：从海关特殊监管区到中国（上海）自由贸易试验区

所谓海关特殊监管区，是指经过一个国家或地区政府批准，设在该国或地区境内，被赋予承接国际产业转移、连接国内国际两个市场的特殊功能和政策，由海关为主实施封闭监管的特定经济功能区域。中国的海关特殊监管区是配合中国的对外开放战略而成立的。

如同改革开放"摸着石头过河"，为顺应不同时代背景下的历史要求，我国海关特殊监管区也经历了艰难的探索过程，从其初级形态——保税区，到拓展形态——出口加工区、保税物流园区，再到转型期出现的保税港区、综合保税区等形态，到目前的最高级形态——中国（上海）自由贸易试验区，我国海关特殊监管区的发展历程实际上就是我国不断深化改革、扩大开放的历程。20多年来，中国海关特殊监管区域，为所在地区提升产业水平、扩大就业、促进外贸和社会经济发展发挥了积极作用。目前，各类海关特殊监管区域基本覆盖了沿海、沿江、沿边、内陆地区的重要港口和中心城市。

一、20世纪90年代至新世纪海关特殊监管区的初步发展

新中国成立以后，我国的经济建设取得了很大的成就，但随着形势的

发展，高度集中的计划经济体制和闭关自守的对外政策已经越来越不适应我国经济发展的需要，越来越落后于世界发展水平。在此背景下，我国政府逐渐意识到发展不能靠闭关自守，必须引进国外先进的经验、科技和资金。1978 年，党的十一届三中全会确立了我国对外开放政策，自此揭开了我国经济发展新的序幕。1978 年到 1990 年，短短十几年，我国建成了深圳、珠海、汕头、厦门和海南 5 个经济特区以及大连、秦皇岛、天津等 14 个经济开发区[①]，对外开放由沿海向内地逐渐深入。

在各类经济特区和经济技术开发区建设如火如荼进行之际，具有得天独厚位置的上海的开放也被提到议事日程。1990 年 4 月 18 日，党中央、国务院正式宣布开发开放上海浦东。为配合浦东开发开放战略以及进一步推进对外开放，国务院批准在上海浦东设立全国第一个保税区——上海外高桥保税区。上海外高桥保税区的成立标志着我国拥有了第一个真正意义上的海关特殊监管区。

保税区是我国在改革开放过程中出现的新生事物，是结合我国国情的基础上，借鉴国际上通行“自由贸易区”的标准而设立的海关特殊监管区域。在此区域内，从境外运入的货物被视作境外，可以给予特殊的关税和优惠政策。保税区的主要功能包括出口加工、进口保税仓储、国际贸易、商品展示等方面，享受“免证、免税、保税”的政策，实行“进口货物二线管理，出口货物一线管理”的监管模式。上海外高桥保税区成立之后，国家相继设立了 53 个保税区。目前，全国 54 个保税区分布在东中西各个板块，但东部地区居多，占了一半以上。数量最多的江苏省有 15 个[②]。

保税区的设立和发展，为我国经济体制改革起到了示范作用，其体制虽然有特殊性，但在很大程度上体现了市场经济的规律和方向，通过保税区这个窗口，把国外的类似体制复制过来，让国际上看到我国改革的方向，为我国的经济繁荣作出了巨大贡献，这不仅表现在改善了国际投资环境、推动了国际贸易的发展，还表现在带动了地区经济的升级。例如，上

① 中咨产学研创新研究院：《开发区 34 年简史：1984—2018，中国式开发区为什么成功？》，2018 年 6 月 14 日，见 http://www.sohu.com/a/235686775_762607。

② 参见中国开发区网站，http://www.cadz.org.cn/kaifa/kfq.php?type=57。

海外高桥保税区，作为我国成立最早、经济规模最大、综合实力最强的保税区，自1990年成立之初到2005年，在经济发展、功能开发、产业升级、服务优化等方面都取得了显著的成绩，成为上海服务长三角、服务全国、面向世界的一个全球资源配置节点，其经济增加值、工业产值、进出口贸易额、海关和税务部门税收收入和企业销售经营收入等主要经济指标都保持了年均20%~50%以上的高速增长[①]。保税区内以贸易物流为主的第三产业也以高速发展——2006年，保税区内物流业的增加值增长率达到30%[②]；2007年以国际贸易和物流等现代服务业为主体的第三产业增加值比重超过了80%[③]。

二、2000—2005年海关特殊监管区的拓展

（一）海关特殊监管区拓展类型之一：出口加工区。

经过10年的发展，到21世纪初期，随着加工贸易的兴起和对贸易便利化要求的提高，保税区显得不太适应经济形势的发展，其主要表现为：

1. 在功能上，保税区的定位为“保税仓储、出口加工、转口贸易”，但在实际运作中，大多数保税区将转口贸易和保税仓储作为其主要功能而忽视了出口加工以及各功能之间的相互关联和配套，而此时加工贸易已占据着我国外贸的半壁江山。2. 保税区没有出口退税功能，货物只有在实际离境之后才能进行出口退税，在一定程度上不利于进出口贸易的平衡发展和便捷运作。

在保税区的局限性逐渐呈现之时，由于经济全球化以及国际分工的加深，能充分利用我国劳动力这一比较优势的加工贸易正处于蓬勃发展之际。实际上，为促进对外贸易的发展，从改革开放之初，国家对加工贸易就给

① 施欲晖：《外高桥保税区的区域经济效应研究》，硕士学位论文，上海海事大学，2006年。

② 上海浦东网：《外高桥保税区》，2007月2月20日，见http://www.pudong.gov.cn/shpd/about/20070220/008006009003_e5b0edff-0308-416a-b3fa-16bc2eac8e6b.htm。

③ 上海浦东网：《外高桥保税区》，2008年10月13日，见http://www.pudong.gov.cn/shpd/about/20081013/008006008004_d8833e8f-70ce-4575-abc2-a201fc54c9a2.htm。

予了相当的政策优惠，如对进口料件实行免税，但当时国家对出口加工行业监管乏力，导致由加工贸易衍生的走私现象愈演愈烈，一些守法企业迫切需要国家能提供一个手续简便、监管严格的封闭区域从事出口加工生产。2000 年 4 月 27 日，国务院批准设立大连出口加工区，是全国首批 15 个出口加工区试点之一[①]。出口加工区对加工贸易进行特定区域的集中式封闭管理，把加工出口企业由“遍地开花”变为“赶羊进圈”，通过提高通关效率，为企业提供更加宽松的经营环境，同时改变分散经营、监管困难的现状，促进加工贸易的健康发展。出口加工区的主要功能虽然仅限于保税加工，但可以享受出口退税政策，即货物自境内区外进入区内即可办理退税，一定程度上避免了保税区的劣势。

时间轴指向 2001 年 11 月 10 日，这是一个历史性的时刻：经过 15 年艰苦的努力，我国终于昂首迈进世贸组织（WTO）的大门。之后，全球制造业进一步向我国转移，加工行业如火如荼，而出口加工区的创设和运作正当时机，在我国适应新形势方面发挥了巨大作用。

设立出口加工区带来的好处是显而易见的。

其一，促进了出口。

以上海松江出口加工区和江苏昆山出口加工区为例，自 2000 年 10 月开始封关运作以来，两出口加工区的出口额始终保持着高速增长的势头。2001 年，两出口加工区的出口额分别仅为 1.19 亿美元和 1.81 亿美元，到 2004 年，出口额已分别达到 88.80 亿美元和 68.23 亿美元，在 2001 年的基础上分别增长了 74 倍和 37 倍[②]。

其二，促进了区域产业结构的优化和升级。

松江出口加工区在设立之前，松江区的产业结构以化工和食品为主，2001 年台湾广达电脑集团的整体进驻，带动了相关的产业集群，从而使 IT 产业一跃成为松江区的支柱产业。

其三，利用了我国大量剩余劳动力。

---

① 大连出口加工区网，见 http://y5355.y.zhaoshang800.com/。

② 胡东升:《我国出口加工区发展现状评价及政策研究》，硕士学位论文，对外经济贸易大学，2006 年。

我国在实行农村家庭联产承包责任制后，农民的生产积极性被极大地激发，劳动效率提高，出现了大量剩余劳动力。而出口加工行业对技术要求低，它的迅速发展正好有助于消化这些剩余劳动力。

其四，提高了海关的监管水平。

同保税区等其他海关特殊监管区和区外一般加工贸易的管理相比，出口加工区实现了从合同管理为主向企业管理为主，从纸质手册管理为主向电子账册管理为主的转变，管理手段更加先进。

但是，随着国际经济合作的加深以及现代物流业的发展，出口加工区也呈现出功能单一的局限性，制约其自身的持续发展，影响了加工贸易的转型升级。

（二）海关特殊监管区拓展类型之二：保税物流园区。

出口加工区的异军突起以及加入WTO后我国履行削减进口关税等义务使保税区的发展在一定程度上受到了影响，保税区面临着何去何从的问题。而此时，全球经济一体化进程的发展、全球供应链的形成使国际物流成为跨国公司生产线上必不可少的一个环节。为降低仓储和运送的成本，更好地参与全球性经济竞争，跨国企业对现代物流业提出了更高的要求。现代物流的水平主要是通过港口的现代物流体系表现出来的，但当时港口的业务发展并不顺利：因缺少保税区内大量业务的支持，港口运能闲置、设备利用率不高。同时，港口经营者无法对港口进行高效率的管理和为客户提供更全面更系统的一揽子优质服务，使港口难以摆脱“辅助港”的从属地位。于是，为促进现代物流和转口贸易的发展、进一步激发保税区活力，一个新的功能综合的特殊监管区域出现了——保税物流园区。它被设定在保税区的特定港区或在国务院已批准的保税区规划区域内，整合了保税区的功能优势和港口的资源优势。它的出现对现有的物流园区、保税区、出口加工区都产生了很大的影响，使海关特殊监管区的功能由最初的出口加工、保税仓储和加工制造等逐步向配套转变，功能得到了进一步拓展。

保税物流园区首先是在上海外高桥进行试点，2004年4月15日经海关总署联合验收小组验收通过，封关运作面积1.03平方公里。同年5月，经海关总署批准，苏州工业园区保税物流中心B型、上海闵行先锋保税物流中心A型也开始试点。

保税物流园区凭借着得天独厚的政策优势、区位优势以及完善的配套服务吸引着境内外众多投资者。截至2005年1月15日，上海外高桥保税物流园区在半年内监管各类进出货物5507票，货值达5.2亿美元，其中，2004年第四季度比第三季度增长6倍多[①]。

但是，经过多年的经营实践，保税物流园区也暴露出了自身的局限性。首先，保税物流园区的功能较为单一，主要以仓储与物流业务为主，能开展流通性简单加工和增值服务，但不能进行深加工业务。其次，保税物流园区和港区分别由海关和港口两个不同行政管理部门管理，这两个部门能否有效协调和对接是影响保税物流园区发展的一个重要因素。

三、2005—2013年海关特殊监管区的转型探索

由于抓住了国际产业大规模转移的机遇，我国日益成为世界制造业基地。制造业的扩张增加了国际运输的需求，港口的地位也日益得到提升。据统计，作为主要的运输方式，海运承担了90%的外贸运输。[②]港口的发展水平已经成为衡量一个国家或地区经济发展水平的重要标志之一。纵观世界经济发展史，全球经济中心的出现与港口经济的繁荣密切相关，全球经济发达地区大多与港口的繁荣、功能的完善密切相关。世界上港口吞吐量超过千万吨的港口，有80%以上集中在发达国家，全球经济总量前十位的国家和地区几乎都在沿海、沿江地区[③]。以港兴城、港城互动成了近百年来国际都市发迹的共同规律。到2005年，我国海关特殊监管区虽然已经形成了保税区、出口加工区、保税物流园区三种类型，但三者均不同程度地把港口排除在外，如此港不尽其用，甚为可惜。如保税区和出口加工区设置在港区之外；保税物流园区虽然有专门通道与港区相连，但在监管上仍与

① 上海商务之窗网：《外高桥保税物流园区发展进入高速增长期》，2005年2月8日，见http://shanghai.mofcom.gov.cn/aarticle/sjshangwudt/200502/20050200017145.html。

② 徐浩娟：《内河港口对区域经济的影响研究》，《中国高新技术企业》2008年第10期。

③ 参考《港口与城市互动区域经济繁荣》，《国际商报》2005年7月16日。

港口分属不同海关，区港联动面临着不同管理部门政令的协调与统一难等问题，传统海关监管区亟须转型升级。保税港区则应运而生，成为中国进一步深化改革、扩大开放、带动区域发展的试验基地。

保税港区的优势非常明显，从区位上讲，保税港区位于国家对外开放的口岸港区或与之相连的特定区域上，是水陆运输的枢纽，是国内市场和国际市场的结合点；从政策上讲，保税港区享受保税区、出口加工区相关的税收和外汇管理政策；从功能上讲，保税港区叠加了保税区、出口加工区、保税物流园区乃至港口码头通关的所有政策和功能（如表 13-1 所示），集保税区、保税物流园区、港口、出口加工区等优势于一体；从发展趋向上讲，保税港区是我国自由贸易区的先行实验区；从运作模式上讲，保税港区实现了保税区域与港口的实质联动。

表 13-1　保税港区与其他海关特殊监管区域的主要功能比较

内容类型	保税区	出口加工区	保税物流园区	保税港区
仓储物流	√	×	√	√
对外贸易	√	×	√	√
国际采购	√	√	√	√
分销配送	√	×	√	√
研发加工制造	√	√	×	√
国际中转	×	×	√	√
检测及售后维修服务	√	√	×	√
商品展示	√	√	√	√

2005 年 12 月 10 日，我国在上海成立了第一个保税港区即洋山保税港区。它既具有口岸的功能和保税物流的功能，又具有保税加工的功能。

保税港区设置在港口城市是得天独厚，但是对于广大“不靠海、不靠边”的内陆地区，也希望能充分利用本地条件发展外向型经济。于是在 2006 年 12 月底，苏州诞生了一种新的区域，取名为“综合保税区”，它整合了海关特殊监管区域的所有功能政策，实际上是相当于设立在内陆地区的保税港区。

在上海自贸区成立之前，保税港区和综合保税区是我国开放层次最高、优惠政策最多、功能最齐全、手续最简化的特殊开放区域，是海关特殊监管区向自由贸易区转型的一种探索。

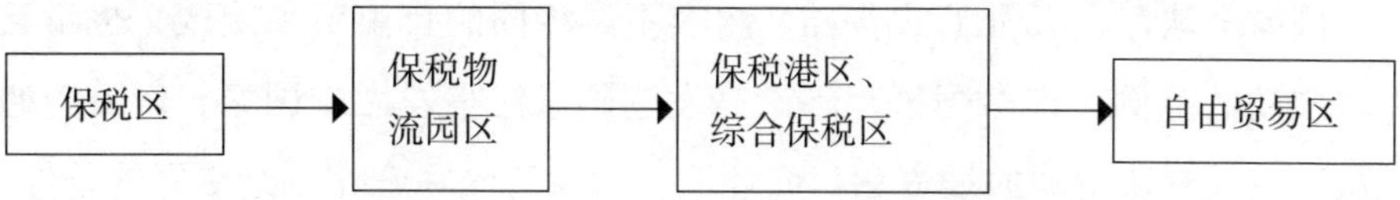

图 13–1　我国自由贸易区的推进过程

截至 2016 年 9 月，经国务院批准设立的综合保税区有 46 家，其中，郑州新郑综合保税区、合肥综合保税区、苏州工业园综合保税区、泰州综合保税区、天津滨海新区综合保税区、北京天竺综合保税区、重庆西永综合保税区、广西凭祥综合保税区、昆山综合保税区、苏州高新区综合保税区、沈阳综合保税区、武汉东湖综合保税区、阿拉山口综保区等已封关运行。[①] 包括综合保税区、保税港区、保税物流区等在内，我国的海关特殊监管区数量还在不断增加，这些特殊功能区对我国在世界范围内开展贸易、资本、技术等方面的经济合作发挥着举足轻重的作用。

四、2013 年以来中国（上海）自由贸易试验区的建立

我国结合自身国情，走出了一条从保税区、出口加工区、保税物流园区、保税港区、综合保税区不断深化改革、扩大开放的转型升级之路，但与国际通行的自由贸易园区还有一定距离。与世界公认的自由贸易园区相比，我国现有的各类特殊监管区在外汇管理、货物监管、企业建立等方面还存在诸多限制，远没有达到自由贸易的便利化程度，这在一定程度上阻

① 华经情报网：《2018—2024 年综合保税区市场全景评估及发展趋势研究预测报告》，2017 年 11 月 6 日，见 http://www.huaon.com/story/328977。

碍了自由贸易的推进。另外现有的各类特殊监管区的重点在于贸易领域，在金融创新、非加工贸易领域、其他创新方面仍旧有所缺失。自由贸易园区则成为下一步改革的方向。设立与国际惯例接轨的自由贸易园区，应是我国顺应经济全球化、参与国际竞争、增强全球资源配置能力的必然选择，也是我国保税区转型升级的基本路径之一。

目前全球存在大批形式各异、内容不尽相同的自由贸易园区，也不乏许多成功的范例。许多国家，不论是发达国家还是发展中国家，都希望通过这种方式营造特殊的投资和营商环境，为参与国际合作创造更好的条件。如美国的对外贸易区、韩国的釜山自由贸易区等。对于我国来说，长期以来在保税区、综合保税区等海关特殊监管区方面的建设实践为世界自由贸易区建设积累了宝贵经验。2013 年 8 月 22 日，国务院正式批准设立了中国（上海）自由贸易试验区，并于 9 月 29 日上午 10 时正式挂牌开张。这实际上是我国第一个自由贸易园区。该试验区总面积为 28.78 平方公里，相当于上海市面积的 1/226，范围涵盖上海市外高桥保税区、外高桥保税物流园区、洋山保税港区和上海浦东机场综合保税区等 4 个海关特殊监管区域。① 上海自贸区一成立，便立即聚集了来自全国各地乃至全世界的关注。

2014 年 6 月 28 日，国务院批准了《中国（上海）自由贸易试验区进一步扩大开放的措施》。31 条措施涉及服务业领域 14 条、制造业领域 14 条，采矿业领域 2 条，建筑业领域 1 条。在服务业扩大开放方面，在 2013 年 23 条服务业扩大开放措施的基础上，又新增 14 条开放措施，突出了航运贸易等自贸试验区主导产业；在制造业和采矿业扩大开放方面，突出了研发；在建筑业扩大开放方面，体现了基础设施建设对外资的开放，有利于自贸试验区抓住国际产业重新布局的机遇，发挥好促进我国产业发展转型升级和培育国际经济合作竞争新优势的“试验田”作用。2014 年 7 月 25 日，上海市人大常委会第十四次会议高票通过《中国（上海）自由贸易试验区条例》（以下简称“《条例》”）。这是我国第一部关于自由贸易试验区

① 《国务院批准设立中国（上海）自由贸易试验区》，2013 年 8 月 22 日，参见 http://www.shanghai.gov.cn/nw2/nw2314/nw39309/nw39342。

的地方性法规，《条例》定位为综合性立法，集实施性法规、自主性法规、创制性法规的性质于一身，堪称自贸试验区建设的“基本法”。《条例》共9章57条，从管理体制、投资开放、贸易便利、金融服务、税收管理，到综合监管、法治环境等方面，对推进自贸试验区建设进行了全面的规范，于8月1日起正式实施。2014年9月26日，自贸试验区管委会举行了知识产权局成立仪式暨知识产权管理和保护研讨会。2014年9月27日，上海市公安局自由贸易试验区分局正式揭牌成立。市委常委、市委政法委书记姜平和副市长、市公安局局长白少康共同出席揭牌仪式并为分局揭牌。新成立的上海市公安局自由贸易试验区分局，为市公安局直属正处级机构，行使相当于地区公安分局的执法权限，并享有市公安局部分行政审批权限。2014年11月13日，国家版权贸易基地（上海）揭牌仪式暨2014中国（上海）自由贸易试验区文化授权交易会开幕式在上海自由贸易试验区举行，这标志着长三角区域第一家国家级的版权贸易基地在自贸区成立。“2014中国（上海）自由贸易试验区文化授权交易会”定于11月13日至15日举行。2014年12月19日，中国证监会正式发文批准上海国际能源交易中心开展原油期货交易。下一步，中国证监会将会同国家各相关部委，发布与原油期货相关的各项配套政策和管理办法。上海国际能源交易中心将全面做好原油期货上市交易的规则制定、系统完善、仿真交易等各项准备工作，确保原油期货平稳推出和安全运行。

2015年1月29日，中国政府网发布《国务院关于推广中国（上海）自由贸易试验区可复制改革试点经验的通知》（以下简称“《通知》”），对中国（上海）自由贸易试验区（以下简称“上海自贸试验区”）可复制改革试点经验在全国范围内的推广工作进行了全面部署。《通知》明确，上海自贸试验区可复制改革试点经验，原则上，除涉及法律修订、上海国际金融中心建设事项外，能在其他地区推广的要尽快推广，能在全国范围内推广的要推广到全国。有关部门结合自身深化改革的各项工作，已在全国范围复制推广了一批经验和做法。在此基础上，进一步在全国范围内复制推广五方面的改革事项28项。

2015年4月20日，国务院印发《进一步深化中国（上海）自由贸易试验区改革开放方案》，方案提出了 25 项主要任务和措施。2015 年 4 月 22 日，人民银行上海总部发布《关于启动自由贸易账户外币服务功能的通知》，正式宣布上海市开展自贸试验区分账核算业务的金融机构可按相关要求向区内及境外主体提供本外币一体化的自由贸易账户金融服务，标志着自由贸易账户外币服务功能的正式启动。

2015 年 10 月 6 日，商务部新闻发言人沈丹阳在例行新闻发布会上表示，上海自贸试验区成立两年来在四个方面取得了显著成效：以负面清单管理为核心的外商投资管理制度基本建立；以贸易便利化为重点的贸易监管制度有效运行；以资本项目可兑换和金融服务业开放为目标的金融制度创新有序推进；以政府职能转变为核心的事中事后监管制度初步形成。

2016 年 11 月 2 日，国务院印发的《关于做好自由贸易试验区新一批改革试点经验复制推广工作的通知》（国发〔2016〕63 号）指出，自由贸易试验区自 2015 年 4 月以来，经过 1 年多的试行，在投资、贸易、金融、事中事后监管等多个方面进行了大胆探索，形成了新一批改革创新成果，可在全国范围内复制推广。在全国范围内复制推广的改革事项包括：（一）投资管理领域："负面清单以外领域外商投资企业设立及变更审批改革"、"税控发票领用网上申请"、"企业简易注销"等 3 项；（二）贸易便利化领域："依托电子口岸公共平台建设国际贸易单一窗口，推进单一窗口免费申报机制"、"国际海关经认证的经营者（AEO）互认制度"、"出境加工监管"、"企业协调员制度"、"原产地签证管理改革创新"、"国际航行船舶检疫监管新模式"、"免除低风险动植物检疫证书清单制度"等 7 项；（三）事中事后监管措施："引入中介机构开展保税核查、核销和企业稽查"、"海关企业进出口信用信息公示制度"等 2 项。在海关特殊监管区域复制推广的改革事项包括："入境维修产品监管新模式"、"一次备案，多次使用"、"委内加工监管"、"仓储货物按状态分类监管"、"大宗商品现货保税交易"、"保税展示交易货物分线监管、预检验和登记核销管理模式"、"海关特殊监管区域间保税货物流转监管模式"等 7 项。

2017 年 3 月 30 日，国务院下发《全面深化中国（上海）自由贸易试验区改革开放方案》指出，进一步加强与上海国际金融中心和具有全球影响力的科技创新中心建设的联动，不断放大政策集成效应，主动服务“一带一路”建设和长江经济带发展，形成经济转型发展新动能和国际竞争新优势；更大力度转变政府职能，加快探索一级地方政府管理体制创新，全面提升政府治理能力；发挥先发优势，加强改革系统集成，力争取得更多可复制推广的制度创新成果，进一步彰显全面深化改革和扩大开放试验田作用。到 2020 年，率先建立同国际投资和贸易通行规则相衔接的制度体系，把自贸试验区建设成为投资贸易自由、规则开放透明、监管公平高效、营商环境便利的国际高标准自由贸易园区，健全各类市场主体平等准入和有序竞争的投资管理体系、促进贸易转型升级和通关便利的贸易监管服务体系、深化金融开放创新和有效防控风险的金融服务体系、符合市场经济规则和治理能力现代化要求的政府管理体系，率先形成法治化、国际化、便利化的营商环境和公平、统一、高效的市场环境。强化自贸试验区改革同上海市改革的联动，各项改革试点任务具备条件的在浦东新区范围内全面实施，或在上海市推广试验。

2017 版《负面清单》正式实施后，自贸试验区作为中国对外开放的“最高地”，外商投资准入的开放度、透明度、可预见性将大幅提升，自贸试验区吸收外资的引擎作用将显著增强。与 2015 年版《负面清单》相比，2017 版《负面清单》有以下特点：一是进一步缩减了限制性措施。2017 版《负面清单》包括 40 个条目、95 项措施，与 2015 版《负面清单》相比，减少了 10 个条目、27 项措施，开放度大大提升。二是放宽了外资并购的准入限制。除关联并购以外，凡是不涉及准入特别管理措施的外资并购，全部由审批改为备案管理。三是扩大了投资领域开放度。2017 版《负面清单》主要在采矿业、制造业、交通运输业、信息和商务服务业、金融业、科学研究和文化等领域扩大开放。例如，在制造业领域，取消了外商投资 3 吨及以上民用直升机设计与制造需中方控股的限制，境外投资者可以在自贸试验区范围内先行先试投资设立外商独资企业，从事 3 吨及以上民用直升机设计与制造。四是增强了外资准入透明度。2017 版《负面清单》按照现行国民经济行业分类的标准表述对 27 个领域的具体条目加以规范，例如，将“原子能”调整为“核力发电”。同时，对照现行法律法规以及国际通行规则，对25个领域进行技术改进，更准确地反映现有全部准入特别管理措施。如在银行服务、保险业等领域列明了全部现行有效的，包括投资者资质、业绩要求、股比要求、业务范围等内容的限制性措施，透明度显著提高。上述改进将方便投资者认定其投资范围是否属于《负面清单》的范畴，大幅提升投资便利化程度。

《2017年新版自贸区负面清单》的发布实施，充分体现了自贸试验区开放更加积极、监管更加包容、服务更加优化的特点，是推进中国新一轮高水平对外开放的重大举措。

第二节 开放倒逼改革：上海自贸试验区承载的历史使命

改革开放已经经历了40年，40年的历史就是以开放促改革的历史，我国改革开放所取得的成就在很大程度上都是“被逼出来的”。现在我国成立上海自贸试验区，也是为了以开放倒逼改革，形成可复制、可推广的经验，服务全国的发展。

一、我国改革所处的历史方位

从国内外经济发展的背景来看，我国经济体制改革已经步入深水区，处于转型升级阶段。习近平总书记在党的十九大报告中指出：“经过长期努力，中国特色社会主义进入了新时代，这是我国发展新的历史方位。”新时期，进一步深化改革还需要面临以下问题：

（一）产业结构面临调整。

我国的产业结构经过长期的调整得到了较大改进，但与世界各国相比差距仍然很大，存在着明显的缺陷。产值结构突出表现为总体水平低下，结构严重失衡：第一产业严重滞后，第二产业过度超前，第三产业发展不足。而且，我国第二产业的超前发展，是建立在消耗大量不可再生性自然资源的基础上的。我国产能过剩十分严重，六大传统产业全部产能过剩，2017年，中国粗钢产量为8317万吨，占世界粗钢产量的49.2%[①]。

（二）人口红利逐渐枯竭。

我国的人口红利主要表现为“低成本”。改革开放40年来，外商在我国投资的最大动力除了低廉的原材料成本外，就是人口红利。随着刘易斯拐点的到来，“保姆荒”、“民工荒”的出现，我国的人口红利正走向枯竭。在与其他发展中国家竞争的过程中，要素成本优势弱化，资本外移现象凸显，单纯依靠廉价劳动力推动产业发展已经难以为继。

（三）国际贸易形势严峻。

虽然我国已跃居世界第二大贸易国、第一大出口国和第二大进口国，但外贸发展方式中的不平衡、不协调、不可持续等问题日渐显露。我国的出口产品当中，绝大部分附加值比较低，自有品牌比较少，营销网络和营销方式相对滞后。种种迹象表明，我国是一个贸易大国，但并非贸易强国。尤其国际金融危机爆发后，国际市场变幻莫测，针对我国的反倾销此起彼伏，外贸增长愈见困难。为走出经济困境，一些新兴经济体推行结构性改革，加大财政整固力度，采取措施恢复国际收支平衡，进一步抑制进口需求；而发达国家的“再工业化”，在保持高端制造业竞争优势的同时，也在一定程度上恢复了传统制造业的竞争力，使我国相关出口产业面临的国际竞争日趋激烈。

二、国际投资贸易规则以及格局的新变化

近年来，国际贸易投资领域出现了一系列新的规则，如准入前国民待遇、负面清单列表、竞争中立政策、服务业自由化、无例外综合性FTA、

① 世界钢铁协会：《2017年全球粗钢产量增长5.3%》，2018年1月4日，见https://www.worldsteel.org/zh/media-centre/press-releases/2018/World-crude-steel-output-increases-by-5.3--in-2017.html。

高效争端解决机制等，涵盖范围比以前更广、自由化程度更高，不仅极大影响了多边国际经贸谈判和规则的走向，而且将对各国竞争优势和国际经贸格局产生深远影响，同时也会影响到我国的对外开放、企业走出去和国内改革的进程。

（一）发达国家：主导国际投资新规则。

此轮国际贸易投资新规则及治理框架的制定和实施是以美国为首的发达国家和经济体主导的。受国际金融危机和欧债危机的双重打击，西方发达国家经济持续低迷，就业受到严重影响。在实施一系列财政与货币政策后，收效甚微，国内政策的空间已相当有限。为此，发达经济体希望借助贸易谈判为经济复苏注入活力，刺激经济增长。2010 年 3 月，美国启动“跨太平洋伙伴关系协定”谈判以实现“重返亚太”的战略目标，2013 年 6 月，美国又宣布与欧盟正式启动“跨大西洋贸易与投资伙伴关系协定”（TTIP）谈判，试图形成美欧联合主导全球贸易的格局。

“跨太平洋伙伴关系协定”是 2010 年由美国主导的旨在进一步推动亚太地区经济自由化的高水平多边自由贸易安排，参与的国家目前有 13 个。包括了主要的发达经济体和不少发展中国家。TPP 建成之后将成为现有最大的自由贸易区或区域一体化组织，其成员的贸易总额约占世界贸易份额的 25% 以上，出口总额约占世界份额的 23%，而进口总额约占世界份额的 28%[①]，这样的区域一体化组织对全球贸易和经济的影响不言而喻。

“跨大西洋贸易与投资伙伴关系协定”是 2013 年 2 月 13 日由美国总统奥巴马、欧洲理事会主席范龙佩以及欧盟委员会主席巴罗佐联合发起的自贸区安排。截至目前已进行了四轮谈判。TTIP 如若建成，将是世界第一大超级自由贸易区。同时，美国和欧盟是世界最主要的服务贸易大国，双边相互投资额巨大，在服务贸易和相互投资上的合作空间很大。显然，TTIP 对世界经贸的影响也将是巨大的。

尽管美国总统特朗普上台后即宣布美国退出 TPP，但是 TPP 组织并未就此解散，该组织的其余 11 国在日本的领导下对该协定进行了修订，并宣

① 李春顶、赵美英：《国际贸易规则新变化及中国对策》，《中国市场》2015 年第 5 期。

布将于 2018 年 3 月初签署“跨太平洋伙伴全面进展协定”（Comprehensive and Progressive Agreement for TPP，简称 CPTPP）；预计会有更多国家将在较迟阶段加入该协定。

值得关注的是，无论是 TPP，还是 TTIP，我国都被孤立在外。

（二）新兴经济体：努力增强全球话语权。

近 10 年来，金砖国家、新兴市场经济体异军突起，在世界贸易中发挥着越来越重要的作用。2017 年，金砖五国（巴西、俄罗斯、印度、中国、南非），国内生产总值约占全球总量的 22.53%，贸易额约占全球贸易额的 16%，对全球的经济贡献率超过 50%[①]。世界经济重心正由西向东、由北向南转型。随着新兴经济体地位的持续上升，原有的全球经贸、财富聚集的格局被打破，新兴国家在全球经济治理上的话语权和决策权也不断增强，美、欧等发达经济体在国际贸易规则制定中的领导地位面临挑战。因此，形成新一轮没有新兴经济体参加的全球规则谈判，重塑全球贸易新规则，掌握国际贸易领导权，抑制发展中国家日益上升的影响力，成为以美国为首的发达经济体的共同目标。作为国际贸易的重要力量，中国等新兴市场国家应积极发挥自身作用，参与和强化多边贸易体系，加入到更高标准的国际自由贸易协定谈判中，这样才有利于其参与国际竞争，在重构国际贸易和投资新规则中获得话语权，维护自身利益。

（三）WTO：多哈回合谈判一波三折。

2001 年 12 月 11 日，我国正式加入世界贸易组织，从此我国经济全面融入了经济全球化。WTO 的基本原则是市场开放、非歧视和公平贸易，通过一轮一轮的多边贸易谈判加以制定和完善，已为当今世界大多数国家进行贸易时所共同遵循。WTO 的多边贸易谈判，大幅度推动了全球范围内各国关税水平的下降，取消和限制了一大批非关税措施，促进了世界商品贸易的自由化及发展。2001 年 11 月，多哈回合谈判正式启动。多哈回合是自 1995 年世贸组织成立以来，影响最广泛、议题最多、成员参与最多的一

---

① 新京报：《第二个“黄金十年”将开启 往届金砖峰会有何成果？》，2017 年 9 月 3 日，参见 http://news.ifeng.com/a/20170903/51850598_0.shtml。

场谈判。也正是因为参与者多、诉求多、利益格局复杂，发达国家成员和发展中国家成员很难在一些核心议题上达成一致。多哈回合谈判历经十多年，屡遭挫败，谈判过程一波三折，2006年还曾一度中断。但随着区域经济一体化发展形成的压力，推动着多哈回合在2013年底达成了“巴厘一揽子协定”。

从“巴厘协定”的内容看，主要包括贸易便利化、给发展中国家在粮食安全上更多选择权、协助欠发达国家发展贸易等三个方面。这些内容具有重要的价值和意义，如贸易便利化有利于降低贸易成本，促进贸易发展，尤其有利于全球价值链贸易的发展。但“巴厘协定”的内容仍然没有涉及贸易一体化和自由化的核心议题，没有涉及非关税减让，也就没有形成核心的国际贸易规则。可以说，以WTO为代表的多边贸易规则在一定程度上已经落后于国际贸易格局的新变化，也落后于相关国家的利益诉求，全球各经济体需要一个更高水平、更健全的多边贸易体制。

与此同时，以双边或区域形式签订的自由贸易协定却在WTO多哈回合谈判陷入僵局的情况下迅速发展。据WTO官方统计，国内生产总值排名前30位的国家（地区）几乎都参与了不同的区域经济合作组织，几乎所有WTO成员都隶属于一个或多个不同程度的区域经济合作组织。以自由贸易协定为主的区域贸易协定的不断涌现，加速推进了区域经济一体化发展，推动全球贸易格局发生新的变化。其主要代表即为TPP谈判和TTIP谈判。由于TPP和TTIP已经囊括了大多数的发达经济体，如果建成了高标准的区域一体化组织，吸纳越来越多的国家参与，很容易形成事实上的全球主导型贸易规则，最终取代现有的WTO多边贸易体系而发挥作用。

三、开放倒逼改革中的自贸试验区使命

建设中国（上海）自由贸易试验区，是在我国改革开放新的历史条件下，立足国家战略需要、顺应全球经贸发展新趋势，更加积极主动对外开放的重大举措。这一重大决策充分反映了党中央、国务院全面深化改革、进一步扩大开放的决心，通过以开放促改革，建立市场机制起决定性作

用的、融入全球新格局新规则的“倒逼”机制，实现我国开放型经济转型升级。

从 1978 年中央提出把对外开放作为基本政策以来，已经出现了三波开放倒逼改革的高潮。

第一波开放倒逼改革的高潮在 20 世纪 80 年代初期。邓小平同志提出，设立经济特区为试点，通过引入市场经济，倒逼着体制机制的不断改革。1980 年，深圳特区成为我国率先开放的试验田。1984 年，中央决定开放 14 个沿海城市，其中包括上海。

第二波开放倒逼改革的高潮出现在 20 世纪 90 年代初期。中央决定开发开放浦东，实际上是选择以浦东这一小块区域作为突破口，与当年深圳搞特区的做法类似，都是从小处入手，借此破局，用开放来倒逼改革。

第三波开放倒逼改革高潮是我国的“复关”和“入世”。2001 年我国加入世贸组织，利用加入 WTO 所引发的开放来倒逼改革。WTO 规则实质是市场经济的基本运行规则，按照 WTO 规则，我国已废止、修改和新出台 3000 多部法律法规[①]，带动了不少实际性的改革举措，经济、政治、文化、社会等领域发生了不小的变化。

现在面临的是第四波高潮，其标志是上海自贸区建设。与前三波高潮注重经济改革不同，第四波改革是全方位的制度创新。试验区通过制度创新为全面深化改革和扩大开放探索新途径、积累新经验，是国家的战略需要。肩负着我国在新时期加快政府职能转变、积极探索管理模式创新、促进贸易和投资便利化等方面的重要使命。

（一）加快政府职能转变，探索管理模式创新。

上海自贸区的核心任务是行政管理体制创新，建设制度高地。十八届三中全会的《决定》指出，经济体制改革是全面深化改革的重点，其核心问题是处理好政府和市场的关系。上海自贸试验区的主要任务和措施就是围绕经济体制改革的核心问题而展开的，通过扩大和深化开放，按照国际

① 深圳特区报：《适应世贸组织规则完善我国法律体系》，2011 年 12 月 6 日，见 http://news.ifeng.com/gundong/detail_2011_12/06/11127664_0.shtml。

化、法治化的要求，探索建立与国际高标准投资和贸易规则体系相适应的行政管理体制，以此标准处理好政府和市场的关系，进而推动经济体制全面深化改革。自贸区的探索，表面上是关于自由贸易的问题，但其实质依然是如何更好地理顺政府和市场关系。负面清单制度，便是其中一项重要改革措施，标志着政府职能的转变和管理方式的创新。从重审批环节过渡到重监管环节，其实质是转换行政管理理念，政府少管，市场多管。《负面清单》越长，政府权力越大;《负面清单》越短，政府权力越少。而改革的目的，是通过市场的有效运行，把《负面清单》变得越来越短。

（二）促进贸易和投资便利化。

随着国际贸易规模的扩大和各国及地区贸易联系的加强，“贸易的非效率”作为一种“隐形”的市场准入壁垒日益受到众多国际组织、各国政府和贸易界的普遍关注，促使人们开始高度重视减少和消除阻碍要素跨境流动的障碍、减低交易成本、建立高效的贸易便利体系。贸易便利化能使投资环境大为改善，不断吸引外商投资和降低企业的出口成本，增强我国在全球国际贸易中的竞争能力。目前，我国外贸企业正面临贸易成本增加、竞争优势降低等问题，这些都需要通过加快贸易便利化建设来化解。

美国主导的 TPP 和美国欧盟正在谈判的 TTIP 等跨区域自贸协定，推行的是自由化程度很高的自贸模式，这给我们的自由贸易协定带来了新的挑战。我国现有的自由贸易协定在货物贸易方面的开放程度相对较高，但在服务贸易领域和投资领域，与高水平的自贸协定相比差距较大，自贸试验区就是一个对接窗口，通过推进贸易、投资和金融体系的自由化，来适应国际规则的新变化。

（三）为全面深化改革和扩大开放探索新途径、积累新经验。

由于当前市场经济体制改革的实际进展与目标相比还存在较大差距，在新时期还需要通过以开放促改革的方式，主动加快市场经济体制改革和发展方式转变。上海自贸区的建设就是我国政府在新的历史背景下，实行更加积极主动开放战略的一项重大举措，实现以开放促发展，促进全面深化改革。

十八届三中全会《决定》指出，要形成面向全球的、高标准的自由贸易区。由美国发起的“跨太平洋伙伴关系协定”，就是一个高标准的自由贸易协定。然而，我国目前尚无法形成以自身为主导的国际贸易体系，这是必须看到的一个客观事实。但这并不等于是说，西方制定的所有游戏规则都是错误的，不少规则也符合市场发展和经济升级内在规律的要求，所以我国须用积极态度对待。其中一些合理的规则同我国自身的市场化改革方向是兼容的，例如 TPP、TTIP 中提到的包括国企改革、知识产权在内的一些问题，其实也代表我国一些长远发展的目标，所以从长期来看并不冲突，这对我国也是一个契机。当年加入 WTO，是别人谈好规则了我们才进入。设立自贸试验区，就是要在新的国际投资贸易规则尚未形成前，就主动参与对接，这是践行中央提出的“更加积极主动开放战略”的重大举措。建立上海自贸试验区，就是要先行试验国际经贸新规则新标准，积累新形势下参与双边、多边、区域合作的经验，进而为我国参与国际经贸规则的制定提供有力支撑。如果试验失败了，由于限定范围，影响也有限；而一旦成功，就可以进一步扩大推广并全面对接整个中国经济。因此，这是新背景下全球贸易竞争的主动应对，是探索对外开放新模式的明智选择。

十九大报告指出：“拓展对外贸易，培育贸易新业态新模式，推进贸易强国建设。实行高水平的贸易和投资自由化便利化政策，全面实行准入前国民待遇加‘负面清单’管理制度，大幅度放宽市场准入，扩大服务业对外开放，保护外商投资合法权益。凡是在我国境内注册的企业，都要一视同仁、平等对待。”这是对自贸试验区前期建设的充分肯定。“新业态新模式”和“准入前国民待遇加负面清单管理制度”等正是目前上海自贸区需要进一步探索的领域。

第三节　改革促进发展：上海自贸试验区制度创新的根本目的

过去 40 年，我国对外开放成绩斐然，尤其是通过开放促改革，促发展，成效显著，在新时期还需要通过以开放促改革的方式，形成倒逼机制来推动改革促进发展，这是实现新时期战略目标的需要。自贸试验区是党中央为推进新形势下改革开放提出的一项重大举措。其目标不是局部的试验、短期的利益，而是为了全局的谋划、长远的发展。自贸试验区改革的全局性重大意义就在于，它是在符合法治化、国际化和市场化的前提下，推进境内外投资和贸易制度的创新。这是全新的制度创新，也是在为全国的新一轮改革开放探路。

一、自贸试验区改革与制度创新

据统计，上海自贸区土地面积只有全市的 0.45%（自贸区成立初期总面积为 28.78 平方公里），但每天新生企业数量却占到全市新生企业数量的大约 10%[①]。自贸区的魅力从何而来？不在于政策优惠，而在于这里是制度创新高地，正所谓“居高声自远”。2013 年 9 月开始，上海自贸区先行先试注册资本登记制度改革，注册登记时间从全国平均的 29 个工作日缩短到 4 个工作日[②]，吸引了大批企业前来注册。通过这种政府职能的率先转变、规则体系和监管模式的变革可以大大降低企业投资和贸易的综合成本。制度缺乏创新，再好的政策也难以持久，再多的优惠也只有一时之效。政策洼地会阻碍各类要素的高效流动，阻碍市场在资源配置中的决定性作用，只有在实践中不断改革、创新和完善制度，才能真正激发出市场活力，制度本身才能走向成熟，持久管用。

与以往的经济特区、高新技术开发区和出口加工区完全不同，上海自贸试验区体现在三大改变：

第一，以往国内特殊监管区域往往针对制造业的投资便利化和货物贸易的便利化；现在自贸试验区的重点关注对象已不是制造业和货物贸易业，而是服务业和服务贸易业。

第二，以往特殊的监管区域往往都是以特殊政策为依据，在小的区域

① 新华网：《新华视点：从“深化改革”看百姓红利》，2014 年 3 月 9 日，见 http://www.xinhuanet.com/video/2014-03/09/c_126240885.htm。

② 新华网：《“注册登记容易了，我们期望更加诚信的经营环境”——各地推进注册资本登记制度改革见闻》，2014 年 2 月 28 日，见 http://finance.ifeng.com/a/20140228/11776783_0.shtml。

实行和其他区域不同的政策；自贸试验区里面所执行的政策，将来是可复制和可推广的，凡是不可复制、不可推广的政策，不在自贸区里实施。

第三，以往的特区往往给予企业特殊政策和优惠政策；自贸试验区要求形成一个国际化、法制化的营商环境，更强调公平竞争，而不强调优惠政策。所以在公布的第一阶段方案中，几乎没有特殊政策和优惠政策。

自贸试验区是改革开放的试验区。建设自贸试验区，其目的不是为了28平方公里，而是为下一步政府职能转变和全面推进相应制度变革进行探索。国务院在批准《中国（上海）自由贸易试验区总体方案》时就对自贸区建设提出明确要求：探索建立投资准入前国民待遇和负面清单管理模式，深化行政审批制度改革，加快转变政府职能，全面提升事中、事后监管水平。扩大服务业开放、推进金融领域开放创新，建设具有国际水准的投资贸易便利、监管高效便捷、法制环境规范的自由贸易试验区，使之成为推进改革和提高开放型经济水平的试验田，形成可复制、可推广的经验，发挥示范带动、服务全国的积极作用，促进各地区的共同发展。

二、自贸试验区制度创新的主要任务

根据国务院印发的《中国（上海）自由贸易试验区总体方案》（以下简称“《总体方案》”）的要求，自贸区要把扩大开放与体制改革相结合，把培育功能与改革创新相结合，形成与国际投资贸易规则相衔接的基本制度框架。

在《总体方案》中，自贸试验区建设主要突出四个方面的制度创新。

（一）投资管理制度创新。

其主要任务是围绕加快推进外商投资管理体制改革的目标，在自贸试验区实施负面清单管理模式，对《负面清单》之外的领域，将外商投资项目核准改为备案制（国务院规定对国内投资项目保留核准的除外）；将外商投资企业合同章程审批改为备案管理，备案后按国家有关规定办理相关手续。在自贸试验区内试行注册资本认缴制、“先照后证”登记制、年度报告公示制等登记制度。对境外投资开办企业实行以备案制为主的管理方式，对境外投资一般项目实行备案制，提高境外投资便利化程度。在总结试点经验的基础上，逐步形成与国际接轨的外商投资管理制度。

（二）贸易监管制度创新。

其主要任务是围绕推动海关特殊监管区域转型升级的目标，创新监管模式，推进实施“一线放开”，坚决实施“二线安全高效管住”，进一步强化监管协作，促进自贸试验区内货物、服务等各类要素自由流动，形成公开、透明的管理制度。围绕在全球竞争中加快总部集聚和离岸业务发展的目标，推动贸易转型升级。围绕推动航运中心功能和物流效率提升的目标，积极探索具有国际竞争力的航运发展制度和运作模式。

（三）金融制度创新。

其主要任务是围绕金融为实体经济服务、促进贸易和投资便利化的目标，在风险可控前提下，创造条件，重点在资本项目可兑换、人民币跨境使用、利率市场化、外汇管理体制等方面进行先行先试，增强金融服务功能，推动金融服务业对符合条件的民营资本和外资金融机构全面开放，支持在试验区内设立外资银行和中外合资银行。允许金融市场在试验区内建立面向国际的交易平台。逐步允许境外企业参与商品期货交易。鼓励金融市场产品创新。支持股权托管交易机构在试验区内建立综合金融服务平台。

（四）综合监管制度。

其主要任务是围绕探索建立与国际高标准投资和贸易规则体系相适应的行政管理体系的目标，深化行政管理体制改革，推进政府管理由注重事先审批转为注重事中、事后监管。提高行政透明度，在自贸试验区建立信息共享和服务平台，加强社会信用体系建设，探索建立综合执法体系，鼓励社会组织参与市场监管，建立安全审查和反垄断审查协助机制以及综合评估机制，建立风险防范体系。

此外，扩大服务业对外开放也是试点重要内容。

自贸试验区将选择金融服务、航运服务、商贸服务、专业服务、文化服务以及社会服务等六大领域，实施 23 条开放措施，暂停或取消投资者资质要求、股比限制、经营范围等准入限制措施，营造有利于各类投资者平等准入的市场环境。同时，将实施鼓励跨国公司建立亚太地区总部、积极培育贸易新型业态和功能等涉及功能拓展的 10 多项试点任务。

三、自贸试验区对中国制度变迁的积极意义

新制度经济学家道格拉斯·诺斯（Douglass North）（1991）[①] 指出："制度变迁是一种制度从均衡到非均衡再到均衡的过程，当现存的制度安排因为一些外在事件而处于非均衡的状态，存在着向新的帕累托改进的可能，新的制度会被创新并实现帕累托最优，均衡状态会重新出现。制度变迁的动因在于'成本与收益'的比较，只有在预期收益大于预期成本的情形下，行为主体才会推动制度变迁，否则，就会维持原有制度不变。制度经过有效设计，可以使交易成本得到极大改善、产出效率得到倍增，即制度红利的溢出效应。"当前，在我国面临较大经济下行压力、传统比较优势产业遭遇新挑战以及国际形势发生新变化的历史时刻，我们需要通过制度创新继续为中国经济增长提供新动力，为中国参与国际竞争合作构建新平台，就是建立上海自贸试验区的重要意义所在。所以，上海自贸试验区的设立本身就是我国制度选择的结果，对我国的制度变迁有着积极意义。

（一）上海自贸区为政府主导型的制度变迁，可减少制度变迁中的路径依赖。

诺斯在制度及制度变迁的研究中提出了著名的路径依赖理论。他认为，路径依赖类似于物理学中的"惯性"，一旦进入某一路径（无论是"有效率"亦或是"无效率"）都可能对这种路径产生依赖。正是由于路径依赖的存在，使一个社会即使进入一个无效率的状态，也会被"锁定"而陷入其中长期无法自拔。因此路径依赖对制度变迁有极强的制约作用。

路径依赖原理告诉我们"历史是至关重要的"，"人们过去作出的选择决定了他们现在可能的选择"。我国现在无论是经济体制还是政治体制都存在着较强的路径依赖问题，虽然我们已经逐步建立和完善社会主义市场经济体制，但市场发育还不成熟，政府对市场干预过多，政府职能需要转变，而自贸区就是解决当前路径依赖的最好突破口。

---

① 参考文献资料见："North DC. Institutions", *Journal of Economic Perspecties*, Vol5. No.1 (1991), pp. 97–112。

首先，上海自由贸易试验区的设立初衷，就是为了推动制度创新，促进市场机制发挥决定性作用，推动中国经济稳定、健康和可持续发展。

我们当前经济社会出现的很多问题，实际上都与政府职能和管理方式密切相关。不转变，其他方面的改革就难以推动。政府是改革的组织者、推动者，也是改革的对象，必须对自身进行改革。如果政府安于现状不想改、畏首畏尾不敢改、左右观望等待改，自身就会成为改革的障碍。自贸区实施的多项改革措施，包括对外资实行准入前国民待遇、废除审批制、对企业设立实行备案制等，都突破了现有的管理模式。如果这些措施得以在全国推广，无疑将极大地推动政府的管理模式改变与职能转变。

其次，上海自贸区的建立是属于政府主导型的制度变迁。

它被正式写入十八届三中全会的《决定》，并独立成段，这说明上海自贸区是国家战略，反映了国家意志。它通过行政条文的方式，统一了大家的思想观念，建立了一套可为大多数人接受的意识形态，从而减少新规则实施中可能出现的阻力，也就减少了制度变迁中的路径依赖。

（二）上海自贸区制度变迁过程的渐进性可减少制度变迁的成本。

从制度变迁的速度来考察，制度变迁可分为“激进式”和“渐进式”两种变迁方式。激进式的制度变迁是以终极预期目标为参照系数，采取迅速而果断的行动，一步到位安排预期制度的方式，“破”与“立”同时进行，也就是在新制度安排的同时，否认现存的组织机构和信息存量，这种变迁方式的优点是减少变迁成本向后累积的风险，而且急需的核心制度能够较快安排到位。渐进式的制度变迁是假定每个人、每个组织的信息和知识存量都是极其有限的，不可能预先设计好终极制度的模型，只能采取需求累增与阶段突破的方式，逐步推动制度升级并向终极制度靠拢。

上海自贸区的设立是典型的渐进式制度变迁。其设立的重点在于建立一套符合国际通行规则的制度保障，且试验区成功的经验要可推广、可复制，在全国范围内起到标杆作用。“摸着石头过河”是我国改革开放的成功秘诀，上海自贸区可以为我们全国自贸区的推广提供制度保障的依据，提供国际通行规则的经验。如同当年我国选择入世，选择无条件对应 WTO 的规则从而带来我国对外贸易的飞速发展，我国选择建立上海自贸区所带来的制度红利也会激发其他一系列的红利，其改革一旦成功，会产生巨大的学习效应，模仿收益会远超改革成本。

上海自贸试验区的本质是“试错区”。通过试验区不断地试错，探索一条适合我国国情的现代经济发展之路，摸索一条适合当下中国经济结构转型之路，通过依托经济底子雄厚的上海，以点带动全局，打破原有经济平衡，利用外部压力的“倒逼”机制刺激整个经济系统，在全国起到“示范”效应，这种“试错”是全方位、立体的，将会在国际制度规则、法律规范、政府服务、运作模式等方面率先实践，为我国深化改革提供可借鉴的“制度试验田”。虽然试验区总面积在 2014 年 12 月经全国人大常务委员会授权后由 28.78 平方公里扩展到 120.72 平方公里[①]，但仅约占上海总面积的 2%，即使有些地方不成功，成本也可控制。但是，只有允许在改革的试验田中犯错，才不会故步自封，才能培育出全国面向全球的竞争新优势，才能打造中国经济的升级版，才能完成由粗放型经济向集约型、高效型转变，由低端劳动力密集型、简单粗加工型向资本密集型、服务型经济转变。

第四节　改革推进开放：上海自贸试验区的溢出效应

根据《中国（上海）自由贸易试验区总体方案》，上海自贸区的总体目标是，经过两至三年的改革试验，努力形成促进投资和创新的政策支持体系，着力培育国际化和法治化的营商环境，力争建设成为具有国际水准的投资贸易便利、货币兑换自由、监管高效便捷、法制环境规范的自由贸易试验区，为我国扩大开放和深化改革探索新思路和新途径。上海自贸区制度创新所产生的改革红利，具有很大的辐射作用，不光辐射到整个上海和

① 数据来源：中国（上海）自由贸易试验区网站，见 http://www.shanghai.gov.cn/nw2/nw2314/nw39309/nw39342/index.html。

周边地区，也将辐射到整个中国，提升我国整体的对外开放水平。

一、自贸试验区可复制、可推广的经验

可复制可推广，是上海自贸试验区建设的核心要义之一。

自贸试验区建设成功的一个重要标志在于形成一批可复制、可推广的制度成果。据报道：自贸试验区成立一年来，已经有 21 项自贸试验区的制度创新成果在全国复制推广，其中，投资管理方面有 6 项、贸易监管方面有 9 项、金融创新方面有 6 项[①]。这 21 项复制推广的制度创新成果，是在自贸试验区建设管理的过程中，成熟一项推进一项的，而不是三年打包的概念。

目前，在国家各有关部门的指导下，自贸试验区正在对另外一批已经比较成熟的 30 多项创新制度进行总结和评估，条件成熟后，按一定的报批程序，也会分批分期在全国复制推广。

表 13–2　上海自贸区 21 项可复制推广的制度创新成果

改革领域		带来好处	推广时间
投资管理方面	注册资本认缴制	企业注册将不再需要验资报告，提高企业资金运用效率	3 月 1 日起，工商总局在全国推广
	营业执照样式	新版营业执照记载事项更为简洁，不再记载实收资本，但增加了“二维码”功能	3 月 1 日起，工商总局在全国推广
	境外投资项目备案管理制度	简化了企业境外投资的政府流程，缩短了投资时间	5 月 8 日起，国家发改委在全国推广
	外商投资项目备案管理制度	简化了外商投资手续	6 月 17 日起，国家发改委在全国推广
	企业年度报告公示和经营异常名录制度	年检成为过去式，大大节省了企业成本、时间，但企业需要按年度在规定的期限内报送年度报告并公示	10 月 1 日起，工商总局将在全国推广
	境外投资开办企业备案管理制度	由核准变为备案，将境外投资决策权真正交给企业，为企业提供了极大便利	10 月 6 日起，商务部将在全国推广

① 东方早报：《已复制推广的自贸试验区 21 项制度创新成果解读》，2014 年 9 月 29 日，见 http://money.163.com/14/0929/08/A7A17SH000253B0H.html#。

续表

改革领域		带来好处	推广时间
贸易监管方面	一线进境货物“先进区、后报关”	企业进境货物从港区到区内仓库时间平均从2—3天缩短至半天，企业物流成本平均降低10%	8月18日起，海关在长江经济带51个海关特殊监管区域复制推广；9月3日起，在全国海关特殊监管区域复制推广；9月18日起，在全国海关监管场所复制推广。各地落地时间可能不一
	区内货物流转自行运输	大幅节约企业物流成本和通关时间。根据试点情况测算，每车物流时间平均缩短30分钟，企业一年节约物流成本约20万元	
	加工贸易工单式核销	实现海关动态实时准确核算、即时计算的核销结果，企业库存差异认定时间从原来的1—2个月减少到1天，极大地节省了企业申报时间。同时，也为区内维修和研发等新型的业务类型提供了与之相适应的核销模式	
	融资租赁海关监管制度	综合上海航运服务、金融服务与海关特殊监管区域的保税功能优势，推动自贸试验区建设成为国内一流的融资租赁特别功能区与金融创新实践区	
	简化统一进出境备案清单	规范简捷申报，减轻了企业负担，提高了一线进出境通关效率，也促进了海关特殊监管区域一体化运作	
	批次进出、集中申报	扩大企业申报自主权，大幅减少企业申报次数，加快企业物流速度，有效降低通关成本，为试验区内企业开展“多批次、小批量”进出口业务提供了很大便利。同时，也方便企业开展保税展示、保税维修、外发加工等业务，提升企业竞争力	
	仓储企业联网监管	简化企业申报流程，便于企业实现不同状态货物的同库仓储经营，提高物流运作效率，降低企业运营成本，适应企业内外贸一体化的需求	
	保税展示交易	帮助企业降低物流成本和终端售价，加快物流运作速度	
	智能化卡口验放	缩短车辆过卡时间，提升通关效率	

续表

改革领域		带来好处	推广时间
金融创新方面	取消境外融资租赁债权审批	为融资租赁企业开展境外融资租赁提供了方便	2月10日起，国家外汇管理局在全国推广
	跨国公司外汇资金运营管理	有利于跨国公司总部、资金运营中心开展资金运营管理和资金融通业务，调剂集团内部资金余缺，降低资金成本，提高资金使用效率与便利性	6月1日起，国家外汇局在全国推广
	取消对外担保行政审批	下放主管部门的对外担保审批权力，由企业自主开展对外担保业务	6月1日起，国家外汇局在全国推广
	人民币跨境使用部分政策	进一步简化跨境贸易和投资人民币结算等业务流程，并为企业“走出去”提供全方位金融服务	6月11日起，人民银行在全国推广
	部分银行分行级以下机构和高管准入事项由事前审批改为事后报告	赋予金融机构更大自主经营空间，有利于降低金融机构市场准入门槛，促进金融行业开放竞争；有利于强化金融机构及从业人员的自我管理责任，提升金融机构开展创新和自我风控的主动意识和水平；有利于促进金融人才集聚和自由流动	6月23日起，银监会在全国推广
	允许符合条件的金融租赁公司在境内外设立子公司	一是融资租赁业务突破了原来保税区项目公司的地域限制；二是专业子公司是实体公司，具备更强的融资能力，更容易得到市场认可	7月11日起，银监会在全国推广

资料来源：根据任新建著《已复制推广的自贸试验区21项制度创新成果解读》相关内容整理，文章载于2014年9月29日的《东方早报》。

二、自贸试验区对国内开放的推动作用

我国对外开放水平因为上海自由贸易试验区的设立而进一步提高。对外开放是我国的一项基本国策，40年来，对外开放使我国经济实力和综合国力大为增强，人民生活水平不断提高，在全球经济中的地位得到较大提升。我国的发展离不开世界，我国只有通过继续探索对外开放的新路径和

新模式才能获得经济全球化条件下参与国际经济合作和竞争的新优势，而自贸区则为我国更大程度地融入世界打开了一个缺口。

《中国（上海）自由贸易试验区总体方案》要求上海自贸区在金融服务、航运服务、商贸服务、专业服务、文化服务和社会服务领域扩大对外开放，暂停或取消投资者资质要求、股比限制、经营范围限制等准入限制措施（银行业机构、信息通信服务除外）。同时，上海自贸区将实行负面清单的管理模式，对外资实行准入前国民待遇。这意味着，上海自贸区实行了超过我国加入 WTO 时承诺的开放水平。

与之前设立的各种海关特殊监管区相比，上海自由贸易试验区实施“一线逐步彻底放开、二线安全高效管住、区内货物自由流动”的创新监管服务新模式，所谓“一线”，是指边境线；“二线”是指国内市场分界线，也就是自由贸易区的空间分界线，这是实现了真正的“境内关外”。虽然自贸区仍在国境线内，但是经济制度都是按照国际规则运作。自贸区源于保税区，但又不同于保税区，保税区是有限的自由，即主要承担货物的转运、包装等保税功能，自贸区自由度则大得多，除了贸易领域，自贸区更注重服务领域的自由，当然也会带来更显著的增值效果，也因此成为我国海关特殊监管区开放程度最高的类型。

三、自贸试验区对我国未来改革开放的引领

（一）自贸区大胆改革创新、先行先试，为中国改革开放事业探路。

上海自贸区试验方案，远非仅为上海一地的发展提供制度红利，上海的转型困境，也是整个中国的难题，自贸区实施的一些措施不仅应该立足于上海，更要服务于全国。它承载了为我国推进更加深入改革开放提供经验的重要功能，是打造中国经济升级版的先行先试区，是政策突围的重要试验田。具体而言，我国可以通过自贸区的实践，逐步推进金融改革，分步实施利率市场化、汇率自由化，探索金融领域开放的新体制和机制，实现人民币资本项目下自由可兑换，推进财政税收体制改革，扩大服务贸易开放，建立法律至上的公正法治，当这些政策措施成熟时便可以推广到全

国。因此，上海自贸区是整个国家实施更加深入的改革和开放战略的试验田，必将带动上海乃至全国的新一轮开放和改革，为我国经济、政治、社会和文化体制的改革与创新注入新的活力与动能。

40 年改革开放的实践证明，改革开放始终是我国经济发展、社会和谐的活力源泉。随着上海自贸区的正式启动和成功运作，对外资实行准入前国民待遇，并实施负面清单的管理模式，这种与国际接轨的做法使外资进入自由度得到很大提高，开放的领域进一步扩大。总之，上海自贸区不是物理的远景，而是理念的推进，将为我国下一轮深入的改革开放积累新经验，开辟新途径。

（二）上海自贸试验区有力推进了服务业的开放。

李克强总理在上海调研时曾明确提出，要把上海自贸区的建设作为进一步扩大服务业开放先行先试的一个重要平台。

大力发展服务业是调整优化产业结构、加快转变经济发展方式的重要突破口，是保持经济稳定增长、不断增强长期发展后劲的战略选择，是推动实现更高质量就业、保障和改善民生、促进社会和谐的有力举措。我国从 20 世纪 90 年代中期开始服务贸易就是逆差，2013 年服务贸易逆差达到 1245 亿美元，占当年 GDP 的 –1.4%[①]，说明我国服务业行业整体国际竞争实力较弱。服务业的滞后和竞争力低下的一个原因就在于对外开放不足。而上海自贸区的意义就在于为我国扩大开放提供新思路和新途径，尤其是在扩大服务业对外开放方面。

《中国（上海）自由贸易试验区总体方案》对金融服务、航运服务、商贸服务、专业服务、文化服务和社会服务领域六大领域的服务业扩大开放的具体措施都作了明确。在金融服务业领域，自贸区允许符合条件的外资金融机构设立外资银行，符合条件的民营资本与外资金融机构共同设立中外合资银行；在航运服务领域，自贸区放宽中外合资、中外合作国际船舶运输企业的外资股比限制，由国务院交通运输主管部门制定相关管理试行

① 管涛：《服务贸易逆差对促进国际收支平衡有好处》，中国网 2014 年 7 月 23 日，见 http://finance.china.com.cn/news/20140723/2560109.shtml。

办法；在商贸服务领域，自贸区规定，在保障网络信息安全的前提下，允许外资企业经营特定形式的部分增值电信业务，如涉及突破行政法规，须国务院批准同意，并允许外资企业从事游戏游艺设备的生产和销售，通过文化主管部门内容审查的游戏游艺设备可面向国内市场销售；在专业服务领域，允许在试验区内注册的符合条件的中外合资旅行社，从事除台湾地区以外的出境旅游业务；在文化服务领域，自贸区允许设立外商独资的娱乐场所，在试验区内提供服务；在社会服务领域，允许举办中外合作经营性教育培训机构，允许举办中外合作经营性职业技能培训机构，允许设立外商独资医疗机构。期望经过自贸区两至三年的改革试验，加快转变政府职能，积极推进服务业扩大开放和外商投资管理体制改革，力争建设成为具有国际水准的投资贸易便利、货币兑换自由、监管高效便捷、法制环境规范的自由贸易试验区。

（三）自贸区对法制的探索成为未来改革开放的制度保障。

改革开放的推进是以法制的基本建立为前提的，服务和保障改革开放大局是我国法制的根本任务。十八届四中全会通过了《中共中央关于全面推进依法治国若干重大问题的决定》（以下简称“《决定》”）。《决定》提出，全面推进依法治国，建设社会主义法治国家。

我国经济的法治化程度已经越来越高，但客观地讲，它离法治经济的理想境界仍有不小差距。从产权保护到依法行政，从经济领域的立法到司法，都存在诸多缺憾，特别是在市场与政府关系这一市场经济的核心问题上，政府伸手过长，干预过多、干预不当的问题一直未能得到根本解决。而着眼于探索体制创新的上海自贸区的建立，既为改革开放探路，也是为法治经济，甚至法治国家的建设积累经验。上海自贸区中推行负面清单制度，就是对市场与政府关系命题的积极回应，国家领导人多次明确提出要让市场主体“法无禁止即可为”，让政府部门“法无授权不可为”，更是从法律层面规范市场与政府行为的最清晰表述，也是与四中全会提出的法治政府内在要求相一致的。

第十四章

改革开放与上海“四个中心”建设

上海于20世纪90年代中期明确提出“四个中心”建设目标，即国际经济中心、国际金融中心、国际贸易中心和国际航运中心，其间尽管对“四个中心”建设的内涵、格局，以及“四个中心”轻重顺序排列有所改变，但将“四个中心”作为上海城市转型的目标却是共识。为了实现这一目标，上海于上海市国民经济和社会发展第十一个五年规划（以下简称“十一五”）期内开始尝试和探索城市转型，“十一五”期间确立了“以服务经济为主的产业结构”的经济产业转型发展方向，上海市国民经济和社会发展第十二个五年规划（以下简称“十二五”）期间率先提出了“创新驱动、转型发展”发展主线，基本勾勒出以“创新驱动发展、经济转型升级”为路径，以“四个中心”建设为目标的城市转型蓝图。上海“四个中心”建设是国家基于世界大势、国家大局而提出的重大国家战略，上海“四个中心”建设先行试点的成功，对服务上海创新转型和民生保障作出了重要贡献，对加快形成更具活力、更富效率、更加开放的体制机制、支撑我国实体经济发展具有重要作用，对顺应世界经济发展趋势，提升我国对全球资源的配置能力及全球影响力具有重要作用。

第一节　上海“四个中心”建设的背景

无论是“四个中心”建设的提出，还是“四个中心”发展先后轻重顺序的变化，以及“四个中心”的创新升级，都是国家基于当时全球治理格局的变化、国际经济形势变化、科技和产业发展的趋势，基于全国经济社会发展和改革开放的大局，作出的重要国家战略决策。

一、全球城市网络中上海城市功能和地位的提升

从19世纪英国工业革命、世界贸易大繁荣以来，经济全球化日益深入、国际分工日趋深化，城市在世界经济发展中承担着日益重要的角色，

城市与城市之间的分工联系日益紧密，构成一张集聚、配置全球资金、人才、信息、技术等资源的全球城市网络，而其中某些城市能够对全球或区域经济、人力、科技、文化、政治等资源具有较强影响力、支配力和控制力，这些城市就构成全球城市网络中的节点城市或中心城市，其中少数最高节点城市是全球经济、政治、文化、信息、科技中心；是全球经济系统的中枢和组织节点、全球资本用来组织和协调其生产和市场的基点、国际资本的集散地；是大量国内和国际移民的目的地；是专业化服务供给基地，也是科技创新产品、金融创新产品的生产基地；是全球信息网络资源的集散地。这些全球城市网络中的最高节点城市就被称为全球城市。

在世界经济发展的大潮中，上海在全球城市网络中的功能和地位也在不断变迁。上海在清末开埠前已经从江边渔村发展为海港城市，开埠后又由开埠口岸发展为远东经济中心和旧中国文化中心，新中国成立后成为综合性工业基地和生产制造型经济中心城市，改革开放后，随着改革开放的深入，制造业的繁荣和服务业的兴起，上海的城市功能逐渐向综合服务型经济中心城市转型。二十世纪八九十年代对上海经济发展战略目标表述也出现了明显的提升。20 世纪 80 年代中期的提法中，关键词是“开放型”、“多功能”的“社会主义现代化城市”，是“成为全国最大的商品集散地和最重要的外贸口岸”，是“成为全国重要的金融市场”。而 20 世纪 90 年代上半期以来，提出要建成“三个中心”和“四个中心”，其关键词是“国际”中心城市，是“全球级”和“洲际级”的。近年来，上海更是提出了要建设具有全球影响力的科技创新中心和卓越的全球城市。我们从中也可以看到，上海在全球城市网络中城市功能的提升以及中央和上海为了使上海在全球城市网络中占据更高的位置，引领和带动改革开放的深入和全国经济的发展，以浦东开发开放为契机，提出了“四个中心”建设的国家战略。

进入 21 世纪，随着信息技术的几何级增长以及新产业革命对世界经济和人们生活方式带来的深刻变化，随着我国经济进入总量规模位居全球第二大经济体、经济由长期高速增长进入中高速增长的新常态，上海“四个中心”建设进入创新升级的阶段，上海更要进一步谋求在信息时代成为全球城市网络中的信息网络资源、科技创新资源的配置中心，成为全球科技创新的国际经济中心城市。

二、从国家战略的角度看上海“四个中心”建设

改革开放以后，我国在经济建设方面逐渐明确了建立中国特色社会主义市场经济的目标，我国由之前的排斥市场机制的高度集中的计划经济体制逐渐经过“计划经济为主、市场调节为辅”“有计划的商品经济”向“社会主义市场经济”过渡。在 20 世纪 80 年代设立深圳、珠海、汕头、厦门、海南五个经济特区后，对促进改革开放的成效显著，为了进一步推动长三角地区乃至整个长江流域的经济发展和改革开放，国家作出了浦东开发开放的决定，并以此为契机，提出上海要建设“四个中心”。

我国改革开放历经 40 年发展成果斐然，经济总量已位居世界前列。我国已走上国际化道路，在国际上的影响力也日益增强。但同时，我国的渐进式改革也逐步步入深水区，再加上，2008 年全球金融危机之后，全球经济进入艰难和缓慢的复苏期，我国发展的历史条件和国际背景已经大大不同于二十多年前，显著的变化至少有三个：第一，我国已经走上了国际化的道路，在这个不可逆的发展过程中，越来越体验到国际竞争之激烈，国际环境之险恶。现在，不仅需要具备动员和配置全球经济资源的能力和手段，而且还要规避和化解国际经济风险的能力和手段。第二，这次全球性经济危机势必将引起全球经济、金融、贸易格局的变化。我国能否在这个变化过程中抢占战略高地，将直接影响到我国今后十年到二十年是否具备继续顺利发展的国际条件。第三，我国如果没有一个真正意义上的国际经济、金融、贸易、航运中心城市支撑，大国崛起之路会走得很艰难，甚至有可能存在巨大的风险。第四，我国经历了长期的高速增长，以高投资、高能耗、高污染的粗放式增长已经难以为继，中国经济迫切需要寻找一条转型之路、可持续发展之路。2009 年，国务院发布《关于推进上海加快发展现代服务业和先进制造业建设国际金融中心和国际航运中心的意见》，要求上海加快发展现代服务业和先进制造业，聚焦“两个中心”建设，在中

国经济转型发展上先行探索，上海再次站到改革开放之前沿。

后金融危机时代，新的全球化经济治理格局正在形成：发达国家积极构建新型经济结构，新兴经济体加快崛起，全球金融、贸易、投资治理结构大调整，新产业革命催生新技术、新产业、新业态、新模式，科技创新成为各国关注的焦点和抢占未来发展先机的关键，全球发展中心向亚太转移。“十二五”时期，我国经济由长期的高速增长进入中高速增长的新常态，“创新驱动、转型发展”成为国民经济发展的主线。为了顺应全球经济发展大趋势，中央主动扩大开放；为了进一步释放改革红利，中央以开放倒逼改革；为了构造我国经济增长的新引擎，以创新促发展，中央又作出了上海建设中国（上海）自由贸易试验区［以下简称“中国（上海）自贸区”］和全球科技创新中心的战略决定，这一方面对“四个中心”建设提出了创新升级的要求，另一方面将与“四个中心”建设形成联动发展的局面，以开放促改革，以政策创新促制度创新，以制度创新促功能创新，以功能创新提升国际竞争力和影响力。

三、上海深化改革对全国的带动和示范效应

上海由于具备其他城市并不完全具备的一系列条件，上海深化改革将对全国具有带动和示范效应，因而，国家选择上海建设我国的国际经济、金融、贸易、航运“四个中心”，以此促进改革开放的深入。随着国际国内环境的变化，“四个中心”的先后轻重有所不同，但“四个中心”建设始终是上海城市建设的目标，也始终是改革开放的有力推手。

上海具有其他城市并不完全具备的一系列条件。从区位优势来看，上海地处太平洋西岸，长江三角洲前缘；东濒东海，南临杭州湾，西接江苏、浙江两省，北界长江入海口，长江与东海在此连接，是我国最大的港口城市，交通便利，腹地广阔。从历史基础来看，从清末开埠之前，上海已经是一个商贸荟萃的海港城市，国内外贸易非常频繁，开埠之后，上海逐渐成为远东地区的国际经济中心、国际性的交通枢纽城市和旧中国的文化中心，形成独具特色的海纳百川、兼容并包的海派文化，并得以传承。从改革开放后的经济基础来看，上海位于我国人口密度最高、城市密度最高、

经济活动密度最高，以及人均收入和人均储蓄最高的地区，拥有巨大的内陆市场和经济腹地，同时也拥有巨大的资金来源和投资需求。这些基础条件，使上海深化改革对推进全国改革开放更具有带动和示范效应。

上海通过政策创新、制度创新的先行先试，形成可复制可推广的经验，发挥上海深化改革对全国的带动和示范效应。国家从全局和战略的高度，对上海改革开放作出了一系列的部署，从浦东开发开放到建设“四个中心”再到中国（上海）自贸区和全球科技创新中心，一系列的战略安排，使上海一直担当着改革开放排头兵的角色。一系列的政策和制度的突破和创新，为其他省市乃至全国的改革开放提供了参考和借鉴，带动长三角地区、长江流域乃至全国的改革开放。

上海在国际国内两个市场中的货物、资本、人才、信息、文化、科技等多种要素流动中处于枢纽节点城市，通过资源要素的流动和配置，引领和带动全国经济的发展。改革开放以后，上海的产业结构体系、金融市场体系、现代化集疏运体系、功能性贸易平台体系等成为要素流动、资源集聚的基础条件。在要素资源的集聚和流动中，上海发挥着带动和示范效应。

第二节 上海“四个中心”建设的历程

上海的转型发展是我国转型的一个缩影，体现国家战略与经济转型的速度、路径和方向。20 世纪 80 年代的上海是一座工业化城市，城市功能相对单一，1990 年浦东开发开放为上海注入了活力，也使上海在全国的定位从“后卫”冲到了“前锋”；20 世纪 90 年代，上海进入改革阵痛期，大量国企员工下岗，市场主体培育艰难，服务业占比迅速提升，上海从工业化城市向后工业化城市转型；21 世纪的第一个十年，上海深化对外开放，与国际接轨，进一步明确了“四个中心”的发展目标。2010 年，上海于“十二五”初期提出“创新驱动发展、经济转型升级”的发展主线，并不断通过实践丰富新发展战略的理论内涵与实现路径，“创新驱动”城市转型，向2020年基本建成“四个中心”和国际现代化大都市迈进。

一、十四大报告与上海“四个中心”建设的提出

20世纪80年代中期以前，作为“共和国经济长子”，上海以综合型工业基地的身份，建立起国内最为完备的工业体系，在冶金、钢铁、化工等领域处于国内领先水平，创造了工业总产值、出口总值、财政收入、人均生产总值等10个全国第一。鉴于世界新技术革命的严峻挑战和国际国内两个市场的激烈竞争，上海于1984年启动“上海经济发展战略研究”，历经两轮专家研讨之后，由国务院改造振兴上海调研组与上海市政府共同形成《关于上海经济发展战略汇报提纲》报送中央，提出上海经济发展必须实行战略转移，大力发展第三产业，成为我国最大的经济中心和最重要的对外开放城市。

基于上海经济发展战略的判断，上海于1986年制定了新中国成立后第一个《上海城市总体规划方案》，国务院在同意规划的批复意见中进一步指出：“把上海建设成为太平洋西岸最大的经济贸易中心之一。”这是首次把上海置于国际的大格局中进行城市定位。

20世纪90年代初，尽管上海经济发展战略研究已对上海城市发展的重大转型提出了蓝图设想，但因城市建设相对落后和产业结构积重难返，城市发展战略调整始终比较缓慢。上海迫切需要寻找撬动城市改革开放全局的一个战略支点，就在此时，浦东的开发开放成为一次重大的历史机遇。浦东的开发开放也使上海发展上升为国家战略，国家对上海城市发展战略定位日渐明晰、逐步完善，即“四个中心”——国际经济中心、国际金融中心、国际贸易中心和国际航运中心，这也成为党领导上海推进改革开放，进行社会主义现代化国际大都市建设的又一历史性大手笔。

1990年2月，上海向党中央和国务院提交了《关于开发浦东的请示》。1990年3月，邓小平提出了关于上海战略地位的一个重要判断：“上海是我们的王牌”。[①]

① 吉方平:《“上海是我们的王牌”——重温小平同志关于上海改革发展的重要论断（一）》,《解放日报》2014年8月20日，参见 http://sh.eastday.com/m/20140820/u1a8291768.html。

1990 年 3 月底到 4 月初，国务院姚依林副总理到上海进行浦东开发问题的专题调研，形成了《关于开发和开放浦东几个问题的汇报提纲》上报国务院。

1992 年 4 月，李鹏总理在国务院《政府工作报告》中指出："通过上海浦东的开发开放带动长江三角洲地区乃至整个长江流域经济的发展，逐步使上海发展成为远东地区经济、金融、贸易中心之一"（以下简称"远东三中心"）。这是首次在国家重要文件中专门提及上海的发展开放事务，上海的发展正式上升成为国家战略。上海的国际定位由此从 1986 年对《上海城市总体规划》批复时的"西岸二中心"提升为"远东三中心"。

1992 年 10 月，党的"十四大报告"以党的纲领性文件形式记录了对于上海、浦东的战略部署："以上海浦东开发开放为龙头，进一步开放长江沿岸城市，尽快把上海建成国际经济、金融、贸易中心之一，带动长江三角洲和整个长江流域地区经济的新飞跃。"从中将上海的城市定位从"远东三中心"提升为"国际三中心"。

1995 年，党中央、国务院作出建设上海国际航运中心的重大决策，并于 1996 年党中央再次提出"要建设以上海为中心、以江浙为两翼的上海国际航运中心"。

可见，20 世纪 90 年代，党中央、国务院初步提出国际航运中心建设与其他三个中心建设并列，初步奠定了上海"四个中心"建设的发展目标与框架。

二、"四个中心"的"三步走"战略

21 世纪全球发展的新趋势、新挑战扑面而来，给上海城市转型带来新契机、新挑战。自 1993 年下半年开始，上海启动了新一轮的战略研究《迈向 21 世纪的上海》。这是继 20 世纪 80 年代初中期的"上海经济发展战略"后最为关键的全局性战略研究与规划设计。报告及时把握了 20 世纪 90 年代刚刚兴起的世界城市及其网络等级体系研究的最新成果，提出了上海在全球意义上"再度崛起为国际经济中心城市"的命题，指出定位国际经济中心城市的上海应具备集散、生产、管理、服务和创新五大功能。

1996年通过的《上海市国民经济和社会发展“九五”计划与2010年远景目标纲要》全面吸收了《迈向21世纪的上海》的研究成果，提出新的城市奋斗目标是：“到2010年，为把上海建成国际经济、金融、贸易中心之一奠定基础，初步确立上海国际经济中心城市的地位。”作为对上海城市定位的修订，此次在“国际三中心”之外，把“现代化国际城市”正式修订提升为“国际经济中心城市”。

2001年5月，国务院批复并原则同意《上海市城市总体规划（1999年—2020年）》，明确指出，把上海建设成为经济繁荣、社会文明、环境优美的国际大都市，国际经济、金融、贸易、航运中心之一。由此，上海的城市定位从“三个中心和国际经济中心城市”提升到“四个中心和现代化国际大都市”，为上海描绘了二十年的发展蓝图。

在世纪之交的重要时刻，以国务院正式批复并原则同意《上海市城市总体规划》（1999年—2020年），明确指出要把上海建设成为现代化国际大都市和国际经济、金融、贸易、航运中心之一为标志，初步构建了“四个中心”建设的基本框架，并把上海“四个中心”建设目标上升到国家战略的位置。同时，上海紧紧围绕“四个中心”的发展要求，着力夯实发展基础，为“四个中心”的深入发展奠定了基础。

2003年9月，时任上海市市长韩正在会见驻沪境外记者时说：“上海正按中央要求努力建设国际经济、金融、贸易、航运‘四个中心’。为实现这一目标，上海计划分三步走：第一步到2005年为‘四个中心’打好基础；第二步到2010年使‘四个中心’基本形成框架；第三步到2020年基本建成‘四个中心’。今后，上海将以科教兴市的战略来统领‘四个中心’的建设。”[①]2004年2月，根据中央对上海的战略定位，《推进上海国际金融中心建设行动纲要》正式提出了“三步走”战略，以及要使上海首先成为投资、交易、开发人民币金融产品中心的目标。根据规划，上海建设国际金融中心将分“三步走”：从现在到2005年打好基础；到2010年形成国际金融中

① 参见http://news.sina.com.cn/o/2003-09-25/1438819303s.shtml。

心基本框架；到2020年基本建成国际金融中心。围绕这一战略，上海将依托现有的金融市场体系，走人民币金融产品创新发展之路，使上海首先成为投资、交易、开发人民币金融产品的中心。此后，逐步发展成为区域性国际金融中心之一。2006年11月，《上海国际金融中心建设“十一五”规划》进一步提出了量化目标，并提出上海建设国际金融中心要“以国家战略为统领、以增强集聚和辐射能力为主线、以改革创新为动力、以强化监管为保障、以优化金融生态环境为基础”，到2020年，要基本建成与我国经济金融实力相适应的国际金融中心。

2006年，胡锦涛总书记在十届全国人大四次会议上，要求上海率先转变经济增长方式，把经济社会发展切实转入科学发展轨道；率先提高自主创新能力，为全面建设小康社会提供强有力的科技支撑；率先推进改革开放，继续当好全国改革开放的排头兵；率先构建社会主义和谐社会，切实保证社会主义现代化建设顺利进行，大力推进国际经济、金融、贸易、航运“四个中心”建设。

2006年，“两会”期间，党中央对上海的发展提出明确定位：到2020年，上海要基本建成国际经济、金融、贸易、航运中心之一和社会主义现代化国际大都市。这是党中央对上海的殷切厚望，“四个中心”是目标，“四个率先”是保障。[①]

三、全球经济转型与“四个中心”国家战略：国发19号文与“两个中心”建设

2008年全球金融危机以后，“四个中心”重点推的是“两个中心”：金融中心和航运中心。

从全球形势看，上海“两个中心”建设机遇难得。随着经济全球化的深入拓展和世界经济布局的深入调整，国际生产要素布局和重组进一步加

① 殷林森、吴大器：《上海“四个中心”发展的逻辑脉络及发展趋势分析》，《上海金融学院学报》2014年第5期。

快，全球经济金融资源加速东移。上海必须抢占先机，不断提高参与国际经济金融活动的广度和深度，并且要提速，为国家提升全球经济话语权、资源配置权作出更大的贡献。从全国情况看，加快上海“两个中心”建设的需求十分迫切。上海“两个中心”建设取得了积极进步，但与服务全国的战略要求，以及中央对上海的定位要求还有较大差距，还需不断增强上海“两个中心”建设服务全国的积极作用。从上海层面看，上海“两个中心”建设对上海自身发展尤为重要。建设上海“四个中心”和实现社会主义现代化国际大都市既是上海转型发展的目标，也是推进转型发展的途径。加快推进上海“两个中心”建设是实现上海“创新驱动、转型发展”的内在要求。

在全球经济转型的大形势下，为了更加有效地应对危机，2009 年 3 月，在对上海“十一五”期间“四个中心”建设调研的基础上，国务院常务会议通过了《国务院关于推进上海加快发展现代服务业和先进制造业建设国际金融中心和国际航运中心的意见》(以下简称“《意见》”)，首次从国家层面对上海国际金融中心、航运中心建设的目标、任务、措施等内容进行了全面部署。该《意见》是在综合考虑国内外环境的基础上，进一步对上海“四个中心”建设的统筹部署。

“十二五”时期，上海面对的国际、国内形势再度发生深刻变化。这一时期既是国际金融危机的经济复苏期，也是全球产业分工格局、贸易格局、世界经济重心与经济力量对比、全球治理结构的重大调整期，同时也是国内转变经济发展方式的关键时期。上海不仅肩负着代表国家参与国际竞争、国际规则制定和争夺经济话语权的历史重任，同时也需要在我国工业化与城市化进程中充分发挥助推、引领作用。

上海在“十二五”规划中提出：到 2020 年，上海要基本建成与我国经济实力和国际地位相适应，具有全球资源配置能力的国际经济、金融、贸易、航运中心，基本建成经济繁荣、社会和谐、环境优美的社会主义现代化国际大都市，为建设具有较强国际竞争力的长三角世界级城市群作出贡献。

2010 年 7 月，国务院正式批准实施了《长江三角洲地区区域规划》(以下简称“《规划》”)，这是继《工作方案》后，国务院批准实施的第二份关于长三角发展蓝图的里程碑式文件。该《规划》明确提出："以上海为发展核心，优化提升上海核心城市的功能，充分发挥国际经济、金融、贸易、航运中心作用，大力发展现代服务业和先进制造业，加快形成以服务业为主的产业结构，进一步增强创新能力，促进区域整体优势的发挥和国际竞争力的提升。"

2016 年 5 月，国务院通过《长江三角洲城市群发展规划》。安徽八市正式成为长三角城市群新成员，长三角范围从原来"两省一市"扩展到"三省一市"。《长江三角洲城市群发展规划》，规划期为 2016—2020 年，远期展望到 2030 年。其中，规划对上海的要求是："（1）提升上海的全球城市功能。加快建设具有全球影响力的科技创新中心，推进与苏州、无锡等周边城市协同发展，引领长三角城市群一体化发展，提升服务长江经济带和'一带一路'等国家战略的能力。（2）打造上海国际性综合交通枢纽。（3）以上海国际航运中心为核心，优化整合沿海沿江港口，形成分工合理、协同发展、军民融合的长三角现代化港口群。（4）构建以上海为核心、分工协作、差异化发展的多层级机场体系。"

四、国际贸易中心建设的再深化

国际贸易中心是上海"四个中心"建设的重要组成部分，是上海落实国家战略的重要体现。

早在 19 世纪 50 年代，上海就是我国和远东地区的贸易中心。新中国成立后，上海是我国对外贸易的五大口岸之一，是我国重要的商业城市和经济中心城市。20 世纪 90 年代初，邓小平同志对上海的发展方向和功能定位提出了战略构想，他说，如果政策对头，不出什么大问题，至多 30 年就可以把上海建成商业、金融、贸易、高科技、信息的综合性国际中心。从此揭开了上海国际贸易中心建设的序幕。2001 年，国务院在《上海市城市总体规划 1999—2020》的批复中，明确提出要把上海建设成为现代化国际大都市和国际经济、金融、贸易、航运中心之一。

进入 21 世纪，随着经济全球化的深入，商品、要素、资源在全世界范围内加快转移，传统的国际贸易中心在贸易内容、贸易主体、贸易网络、贸易功能等方面正在经历重大转型。从贸易内容看，国际贸易中心正在从最终产品贸易为主，向以中间产品、最终产品、服务产品的综合性贸易为主转变，具体表现为中间产品贸易规模不断扩大，服务外包等服务贸易迅速增长。从贸易主体看，国际贸易中心的贸易主体正在从商品批发和代理企业为主，向跨国公司及分支机构为主转变，具体表现为跨国公司之间的贸易规模迅速增长。从贸易网络看，国际贸易中心正在从主要依赖实体贸易网络，向实体贸易网络与虚拟贸易网络并举转变，具体表现为网络贸易、电子商务规模的迅速增长。从贸易功能看，国际贸易中心正在从商品集散为主，向商品集散、资金融通和信息集聚为主转变，具体表现为国际贸易中心城市既是交易中心、物流中心和定价中心，同时又是金融中心、信息中心。

随着我国更深层次地融入经济全球化进程，顺应传统国际贸易中心转型的趋势，党中央和国务院制定了利用两个市场、两种资源的开放型经济发展方针以及长三角经济圈长江流域经济带区域发展战略，要求上海加快推进国际贸易中心建设。2008 年底，上海市委、市政府明确提出，要把加快上海国际贸易中心建设提上重要议事日程，明晰发展思路，加快推进步伐，并要求上海市商务委员会牵头，组织全委力量、协调全市资源，吸取全国智慧，推进课题研究。

2009 年 4 月，国务院发布《关于推进上海加快发展现代服务业和先进制造业建设国际金融中心和国际航运中心的意见》，为上海国际金融中心和航运中心建设明确了目标和任务。8 月，市委常委会原则通过市商务委牵头的国际贸易中心建设课题研究成果，并在此基础上形成推进国际贸易中心建设的意见。2011 年 5 月和 9 月，上海市政府先后制定《关于加快推进上海国际贸易中心建设的意见》、《上海建设国际贸易中心“十二五”规划》，明确上海国际贸易中心建设的总体思路、发展目标、重点任务和政策措施。同时，围绕国际贸易中心建设，《上海商业发展“十二五”规划》、《上海会展业“十二五”发展规划》、《上海电子商务发展“十二五”规划》等市级规划及专项规划先后编制发布。2016 年起，以上相关领域和部门又相应出台了“十三五”规划。

为保障各项工作任务和政策措施到位，初步建立全方位多层次的协调共建机制，上海市政府专门发布《上海国际贸易中心建设重点工作及分工（2011—2012年）》及《上海市人民政府办公厅关于成立上海市国际贸易中心建设工作推进小组的通知》。同时，商务部与上海市以推进上海国际贸易中心建设为核心全面建立了合作关系，明确每年部市合作的各项重点工作。

2012年12月，上海市人大常委会审议通过《上海市推进国际贸易中心建设条例》，决定于2013年1月1日起正式实施，为上海加快国际贸易中心建设提供了有力的法律保障，标志着上海国际贸易中心进入新的发展阶段。

2013年8月，国务院正式批准设立中国（上海）自由贸易试验区，9月正式挂牌，2014年12月，上海自贸区由原先的28.78平方公里扩至120.72平方公里，范围涵盖上海市外高桥保税区、外高桥保税物流园区、洋山保税港区、上海浦东机场综合保税区、金桥出口加工区、张江高科技园区和陆家嘴金融贸易区七个区域。中国（上海）自由贸易试验区建设是国家战略，是先行先试、深化改革、扩大开放的重大举措，以制度创新为着力点，力争建成具有国际水准的投资贸易便利化、货币自由兑换、监管高效便捷、法治环境规范的自由贸易试验区，并通过可复制可推广的经验，促进上海乃至全国的改革开放、创新转型。随着上海自贸区的成立和发展，上海国际贸易中心建设面临新的机遇。上海自贸区的建设将会在制度环境上进一步改善上海的商贸环境，吸引更多的市场交易主体在上海集聚，活跃市场交易，扩大市场交易规模，增强上海在全球的影响力；将会进一步促进上海各类要素市场的发育与完善，使上海对国际国内市场资源配置的功能逐步增强，进而为上海国际贸易中心的建设奠定坚实的基础。上海社科院院长王战在2013年底举行的2013虹桥贸易论坛透露，近期上海国际贸易中心建设依托自贸试验区得到快速发展，新增的一千多家企业中，60%为贸易企业，30%为与贸易相关的物流企业。

为了抓住上海自贸区机遇，为保障各项工作任务和政策措施到位，2014

年8月，市政府办公厅印发《上海国际贸易中心建设2014—2015年重点工作安排》（以下简称“《安排》”）。根据《安排》，上海国际贸易中心建设将重点推动“两个创新”（推进贸易制度创新、推进贸易方式创新）、“两个提升”（提升贸易主体能级、提升贸易服务功能）、“两个完善”（完善市场体系建设、完善贸易投资环境）。《安排》中明确提出，在推进贸易制度创新方面，深化自贸试验区相关的制度创新以推进贸易制度创新、与贸易投资相关的金融创新；在推进贸易方式创新方面，上海将加强商业网点布局规划与转型，包括发布《上海市商业网点布局规划（2014—2020年）》，加快南京路、淮海路“两街”及上海市其他主要商圈商业结构调整，建设国际“购物天堂”。与此同时，上海还将大力发展平台经济，发布《关于上海加快推动平台经济发展的指导意见》，推进大宗商品、消费品及现代物流等领域平台经济发展。建立平台经济市区合作联动机制，支持鼓励大宗商品大数据平台、大宗商品交易服务平台、大宗商品动产质押平台等一批重点平台经济项目发展。2016年8月8日，上海市人民政府办公厅发布《“十三五”时期上海国际贸易中心建设规划》（以下简称“《规划》”），根据《规划》，上海将全面贯彻党的十八大和十八届三中、四中、五中全会精神，深入贯彻习近平总书记系列重要讲话精神，贯彻“五位一体”总体布局和“四个全面”的战略布局，树立创新、协调、绿色、开放、共享的发展理念，以供给侧结构性改革为主线，以自贸试验区制度创新为示范引领，积极融入并主动服务自由贸易区、“一带一路”和长江经济带等国家战略或倡议，着力提能级、强功能、补短板，深入推进以优进优出为核心的贸易转型升级，进一步向全球价值链高端跃升，深入构建与国际高标准贸易投资规则相适应的贸易制度体系，进一步营造法治化、国际化、便利化的营商环境，深入构建统一开放、竞争有序的现代市场体系，进一步促进国际国内要素有序自由流动，着力提升上海国际贸易中心的竞争力和辐射力，助推我国从贸易大国向贸易强国迈进。其目标是在2020年，基本建成具有国际国内两个市场资源配置功能、与我国经济贸易地位相匹配的国际贸易中心，基本形成与高标准国际投资和贸易规则衔接的制度体系，基本形成商品和要素自由流动、平等交换的现代市场体系。

五、全球科技创新中心：经济中心的核心举措

进入21世纪以来，随着新一轮科技革命和产业变革的兴起，科技创新成为各国抢占未来发展先机、增强全球影响力的关键。我国正处于转型发展的关键时期，经济发展新常态的开始阶段，创新成为可持续发展的重要支撑和驱动力。上海已进入后工业化阶段，创新成为经济可持续发展的新动力和重要支撑。因此，上海建设具有全球影响力的科技创新中心、依靠创新发展，是上海创新转型、可持续发展的必由之路，是国家实行创新发展战略的需要，是东部率先转型发展并带动长江经济带发展的国家区域发展战略布局的关键，是上海国际经济中心内涵的进一步丰富、与“四个中心”建设创新升级互相促进的推动力，是上海作为国际化大都市、全球性城市的全球影响力形成和增强的支撑。

2007年，中共十七大提出“提高自主创新能力，建设创新型国家”是国家发展战略的核心。2012年，中共十八大提出实施创新驱动发展战略，明确科技创新是提高社会生产力和综合国力的战略支撑，必须摆在国家发展全局的核心位置。2017年，中共十九大提出：“我国经济已由高速增长阶段转向高质量发展阶段，正处在转变发展方式、优化经济结构、转换增长动力的攻关期，建设现代化经济体系是跨越关口的迫切要求和我国发展的战略目标。”“必须坚持质量第一、效益优先，以供给侧结构性改革为主线，推动经济发展质量变革、效率变革、动力变革，提高全要素生产率，着力加快建设实体经济、科技创新、现代金融、人力资源协同发展的产业体系，着力构建市场机制有效、微观主体有活力、宏观调控有度的经济体制，不断增强我国经济创新力和竞争力。”

2010年，上海市委、市政府明确提出“创新驱动发展，经济转型升级”的战略思路，推进“四个率先”和建设“四个国际中心”。2012年，俞正声同志在上海市第十次党代会上作了题为《创新驱动、转型发展，为建设社会主义现代化国际大都市而奋斗》的报告，提出，上海要在今后五年着力实现创新驱动发展、经济转型升级，为建设社会主义现代化国际大都市的目标而奋斗。作为新时期、新阶段的总方针和发展主战略，“创新驱

动发展、经济转型升级”成为上海抓住战略机遇期推进“四个率先”、建设“四个中心”的迫切要求，是在更高起点上推动科学发展的必由之路。

2014 年 5 月习近平在视察上海时指出：“当今世界，科技创新已经成为提高综合国力的关键支撑，成为社会生产方式和生活方式变革进步的强大引领。”一是“要牢牢把握科技进步大方向，瞄准世界科技前沿领域和顶尖水平，力争在基础科技领域有大的创新，在关键核心技术领域取得大的突破”；二是“要牢牢把握产业革命大趋势，围绕产业链部署创新链，把科技创新真正落到产业发展上”；三是“要牢牢把握集聚人才大举措，加强科研院所和高等院校创新条件建设，完善知识产权运用和保护机制，让各类人才的创新智慧竞相迸发”。[①] 同年 7 月，上海市市长杨雄在和民营企业代表座谈中指出，要清除羁绊“四新”企业发展的“绊脚石”，着力将上海打造成为具有全球影响力的科技创新中心。[②]

《2017 上海科技创新中心指数报告》（以下简称“《报告》”）显示，上海市新兴产业发展引领力和区域创新辐射带动力提升速度明显，年均增长率分别达到 15.6% 和 15%，体现了上海近年来率先加速向创新经济转型，在越来越广阔的创新网络中发挥引领、枢纽作用。集成电路设计业成为产业龙头，2016 年，上海集成电路设计业规模首次超过封装测试业，全年实现销售 365.24 亿元，较 2011 年产业规模实现翻番。下一阶段，上海将聚焦张江综合性国家科学中心建设，着力提升集中度和显示度。要加快推进大科学设施群、高水平大学和一流科研机构等高端创新资源集聚张江。截至 2016 年，信息、科技服务业目前成为上海第三产业领头羊。2016 年，上海信息传输、软件和信息技术服务业增加值增长 15.1%，比上年提高 3.1%，首次超过金融业成为上海第三产业中增速最快的行业。打造具有全球影响力的科技创新中心是一个长期的、系统性的工程，上海已具备了一定的基础和潜力，上海的综合创新能力在全国处于领先水平，但仍面临很多约束和挑战，如科技创新资源相对匮乏、集聚度不高，科技创新成果转

---

① 新华网：《习近平在上海考察》，2014 年 5 月 4 日，参见 http://politics.people.com.cn/n/2014/0524/c1001-25060582.html。

② 参见 http://www.gov.cn/xinwen/2014-07/07/content_2713381.htm。

化功能不强、效率较低，科技创新支撑功能乏力、体系有待完善，科技创新文化相对缺失、创新社会氛围不浓，科技创新网络开放度较低、交流合作程度不高等等，但是全球科技创新中心建设的大幕已经拉开，“四个中心”建设也向着创新升级的纵深发展，未来上海将在全球性城市的竞争中形成自己的竞争优势，带动全国经济的发展转型。

第三节　改革与“四个中心”建设的先行先试

上海“四个中心”建设的提出、深化及创新升级，都是改革开放进行到一定阶段的产物，而上海的先行先试也为改革开放的进一步推进积累了经验，提供了示范，将改革开放的社会主义事业推向深入。

一、金融体制改革对国际金融中心建设的影响

上海国际金融中心建设是改革开放后、随着金融业的发展和金融体制改革的深入，逐渐形成的一种共识，可以说上海国际金融中心战略的提出是金融业发展和金融体制改革的产物。随着中国金融体制改革开放的逐渐深入，上海国际金融中心建设也逐步深化升级。在这个过程中，上海国际金融中心建设也在中国金融体制改革开放过程中担当了窗口、试验田、催化剂等角色，可以说金融体制改革和国际金融中心建设互相促进推动金融业乃至全国的改革开放事业。

我国金融体制改革可以分为两个大的阶段。第一阶段是从 1978 年到 2003 年，经济体制改革的重心是建立工业部门的现代企业制度。与之相适应，金融部门的改革旨在建立独立于财政的市场取向的金融体系，其目的在于创造与企业改革相适应的外部环境。以 20 世纪 90 年代为界，90 年代之前，主要是确定了中国人民银行行使中央银行职能，恢复成立了一些必要的金融机构，如完成了四大行的分设，以及其他金融机构，如：成立中

国国际信托投资公司，中国人民银行保险公司恢复办理中断了20年之久的国内保险业务，中国投资银行成立，允许银行试办信托投资业务，批准在深圳开设营业性外资金融机构，建立城市信用社等。90年代之前，我国金融体系最大的特点就是有机构无市场。90年代以后，明确了分业经营监管原则，监管系统从原来只有央行发展到“一行三会”（央行、证监、银监、保监）及自律性组织；银行系统呈现多层次的金融市场活动主体，除了四大国有商业银行外，成立了政策性银行，发展了股份制银行，区域性城市商业银行纷纷建立。2001年中国入世后，外资银行也加快了进入步伐，还包括农村信用社、其他存款贷款类金融机构。非银行金融中介也得到空前发展，除之前就有的保险、信托、租赁公司外，又出现了金融资产管理、证券、汽车金融、基金管理公司、产业基金、社保基金等。同时，股票、债券、资金、外汇、金融衍生品等市场建立。另外,《中国人民银行法》《商业银行法》《保险法》《票据法》《证券法》等相继出台，金融体制的发展也逐渐纳入法治轨道。

在旧中国，上海就是全国最大的金融中心，也是远东的国际金融中心之一。新中国建立后，这一金融中心地位受到削弱乃至消失。在改革开放初期，金融体制改革的试点城市是沈阳、广州、武汉、重庆和常州，上海是改革的“后卫”，但金融方面的一些改革如票据承兑贴现、资金市场上的同业拆借等都是由上海倡议和开始试办的。二十世纪八九十年代，为帮助上海振兴经济，以姚依林副总理为首的调查组来上海，同时，上海还邀请了一批著名经济学家参与探讨和论证如何振兴上海经济，会上一致认为要振兴上海经济就得先考虑把上海重新建设成为金融中心。1990年浦东开发开放以后，上海就从改革的“后卫”变成改革的“先锋”。

建设上海国际金融中心在十四大上被当作国家经济发展战略提出以后，随着金融体制改革的深入，上海成为全国金融体制改革的重要场所、成为国家金融体系中的重要组成部分，几乎所有国际金融中心所应具备的各类金融市场都陆续在上海建立。1990年12月上海证券交易所开业，1994年4月中国外汇交易中心成立，1996年1月全国银行间同业拆借中心成立，2002年10月上海黄金交易所开业，2006年8月中国金融期货交易所成立，以货币市场、资本市场、外汇市场为主的金融市场体系已经比较完备。与此同时，金融业对外开放的步伐也逐步加快：1996 年实现人民币经常项目可兑换，中国正式成为国际货币基金组织协定第八条款国。2001 年，中国正式加入世贸组织，在华外资银行的业务经营范围可得到国民待遇并可援引市场准入原则添设机构。2002 年，中国人民银行正式批准上海浦东发展银行和交通银行在上海市开办离岸银行业务试点。2005 年，对跨国公司的外汇管理办法实行改革。到 2002 年末，在上海的营业性外资银行就已达到 54 家。

我国金融体制改革经过第一阶段以后，我国金融体系改变了有机构无市场的窘境，建立了独立于财政的金融体系。但作为金融市场微观主体的金融机构仍面临一系列问题，以银行为例，主要表现在不良贷款过高、资本金不足、经营效率低下、风控系统落后、信息科技落后等。因此，从 2003 年开始了金融体制改革的第二阶段，主要是进行金融机构市场化取向的企业化改造，目的在于除了金融机构自身经营效益的提升，更在于提高资源配置效率，形成金融机构商业取向的企业自负盈亏、自担风险机制。2003—2012 年的十年间，在银行业，国有商业银行股改上市，资本实力、资产质量和盈利能力显著改善，为我国成功应对全球金融危机打下基础。在证券业，股权分置改革和证券机构综合治理胜利收官，公司信用类债券市场发展迅速。在保险业，现代保险企业制度基本建立。农村金融和小企业金融方面，引入小额贷款公司、村镇银行等新型金融机构。利率市场化稳步推进，人民币存贷款利率逐步放开，以上海银行间同业拆放利率（Shibor）为代表的市场基准利率体系初步建立。建立了有管理的浮动汇率制度，人民币升值步子很大。金融监管改善，防范化解金融风险的能力增强，特别是在银行监管方面。2012 年以后，鉴于金融行业中积累的潜在风险、制度性隐患，以及中国经济呈现新常态——从高速增长转为中高速增长，经济结构优化升级，从要素驱动、投资驱动转向创新驱动，中国金融体制改革又进入一个新的阶段。

从 2003—2012 年，伴随着金融体制改革进一步深化，上海国际金融中心建设的进程也逐渐加快，国际金融中心的框架基本形成。2012 年以后，随着上海自贸区的成立，上海越来越发挥着我国金融体制改革试验的作用，上海国际金融中心建设也在不断创新升级。

一是作为国际金融中心基本特征之一的多层次、多功能的现代金融市场体系在上海已经建立并日益完善。

目前上海已拥有以股票、债券交易为主的上海证券交易所，以外汇交易、银行间拆借为主的中国外汇交易中心，以商品交易为主的上海期货交易所、上海黄金交易所、上海石油交易所，以股指期货交易为主的中国金融期货交易所，多层次资本市场和多种衍生品市场的比较完备的金融市场体系已基本形成。根据世界交易所联合会（WFE）的统计数据，2014 年底，在全球股票交易所中，上海证券交易所总市值位居第 4 位，全年股票交易额居第 3 位。2014 年，上海期货交易所和中国金融期货交易所两市的成交量，占全国期货交易的 42.29%，成交额则占到全国的 77.83%。上海市银行的跨境人民币结算总量 1.91 万亿元，占全国的 25.5%。另外，上海黄金现货交易量多年来一直稳居全球第 1 位。

二是金融资源日益集聚。

截至 2013 年末，上海共有银行类金融机构 3676 个，总资产 9.8 万亿元；总部设在上海的证券公司 20 家，基金公司 44 家，期货公司 28 家，保险公司 49 家。上海还是国内外资金融机构集聚程度最高的城市，截至 2013 年末，在沪经营性外资金融单位达到 215 家，外资金融机构代表处 198 家，外资法人银行、合资证券公司、合资基金公司、外资法人财产险公司均占全国总数一半以上。另外，截至 2011 年 2 月末，全市有 81 家小贷公司获批筹建，73 家融资性担保公司审核通过，34 家企业获得央行颁发的非金融机构支付业务许可证，上海的新型金融机构成为上海金融业中的新兴力量。随着 2013 年中国银行宣布设立上海人民币交易业务总部，工行、农行、建行、国开发等大型金融机构也相继与上海签署合作备忘录，谋划筹建上海第二总部。“十二五”时期，上海金融业取得较快发展，成为拉动经济增长的重要力量。2015 年，上海金融业实现增加值 4052.2 亿元，同比增长 22.9%，占全市 GDP 的 16.2%，比 2010 年提高了约 4.8 个百分点。2015 年，上海金融市场通过股票、债券等直接融资总额达 9.2 万亿元，比 2010 年增长了 2.9 倍。“十二五”时期，上海各金融要素市场加快发展，新的市场平台不断建立。2015 年底，国务院批准筹建上海保险交易所。人民币跨境支付系统（CIPS）落户上海，中央国债登记结算公司成立上海分公司，金融市场基础设施更加健全。此外，金融市场产品和工具不断丰富，推出了国债期货、同业存单、ETF 期权、黄金 ETF、外汇期权等一批有重要影响力的金融产品和工具，金融市场规模快速增长。2015 年，上海金融市场交易总额达到 1462.7 万亿元，比 2010 年增长了 2.5 倍。上海股票、债券、期货、黄金等主要金融市场国际排名显著提升，多个品种交易量位居全球前列。中国人民银行上海总部副主任张新介绍："上海市的外资银行、第三方支付机构已占全国半壁江山。""十二五"时期，上海积极引进和培育各类金融机构，形成了中外资金融机构共同发展的格局。国际金融组织首度落户上海，金砖国家新开发银行正式开业，成为首个总部设在上海的国际金融组织。截至 2015 年末，在沪持牌金融机构总数达 1478 家，比 2010 年末增加了 429 家。

三是金融发展环境日趋完善。

在金融法治环境方面，2009 年，上海颁布实施全国首部推进国际金融中心建设的地方性法规《上海市推进国际金融中心建设条例》。2007 年，上海金融仲裁院成立。2008 年，浦东新区成立国内首家金融审判庭。上海先后在高级法院、两个中院以及金融机构云集的 4 个区设立金融审判庭。最高人民法院还明确，所有涉及上海证券交易所、上海期货交易所、中国金融期货交易所等纠纷案件的管辖权归属上海。在金融人才服务方面，上海不断加大对金融人才引进的优惠政策力度，专设"金融人才奖"；成立上海金融业联合会和上海市金融发展服务中心；开发建设金融人才网。在信用体系建设方面，2008 年，中国人民银行征信中心正式在上海挂牌，建成集中统一的企业和个人信用信息基础数据库。在此基础上，上海还在谋划建设多部门联动的地方政府公共征信平台。

四是上海作为国际金融中心城市成为全国金融体制改革的前沿。

凭借金融市场体系优势，上海在推进人民币国际化过程中再次站到了改革开放的前沿。2009 年，上海率先开展跨境贸易人民币结算试点，人民币国际化迈出第一步。2011 年，"合格境外有限合伙人"（QFLP）试点在上海率先启动，通过将“有项目再结汇”变为“先结汇再投资”，创新了资本项下的外汇管理制度。2013 年，上海自贸区成立，自贸区谋求制度创新，形成可推广可复制的经验，金融制度创新主要有放宽准入与公平竞争、利率市场化和汇率市场化、资本项目可兑换、离岸金融中心建设等方面的内容。上海国际金融中心的创新升级，将进一步推进中国金融业的改革开放。

二、国际航运中心建设与改革开放

国际航运中心建设是改革开放的产物，随着改革开放的深化，国际航运中心建设也向纵深发展，同时，国际航运中心建设也为全国改革开放的深入发挥了示范引领作用，推动改革开放迈向“深蓝”，促进我国经济的创新转型、优化升级。

在党中央国务院作出浦东开发开放战略，提出建设上海国际经济、金融、贸易中心之后，1995 年，党中央、国务院作出建设上海国际航运中心的重大决策，并于 1996 年再次提出“要建设以上海为中心、以江浙为两翼的上海国际航运中心”。上海国际航运中心在 1995 年时被定义为以“上海深水港为主体，浙江、江苏的江海港口为‘两翼’的中心”。

随着改革开放的深入，中国经济保持了连续多年的两位数增长，随着经济的起飞，上海国际航运中心也呼之欲出。自 2005 年始，上海连续 6 年货物吞吐量世界第一，最高达 7.3 亿吨；其集装箱吞吐量连续两年世界第一，最高达 3174 万标箱。有国际同行认为，上海已经是国际航运中心了。2009 年，国务院出台了《关于推进上海加快发展现代服务业和先进制造业建设国际金融中心和国际航运中心的意见》（以下简称“《意见》”），《意见》中将该国际航运中心的定义扩展为“航运资源高度集聚、航运服务功能健全、航运市场环境优良、现代物流服务高效，具有全球航运资源配置能力”的国际航运中心，并以此作为到 2020 年，国际航运中心建设的目标。

2009 年《意见》出台后，中央及上海市政府出台的与国际航运中心建设密切相关的意见（规划）主要有 4 个：《国务院关于依托黄金水道推动长江经济带发展的指导意见》（国发〔2014〕39 号）、《上海国际航运中心建设“十二五”规划》、《上海市城市总体规划（1999年—2020年）》和《关于本市加快中国邮轮旅游发展实验区建设的若干意见》。它们在不同时期分别对上海国际航运中心建设提出了目标任务。如《意见》明确了2020年战略要求，《上海市城市总体规划（1999年—2020年）》提出了2010年具体任务。这些目标任务基本围绕《意见》展开。从这些文件中可以看出，上海国际航运中心建设的时间表：2010年前，建成亚太地区国际航运枢纽港之一；2015年前，建成亚太地区最重要的国际航运枢纽港；2020年，实现建设成为全球航运中心的目标。

改革开放是上海国际航运中心建设提出、深化、创新升级的大背景。一是上海国际航运中心建设是改革开放的产物。国际航运中心可以被描述为：全球干线航运网络的重要节点，一个在世界范围内对那些以国际流动性为特征的服务型和知识型航运业务具有竞争力，从而在这些领域里市场份额大、国际排名领先的城市。改革开放以后，全国各界都在谋求经济的迅速崛起和持久发展，迫切需要中国全面参与国际分工和国际竞争。而国际航运中心对于提升我国对全球资源的集聚和配置能力、提升我国在国际航运领域和市场上的话语权和影响力具有至关重要的意义，且航运中心和金融中心、贸易中心是三位一体、共同发展的，是国际经济中心城市的重要支撑。因此，中央在提出建设上海国际经济、金融、贸易三个中心之后，随即在1995年提出建设上海国际航运中心。二是有关体制机制的突破和政策的倾斜推动上海国际航运中心建设向纵深发展。《意见》出台后，培育航运金融、船舶交易、船舶管理、航运经纪、航运信息等高端服务业，为吸引“中国船”回归的特案免税，以及支持邮轮经济发展等新政策的突破和对原有政策的完善给上海国际航运中心建设置入“加速助力器”，同时也为中国经济发展带来新机遇。《意见》明确提出要探索建立国际航运发展综合试验区，这是国内目前为止确定的唯一一个国际航运发展综合试验区，围绕国际航运中心建设的总体目标，通过持续的政策创新、制度创新和体制创新，率先形成符合国际惯例的自由港功能和制度，发展成为低成本、高效率、具有国际航运资源能力的航运特区。上海自贸区更是上海国际航运中心制度创新和政策突破，推动航运金融乃至航运服务业发展的核心载体。

三是多方位多层次联动发展是建成国际航运中心的必由之路。国际航运中心建设是国家战略，必须“联动”，争取中央支持、各部门配合以及与兄弟省市联动，集纳和使用全球范围内的新思路新技术。首先是“三港三区”联动发展，实现资源共享、功能互补，实现放大效应。其次是上海与兄弟省市实现区域联动，尤其是与江浙腹地以及整个长三角区域的联动。最后是政策联动，尤其是与上海自贸区的制度和政策创新的联动。四是上海自贸区、国际经济、金融、贸易中心、国际创新中心等国家战略将推动国际航运中心建设。上海自贸区、国际经济、金融、贸易中心的创新升级都是改革开放的成果，也是改革开放向纵深发展的表现。上海自贸区在投资管理制度、监管制度、金融制度、政府管理、法制环境等方面的创新，上海国际经济、金融、贸易中心建设等都为国际航运中心建设提供了全方位的支撑和进一步发展的动力。

上海国际航运中心建设是全国改革开放的示范引领，推动全国改革开放进一步深化。一是先行先试的示范作用。上海先行试点的成功，对全国具有示范带动引领作用，对我国航运发展具有全局意义。二是创新突破的引领作用。突破性政策与制度安排包括：公正透明、体系完备的法律制度，规范公平、有序竞争的市场准入制度，宽松可控的外汇资金结算便利制度，有竞争力和吸引力的税收制度，快速高效、便捷安全的海关监管制度，符合新兴业态与服务模式的工商登记和财会管理制度，信息完备、资源共享的信用管理制度等。三是深化改革的带动作用。通过一系列先行先试政策，有力推动了相关制度领域的改革，对我国加快形成更具活力、更富效率、更加开放的体制机制具有重要作用。

三、国际贸易中心建设与改革开放

国际贸易中心建设作为国家战略是改革开放的产物，随着世界贸易趋势的发展和我国改革开放的深化，国际贸易中心建设也在转型升级，同时，国际贸易中心建设为国际经济、金融、航运中心的建设创造了良好的条件，为上海经济转型发展提供引擎，为进一步推进改革开放打下基础。

（一）国际贸易中心建设作为国家战略是改革开放的产物。

早在19世纪50年代，上海就是中国和远东地区的贸易中心。新中国成立后，上海是中国对外贸易的五大口岸之一，是中国重要的商业城市和经济中心城市。但真正把上海国际贸易中心建设上升为国家战略还是在改革开放以后。改革开放以后，我国由之前的排斥市场机制的高度集中的计划经济体制逐渐经“计划经济为主、市场调节为辅”、“有计划的商品经济”向“社会主义市场经济”过渡，流通体制也朝着大流通、大市场、大贸易的方向发展。到20世纪90年代，我国流通体制改革已经完成三个阶段：1978—1984年起步阶段：放开部分农副产品市场和对原国有商业企业进行扩权让利；1985—1991年有计划的商品经济阶段：商业管理体制、企业内部体制、批发体制等方面的改革；1992—2000年向社会主义市场经济转变阶段：社会主义的商品市场体系初建框架基本建立，这些都为上海国际贸易中心建设的提出并上升至国家战略打下了体制机制基础。同时，改革开放的进一步推进也需要建立一个国际贸易中心。在改革开放的大形势下，鉴于上海在国际贸易中的历史地位和独特的地理位置，上海国际贸易中心作为国家战略提出成为历史的必然。

（二）改革开放的深化促进国际贸易中心建设的进一步发展，也促使国际贸易中心的内涵进一步丰富，促进国际贸易中心建设的转型升级。

2001年，中国加入WTO，流通体制改革也进入深化阶段（2001—2007年），我国形成了国有、集体、个人及私营、外资多种所有制，大型百货商店、超市、专业店、便利店等多种业态，连锁代理等多种经营方式共同发展的新型商业流通格局。改革开放的深化发展，也进一步加快了国际贸易中心的进程。到2007年，上海的商品购销总额已达36929亿元，占全国的10.01%，居中国各城市之首。[①]2016年，上海商品销售总额首次突破10万亿元人民币，达100793亿元，增长7.9%，消费已成为上海经济增长的“稳定器”和“压舱石”，对经济增长的贡献率接近65%。据市商务委统计数据，2016年，上海电子商务交易额超过2万亿元，增长21.9%，其中，B2B交易额和网络购物交易额分别增长17.3%和35.4%；社会消费品

① 参见 http://news.163.com/09/0719/08/5EIR16MH000120GR.html。

零售总额再次超过1万亿元，增长8%。在上海消费领域，“商品+服务”、“线上+线下”等各类融合业态发展迅猛，上海人均消费支出中服务性消费占比超过50%；2007年，上海口岸进出口贸易总额则为5209亿美元，占全国的23.9%，全球的1.85%。2016年，上海口岸进出口货物总值6.9万亿元人民币，同比增长1.5%，占全国的28.3%，继续为中国第一大口岸。[①]从贸易数据看，上海一直保持着作为我国的一个贸易中心的地位，并已初步具备作为一个国际贸易中心的规模。但是，从贸易内容、贸易结构、贸易主体、贸易方式等构成全球资源配置能力和国际影响力的方面来讲，与世界上公认的五大国际贸易中心（纽约、伦敦、东京、新加坡和香港）仍有较大的差距。随着世界贸易趋势的变化以及改革开放的推进，上海国际贸易中心建设的内涵进一步丰富，不再单纯以贸易量和货物集聚为标准，而是要成为以跨国公司和契约企业为主体，以中间产品贸易、转口贸易和离岸服务为重要贸易内容，以现代信息技术为手段，以高度自由化的贸易体制为基础，成为世界城市贸易网络体系中的资源配置中枢。

（三）中国（上海）自由贸易试验区对国际贸易中心建设构成重大利好。

自贸区的建设是国家在新形势下改革开放的又一重大战略。建立中国（上海）自由贸易试验区，是主动顺应全球化经济治理新格局，主动对接国际贸易新规则，主动塑造中国改革新红利的战略举措。上海自由贸易试验区的核心目标是改革开放、制度创新。制度创新可概括为“三自由一保障”：即贸易自由、投资自由、金融自由和法制保障。贸易方面，试验区遵循“一线放开、二线管住、区内自由”的原则，凡符合国际惯例的货物均畅通无阻。投资方面，实行“非禁即入”的原则：除了清单上规定不能干的，其他都可以干。金融方面，试验区内利率市场化、人民币资本项目可兑换等重磅金融改革引人注目。通过上海自贸区的制度创新，将为国际贸易中心建设的创新升级，营造接轨国际的商贸环境，集聚高能级有活力的市场主体，发展服务贸易、离岸贸易、“智慧贸易”等新型贸易业态模式，塑造国家级会展设施平台、国际贸易和海外营销促进平台、中国技术进出口促进平台、电子商

---

① 参见 http://www.xinhuanet.com/politics/2017-02/14/c_129478155.htm。

务平台、大宗商品交易平台、服务业集聚区平台、近悦远来的购物和消费平台、内外贸一体化平台、财经信息国际信息港平台、国际贸易机构集聚平台十大功能平台，大大增强了国际国内贸易资源的配置能力。

（四）国际贸易中心建设为进一步深化改革开放发挥示范、引领、带动作用。

上海先行试点的成功，对全国具有示范带动引领作用，对我国利用国际国内两个市场、两种资源，实现内外贸一体化发展具有全局意义。突破性政策与制度安排包括：公正透明、体系完备的法律制度，规范公平、有序竞争的市场准入制度，宽松可控的外汇资金结算便利制度，有竞争力和吸引力的税收制度，快速高效、便捷安全的海关监管制度，符合新兴业态与服务模式的工商登记和财会管理制度，信息完备、资源共享的信用管理制度等。通过一系列先行先试政策，进一步扩大对外开放，以开放促改革，有力推动了相关制度领域的改革，对我国加快形成更具活力、更富效率、更加开放的体制机制具有重要作用。

四、科技创新与国际经济中心建设

2014 年 5 月，习近平总书记在上海视察工作时强调："当今世界，科技创新已经成为提高综合国力的关键支撑，成为社会生产方式和生活方式变革进步的强大引领，谁牵住了科技创新这个牛鼻子，谁走好了科技创新这步先手棋，谁就能占领先机、赢得优势"。[①] 放眼世界，全球新一轮科技革命和产业革命正在孕育兴起，世界科技创新呈现出新的发展态势和特征，学科交叉融合加速，新兴学科不断涌现，前沿领域不断延伸，一些重要科学问题和关键核心技术呈现革命性突破的先兆，互联网日益成为创新驱动发展的先导性力量，国际经济竞争更加突出地体现为科技创新的竞争。从国家层面来看，改革开放 40 年，我国经济保持了长期的快速增长，创

① 闻扬：《习近平总书记考察上海侧记》，《解放日报》2014 年 5 月 26 日，见 http://cpc.people.com.cn/n/2014/0526/c64094-25066284.html。

造了世界经济发展的“奇迹”。2008 年金融危机后，我国经济进入调整转型的新常态，依靠要素驱动和资源消耗支撑的发展方式难以为继，中国经济的发展需要寻找新的动力之源，而科技创新呈几何式增长以及对人类生活的巨大影响力，无疑具有动力和引擎的功能。从上海城市发展的内在要求来看，上海发展到了没有改革创新就不能前进的阶段，必须依靠以科技创新为核心的全面创新，重构城市发展动力、激发全社会创新创造活力。“十二五”时期，上海率先提出了“创新驱动、转型发展”的发展主线。在新的历史背景下，“四个中心”建设的路径面临再选择。

（一）未来影响“四个中心”建设路径的关键变量将转向科技创新。

全球化与信息化交互作用背景下，随着上海开放度的不断提升，未来影响“四个中心”建设路径的关键变量将从以往传统的物质生产力，逐步转向信息生产力所决定的科技创新变量，使通往“四个中心”的道路既不能简单套用国际经验，也不能墨守成规，而是要牢牢把握全球化与信息化发展的特点，顺势而为。首先，“世界经济重心东移——亚洲新兴市场国家兴起”为上海“四个中心”建设创造了迎接新产业革命的契机，上海或将立足国际层面参与全球城市网络竞争与合作。其次，信息化赋予城市集聚与辐射功能以“流”的特征，城市日益取代国家，成为全球生产和服务网络的空间载体，而国家要素的作用正日趋减弱，在此背景下，上海未来“四个中心”建设的路径或将发生颠覆性改变。这其中的一些关键性变量不容忽视，例如，以互联网和数字技术为载体的科技创新，如大数据管理、云计算、移动网络等，以及以平台经济为代表的商业模式创新，如互联网金融等。新的空间流动意义上的要素集聚与功能辐射成为“四个中心”建设所必须面对的新挑战。

（二）“创新驱动、转型发展”赋予国际经济中心新内涵和新载体，即全球科技创新中心。

上海国际经济中心与全球科技创新策源地的目标定位，符合新产业革命发展趋势，也符合“创新驱动、转型发展”的内在要求，有助于上海形成基于产业融合的新的传统优势产业改造路径，将金融、贸易和航运中心的动态优势溯至科技创新的本源，因而也更有助于上海实现从技术引进到自主创新的转型升级，实现以需求引导、市场引导而不是政府扶持产能的产业化应用模式创新。一是从建设手段看，应着力于数字技术、生物科技和信息化平台模式的有机组合；二是从建设目标看，国际经济中心不是传统意义上的产能量化基地，而是世界科技创新的风向标；三是从建设特点看，应体现为先进制造业和现代服务业的融合发展；四是从建设路径看，应选择效率驱动下的“四个中心”联动发展。

（三）“四个中心”建设的内在联系需要再认识。

建设国际经济中心是上海承担的国家战略。“四个中心”之间不是平行关系，国际经济中心统摄“三个中心”，但国际经济中心不只是国际金融中心、国际贸易中心、国际航运中心的简单叠加，而是指国际先进制造业中心与产业能级辐射中心（包括总部经济和科技研发创新中心等）。国际经济中心的内涵和产业核心竞争力是先进制造业。如今，世界先进制造业的前沿集中体现为智能制造。随着数字技术、生物科技、基因科学和脑科学的发展，智能制造在产业升级中的作用将愈发重要，它将进一步模糊先进制造业内部的产业边界，以及先进制造业同现代服务业的产业边界，促进产业融合。上海作为全国最大的经济中心城市，智力基础雄厚、科技资源充沛，理应建设成为具有全球影响力的科技创新中心。

（四）“创新驱动、转型发展”助推“四个中心”建设。

从“创新驱动、转型发展”与“四个中心”建设之间的互动关系看，“创新驱动、转型发展”是实现“四个中心”的路径，而“四个中心”是创新转型的目标，两者是路径与目标的关系；同时，“创新驱动、转型发展”又是挖掘上海城市转型动力的重大战略举措，而“四个中心”建设则体现了城市的综合功能，因此，两者又是战略与功能的关系，两者统一于城市转型的过程之中。需要指出，“四个中心”并不是“创新驱动、转型发展”的最终目标，而是阶段性目标，“四个中心”的阶段性侧重于经济功能实现，而“创新驱动、转型发展”则是把创新贯穿于经济社会发展的各个环节和过程，着力推进包括知识创新、技术创新、组织创新、模式创新、区域创新和制度创新在内的一系列从发展理念到体制机制的重大转变，着力激发创新活力，营造创新环境，在创新中推动转型发展，使创新成为经济社会发展的主要驱动力，在一定程度上深化和丰富上海“四个中心”建设的目标内涵，推动“四个中心”建设的创新升级。

第四节　上海“四个中心”建设对全国的意义

上海“四个中心”建设中一系列的突破性政策和制度安排，都是国家从全局和战略的高度，对我国经济、金融、贸易改革开放和航运发展作出的重大部署。上海“四个中心”建设先行试点的成功，对支撑我国实体经济发展、服务上海创新转型和民生保障作出了重要贡献，对全国具有示范带动引领作用，对我国的改革开放事业具有全局意义，对我国加快形成更具活力、更富效率、更加开放的体制机制具有重要作用，对顺应世界经济发展趋势，提升我国对全球资源的配置能力及影响力具有重要作用。

一、上海发展与世界经济发展趋势相结合

上海“四个中心”建设与世界经济发展趋势相吻合，有效提升了我国在国际市场上的竞争力、话语权和影响力。一是全球要素资源集聚力持续增强。人民币国际化逐步推进，上海谋划成为全球人民币基准价格形成中心、资产定价中心和支付清算中心；在国际竞争日趋激烈的情况下，外资航运龙头企业以及跨国公司结算中心、利润中心等功能性机构纷纷入驻上海。全球营运控制功能伴随离岸贸易试点推进开始发展。二是国际市场价格影响力逐步显现。铜期货价格作为世界铜市场三大定价中心之一的权威地位进一步巩固；上海出口集装箱运价指数（SCFI）和中国沿海（散货）运价指数（CCBFI），引起国际航运界高度关注。

二、上海服务全国的发展理念

“四个中心”建设的加快推进，使上海更好地服务于长三角地区、长江

流域和全国的发展，深化了与港澳台之间的交流和合作。一是服务长三角，连接长三角地区的道路交通网络加快建设，建立长三角、上海与中部六省市以及川渝等区域“大通关”合作机制。加强区域联动，合力推进长三角一体化建设，带动长三角城市群的崛起。二是服务长江流域，推动江海联运，实现长江集装箱船舶航线直达洋山港。充分发挥“四个中心”建设的带动示范效应，服务“长江经济带”战略，带动整个长江流域的经济发展和改革开放。三是服务全国，促进跨区域口岸物流联动发展。洋山保税港区已基本建立水水中转二次集拼业务流程和网络体系，初步覆盖沿江沿海经济腹地（北起大连、青岛，南至厦门、福州，中到武汉、南京）。上海基本已建成服务全国大市场的金融市场体系、内外贸一体化的贸易体系，现代化集疏运体系和航运服务体系，在此过程中，形成了一系列可复制可推广的改革开放经验，更好地服务于全国改革开放的大局。

三、“四个中心”相互联动的发展方式

“四个中心”之间，都存在着相互依存、共同发展的关系：经济中心是基础、金融中心是核心、航运中心是保障、贸易中心是条件；金融中心、航运中心、贸易中心共同构成经济中心，其基本特征是集聚、辐射、示范。从历史上看，20 世纪 90 年代中期上海提出国际金融、贸易、航运中心建设目标，明确指向发展服务经济，原因在于这三个中心是当时上海城市功能建设中最为紧迫和薄弱的领域，大力推进三个中心建设，有助于上海城市辐射能力和集聚能力提升，有助于上海早日建成国际经济中心。然而，国际经济中心并不是金融、贸易、航运功能的简单加总，而是城市综合功能的提升以及在全球城市网络体系中控制力和影响力的提升。一是推动“四个中心”建设联动发展。“四个中心”之间具有天然的内在联系，世界上的许多贸易中心，随着贸易的繁荣带来人流、物流、资本流、信息流的集聚，为航运中心、金融中心的形成提供了前提，所以世界上大的贸易中心往往也是航运中心和金融中心，进而也成为国际经济中心城市。要实现“四个中心”的联动发展，就要尊重和顺应这种内在联系，同时重视文

化因素在产业融合中的作用，秉承上海自开埠以来根植于城市基因与文化中的“开放——改革——创新——转型”的元素，实现“四个中心”的升级版。二是提升城市综合功能。“四个中心”的联动发展，将助推产业结构调整优化升级，支持民生保障和社会事业发展，从而提升整个城市的综合功能，提升上海在卓越的全球城市网络中的能级地位，成为具有全球影响力的城市。

第十五章

创新与上海的改革开放

当前，我国经济社会的改革发展迫切需要创新意识、创新思维、创新理念和创新实践等创新活动来推动。十八大报告提出，要以全球视野谋划和推动创新，提高原始创新、集成创新和引进消化吸收再创新能力，注重协同创新，这也论证了我国实施创新驱动发展战略的必要性。上海的改革开放，在多个领域一直先行先试走在全国前列，取得了举世瞩目的实效，给其他地区的改革和发展提供了示范和指导。新时期，率先实施创新驱动，建设具有全球影响力的科技创新中心是上海适应国内外发展新形势的必然要求，是上海在更高起点上推动科学发展的必由之路。

第一节　上海的改革开放：创新率先全国

从全国的视野来看，上海的改革开放最重要的特征是：率先创新。上海的率先创新又包括两层含义：一是从国家战略高度看，改革开放以来的多项国家战略首先是落地上海，例如，建设国家大型钢铁基地宝钢，浦东开发开放，浦东综合配套改革，中国（上海）自由贸易试验区等；二是从区域之间来看，上海的改革开放往往是开全国其他地区之先河。

一、上海在全国的战略定位：率先创新

上海在全国战略定位中的率先创新实践，源于改革开放之初邓小平同志决定把国家大型钢铁基地放在上海，从日本引进整套设备建设宝钢。

上海在全国战略中的定位的提法是2006年时任中共中央总书记的胡锦涛同志首次提出的。2006年胡锦涛总书记在参加十届全国人大四次会议上海代表团审议时，对上海提出：希望上海率先转变经济增长方式，把经济社会发展切实转入科学发展轨道；率先提高自主创新能力，为全面建设小康社会提供强有力的科技支撑；率先推进改革开放，继续当好全国改革开放的排头兵；率先构建社会主义和谐社会，切实保证社会主义现代化建设

顺利进行。

2007 年 5 月，为落实胡锦涛总书记的上述精神，上海市第九次党代会提出上海要努力率先转变经济增长方式、率先提高自主创新能力、率先推进改革开放、率先构建社会主义和谐社会，开创上海国际经济、金融、贸易、航运和社会主义现代化大都市的新局面。时任上海市委书记的习近平同志在上海市第九次党代会上指出，上海未来发展必须放在中央对上海发展的战略定位上，放在经济全球化的大趋势下，放在全国发展的大格局中，放在国家对长江三角洲区域发展的总体部署中来思考和谋划。强调上海发展到现阶段，必须更加注重提高发展质量，更加注重优化发展途径，更加注重丰富发展内涵，更加注重增强发展动力，归根结底就是必须坚定不移地走科学发展之路。

2012 年 11 月 8 日下午，习近平同志在参加党的十八大上海代表团讨论时指出，希望上海的同志们认真学习、深入领会、全面贯彻党的十八大精神，抓住机遇、应对挑战、乘势而上，加快推进“四个率先”、加快建设“四个中心”和社会主义现代化国际大都市，以更加奋发有为的精神状态推进党的建设，努力开创上海工作新局面。

2017 年 3 月，在两会期间，习近平总书记在参加上海市代表团全团审议时，充分肯定一年来上海围绕创新驱动发展、优化经济结构、深化改革等方面取得的新成就，他划出四方面重点，其中包括坚持以自由贸易试验区建设为突破口，着力加强各项改革措施的系统集成。中央把很多改革试点放在上海，体现了中央对上海的高度信任。聚焦科技创新中心建设，坚持创新引领，加快经济结构战略性调整，实施创新驱动发展战略迈出新步伐。这是中国新时期的战略，上海是经济中心城市，要先行先试走在前列。

二、上海率先实施创新驱动、转型发展战略

当今世界，科学技术越来越成为推动经济社会发展的主要力量，上海必须在推进科技创新、实施创新驱动发展战略方面走在全国前头、走在世界前列，把上海建成具有全球影响力的科技创新中心。

正是基于以上认识，早在 2010 年 11 月，上海市委九届十三次全会审议并通过的《中共上海市委关于制定上海市国民经济和社会发展第十二个五年规划的建议》中强调，“十二五”期间上海要下决心走创新驱动、转型发展的道路。

实现创新驱动、转型发展最根本的要靠人才和人才的创造力。上海在这方面拥有较好的条件：一是高素质技术人才的积聚，二是高素质的高等教育体系和科学技术研发体系，三是一支庞大的科技人才队伍和科研力量。

2012 年中共上海市委第十次代表大会进一步提出：“必须坚定不移、坚持不懈地推进创新驱动、转型发展，把促进人的全面发展作为创新转型的根本目的，把深化改革开放作为创新转型的强大动力，把培养和集聚人才作为创新转型的关键所在，把改革完善党的领导方式、执政方式和保持党的先进性、纯洁性作为创新转型的政治保证，以制度创新带动观念、科技和文化创新，以创新驱动发展，在发展中加快转型，在转型中提升发展质量和效益，这是新一届市委的重要使命，也是上海市在新起点上实现新发展、形成新优势的战略要求和关键路径。”在 2015 年 1 月底召开的上海政协会议上，中共中央政治局委员、上海市委书记韩正表示建设上海全球科创中心的方案将是上海市政府 2015 年的一号课题。在 2017 年 10 月 16 日举行的上海市政府新闻发布会上，市商务委会同市发改委、市科委、市知识产权局等共同介绍了新发布的《上海市关于进一步支持外资研发中心参与上海具有全球影响力的科技创新中心建设的若干意见》（以下简称“《若干意见》”）。该文件是在广泛调研和征求各方意见的基础上制订的，经市政府常务会议审议通过，共包括 16 条措施，通过四方面政策聚焦，努力在投资贸易、人才、法治、研发等领域营造更好的环境。

在我国改革开放历史上，创新驱动、转型发展既是在党的十八大正式提出“实施创新驱动发展战略”之前从十二五规划开局之年就在上海实施了，也是率先全国其他区域实施的，充分体现了上海创新率先全国的战略定位。

三、创新驱动发展、经济转型升级

2014 年是上海创新驱动发展、经济转型升级的关键一年，中央要求上海当好改革开放的排头兵和科学发展的先行者。对于上海而言，创新驱动发展、经济转型升级关键在于围绕国家战略、服务国家战略的过程中体现自身的发展水平、成果和价值。而在刚刚过去的 2017 年，对于加快建设具有全球影响力的科创中心的上海来说，是“夯实基础”的一年。

四、建设具有全球影响力的科技创新中心

2014 年 5 月，中共中央总书记习近平同志在沪考察期间提出了上海发展的新定位是建设全球科技创新中心。

2014 年 12 月 15 日至 16 日，中共上海市委举行了“深入实施创新驱动发展战略学习讨论会”。会议认为，建设具有全球影响力的科技创新中心，最根本的是提高自主创新能力，最紧迫的是创新科技体制机制。

2015 年初，“大力实施创新驱动发展战略，加快建设具有全球影响力的科技创新中心”被列为上海市委唯一的重点调研课题，由上海市委书记韩正担任课题组组长。上海建设全球科技创新中心建设将综合考虑全球发展趋势、国家战略需要和上海自身条件，努力建设创新要素高度集聚、创新活力竞相迸发、创新成果持续涌现的综合性、开放式科创中心。

2017 年 9 月 26 日，张江实验室挂牌成立，聚焦具有紧迫战略需求的重大领域和有望引领未来发展的战略制高点，向国家实验室建设目标迈进。全球规模最大、种类最全、综合能力最强的先进光源设施群和光子科学中心正在张江形成。12 月，张江综合性国家科学中心又一重大装置项目——“硬 X 射线自由电子激光装置”获批启动。作为国家重大科技基础设施建设“十三五”规划优先布局的项目，该装置是国内迄今为止投资最大的重大科技基础设施项目，取得了当年立项当年启动的阶段性成果。目前，该项目已启动初步设计，建设周期历时 7 年，预计 2025 年完工，建成后将成为世界上最高效和最先进的自由电子激光用户装置之一。为物理、化学、

生命科学、材料科学、能源科学等多学科研究领域提供高分辨成像、超快过程探索、先进结构解析等尖端研究手段。超强超短激光装置 2017 年 10 月成功实现 10 拍瓦激光放大输出重大阶段性进展，达到国际同类研究领先水平。同时，转化医学设施、超强超短激光装置、软 X 射线自由电子激光装置、活细胞成像平台、上海光源线站工程等 5 个科技基础设施建设进展顺利。海底科学观测网、高效低碳燃气轮机试验装置项目建议书获批。中科院“十三五”科教基础设施规划已经报批，涉及的 15 个在沪项目正在抓紧完善方案。李政道研究所项目建议书已基本完成。94 平方公里的张江科学城规划发布，73 个重点项目启动建设。张江综合性国家科学中心的集中度、显示度得到有力提升。

五、上海建设具有全球影响力的科技创新中心的客观背景

“建设具有全球影响力的科技创新中心”是上海适应国内外发展新形势的必然要求，是上海在更高起点上推动科学发展的必由之路。

从国际上看，新一轮科技革命和产业革命正在世界范围内兴起，世界主要发达国家纷纷把发展新能源、新材料、低碳技术、绿色经济等作为新一轮产业发展的重点，抢占世界经济发展新的制高点。当前世界市场上，围绕产业、技术、市场、标准的竞争更加激烈，传统的粗放型发展方式越来越难以为继。上海肩负着代表中国参与全球竞争、争夺全球经济话语权的时代重任，必须进一步提升创新的国际竞争力。因此，以创新为主要驱动力，率先推进发展转型，构建以高新技术产业、新型战略产业和高端生产性服务业为核心的现代产业体系，在引领全国转变经济发展方式过程中起到率先和带动作用，已成为上海未来经济发展的必由之路。

从上海自身来看，改革开放以来，上海经济发展建立在依靠大量资本投入、低成本劳动力和大规模消耗土地、能源基础上的粗放型发展方式基础之上，初级生产要素和投资驱动是上海改革开放以来经济保持持续高速增长的主要动力。在过去发展的基础上，展望未来，投资和初级生产要素对上海经济增长的拉动效应将逐步递减，经济增长的动力源亟待转换，这

表明上海已经进入后工业化阶段。比如，土地、劳动力等成本迅速上升，上海资源环境承载能力已接近极限，可供开发的土地快速减少，建设用地占全市陆域面积的比重已经超过 1/3，远高于许多国际大都市 15%~20% 的水平，远远超过国际大都市建设用地标准的极限；能源消耗总量已突破 1 亿吨标准煤，能源安全保障的难度和碳减排的压力不断增加。因此，上海已经处于从投资驱动向创新驱动转变的关键节点，上海要摆脱原有发展的路径依赖，在新的更高起点上实现新突破，就必须走创新驱动、转型发展之路。

第二节　上海对全国的启迪：实施创新驱动发展战略

在上海率先提出创新驱动、转型发展战略之后，党的十八大正式提出了实施创新驱动发展战略。上海实施创新驱动、转型发展战略应当是我国实施创新驱动发展战略的开端和启迪。我们可以从客观依据、规划方案和总体思路三个角度来理解党的十八大提出的实施创新驱动发展战略。

一、我国实施创新驱动发展战略的客观依据

经济发展方式的本质内容是生产要素的组合和使用方式，经济发展的驱动因素主要是生产要素、投资和创新。在经济发展的不同阶段，这些驱动因素（生产要素、投资和创新）的功能、比重、地位、定位和贡献率也会随之调整和变迁；在经济发展的同一阶段，这三个因素的功能、比重、地位、定位和贡献率有高低大小之分和不同组合。因此，这三个不同驱动因素之间就存在着“最重要的驱动因素”和一般的驱动因素的区别。在这里，我们突出“最重要的驱动因素”的目的是基于任何时期的经济发展都是生产要素、投资和创新等因素共同驱动的结果，而经济发展战略则总是

取决于众多驱动因素中的“最重要的驱动因素”。一般说来，在经济发展刚启动时生产要素是最重要的驱动因素，与之相应，政府往往实施生产要素驱动发展战略；之后，经济发展取得了一定的成就，各项经济发展要素得到了一定的积累，投资成为最重要的驱动因素，与之相应，政府往往实施投资驱动发展战略；再之后，经济发展取得了更大的成就，各项经济发展要素得到了更多的积累，创新便成为最重要的驱动因素，与之相应，政府往往实施创新驱动发展战略。

基于以上的认识，通过总结改革开放以来我国经济发展的客观趋势、基本规律及驱动因素（生产要素、投资和创新）的变迁，分析当前及今后我国经济发展的客观趋势、基本规律及驱动因素（生产要素、投资和创新）的变迁，比较各驱动因素（生产要素、投资和创新）随着我国经济发展的结构性升级在功能、比重、地位、定位和贡献率方面的变化，我们认为：我国实施创新驱动发展战略的客观依据是当前及今后我国经济发展中“最重要的驱动因素”已经从生产要素和投资转为创新。这一客观依据反映了“我国实施创新驱动发展战略”的必然性、可行性和必要性。

（一）必然性：创新驱动发展战略能否实施首先取决于这个国家的经济发展驱动因素是否已经从生产要素、投资转变为创新，即实施的必然性。

那么，用什么来衡量这一必然性呢？我们认为，至少可以从以下五个角度来考察。

1. 符合世界各国经济发展一般规律。

20世纪中叶以来，科技革命推动了世界范围内生产力、生产方式、生活方式的深刻变革。进入21世纪，科技革命正孕育着在信息科技、生命科学、生物技术、能源科技、纳米科技、空间科技等领域中的新突破，知识在经济社会发展中的作用日益突出，经济发展越来越有赖于知识的积累和创新。世界各国尤其是发达国家纷纷把推动科技进步和创新作为国家战略，大幅度提高科技投入，加快科技事业发展，加快科技成果向现实生产力转化，为经济社会发展提供持久动力，在国际经济、科技竞争格局中争取主动权。

2. 我国改革开放以来经济发展规律的历史必然。

对我国改革开放 40 年来我国经济发展的客观演进趋势、基本规律及驱动因素（生产要素、投资和创新）的历史考察表明：当代中国经济发展所面临的内外困境的核心原因是缺乏自主创新能力。我国科技进步对经济增长的贡献度只有 24%，在世界 50 个主要国家中排行第 24 位，位列印度和巴西之后，而美国则达到 60%~70%；我国对外技术的依赖程度高于 50%，而美国、日本不足 5%；目前，中国的制造业仍以低端劳动密集型产业为主，技术水平和利润都很低。据估计，在国内制造商承接的贴牌生产中，外国人拿走了 92% 的利润，中国人最多拿到 8%。低技术含量、低成本、薄利润的中国制造模式已经受到来自国内外各种因素的严峻挑战，改变这种状况必须实现从“中国制造”向“中国创造”和“中国智造”的转变。

3. 当前及今后我国正处于重要的战略机遇期。

从全球视野来看，经济全球化的趋势越来越拓展和深化，科学技术正酝酿着根本性的突破和创新，全球经济格局呈现出向太平洋两岸（尤其是太平洋西岸）的转移趋势；从全中国未来发展大格局来看，正如李克强总理指出的，中国发展面临“两个前所未有”。其中的“第一个前所未有”便是 13 亿人口的大国努力实现现代化，在人类历史上前所未有。所有这些国内外的条件均表明当前及今后我国正值重要战略机遇期。在战略机遇期，机遇与挑战并存，经济发展战略选择的正确与否关系到当前及今后我国能否抓住这一重要战略机遇期。正确的经济发展战略总是来源于和遵循当时的经济发展规律，当前及今后处于战略机遇期的我国经济发展规律之一是从生产要素和投资驱动转变为创新驱动，因此，抓住当前及今后的战略机遇期需要我国实施创新驱动发展战略。

4. 资源、环境和生态与经济发展的互动、耦合规律所使然。

在改革开放 40 年来我国经济社会发展的基础上，人口多资源少的矛盾仍然将长期制约未来我国经济社会的发展，资源、环境和生态问题日益恶化的趋势仍然没有得到有效遏制。我国是缺水大国，人均拥有量仅占世界平均水平的 1/4，全国 600 个城市有 400 个缺水，其中 110 个严重缺水；我国人均耕地水平仅为世界的 40%，而且呈不断减少趋势；我国的人均资源储量水平在世界的占比，石油仅为8.3%，天然气仅为4.1%，铜仅为25.5%，铝仅为9.7%。未来我国必须在资源、环境和生态约束的前提之下和基础之上探索经济发展的科学道路，转变经济发展方式、调整经济结构、推动城乡一体化和提升开放型经济水平。正如李克强总理指出的“第二个前所未有”：中国在现代化进程中要保护环境、节约资源，实现绿色发展，难度之大和受到的国际关注也前所未有，必须有新作为，努力破解能源资源和环境等“瓶颈”制约，在探索中寻找出一条经济与资源环境协调发展的新路。

5. 我国经济发展方式的结构性变迁规律所使然。

审视改革开放以来我国的经济发展实践，分析和展望“党的基本路线”百年时段（1978—2078）内我国经济发展，我们会发现，我国经济发展方式的结构性变迁规律是：从粗放型到集约型、从外向型到内向型、从资源依赖型到创新依赖型。我国“党的基本路线”百年时段（1978—2078）内经济发展方式的结构性变迁规律表明：我国经济发展的驱动因素将必然从要素和投资转变为创新。

以上五个方面共同表明：改革开放以来、当前及今后我国经济发展客观趋势及其规律体现了我国实施创新驱动发展战略的必然性。

（二）可行性：在上述实施创新驱动发展战略必然性的基础上，创新驱动发展战略能否实施还取决于经济发展过程中的各种可行性条件，包括：有没有战略实施者、有没有创新者、有没有相关的知识和智慧、有没有相关的制度条件。

我们认为，经过改革开放40年的发展和积累，上述四个条件已经具备。

1. 战略实施者已经具备。

作为国家战略，其实施者应当是中央政府和地方政府及其干部队伍。改革开放40年来，随着我国社会经济文化的全面进步，已经培养出了一大批政治素质、业务素质过硬的领导干部队伍。有资料表明，截至2007年底，全国干部队伍的知识水平日益提升，机关干部中具有大专以上文化程度的占干部总数的87.5%，比1978年提高了78.2%，相比1949年党员队伍中具有高中以上文化程度的党员比重仅占 0.9% 的状况有了极大改善。全国干部队伍结构日趋合理，根据人社部发布的《2015 年度人力资源和社会保障事业发展统计公报》显示，截至 2015 年底，全国共有公务员 716.7 万人。这支队伍分布在我国从中央到地方的各级政府岗位上，既是创新驱动发展战略的制定者也是这一战略的实施者。

2. 创新者已经具备。

创新活动需要的是高素质人才。人才水平的高低取决于劳动者的整体素质。胡锦涛总书记曾经指出，劳动者素质对一个国家、一个民族的发展至关重要。当今世界的综合国力竞争，归根到底是劳动者素质的竞争。在改革开放 40 年来我国经济社会文化全面进步的基础上，我国的教育、科学、文化、医疗卫生事业全面提高，与之相应的，我国劳动者的素质（健康素质、知识储备、智能训练、创新能力）全面提升：2008 年我国科技人力资源已达 4600 万人，为当前及今后我国从事创新事业准备了必要的人才资源。从这些人才中必将涌现一大批创新者，这些创新型人才是我国构建创新型国家的人才基础。尽管如此，我们仍然要清醒地认识到我国人才基础与世界上现有创新型国家的差距。有资料表明，2009 年我国的 R&D 人员总量为 115.2 万人，约占全球总量的 18%，低于美国的 22%，居全球第二。近年来，情况有所改观，截至 2016 年，我国研发人员总量已居世界第一位，达 24 余万之众。全社会 R&D 支出达到 15440 亿元，占 GDP 比重为 2.1%，企业占比 78% 以上；全国技术合同成交额达 11407 亿元，科技进步贡献率增至 56.2%，创新型国家建设取得重要进展。虽然我国的人力资源总量庞大，但与发达国家相比差距仍然很大，从每万人中研究人员数看，我国每万名就业人员的 R&D 人员数从 2010 年的 33.6 人上升到 2014 年的 48 人，完成并超过“十二五”科技规划目标（43 人）。但每万名就业人员的 R&D 研究人员数增长相对较慢，从 2010 年的 15.9 人上升到 2014 年的 19.7 人。同期，日本每万人研究人员为 103 人，英国为 81 人，美国为 94 人。此外，不仅研究人员数量上差距大，研究成果的质量上差距更大，我国缺乏尖子人才，创新能力不强，每百万发明专利人目前仍然远远低于日本、美国等创新型国家。

3. 创新智库已经具备。

经过改革开放 40 年，我国在信息的积累和储备、知识的积累和储备、智慧的积累和储备等方面已经取得了巨大成就，为当前及今后我国从事创新事业准备了必要的信息、知识和智慧等创新源，或者称为创新智库。

4. 国家创新体系框架及其创新能力初步形成。

自 2005 年 12 月“十五”计划《纲要》首次提出：“建设国家创新体系”，2006 年 1 月“全国科学技术大会”提出“建设创新型国家”的发展战略目标以来，我国的“国家创新体系”日益完善，我国的“国家创新能力”日益提升。2012 年 7 月，“全国科技创新大会”提出到 2020 年“基本建成适应社会主义市场经济体制、符合科技发展规律的中国特色国家创新体系”，2012 年 9 月 23 日，中共中央、国务院印发了《关于深化科技体制改革加快国家创新体系建设的意见》。建设和建成国家创新体系必将为我国实施创新驱动发展战略提供制度和能力保障。2015 年 9 月，中共中央办公厅、国务院办公厅印发了《深化科技体制改革实施方案》，并发出通知，要求各地区、各部门结合实际认真贯彻执行。2017 年十九大报告提出：“加快建设制造强国，发展先进制造业，推动互联网、大数据、人工智能和实体经济深度融合，在中高端消费、创新引领、绿色低碳、共享经济、现代供应链、人力资本服务等领域培育新增长点、形成新动能。”

上述四个方面的情况共同表明：当前我国已经拥有了实施创新驱动发展战略的实施者、创新者、智库和制度，表明我国实施创新驱动发展战略是可行的。

（三）必要性：习近平总书记多次强调，突破自身发展瓶颈、解决深层次矛盾和问题，根本出路就在于创新，关键要靠科技力量。

这论证了我国实施创新驱动发展战略的必要性，体现在以下八个方面。

1. 提升我国综合竞争力和国际竞争力的需要。

当前及今后如何保持我国经济发展持久的综合竞争力和国际竞争力？答案只能是实施创新驱动发展战略。21 世纪，世界各国经济发展的主题是“国际竞争”，中国国际竞争力总体水平在目前世界上处于中间水平。从近几年的排名看，中国一般落后于发达国家以及亚洲新兴工业化发展中国家，如美国、日本、德国、新加坡等国家和香港地区，但要高于其他发展中国家，如印尼、阿根廷、俄罗斯等国。面对国际竞争力水平的现状，我国应尽快提升国家的国际竞争力。发展高新技术，创造产业的领先优势，是提升国际竞争的关键条件。

2. 转变经济发展方式的需要。

当前及今后通过什么途径加快我国的经济发展方式转变？答案只能是实施创新驱动发展战略。

改革开放以来，我国工业的整体水平有了很大提高，但传统产业、低技术含量和低附加值的产业仍占主导地位，高技术产业发展相对滞后，装备制造业的水平不高，许多关键设备仍然依赖进口。“中国制造”虽然融入全球价值链，但尚处于价值链的底端，技术水平和附加价值高、资源消耗少的技术密集型产业在整个国民经济构成中所占的比重仍然很低。其原因是，我国产业自主创新能力不强，研发投入不足，对外国技术的消化程度重视不够，缺乏核心技术和自主知识产权。从研发投入看，2008 年美国、德国和日本的研发强度分别为 2.89、2.64 和 3.42，我国只有 1.54，到 2010 年也只达到 1.71；从关键技术自给率看，中国的纺织机械、高端机床、高速胶印机、集成芯片制造设备和光纤设备制造设备产品进口分别达到 70%、75%、75%、85% 和 100%；从专利看，2010 年我国申请的国际 PCT 专利 12337 件，仅相当于美国的 1/4、日本的 1/3。2016 年，中国申请人的 PCT 申请量为 4.3 万件。2017 年，我国知识产权局共受理 PCT 国际专利申请 5.1 万件，同比增长 12.5%，其中 4.8 万件来自国内。但是与美国和日本相比，仍有很大差距。目前，我国的科技进步贡献率大约在 40% 左右，全球排名前 20 位的创新型国家的科技进步贡献率在 70% 以上，美国则高达 80%。目前全世界有 86% 的研发、90% 以上的发明专利都掌握在发达国家手里，控制着制造业的高端部分和各产业领域的技术前沿，凭借科技优势和建立在科技优势基础上的国际规则，发达国家及其跨国公司形成了对世界市场高度的垄断，从而获取了大量超额利润。

转变经济方式就是由主要依靠资金和物质要素投入向主要依靠科技进步和人力资本转变，实现这一目标的关键在于增强创新能力。实施创新驱动发展战略，就是要提高技术创新成为经济增长和发展的主要驱动力。

3. 经济结构战略性调整的需要。

当前及今后通过什么途径来实现我国经济结构的战略性调整、优化和升级？答案只能是实施创新驱动发展战略。经济结构的不断优化与升级是资源高效配置的内在要求，也是经济发展的一般规律，是实现国民经济持续发展的重要保证。实施创新驱动发展战略，建成以高新技术产业为先导、以先进制造业为基础、以现代服务业为支撑的布局合理、配套完善、竞争力强的现代产业体系，已经成为我国经济结构战略性调整的唯一途径。

4. 推进城乡一体化的需要。

当前及今后通过什么途径来推进我国的城乡一体化？答案只能是实施创新驱动发展战略。在现代化进程的一定阶段，世界各国普遍存在着城乡发展失衡的现象并且在一定的时期内还会持续扩张，这是社会演进中的一般自然历史过程。当经济发展到一定阶段，通过工业化的反哺带动和城市化的推进融合就可以缩小城乡差距、消除城乡二元结构并实现城乡一体化，这也是一般自然历史过程。经过改革开放 40 年的发展，中国的城乡发展已经处于极不均衡的格局，必须推进城镇化发展战略。党的十八大强调，要坚持走中国特色新型城镇化道路，推动工业化和城镇化良性互动、城镇化和农业现代化相互协调，促进工业化、信息化、城镇化、农业现代化同步发展。针对如何破解城镇化发展中的各路难题，党的十八大强调，要加快完善城乡发展一体化体制机制，促进城乡要素平等交换和公共资源均衡配置，形成以工促农、以城带乡、工农互惠、城乡一体的新型工农、城乡关系。要加大统筹城乡发展力度，促进城乡共同繁荣。加大强农惠农富农政策力度，让广大农民平等参与现代化进程、共同分享现代化成果。所有这些都需要体制创新、管理创新、理念创新。

5. 提升开放型经济水平的需要。

当前及今后如何进一步提升我国的开放型经济水平？答案只能是实施创新驱动发展战略。进一步提升开放型经济的水平，可以使我国在新一轮世界经济调整中抢占先机，在国际经济秩序的大变革中赢得新的战略机遇。适应经济全球化新形势，必须推动对内对外开放相互促进、“引进来”和“走出去”

更好结合，促进国际国内要素有序自由流动、资源高效配置、市场深度融合，加快培育参与和引领国际经济合作竞争新优势，扩大经济开放领域，优化开放结构，提高开放质量，完善内外联动、互利互赢、安全高效的开放型经济体系，形成在经济全球化的条件下参与国际经济合作和竞争的新的趋势。

6. 打造中国经济升级版的需要。

李克强总理多次提出："要立足当前、着眼长远，用勇气和智慧推动转型发展，打造中国经济升级版，这对稳增长、增后劲具有双重作用，是现代化必由之路。"所谓"立足当前、着眼长远"就是脚踏实地、战略导向，所谓"用勇气和智慧"其本质就是"创新"，两者合在一起也就明确了未来我国实施的发展战略是创新驱动，而创新驱动发展战略的战略目标则是打造中国经济升级版。由此可见，当前及今后通过什么途径打造中国经济升级版？答案还是实施创新驱动发展战略。从长期看，经济增长是劳动力和劳动生产率的正向函数，经济高速增长根本上要依靠劳动生产率显著提高而非靠简单劳动力数量的增加。劳动生产率提高包含了资本、技术、人力资本等要素的改进，这些需要依靠创新驱动。创新包括技术创新，也包括理念、制度、机制创新。创新不仅能直接转化为生产力，而且具有乘数作用，可以放大各生产要素的效应，从而提升全社会综合竞争力，提高经济发展的质量和效益，促进转型升级。

7. 改善民生和建设"美丽中国"的需要。

经过改革开放 40 年来我国经济社会的发展，推进经济发展、社会进步、文化繁荣协调、协同发展已经成为当前及今后我国的基本国家战略，改善民生和建设"美丽中国"需要优良的生态环境、经济环境、政治环境、社会环境和文化环境，为此需要构建"五个文明"。既然如此，当前及今后通过什么途径满足我国改善民生、建设"五个文明"的需要？答案只能是实施创新驱动发展战略。

8. 实现中华民族伟大复兴"中国梦"的需要。

2012 年 11 月 29 日，中共中央总书记习近平带领新一届中央领导集体参观中国国家博物馆"复兴之路"，首次提出"中国梦"。习近平指出，实现伟大复兴是中华民族近代以来最伟大的梦想，而且满怀信心地表示这个梦想“一定能实现”。如何实现“中国梦”？答案只能是实施创新驱动发展战略。

上述关于客观必要性八个方面的研究将共同表明：当前我国经济社会发展对“创新意识、创新思维、创新理念、创新实践”等创新活动已经形成了迫切的需求，论证了我国实施创新驱动发展战略的必要性。

二、我国实施创新驱动发展战略的规划方案设计

我们认为：虽然经济发展战略实施的前提是必须遵循经济发展的客观趋势、基本规律及驱动因素，即客观依据，但其直接目的则是为了推进经济发展朝着战略实施者所期望的方向发展；虽然战略实施者实施经济发展战略的手段是利用“最重要的驱动因素”推进经济发展，但如何确保经济发展战略的有效实施则取决于是否制定了科学、完整、系统的战略规划方案。

十八大报告提出，要以全球视野谋划和推动创新，提高原始创新、集成创新和引进消化吸收再创新能力，更加注重协同创新。我们认为，这实质上是我国实施创新驱动发展战略的战略目的和战略目标。因此，为了保证和保障党的十八大报告上述要求的贯彻落实，为了保证和保障我国创新驱动发展战略的有效实施，必须正确地构建我国实施创新驱动发展战略的规划方案。要保证规划方案的正确性，其前提是确保制定这一规划方案的思维路径的科学性，而思维路径的科学性表现在真实反映了创新驱动发展战略及其规划方案、创新体系和创新活动三者之间的客观的、真实的互动耦合关系，其中包括战略的基点（根本出发点）、创新客体、创新机制、创新主体、创新进程、创新战略与创新及经济发展之间的互动耦合关系、创新战略的终极目标等七个方面。

（一）明晰我国实施创新驱动发展战略的基点。

根据党的十八大报告的论述，我们认为，实施创新驱动发展战略是关系到未来我国经济发展及其方式根本转变、经济结构战略性调整、推进城乡一体化和提升开放型经济水平的国家战略，必须从国家战略层面进行科学谋划和顶层设计。“四个为了”（为了转变经济发展方式，为了推进经济

结构战略性调整，为了推动城乡发展一体化，为了全面提升开放型经济水平）成为我国实施创新驱动发展战略的基点（根本出发点）。

（二）明晰我国实施创新驱动发展战略的创新客体。

我们认为，创新驱动发展战略实施的成效取决于创新点的多少及其创新活力的大小，因此，要保证当前及今后我国创新驱动发展战略实施的成效，其重要前提是必须从当前及今后我国经济发展的客观进程中找寻、培育和挖掘各类创新点（即创新客体），这些创新点的“总和”构成创新点体系（即创新客体体系），它们既是创新的发源地，也是创新的场所，更是创新转化的落脚地，实施创新驱动发展战略实施的目的正是为了激发这些创新客体体系的创新活力。为此，必须从当前及今后我国经济发展客观进程中的微观角度考察，即从科技领域的各个层面和微观经济领域的各个层面全方位地分析其中的创新点（即创新客体），进而构建创新点体系（即创新客体体系）。

（三）实施创新驱动发展战略是推进我国创新体系的形成和完善。

推进我国创新体系的形成和完善主要包括以下四个部分：一是建立政府与市场职能分工、有机结合的创新体制机制：让市场充分发挥激发、激励创新的基础性作用和功能，充分发挥政府对创新活动的引导、调控、支持等作用和功能。二是创新驱动机制的构建和完善：探索创新驱动体系（即客体、动力源、主体、路径、方式、制度等），构建科学的创新评价标准和评价机制、激励约束机制、转化机制、创新商业模式、人才体系、健康的人才培养制度与政策。三是技术创新体系的构建和完善：党的十八大报告提出要“着力构建以企业为主体、市场为导向、产学研相结合的技术创新体系”。技术创新活动是完整的“创新链”，具体包括：孵化器、公共研发平台、风险投资、围绕创新形成的产业链、产权交易、市场中介、法律服务、物流平台等。与之相应的，需要构建以企业为主体、市场为导向、产学研相结合的技术创新体制机制，建立科技创新的协同机制，让企业成为技术需求选择、技术项目确定的主体，成为技术创新投入和创新成果产业化的主体，高校、研发机构、中介机构以及政府、金融机构等与企业一起构建分工协作、有机结合的创新链，形成高效的协同创新体系；建立科技创新资源合理流动的体制机制，促进创新资源高效配置和综合集成；健全创新合作体制机制，鼓励中小企业与大企业进行技术战略联盟，实施有效的产学研合作，推进开放创新；重构为创新服务的金融体制机制，完善风险分担机制，大力发展风险投资事业，构建支持自主创新的多层次资本市场；加大对自主知识产权的保护与激励，发展各类技术产权交易。四是相应的政策选择研究：针对当前我国创新动力、创新融资、创新风险、创新能力、创新活力不足的问题，研究政府在政策架构上如何进一步完善促进自主创新的财政、税收、科技开发及政府采购等政策。

（四）明晰我国实施创新驱动发展战略的创新主体。

我们认为，创新主体可以按照来源、承担者和推动者的不同分为三类。从创新主体的来源看，创新主体不是与生俱来的，而是来源于教育、科学和文化等各项事业的繁荣昌盛并培养和造就一大批具备较高科学文化素质的劳动者，这些劳动者队伍中不断涌现创新者，正是他们推动着创新活动和创新过程。从创新承担者角度看，创新承担者主要集聚在研发和微观经济领域，与之相应的，创新主体可以分为两类：科技领域（大学、科研院所和企业研发）的科技工作者和微观经济活动领域（市场、产业、企业等）立志创办企业的创业者和经营企业的企业家，这些创业者和企业家往往同时具备科技创新、管理创新、经营创新、市场创新等创新素质和能力。从创新推动者角度来看，创新推动者是各级政府和各类NGO组织，由于当代中国的NGO组织并不发达，所以我国创新推动者主要由政府来承担。

（五）明晰我国实施创新驱动发展战略的客观进程。

我们认为，创新驱动发展战略的实施表现为在逻辑上和程序上前后相继的六个阶段和过程：第一，创新驱动发展战略及其规划方案设计的完成；第二，规划方案的实施，创新驱动发展战略及其规划方案转化为政府的各项政策并且在国家创新体系中得以实施，表现为政府的资金、人才、奖励、财税、金融等方面政策的具体落实和贯彻；第三，创新活动的推进过程，在这些政策实施的激励和引导下，创新承担者积极发现科技和微观经济领域中的创新点并组织攻关实现创新，这就是创新驱动战略对创新活动的推进过程；第四，创新转化为生产力，符合生产力发展规律的创新可以转化为新的生产力；第五，整体创新的集聚推进整体生产力的提升，无数个创新的集聚就构成了整个国家的整体创新，进而带来国家整体生产力的全面提升；第六，经济质量和总量的提高，国家整体生产力的全面提升的结果是带来经济发展总量的提高、质量的提升、结构的升级，使这个国家逐步向创新型国家的经济形态迈进。在上述实施创新驱动发展战略的客观进程（动态过程）中，创新还提升了创新者的创新能力，无数个体的创新能力汇总成整个国家的创新能力；创新过程与创新能力之间相互促进、相互强化，表现为循环累积的提升过程，与此同时也推动了国家创新体系的进一步健全和完善。

（六）明晰我国创新驱动发展战略实施者的任务。

顺应上述实施创新驱动发展战略与创新活动、创新活动与经济发展之间的互动耦合关系，作为我国创新驱动发展战略实施者的政府应当完成在逻辑上和程序上前后相继的六项任务：第一，构建系统的创新驱动发展战略方案；第二，根据创新驱动发展战略方案制定创新驱动发展战略规划及各项政策；第三，在创新驱动发展战略规划指导下组织创新驱动发展战略实施；第四，推动我国国家创新体系的进一步健全和完善；第五，推动我国创新活动的全面开花和创新能力的全面提升；第六，推动我国经济发展从生产要素驱动、投资驱动转向创新驱动。具体措施可以包括：通过财政、税收、政府采购等各种政策，推动加大科技创新投入，扶持企业创新，形成产学研相结合的技术创新体系；实施保护知识产权战略，优化技术创新环境；坚持企业为主体、市场为导向、产学研相结合的创新主体培育政策等。

（七）明晰我国实施创新驱动发展战略的终极目标。

按照党的十八大政治报告和 2012 年“全国科技创新大会”的要求，到 2020 年把我国建成创新型国家和“基本建成适应社会主义市场经济体制、符合科技发展规律的中国特色国家创新体系”。

基于以上七个方面，我们认为，这可以确保我国实施创新驱动发展战略的规划方案的科学性、正确性、实践性和成效性。

三、我国实施创新驱动发展战略的总体思路框架

我们认为，经济发展遵循其固有的规律，经济发展本身客观存在着固

有的驱动因素；如果没有经济发展战略的实施，经济发展同样会在其固有的驱动因素的驱动之下向前推进；但如果实施了经济发展战略，就会影响经济发展过程本身的快慢和驱动因素能量的大小；不过，如果所实施的经济发展战略违背经济发展固有规律及其驱动因素，就会迟滞经济发展和减缓驱动因素的正能量；反之，如果所实施的经济发展战略顺应经济发展固有规律及其驱动因素，就会推进经济发展和激发驱动因素的正能量。上述理念说明，实施正确的发展战略能够给经济发展增添正能量，实施错误的发展战略只能给经济发展带来负能量。发展战略的正确与错误往往导致战略制定者政策选择的正确与错误。

为此，本文将在上述关于我国实施创新驱动发展战略的"客观依据"和"规划方案"的专题研究基础上，借鉴世界各国实施创新驱动发展战略的经验，顺应当前及今后我国经济发展客观趋势、基本规律及驱动因素的变迁，借助现行国家创新体系及其能力，着眼于我国实施创新驱动发展战略对创新的正向推动作用，着眼于我国实施创新驱动发展战略所激发的各类创新活动对经济发展的正向推动作用，着眼于我国实施创新驱动发展战略的战略目标是推进我国最终成为创新型国家，从确保我国政府所制定的基于当前及今后经济社会发展客观规律的发展战略的科学性、正确性、实践性和成效性出发，我们认为，我国实施创新驱动发展战略的总体思路框架由在思维逻辑上前后相继、逐级递进的四个思维层次（如图 15–1 从上到下的四个虚线圈所示）构成：第一个层次是围绕"我国为什么要实施创新驱动发展战略"的研究。我们认为，这一研究应当涉及六个方面，即：我国已经制定了到 2020 年建成创新型国家的战略目标，世界各国实施创新驱动战略的案例分析、经验总结和借鉴，影响当前我国经济发展的客观因素，我国的国家创新体系的完善及能力的提升，我国创新驱动发展战略的规划方案及其政策，上海作为我国先发地区已经实施的创新驱动发展战略实践。第二个层次是围绕"我国如何实施创新驱动发展战略"的研究。我们认为，这一研究应当涉及"创新驱动发展战略、这一战略的规划方案及其政策、国家创新体系"三者之间的互动、耦合过程。第三个层次是围绕"我国创新驱动发展战略的实施成效"的研究。这一研究的内容主要是考察

“创新驱动发展战略是否推进了各类创新活动”，因此，我们认为，“影响当前我国经济发展的客观因素，我国创新驱动发展战略的规划方案及其政策，国家创新体系”三个方面共同影响着当前及今后我国科技领域（科研院所、大学和企业中的研发机构）和微观经济领域（市场、产业和企业）的各类创新活动。第四个层次是围绕“各类创新活动如何推进经济发展及所取得的成效”的研究。我们认为，应当考察在创新驱动发展战略推动下的所有创新活动在推动我国经济发展方面是否取得了以及取得了多少成效，这些成效既反映了我国实施创新驱动发展战略的成效，也反映了各类创新活动的成效，即：战略推动了创新，创新推动了经济发展，最终使我国成为创新型国家。

综上，我们可以把本文关于我国实施创新驱动发展战略的总体思维框架用下图直观地表示出来。

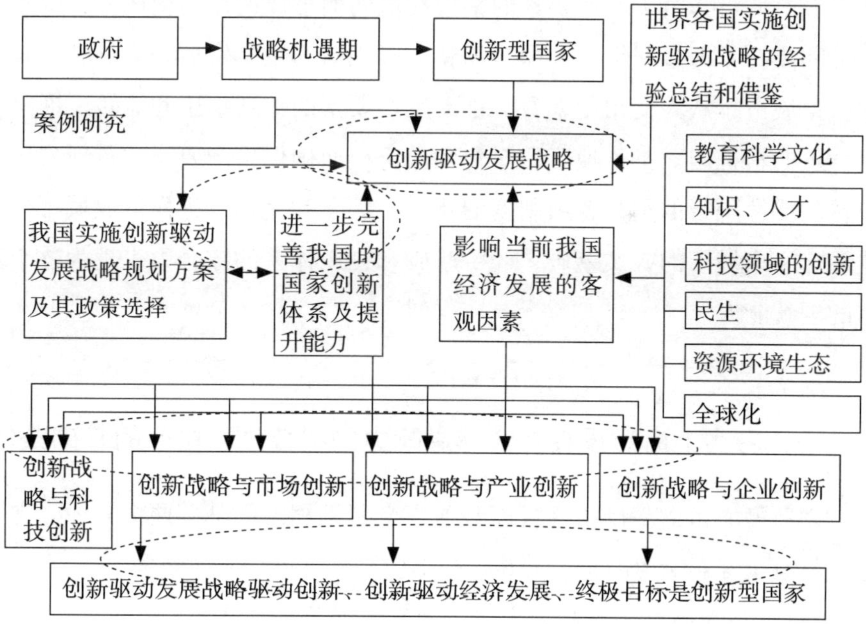

图 15-1　我国创新驱动发展战略的总体思维框架示意图

资料来源：作者自行绘制整理。

第三节　上海创新的终极目标：全球影响力的科技创新中心

回顾过去，上海改革开放必须依靠创新、谋划创新和实施创新。上海在国家战略中的定位是率先创新。上海在过去改革开放中已经承担了国家战略中的诸多创新实践。上海“创新驱动、转型发展”战略更启迪了国家创新驱动发展战略的实施。

展望未来，上海将如何进一步深化改革开放？也就是说，未来上海进一步改革开放的战略取向是什么？答案只能是继续率先创新。因此，上海创新的终极目标：建设具有全球影响力的科技创新中心。

如何建设具有全球影响力的科技创新中心？我们认为，从经济发展角度来看，城市是由于生产要素的集聚和流转而形成的，而生产要素的重新集聚和流转（即重新组合）即是创新，以创新为主要发展动力的城市即是创新型城市；从人文角度来看，推动生产要素的重新集聚和流转（即重新组合）的精神因素是该地区的文化和教育，而确保生产要素的重新集聚和流转的持续进行的则是各项制度的建立、健全和完善，进而形成城市创新体系。一个城市的人文基础、经济基础和创新体系的综合力表现为这个城市的创新能力。

一、夯实上海建设具有全球影响力的科技创新中心的基础条件

创新型城市的基础条件可以分为人文基础和经济基础两个方面。上海建设具有全球影响力的科技创新中心也应当从这两个方面着手。

（一）创新的人文基础：文化、教育、学习、人才。

创新型城市的建设是由城市精神中的创新因素来推动的，这取决于城市的文化、教育和学习，而文化、教育和学习都离不开人才。文化具有指引、调整、约束和控制组织及其成员行为的作用，创新文化的核心是激励探索、鼓励实践、包容个性、宽容失败。因此，创新型文化是创新型城市

的重要内容和本质内涵。上海在建设具有全球影响力的科技创新中心过程中，需要始终实施文化创新战略，在既有的文化基础设施和历史文化底蕴基础上，培养创新型城市的思维方式，提升创新型城市的智力水平，健全创新型城市的文化体系（包括完善的公共文化服务体系；能够参与全国乃至世界文化竞争的文化产业体系；科学、公平、法制化的文化市场体系），进而提高上海城市文化的综合竞争力和国际竞争力。创新型城市的精神源泉是创新型城市教育体系（其中包括基础教育体系、高等教育体系、社会教育体系等）。上海是中国现代教育的龙头之一。新中国成立以来，特别是改革开放以后，上海逐步形成了由基础教育、职业技能教育、高等教育和成人教育组成的综合教育体系。在这些既有教育体系基础上，把上海建成创新型城市，需要进一步构建和提升上海的创新型教育体系。创新的前提是获得有用的信息和知识，而获取信息和知识的过程就是学习。彼得·圣吉博士（Peter M. Senge）在其所著的《第五项修炼——学习型组织的艺术与实务》（The Fifth Discipline: The Art & Practice of The Learning Organisation）一书中详尽地阐述了学习型组织的五项修炼，即自我超越、改变心智模式、建立共同愿景、团队学习、系统思考。通过这五项基本修炼，使知识和信息被吸收、传播、共享、转化，进而激发组织和个人的创新能力。因此，上海建设具有全球影响力的科技创新中心的路径之一就是要建设学习型城市、学习型社会、学习型机关、学习型社区、学习型企业、学习型家庭，塑造人人学习、时时学习、处处学习的城市学习氛围。创新型城市呼唤创新型人才。创新型人才，一要具有强烈的创新意识、宽广的知识面并具有获取各种有用知识的能力；二要具备科学研究的素质和创新思维，用创新思维发现问题和解决问题；三要具有不畏艰难、勇于攀登的科学精神和严谨学风；四要具有脚踏实地、敢于实践的企业家精神和实干风格。目前，上海的人才无论是从总量还是从结构和质量上来看，都远远不能满足构建具有全球影响力的科技创新中心的需要。加强人才的培养、开发、引进和使用仍然是上海构建具有全球影响力的科技创新中心的重要任务和路径。

（二）创新的经济基础：产业体系和企业集群。

创新是生产要素的重新组合。这种组合是在城市的众多产业体系和企业集群中完成的。上海拥有完整的产业体系，每一个产业都形成了钻石体系中某种或某几种关键要素的优势，使上海的每一个产业和上海整个产业体系都实现产业升级、经济结构调整、经济增长和不断创新的目标。

企业集群内部的产业之间就形成了互助、互动、互强的累积关系，这种累积效应还不断地向上下左右前后内外各个方向扩散、渗透，形成了创新的氛围。构建具有全球影响力的科技创新中心，上海需要培育和完善各类产业集群。具体做法有：优化创新基地布局，构建企业技术创新体系，引进国外研发机构，建设公共服务平台，推进重大科技示范工程建设。

二、提升具有全球影响力的科技创新中心的自主创新体系和自主创新能力

构建具有全球影响力的科技创新中心是一个全社会参与、全过程联动的全面创新过程。全面创新的内涵是：人人创新，事事创新，时时创新，处处创新（如图 15–2 所示）。

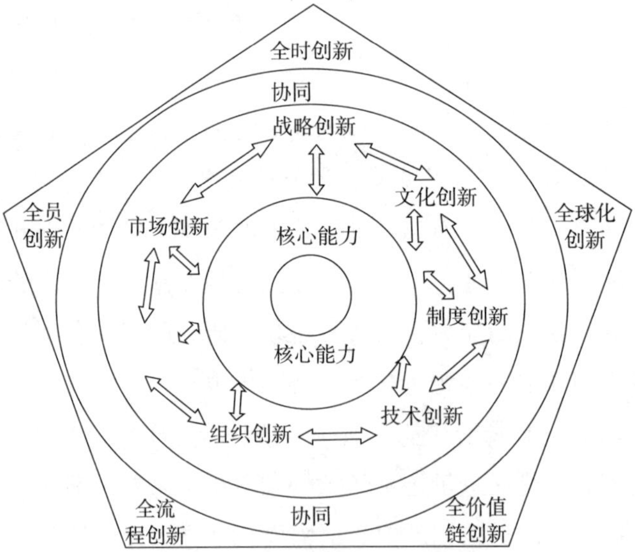

图 15–2　全面创新概念示意图

资料来源：许庆瑞等：《全面创新管理（TIM）：企业创新管理的新趋势——基于海尔集团的案例研究》，《科研管理》2003 年第 5 期。

从全面创新的内涵出发，建设具有全球影响力的科技创新中心，上海要以技术创新为主线，全面推动教育文化和学习创新、思想观念创新、发展模式创新、体制机制创新、对外开放创新、城市管理创新和企业管理创新，使创新意识、创新精神、创新使命、创新激情和创新动力贯穿到城市建设的各个方面，营造全社会的创新环境，造就一大批创新型人才，培养一大批创新型企业家，打造一大批在海内外有影响的创新型企业，创造一大批拥有自主知识产权的品牌，从而构建城市自主创新体系、提升城市自主创新能力，最终实现全面建成具有全球影响力的科技创新中心的目的。

（一）构建具有全球影响力的科技创新中心的自主创新体系。

我们可以从城市自主创新体系的基本框架、企业自主技术创新体系、创新体系国际化等三个角度来考察具有全球影响力的科技创新中心是自主创新体系的主要内容。在城市自主创新体系中，企业是技术创新的需求者、投资者、组织者和应用者，直接面向市场，利用创新创造经济价值，因而企业是城市自主创新的主体；政府的职能是培育区域创新环境：改善交通、通讯、城市基础设施等创新的硬环境和营造适合创新发展的软环境，包括法律法规、管理体制、产权保护、金融财政、劳动力供给、可持续发展等公共政策以及必要的直接指导；大学等科研机构是知识的生产场所和创新的知识源，不仅创造新知识与新技术，还通过教育、培训以及成果转化等方式，有效地促进了知识、信息、技术等的扩散；金融机构是城市创新体系的资金供给者；中介服务机构能够加快科技知识的应用、扩散和传播，一般包括行业协会、商会、创业中心（孵化器）、各种服务中心等。

当前，构建具有全球影响力的科技创新中心的自主创新体系可以从机制、人才、投入、机构、组织、战略、文化等角度开展工作：（1）构建城市自主创新的机制，包括用人机制、激励机制和约束机制。（2）重视科技人才在城市自主创新体系中的关键作用：形成合理的人才梯队结构；树立开放的人才观念，推进人才国际化；营造广纳人才、留住人才、用好人才的工作环境、生活环境和文化环境。（3）加大城市自主创新的经费投入力度，满足自主创新的资金需求。（4）创建“学习型”的城市创新环境，提升城市自主创新能力。（5）制订提升城市自主创新能力的发展战略。（6）营造鼓励自主创新的城市文化氛围，“尊重劳动、尊重知识、尊重人才、尊重创造”。

（二）提升具有全球影响力的科技创新中心的自主创新能力。

提高具有全球影响力的科技创新中心的自主创新能力需要把握以下几个重点环节：一要围绕建设具有全球影响力的科技创新中心，把自主创新战略摆在城市各项工作的重要位置，推进关键领域和重要环节的自主创新，更多地掌控核心技术、更好地为经济发展服务。二要明确企业的自主创新主体地位。强化企业自主创新意识，提高企业自主创新地位，发挥企业自主创新作用，使企业真正成为研究开发的主体、技术创新的主体、创新成果应用的主体。三要建设一个充满活力的科技创新体系，重点推进产学研紧密结合。四要打造一支高质量的自主创新人才队伍，加快培养一批科技领军人才、多层次专业人才、创新型企业家人才、职业技术人才。五要弘扬尊重劳动、尊重知识、尊重人才、尊重创造的创新文化，大力弘扬中华文化的优良传统和以改革创新为核心的时代精神，激发全社会的创造活力。

三、上海建设具有全球影响力的科技创新中心战略路线图

根据以上论述，我们可以勾勒出上海建设具有全球影响力的科技创新中心的战略路线图：（一）创新的教育、创新的文化、学习型城市和创新人才是创新型城市的人文基础；（二）城市各类产业的钻石体系和产业集群是创新型城市的经济基础；（三）完善的城市自主创新体系是创新型城市的制度保障；（四）在创新型城市的人文基础、经济基础和制度基础之上，创新型城市的直接表现是自主创新能力的提升；（五）上海构建创新型城市的战略思维视野是制定迈向创新型城市发展战略的思维基础。

参考文献

安秀梅编著:《政府公共支出管理》,北京,对外经济贸易大学出版社2005年版。

卞辑:《上海“两个中心”建设大事记》,《浦东开发》2009年第5期。

常修泽:《以高端开放倒逼“五环式”改革——中国(上海)自由贸易试验区之我见》,《中国经贸导刊》2013年第30期。

陈家海:《上海城市功能的进一步提升与重点发展产业的选择》,《上海经济研究》2008年第2期。

陈劲、朱朝晖:《我国企业技术创新国际化的资源配置模式研究》,《科研管理》2003年第5期。

陈柳钦:《基于产业集群的区域创新体系构建》,《新疆社会科学》2005年第3期。

陈奇星主编:《上海政府职能转变与政府管理体制创新研究》,上海,上海三联书店2009年版。

陈颐:《社会管理创新和城市社区管理体制创新》,《江海学刊》2012年第2期。

陈宇先:《上海消费品市场的回顾与展望》,《上海商业》1998年第1期。

程恩富主编:《上海消费市场发展史略》,上海,上海财经大学出版社1996年版。

丛菲菲、李金龙、孙欣钰:《中国金融改革开放的理论与实践高峰论坛(2016)暨全国博士后学术论坛综述》,《经济研究》2016年第8期。

丁茂战主编:《我国政府行政审批治理制度改革研究》,北京,中国经济出版社2006年版。

段龙飞:《我国行政服务中心建设》,武汉,武汉大学出版社2007年版。

封进、张素蓉:《社会保险缴费率对企业参保行为的影响——基于上海社保政策的研究》,《上海经济研究》2012年第3期。

傅思明:《行政审批制度改革与法制化》,北京,中共中央党校出版社2003年版。

高琴:《港口发展与区域经济关系研究》,硕士学位论文,武汉理工大学,2008年。

韩正:《上海加强和创新社会管理的实践与探索》,《党建研究》2011年第4期。

胡东升:《我国出口加工区发展现状评价及政策研究》,硕士学位论文,对外经济贸易大学,2006年。

胡浩:《论当前我国保税区存在问题及改革的必要性》,《西北第二民族学院学报(哲学社会科学版)》2003年第4期。

胡晓鹏:《关于推动上海市场化进程的对策研究》,《上海综合经济》2003年第11期。

黄国祥、原舒:《谈我国从保税区到出口加工区的发展》,《国际贸易问题》2002年第10期。

黄鲁成:《宏观区域创新体系的理论模式研究》,《中国软科学》2002年第1期。

潘洪萱主编、黄奇帆卷主编:《走向新世纪的上海市场(要素市场卷)》,上海财经大学出版社1997年版。

《解放日报》评论员:《制度创新,时不我待》,《解放日报》2014年3月7日。

匡增杰:《全球供应链整合视角下上海国际贸易中心建设》,《开放导报》2012年第4期。

李汉林等:《中国城市社区的整合机制与单位现象》,《管理世界》1994年第2期。

李虹:《区域创新体系的构成及其动力机制分析》,《科学学与科学技术管理》2004年第2期。

李厚圭:《上海生产资料市场面临的问题和改革的设想》,《上海党校学报》1986 年第 3 期。

林兰:《中心城区科技创新的功能塑造与机制构建》,《南京社会科学》2016 年第 9 期。

林迎星:《中国区域创新系统研究综述》,《科技管理研究》2002 年第 5 期。

施芳:《“审批崇拜”仍待破解》,《人民日报》2009 年 2 月 17 日。

刘崇献:《从多哈谈判看世界贸易组织的改革》,《对外经贸实务》2008 年第 2 期。

刘煨松:《上海市场体系发展研究》,《上海统计》1994 年第 11 期。

刘军宁:《有限政府与政体改革》,《领导文萃》2004 年第 11 期。

刘溶沧、赵志耘主编:《中国财政理论前沿》,北京,社会科学文献出版社 2003 年版。

刘琦岩:《以自主创新不断增显中国道路的内涵和特色——我国科技改革开放 40 年的探索和实践》,《全球化》2017 年第 11 期。

隆国强:《钢铁业保护过度服务业开放不足》,中国经济 50 人论坛 2014 年年会上的讲话,2014 年 2 月 10 日,见 http://finance.eastmoney.com/news/1370,20140210358784631.html。

陆丽萍:《TPP 协定与上海自贸试验区先行先试改革开放建议》,《科学发展》2016 年第 1 期。

卢现祥主编:《新制度经济学》,武汉,武汉大学出版社 2004 年版。

马海倩、杨波:《上海迈向 2040 全球城市战略目标与功能框架研究》,《上海城市规划》2014 年第 6 期。

马雅方:《上海市开发区发展与城市空间结构演变》,硕士学位论文,华东师范大学,2014 年。

聂鸣、蔡铂:《学习、集群化与区域创新体系》,《研究与发展管理》2002 年第 5 期。

浦兴祖:《特大城市城区管理体制的改革走向——兼谈“两级政府、三级管理”之提法》,《政治学研究》1998 年第 3 期。

邱益中:《上海财政转移支付制度建设的实践与探索》,《上海经济研究》

2009 年第 10 期。

瑞士洛桑管理学院：《2017 年全球竞争力排名报告》，该报告由世界经济论坛于 2017 年 9 月 27 日公布，经济世界（www.economyworld.net）采编，参见 http://www.sohu.com/a/194913844_396568。

任新建：《已复制推广的自贸试验区 21 项制度创新成果解读》，《东方早报》2014 年 9 月 29 日。

任宇、陈永广、朱帅：《国际贸易规则重塑对我国工业发展的影响》，《中国经济时报》2014 年 9 月 19 日。

荣荣：《改革开放以来上海市城市规划管理体制变迁研究》，硕士学位论文，华东师范大学，2014 年。

沙海林：《上海开放型经济 30 年回顾和展望》，《国际商报》2008 年 12 月 18 日。

《上海经济年鉴》编审委员会：《上海经济年鉴 1997》，上海，上海经济年鉴社 1997 年版。

《上海经济年鉴》编审委员会：《上海经济年鉴 1998》，上海，上海经济年鉴社 1998 年版。

《上海经济年鉴》编审委员会：《上海经济年鉴 1999》，上海，上海经济年鉴社 1999 年版。

《上海经济年鉴》编审委员会：《上海经济年鉴 2000》，上海，上海经济年鉴社 2000 年版。

《上海经济年鉴》编审委员会：《上海经济年鉴 2001》，上海，上海经济年鉴社 2001 年版。

《上海经济年鉴》编审委员会：《上海经济年鉴 2002》，上海，上海经济年鉴社 2002 年版。

《上海经济年鉴》编审委员会：《上海经济年鉴 2003》，上海，上海经济年鉴社 2003 年版。

《上海经济年鉴》编审委员会：《上海经济年鉴 2004》，上海，上海经济年鉴社 2004 年版。

《上海经济年鉴》编审委员会：《上海经济年鉴 2008》，上海，上海经济年鉴社 2008 年版。

《上海经济年鉴》编审委员会:《上海经济年鉴 2009》，上海，上海经济年鉴社 2009 年版。

《上海经济年鉴》编审委员会:《上海经济年鉴 2010》，上海，上海经济年鉴社 2010 年版。

《上海经济年鉴》编审委员会:《上海经济年鉴 2011》，上海，上海经济年鉴社 2011 年版。

《上海经济年鉴》编审委员会:《上海经济年鉴 2012》，上海，上海经济年鉴社 2012 年版。

《上海经济年鉴》编审委员会:《上海经济年鉴 2013》，上海，上海经济年鉴社 2013 年版。

《上海经济年鉴》编审委员会:《上海经济年鉴 2014》，上海，上海经济年鉴社 2014 年版。

上海财经大学课题组编:《公共支出评价》，上海，上海财经大学出版社 2014 年版。

上海财经大学财经研究所:《2014 上海城市经济与管理发展报告》，上海，上海，上海财经大学出版社 2014 年版。

上海社会科学院《上海经济年鉴》编辑部:《上海经济年鉴 1949—1982》，上海，上海人民出版社 1983 年版。

上海社会科学院《上海经济年鉴》编辑部:《上海经济年鉴 1983—1985》，上海，上海人民出版社 1986 年版。

上海社会科学院《上海经济年鉴》编辑部:《上海经济年鉴 1987》，上海，上海人民出版社 1987 年版。

上海社会科学院《上海经济年鉴》编辑部:《上海经济年鉴 1988》，上海，生活·读书·新知三联书店上海分店 1988 年版。

上海社会科学院《上海经济年鉴》编辑部:《上海经济年鉴 1989》，上海，生活·读书·新知三联书店上海分店 1989 年版。

上海社会科学院《上海经济年鉴》编辑部:《上海经济年鉴 1990》，上海，生活·读书·新知三联书店上海分店 1990 年版。

上海社会科学院《上海经济年鉴》编辑部:《上海经济年鉴 1991》，上海，生活·读书·新知三联书店上海分店 1991 年版。

上海社会科学院《上海经济年鉴》社:《上海经济年鉴 1992》，上海，上海经济年鉴社 1992 年版。

上海社会科学院《上海经济年鉴》社:《上海经济年鉴 1993》，上海，上海经济年鉴社 1993 年版。

上海社会科学院《上海经济年鉴》社:《上海经济年鉴 1994》，上海，上海经济年鉴社 1994 年版。

上海社会科学院《上海经济年鉴》社:《上海经济年鉴 1995》，上海，上海经济年鉴社 1995 年版。

上海社会科学院《上海经济年鉴》社:《上海经济年鉴 1996》，上海，上海经济年鉴社 1996 年版。

上海市发展和改革委员会、上海市发展改革研究院主编:《上海国际经济、金融、贸易、航运中心发展报告（2009/2010）（2010/2011）（2011/2012）（2012/2013）》，上海，格致出版社、上海人民出版社 2010 年版、2011 年版、2012 年版、2013 年版。

上海市工商局市场处课题组:《上海商品交易市场监管对策研究》,《中国工商管理研究》2013 年第 4 期。

上海市国有资产监督管理委员会:《上海市国资国企改革发展“十三五”规划》，2017 年 11 月 9 日，见 http://www.shgzw.gov.cn/website/html/shgzw/shgzw-xxgk-ghjh/2017-11-09/Detail_85016.htm。

上海市金融服务办公室:《上海金融小镇：13.1 平方公里绿色金融创新乐活发源地》，2017 年 9 月 27 日，见 http://www.cneo.com.cn/article-38219-1.html。

上海市人民政府:《上海市就业和社会保障“十三五”规划》，2016 年 8 月 17 日，参考 http:/www.shanghai.gov.cn/nw2/nw2319/nw22396/nw22403/u26aw48824.html。

沈开艳、李凌:《创新驱动发展与上海“四个中心”建设关系研究》,《上海经济研究》2014 年第 10 期。

张兆安主编，上海市人民政府发展研究中心、上海经济年鉴社编：《上海经济年鉴2007》，上海，上海经济年鉴社2007年版。

朱林楚主编，上海市人民政府发展研究中心、上海经济年鉴社编：《上海经济年鉴2005》，上海，上海经济年鉴社2005年版。

朱林楚主编，上海市人民政府发展研究中心、上海经济年鉴社编：《上海经济年鉴2006》，上海，上海经济年鉴社2006年版。

王建平、马俊贤主编，上海市统计局、国家统计局上海调查总队编：《上海统计年鉴2014》，北京，中国统计出版社2014年版。

上海统计局官网：http://www.stats-sh.gov.cn/。

上海市委、市政府办公厅：《关于加强本市社区居民委员会自治能力建设的若干意见》（沪委办发【2011】45号）。

上海市委、市政府办公厅：《关于进一步推进本市区域化党建工作的若干意见》（沪委办发【2011】39号）。

上海市委、市政府办公厅：《关于深入推进上海社会治安防控体系建设的实施意见》（沪委办发【2012】7号）。

上海市委、市政府办公厅：《中共上海市委、上海市人民政府关于加强街道工作的意见》（沪委【1994】3号）。

上海市委、市政府办公厅：《中共上海市委、上海市人民政府关于加强街道、居委会建设和社区管理的政策意见》（沪委【1996】5号）。

上海市政府官网：http://www.shanghai.gov.cn/。

施欲晖：《外高桥保税区的区域经济效应研究》，硕士学位论文，上海海事大学，2006年。

《十九大报告全文》，新华网2017年10月18日，见http://www.xinhuanet.com/politics/19cpcnc/2017/10/c-1121867529.htm。

宋炳良：《论上海港口全部经济贡献的评估》，《上海海运学院学报》2001年第4期。

苏多永：《全球城市中心功能建设的国际经验及其上海的相关战略举措》，《战略决策研究》2010年第4期。

孙浩：《供应链整合视角下上海国际贸易中心建设研究》，《开发研究》

2012 年第 3 期。

屠启宇:《谋划中国的世界城市：面向 21 世纪中叶的上海发展战略研究》,《上海城市规划》2011 年第 4 期。

汪胜洋等:《跨世纪崛起：上海改革开放 30 年回顾、总结和展望》，上海财经大学出版社 2008 年版。

王晓龙:《浅析负面清单管理的内涵及现实意义》,《新西部（理论版）》2014 年第 6 期。

陆文军:《专家：上海自贸区内政策可复制可推广》，新华网 2013 年 11 月 7 日，见 http://finance.eastmoney.com/news/1345,20131107335632746.html。

武廷海、高元:《第四次纽约大都市地区规划及其启示》,《国际城市规划》2016 年第 6 期。

肖严华、左学金:《全国统筹的国民基础养老金框架构建》,《学术月刊》2015 年第 5 期。

肖林:《金融战略与财经论衡》，上海，格致出版社 2012 年版。

谢平、邹传伟:《中国金融改革思路》，北京，中国金融出版社 2013 年 4 版。

谢晓尧:《论商业秘密的道德维度》,《法律科学·西北政法学院学报》2002 年第 3 期。

许宏强:《人民日报新论：自贸区试验改革高地再出发》,《人民日报》2014 年 9 月 29 日。

徐曙娜:《公共支出过程中的信息不对称与制度约束》，北京，中国财政经济出版社 2005 年版。

许学武:《上海商品市场建设 30 年》,《上海商业》2010 年第 9 期。

许学武:《上海市场体系改革回顾与展望》，载上海市经济学会编:《上海市经济学会学术年刊（2008）》，上海，格致出版社、上海人民出版社 2008 年版。

杨翠迎、冯广刚:《社会保障可持续发展研究：上海案例及其分析框架》，北京，中国社会出版社 2014 年版。

杨伟东:《行政权力清单制度的意义和落实》,《中国法律》2014 年第 1 期。

姚俭建等:《长效管理的公共政策保障——上海市“两级政府、三级管理”体制中公共政策体系的协调性研究》,《上海社会科学院学术季刊》1998 年第 2 期。

叶青主编:《上海法治发展报告(2012)》, 北京, 社会科学文献出版社 2012 年版。

阴晴、李建平、周振亚:《改革开放以来国家中小企业科技政策回顾与评价》,《中国科技论坛》2011 年第 12 期。

张晨、顾晓君、高健、俞美莲:《上海农业技术进步的路径——改革开放以来的观察与实证研究》,《科技管理研究》2017 年第 7 期。

张道根:《迈向创新驱动转型发展的上海经济》,《解放日报》2016 年 8 月 29 日。

张富:《公共行政的价值向度》, 北京, 中央编译出版社 2007 年版。

张广生:《深化流通体制改革培育发展消费品市场》,《上海商业》1997 年第 8 期。

张泓铭、尤安山等:《走向上海国际贸易中心:从纽约、东京、新加坡、香港到上海》, 上海, 上海社会科学院出版社 2011 年版。

陈解平等:《保税物流园区发展外延前瞻性研究》,《上海海关高等专科学校学报》2005 年第 4 期。

章磊:《上海建设商品交易市场的现状及思考》,《上海综合经济》1997 年第 7 期。

张晏:《分权体制下的财政政策与经济增长》, 上海, 上海人民版社 2005 年版。

郑秉文主编:《中国养老金发展报告 2014》, 北京, 经济管理出版社 2014 年版。

郑秉文主编:《中国养老金发展报告 2013》, 北京, 经济管理出版社 2013 年版。

郑秉文主编:《中国养老金发展报告 2012》, 北京, 经济管理出版社

2012 年版。

《证券时报》评论员：《建设法治经济 把改革开放推向深入》，《证券时报》2014 年 10 月 24 日。

郑郁：《我国保税物流园区研究——兼论上海外高桥保税物流园区的运营与发展》，硕士学位论文，上海海事大学，2006 年。

周伟民、陈跃、赵宽：《关于完善上海生产资料市场的探讨》，《财经研究》1987 年第 1 期。

朱红琼：《区域财政研究》，北京，中国财政经济出版社 2005 年版。

朱桦：《抢占市场高地 拓展市场体系——上海市场体系建设回顾与展望》，《科学发展》2009 年第 4 期。

左学金：《发展和完善五支柱养老保险体制》，《比较》2015 年第 5 期。

左学金：《社保制度改革的中庸之道》，《中国改革》2012 年第 9 期。

[美] 道格拉斯 .C. 诺斯：《经济史中的结构与变迁》，陈郁等译，上海，生活·读书·新知三联书店上海分店 1991 年版。

[美] 路易斯·亨金等：《宪政与权利》，郑戈译，北京，生活·读书·新知三联书店 1996 年版。

[美] 迈克尔·波特：《国家竞争优势》，李明轩、邱如美译，北京，华夏出版社 2002 年版。

[美] 塞缪尔·P·亨廷顿：《变动社会的政治秩序》，张岱云等译，上海，上海译文出版社 1989 年版。

[美] 沙安文、沈春丽主编：《地方政府与地方财政建设》，北京，中信出版社 2005 年版。

[美] 詹姆斯·马奇、[美] 马丁·舒尔茨、周雪光：《规则的动态演变》，童根兴译，上海，上海人民出版社 2005 年版。

Cooke P,Hans Joachim Brazyk H J,Heidenreich M.: *Regional Innovation Systems: The Role of Governance in the Globalized World*, London: UCL Press,1996.

Eric von Hippel: *The Sources of Innovation*, New York: Oxford University Press, 1988.

Gerybadze, A. Reger, G., "1999 Globalization of R&D: Recent Changes in the Management of Innovation in Transnational Corporations" , *Research Policy*, No.28,1999.

Porter M.E., "Clusters and New Economics of Competition" , *Harvard Business Review*, No.11, 1998.

Stephen Shapiro: 24/7 *Innovation: A Blueprint for Surviving and Thriving in an Age of Change*, New York: McGraw – Hill, 2002.

后　记

2012 年 12 月 7 至 11 日，习近平主席在广东考察时，回顾了我国改革开放的历史进程，强调要坚定不移走改革开放的强国之路，要将改革开放继续推向前进。同时，党的十八大报告中也指出，“改革开放是坚持和发展中国特色社会主义的必由之路”，阐明了改革开放的国策性意义。40 年来，中国的改革开放一直是上至国家领导、下至黎民百姓，内及广大民众、外至国际友人所共同关心的话题，相关的言论、评说、研究浩如烟海。学术研究是随时代而迁移、推陈出新的，当中国改革开放进入了一个全新调整期，在改革开放的国策被实践 40 年后，如何深化改革开放？我们需要再一次整装出发，在践行国家领导人的决策之际，适时地推出新课题——“上海与改革开放研究”。

基于这一考虑，上海社会科学院经济研究所课题组花了将近 5 年的时间梳理、分析、研究了上海改革开放中的若干重大问题，论证了改革与开放的辩证关系，阐明了改革开放与体制完善的关系，同时对“上海经验”中折射出的“中国模式”作了相关考察。我们认为，作为中国最大的经济城市，上海要建成国际金融、贸易、航运与经济中心，建设具有全球影响力的科技创新中心，途径还是加大改革开放的力度，最终迈向卓越的全球城市。

本书由沈开艳研究员负责提出全书的总体思路、逻辑主线和框架结构。本书的主要编撰人员分工如下：导论作者沈开艳、方书生，第一章作者沈开艳、胡锋，第二章作者胡锋，第三章作者闫彦明，第四章作者韩汉君、燕麟，第五章作者陈国政，第六章作者汤蕴懿，第七章作者谢华育，第八章作者汤蕴懿，第九章作者郭岚，第十章作者肖严华，第十一章作者李正图，第十二章作者李正图，第十三章作者沈桂龙、梅晓颖，第十四章作者谢华育，第十五章作者陈维。上海社会科学院经济研究所方书生副研究员在本课题的文献整理收集、课题申请设计中投入了大量的时间精力，时任上海社会科学院历史研究所的王健所长和褚晓琦主任也对本课题的研究倾注了许多心血，在此一并表示感谢！

本书所使用的部分引文、数据等，遵公开发布或现已公开的中央及地方文件、法律法规和权威部门的统计数据及其他权威资料，未标记文献出处，以节省篇幅。

沈开艳

2018 年 10 月